"A revelação do 'Santo Graal do ensino'."
Times Educational Supplement

"John Hattie contribuiu grandemente para melhorar a aprendizagem. Seu primeiro livro sobre aprendizagem visível entrou em cena em 2009 e chamou a atenção de todos nós. Eu gosto especialmente de como Hattie e sua equipe analisam seus próprios entendimentos de forma crítica e estão sempre abertos a considerar todas as possibilidades. Sua nova série em busca de um padrão de excelência demonstra o compromisso e a habilidade de Hattie em considerar as críticas e ser sempre um modelo de comprometimento e busca de melhorias na aprendizagem. Um milhão de livros! Parabéns por essa conquista monumental e pela promessa de crescer ainda mais."

Michael Fullan,
OC, Professor Emérito pelo OISE/University of Toronto,
autor de *O significado da mudança educacional* e
Coerência: os direcionadores corretos para transformar a educação

"Não tenho certeza se John tem noção da sua importância. Não conheço ninguém da área da educação, no mundo inteiro, que tenha uma importância tão grande. Nós, professores, precisávamos de um filtro para separar as pesquisas que realmente nos ajudam a fazer a diferença daquelas que não acrescentam em nada. John nos deu esse filtro, e agora sabemos como aumentar nosso impacto positivo. Obrigado, John!"

Geoff Petty,
autor de *Teaching Today* e *Evidence-Based Teaching*

"Temos uma profusão de pesquisas sobre educação — são muitas mesmo! John Hattie tem sido um líder em filtrar essa riqueza de informações em termos práticos e de fácil assimilação, sem deixar de capturar a essência de forma confiável. Melhor ainda, seus resultados podem ser prontamente aplicados à prática em sala de aula! O sucesso e a influência de Hattie são muito merecidos."

Dan Willingham,
professor de Psicologia da University of West Virginia,
autor de *Por que os alunos não gostam da escola?*

"Tudo mudou quando seu primeiro livro sobre aprendizagem visível revelou os principais pontos das pesquisas sobre influências na aprendizagem. Com milhares de estudos reunidos, ele confirmou qual deve ser nosso foco… educadores em todo o mundo continuam tendo uma referência para orientar o pensamento e a prática."

Shirley Clarke,
autora de *Unlocking Formative Assessment* e *Thinking Classrooms*

"A contribuição de John Hattie para gerações de estudantes, professores e gestores educacionais em todo o mundo é profunda e duradoura. Ele tem uma combinação rara de coragem e humildade, desafiando os entendimentos convencionais sem medo, aprimorando e expandindo seu trabalho. Melhora nossa profissão e o mundo da educação. Em todos os continentes, crianças se beneficiam de sua erudição, sua sabedoria e sua orientação prática."

Douglas Reeves,
Creative Leadership.net

"O trabalho de Hattie permite ver os efeitos do que os professores fazem na sala de aula. Seu trabalho sobre preparação de aulas é uma leitura obrigatória para todos os professores. Na educação, frequentemente buscamos aqueles momentos de descoberta, de iluminação. Hattie mapeou a fiação oculta."

Huw Thomas,
ex-diretor, professor universitário
e diretor diocesano de educação

"Num mundo em que os educadores geralmente são tentados e incentivados a fazer uso das últimas modas no ensino, os livros sobre aprendizagem visível de John Hattie são recursos excepcionais. Todos os professores em atividade, administradores escolares e pesquisadores da área da educação devem ter esses livros na prateleira."

Eric M. Anderman,
professor de Psicologia Educacional
da The Ohio State University

"John Hattie sonha que um dia toda criança aprenda não por acaso, mas de forma deliberada. Ele sonha que um dia nossos conhecimentos, juntos, ajudem a mudar o sistema. Ele sonha que um dia os professores se perguntem 'o que funciona melhor', não apenas 'o que funciona'. Além disso, sonha que um dia os professores busquem causar o máximo impacto positivo. E, o mais importante, ele vive seu sonho. Ele deu o pontapé inicial com sua paixão, incentivou a aprendizagem e o ensino. Parabéns, John, e: conheça seu impacto!"

Klaus Zierer,
professor de Educação da University of Augsburg, na Alemanha, e pesquisador
associado do ESRC-funded Centre on Skills, Knowledge and
Organisational Performance (SKOPE) da University of Oxford

Aprendizagem visível

NOTA

Acesse a página do livro em **loja.grupoa.com.br** para ver todas as imagens deste livro em cores.

H366a Hattie, John.
　　　　Aprendizagem visível : uma síntese de mais de 2.100 metanálises sobre o desempenho escolar / John Hattie ; tradução : Gustavo da Rosa Rodrigues; revisão técnica: Luciana Vellinho Corso. - Porto Alegre : Penso, 2025.
　　　　x, 498 p. ; 23 cm.

　　　　ISBN 978-65-5976-061-9

　　　　1. Educação. 2. Didática. I. Título.

CDU 37

Catalogação na publicação: Karin Lorien Menoncin – CRB 10/2147

John Hattie

Aprendizagem visível

Uma síntese de mais de 2.100 metanálises sobre o desempenho escolar

Tradução
Gustavo da Rosa Rodrigues

Revisão técnica
Luciana Vellinho Corso
Professora associada da Faculdade de Educação da Universidade Federal do Rio Grande do Sul (Faced/UFRGS) e do Programa de Pós-graduação em Educação da Faced/UFRGS. Mestra em Educação pela Flinders University – Austrália. Doutora em Educação pela UFRGS.

Porto Alegre
2025

Obra originalmente publicada sob o título *Visible Learning The Sequel: A Synthesis of Over 2,100 Meta-Analyses Relating to Achievement*, 1e
ISBN 9781032462035

Copyright © 2023
All Rights Reserved
Authorised translation from the English language edition published by Routledge, a member of the Taylor & Francis Group

Coordenadora editorial
Cláudia Bittencourt

Editor
Lucas Reis Gonçalves

Capa
Maurício Pamplona

Preparação de original
Luísa Branchi Araújo

Leitura final
Paola Araújo de Oliveira

Editoração
Ledur Serviços Editoriais Ltda.

Reservados todos os direitos de publicação, em língua portuguesa, ao
GA EDUCAÇÃO LTDA.
(Penso é um selo editorial do GA EDUCAÇÃO LTDA.)
Rua Ernesto Alves, 150 – Bairro Floresta
90220-190 – Porto Alegre – RS
Fone: (51) 3027-7000

SAC 0800 703 3444 – www.grupoa.com.br

É proibida a duplicação ou reprodução deste volume, no todo ou em parte, sob quaisquer formas ou por quaisquer meios (eletrônico, mecânico, gravação, fotocópia, distribuição na Web e outros), sem permissão expressa da Editora.

IMPRESSO NO BRASIL
PRINTED IN BRAZIL

Autor

John Hattie é Professor Emérito pela Graduate School of Education da University of Melbourne, na Austrália. É um dos especialistas em educação mais conhecidos e lidos do mundo. Sua série de livros sobre aprendizagem visível foi traduzida para 29 idiomas e vendeu mais de 2 milhões de exemplares.

Dedicado a Michael Scriven, avaliador, crítico e amigo generoso.

Agradecimentos

Dedico este livro a Michael Scriven, meu amigo de longa data. No decorrer dos capítulos deste livro, é possível observar que ele tem sido uma grande influência para o meu modo de pensar. Seu conhecimento vasto, sua generosidade na troca de ideias e sua habilidade de compartilhar o que pensa de um jeito tão profundo me fizeram uma pessoa muito melhor. Janet e eu nos encontramos com o Michael em San Francisco recentemente (ele tem 94 anos), e ele continua sendo uma fonte de inspiração. Quando eu analiso as minhas grandes contribuições para a academia, penso no fato de ser chefe de Michael há 20 anos, além de ser seu parecerista. Ele é o avô da avaliação; Gilbert Ryle (ver Capítulo 3) foi seu supervisor; Michael escreveu sobre mecânica automotiva, método científico, computadores e computação, lógica aplicada, filosofia da religião e história, raciocínio, criatividade e pensamento crítico, causalidade e explicação, psicologia, psiquiatria e psicoterapia, parapsicologia e muitos outros assuntos. Ele recebeu o University Blue pela prática de remo, um prestigioso prêmio concedido a atletas de excelência; seu primeiro livro foi sobre as turbinas a gás no *design* de automóveis; ele se formou como físico e se tornou filósofo e educador; foi o primeiro professor dedicado ao tema de avaliação do mundo (Janet é a segunda); inventou a avaliação formativa e somativa, avaliação sem metas definidas e meta-avaliação; criou o Faster Forward Fund. Seus trabalhos sobre avaliação são fundamentais, e ele nunca parou de escrever e falar sobre a avaliação como transdisciplinar. Ele é generoso, compartilhou seu profundo conhecimento sobre facas com meus filhos e nos divertimos muito juntos. Obrigado, Michael e Mary-Ann.

Nos últimos 12 anos, muitas pessoas contribuíram para este livro implementando o modelo *Visible Learning*™ nas escolas, lendo livros e artigos que outras pessoas e eu escrevemos sobre o modelo, criticando e pesquisando o assunto em *blogs*. O oposto de amor não é ódio, mas indiferença, e agradeço a todos pela leitura, pelas críticas e pelas ideias.

Quando escrevi *Visible Learning*,[1] peguei todos os artigos sobre cada uma das 150 influências, fui para a nossa casa de praia em Tairua e comecei a ler e escrever. Foram necessários mais de 20 anos para identificar e compreender os principais ensinamentos, e a bela varanda com vista para o mar foi a minha recompensa nesse projeto. Para a escrita deste livro, a tecnologia foi de grande ajuda, e nenhuma árvore precisou ser cortada para imprimir as metanálises ou estudos. Além disso (agora que nos mudamos da Nova Zelândia para a Austrália), nossa casa de praia em Anglesea está menos cheia de papéis e artigos por toda parte. Essencial para este projeto foi o apoio, a defesa e a crítica de Janet. Geralmente, o autor agradece à sua esposa ao escrever um livro (seja por ela não ter perturbado a sua busca solitária, seja para se desculpar pelo tempo que ele não pas-

---

[1] N. de T.: Livro que deu origem à série de publicações do autor sobre a aprendizagem visível.

x Agradecimentos

sou com a família). Mas esse não é o meu caso. Janet é minha parceira e minha melhor crítica. Passamos muitas noites debatendo uma influência, o papel dessa influência no panorama geral e a centralidade do pensamento avaliativo. Ela elevou a qualidade dos ensinamentos, o fluxo, o tom e as grandes ideias, de modo que o livro deixou de ser um compêndio de 350 influências e passou a contar uma grande história (ela ainda criou o barômetro para o livro *Visible Learning* e o termômetro para este livro). Depois de 40 anos juntos, aprendemos a lutar por ideias, nos reconciliar e seguir em frente não apenas para criar uma família, mas para avançar em nosso trabalho e nossas carreiras.

Minha família teve contato com a aprendizagem visível por muito tempo, e agora três dos meus filhos são professores. Tenho muito orgulho por eles terem se tornado professores, a melhor profissão do mundo, e que possam causar um impacto positivo para seus alunos por muito tempo. Os demais são analistas comportamentais, avaliadores e gerentes de projetos. Durante a escrita do livro *Aprendizagem visível para professores*, nos tornamos avós, e agora temos Joel, Kat, Ella, Florence, Kyle, Jess, Emma, Danielle, Charlie, Kieran, Aleesha e Riley (John), além dos cães Edna e Patterson (que adoraram quando fiquei trancado em casa durante a pandemia de covid-19, porque ganharam muito carinho e muitos petiscos).

Shirley Clarke leu e fez críticas ao livro *Aprendizagem visível para professores* como um todo, escreveu as principais informações das reflexões de cada capítulo e é especialista em *feedback*. Além dela, outras pessoas fizeram críticas aos capítulos: Bill Tumner, James Chapman, Steve Graham, Jennifer Buckingham, Korbinian Kiendl, Dan e Lawrence Ingvarson, Lyn Yates, Tim Shanahan, Julie e Ray Smith, Sam Rodgers, John Almarode, Doug Fisher, Nancy Frey, Geoff Petty, Doug Reeves, Greg Ashman, Amy Berry, Peter Blatchford, Lyn Sharratt, Wolfgang Beryl, Klaus Zierer, Dylan Wiliam e Jim Knight. Nem sempre concordamos, mas essa é a beleza da crítica. Muitos outros contribuíram para as ideias, como todos os consultores do *Visible Learning* de Corwin, Osiris, Bazalt e Cognition — vocês foram fundamentais, e espero que vejam a influência das suas contribuições ao longo dos capítulos. A equipe da Corwin é parceira há cinco anos. Agradeço a Michael Soules, Chris Devling, Sonja Hollins-Alexander e Vania Tiatto por liderarem esse trabalho. Bruce Roberts é meu editor da Routledge desde quando nos conhecemos em Budapeste, passando pelo *Visible Learning*, por este livro e muitos outros projetos. A dedicação dele à qualidade, a sua insistência gentil mas persuasiva, as ótimas refeições e os momentos divertidos fizeram todo o esforço valer a pena, além da sua equipe de produção, que teve uma grande contribuição.

Para aqueles que usaram os conhecimentos na escola e na sala de aula: continuem criticando, avaliando e conhecendo seu impacto.

Sumário

1	O desafio	1
2	Metanálise e críticas à aprendizagem visível	19
3	O modelo	44
4	Implementação do alinhamento intencional na aprendizagem visível	59
5	Alunos	76
6	A casa e a família	125
7	Escola e sociedade	149
8	Efeitos da sala de aula	183
9	Os professores	216
10	O currículo	249
11	Ensinando com intencionalidade	309
12	Estratégias de aprendizagem	342
13	Estratégias de ensino	360
14	Tecnologias de implementação	396
15	Influências dentro do sistema escolar e extraescolares	415
16	Conclusões	430

Apêndice 445

Referências 455

Índice 491

1
O desafio

Muita coisa mudou desde que o primeiro livro *Visible Learning* foi publicado em 2008 (Hattie, 2008b). A internet hoje em dia é ainda mais onipresente, temos os iPads, a mudança climática é um debate central, o casamento entre pessoas do mesmo sexo foi legalizado em muitos países, vivenciamos a crise financeira global, o Reino Unido votou pelo Brexit, houve a Primavera Árabe e 26 guerras civis e internacionais. Além disso, vimos a ascensão de gestores populistas, o movimento *MeToo*, a economia *gig* (prestação de serviços sem vínculo empregatício), o jogo *Angry Birds*, os paus de *selfie*, a descoberta do bóson de Higgs, as primeiras imagens de um buraco negro, a ascensão dos carros elétricos, o livro *Cinquenta tons de cinza* e a pandemia de covid-19, que causou interrupções significativas nas escolas.

Ao longo desta década, minha carreira de pesquisa como psicometrista e em psicologia da educação ficou em segundo plano com o sucesso do *Visible Learning*®. Eu me tornei avô (cinco netas e um neto). Depois de 25 anos juntos, Janet e eu nos casamos, abençoados por Elvis Presley (obrigado, Peter DeWitt). Me mudei da Nova Zelândia para a Austrália (seguindo Janet, que foi escolhida para ser professora de avaliação), vi meus filhos se tornarem adultos, me aposentei e estou desempenhando funções políticas em agências governamentais. A aprendizagem visível realmente mudou minha maneira de pensar e escrever. Desde o livro *Visible Learning*, publiquei mais de 75 artigos e mais de 40 livros (Figura 1.1) e participei de mais de 400 conferências e eventos em todo o mundo para falar do livro (Apêndice A). O Apêndice B lista os capítulos de *Visible Learning: Guide to Student Achievement — Schools* (Hattie; Anderman, 2020) que aprofundam a discussão sobre as influências apresentadas neste livro (ver também Hattie e Anderman (2013) para outros capítulos). Um erro de muitos críticos é focar excessivamente no primeiro livro de 2009, pois eu expandi, esclareci e explorei muitas ideias nos materiais subsequentes.

As melhorias no modelo do primeiro *Visible Learning* também são resultado do trabalho de pessoas que o implementaram, que transformaram a teoria em prática nas escolas e nas salas de aula. O modelo *Visible Learning* atualizado foi implementado por essa equipe em mais de 10 mil escolas em todo o mundo. Além disso, muitos sistemas, gestores escolares e professores nos ajudaram a aprimorar o processo. Dessa forma, foi possível refinar o modelo original, definir as prioridades, fazer uma análise mais aprofundada dos modelos de implementação e expansão, bem como coletar mais evidências do seu impacto

Figura 1.1 Livros relacionados ao modelo *Visible Learning*.

detalhadamente. Também assumi um papel mais político quando o ministro federal da Austrália me convidou para presidir o conselho do Instituto Australiano de Escolas e Gestores (www.aitsl.edu.au) e, com isso, tive a oportunidade de me reunir regularmente com todos os ministros da educação dos estados e territórios da Austrália e seus diretores gerais (já estou na 61º reunião em nove anos como presidente — e há uma grande rotatividade de gestores).

Havia uma pressão para que eu escrevesse a segunda edição do *Visible Learning*, mas eu resisti. Até meus colegas mais próximos ficariam decepcionados se uma mudança, mesmo que sutil, no efeito de uma influência acarretasse uma nova lista de classificação inconsistente com as versões anteriores, desfocando o debate para as influências individuais. O mundo dos pesquisadores também avançou, o número de metanálises aumentou, e hoje há metanálises de metanálises, além de os debates sobre o tamanho de efeito terem ficado mais sofisticados. Aprendi muito com meus críticos. Às vezes, a carreira de um acadêmico pode passar despercebida, então acho uma honra ter críticos famosos internacionalmente.

Este livro dá mais atenção ao aprofundamento do método, à expansão do primeiro *Visible Learning*, especialmente porque inclui mais 1.300 metanálises (a produção de metanálises não parou em 2009). O crescimento é mostrado na Figura 1.2, com cerca de 800 metanálises no período da primeira edição do *Visible Learning* e agora, neste livro, com 2.100.

Os detalhes e as referências de todas as metanálises estão em um recurso *on-line*, o *Meta x*™ (www.visiblelearningmetax.com), um *site* gratuito onde é possível encontrar todas as metanálises, referências, glossário e perguntas frequentes, atualizado regularmente com as metanálises mais recentes. Neste livro, não há uma lista de todas as metanálises ou tabelas de classificação, mas uma ênfase no aprofundamento do modelo *Visible Learning* e das principais reflexões. O livro *Visible Learning* recebeu muitas críticas por ter apresentado cada influência individualmente, sem conexão entre si, apesar de eu afirmar enfaticamente que o mais importante eram a história e a sobreposição que os dados mostravam. No livro *Visible Learning*, expliquei que o objetivo era construir uma narrativa sobre o poder dos professores e do *feedback* e criar um modelo de aprendizagem e compreensão. Esta obra se debruça sobre essa narrativa e oferece um conjunto de relatos que ajudam a contar essa história.

OS DESAFIOS

Os mesmos desafios identificados no livro *Visible Learning* ainda são relevantes e atuais: como ir além de identificar o que funciona para identificar o que funciona melhor? Por que a estrutura atual da educação, que serve a muitos, mas nem de longe a todos, está tão enraizada na sala de aula e como melhorá-la? Por que a curva de aprendizagem dos professores após os primeiros anos fica estagnada? Como analisar não o que os professores planejam ensinar e suas intenções, mas, sim, as decisões que eles precisam tomar no dia a dia da sala de aula? Como focar mais na aprendizagem? E o mais importante: como levar

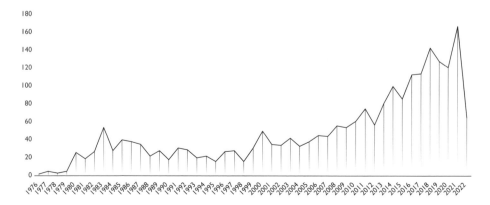

Figura 1.2 Número de metanálises por ano.

as evidências de pesquisas para a escola? Permanece a necessidade de focar na utilização de modelos eficazes de implementação em sistemas escolares, escolas e salas de aula, de dar atenção à rotatividade crescente de gestores e o impacto disso, de pensar sobre a avaliação na criação de programas desde o início e de encontrar e corrigir falhas, ignorando os sucessos impressionantes que já temos e explorando como expandir essas vitórias.

Entre as melhorias mais significativas nos últimos 10 anos está o fato de que as evidências de pesquisas entraram de vez nas discussões escolares — não quer dizer que isso seja um privilégio nem um determinante. Porém, com mais regularidade, professores e especialmente gestores escolares buscam as pesquisas para contribuir com debates e decisões. A disseminação de recursos mais acessíveis ajudou nesse processo — como Educational Endowment Foundation, Evidence for Learning, What Works Clearing House, Best Evidence Encyclopedia e outros. Gleeson *et al.* (2022) entrevistaram 492 professores de 414 escolas sobre o uso de evidências de pesquisa. Cerca de dois terços relataram o uso de pesquisas nos últimos 12 meses (91% dos gestores escolares e 61% dos professores), particularmente para "projetar e planejar uma nova iniciativa" e "mobilizar apoio para uma questão ou decisão importante". Isso é o oposto do que Kirschner, Hendrick e Heal (2022) chamam de ilusão pedagógica: um conjunto de crenças e suposições sobre o que deveria acontecer em uma sala de aula, que se caracteriza pela rejeição de evidências, pela aceitação do romântico e filosófico, uma celebração do superficial na forma de modismos e mitos, uma afirmação de que a pedagogia é um fim em si mesma e a criação de uma cultura, muitas vezes tóxica, de carga de trabalho insustentável para professores.

O foco agora precisa estar em otimizar a implementação e mobilizar a pesquisa. Nosso trabalho mostrou que isso significa considerar a mentalidade ou a forma que os educadores pensam sobre as evidências, a implementação e o impacto delas, sendo essa abordagem mais marcante neste livro do que no *Visible Learning*.

OS MAL-ENTENDIDOS

Escrevi cinco versões do *Visible Learning*. A quarta foi a melhor, pois era rica em dados detalhados, variações, condicionais, moderadores e 500 páginas de pura beleza. Minha melhor crítica, Janet, leu e me perguntou: "Você escreveu esse livro para duas pessoas?". Pegou pesado. Desisti da quarta versão e escrevi a quinta. Dessa vez, Janet disse que eu tinha aumentado meu público-leitor de duas para cerca de 10 pessoas. Então, Janet inventou os marcadores de barômetro para dar maior fluidez e identificar temas comuns e, no último minuto, incluí o apêndice listando todas as influências em ordem de classificação — a tabela de classificação. A tabela de classificação levou ao mal-entendido mais comum entre as alegações. Muitos críticos priorizaram as influências no topo da classificação e ignoraram as que estavam na parte inferior. Outros disseram que as influências não eram únicas, o que demonstrou que eles não leram sequer uma página do livro, porque ele abordou justamente a sobreposição. Mais especificamente, o objetivo era aprofundar a explicação sobre essas influências acima e abaixo da média de todas as influências ou pontos de articulação de 0,40. O livro aborda os padrões, não os detalhes; a interpretação da evidência, não a evidência; a ousadia das grandes reflexões, não a monotonia dos pontos decimais.

No *Visible Learning*, observei que o debate sobre o que deve ser considerado evidência de causalidade está mais intenso do que nunca — algumas pessoas defendem apenas ensaios clínicos randomizados. Nesse tipo de ensaio, os sujeitos são alocados em um grupo experimental ou de controle de acordo com um procedimento estritamente aleatório. Atualmente, existem muitos ensaios clínicos randomizados na área da educação, apesar de muitos estudiosos alegarem que eles não são possíveis nem satisfatórios (Styles; Torgerson, 2018). Prefiro não adotar o método como padrão-ouro, mas subir a régua, adotando a abordagem de Michael Scriven (2015) que propõe que o padrão-ouro mais elevado está relacionado a estudos capazes de estabelecer conclusões cuja certeza esteja além de qualquer dúvida. Talvez isso seja um critério muito exigente, mas pelo menos a evidência deve ser "clara e consistente", mais do que uma "evidência preponderante", "uma causa provável" e "uma suspeita razoável". Reafirmo que um dos principais objetivos do livro *Visible Learning* foi criar uma narrativa com base nos estudos e nos seus tamanhos de efeito que tinham poder de convencimento, coerência e generalizabilidade. Construir essa narrativa também é a missão deste livro.

No *Visible Learning*, deixei claro o que o livro *não* abordaria, o que gerou muita confusão. Eu deveria ter sido mais explícito de que não se tratava das complexidades da vida em uma sala de aula, mas, sim, das influências sobre a aprendizagem, as atividades e o comportamento dos alunos em relação a turmas, professores, escolas e sistemas escolares. Tentei sintetizar a pesquisa de observação em salas de aula, mas tive dificuldades para decidir sobre um tamanho de efeito padrão. Em vez disso, desenvolvemos um aplicativo (*VisibleClassroom*) que fornece transcrições imediatas da fala dos professores com *feedback* automatizado, e isso foi usado em 17 mil horas de experiências em sala de aula (ver Capítulo 8). Construímos uma sala de aula experimental para replicar a pesquisa intensiva de Graham Nuthall (2007) usando tecnologia moderna e coletamos muitos dados sobre a "vida oculta dos alunos" (Specjal, 2022). Sintetizar as pesquisas relacionadas à observação de sala de aula sobre a vida dos estudantes é extremamente necessário.

Também deixei claro que o livro *Visible Learning* não se referia a fatores mais genéricos sobre os quais os educadores têm pouco controle, como classe social, pobreza, recursos familiares, saúde e nutrição. Os educadores não podem mudar essas questões sociais e familiares. Essas questões, no entanto, podem ter impactos substanciais na melhoria de suas influências na escola. Um dos principais objetivos da educação é proporcionar formas de os jovens saírem dessas condições. Os críticos aproveitaram esse argumento para alegar que eu não me importava com esses fatores e que questões como a pobreza não deixam de existir dentro da escola. Novamente, esses comentários refletem a falta de leitura do livro, que discute o impacto de muitos desses problemas no ambiente escolar.

Outro mal-entendido foi a alegação de que o *Visible Learning* não era um livro sobre crítica de metaestudos. Expliquei que essas questões eram tratadas em outras circunstâncias. Isso levou muitos a dizerem que eu não me importava com a qualidade e que incluí conteúdo ruim. Novamente, demonstra que eles não leram quase nada do livro. Slavin (2018) ficou muito chateado por eu não ter usado seu método de busca da "melhor evidência", mas não reconhece que eu sintetizei metanálises, não estudos originais e, como muitos alegaram (Glass, 2019), questionar o impacto da qualidade é um ponto fundamental para as metanálises, e tais estudos não devem ser desconsiderados. Ao longo do *Visible Learning*, comentei sobre estudos específicos (ver seção sobre estilos de aprendizagem) e questionei alguns resultados estranhos em alguns estudos (por exemplo, método global de ensino da leitura), mas eu poderia ter dado mais destaque à questão da qualidade. O Capítulo 2 trata de muitos desses problemas, além de apresentar um fator de robustez para as metanálises.

Outros afirmaram que tenho uma fixação pelo desempenho do aluno na escola e que existem muitos outros atributos críticos na educação. Novamente, isso ignora a afirmação inicial de que "É claro que a educação proporciona muito mais, como atitudes, resultados físicos, pertencimento, respeito, cidadania e amor pela aprendizagem. Este livro se concentra no desempenho do aluno, e isso é uma limitação desta revisão" (Hattie, 2008b, p. 6). É gratificante ver sínteses de metanálises sobre motivação (Jansen *et al.*, 2022) e estratégias de aprendizagem (Hattie; Donoghue, 2016), e espero ver outras sínteses de influências sobre outros resultados importantes da educação. Não me desculpo por me concentrar no desempenho escolar, mas questiono como seriam as escolas se esse aspecto não fosse um resultado educacional importante.

Outros questionaram minha visão utópica da educação ou mencionaram que não valorizo os professores, acusando-me de torná-los bodes expiatórios para as críticas. Ao colocar os educadores no centro das influências mais poderosas sobre os alunos, a crítica é de que estou culpando-os pelos fracassos escolares. Na realidade, é exatamente o oposto: eu atribuo os maravilhosos sucessos que temos nas escolas à *expertise* dos professores. Outro crítico afirmou que eu era inconsistente ao elogiar os professores e depois apontar suas limitações, o que demonstra a falta de compreensão desse crítico sobre o que significa variabilidade. Os dados do *Visible Learning* são claros: há profissionais excelentes nas escolas. O modelo *Visible Learning* exige coragem para identificar essa excelência de forma precisa e consistente, criar uma coalizão desse sucesso e convidar outros com impactos mais baixos em seus alunos a participarem desse movimento. Muitas vezes, a maior barreira é a falta de coragem.

OLHAR PARA TRÁS PARA SEGUIR EM FRENTE

A pesquisa do livro *Visible Learning* é baseada no que já foi feito, e o sistema educacional atual tem vários bons exemplos. Olhar para trás, para o que já foi feito, permitir avançar com mais segurança. O objetivo do *Visible Learning* é usar pesquisas já realizadas para identificar os atributos comuns dessa excelência. O livro *Turning Point* detalha que essa excelência se baseia na *expertise* de conhecimento avaliativo dos educadores, que é a essência da nossa profissão (Rickards; Hattie; Reid, 2021). Essa forma de pensar é explorada com mais profundidade ao longo deste livro. O que me mantém motivado são os muitos gestores e professores excelentes que encontro ao viajar pelo mundo. Talvez eu seja criticado por ser mais Pollyanna do que Scrooge, mas tenho evidências para enxergar as escolas de maneira positiva.

No livro *Visible Learning*, não abordei algumas partes cruciais do modelo. Por exemplo, observei o poder das expectativas dos professores, mas não destaquei a influência ainda mais poderosa das expectativas dos alunos. Foquei demais no *feedback* dos professores, mas não destaquei a importância de quando e como esse *feedback* é ouvido, compreendido e colocado em prática pelos alunos. Não dei ênfase suficiente à qualidade da implementação de métodos de ensino ou intervenções escolares. Não explorei com profundidade suficiente a essência da natureza particular do pensamento que sustenta os educadores eficazes. Negligenciei a importância de ensinar aos alunos múltiplas estratégias de aprendizagem e habilidades para trabalhar em equipe. Tive dificuldades em entender a notável variação na eficácia de muitos métodos de ensino, o baixo efeito do conhecimento do conteúdo pelo professor e os baixos efeitos de muitos métodos de ensino mais complexos. Na verdade, recebo muitos *e-mails* de quem defende métodos como a aprendizagem baseada em problemas afirmando que estou errado (referem-se à pesquisa estar errada) e de quem, embora possa ser inteligente, não entende que, para cada professor bem acima, há outro bem abaixo (isso é o que significa uma média). Tive como objetivo lidar com esses enigmas neste livro.

ENSINO E APRENDIZAGEM

A ideia principal não mudou e é simples: o aspecto mais importante é como professores, gestores, pais e alunos *pensam*. A mentalidade, os modos de pensar, interpretar e avaliar são fundamentais para o sucesso do ensino. É isso que nos faz escolher as intervenções, elaborar e explicar as intenções de aprendizagem e os critérios de sucesso, reconhecer o bom ou o mau desempenho dos alunos em relação às intenções, entender adequadamente como eles compreendem as tarefas propostas e os conteúdos, a fim de oferecer experiências significativas e desafiadoras nos diversos caminhos possíveis para o progresso da aprendizagem. O modelo *Visible Learning* envolve professores que sabem como implementar uma variedade de estratégias de ensino para ajudar os alunos quando eles parecem *não* entender, guiando-os e direcionando-os em relação à compreensão ou aos equívocos do conteúdo e, assim, maximizar o poder do *feedback* que recebem. É ter a habilidade de saber quando dar espaço aos alunos se a aprendizagem estiver progredindo conforme os critérios de sucesso. Esse é um dos princípios dos métodos Montessori — dar espaço está relacionado com a ideia de os professores reduzirem gradualmente a responsabilidade e ensinarem os alunos a serem professores de si mesmos (para que saibam o que fazer quando estiverem perdidos). Essa afirmação é explorada no modelo *Visible Learning* atualizado (Capítulo 3).

Um dos fatores destacados no modelo *Visible Learning* foi a paixão do professor — a natureza contagiante, a alegria e a emoção de fazer os alunos vivenciarem a aprendizagem. Especificamente, observei que a paixão está entre os resultados mais valorizados da educação. Embora raramente explorada nos estudos analisados neste livro, ela permeia muitas das influências que fazem a diferença nos resultados. A paixão demanda mais do que conhecimento do conteúdo, práticas de ensino habilidosas ou alunos engajados para fazer a diferença (embora esses aspectos ajudem). Ela demanda amor pelo conteúdo, uma postura ética de cuidado, com o desejo de inspirar os outros a se interessarem pela matéria e, até mesmo, gostarem de estudá-la. Demanda que os professores demonstrem que não estão apenas ensinando, mas também aprendendo (geralmente sobre os processos dos alunos e os resultados da aprendizagem). Essa afirmação foi raramente observada, porque ainda há poucos estudos sobre a importância da paixão por ensinar e aprender, mas ela permanece como um traço visível em muitas salas de aula, especialmente entre os alunos.

No livro *Visible Learning*, havia muitas referências à aprendizagem. Neste livro, fui mais específico, dedicando um capítulo para abordar como os educadores podem influenciar as estratégias de aprendizagem dos alunos (Capítulo 12) e como é necessário um maior alinhamento entre os métodos de ensino e de aprendizagem. Como parte do Projeto Ciência da Aprendizagem (www.slrc.org.au), Greg Donoghue e eu lideramos uma equipe para realizar uma metassíntese sobre estratégias de aprendizagem, e seus efeitos no desempenho levaram a um modelo de aprendizagem mais integrado (Donoghue; Hattie, 2021; Hattie; Donoghue, 2016). Tivemos que criar esse modelo, pois descobrimos que algumas estratégias eram eficazes em alguns momentos da jornada de aprendizagem, mas não em outros, o que nos levou a descobrir que a aprendizagem difere qualitativamente nas fases de aprendizagem do "saber-que" e do "saber-como" (conhecimento superficial, conhecimento profundo e conhecimento transferível do modelo *Visible Learning*), um tema extensamente discutido nos modelos de aprendizagem mais qualitativos (por exemplo, Marton, 2015). Quando alinhamos os vários métodos de ensino a este modelo, a maioria deles não estava explícito ou consistente sobre a relação com a jornada de aprendizagem em questão. Além disso, urge dar mais atenção ao alinhamento intencional das habilidades cognitivas e de aprendizagem.

A ideia do livro *Visible Learning* permanece: a aprendizagem visível sugere que os professores vejam a aprendizagem pelos olhos dos alunos e que os alunos aprendam a ser professores de si mesmos. Vai além de como ensinamos, tendo mais a ver com o impacto do ensino. Trata-se da *expertise* dos educadores, como eles se relacionam com o pensamento avaliativo, como colaboram entre si para repensar as interpretações da aprendizagem dos alunos e seguir agindo e tomando decisões, da abertura deles para aprender, buscar, receber e usar o *feedback*, bem como da eficácia coletiva para garantir que todos os alunos (todos mesmo) tenham pelo menos um ano de progresso na aprendizagem para cada ano de intervenções (e como esse progresso de um ano se manifesta na turma, na escola ou na região em questão). Observe que a importância está no progresso dos alunos, não meramente no desempenho final. Os professores também precisam fazer com que os alunos sintam vontade de aprender, desenvolvam habilidades e confiança para contribuir com equipes e colegas e cultivem o respeito por si e pelos outros.

UMA DÉCADA DE IMPACTO

O modelo desenvolvido ao longo deste livro foi influenciado pela implementação do programa *Visible Learning* em escolas ao redor do mundo. Essa implementação extensiva começou logo após a publicação do livro. Fui convidado para falar em escolas, e essas palestras após as aulas não tiveram um grande efeito. Naquele momento, eu liderava uma equipe que estava projetando, desenvolvendo e implementando um modelo de avaliação para os ensinos fundamental e médio nas escolas da Nova Zelândia. Informei ao Ministério que o processo de desenvolvimento havia sido concluído e que eles precisavam retomar a responsabilidade sobre a manutenção da ferramenta. Isso significava que parte da equipe não seria mais necessária. Eles me pediram para implementar o *Visible Learning* nas escolas, e eu estabeleci algumas condições: o modelo deveria ser escalável, ou seja, não se basear nas habilidades de uma ou de algumas pessoas; seria preciso coletar e demonstrar evidências do impacto na aprendizagem dos alunos, muito mais do que os critérios convencionais que envolvem saber se os professores ficaram satisfeitos com a aprendizagem e se os alunos aprenderam muito; e eu não poderia estar envolvido com a apresentação do modelo (tenho habilidade para pesquisa, não para liderar apresentações). Debra Masters liderou a equipe, e logo as três condições foram atendidas e a demanda aumentou.

De início, o desenvolvimento e a implementação do programa estavam sob responsabilidade da Cognition, na Nova Zelândia. A Cognition é uma empresa fiduciária com um histórico na execução de projetos naquele país e no exterior, e eu conhecia a qualidade da equipe, porque fui membro do conselho por anos. Após alguns anos de sucesso expandindo a implementação, a Cognition mudou de rumo, e a casa do modelo *Visible Learning* atualizado passou a ser a Corwin, nos Estados Unidos (www.visiblelearning.com). Era uma nova equipe, liderada por Julie Smith, e tivemos uma grande melhoria nos materiais, além de um alcance maior. A implementação havia sido iniciada há 10 anos, e Clinton e Clarke (2020) fizeram uma avaliação do extenso banco de dados, dos estudos de caso e das evidências qualitativas. O título do relatório deles foi "A decade of impact" ("Uma década de impacto"). Essa implementação e a avaliação tiveram um impacto profundo em como vejo o modelo hoje.

FOCO DO PROGRAMA *VISIBLE LEARNING*

O programa *Visible Learning* é constituído por uma série de atividades profissionais que promovem a aprendizagem individual e a reforma na escola ou no sistema escolar, incluindo eventos de aprendizagem profissional, orientação, trabalhos e avaliação, além de uma variedade de recursos. Nas últimas décadas, o tema principal sofreu mudanças à medida que novas pesquisas surgiram. Começou com o poder do *feedback* e passou para o "conheça seu impacto", com foco no ensino de habilidades para avaliar a implementação de estratégias com alta probabilidade de impacto na própria escola dos professores ou gestores. A busca contínua por sucesso em relação à aprendizagem dos alunos mais do que em relação à satisfação dos professores levou a um diálogo mais profundo sobre intenções e impacto, considerando o apelo de Martin Luther King para focarmos primeiro no sonho (Hattie; Zierer, 2018). A síntese da aprendizagem mostrou a importância de adaptar o ensino para incluir estratégias de aprendizagem e saber o momento e o contexto certos para usar estratégias específicas (a ideia de Kenny Rogers de "saber quando parar, saber quando jogar", ver Capítulo 12).

Onde o *Visible Learning* foi bem implementado, tornou-se evidente que havia uma forte corrente de eficácia coletiva em toda a escola. Uma inovação implementada com êxito pode acarretar uma melhoria na colaboração e na satisfação dos professores (Blömeke; Nilsen; Scherer, 2021). Continuamos monitorando a implementação para identificar quando a ênfase voltava para as mudanças em relação aos professores, em detrimento dos alunos. Assim, solicitamos que a eficácia coletiva entregasse pelo menos um ano de progresso para um ano de intervenções. Com isso, a ênfase passou a ser no progresso do ano em questão, compreendendo o que os professores entendiam por impacto e observando a evidência da noção de impacto na aprendizagem dos alunos. A dura lição aprendida em uma década de trabalho com escolas é que o problema não é tanto a compreensão e o uso da pesquisa, mas, sim, a falta do conceito de implementação profunda. As escolas introduziram o *Visible Learning* e, como esperávamos que funcionasse, passamos muito tempo desenvolvendo o modelo DIIA (diagnosticar, intervir, implementar e avaliar). Atualmente, a pesquisa tem como objetivo identificar as habilidades específicas de pensamento avaliativo dos educadores que fundamentaram a implementação mais profunda e o impacto nos alunos.

MODELO DIIA

Com a nossa experiência em escolas e a pesquisa de implementação, desenvolvemos o modelo DIIA (diagnosticar, intervir, implementar e avaliar, ver Figura 1.3) para garantir a implementação do *Visible Learning* em toda a sua profundidade. Após chegar a um acordo sobre o que significa o impacto, precisamos fazer um bom diagnóstico, escolher intervenções de alta probabilidade considerando o diagnóstico, definir uma estratégia de implementação (levando em conta o monitoramento da qualidade, a fidelidade, a aceitabilidade e a dosagem da implementação), fazer uma avaliação completa e uma avaliação do impacto nos alunos. Muitas vezes, as intervenções são escolhidas antes de diagnosticar os problemas para os quais se destinam. Outras vezes, elas não são introduzidas e não têm sucesso porque não foram implementadas de forma adequada. Frequentemente, adapta-se uma intervenção usando dicas e truques no modelo atual, e a intervenção não é implementada de fato. Outra situação comum é as escolas não realizarem a avaliação, pois já passaram para a próxima intervenção. O DIIA teve como propósito oferecer mais rigor e etapas definidas para os gestores monitorarem e avaliarem o impacto das intervenções de maneira mais formativa.

Adicionamos uma etapa relacionada à expansão no modelo de cinco etapas[1] (Hamilton *et al.*, 2022), o qual foi criado com base na revisão de 50 metodologias de implementação de várias disciplinas (como computação, engenharia, negócios e medicina), 23 processos de implementação, revisões sistemáticas e metanálises sobre implementação e nossas experiências em mais de 50 países. Ele é apresentado em mais detalhes na Tabela 1.1. Buscar incansavelmente a qualidade, a fidelidade e as adaptações necessárias durante a implementação continua sendo um dos processos mais importantes e difíceis

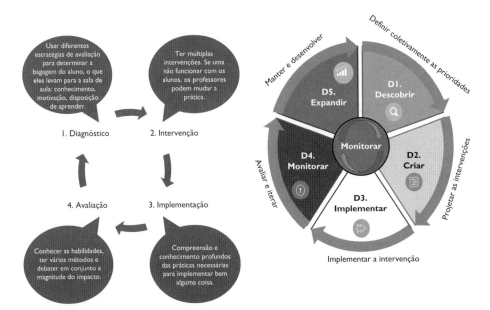

Figura 1.3 Modelos DIIA e de cinco etapas.

---

[1] N. de T.: Do inglês 5D model: *discover, design, deliver, double-back, and double-up*.

TABELA 1.1 Estrutura do modelo de implementação de cinco etapas

Etapa 1 Descobrir	Etapa 2 Criar	Etapa 3 Implementar	Etapa 4 Monitorar	Etapa 5 Expandir
Definir o desafio educacional em que mais vale a pena intervir.	Encontrar e definir de forma sistemática quais interações de alta probabilidade devem ser iniciadas e quais devem ser interrompidas.	Implementar e descontinuar as intervenções acordadas.	Monitorar e avaliar o processo de implementação e definir as ações prioritárias.	Manter e expandir o seu impacto.
1.1 Estabelecer uma organização central. 1.2 Definir o desafio da educação. 1.3 Explicar o desafio da educação. 1.4 Concordar com a definição de melhoria.	2.1 Explorar opções de criação no espaço. 2.2 Criar modelo(s) lógico(s) do programa. 2.3 Testar os modelos lógicos. 2.4 Definir quais intervenções serão interrompidas. 2.5 Estabelecer o plano de monitoramento e a avaliação.	3.1 Determinar a abordagem e o plano de implementação. 3.2 Implementar. 3.3 Coletar dados de monitoramento e avaliação.	4.1 Monitorar a avaliação. 4.2 Monitorar a implementação. 4.3 Monitorar a avaliação e definir as próximas etapas. 4.4 Avaliar a avaliação.	5.1 Analisar a capacidade de continuidade. 5.2 Analisar a possibilidade de expansão.

ao trabalhar em sistemas escolares, escolas e salas de aula. Uma das tarefas mais desafiadoras é descontinuar a intervenção, e temos encontrado dificuldades em fazer os educadores pararem de realizar práticas ineficazes e ineficientes (Hamilton *et al.*, 2022).

RESULTADOS DA AVALIAÇÃO DE UMA DÉCADA

Clinton e Clarke (2020) avaliaram todos os dados nos 10 anos de implementação do *Visible Learning* em mais de 10 mil escolas em todo o mundo. A análise incluiu dados da avaliação da capacidade escolar, da matriz *Visible Learning*, da pesquisa de estruturas mentais, da pesquisa de *feedback*, além de uma metassíntese de 47 estudos de caso em escolas.

Metade das escolas que decidiram implementar o *Visible Learning* tinha como metas prioritárias melhorar o ensino. A outra metade decidiu focar na aprendizagem dos alunos: como desenvolver uma aprendizagem mais eficaz; como aumentar a independência do alunos como estudantes; como ensiná-los a definir os próprios objetivos de aprendizagem e avaliar o próprio aprendizado em relação às metas; como engajá-los em uma aprendizagem colaborativa com os colegas; como saber a diferença entre bom comportamento e comportamentos de aprendizagem; como conectar informações novas com informações já conhecidas e como praticar reflexões profundas.

Logo descobrimos que muitas escolas não estavam prontas para implementar o modelo de melhoria do *Visible Learning*. Algumas delas estavam apenas em busca de dicas e truques para complementar o seu repertório, ou queriam riscar da lista de tarefas a demanda de precisar se pautar em programas baseados em evidências, ou queriam saber apenas como implementar algumas das principais influências na tabela de classificação do *Visible Learning*, ou nem mesmo haviam convencido os professores quanto à necessidade de melhoria, e muitas outras não haviam sequer diagnosticado quais áreas poderiam ser melhoradas. Nosso lema era: precisamos saber para qual pergunta o modelo *Visible Learning* é a resposta. Desenvolvemos uma escala de preparação com foco na motivação, na capacidade em relação à intervenção, na disponibilidade de recursos (especialmente tempo) e na capacidade mais geral de mudança dentro da escola. A pesquisa de preparação é realizada em conjunto com a avaliação da capacidade escolar. Com essa avaliação, gestores e professores avaliam seu impacto em 16 dimensões, como a concepção de aprendizagem de professores e alunos, o progresso dos alunos para um bom desempenho e o ambiente escolar.

Nas escolas, o nível médio de preparação para a implementação foi de 74%, mas com alta variabilidade (de 20 a 100%). Esse intervalo determinou os níveis iniciais de envolvimento e, em alguns casos em que a pontuação foi muito baixa, pedimos que a escola dedicasse mais tempo e atenção trabalhando com a equipe escolar (por exemplo, com a coleta e a interpretação de evidências da avaliação da capacidade escolar, com o esclarecimento das intenções por trás da implementação do *Visible Learning*, com a leitura de estudos de caso de outras instituições de ensino e com a visita a gestores de escolas que utilizam o modelo *Visible Learning*). Isso permitiria que a equipe estivesse mais preparada e ciente das implicações do modelo e, com isso, aumentaria a probabilidade de o modelo ter o impacto desejado nos estudantes.

Por sua vez, a análise da avaliação da capacidade escolar e da avaliação de prontidão ajudam a decidir intervenções específicas e a construir a lógica do programa nas escolas. No modelo lógico, damos grande importância à identificação dos resultados desejados em curto prazo (em até seis semanas), médio prazo (em até um ano) e longo prazo (de um a três anos). O componente de liderança da avaliação da capacidade escolar está centrado em definir a direção estratégica e o planejamento escolar em relação ao envolvimento com o modelo *Visible Learning* atualizado. Isso implica identificar os aspectos críticos dos resultados dos alunos que são prioridade, assim como reconhecer os conhecimentos e as habilidades dos próprios gestores. Esse trabalho inicial visa a desenvolver as intenções de aprendizagem e os critérios de sucesso para a implementação do *Visible Learning* atualizado, estabelecendo prioridades e habilidades e orientando a interpretação e a triangulação dos dados atuais obtidos das provas escolares, da opinião dos professores, dos trabalhos dos alunos e da opinião deles sobre sua própria aprendizagem.

Os professores queriam se engajar no modelo de intervenção principalmente para aprimorar sua mentalidade; trabalhar de forma mais colaborativa com os colegas (por exemplo, compartilhar dilemas, situações complexas, alunos difíceis e ensinar tópicos da grade curricular); criar um ambiente mais envolvente e seguro na sala de aula, onde os erros sejam vistos como oportunidades de aprendizado; incluir *todos* os alunos nos debates sobre aprendizagem, trabalhar com eles para que compreendam suas intenções de aprendizagem e os critérios de sucesso; melhorar o impacto do *feedback* e criar o hábito de dar *feedback* após cada aula; ir além do conhecimento superficial para uma compreensão mais profunda e transferível; passar da coleta de dados para a interpretação de evidências, a fim de tomar decisões e aplicar intervenções para identificar, estabelecer, promover e valorizar uma abordagem da aprendizagem na escola como um todo (Hattie, K., 2021).

Como parte do diagnóstico, também entrevistamos amostras de estudantes. Em geral, os alunos queriam entender a abordagem da aprendizagem para saber como aprender de forma mais eficaz e mais eficiente, além de saber se aprenderam e alcançaram os critérios de sucesso. Além disso, eles queriam mais *feedback* sobre as próximas etapas da aprendizagem, oportunidades de colocar o *feedback* em prática, mais chances de ouvir a experiência de pares que tiveram uma boa aprendizagem, além de tarefas mais envolventes (o engajamento dos alunos significava que valia a pena realizar as atividades, pois eles podiam ver seu progresso de aprendizagem e não apenas tarefas que eram interessantes, divertidas ou relevantes para o seu futuro).

A avaliação da capacidade escolar foi usada não apenas no início, mas também cerca de um ano após a implementação do modelo, como parte central da avaliação. As mudanças no tamanho de efeito incluíram o seguinte: há uma abordagem de aprendizagem compartilhada na escola (0,83); os alunos são ensinados a fazer avaliações (0,79); os educadores explicam claramente aos alunos quais são as características que esperam de alguém que está aprendendo (0,62); os educadores estão familiarizados com diferentes formas de *feedback* eficazes (0,58); o plano da escola inclui um foco no desenvolvimento de alunos capazes de fazer os trabalhos (0,57); os educadores têm uma visão clara do tipo de aluno que querem ter em sua escola (0,48); os alunos têm oportunidades de dar *feedback* aos professores (0,47); e os professores deixam claro para os alunos quais são os critérios de sucesso e as intenções de aprendizagem (0,42). Após a implementação do modelo de melhoria em todo o sistema escolar, 100% dos gestores escolares afirmaram que houve impactos significativos na aprendizagem como resultado da participação no programa. Entre 70 e 80% observaram um aumento no uso de informações para embasar decisões na sala de aula e na escola, melhorias na abordagem da aprendizagem, maior engajamento dos alunos e impacto positivo na prática dos professores. Além disso, 84% perceberam uma melhoria no desempenho escolar dos alunos.

Os efeitos relacionados ao aproveitamento escolar foram mais difíceis de capturar, mas ainda assim foram essenciais para avaliar o modelo. No geral, houve um aumento de 10% de estudantes que alcançaram ou excederam os padrões de desempenho dos seus respectivos países (ou regiões) um ano após a implementação do modelo. O aumento do tamanho de efeito em exames padronizados de leitura e matemática foi maior do que o aumento em exames com amostras normativas (uso das normas do manual do exame). Blewdin e Baldwin (2015), por exemplo, avaliaram a implementação do *Visible Learning* ao longo de dois anos em 32 escolas (3.172 estudantes) em Queensland. Os resultados dos exames de aproveitamento (matemática e leitura) mostraram que os alunos do 1º e do 6º anos tiveram notas mais altas e progrediram em taxas significativamente maiores do que estudantes não envolvidos no modelo *Visible Learning*.

Uma avaliação independente da implementação do modelo em 31 escolas em Estocolmo (Frej; Janson; Ödalen, 2017) concluiu que o *Visible Learning* "contribui para o desenvolvimento sustentável de uma escola, com uma abordagem coerente, que reúne diferentes esforços de desenvolvimento e pode criar um uso comum da abordagem em relação ao processo de ensino e aprendizagem". O relatório destacou outros efeitos, como a dedicação dos alunos para usar de forma diferente a abordagem durante a aprendizagem, o que aumentou a qualidade de suas discussões sobre desenvolvimento e, em geral, melhorou o debate sobre aprendizagem entre alunos e professores. Os gestores escolares consideraram que o modelo era o elemento unificador, a peça que faltava para o quebra-cabeça. Assim ficou mais fácil envolver o corpo docente em projetos conjuntos de desenvolvimento, aumentar o consenso na escola sobre os processos de ensino e de aprendizagem e acabar com a ideia de que cada um é uma ilha. O modelo também permitiu criar uma nova abordagem de uso comum para os processos de ensino e de aprendizagem, aprimorar o profissionalismo e aumentar o interesse dos professores em discutir e observar o ensino dos outros educadores.

Portanto, agora existe uma abordagem profundamente enraizada e abrangente na escola: todos podem aprender e todos podem progredir na aprendizagem. Os estudantes também adotaram uma nova maneira para aprender, aumentando muito a qualidade das discussões sobre desenvolvimento levantadas por eles. Os alunos avaliaram melhor o nível da própria aprendizagem e, em geral, melhoraram o debate sobre aprendizagem entre alunos e funcionários.

Leeson (2017) avaliou a implementação em mais de 150 escolas em todo o Território do Norte da Austrália. Os gestores escolares classificaram indicadores de referência da avaliação da capacidade escolar no início do processo de implementação (sobre suas próprias escolas). A seguir, há uma amostra de 10 escolas (cada linha representa uma delas). As cores indicam a presença das medidas, separadas por "não presentes" (em vermelho), "parcialmente presentes" (em laranja), "visíveis na escola" (em verde) ou "totalmente integradas à escola" (azul).[2] A linha superior representa as quatro áreas principais do método *Visible Learning*. No fim dos três anos, as áreas principais na maioria das escolas foram de "não presentes" para "visíveis na escola" ou "totalmente integradas à escola" (Figuras 1.4a, 1.4b e 1.4c).

As mudanças em alguns dos principais indicadores durante os três anos são mostradas na Figura 1.5. A primeira linha em cada barra no gráfico é a linha de base, e as três linhas subsequentes indicam como a média de todas as avaliações dos professores e gestores escolares melhorou durante os três anos. A conclusão geral da equipe de avaliação foi que há evidências suficientes para indicar que o modelo *Visible Learning* continua

Aluno do modelo *Visible Learning*				Conheça seu impacto				Ensino contagiante e com paixão				*Feedback*			
Visão e valores	Conhecimento e compreensão	Qualidades pessoais	Práticas profissionais	Visão e valores	Conhecimento e compreensão	Qualidades pessoais	Práticas profissionais	Visão e valores	Conhecimento e compreensão	Qualidades pessoais	Práticas profissionais	Visão e valores	Conhecimento e compreensão	Qualidades pessoais	Práticas profissionais
1	1	1,5	1	1	1	1	1	1	1	1	1	1	1	1,5	1
2	2,5	2	2,5	2	2,5	1,5	2	3	2	2	3	NA	1	2	1
1	1	1,5	1,5	2	1,5	1	1,5	2	2	2	2	1,5	1	1,5	1
2	1	1,5	1,5	2	1	1	1,5	2	1	1,5	1	1	1	1,5	1,5
1	1	1	1	1	1	1	1	1	1	1	1	1	1	1	1
1	2	1,5	1,5	2	2	1	2	2	2	2	1	1	1	1,5	1,5
1	2	2		2	1,5	1	2	2	1	1,5	1,5	1	1	1,5	
1	1	1,5	1	1	1	1	2	2	1	1,5	1	1	1	1,5	1,5
NA	NA	NA	NA	NA	NA	3	1,5	2	2	2	2	NA	1	NA	1
1	1,5	1	1,5	1	1,5	2	2	1	1	2	1,5	2	1	1,5	1
1,22	1,44	1,50	1,44	1,56	1,44	1,35	1,65	1,90	1,40	1,65	1,50	1,19	1,00	1,50	1,17

Figura 1.4a Linha de base da avaliação da capacidade escolar.

---

[2] N. de E.: Acesse a página do livro em loja.grupoa.com.br para ver todas as imagens em cores.

Aluno do modelo *Visible Learning*				Conheça seu impacto				Ensino contagiante e com paixão				*Feedback*			
Visão e valores	Conhecimento e compreensão	Qualidades pessoais	Práticas profissionais	Visão e valores	Conhecimento e compreensão	Qualidades pessoais	Práticas profissionais	Visão e valores	Conhecimento e compreensão	Qualidades pessoais	Práticas profissionais	Visão e valores	Conhecimento e compreensão	Qualidades pessoais	Práticas profissionais
2	2	1,5	1,5	2,5	2,5	2	2,5	2,5	2	2	2	1,5	1	1,5	1
3	2,5	3	2,5	3	3	2,5	2,5	3	3	2,5	3	2	1	2	2
3	2,5	2	2	3	2,5	2	3	3	2,5	2	2,5	3	2	2	2
2	1,5	1,5	1,5	2	2	2	2	3	2	2	2	1,5	1	1	1,5
3	2	2	1,5	3	2,5	2,5	3	3	2	2,5	2	1,5	1	2	2
3	2,5	2	2,5	3	3	2,5	2,5	3	3	2,5	2,5	3	2	2,5	2,5
3	2	2	2	3	2,5	2	2	3	2,5	2,5	2	2	1	2	2
2	2	2	2	3	2	2,5	2,5	3	2	2	2	2	1,5	2	2
3	2	2	2	3	2	2	2,5	3	2	3	2,5	1	1	2	1
2	1,5	2	1,5	2,5	2,5	2,5	2	2	2	2	2	1	1	1,5	1,5
2,60	2,05	2,00	1,90	2,80	2,45	2,25	2,45	2,85	2,40	2,30	2,25	1,85	1,25	1,85	1,70

Figura 1.4b Fim do primeiro ano.

Aluno do modelo *Visible Learning*				Conheça seu impacto				Ensino contagiante e com paixão				*Feedback*			
Visão e valores	Conhecimento e compreensão	Qualidades pessoais	Práticas profissionais	Visão e valores	Conhecimento e compreensão	Qualidades pessoais	Práticas profissionais	Visão e valores	Conhecimento e compreensão	Qualidades pessoais	Práticas profissionais	Visão e valores	Conhecimento e compreensão	Qualidades pessoais	Práticas profissionais
4	2	2	1	4	3	3	3,5	3	2	2,5	2,5	3	3	3	3
4	3,5	3,5	3	4	4	4	4	4	3	4	4	4	4	3.5	4
3,5	3	2,5	3	4	3,5	3	3,5	4	4	3	3	3	2	2,5	3
3,5	2,5	2,5	3	2	2,5	3	3	4	3	3	2,5	2	2	2,5	2,5
4	2,5	2	2	3	1,5	1	1	4	2	2	2,5	1	1	1,5	1,5
4	4	3,5	3	4	3,5	3	4	4	4	3,5	4	3	2	3,5	3,5
4	4	4	2,5	3	3	2	3,5	4	4	3	3,5	3	2	3	2
4	3	3,5	2,5	1,5	2,5	3	2	3	3	2,5	3	3	3	3	3
3	3,5	4	4	2,5	2,5	4	3	3	4	4	4	3	1	3,5	3,5
2	2	2	1	2	3	2	2	2	2	3	3	3	1	2,5	2
3,70	3,00	2,95	2,50	3,00	2,90	2,80	2,95	3,50	3,10	3,05	3,20	2,80	2,40	2,85	2,80

Figura 1.4c Fim do segundo ano. Extrato da matriz de capacidade escolar para 11 escolas ao longo de três anos de intervenção do modelo *Visible Learning*.

influenciando positivamente o progresso da capacidade dos gestores e professores da escola nas quatro áreas principais da avaliação da capacidade escolar.

As maiores mudanças observadas nas salas de aula, do período pré e pós-implementação, ocorreram especificamente em relação às perguntas feitas para esclarecer as intenções de aprendizagem (de 39 para 55%), ao trabalho em grupo dos estudantes e às conversas significativas entre eles (de 19 para 32%), à afirmação dos alunos de que estavam aprendendo e conversando com os colegas e com o professor sobre aspectos da aprendizagem (de 31 para 63%), aos alunos ajudando os colegas a aprender (de 37 para 72%), aos estudantes pedindo *feedback* e vendo os erros como oportunidades para melhorar (de 39 para 81%) e aos alunos cientes das etapas de aprendizagem (de 30 para 52%). Em relação aos indicadores de aproveitamento, os dados sobre leitura e matemática mostram um aumento estatisticamente significativo entre o primeiro ano e o segundo ano, além de um aumento do tamanho de efeito superior a 0,4, o que pode ser atribuído ao modelo de aprendizagem profissional entre alunos do 1º ao 6º ano. Também é visível um aumento do tamanho de efeito superior a 0,4 em relação à leitura entre alunos do 7º ano à 1ª série

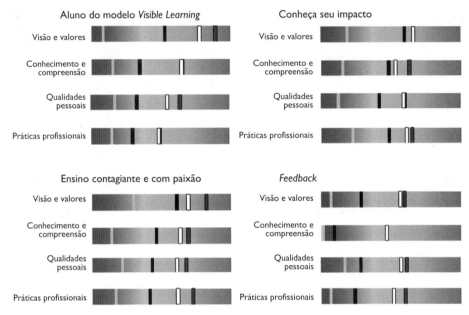

Figura 1.5 Médias de referência do primeiro, do segundo e do terceiro ano para cada indicador de capacidade.

do ensino médio? O executivo-chefe nos contou que a implementação do modelo *Visible Learning* nas escolas governamentais do Território do Norte da Austrália tem mostrado um impacto visível de acordo com os dados do Exame Nacional Australiano.

Em outro estudo, um modelo estrutural foi desenvolvido para estabelecer como os componentes do *Visible Learning* impactavam o desempenho escolar dos alunos (Leeson, 2017). Com o modelo dessas relações, é possível prever o efeito causal do *Visible Learning* no desempenho escolar. O aumento foi particularmente evidente para os estudantes de baixo ou médio desempenho. Da mesma forma, embora em menor grau, a melhoria nos construtos das pesquisas sobre estruturas mentais também estava relacionada a uma melhoria no desempenho escolar dos alunos (Leeson, 2016). A Figura 1.6 mostra o modelo que melhor se adequou aos dados empíricos coletados para cada um dos componentes do modelo (Leeson, 2017).

Os resultados mostram que os avanços das escolas em suas avaliações de capacidade escolar tiveram relação direta com a melhoria do desempenho escolar dos estudantes ($r = 0{,}78$). As áreas principais (aluno do modelo *Visible Learning*, ensino contagiante e com paixão e *feedback*) foram especialmente indicativas de desempenho escolar dos alunos. Além disso, o desenvolvimento das aspirações dos gestores (ou seja, visão e valores) ($r = 0{,}85$) e suas ferramentas e ações estratégicas ($r = 0{,}79$) tiveram relação direta com a melhoria do desempenho escolar dos estudantes ao longo do ano.

Um dos principais focos do modelo *Visible Learning* é aprimorar as 10 estruturas mentais dos professores; cerca de 30 mil educadores participaram da pesquisa de estruturas mentais (estimativa de coeficiente de confiabilidade alfa = 0,75). A Figura 1.7 mostra as médias dos anos 1 e 2; o tamanho de efeito muda do ano 1 para o ano 2. As melhorias mais significativas estão relacionadas a "eu reconheço que as avaliações são relevantes para o meu desempenho", "eu consigo focar na aprendizagem" e "eu peço e recebo *feed-*

Aprendizagem visível 17

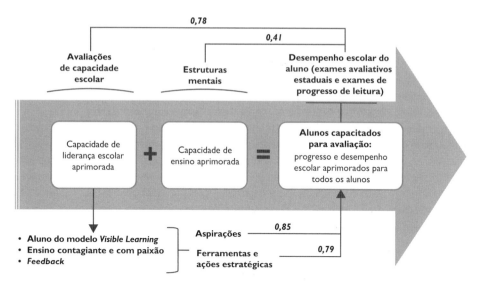

Figura 1.6 Ferramentas de avaliação (modelo) para avaliar o impacto no progresso de desempenho dos alunos conforme os dados.
Fonte: Leeson (2017).

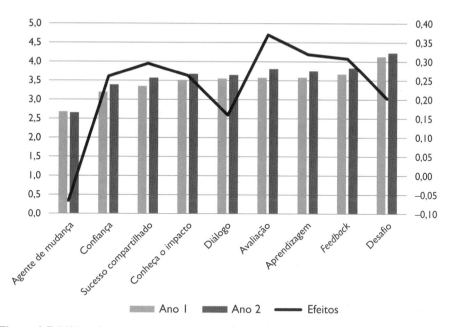

Figura 1.7 Médias das estruturas mentais e mudanças do ano 1 para o ano 2.

back", e a menor mudança está em "eu me vejo como um agente de mudança". Alterar a mentalidade, o pensamento avaliativo e a experiência dos professores para melhorar a aprendizagem dos alunos (a essência de "eu sou uma agente de mudança") é a parte mais desafiadora do modelo. Por que é tão desafiador para nós, profissionais da educação, reconhecermos e valorizarmos nossa própria *expertise*?

ESTRUTURAS MENTAIS

Um ponto importante do livro *Visible Learning* foi enfatizar a importância de direcionar a atenção ao padrão de pensamento e às estruturas mentais dos educadores que são os principais determinantes de sucesso na aprendizagem, em vez de dar atenção à estrutura da sala de aula ou da escola e à forma de ensinar. O que importa principalmente é como os educadores pensam. Essa linha de pensamento serve como uma base para selecionar estratégias de alto impacto, implementá-las com precisão e avaliar se elas realmente beneficiam os alunos. Consequentemente, identificamos 10 estruturas mentais específicas que são relevantes para professores, gestores escolares, pais e alunos. Nosso trabalho mais recente aprofundou a base principal dessas estruturas mentais, concentrando-se no pensamento avaliativo (Capítulo 3). As 10 mentalidades para professores (Capítulo 9) e gestores escolares (Capítulo 7) abordam questões relacionadas a impacto, mudança e desafio, além do processo de aprendizagem.

Impacto

1. Eu avalio meu impacto na aprendizagem dos alunos.
2. Para mim, a avaliação é uma forma de identificar meu impacto e os próximos passos.
3. Colaboro com meus colegas e alunos compartilhando minhas concepções de progresso e meu impacto.

Mudança e desafio

4. Sou um agente de mudança e acredito que todos os alunos podem melhorar.
5. As tarefas devem ser desafiadoras.

Foco na aprendizagem

6. Dou *feedback* e ajudo os alunos a entendê-lo, bem como compreendo o *feedback* que recebo e ajo com base nele.
7. Eu me envolvo no assunto quando estou explicando-o e quando estou discutindo-o com os alunos.
8. Informo claramente aos alunos, desde o início, o que se espera deles.
9. Construo uma relação de confiança para que a aprendizagem ocorra em um ambiente seguro para cometer erros e aprender com os outros.
10. Direciono minha atenção à aprendizagem e à abordagem da aprendizagem.

Também desenvolvemos estruturas mentais para estudantes (Capítulo 5), pais (Capítulo 6), cultura escolar e ambiente escolar (Capítulo 7).

COMENTÁRIOS FINAIS

Este livro trata sobre as ideias e as noções fundamentais subjacentes às evidências das mais de 2.100 metanálises. O modelo apresentado no Capítulo 3 utiliza essas evidências dos estudos, ampliadas com experiências da implementação por meio do *Visible Learning* em mais de 10 mil escolas para criar um conjunto de proposições. Nos capítulos subsequentes, resumo os principais pontos das influências, e a maioria deve ser lida com as elaborações feitas no livro *Visible Learning*. Para mais informações, é essencial acessar o *Meta x*™ para ver as evidências detalhadas e as referências das metanálises.

2

Metanálise e críticas à aprendizagem visível

O jogo de palavras cruzadas do *New York Times* de 26 de novembro de 2019 menciona a dica "Métodos de estudo de dados agrupados", e a resposta é "metanálises". É um grande acontecimento quando uma palavra é considerada tão comum para aparecer nas palavras cruzadas de domingo do *New York Times*. Além disso, o número de citações no Google Acadêmico mostra o quanto a metanálise foi disseminada: 3,5 milhões para "metanálise", 2,3 milhões para "metanálise e resultados", 4,3 milhões para "medicina", 3,7 milhões para "meio ambiente", 2,7 milhões para "psicologia" e 2,4 milhões para "economia". A metanálise, inventada por Gene Glass na década de 1970, tem sido amplamente usada e criticada. É um *método* e, como todos os métodos, pode ser implementado bem ou mal. Nos primeiros anos, as metanálises geralmente eram resumos de muitos estudos; depois, elas ficaram mais sofisticadas estatisticamente (*g* de Hedges, medidas de heterogeneidade, modelos aleatórios, etc.). As mais recentes defendem interpretações mais abrangentes, mas ainda há poucas que avaliam explicações alternativas. Houve mais de 2.100 metanálises em educação relacionadas a resultados de desempenho, além de muitas relacionadas a outros resultados escolares (atitude, motivação, estratégias de aprendizagem) e à medicina. O método se expandiu a muitas outras áreas. A metanálise é uma abordagem sistemática de revisão de pesquisa, sendo muito menos tendenciosa do que muitos métodos tradicionais de revisão.

Imagine que você quer usar o ensino recíproco para ensinar as habilidades de resumir, questionar, esclarecer e prever. Você faz uma pesquisa no Google e no Google Acadêmico e nota que há vários estudos: alguns alegando que o método é válido, e outros, o contrário. No que acreditar? Então, você procura uma revisão. As revisões tradicionais reúnem vários estudos, resumem as principais descobertas e descrevem os moderadores (fatores que influenciam o ensino recíproco, como a idade dos alunos e o seu domínio do tema). A crítica a esse método tradicional é que pode haver vieses na escolha dos estudos. Se o autor já estiver predisposto a achar que o ensino recíproco vale a pena, ele pode omitir artigos que concluem o contrário ou criticar sua metodologia, por exemplo. Gene Glass (1976) estudou como codificar cada artigo para o tamanho de efeito do ensino recíproco e como codificar os moderadores para que houvesse uma maneira mais sistemática de saber o tamanho de efeito em diferentes circunstâncias (por exemplo, quais moderadores são importantes). Portanto, desde o início, as duas principais estatísticas de interesse são o valor médio do impacto e a variabilidade em torno dessa média. Fundamentalmente, a metanálise ainda é um método de revisão. A revisão é a base do nosso trabalho — muitas vezes, começamos pesquisando o que já foi feito.

Esse exemplo mostra três benefícios significativos da metanálise: é menos tendenciosa na escolha dos estudos para revisão (embora todas as revisões devam ser transparentes sobre o modo de selecionar os estudos), determina uma medida geral do impacto (tamanho de efeito) e questiona sobre os moderadores. Muitos críticos apontam a falha da média, e eles estão certos em fazer isso. A média só faz sentido se (a) não houver heterogeneidade de efeitos (o que é muito improvável) e (b) não houver moderadores conhecidos. Na educação, sempre procuramos esses moderadores e, mesmo que não consigamos encontrá-los, devemos continuar buscando. Uma grande contribuição da metanálise é a pesquisa e a metodologia para descobrir a importância de vários moderadores (ou não).

As metanálises podem variar em qualidade. Algumas são baseadas em menos de cinco estudos (estas não estão incluídas no *Meta x*™), algumas incluem moderadores mínimos (na verdade, em todas as metanálises, não há grande profundidade de moderadores), algumas incluem estimativas incorretas dos tamanhos de efeito, como muitas metanálises sobre estilos de aprendizagem (ver o livro *Visible Learning*), e algumas apresentam discussões e orientações limitadas para trabalhos futuros. Raramente as metanálises comparam as diferentes influências ou mencionam os custos (dinheiro e tempo), o grau e a fidelidade da implementação. Ainda assim, muitos afirmam que as descobertas são críticas quando a média geral é estatisticamente significativa a partir de zero, em vez de comparar com a magnitude de outras influências.

A aprendizagem visível não se baseia em uma metanálise de estudos primários, mas na metassíntese de muitas metanálises. Quando o livro *Visible Learning* foi publicado, isso tudo era novo, mas agora existem muitas outras sínteses e, certamente, esse é o caso da medicina (a intervenção e os resultados podem ser mais diretos). Na medicina, usa-se o termo "revisão guarda-chuva" para a síntese da síntese (Papatheodorou, 2019). Na educação, os termos são "metanálise de segunda ordem", "meta-metanálise" e, meu preferido, "síntese de metanálises". Há um número crescente dessas sínteses: ensino da língua inglesa (Alsowat, 2020), criatividade (Costa *et al.*, 2015), formação inicial de professores (*Dunst et al.*, 2020),[1] contexto socioeconômico (Harwell *et al.*, 2017; Korous *et al.*, 2020), tecnologia digital (Higgins; Xiao; Katsipataki, 2012; Tamim *et al.*, 2011; Young, 2017), sala de aula invertida (Kapur *et al.*, 2022), envolvimento dos pais (Kim, 2022), ensino de matemática e ciências (Knogler; Hetmanek; Seidel, 2022), ensino a distância e *on-line* (Martin *et al.*, 2022), *design* multimídia (Noetel *et al.*, 2022) e ensino superior (Schneider; Preckel, 2017).

Uma das vantagens dessas metassínteses é que, como o número de estudos é maior, pode-se focar mais nas possíveis causas das heterogeneidades, como a presença de estudos discrepantes. Além disso, temos uma visão geral um pouco melhor dos possíveis efeitos moderadores e mais tolerância para pesquisas complexas sobre questões de poder e vieses. Por exemplo, van Aert, Wicherts e van Assen (2019) estudaram os possíveis vieses que podem surgir em razão de uma amostra pequena, de medidas não confiáveis e do poder dos estudos. Os autores reuniram 83 metanálises publicadas no *Psychological Bulletin* e 499 revisões sistemáticas do *Cochrane Database of Systematic Review*. Eles encontraram poucas evidências de superestimação e evidências fracas de viés de publicação em psicologia e medicina (mas

---

[1] Referências que começam com um * estão disponíveis em www.visiblelearningmetax.com.

confira Kvarven, Strømland e Johannesson, 2020). Porém, como todas as revisões, o valor da metassíntese está na qualidade da interpretação, na construção, defesa ou crítica de modelos para ampliar as interpretações e nas novas questões que podem surgir.

Neste livro, a evidência é baseada em 2.103 metanálises. No título, mencionamos mais de 2.100 porque, na maioria dos casos, considera-se apenas o efeito médio por metanálise, mas, quando há mais de um conjunto de influências em um estudo, elas também são incluídas (210 metanálises incluem mais do que um efeito; portanto, a amostra total é de 2.313). As metanálises são segmentadas em domínios e subdomínios, embora possa haver outras maneiras de dividir essas influências. A Tabela 2.1 lista os domínios, subdomínios e

TABELA 2.1 Capítulos, domínios e subdomínios ao longo deste livro

Domínio	Subdomínio	Capítulo	Domínio	Subdomínio	Capítulo
Aluno	Conhecimento prévio e experiência Crenças, atitudes e propensões Abordagens motivacionais Influências do meio	5	Currículo	Leitura, escrita e ortografia Teatro, artes, música Matemática e ciências Outras disciplinas	10
Casa	Recursos familiares Estrutura familiar Ambiente doméstico	6	Ensinar com intenção	Intenções de aprendizagem Critérios de sucesso *Feedback*	11
Escola e sociedade	Finanças e prestação de contas Tipos de escolas Intervenções pré-escolares Efeitos da organização escolar Liderança	7	Estratégias de aprendizagem	Habilidade, disposição e emoção Conhecimento superficial, conhecimento profundo e conhecimento transferível	12
			Estratégias de ensino	Estratégias para ensinar o saber-que Estratégias para ensinar o saber-como e o saber-com	13
Sala de aula	Efeitos da organização da sala de aula Gestão da sala de aula Clima da sala de aula	8	Tecnologia	Redes sociais Ensino a distância Aplicativos, jogos e simulações Usos de consolidação da tecnologia	14
Professor	Atributos dos professores Formação dos professores	9	Toda a escola e fora da escola	Programas para toda a escola Programas fora da escola	15

capítulos relevantes deste livro, em que cada um é discutido com mais detalhes. Dentro de cada subdomínio, há classificações adicionais das influências em cada capítulo.

A Tabela 2.2 apresenta uma visão geral de cada um dos domínios, mostrando os efeitos maiores, que estão sob o controle do professor ($d = 0,44$: escolhas curriculares, estratégias de ensino, aprendizagem do aluno, tecnologia, professor), em comparação com aqueles que estão menos sob controle ($d = 0,21$: aluno, casa, escola, toda a escola e fora da escola).

Surpreendentemente, apenas metade das 2.103 metanálises incluiu informações sobre o tamanho da amostra dos vários estudos em uma metanálise. O N total dessas 988 metanálises é de 200.863.503 estudantes. Uma projeção do N total, portanto, poderia ser 200.863.503 ÷ 988 × 2.103 = 427.546.505. Mas suponha que 40% dos estudantes sejam repetentes. Isso reduz a estimativa para 256.527.903. Outra estimativa mais justificável do tamanho da amostra é imputar o número médio de estudantes por estudo a partir das 500 metanálises com os menores dados de amostra (número de estudos × 92 estudantes). A estimativa geral foi de cerca de 207 milhões. Seja como for, é uma amostra grande.

Mais importante é o índice de robustez (que será descrito posteriormente — uma classificação de 1 é atribuída se não houver o N), porque é um indicador de confiança mais justificável nas descobertas.

TABELA 2.2 Estatísticas resumidas para cada domínio

Domínio	N° de meta-nálises	N° de estudos	N° total estimado	N° de efeitos	Tamanho de efeito	Tamanho de efeito ponderado	Erro padrão
Aluno	373	26.245	67.186.805	104.174	0,24	0,23	0,06
Casa	117	6.676	24.192.643	16.696	0,15	0,15	0,08
Escola	146	7.446	10.510.357	26.150	0,19	0,20	0,06
Sala de aula	120	4.752	10.686.418	18.689	0,21	0,22	0,06
Professor	81	3.837	7.104.805	8.310	0,53	0,55	0,05
Currículo	377	17.228	20.639.762	52.289	0,5	0,50	0,08
Aprendiza-gem do aluno	278	15.821	3.726.064	30.694	0,55	0,53	0,09
Estratégias de ensino	423	29.867	11.758.883	56.751	0,51	0,51	0,09
Tecnologia	350	18.905	7.443.108	32.917	0,36	0,34	0,09
Estratégias na escola e fora da escola	48	1.612	43.887.942	6.406	0,25	0,24	0,05
Total	2.313	132.389	207.136.787	353.076	0,42	0,42	0,07

A distribuição dos efeitos de todas as metanálises (número de efeitos) e os efeitos resumidos estão representados na Figura 2.1. Quase não existem efeitos que influenciem negativamente o desempenho, e a maioria deles pode ser explicada, já que são emoções negativas, como tédio, procrastinação, ansiedade, assiduidade, *bullying*, doença e depressão. Existem, no entanto, alguns efeitos escolares negativos, como mobilidade, repetência, tempo de tela e alunos que se sentem excluídos ou rotulados. Pelo contrário, a maioria das influências impacta positivamente o desempenho dos alunos. Repetindo uma descoberta importante do *Visible Learning*, afirmar que podemos aumentar o desempenho não faz diferença alguma — quase todo mundo pode. O importante é o que, de forma subjacente, melhor discrimina as influências acima (em vermelho) e abaixo (em amarelo) da média (de 0,42).[2] Como esperado, a distribuição resumida exclui alguns efeitos maiores e menores.

Os barômetros do *Visible Learning* não estão incluídos neste livro, porque ocupariam muito espaço, já que agora existem mais de 350 influências, então Janet inventou um novo diagrama para sintetizar a ideia geral (Figura 2.2). Dentro do termômetro, ou medidor de temperatura, a média da influência é indicada com o intervalo de confiança dessa

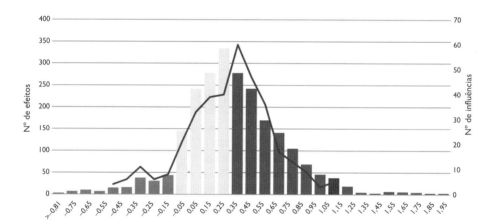

Figura 2.1 Distribuição do número de efeitos e efeitos resumidos.

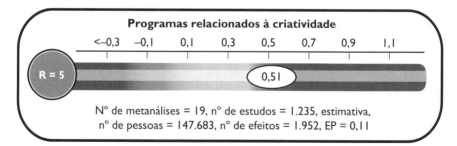

Figura 2.2 Termômetro/medidor de temperatura representando as informações resumidas, o tamanho médio de efeito, o intervalo de confiança em torno dessa média e o índice de robustez.

---

[2] N. de E.: As Figuras 2.1 e 2.2 podem ser vistas em cores na orelha do livro. As demais imagens estão disponíveis na página do livro em loja.grupoa.com.br.

média apontado pelas extremidades do círculo. Abaixo do termômetro, estão os dados resumidos de número de metanálises, número de efeitos e número estimado de pessoas. No círculo à esquerda, está o índice de robustez (ver Figura 2.2). Metaforicamente, a temperatura mais alta à direita (indicada em vermelho) simboliza impactos mais significativos — o impacto do sol e a energia são mais altos. Por sua vez, efeitos menos expressivos são representados à esquerda e são associados a temperaturas mais baixas (indicadas em azul). Portanto, usar a influência dos programas de criatividade, com um tamanho de efeito de 0,51, é um exemplo de "prática vermelha", que pode acelerar a aprendizagem do aluno na sala de aula. O círculo branco mostra os limites inferior e superior da média (+−2 erros padrão próximos à média), ou seja, os limites de confiança próximos ao tamanho médio de efeito. Para aquelas influências em que há apenas uma metanálise ou não há informações suficientes para estimar um erro padrão (EP), é usada a média EP = 0,08. O educador pode ter altos níveis de robustez (ver Tabela 2.16) nessa estimativa, conforme indicado pela robustez de 5, em uma escala de 1 (mais baixa) a 5 (mais alta).

CRÍTICAS À METANÁLISE

O ponto importante é que a metanálise é apenas um método e, como todos os métodos, gerou muita discussão. Em um *blog*, foi compilada uma lista das críticas ao *Visible Learning*, a exemplo das seguintes:

- "Pode levar a conclusões equivocadas." (Snook *et al.*, 2009)
- "É uma bagunça, um uso totalmente errado da estatística." (Berk, 2011)
- "É como fazer *bullying* por meio dos números." (Wrigley, 2015)
- "É uma pseudociência tão frágil quanto um castelo de cartas." (Bergeron; Rivard, 2017)
- "Parece trabalho de fundo de quintal, não ciência." (Seth, 2017)
- "Uma seita. . . uma tragédia para os gestores escolares." (Eacott, 2017)
- "Quais serão os pontos cegos na meta-metanálise de Hattie?" (McKnight; Whitburn, 2020)

Vou abordar essas críticas de duas maneiras. Primeiro, vou falar sobre as críticas à metanálise, ou síntese de metanálises, e depois sobre as críticas específicas à aprendizagem visível.

Desde que Glass descreveu o método pela primeira vez, houve contribuições importantes para aprimorá-lo. Nesta seção, vou resumir algumas das principais críticas e apresentar evidências para elaborar cada uma. delas Wiliam (2016) fez a crítica mais robusta ao salientar que não é contra a metanálise e que os tamanhos de efeito representam uma "[...] grande melhoria em relação aos métodos anteriores para relatar os resultados de estudos na área da educação" (Wiliam, 2016, p. 82). Contudo, ele acha que a abordagem pode ser mal utilizada e mal interpretada. Eu concordo, mas discordo de suas duas conclusões: a afirmação de que a metanálise "não é uma técnica adequada para resumir os efeitos de diferentes abordagens para melhorar a aprendizagem dos alunos" e a recomendação de "revisões de pesquisa baseadas nas melhores evidências disponíveis" (o que, ironicamente, inclui muitas metanálises), que precisam "[...] levar em consideração a qualidade dos estudos, a relevância das descobertas sobre a faixa etária específica que está sendo ensinada e os contextos dos professores e dos alunos" (Wiliam, 2016, p. 98). A seguir, destaco cinco observações importantes de William.

Intensidade e duração da intervenção

As interpretações devem considerar o tamanho dos grupos afetados pela intervenção, sua duração e sua intensidade. Essa necessidade já vem sendo observada há muito tempo e é principalmente por causa dela que Glass foi inflexível em relação à importância de usar moderadores em uma metanálise. Entre os pontos fortes da metanálise estão a qualidade, a riqueza e as informações desses moderadores. Na área da educação, as intervenções de curta duração costumam ter um efeito maior do que as intervenções de longa duração. Isso acontece provavelmente porque implementar a inovação é um momento de entusiasmo para o professor e para os alunos, sendo possível perceber se a intervenção está fazendo diferença ou não. Existem, no entanto, poucas metanálises que codificam a natureza e a intensidade das intervenções, a fidelidade e a dosagem da implementação. Vou explorar isso posteriormente na metassíntese de intervenções de sala de aula invertida (Capítulo 13). Portanto, William está correto ao dizer que é importante uma codificação mais eficaz para moderadores mais ricos, especialmente em relação à implementação.

O problema dos estudos jogados dentro da gaveta

Com base no argumento de que todo mundo adora vencer, muitos críticos sugerem que os pesquisadores não estão inclinados a publicar estudos com resultados desfavoráveis. Por isso, as revisões baseadas apenas em estudos publicados poderiam exagerar o tamanho real de efeito. O problema dos estudos jogados dentro da gaveta mostra que nenhum efeito publicado é reduzido a zero. Rosenthal (1979) apresentou um método para estimar um número, à prova de falhas, de artigos não publicados com efeito médio nulo que seria necessário para contrariar o tamanho de efeito relatado. Com seu método, é possível entender se esse número é convincente para ameaçar a conclusão geral do pesquisador. Para mostrar as relações, a Tabela 2.3 apresenta o número de metanálises, o número de estudos, o tamanho de efeito e o número de estudos engavetados para as metanálises com $d > 0,2$ (valor usado para fazer a estimativa à prova de falhas baseada em Orwin, 1983). Existem 39 metanálises com menos de 25 estudos (média = 15 estudos), cada uma com uma média de 114.404 estudantes, 26 tamanhos de efeito e uma média de 0,21. Para reduzir a média atual a uma diferença não significativa de zero, precisa haver apenas oito estudos por metanálise em uma gaveta com < 0,2 ou efeitos negativos — e encontrar

TABELA 2.3 Número de estudos, metanálises, estudos, tamanho de efeito, número de publicações à prova de falhas e medida de robustez

N° de estudos	N° de meta-nálises	N° de estudos	N° de pessoas	N° de efeitos	Tamanho de efeito	À prova de falhas	Robustez
< 25	39	15	114.404	26	0,21	8	1
26–100	91	64	622.515	162	0,38	271	2
101–1.000	196	363	378.497	1.081	0,42	3.777	4
> 1.000	30	1.839	2.559.527	4.191	0,45	167.931	5

esses oito estudos parece muito plausível. Uma vez que o número de estudos ultrapasse 100 estudos, o nível de plausibilidade da conclusão diminui (embora ainda seja necessário cautela se os efeitos forem superestimativas do verdadeiro valor devido ao baixo poder estatístico ou a vieses de publicação). A medida de robustez (apresentada na Tabela 2.16) inclui a estimativa dos estudos jogados na gaveta e deve ser usada para indicar a potência e a confiabilidade dos resultados das metanálises. Pode-se confiar nos resultados quando a medida de robustez é 3 ou maior. Abaixo disso, é preciso ter cuidado, pois são necessários mais estudos para ter mais estabilidade nas estimativas.

Dependência do tamanho de efeito com a idade

Wiliam (2016) observou que a variabilidade de estudantes mais velhos tende a ser maior do que a de estudantes mais jovens e de estudantes com e sem necessidades educacionais especiais. Isso acaba sendo problemático quando comparamos medidas mais genéricas (como alfabetização e habilidades matemáticas) em uma ampla faixa etária. Nesses casos, espera-se que haja maiores ganhos (tamanhos de efeito) para os estudantes mais jovens do que para os mais velhos. No entanto, isso não significa que não possamos obter efeitos maiores com estudantes mais velhos. Ao contrário das afirmações de Wiliam (2016), os efeitos da idade foram discutidos no *Visible Learning* e serão discutidos também ao longo deste livro. Além disso, nas metanálises, há semelhança nos tamanhos de efeito médios por idade (Tabela 2.4). A ideia é verificar a idade ou o histórico dos moderadores e onde eles estão presentes, depois anotá-los e discuti-los.

Eficácia do ensino em relação às medidas de resultado

A alegação é que, para tornar significativa a combinação dos resultados de diferentes estudos, é necessário supor que a intervenção tenha o mesmo impacto com as diferentes medidas de resultados (por exemplo, notas atribuídas pelo professor, notas de exames nacionais, notas estabelecidas por pesquisadores, etc.) e que as medidas usadas consigam indicar de modo preciso como a intervenção afeta o ensino. Wiliam afirmou que isso poderia ser resolvido se os estudos fossem codificados com base na relação entre a avaliação e a apresentação do conteúdo, por exemplo avaliações aplicadas imediatamen-

TABELA 2.4 Tamanhos de efeito moderados pela idade dos participantes

Idade/nível	Média	Desvio padrão (DP)	N
Educação infantil	0,40	0,25	117
Ensino fundamental	0,36	0,34	130
Ensino médio	0,32	0,33	73
Da educação infantil ao ensino médio	0,36	0,35	56
Ensino superior	0,42	0,39	168
Educação de jovens e adultos	0,40	0,46	16
Todas as idades	0,43	0,37	1.752

te após a apresentação do conteúdo (teste em sala de aula); avaliações aplicadas pouco tempo após a apresentação do conteúdo ou em um contexto semelhante; avaliações aplicadas muito tempo depois da apresentação do conteúdo ou em um contexto diferente; e avaliações aplicadas em uma escala mais ampla ou um contexto muito diferente (testes nacionais padronizados). Eu concordo, e esse é um dos problemas de não codificar para esse moderador. No entanto, um problema mais sério é a estreiteza ou a amplitude da medida de resultado — com efeitos mais altos mais prováveis para medidas restritas (por exemplo, vocabulário) do que amplas (por exemplo, criatividade), o que comento em vários momentos neste livro.

Generalização dos estudos

William (2016, p. 96-97) explica que:

> [...] a pesquisa que realmente é feita costuma ser uma seleção estranha e peculiar da pesquisa que pode ser feita e generalizada [...] [e] a metanálise é incapaz de produzir descobertas significativas que os gestores possam usar para direcionar as atividades dos professores por quem são responsáveis.

Além disso, ele lança mão de alguns trechos da tabela classificativa do *Visible Learning* como argumento. Por exemplo, para notas de autoavaliação ($d = 1,44$), ele diz que é "claramente absurdo" que estudantes de 9 a 11 anos progridam 4,6 anos e que "ultrapassa os limites da credibilidade" que crianças da educação infantil também obtenham esse ganho. Porém, não sou fã de converter tamanhos de efeito em ganho de idade, principalmente porque isso leva a afirmações absurdas. Um $d = 1,44$ significa meramente que há um ganho além de sua pontuação prévia ou em comparação com estudantes não expostos à intervenção. A afirmação de William, contudo, mostra o cuidado de não generalizar a interpretação das influências.

OUTRAS CRÍTICAS À METANÁLISE

Não é de surpreender que haja outras críticas saudáveis ao método de metanálise além das cinco de Dylan, como mostrarei a seguir.

Reductio ad absurdum

Como mencionei no *Visible Learning*, minha colega Alison Jones comentou que acha fascinante conseguir entender as salas de aula com tanta precisão. Esse comentário nos lembra da importância de conhecer o contexto cultural da sala de aula, estar ciente da bagagem que os alunos e os professores levam para a aula a partir de perspectivas culturais e sociológicas, e não reduzir as descobertas a simples homilias.

Misturar alhos com bugalhos

A alegação é de que não se deve agrupar diferentes tipos de informações. No entanto, nós tomamos decisões em relação a diversos dados, mesmo que diferentes, e os moderadores continuam sendo fundamentais para identificar as diferenças entre alhos e bugalhos.

Olhar para trás

Na metanálise, nós olhamos para trás para explicar o que aconteceu, não o que poderia ou deveria ter acontecido. Isso porque não podemos avançar sem analisar o que já aconteceu. Enquanto me aventuro por novos caminhos, continuo analisando o que passou. A essência da pesquisa é pesquisar de novo — lembre-se de pesquisar de novo. Algumas áreas de pesquisa produziram baixo efeito, apesar da excessiva defesa, dos custos e dos estudos. Ignorar o que aconteceu no passado pode nos condenar a manter a falsa defesa a um grande custo. Ao olhar para trás e aceitar as evidências, estamos mais bem preparados para levantar novos questionamentos.

Não considerar os custos

A crítica é que o tamanho de efeito não considera os custos da intervenção. Essa crítica seria válida se todas as análises fossem centradas apenas em avaliações de custo-benefício. Não sou muito adepto a converter as intervenções em termos de custos. Por exemplo, o Education Endowment Fund avalia o *feedback*, o domínio do aprendizado e o método fônico, tudo de uma vez só a um custo muito baixo (até US$ 4 mil ao ano por turma). Mas a aprendizagem profissional para aprimorar essas habilidades e implementá-las nas turmas pode ser muito cara. Esse modelo de custo presume falsamente que é simples para os professores usarem esses métodos.

Outras críticas

Também pesquisamos todas as críticas à aprendizagem visível e as detalhamos no artigo "*Real gold versus fool's gold*" (Hattie; Hamilton, 2020), que deve ser lido em paralelo com este capítulo (Tabela 2.5).

RESPOSTA ÀS CRÍTICAS DA APRENDIZAGEM VISÍVEL

Método de classificação

O Programa Internacional de Avaliação de Estudantes (Pisa, do inglês *Programme for International Student Assessment*) classifica as escolas, a Classificação Mundial de Universidades da *Quacquarelli Symonds* (QS) classifica as universidades, a *Premier League* inglesa classifica os times de futebol, e o *Dow Jones* classifica empresas. Uma das críticas comuns à aprendizagem visível está relacionada ao método para classificar várias influências sobre o desenvolvimento do aluno. De acordo com os críticos, essa classificação sugere que cada influência é isolada e que, ao aumentar a frequência das práticas que aparecem no topo da lista e interromper as que estão no fim, é possível alcançar resultados significativos.

Isso não é verdade; as influências não são isoladas. Levei mais de 15 anos para escrever *Visible Learning* porque precisei de tempo para compreender a relação entre as várias influências e desenvolver um modelo que melhor diferenciasse as que estão acima e as

Aprendizagem visível **29**

TABELA 2.5 Lista de críticas no artigo *"Real gold"*

A.	Questões de metanálise	C.	Interpretação dos tamanhos de efeito
1.	Ponderação.	19.	Usa-se o ponto de articulação $d = 0,40$ de forma arbitrária.
2.	Tamanho da amostra.	20.	O ponto de articulação não controla moderadores e mediadores.
3.	Amostragem.	21.	O tamanho médio de efeito pode ser moderado por idade.
4.	Reducionismo.	22.	Existem tão poucos moderadores conhecidos na aprendizagem visível que podemos usar a média.
5.	Qualidade e agregação.	23.	Não podemos focar em influências com tamanhos de efeito altos e desconsiderar as influências de tamanhos de efeito baixos.
6.	O problema dos estudos engavetados.	24.	Correlação não implica causalidade.
7.	Mistura equivocada.	25.	Não inclusão de estudos qualitativos (exemplos desta crítica nas linhas a seguir).
8.	Estudos importantes são ignorados.	26.	As metanálises não são sensíveis ao ensino.
9.	Os efeitos médios mudam.	27.	As metanálises não controlam os custos.
10.	Os tamanhos de efeito na aprendizagem visível mudam com o tempo.	28.	Outros já retratam o uso de tamanhos de efeito.
11.	A aprendizagem visível olha para trás.	29.	*Visible Learning* ignora os debates sobre o que vale a pena aprender.
12.	A revisão narrativa é melhor.	30.	*Visible Learning* tem a ver apenas com desempenho, e não é só disso que a escola se ocupa.
B.	**Tamanhos de efeito**	31.	*Visible Learning* ignora os efeitos socioeconômicos.
13.	Misturar diferentes tamanhos de efeito reflete uma metodologia científica ruim.	32.	Há muitos riscos envolvidos na interpretação de metanálises.
14.	O tamanho de efeito de linguagem comum está errado.	**D.**	**Modelo *Visible Learning***
15.	Metade das estatísticas de *Visible Learning* está errada.	33.	Existem interpretações alternativas com base nos dados de *Visible Learning*.
16.	Os matemáticos não usam tamanhos de efeito.	34.	É apenas um modelo.

(Continua)

TABELA 2.5 Lista de críticas no artigo "*Real gold*" *(Continuação)*

B.	Tamanhos de efeito	D.	Modelo *Visible Learning*
17.	Os tamanhos de efeito não devem ser usados na educação, pois surgiram na medicina.	35.	Os principais fundamentos de *Visible Learning* desafiam a experiência dos professores.
18.	Ignora-se o caráter variável dos efeitos.	36.	A aprendizagem visível relata uma conclusão oposta à dos autores dos estudos.
		37.	As influências não estão separadas.
		38.	Limitação na amplitude do resultado (a aprendizagem visível foca apenas nos resultados da avaliação do aluno).

que estão abaixo do ponto de articulação. Precisamos entender por que algumas estão abaixo, para que possam ser melhoradas. Os efeitos baixos não devem ser automaticamente descartados (confira a discussão sobre aprendizagem baseada em problemas, individualização e conhecimento do conteúdo por parte do professor).

Além dos portões da escola

Em muitas críticas, argumenta-se que a pesquisa sobre aprendizagem visível não dá atenção o bastante às variáveis que estão fora da escola (ver Snook *et al.*, 2009). Essa crítica é um pouco injusta, porque o *Visible Learning* e o banco de dados da pesquisa revisam o domínio doméstico, incluindo dinâmica, estrutura e recursos familiares. Porém, com a análise e a interpretação dos dados, investigamos muito mais de perto as influências de dentro da escola. Há duas razões para isso. A primeira é que, como o público-alvo da pesquisa é formado por professores, gestores e pessoas que formulam as políticas educacionais, faz sentido focar em coisas sobre as quais eles têm algum controle e sobre as quais podem fazer algo. Nem professores nem gestores escolares podem mudar de forma rápida e fácil o ambiente doméstico dos alunos, mas, se trabalharem juntos, poderão melhorar significativamente a experiência escolar para alunos de todos os ambientes domésticos (Hattie; Hattie, 2022).

Obviamente, os alunos não deixam sua origem ou suas influências culturais do lado de fora da escola. Portanto, conhecer a bagagem que eles levam de casa é um fator importante e precisa ser considerado pelas escolas para fazer a diferença na aprendizagem. Sabemos que melhorar a experiência escolar por si só é suficiente para mudar os resultados de aprendizagem de todos os estudantes, e o envolvimento do ambiente doméstico é fundamental (isso será abordado no Capítulo 7).

Uso de $d = 0,40$ como ponto de articulação

As articulações do nosso corpo são muito úteis, já que nos permitem mover os braços, as pernas... No *Visible Learning*, tanto a análise quanto os gráficos do barômetro do tamanho de efeito apresentaram $d = 0,40$ como um ponto de articulação. O objetivo era diferenciar o que estava acima e o que estava abaixo dele. Em artigos e apresentações anteriores, provavelmente eu menosprezei os efeitos < 0,40, e alguns ainda merecem críticas, mas, como mencionado na última seção, precisamos compreender alguns desses efeitos mais baixos para que sejam melhorados.

Não devemos usar $d = 0,40$ em todas as circunstâncias — a interpretação pode diferir em função do quão restrito (por exemplo, o vocabulário) ou amplo (por exemplo, a compreensão) é o resultado, o custo da intervenção, o desafio de aprender a intervenção e muitos outros fatores. Ao implementar o modelo *Visible Learning*, precisamos saber o que funciona melhor no contexto e não confiar cegamente em 0,40. Por exemplo, quando trabalhamos em escolas, usamos com mais frequência a média da turma ou do ano de escolaridade em uma avaliação específica para diferenciar o que está acima e abaixo da média e, em seguida, buscamos entender a variação dos resultados dos alunos. O 0,40 é apenas a média de todas as mais de 2.100 metanálises e serve como um ponto de articulação valioso em comparação com o valor zero padrão (o que talvez sugira que sua estratégia ou influência favorita possa melhorar o desempenho).

Qualidade dos estudos e combinação dos métodos para calcular tamanhos de efeito

Aponta-se, como forma de crítica, que os estudos nas várias metanálises combinam ensaios controlados e randomizados, métodos prévios e de comparação de grupos, bem como que usaram muitos instrumentos de teste, como testes padronizados para verificar o desempenho dos alunos, testes de QI, dados de pesquisas de autoavaliação, observações quantificadas, testes feitos por professores e dados correlacionais (todos corretos). Por fim, afirma-se que muitos dos estudos são quase experimentais e não têm um grupo de controle real, e outros são estudos correlacionais muito mais fracos (correto novamente).

Sugere-se que, ao incluir todos esses tipos de dados, em vez de apenas os estudos de ensaios controlados e randomizados padrão-ouro, a qualidade da pesquisa tenha sido significativamente comprometida. Se apenas estudos perfeitos fossem incluídos, não haveria dados suficientes para tirar conclusões. Na verdade, na revista *What Works Clearinghouse*, que só permite ensaios controlados e randomizados e projetos similares de alta qualidade, o número médio de estudos em cada uma das 500 avaliações é 2 (Lortie-Forgues; Sio; Inglis, 2021; Stockard; Wood, 2017). É impossível concluir muita coisa com base em dois estudos, exceto a necessidade de mais pesquisas.

Portanto, temos uma escolha a fazer: ou nos limitamos a coletar apenas estudos perfeitos, ou consideramos uma gama mais ampla de pesquisas, mas tomando muito cuidado com a forma de interpretar os dados e as descobertas. No *Visible Learning*, adotamos a última abordagem. É possível questionar se a qualidade do estudo da metanálise faz diferença nas conclusões gerais.

Houve duas exceções a essa abordagem mais abrangente. A primeira é que algumas metanálises foram mal executadas, impossíveis de defender e, portanto, foram descartadas. A segunda é que, em cerca de 30, os efeitos eram inacreditavelmente altos. Qualquer média maior do que $d = 2,00$ era incluída apenas se o tamanho da amostra fosse grande, o estudo fosse bem conduzido e houvesse outros estudos na mesma categoria para possibilitar comparações (havia $n = 2$ metanálises com $d > 2,0$, uma em aprendizagem invertida, e outra em leitura).

Não houve correlações significativas entre a estimativa do tamanho de efeito e o número de estudos ($r = 0,01$), o número total ou estimado de participantes ($r = -0,06$) ou o número de efeitos ($r = -0,01$). Essas características do tamanho da amostra não estavam relacionadas e proporcionam certa segurança para incluir metanálises, independentemente do tamanho da amostra.

Qualidade das metanálises

Há um debate saudável sobre as medidas de qualidade dos estudos originais usados em metanálises (Luchini *et al.*, 2021), mas muito menos discussões sobre a qualidade das metanálises. Para metanálise e metassíntese, o debate mais comum é sobre o viés de publicação, ou seja, a publicação seletiva de resultados estatisticamente significativos, que é revisada comparando-se os efeitos em resultados publicados e não publicados (por exemplo, teses e conferências). Nas 2.312 metanálises, os efeitos foram menores nas fontes menos formais (conferências e relatórios) e maiores nos livros (Tabela 2.6). Não houve diferença na média das dissertações e artigos de periódicos.

Outra forma de verificar o viés é questionar se há diferenças relacionadas à qualidade do periódico. Mathur e VanderWeele (2021) compararam a fonte de publicação (classificando-as em periódicos de nível inferior e periódicos de nível superior) em 63 metanálises para esse viés. Concluíram que "[...] o viés de publicação talvez seja mais leve do que esperado em metanálises [...]" (Mathur; VanderWeele, 2021, p. 14). Da mesma forma, codifiquei os 1.397 periódicos a partir das metanálises com base em várias medidas de qualidade (www.scimagojr.com/journalrank.php). Há um indício de que metanálises com efeitos menores e amostras maiores de estudos são publicadas em periódicos de alta qualidade (ver Tabela 2.7).

Para explicar melhor, os periódicos podem ser ranqueados de acordo com a classificação geral dos periódicos e divididos em quatro grupos iguais. O Q1 compreende os periódicos com os valores mais altos, e o Q4, os mais baixos (SCImago [...], [2024]). Provavelmente, os tamanhos de efeito mais altos são dos periódicos com classificação mais baixa, e os tamanhos de efeito mais baixos são dos periódicos com melhor classificação. Essa é uma evidência clara do viés de publicação, embora o efeito geral da maioria dos periódicos esteja nos de mais alta qualidade (o que é um alívio), com uma média próxima de 0,40 (Tabela 2.8).

Outros críticos recomendaram ponderar os tamanhos de efeito pelo tamanho da amostra (ou o inverso do desvio padrão) para dar mais importância aos estudos com

TABELA 2.6 Fonte de publicação por tamanho de efeito

Fonte	Média	DP	N
Conferência	0,34	0,32	108
Relatório	0,36	0,30	71
Dissertação	0,41	0,36	285
Periódico	0,42	0,37	1.772
Livro	0,52	0,37	76

TABELA 2.7 Correlações do número de estudos, estudantes, efeitos e tamanho de efeito com dois indicadores de qualidade dos periódicos nos quais as metanálises foram publicadas

	N° de estudos	Estimativa total	N° de efeitos	Tamanho de efeito
Classificação *SCImago Journal* (SJR) — número médio ponderado de citações no periódico nos últimos três anos	0,22	0,05	0,04	−0,11
Índice *h* — nenhum artigo que recebe pelo menos *h* citações	0,19	0,02	0,04	−0,15

TABELA 2.8 Tamanhos de efeito moderados pela qualidade do periódico

Melhor quartil do SJR	Média	DP	N
Q1 — classificação mais alta	0,38	0,36	1.147
Q2	0,43	0,38	166
Q3	0,52	0,30	55
Q4 — classificação mais baixa	0,66	0,46	23

amostras maiores. Cada média de influência resumida foi medida pelo número de estudos. Claramente, isso dá mais peso aos estudos maiores. Nos 358 resumos, a diferença média entre as médias ponderadas e não ponderadas foi de 0,00 (e 0,04 para diferenças absolutas). Em sete resumos, as diferenças excederam mais ou menos 0,20, e elas serão observadas na seção de resumo de vários capítulos: complexidade da tarefa (−0,22), integração (−0,20), métodos alternativos de avaliação (−0,20), análise cognitiva de tarefas (0,20), critérios de sucesso (0,23), ensaio e memorização (0,25) e prática deliberada (0,30). Quando o efeito é positivo, a média ponderada (que provavelmente é mais correta) é maior ao ser considerada a amostra de estudos maior. Quando é negativo, a amostra de estudos maior leva a uma estimativa mais baixa.

País do primeiro autor

Mais de 4.800 autores contribuíram para as metanálises deste livro. Cada uma delas foi associada ao país do primeiro autor. Os primeiros autores das metanálises vieram de 52 países. Quase todas (87%) são de países de renda alta (Tabela 2.9). A maioria, dos Estados Unidos (58%), mas também Turquia (5,8%), Países Baixos (4,7%), China (4,2%), Canadá (3,8%), Austrália (3,6%), Alemanha (3,5%), Coreia (3,2%), Reino Unido (2,9%) e Taiwan (1,2%), representam 90% de todas as metanálises (Tabelas 2.10 e 2.11). Os tamanhos de efeito médios mais elevados são da África, do Sul da Ásia, das Europas Central e Oriental e, em particular, da Indonésia (0,75) e da Turquia (0,73). Os mais baixos são do Reino Unido e do Canadá. É provável que os grupos de comparação (sala de aula) sejam muito diferentes (mais regulamentados, centrados no professor, focados no conteúdo) entre os países de baixa e de alta renda, mas isso precisa ser mais explorado.

34 John Hattie

TABELA 2.9 Número de países, número de efeitos, médias e desvios padrão para metanálises moderadas pelos recursos de renda do país do primeiro autor

Renda	Nº de países	Nº de efeitos	Média	DP
Renda alta	36	2.020	0,43	0,15
Renda média-alta	10	248	0,55	0,22
Renda média-baixa	6	43	0,75	0,15

TABELA 2.10 Número de países, número de efeitos, médias e desvios padrão para metanálises moderadas pelos recursos de renda do país do primeiro autor

Renda	Nº de países	Nº de efeitos	Média	DP
América Latina e Caribe	5	10	0,29	0,24
América do Norte	2	1.424	0,34	0,06
Europa e Ásia Central	24	477	0,46	0,15
Oriente Médio e Norte da África	5	27	0,48	0,20
Leste Asiático e Pacífico	13	362	0,60	0,17
Ásia Meridional	1	7	0,62	0,00
África Subsaariana	2	4	0,75	0,06

TABELA 2.11 Número de países, número de efeitos, médias e desvios padrão para metanálises moderadas pelo país do primeiro autor

País	Estimativa	N	País	Estimativa	N	País	Estimativa	N
Brasil	0,04	3	Alemanha	0,37	80	Romênia	0,61	2
Chile	0,10	4	Bélgica	0,37	9	Irlanda	0,62	1
Israel	0,23	9	Estado Unidos	0,38	1.332	Índia	0,62	7
Itália	0,23	6	Porto Rico	0,41	1	Marrocos	0,62	1
México	0,26	1	Polônia	0,41	4	Colômbia	0,64	1
Suécia	0,27	2	Total	0,42	2.312	Estônia	0,65	1
Dinamarca	0,29	12	Nova Zelândia	0,43	20	Lituânia	0,65	1
Dubai	0,30	1	Luxemburgo	0,44	3	Grécia	0,66	2
Reino Unido	0,30	68	Espanha	0,47	20	Arábia Saudita	0,67	1
Canadá	0,30	87	Chipre	0,49	3	Tailândia	0,68	3
Finlândia	0,31	4	Portugal	0,51	4	Sérvia	0,68	2

(Continua)

TABELA 2.11 Número de países, número de efeitos, médias e desvios padrão para metanálises moderadas pelo país do primeiro autor *(Continuação)*

País	Estimativa	N	País	Estimativa	N	País	Estimativa	N
Noruega	0,36	9	Arábia Saudita	0,52	7	Irã	0,70	8
França	0,36	1	Taiwan	0,54	28	Macau	0,70	2
Hong Kong	0,36	13	Japão	0,56	13	África do Sul	0,71	1
Eslovênia	0,37	1	Coreia	0,57	73	Turquia	0,73	135
Austrália	0,37	84	Malásia	0,57	6	Indonésia	0,75	20
Suíça	0,37	4	China	0,58	96	Nigéria	0,79	3
Países Baixos	0,37	107	Cingapura	0,61	1	Filipinas	1,02	5

Pode-se afirmar que as pesquisas conduzidas nos países com mais recursos têm um alto grau de aplicação ou relevância quando transferida para outros países igualmente bem providos de recursos.

Precisamos ter cuidado ao transpor isso para contextos de países em desenvolvimento, como a África Subsaariana e o Sul da Ásia — agora chamados de países do Sul Global. Hamilton e Hattie (2022) revisaram cerca de mil metanálises e estudos aleatoriamente conduzidos nos países do Sul Global. Para melhorar os resultados de aprendizagem das escolas desses países, a aplicação da ideia é muito diferente. Os dois ecossistemas são muito diferentes. No mundo desenvolvido, a política educacional está focada principalmente na qualidade do ensino, na equidade dos resultados e na melhoria da aprendizagem dos estudantes. No mundo em desenvolvimento, os desafios geralmente estão relacionados ao acesso e à infraestrutura, ao fato de focarem mais no investimento nas escolas do que na aprendizagem.

Correlações e causalidade

É sempre necessário cuidado ao fazer afirmações causais e, embora a correlação tenha um papel importante para formular tais afirmações (por exemplo, por meio de modelos estruturais), saber que uma correlação não implica causalidade é um ótimo ponto de partida. O termo "tamanho de efeito" não ajuda, porque a noção de efeito pode implicar falsamente um efeito causal. Campbell e Stanley (1966) observaram cinco condições para fazer alegações causais. É preciso haver uma associação entre a influência e o efeito, uma ordem temporal, descartando relações legítimas (por exemplo, eliminando terceiras variáveis que possam explicar a relação causal), um mecanismo justificável entre as variáveis e ameaças internas e externas à validade das alegações. Por isso, os pesquisadores precisam investigar evidências contrárias às suas alegações causais e reduzir "[...] o número de hipóteses alternativas plausíveis para explicar os dados. Quanto menos hipóteses alternativas plausíveis permanecerem, maior será o grau de 'confirmação'" (Campbell; Stanley, 1966, p. 206).

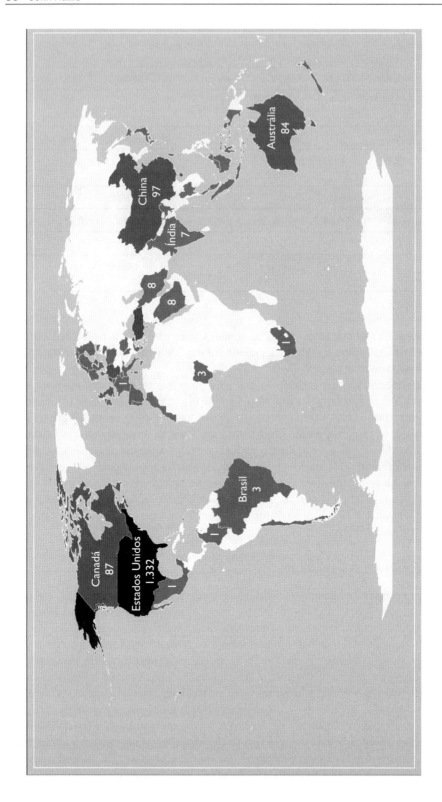

Ao longo deste livro, cito muitos fatores de desempenho correlatos, como sexo do aluno, peso ao nascer e características de personalidade. Para discutir esses aspectos, uso *r* em vez de *d*. Também há muitos efeitos baseados em tentativas de alegar causalidade (introdução de um método de ensino em comparação com outros métodos ou ganhos anteriores). No entanto, precisamos ter cuidado para que as cinco condições mencionadas sejam atendidas e, muitas vezes, a qualidade dos moderadores não é alta o bastante para considerar hipóteses alternativas plausíveis. As principais afirmações causais apresentadas nos Capítulos 3 e 4 explicam os mecanismos entre as variáveis. Eu coloco essas alegações à prova toda vez que uma nova metanálise é publicada, convidando outros a apresentarem evidências contrárias, e sugiro que todos também questionem essas afirmações. Tentei ser ousado nas minhas afirmações, como Popper (1957, p. 1979), em uma tentativa:

> [...] de propor teorias com ousadia; de fazer o possível para mostrar que elas são errôneas; e de aceitá-las provisoriamente se nossa crítica não tiver sucesso. Do ponto de vista aqui desenvolvido, todas as leis, todas as teorias, permanecem essencialmente provisórias, conjecturais ou hipotéticas, mesmo quando nos sentimos incapazes de duvidar mais delas.

Tipos de tamanhos de efeito

Uma das críticas está relacionada à mistura de desenhos de pesquisa: estudos baseados em correlações, análises pré e pós-teste e estudos de comparação experimental. Essa crítica é razoável, embora, no nível da metassíntese, possa ser mais difícil separar as diferentes abordagens metodológicas. Quem realiza metanálises de primeira ordem talvez deva incluir o desenho da pesquisa como moderador-chave, porque ele resolveria esse problema. Na maioria das vezes, as metanálises são mais claras quando utilizam correlações em comparação com ganhos médios, embora os ganhos médios possam misturar análises pré e pós-teste, comparações de grupo pós-teste e outros desenhos. Em uma análise pré e pós-teste, o efeito é mais a medida dos ganhos para além daqueles obtidos pelo grupo-controle, mas a comparação entre os grupos experimental e de controle também representa ganhos além do padrão habitual. Certamente, é necessário codificar mais detalhadamente a natureza do que é realizado pelo grupo-controle para deixar claro o que é um ganho. Uma abordagem geral é investigar se há diferença nas metanálises com base em correlações (0,42, $n = 315$) ou diferenças médias (0,40, $n = 1.443$) como os tamanhos de efeito. Neste caso, não há.

Todas as metas foram codificadas com um método recomendado por Wolfgang Berwyl (comunicação pessoal). Segundo ele, existem pelo menos cinco grandes grupos de influências, desde aquelas que visam diretamente a ser intervenções causais no ensino de estudantes até os estudos causais sem intervenção, sobre os quais as escolas geralmente têm pouca influência.

1. Causal — intervenção — ensino. Os educadores podem implementar essa influência em um prazo muito curto ou médio (poucos minutos, muitos meses ou poucos anos). Para tanto, eles intervêm intencionalmente na escola (por exemplo, por meio do desenvolvimento de pessoal, etc.) ou mudam o ensino. Ao fazer isso, há pelo menos um modelo causal implícito. Como exemplos, temos a maioria dos métodos de ensino, *feedback* e novos programas.
2. Causal — intervenção. Ocorre quando se pode dizer que uma influência, como a motivação, está relacionada a uma mudança no resultado do que foi realizado.

38 John Hattie

3. Correlação. Relaciona uma variável a um resultado de desempenho. Não há necessariamente alegações causais. Entre os exemplos, estão ansiedade, inteligência emocional e muitas variáveis emocionais.
4. Causal — intervenção — contexto. Está relacionada com intervenções na estrutura da escola e do ensino, como tamanho das turmas e métodos de agrupamento.
5. Causal — sem intervenção. Refere-se a uma influência que afeta o desempenho de aprendizagem sem que haja um efeito retroativo (relevante). Os exemplos incluem características físicas dos estudantes (doenças), *status* socioeconômico, tipos de escolas (por exemplo, escolas *charter*)[3] ou características dos professores (por exemplo, credibilidade).

Em alguns casos, pode haver uma mistura de estudos correlacionados ao desempenho e outros com o objetivo de aumentar o desempenho. Por exemplo, correlacionar os graus de condicionamento físico pelo índice de massa corporal (IMC) ao desempenho comparado a um programa para envolver os alunos em exercícios e esportes para melhorar o aprendizado. Além disso, o bem-estar pode ser um correlato ou o foco de um programa, pensando propositalmente, para modificar o bem-estar e avaliar os efeitos no desempenho. Também há muitos estudos correlacionando estratégias de aprendizagem com desempenho, e outros que implementam programas para aprimorar as estratégias de aprendizagem e ver os efeitos sobre o desempenho. Para a maioria das influências, a classificação é clara. Os efeitos são mais altos para as influências causais e mais baixos para os correlatos e aqueles que se relacionam com a estrutura das escolas (causais — intervenção — contexto) e estudos causais sem intervenção (Tabela 2.12).

Modelos fixos e aleatórios

Nos últimos 15 anos, houve uma tendência de mais metanálises estimarem os valores usando modelos aleatórios em oposição aos modelos fixos (Hedges; Vevea, 1998). O modelo aleatório assume que cada estudo é de um universo de efeitos possíveis e, portanto, considera a dimensão do intervalo de confiança para estimar a média geral. Se, em vez disso, a variabilidade do tamanho de efeito do universo for zero ou se houver uma boa razão para supor que o tamanho de efeito do universo é comum a todos os estudos, usamos um modelo fixo. Apesar da diferença nas suposições (e minha expectativa de que o aleatório seria muito maior), este não é o caso (fixo = 0,40, n = 1.365; aleatório = 0,44, n = 947).

TABELA 2.12 Tamanhos de efeito moderados pela natureza da influência causal à correlação

Tipo de influência	Média	DP	N
Causal — intervenção — ensino	0,51	0,32	1.175
Causal — intervenção	0,53	0,32	164
Correlação	0,30	0,44	319
Causal — intervenção — contexto	0,30	0,30	369
Causal — sem intervenção	0,26	0,41	285

[3] N. de T.: Escola pública com certa autonomia em termos de currículo e gestão, recebendo financiamento público, mas operando de forma semi-independente em relação ao sistema escolar tradicional.

Áreas curriculares

Entre as críticas mais comuns que recebo por *e-mail*, destacam-se as relacionadas à singularidade das áreas temáticas — matemática, idiomas, artes cênicas (podemos citar quase todas as áreas curriculares). Os efeitos são maiores nas ciências sociais (humanidades, ciências sociais, idiomas), mas os outros domínios curriculares são semelhantes (Tabela 2.13). Esse deve ser um dos moderadores investigados, mas, como observado anteriormente, a estreiteza ou a amplitude da variável de resultado (qualquer que seja o domínio do currículo) é provavelmente mais crítica. Considera-se que as ideias gerais da aprendizagem visível são relevantes, independentemente da disciplina, mas observe que a proporção do saber-que (o conteúdo) e do saber-como (as relações e ideias conceituais) é mais crítica dentro de qualquer domínio curricular. Portanto, os currículos não chegam a ser omitidos, mas não são um grande moderador da importância dos processos de ensino e de aprendizagem.

Idade

É comum achar que o efeito das intervenções pode variar entre diferentes faixas etárias (5, 15 ou 25 anos, por exemplo) ou entre diferentes níveis de ensino (fundamental, médio e superior). Essa diferenciação não é tão evidente nos resultados (Tabela 2.14). Portanto,

TABELA 2.13 Tamanhos de efeito moderados por domínios do currículo

Assuntos	Média	DP	N
Ciências humanas e sociais	0,64	0,62	7
Idiomas	0,60	0,29	34
Artes	0,55	0,27	29
Ciências	0,55	0,37	174
Escrita	0,53	0,29	26
Leitura	0,48	0,38	238
Matemática	0,41	0,40	205
Todas	0,38	0,35	1.599

TABELA 2.14 Tamanhos de efeito moderados pela idade dos alunos

Idade	Média	DP	N
Educação infantil	0,40	0,25	117
Ensino fundamental	0,36	0,34	130
Ensino médio	0,32	0,33	73
Da educação infantil ao ensino médio	0,36	0,35	56
Ensino superior	0,43	0,40	171
Todas as idades	0,43	0,37	1.765

a ideia parece ultrapassar as fronteiras etárias. É necessário, no entanto, ter cuidado ao extrapolar esses resultados para adultos, pois as metanálises não os incluíram como parte da amostra. Além disso, em contextos específicos, como aulas de conversação de inglês, cursos profissionalizantes e estudos em psicologia, a situação é diferente. É difícil obter amostras representativas de adultos.

Alunos com necessidades educacionais especiais ou altas habilidades

A alegação é que os dados de alunos com necessidades educacionais especiais ou altas habilidades são diferentes dos dados daqueles sem necessidades educacionais especiais. A Tabela 2.15 mostra que as metanálises com estudantes que apresentam dificuldade de aprendizagem têm um efeito maior. Quando, do contrário, não há dificuldade de aprendizagem, a diferença em relação à classificação dos alunos é menor. Essas metanálises que consideram a dificuldade de aprendizagem tendem a focar em conteúdos específicos relacionados a habilidades e conhecimentos e, talvez por isso, os efeitos sejam maiores.

Dados sobrepostos

Quando há mais de uma metanálise sobre uma influência, é provável que elas tenham muitos artigos em comum, o que pode influenciar o efeito médio. Por exemplo, na nossa análise de 28 metanálises sobre sala de aula invertida, há 765 referências (três não apresentaram) e 471 dos estudos (62%) eram exclusivos de uma metanálise (ver Hew *et al.*, 2021). Foi uma surpresa, porque eu esperava que haveria menos artigos exclusivos. É importante que os metanalistas que estudam um assunto semelhante informem sobre a sobreposição dos estudos com outras metanálises. Os estudos exclusivos, portanto, não são importantes apenas para replicar as descobertas anteriores (se forem os mesmos, certamente a média e outras estimativas também devem ser as mesmas, embora possam ser codificadas para moderadores diferentes).

ÍNDICE DE ROBUSTEZ

À medida que atualizo o banco de dados *Meta x*™, de vez em quando a média dentro de uma influência muda — às vezes muito, mas geralmente pouco. Isso leva algumas pessoas a questionarem a estabilidade das descobertas e, com frequência, me pedem que

TABELA 2.15 Tamanhos de efeito moderados pela classificação dos alunos

	Média	DP	N
Todos	0,41	0,35	2.053
Alunos que estudam inglês	0,49	0,37	33
Alunos com altas habilidades	0,45	0,26	20
Alunos com dificuldade de aprendizagem	0,63	0,33	84
Alunos com necessidades educacionais especiais	0,45	0,48	122

pare de adicionar mais, pois fica confuso quando os efeitos médios mudam. O interesse em produzir mais metanálises não está diminuindo, e é assim que deve ser. Parar e congelar os dados do *Visible Learning* não faz sentido. Eu encontro, leio e adiciono novas metanálises ao banco de dados com frequência e, como menciono em algumas partes deste livro, essas adições podem modificar as conclusões do *Visible Learning*. Não é de surpreender que pode haver mudanças no efeito médio, já que as metanálises anteriores foram baseadas em poucos estudos.

O índice de robustez é uma média ponderada de cinco indicadores principais de estabilidade: número de metanálises, número de estudos, número estimado de estudantes, número de efeitos dentro de uma influência e número à prova de falhas. Cada uma dessas cinco medidas foi dividida em quintis. O quintil médio é o índice de robustez para uma influência. Por exemplo, no termômetro que mencionei anteriormente, a média entre os quintis das cinco medidas para programas de criatividade é $R = 5$, indicando que eles têm uma robustez alta conforme a amostragem fica maior. Com índice de robustez de 3 a 5, a influência tem uma confiabilidade maior. Já de 1 e 2, pode oscilar à medida que mais estudos vão sendo adicionados (Tabela 2.16).

CONCLUSÃO

Como mencionei nas duas seções anteriores, a maioria das críticas sobre o *Visible Learning* foca na metodologia de pesquisa, não nas interpretações, explicações ou prescrições dos dados. Um dos principais motivos para lançar o *Meta x*™ é que outros pesquisadores economizem tempo. De outra forma, precisariam de décadas para criar um banco de dados semelhante. Além disso, pode ser um incentivo para que apresentem explicações alternativas.

A metanálise é apenas um método. Se o efeito da aprendizagem visível se limitar apenas à classificação e se considerarmos que cada influência é (quase) independente, os críticos estão certos. As influências representam probabilidade. A qualidade e a fidelidade na implementação das intervenções são o que mais importa. Gene Glass contribuiu com sua dedicação não apenas para criar uma medida de magnitude, mas também para buscar moderadores, porque, muitas vezes, as respostas estão na variabilidade. Meu supervisor, Rod McDonald (2014), explicou que a resposta está na diferença. Marton e Pang (2006) mostraram como a variância do erro é uma fonte de informações importante para professores e pesquisadores. A sensibilidade dos professores diante das diferentes reações dos alunos ao ensino é essencial para o impacto ser efetivo. Meu objetivo neste livro é delinear o modelo *Visible Learning* que venho construindo e testando (nas escolas e com cada nova metanálise) nos últimos 40 anos.

Ao conduzir uma metanálise, analisar os problemas relacionados à qualidade é muito importante, assim como interpretar os tamanhos de efeito. Kraft (2020) destacou as noções a seguir como importantes.

- Os resultados dos estudos correlacionais apresentados como tamanho de efeito não são causais.
- A magnitude dos tamanhos de efeito depende de quando, como e quais resultados estão sendo medidos.

TABELA 2.16 Cinco quintis de robustez e dados usados para calculá-los

	N° de metanálises	N	%	N° de estudos	N	%	N° de pessoas	N	%	N° de efeitos	N	%	À prova de falhas	N	%	Robustez	N	%
1	1	65	18%	1–50	65	18%	0	69	19%	1–72	65	18%	0	85	24%	1	44	12%
2	2	50	14%	51–118	50	14%	1–6.639	73	21%	73–176	50	14%	1–193	57	16%	2	79	22%
3	3–4	85	24%	119–239	85	24%	6.640–23.979	72	20%	177–464	85	24%	194–972	72	20%	3	93	26%
4	5–9	79	22%	240–531	79	22%	23.980–166.799	71	20%	465–1.260	79	22%	973–4.063	71	20%	4	78	22%
5	Mais de 10	77	22%	Mais de 532	77	22%	Mais de 166.800	71	20%	Mais de 1.261	77	22%	4.064	71	20%	5	62	17%

- Os resultados vão se alinhar e, logo após a intervenção, os tamanhos de efeito serão maiores.
- As decisões subjetivas sobre o projeto e as análises da pesquisa influenciam os tamanhos de efeito.
- Os custos e a escalabilidade são importantes para avaliar a relevância política dos tamanhos de efeito.

Eu acrescentaria que é importante estar ciente da estreiteza ou amplitude da medida de resultado.

A síntese atual das metanálises é uma perspectiva importante sobre as salas de aula. É preciso deixar de lado outros métodos para compreender a dinâmica das salas de aula e as intervenções ideais para aprimorar a aprendizagem (estudos de observação, como mencionado no Capítulo 15, estudos qualitativos e outros). A principal alegação não é que a metanálise e a aprendizagem visível levam diretamente a políticas específicas sobre o que fazer. Na melhor das hipóteses, as interpretações provenientes das metanálises oferecem probabilidades sobre intervenções que provavelmente terão um impacto positivo alto. Ao optar por intervenções de alta probabilidade, devemos nos sentir seguros, mas devemos focar mais ainda na qualidade dessas intervenções.

A chave ainda é a qualidade da interpretação dos resultados das metanálises e as consequências (às vezes inesperadas) das principais explicações subjacentes. Por isso, saber seu impacto é muito importante, pois exige intervenções de alta probabilidade para questões específicas, alunos específicos e momentos específicos do ciclo de aprendizagem. Além disso, exige que os educadores avaliem a fidelidade de qualquer implementação em suas habilidades para impactar a aprendizagem dos alunos. A fidelidade da implementação no contexto em questão e a habilidade dos professores em se adaptar conforme os resultados aumentam o impacto na aprendizagem dos alunos. Portanto, conheça seu impacto.

3
O modelo

O modelo *Visible Learning* é baseado em cinco premissas: o porquê, o como, o quê, o fazer e a avaliação, conforme descrevo a seguir.

1. Ter clareza sobre o propósito. Por exemplo, queremos que os professores vejam a aprendizagem pelo ponto de vista dos alunos, que os alunos se tornem professores de si mesmos e que os professores se tornem alunos.
2. Trata-se de como os educadores e os estudantes pensam, daí a importância das estruturas mentais.
3. Alinhar, de forma consciente, as decisões relacionadas ao saber-que, ao saber-como e ao saber-com, aos currículos, à análise cognitiva das tarefas, às intervenções de ensino e às estratégias de avaliação.
4. Garantir a qualidade da implementação do modelo baseado em descobrir, criar, implementar, monitorar e expandir.
5. Considerar que, subjacente a todos os aspectos desse modelo, está o pensamento avaliativo.

Essas cinco premissas abordam o porquê, o como, o quê, o fazer e a avaliação (Figura 3.1). O modelo é baseado na *expertise* dos educadores. Os objetivos são que cada aluno obtenha pelo menos um ano de progresso na aprendizagem para cada ano de intervenção e que se dedique cada vez mais à própria educação, saiba aprender tanto sozinho quanto em grupo e se torne professor de si mesmo. O modelo reconhece a necessidade de haver oportunidades para aprender, acesso planejado a bons professores, suporte das famílias e da sociedade, investimento em tempo e recursos educacionais, além de uma cultura e um ambiente convidativos. Por fim, aplica-se a todos os estudantes, independentemente do seu nível de conhecimento, das suas experiências ou do apoio que recebe.

Neste capítulo, descreverei essas cinco premissas e, no capítulo seguinte, aprofundarei a discussão sobre as fases de implementação.

PROPÓSITOS

O modelo começa com os propósitos da educação (Tabela 3.1), que podem diferir entre educadores (gestores do sistema educacional, gestores escolares, professores ou institui-

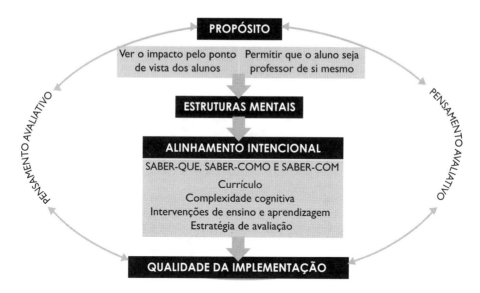

Figura 3.1 Cinco premissas do modelo *Visible Learning*.

ções que proveem recursos), famílias e estudantes (Hattie; Larsen, 2020). Com a educação, pretendemos que o aluno seja professor de si mesmo e queira se dedicar à sua aprendizagem. O foco é deslocado dos currículos e das provas para incentivar o estudante a se dedicar à aprendizagem de habilidades básicas, podendo tomar decisões sobre o que gosta e sobre seus objetivos, além de atividades que ensinem a respeitar a si mesmo e aos outros, a trabalhar sozinho e com outras pessoas e a ser professor de si mesmo. Isso significa expor o aluno ao que ele talvez ainda não saiba e se aventurar nos domínios curriculares para incentivá-lo a dedicar energia e obter pelo menos um ano de progresso para cada ano de intervenção. Obviamente, pode haver discordância sobre o que significa um ano de progresso, mas esse é um dos debates educacionais mais importantes. Por meio do progresso, da aprendizagem e da motivação, conseguimos realizar o propósito.

A principal questão para os educadores é conhecer seu impacto, e esse impacto se refere, no mínimo, a proporcionar aos alunos o saber-que, o saber-como e o saber-com. Achar o equilíbrio entre conhecimentos e pensamentos superficiais, profundos e transferíveis exige uma análise crítica, um ensino adequado, estratégias de aprendizagem ideais

TABELA 3.1 Propósitos para professores, estudantes, escolas/gestores e famílias

Professores	Alunos
Ver seu impacto pela perspectiva do aluno. Ensinar o aluno a ser professor de si mesmo. Estudar o que ensina.	Ser professor de si mesmo. Dedicar-se mais à sua aprendizagem escolar.
Escolas/gestores	**Famílias**
Desenvolver melhorias em todo o sistema escolar para que o impacto dos educadores seja maior para os alunos.	Ser o primeiro aluno do seu filho.

e uma avaliação apropriada. Os educadores precisam explicar claramente o que querem que os estudantes saibam, façam e considerem importante. No final do livro *Mind frames*, Klaus Zierer e eu apresentamos nossa visão sobre os propósitos da educação (Hattie; Zierer, 2018; Hattie; Larsen, 2020).

> As pessoas provocam revoluções por meio de suas visões, crenças e sonhos. Queremos encorajar a paixão por aprender. Sonhamos com um sistema educacional que incentive o estudante a aprender, pertencer e se dedicar à sua aprendizagem. Sonhamos com um sistema educacional que o ajude a ter respeito por si próprio e pelos outros, a ter sensibilidade para colaborar com a aprendizagem das outras pessoas, não importando a cor, a etnia, a condição socioeconômica e o nível de educação.
>
> Sonhamos com um sistema educacional formado por pessoas que querem melhorar, que buscam a excelência e o progresso e que sabem o que fazer nos momentos difíceis. Sonhamos que professores e gestores escolares sejam respeitados e valorizados na sociedade, tendo um salário digno. Que se reconheçam, e que nós também os reconheçamos, como os principais agentes de mudança na aprendizagem dos alunos, demonstrando o quanto acreditamos que as escolas podem fazer a diferença em nossa sociedade. A maior instituição em nossa democracia capaz de desenvolver uma pessoa é, sem dúvida, a escola.
>
> Sonhamos que os alunos aprendam a ter confiança para enfrentar desafios, que pensem "Vai ser difícil, mas quero tentar" em vez de "Vai ser muito difícil, não vou conseguir". Sonhamos em deixar para trás o que não funciona, o que já tentamos implementar. Sonhamos em encontrar o equilíbrio entre a aprendizagem superficial, a aprendizagem profunda e a aprendizagem transferível de forma divertida e agradável, que nossos alunos queiram pertencer ao grupo, continuar na escola e aprender mais.
>
> Queremos que todos os estudantes adquiram conhecimentos importantes e produtivos, que critiquem, reorganizem, desafiem e coloquem em prática esse conhecimento e que aprendam aquilo que não aprenderiam se não fossem à escola. O objetivo da educação não é ajudar o aluno a atingir seu potencial, porque isso pode limitar sua ambição, além de anular o propósito da educação escolar. O *principal* objetivo da educação é ajudar o estudante a superar o que ele acha que é seu potencial; ver nele algo que ele talvez não veja em si mesmo e mostrar a ele nossa paixão por aprender.
>
> Sabemos que há escolas, gestores e professores excelentes, que estão gerando grandes mudanças na aprendizagem dos alunos. Mas temos coragem de nos unirmos a eles? Temos coragem de construir e ampliar a parceria com esses educadores e de apoiar comunidades colaborativas dentro de uma escola e entre diferentes escolas? Muitas instituições de ensino de aprendizagem visível e outras fazem isso todos os dias. Elas são a materialização dos nossos sonhos.

ESTRUTURAS MENTAIS

Em vez de começar com o que fazemos, o modelo começa com nossa reflexão sobre o que fazemos. Trata-se do que os educadores, as famílias e os estudantes pensam sobre propósito, prioridades, contexto, segurança, confiança, ambiente convidativo, currículo, o que é ter sucesso e muito mais. Precisamos passar mais tempo refletindo sobre o que precede o fazer, sobre o que é importante decidir e analisar.

As estruturas mentais estão relacionadas ao porquê de ensinar e aprender. Já o modelo de alinhamento intencional diz respeito a como fazer isso. E as decisões sobre o conteúdo do currículo têm a ver com o quê. Mas, infelizmente, as estruturas mentais raramente são discutidas, contestadas ou analisadas, o que seria importante, já que elas são a base das tomadas de decisão, as quais estão no cerne da natureza ética do ensino. Cada professor que conheci tinha fortes teorias sobre seu ensino e impacto. O objetivo aqui é reconhecer, identificar e permitir diferentes posições, bem como aprimorar essas formas de pensar.

As estruturas mentais atuam como filtros interpretando evidências e orientando ações. Isso inclui crenças sobre funções, responsabilidades, eficácia, motivações, modelos de aprendizagem, avaliação e capacidade dos alunos. Essas crenças fundamentais estão relacionadas ao desenvolvimento de habilidades de aprendizagem, bem-estar, mudança social e domínio; ao comprometimento e à responsabilidade de fazer o estudante valorizar, desfrutar e se interessar pelo assunto estudado; a ter boas expectativas sobre seu próprio impacto, conquistar a confiança dos alunos, demonstrar cuidado por eles e garantir a eficácia do ensino. Essas crenças são baseadas na confiança em gerenciar as salas de aula, assumindo a responsabilidade de desenvolver a motivação intrínseca e a autoeficácia dos alunos. Todos podem aprender e ser motivados a aprender, e a avaliação é considerada um *feedback* sobre seu impacto, algo para ajudar os estudantes a melhorarem, sendo uma parte positiva dos processos de ensino e de aprendizagem. Além disso, o foco maior está na tomada de decisões, na inclusão, nas competências social e emocional (como o desenvolvimento de autoeficácia, autorregulação, autoconceito e autoconsciência), na comunicação, na competência e na capacidade de colaborar com os colegas.

Hattie e Zierer (2018) apresentaram a noção de estruturas mentais com base no modelo do Círculo Dourado, de Sinek (2009). Sinek (2009) observou que os gestores geralmente se limitam a pensar *o que* deve ser feito, perdendo de vista o objetivo, o *porquê*. Para bons gestores, a questão principal é por que algo deve ser feito. Isso os leva a questionar como fazer e, por fim, o que fazer. Nas escolas, o porquê está relacionado ao interesse dos estudantes, dos professores, das famílias e dos gestores escolares e a sua crença de que podem melhorar a aprendizagem dos alunos e a sua própria. Esse é o cerne do propósito dos educadores. Não é ler o currículo, revisar provas, preencher o tempo com atividades envolventes do mundo real, fazer planilhas e encher o aluno de conhecimento. É fazer o estudante se dedicar ao saber-que, ao saber-como e ao saber-com, para que sinta a satisfação de compreender algo que antes não sabia ou estava confuso e para que se torne professor de si mesmo. Nossa abordagem se baseia na nossa paixão e no nosso entusiasmo para impactar positivamente a vida dos alunos — um dos objetivos da maioria dos educadores ao escolher a profissão é causar impacto. Essa paixão se manifesta em 10 estruturas mentais para professores e gestores escolares; alunos e famílias; equidade, pertencimento e identidades (Tabela 3.2).

Trata-se de como pensamos sobre o que fazemos, como entendemos nosso impacto e como nossa busca por *feedback* impacta positivamente os alunos. Dessa forma, as estruturas mentais ficam mais visíveis. Assim, educadores, estudantes e famílias sabem o que estão fazendo, como e por quê. Os bons professores, por exemplo, são apaixonados não apenas pela matéria que ensinam, mas também pelo impacto do seu ensino nos alunos — a paixão e o propósito são muito importantes.

Essas quatro fontes (professores, estudantes, famílias e gestores) atuam em um contexto social, que pode ser um facilitador ou uma barreira para a aprendizagem efetiva. Por exemplo, a escola pode ser um ambiente convidativo, ou um lugar de desigualdades, pode ser um refúgio seguro, ou um lugar onde os alunos são obrigados a estar. Os educadores criam o clima da escola. Por isso, desenvolvemos 10 estruturas mentais sobre igualdade, pertencimento e identidade (ver Capítulo 7).

48 John Hattie

TABELA 3.2 Estruturas mentais para professores, gestores, alunos, famílias, cultura e ambiente

Professores e gestores escolares	Equidade, pertencimento e identidades
1. Eu avalio meu impacto na aprendizagem dos alunos.	1. Reconhecemos e respeitamos as diversas culturas dos nossos alunos.
2. Para mim, a avaliação é uma forma de identificar meu impacto e os próximos passos.	2. Abordamos e abolimos as desigualdades sistêmicas que afetavam nossos alunos e suas famílias.
3. Colaboro com meus colegas e alunos compartilhando minhas concepções de progresso e meu impacto.	3. Ao ir contra vieses[1] implícitos, visamos a avaliar o impacto real das nossas ações, em vez de focar na nossa intenção inicial. Buscamos eliminar os vieses da nossa prática.
4. Sou um agente de mudança e acredito que todos os alunos podem melhorar.	4. Nossas práticas são baseadas em evidências que fortalecem a cultura e mitigam as desigualdades na comunidade de aprendizagem.
5. As tarefas devem ser desafiadoras.	5. Somos todos responsáveis pelo bem-estar dos alunos e por eliminar o que pode impedir a aprendizagem deles, como questões relacionadas à identidade.
6. Dou *feedback* e ajudo os alunos a entendê-lo, bem como compreendo o *feedback* que recebo e ajo com base nele.	6. Promovemos uma cultura que constrói e honra a identidade dos alunos, especialmente como aprendizes.
7. Me envolvo no assunto quando estou explicando-o e quando estou discutindo-o com os alunos.	7. Buscamos oportunidades para apoiar a identidade de todos os nossos alunos.
8. Informo claramente aos alunos, desde o início, o que se espera deles.	8 Colaboramos com nossos colegas e alunos para garantir que nossa escola seja acolhedora e livre de intolerância.
9. Construo uma relação de confiança para que a aprendizagem ocorra em um ambiente seguro para cometer erros e aprender com os outros.	9. Nosso objetivo é fazer com que todos os alunos sintam que pertencem à escola e que podem participar de todas as aulas.
10. Direciono minha atenção à aprendizagem e à abordagem da aprendizagem.	10. Fazemos da nossa escola um ambiente acolhedor e seguro.

Alunos	Pais, cuidadores e famílias
1. Tenho certeza de que posso aprender.	1. Tenho expectativas altas, mas adequadas.
2. Defino, coloco em prática e monitoro metas apropriadas, incluindo metas de aprendizagem profunda.	2. Faço exigências apropriadas e acolho meu filho.
3. Me esforço para melhorar e aproveitar minha aprendizagem.	3. Não estou sozinho.

(Continua)

---

[1] N. de R. T.: Viés, em pesquisa, diz respeito a algum aspecto que possa distorcer a representação da população sendo estudada, o que acaba comprometendo a validade e a confiabilidade do estudo.

TABELA 3.2 Estruturas mentais para professores, gestores, alunos, famílias, cultura e ambiente *(Continuação)*

Alunos	Pais, cuidadores e famílias
4. Me esforço para adquirir e dominar conhecimentos tanto superficiais quanto profundos.	4. Desenvolvo as habilidades, a motivação e o entusiasmo do meu filho.
5. Contribuo para uma cultura de aprendizagem positiva.	5. Adoro aprender.
6. Tenho várias estratégias de aprendizagem e sei quando é melhor usar cada uma delas.	6. Entendo que o *feedback* é importante para aprender com os erros.
7. Tenho confiança e habilidades para aprender e contribuir com a aprendizagem em grupo.	7. Sou pai, não professor/Sou mãe, não professora.
8. Consigo ouvir e entender o *feedback*, além de agir com base nele.	8. Exponho meu filho à abordagem de forma ampla e consistente.
9. Consigo avaliar minha aprendizagem.	9. Entendo que nem eu nem meu filho somos perfeitos.
10. Sou meu próprio professor.	10. Eu avalio meu impacto.

ALINHAMENTO INTENCIONAL

A parte de promulgação do modelo está relacionada ao alinhamento intencional de sete decisões principais sobre o saber-que, o saber-como e o saber-com (superficial, profundo e transferível) nas aulas (Figura 3.2). Trata-se de alinhar as noções de sucesso, a complexidade do objetivo, a confiança e a segurança do ambiente de aprendizagem para enfrentar os desafios, os métodos de ensino e as estratégias ideais de aprendizagem, bem como verificar como tudo isso se alinha às atividades e aos métodos de avaliação. Se não houver

Figura 3.2 Modelo de alinhamento intencional destacando a proporção do saber-que, do saber-como e do saber-com no planejamento, na implementação e na avaliação.

esse alinhamento, os alunos podem acabar escolhendo ao que se dedicar, podem não entender as intenções e os métodos de ensino, podem priorizar a memória de trabalho e a motivação de uma forma diferente da que o professor tinha em mente.

Biggs, Tang e Kennedy (2023, p. XXII) observaram que "tradicionalmente, os professores planejavam seu ensino fazendo perguntas como 'Quais temas ou conteúdos ensinar?', 'Quais métodos de ensino usar?', 'Como avaliar se os alunos aprenderam o que eu ensinei?'". Esses educadores viam o ensino como uma transmissão de conteúdo para os alunos. Nesse caso, os métodos são mais expositivos; o professor explica, dá exemplos e depois pede que os estudantes façam algumas atividades. O professor sabe qual é o resultado da sua aula conforme a resposta dos alunos e, nas avaliações, solicita que relatem o que ouviram durante a aula. Já o alinhamento intencional é baseado nos resultados de aprendizagem que queremos que eles alcancem e considerando quais critérios. Qual é a proporção adequada entre o saber-que, o saber-como e o saber-com? Como projetar e implementar atividades de aprendizagem para ajudá-los a alcançar esses resultados? Como avaliar a qualidade desses resultados? Nesse sentido, o alinhamento intencional tem mais em comum com o planejamento reverso, porque, em vez de questionar o que o professor vai ensinar, foca no resultado desse ensino. O mais crítico é garantir que diferentes elementos desse modelo estejam alinhados de acordo com o nível de complexidade dos conteúdos que os alunos precisam aprender, conforme definido nos critérios de sucesso. Por exemplo, se a prioridade dos critérios de sucesso for o saber-que (aprender um conteúdo), em oposição ao saber-como (aprender as relações entre os conteúdos) ou ao saber-com (transferir o conteúdo para uma nova situação), as estratégias de aprendizagem, a escolha das atividades, as avaliações e os métodos de ensino devem estar alinhados.

O alinhamento intencional se divide nas sete etapas a seguir.

1. Determinar as intenções de aprendizagem e os critérios de sucesso, em geral com base no currículo, na compreensão do progresso dos alunos (onde estão progredindo, em que ponto estão e onde precisam estar) e nas motivações e disposições que eles levam para a aula.

2. Analisar a tarefa cognitiva do saber-que, do saber-como e do saber-com com foco nas aulas (conteúdo, compreensão mais profunda e transferência de habilidades e conhecimentos); compreender a complexidade cognitiva envolvida na aprendizagem e proporcionar aos alunos estratégias para aprender; entender o progresso dos alunos; e compreender o conceito de sucesso.

3. Definir o ambiente e a cultura da sala de aula para que os alunos e os professores vejam os erros como oportunidades de aprender. É preciso haver segurança para trabalhar, descobrir e explorar com os colegas, além de proporcionar um ambiente convidativo para todos, reconhecendo a diversidade da bagagem que cada um leva para a sala de aula.

4. Alinhar os métodos de ensino com a complexidade cognitiva dos componentes das tarefas, a confiança necessária para enfrentar os desafios dessa complexidade, a eficiência e a melhoria dos alunos para avançar em direção aos critérios de sucesso.

5. Proporcionar aos estudantes estratégias de aprendizagem apropriadas e eficazes para se envolverem na complexidade das tarefas.

6. Escolher atividades que se alinhem aos níveis de complexidade do conteúdo e a um pensamento conceitual mais profundo e relacional.

7. Aplicar métodos de avaliação com foco no conteúdo (saber-que), nos aspectos relacionais (saber-como) e na transferência (saber-com) dos critérios de sucesso, que mostram aos professores e alunos o seu progresso e as lacunas a serem abordadas.

Em cada etapa, é necessário haver uma estratégia de avaliação para monitorar sua implementação e o impacto nos alunos durante e no final das aulas. O objetivo é entender o impacto (eficácia e eficiência) dos métodos de ensino para que os estudantes atinjam os critérios de sucesso.

"O aspecto de 'alinhamento' se refere ao que o professor faz, que é criar um ambiente de aprendizagem que suporte as atividades apropriadas para alcançar os resultados desejados" (Biggs, 2003, p. 1). As etapas de 2 a 7 precisam estar alinhadas com as experiências e os conhecimentos do aluno, de modo que ele entenda com clareza e tenha a confiança necessária para explorar o ensino ao máximo, adquira as estratégias ideais de aprendizagem, seja motivado pelo professor a se dedicar às atividades e veja as avaliações como uma forma de verificar seu progresso e seu alcance dos critérios de sucesso.

Para compreender qualquer assunto, precisamos dominar não apenas os fatos, os conteúdos e as teorias ou explicações, mas também as formas de pensar, de fazer críticas e de relacionar os fatos. Alguns autores pensaram de forma semelhante sobre o conhecimento declarativo (saber fatos e coisas) e o conhecimento procedural (saber como realizar certas atividades cognitivas, como raciocínio, tomada de decisão e resolução de problemas). Por exemplo, Ryle (1945) distinguiu o saber-que e o saber-como explicando que o primeiro é o conhecimento sobre a existência ou a verdade de algo, e o segundo é o conhecimento sobre como fazer algo, por exemplo, andar de bicicleta, fazer um bolo ou interpretar uma avaliação. O planejamento de aulas geralmente exige tanto o saber-que/conhecimento declarativo quanto o saber-como/conhecimento procedural. Broudy (2017) acrescenta que, na verdade, a transferência está mais próxima do saber-com, porque os alunos vêm com o conhecimento de novos problemas ou situações.

Talvez o modelo educacional mais conhecido seja a taxonomia de Bloom. A primeira versão tinha seis níveis: saber, compreender, aplicar, analisar, sintetizar e avaliar (Bloom; Hastings; Madaus, 1956). No entanto, há poucas evidências que respaldem a alegação de que esses níveis aumentam a complexidade cognitiva (Hattie; Brown, 2004; Hattie; Purdie, 1998), pois eles misturam formas de pensamento com o processamento necessário para realizar tarefas ou responder a perguntas, e há poucas evidências do seu efeito na melhoria do ensino ou no impacto sobre os alunos. Uma nova edição da taxonomia de Bloom (Anderson; Krathwohl, 2001) reconheceu as limitações da versão original, alterou a ordem dos processos cognitivos para *lembrar, compreender, aplicar, analisar, avaliar* e *criar* e adicionou uma nova dimensão de tipos de conhecimento: factual, conceitual, procedural e metacognitivo. Esses últimos quatro tipos formam uma hierarquia de crescente complexidade cognitiva.

Da mesma forma, o modelo de profundidade do conhecimento, de Webb (1997), está relacionado à profundidade da compreensão do conteúdo, ao escopo de uma atividade de aprendizagem e às habilidades necessárias para fazer uma tarefa. Há quatro níveis, descritos a seguir.

1. A recordação está relacionada à reprodução de um fato, à reprodução de um princípio ou à realização de um procedimento rotineiro.

2. As habilidades e os conceitos estão relacionados ao uso de informações, à seleção de procedimentos apropriados para uma tarefa ou à organização e à exibição das informações interpretadas.
3. O pensamento estratégico envolve raciocinar ou desenvolver planos para abordar um problema, empregando alguma tomada de decisão e justificativa e resolvendo problemas abstratos, complexos ou não rotineiros.
4. O raciocínio elaborado envolve a realização de investigações ou a aplicação de conceitos e habilidades ao mundo real que exigem tempo para pesquisar, resolver problemas e processar várias condições do problema ou tarefa.

Outra taxonomia de complexidade cognitiva é a estrutura dos resultados de aprendizagem observados (SOLO, do inglês *Structure of Observed Learning Outcomes*) (Biggs; Collis, 1982), com quatro níveis: uniestrutural, multiestrutural, relacional e abstrato estendido. Os dois primeiros são como o saber-que e o conhecimento superficial, e os outros são como o saber-como e o processamento profundo. Os níveis do saber-que demonstram a compreensão de ideias ou fatos. Respostas e perguntas uniestruturais requerem o conhecimento ou o uso de apenas uma informação, fato, perspectiva ou ideia, obtida diretamente do problema. Aumentando a quantidade, as respostas ou os itens multiestruturais, isso requer conhecimento ou uso de mais de uma informação, fato, perspectiva ou ideia, cada uma usada separadamente ou em duas ou mais etapas distintas, sem integração das ideias.

Em contraste, os dois processos profundos (saber-como) constituem uma mudança na qualidade do pensamento, que é cognitivamente mais desafiadora do que ideias superficiais. Além disso, respostas ou perguntas relacionais requerem a integração ou o desenvolvimento de um padrão de organização baseado em ideias multiestruturais. Por fim, o nível mais alto da taxonomia SOLO é o resumo estendido (mais parecido com o saber-com), que requer ir além das informações, dos conhecimentos ou das ideias fornecidas para deduzir uma regra ou prova mais geral que se aplique a todos os casos. Neste último nível, é necessário pensar além dos dados e trazer conhecimentos, ideias ou informações anteriores e relacionadas para criar uma resposta, uma previsão, uma interpretação, uma crítica ou uma hipótese que estende os dados a uma gama mais ampla de situações.

Dinsmore e Alexander (2012), revisando a pesquisa sobre os processamentos superficial e profundo, observam a suposição implícita de que o processamento não varia conforme *quem* está processando, *onde* ele está ocorrendo (o contexto), *quando* ele ocorre e para que *fim* foi empregado (o alvo da aprendizagem). Portanto, uma questão fundamental é a relação entre os níveis de processamento e os resultados de aprendizagem para quem, em que ponto do desenvolvimento, em quais situações e com que finalidade. A noção de que o superficial é ruim e o profundo é bom é ingênua e enganosa. Os autores chamam a atenção para a precisão de decidir o que é superficial e profundo e sugerem que esses conhecimentos podem ocorrer de forma contígua em alguns casos (Dinsmore; Alexander, 2016). Daí a importância das decisões sobre quem, onde, quando e o quê — o que torna as noções de alinhamento intencional ainda mais importantes.

Clinton e Hattie (2021) combinaram os atributos dessas três taxonomias para compreender melhor a complexidade do pensamento e do conhecimento que podem ser planejados como parte de uma aula (Tabela 3.3). O saber-que inclui a aprendizagem tanto do conhecimento factual quanto do conhecimento e das habilidades conceituais. O saber-como inclui os conhecimentos processuais, estratégicos e relacionais, bem

TABELA 3.3 Os três níveis de complexidade cognitiva e as atividades relacionadas		
Nome	**Definição**	**Atividade**
Saber-que (superficial)	Factual Conceitual	Lembrar e reproduzir fatos. Saber a aplicação básica.
Saber-como (profundo)	Procedural e relacional	Conectar, aplicar e relacionar conhecimentos superficiais de diferentes áreas (por exemplo, teoria e contexto).
Saber-com (transferível)	Transferência para contextos semelhantes ou novos	Usar o conhecimento adquirido em um contexto diferente.

como a transferência para algo semelhante ou novo contexto. Por fim, o saber-com é usar o conhecimento e a compreensão para transferir a ideia a contextos próximos ou distantes.

QUALIDADE DA IMPLEMENTAÇÃO

A implementação dessas sete etapas envolve outras cinco etapas (Tabela 3.4): descobrir, criar, implementar, monitorar e expandir. No livro *Building to Impact*, desenvolvemos esse modelo de cinco etapas analisando 50 metodologias e implementações (negócios, computação, engenharia e medicina). Identificamos 23 processos de implementação comuns nas 50 metodologias, com base em metanálises e revisões sistemáticas já feitas sobre o tema, e combinamos isso com nossa experiência prática para apoiar iniciativas de implementação a nível do sistema escolar, da região e da escola em mais de 50 países (Hamilton; Hattie, 2022). A metodologia que desenvolvemos é chamada de modelo de cinco etapas e é usada para estruturar o conhecimento sobre a qualidade da implementação: identificar metas e o que os alunos já sabem ao entrar na sala de aula; criar intervenções de alta probabilidade; implementar as intervenções; monitorar e avaliar seu impacto; e expandi-las ou interrompê-las (ver Figura 1.3 e Tabela 1.1).

PENSAMENTO AVALIATIVO

Subjacente ao propósito, à estrutura mental, ao alinhamento intencional e à implementação, há o modo de pensar dos professores e gestores e o modo de pensar que queremos despertar em nossos alunos. Isso é chamado de pensamento avaliativo. O pensamento avaliativo invoca o pensamento crítico e a resolução de problemas, por meio dos quais o educador e o aluno buscam dados e evidências avaliativas para construir argumentos que levam a decisões e julgamentos de valor (Clinton; Hattie, 2015). Envolve raciocínio e pensamento críticos na avaliação das evidências e identificação dos próximos passos. Inclui abordar a fidelidade da intenção de ensinar na implementação, verificando com frequência as consequências não intencionais. Além disso, permite adaptações para maximizar o valor dos resultados. Envolve a investigação de possíveis vieses e confusões que podem levar a falsas conclusões, bem como implica habilidade e confiança para entender o ponto de vista das outras pessoas. O propósito do pensamento avaliativo é aumentar o

TABELA 3.4 Estratégias para implementar o modelo de alinhamento intencional

Etapa		Professores	Alunos	Famílias	Escola/gestores
I	Descobrir: identificar os objetivos mais relevantes; construir uma teoria do presente; e chegar a uma conclusão sobre o que é sucesso.	• Conhecer os alunos e saber quais conhecimentos eles já têm. • Intenções de aprendizagem e critérios de sucesso. • Níveis de desafio. • Expectativas e cuidado para não rotular. • Diversos modos de progredir.	• Levar para a escola os valores, as expectativas e as aprendizagens provenientes de seu lar, cultura e sociedade. • Levar para a escola suas habilidades, sua motivação e seu interesse pela aprendizagem.	• As crianças nascem em um mundo cheio de expectativas. • Os pais são os primeiros aprendizes do filho.	• Prezar tanto pelo progresso quanto pela realização, pelo bem-estar e pela união. • Saber que o importante são as práticas dentro da escola, não as diferenças entre as escolas. • Criar tempo e recursos e desenvolver a *expertise* para impactar coletivamente os alunos.
2	Criar: examinar sistematicamente as diferentes opções do espaço; selecionar/projetar uma intervenção de alta probabilidade; realizar testes rigorosos antes de implementar; e desenvolver um plano de monitoramento e avaliação. Também envolve identificar coisas que você terá que interromper simultaneamente.	• Alinhamento intencional. • Planejamento reverso. • Planejamento de aulas. • Conhecimentos superficial, profundo e transferível. • Análise cognitiva das tarefas. • Ensino de estratégias. • Currículo. • Métodos. • Plano de avaliação. • Tecnologia.	• Ter expectativas. • Compreender as intenções da aprendizagem e os critérios de sucesso. • Compreender os *feedbacks*. • Desaprender, desequilibrar.	• Aprender a linguagem da aprendizagem. • Ser um bom ouvinte. • Ter boas expectativas. • Criar um ambiente onde o erro é visto como positivo.	• Linguagem da aprendizagem. • Conhecer o papel do dinheiro. • Ambiente convidativo. • Boas expectativas. • Eficácia no coletivo.

(Continua)

TABELA 3.4 Estratégias para implementar o modelo de alinhamento intencional *(Continuação)*

Etapa		Professores	Alunos	Famílias	Escola/gestores
3	Implementar: colocar em ação as intervenções planejadas e coletar dados para monitoramento e avaliação.	• Intenção de ensinar. • Cultura da sala de aula. • Pensamento avaliativo. • Interpretação de evidências. • Métodos de ensino diferenciados. • Dar e pedir *feedback*. • Escuta. • Paixão.	• Usar várias estratégias de aprendizagem. • Dedicar-se e direcionar-se. • Ver os erros como oportunidades. • Trabalhar em equipe.		• Discurso compartilhado. • Ciência da implementação.
4	Monitorar: controlar e avaliar as etapas de implementação e decidir o próximo passo.	• Ensinar de novo. • Identificar o impacto. • Avaliar o impacto do trabalho dos outros. • Consolidar. • Progresso para a conquista. • Progressos.	• Receber *feedback*. • Usar as habilidades de avaliação dos alunos. • Assimilar e acomodar.		• Confiar, mas conferir. • Avaliar e monitorar com frequência.
5	Expandir: implementar versões aprimoradas de uma intervenção no mesmo local e/ou incorporar a intervenção em várias escolas (sustentabilidade).	• Investimento para aprimorar a *expertise* dos professores. • Habilidade para descontinuar a intervenção.	• Querer se dedicar a uma aprendizagem mais ampla e profunda.	• Querer investir em mais anos de escolaridade.	• Construir um coletivo para expandir. • Habilidade para descontinuar a intervenção.

impacto do professor em relação ao interesse e à motivação dos alunos para aprender. É a essência da *expertise* e a base da profissão (Rickards; Hattie, 2021).

Usamos as noções de pensamento avaliativo para melhor explicar a natureza desse pensamento que sustenta as estruturas mentais, o processo de implementação e o porquê do que fazemos, valorizamos e avaliamos. Começamos nosso trabalho investigando professores certificados pelo National Board for Professional Teaching Standards, dos Estados Unidos (Hattie; Clinton, 2008), a partir do estudo de Berliner (2008) sobre especialistas e iniciantes, com base em literaturas similares de *expertise* em outras disciplinas (por exemplo, Dreyfus e Dreyfus, 2005; e Kahneman, 2011), e desenvolvendo um modelo de pensamento avaliativo.

Nosso trabalho comparou esses professores certificados que passaram e não passaram em uma série de avaliações (de forma controlada para a experiência e o contexto da escola). Os profissionais certificados se saíram melhor nas medidas de uso do conhecimento, profundidade para representar o conhecimento, expressão da sua paixão por ensinar, habilidades para resolução de problemas, grau de desafio nas aulas, capacidade de ir além do superficial para apresentar mais profundamente o conteúdo e habilidade para monitorar e dar *feedback* aos alunos (Smith *et al.*, 2008). Ao analisar amostras de trabalhos dos estudantes, foi observado que 74% dos alunos de professores certificados demonstraram uma compreensão mais elevada (em comparação com 29% de alunos não certificados), caracterizada por trabalhos que envolviam conhecimentos mais profundos e mais abstratos. Concluímos que o processo do National Board foi:

> [...] identificar e certificar alunos de professores que se diferenciam, em aspectos profundos e importantes, dos alunos de professores menos proficientes. Os primeiros demonstram compreender os conceitos direcionados ao ensino de forma mais integrada, mais coerente e em um nível mais alto de abstração, em comparação aos outros (Bond *et* al., 2000, p. 113).

Berliner (2008) realizou um estudo mais extenso sobre professores especialistas e observou que eles:

- se destacam principalmente na sua matéria e em contextos específicos;
- desenvolvem automaticidade nas operações repetitivas necessárias para atingir seus objetivos;
- aproveitam mais as oportunidades e são mais flexíveis no ensino do que os professores iniciantes;
- são mais sensíveis às demandas de tarefas e às situações sociais que os cercam ao resolver problemas;
- abordam os problemas de maneiras qualitativamente diferentes das dos iniciantes;
- têm recursos para reconhecer padrões de forma mais rápida e precisa;
- percebem padrões mais significativos na matéria em que têm experiência;
- talvez comecem a resolver os problemas mais lentamente, mas apresentam fontes de informações mais ricas e pessoais para lidar com aquilo que estão tentando resolver.

Todos esses atributos de *expertise* estão relacionados à forma como os educadores pensam, destacando-se as decisões avaliativas. O pensamento avaliativo é um tipo particular de pensamento crítico e resolução de problemas, por meio do qual se agrupam dados e evidências avaliativas para construir argumentos que permitam chegar a julgamentos de valor contextualizados de forma transparente (Vo, 2013). Destacamos a seguir as cinco principais habilidades do pensamento avaliativo (Rickards; Hattie; Redi, 2021).

1. Envolve recorrer ao raciocínio e ao pensamento críticos na avaliação de evidências e identificar os próximos passos.
2. Serve para abordar a fidelidade da implementação, verificar com frequência as consequências não intencionais e permitir adaptações para maximizar o valor dos resultados.
3. Seu foco é específico para as principais decisões que cada profissão pretende tomar: para professores, maximiza o impacto na aprendizagem dos alunos.
4. Envolve a investigação de possíveis vieses e confusões que podem levar a falsas conclusões.
5. Está relacionado a compreender o ponto de vista dos outros, levando a um julgamento de valor.

Portanto, o pensamento avaliativo é uma forma de raciocinar e pensar criticamente sobre o impacto do que planejamos e fazemos para melhorar a aprendizagem dos alunos. Os professores especialistas têm níveis mais altos de pensamento avaliativo, conseguem reconhecer melhor os padrões, são mais hábeis em verificar vieses e restrições e têm maior probabilidade de buscar ações alternativas quando a primeira não funciona. Demoram mais para identificar a abordagem e a resolução dos problemas, tentam ver o ponto de vista dos outros, retomam a definição do problema com mais regularidade e são proficientes em avaliar seu impacto sobre os alunos e aprender com o impacto dos seus alunos sobre eles.

A principal ideia para maximizar o impacto na aprendizagem dos alunos está relacionada à forma como professores, alunos, famílias e gestores pensam. Para os educadores, é como eles pensam ao preparar as aulas; como pensam ao descobrir a habilidade, a vontade e a emoção que cada estudante leva para a aula; como pensam ao tomar medidas para tornar o ambiente da sala de aula convidativo e seguro para aprender; como pensam ao tomar decisões à medida que elas aparecem; como pensam ao interpretar a partir da sua percepção, do envolvimento dos alunos na aula e dos trabalhos deles; como sabem quando e de que modo ouvir o que os estudantes estão pensando; e como sabem as estratégias de aprendizagem que estão usando e o modo de os alunos lidarem com erros e com o que não sabem. O mais importante é como os educadores avaliam seu impacto para garantir que as próximas etapas de aprendizagem continuem a trajetória de aprendizagem positiva. São os professores que pensam na escolha das intervenções, elaboram e explicam as intenções de aprendizagem e os critérios de sucesso, sabem quando os alunos conseguem atingir essas intenções ou não, conhecem os estudantes e o que eles já aprenderam, sabem se afastar quando a aprendizagem está progredindo e sabem o suficiente sobre o conteúdo para proporcionar experiências de aprendizagem significativas e desafiadoras.

Essa abordagem requer mais do que domínio do conteúdo, mais do que o conhecimento de muitos métodos de ensino, mais do que habilidades sociais para desenvolver boas relações (não apenas entre professor e aluno, mas também entre alunos) — exige paixão para melhorar a aprendizagem. Os alunos e outras pessoas que chegam na sala de aula notam a alegria, a emoção e a natureza contagiante do professor ao ensinar. Essa é a mesma paixão que desejamos que os estudantes tenham ao aprender (como costumam demonstrar em suas atividades sociais, *videogames* e esportes). Para isso, é preciso gostar do conteúdo, ter uma postura ética e atenciosa para cultivar neles o interesse por esse conteúdo, além de acreditar que todos podem superar o que consideram ser seu potencial e mostrar isso aos alunos.

REFLEXÕES

1. Estabeleça um acordo sobre os principais objetivos dos professores, alunos, pais e gestores na sua escola ou no sistema escolar.
2. Para cada uma das 10 estruturas mentais, discuta exemplos de prática e perguntas para identificar evidências dessas formas de pensar.
3. Dê um exemplo de planejamento consciente para que o estudo passe do superficial ao profundo e seja transferido para outros contextos. Será que conseguimos ver essas transições na aprendizagem de cada aluno, para saber quando consolidar o conteúdo ou desenvolvê-lo?
4. Com os colegas, crie um plano de aula com base na Figura 3.2, articulando claramente os aspectos do saber-que, do saber-como e do saber-com. Comece com as avaliações finais para saber quem foi bem, em que momento e em qual conteúdo.
5. Peça para um colega perguntar aos alunos da sua turma, de forma confidencial, como é ser um aprendiz na turma, quem é o melhor (e por quê) e o que eles fazem quando erram. Pense como você e seus alunos percebem o ambiente da sua sala de aula para enfrentar uma aprendizagem desafiadora.
6. Para começar a análise cognitiva das tarefas, você precisa saber claramente quais são as habilidades e os conhecimentos necessários para a aula (saber-que), as relações fundamentais entre as ideias (saber-como) e a possibilidade de transferir aprendizagens e conhecimentos mais profundos para novas situações e tarefas. Escolha um tema e resolva uma tarefa para determinar essas habilidades-chave. Em seguida, planeje pelo menos três atividades (uma para cada nível) e ensine-as aos seus alunos. Avalie o impacto sequencial na aprendizagem deles e como você modificaria a aula.
7. Quais estratégias ou técnicas usamos para verificar o impacto do nosso ensino? Podemos perguntar aos alunos quais aspectos do nosso ensino os ajudaram a aprender determinado tema (saber-que ou saber-como) e o que mais poderíamos ter feito.
8. Como saber o que os alunos conseguiram aprender na aula anterior, de modo que possamos adaptar o ensino com base nesse entendimento? Você faz perguntas rápidas para discutir o conhecimento prévio, bem como perguntas articuladas e estratégias de *feedback* no momento da atividade para identificar o que estão conseguindo compreender?
9. Professores com pensamento avaliativo são "intrometidos". Perguntam com certa frequência o que deu ou não certo, preocupam-se com a fidelidade da sua maneira de ensinar para conferir se o impacto está certo, questionam-se sobre seus vieses em relação à aprendizagem dos alunos e tentam se colocar no lugar deles para entender seus facilitadores, suas barreiras e suas experiências de aprendizagem. Você faz essas coisas?
10. Leia o estudo de Berliner (2008, p. 55-56) sobre professores especialistas e discuta os significados, as implicações e as possíveis estratégias para que possamos compartilhar e ver professores especialistas em ação.

4

Implementação do alinhamento intencional na aprendizagem visível

Começando com as cinco premissas descritas no Capítulo 2, este capítulo aborda como implementar o alinhamento intencional na aprendizagem visível pela perspectiva de professores, alunos, gestores e pais. Descreve os principais problemas para professores, alunos, gestores e famílias nas primeiras três etapas do modelo de cinco etapas e, em seguida, apresenta uma visão geral das considerações importantes para as etapas 4 e 5 — monitorar e expandir.

PROFESSORES

Etapa 1: descobrir e diagnosticar

A fase de descoberta estabelece principalmente o desafio educacional ideal para cada criança, turma, escola e sistema escolar. Antes de pensar em ferramentas ou soluções, é preciso haver boas habilidades de descoberta, como ouvir os alunos, considerar os resultados das provas e questionar. Também deve haver um conhecimento profundo de como os estudantes aprendem e se desenvolvem e como as emoções estão envolvidas na aprendizagem. Além disso, não podemos nos esquecer de que existem várias maneiras de progredir no currículo escolar. Por fim, é preciso realizar uma excelente análise crítica sobre o que os alunos já sabem, entendem e se preocupam. Conheça o seu aluno.

David Ausubel (1968) afirmou que o fator isolado mais importante que influencia a aprendizagem são os conhecimentos prévios dos alunos. Descubra o que eles já sabem e parta daí para ensinar. O autor observou que os estudantes absorvem novas informações vinculando-as ao entendimento atual e aos conhecimentos anteriores. Esses esquemas são as estruturas mentais com as quais os alunos lidam com novas informações e novos conteúdos. É como a noção de desequilíbrio de Piaget. O desequilíbrio ocorre quando encontramos informações que exigem o desenvolvimento de um novo esquema mental ou

> Conhecer os alunos e saber os conhecimentos que eles já têm.
>
> Intenções de aprendizagem ou critérios de sucesso.
>
> Níveis de desafio.
>
> Expectativas e cuidado para não rotular.
>
> Diversos modos de progredir.

a modificação do nosso entendimento atual. Ausubel (1968) desenvolveu a noção de organizador avançado, que é o precursor das intenções de aprendizagem e dos critérios de sucesso, comparando-o a um cabide de roupas, porque serve como suporte para aprender novos conhecimentos. Por isso, os professores precisam saber o que cada aluno leva para a sala de aula em termos de habilidades, como conhecimento prévio, estratégias de aprendizagem, memória de trabalho, processamento executivo e cultura; em termos de disposição, como desejo de ser desafiado, confiança em caso de confrontos, aptidão para trabalhar com outras pessoas; e em termos de emoção, como motivação para aprender o que está sendo ensinado. Em seguida, o professor deve ajustar o planejamento da aula conforme essas informações básicas, que podem variar dependendo da aula. O objetivo não está tanto em relacionar os conteúdos ao mundo real, ao futuro ou à vida profissional dos estudantes, mas em relacionar os conteúdos da aula aos conhecimentos e interesses atuais dos alunos. Isso não significa necessariamente alimentar seus interesses, pois o objetivo pode ser justamente que tenham novos interesses. Apelar ao interesse, no entanto, pode ter efeitos negativos, pois os alunos tendem a ficar confiantes demais e a dedicar menos tempo à consolidação de novos conhecimentos e entendimentos. Encontrar o equilíbrio é fundamental (Senko; Perry; Greiser, 2021). Compreender claramente o conhecimento prévio, os pontos fortes e as lacunas na aprendizagem dos alunos tem um efeito poderoso no desempenho.

Com a ideia de intenção de ensinar, presume-se que os professores preveem ou estimam o que os alunos vão fazer no futuro para alcançar os critérios de sucesso. Portanto, as intenções de aprendizagem são motivos voltados para o futuro — elas descrevem estados de coisas futuras (Anscombe, 2000). A intenção de aprendizagem é o que os alunos devem saber, compreender ou ser capazes de fazer até o fim da aula ou de uma série de aulas. É o que queremos que aprendam (não apenas façam). Os critérios de sucesso devem descrever como o professor e os alunos saberão que alcançaram a intenção de aprendizagem.

Os critérios de sucesso devem incluir expectativas desafiadoras, mas adequadas. Além disso, não podemos rotular o estudante, porque isso geralmente nos leva a ter uma expectativa muito baixa em relação a ele. Os desafios devem estar relacionados ao que o aluno (ainda) não consegue fazer. Precisamos capacitá-lo para enfrentar esses desafios. Em uma analogia à história *Cachinhos Dourados e os três ursos*: nem muito difícil, nem muito fácil, nem muito chato. Infelizmente, alguns alunos relutam em enfrentar desafios, porque ficam com medo de não conseguir, ficam constrangidos na frente dos colegas e do professor ou não têm as habilidades necessárias para a tarefa. Por isso, é importante identificar essas situações, planejar e desenvolver confiança para enfrentar os desafios apropriados (autoeficácia) e acreditar que o erro e a aprendizagem andam de mãos dadas na sala de aula.

Note que a expressão "critérios de sucesso" está no plural, porque raramente vamos ter apenas um objetivo em cada aula. Muitas vezes, quando perguntamos aos alunos o que eles consideram "ir bem", a resposta está relacionada ao conteúdo, ou seja, ao saber-que (mesmo que os professores tenham informado que os critérios são outros). Isso ocorre porque as tarefas muitas vezes privilegiam o quanto o aluno sabe sobre o conteúdo, e o *feedback* também está relacionado ao conteúdo, assim como a linguagem e as perguntas do professor. O objetivo não é polarizar os critérios de sucesso em saber-que ou saber--como, mas abordar esses dois tipos de conhecimento na proporção adequada.

Passar dos novos critérios de sucesso para o que os alunos sabem, conseguem e consideram importante não costuma ser um caminho linear. A noção de diferenciação implica a possibilidade de vários caminhos e tempos diferentes para alcançar o sucesso. Tomlinson (2014) explica que, no ensino diferenciado, o professor acompanha quão próximos os alunos estão de atingir os objetivos da aula ao longo de um ciclo de aprendizagem. Dessa forma, ele pode adaptar os planos de ensino para que os critérios de sucesso sejam alcançados de maneiras e em tempos diferentes, aumentando a eficácia e a apropriação da aprendizagem. Isso envolve habilidade para antecipar obstáculos e para lidar com os diversos caminhos que os estudantes podem tomar. Portanto, é importante perceber que existem várias formas de progredir ao sucesso. Tudo isso exige uma compreensão profunda do currículo, saber como promover a aprendizagem de várias maneiras, visando ao saber-que, ao saber-como e ao saber-com, além de como identificar onde o aluno está na sua jornada para o sucesso e no que focar em seguida.

Etapa 2: criar

Muitas vezes falamos sobre ensino, avaliações, aprendizagem, currículo e *feedback* como se fossem atividades separadas e pudessem ser modificadas de forma independente. A aula acaba sendo um evento pontual, em que geralmente o professor discorre sobre um assunto, os alunos fazem atividades e trabalhos e depois o professor repassa algumas partes e encerra. Se o trabalho for concluído a tempo, se os alunos forem vistos trabalhando e se o professor estiver satisfeito com o fato de o conteúdo ter sido abordado, as próximas aulas serão iguais. Quase não existem pesquisas sobre o impacto da infinidade de planos de aula, mas há muitos recursos na internet, e parece haver uma grande lacuna que precisa ser resolvida. Não será fácil, pois o contexto é relevante, o aprendizado anterior é relevante, e a relação entre os recursos também é. No entanto, valem os esforços para construir uma base de evidências a fim de avaliar os recursos educacionais e, assim, ajudar os professores a otimizarem o impacto da aprendizagem (ver exemplos em www. edreports.org/ e https://beyou.edu.au/resources/programs-directory).

A principal descoberta é garantir o alinhamento intencional de todos os momentos da aula. O ponto de partida é identificar o conteúdo e o quanto os alunos compreendem dele. A fonte dessas informações é o currículo, mas é importante notar que pode haver um alinhamento muito baixo entre os currículos de diferentes regiões ou sistemas educacionais e ainda mais baixo quando se trata do conteúdo, da sequência e do progresso da aprendizagem (Porter *et al.*, 2011). Há pelo menos três decisões a serem tomadas sobre o conteúdo que será usado para uma compreensão mais profunda ao relacionar ideias e como esse conteúdo é transferido para contextos próximos e distantes. Com os princípios do planejamento reverso, a decisão principal envolve considerar de antemão o que realmente queremos que os alunos entendam (não apenas absorvam e lembrem, não as tarefas) e o que devem ser capazes de saber, fazer, dar importância e compreender no final de determinado número de aulas (Wiggins; McTighe, 2005).

Alinhamento intencional
Planejamento reverso
Planejamento das aulas
Conhecimentos superficial, profundo e transferível
Análise cognitiva das tarefas
Ensino de estratégias
Currículo
Métodos
Plano de avaliação
Tecnologia

A abordagem do planejamento reverso faz os professores considerarem primeiro os objetivos de aprendizagem das aulas. Fazem parte dessas metas de aprendizagem o conhecimento e as habilidades que os educadores querem que os alunos aprendam ao terminarem as aulas. Uma vez estabelecidos os critérios de sucesso, a segunda decisão é sobre a avaliação, e a intenção é deixar claro para o professor (e para os alunos) o que é valorizado em termos de conteúdo, as relações mais profundas entre ideias e entendimentos conceituais e as habilidades desejadas para que possam transferir a outras tarefas e contextos. A terceira decisão está relacionada ao planejamento dos métodos, das atividades e dos recursos de ensino necessários para que os alunos progridam até atingirem os critérios de sucesso desejados e comunicados. Essa é a essência do ensino com intenção.

Portanto, há pelo menos duas considerações principais ao criar uma aula. É necessário alinhar intencionalmente atividades, avaliações, *feedback* e ensino com base na aprendizagem do saber-que, do saber-como e do saber-com (conhecimentos superficial, profundo e transferível) com os critérios de sucesso. Organizar a sequência de aprendizagem de forma que os alunos primeiro desenvolvam o conhecimento superficial relevante (o conteúdo ou as ideias) e, em seguida, desenvolvam entendimentos mais profundos (relacionem e ampliem essas ideias) pode melhorar significativamente os resultados. Por exemplo, a aprendizagem baseada em problemas é ineficaz quando os alunos não têm conhecimento prévio suficiente para fazer suas próprias conexões e resolver os problemas (ver Capítulo 12). Porém, quando eles têm um conhecimento superficial apropriado, a aprendizagem baseada em problemas tem se mostrado muito eficaz na consolidação e no desenvolvimento de uma compreensão mais profunda.

É preciso ter cuidado para não seguir de forma tão rígida essa sequência de ensino (primeiro superficial, depois profundo e depois transferível). Como Kapur (2016) observa, começar com tarefas de resolução de problemas pode expor a falta de conhecimento e o conteúdo necessário, que se torna o foco do ensino. O progresso da aprendizagem não é linear; ele pode ter interrupções. Por isso, precisamos criar e valorizar aqueles momentos em que o estudante se dá conta de que compreendeu o que estamos ensinando (Berkely; Hattie, 2023).

O modelo do alinhamento intencional consiste em ensinar não apenas o conhecimento mais importante, as ideias conceituais mais profundas e a compreensão que pode ser transferida para outros contextos, mas também as estratégias ideais de aprendizagem. Consiste também em estar ciente da complexidade das demandas cognitivas e criar um ambiente seguro onde os alunos sintam que os erros, o desconhecimento e as incertezas são legítimos e bem-vindos. A arte de ensinar é saber qual nível de desafio cada aluno está preparado para enfrentar, criando ações para lidar com a ansiedade e promover a confiança para assumir mais tarefas desafiadoras. Com o alinhamento intencional, buscamos reduzir o desnivelamento da turma e fazer os alunos serem parte do ensino uns dos outros (método *jigsaw*, que será abordado no Capítulo 13), bem como ter as habilidades do pensamento avaliativo para tomar decisões sobre os melhores métodos de ensino e saber quando implementá-los.

A segunda consideração importante é o alinhamento intencional de metas, sucesso, *feedback*, estratégias de aprendizagem e avaliações. A premissa é que se deve compreender:

1. o currículo, as formas de progresso da aprendizagem, o que se entende por sucesso (no tempo disponível) e, consequentemente, as intenções de aprendizagem;

Aprendizagem visível **63**

2. a análise cognitiva das tarefas em relação ao saber-que, ao saber-como e ao saber--com com foco nas intenções de aprendizagem e nos critérios de sucesso;
3. o ponto de partida do aluno, sua trajetória de aprendizagem até então e uma estimativa bem embasada sobre como ele pode progredir;
4. a necessidade de intervenções de ensino e *feedback* adequados de acordo com a complexidade cognitiva das tarefas — para reduzir a lacuna entre o ponto de partida do estudante e os critérios de sucesso desejados;
5. uma estratégia de avaliação para monitorar a implementação e o impacto sobre os alunos durante e no final das aulas para compreender a eficácia e a eficiência dos métodos de ensino no objetivo de levá-los aos critérios de sucesso — *feedback* conforme as regras do professor.

Esses cinco processos são fundamentais para todas as estratégias de ensino: as intenções da aula, os critérios de sucesso, a avaliação, o *feedback* para o professor e o *feedback* para o aluno durante e no final da aula. As intenções de aprendizagem, os critérios de sucesso e a avaliação da implementação devem ser alinhados de forma intencional. Segundo Biggs (1999), três noções fundamentais sustentam o alinhamento intencional: identificar os resultados desejados, alinhar deliberadamente as atividades de ensino e os critérios de sucesso, bem como determinar as tarefas de avaliação. Essas três noções dirão se os resultados reais correspondem ao que se planejou.

Ser intencional envolve fazer escolhas conscientes e planejadas em relação às intenções de aprendizagem, aos critérios de sucesso, aos métodos avaliativos e ao *feedback*, garantindo a eficácia e a eficiência dos métodos de ensino e sua implementação. Isso implica ser intencional em relação ao processo de aprendizagem, que pode ser considerado o desenvolvimento do conhecimento, a compreensão relacional e conceitual mais profunda e a transferência de habilidades (conforme o Capítulo 12). Significa ser intencional em relação às estratégias de aprendizagem ideais a serem ensinadas e à escolha dos métodos de ensino. É preciso reconhecer, além disso, que existem poucos métodos de ensino ideais nos três momentos do ciclo de aprendizagem, o que exige que os professores tenham habilidades para diferenciar esses métodos, dependendo de onde seus alunos estão no ciclo de aprendizagem. Ser intencional significa parar de usar o método quando não está tendo o impacto pretendido; não obrigar os alunos a fazer atividades sem um objetivo claro; e observar o impacto do ensino permitindo que os estudantes expressem seus pensamentos em voz alta, conhecendo e avaliando seu progresso em direção aos critérios de sucesso.

Além de entender o impacto do seu ensino, os professores também precisam ouvir os alunos para saber se eles entendem da mesma forma. Eles não são receptores passivos de conteúdos, tarefas e provas, mas atores fundamentais no processo de aprendizagem. Por isso, o modelo sugere informar aos estudantes as intenções de aprendizagem e os critérios de sucesso das tarefas e verificar se eles têm um entendimento semelhante ao do professor. Por exemplo, os alunos sabem o que significa ir bem em determinada tarefa? Aquele que consegue articular e aprender esses critérios de sucesso é mais propenso a escolher boas estratégias de aprendizagem, ter satisfação quando vai bem e se dedicar mais às metas da aula, sem contar que pode aprender muito mais do que foi inicialmente acordado. Estar ciente disso, acolher e promover essas vitórias extras fazem parte do pensamento avaliativo do professor e do estudante.

O efeito geral nas 21 metanálises dos critérios de sucesso é de 0,67, com os maiores efeitos relacionados a informar aos alunos os critérios de sucesso, ter intenção de implementar metas, aprendizagem para ter domínio do assunto e exemplos práticos, estabelecer padrões de autocrítica e definir a dificuldade apropriada das metas. Todas essas estratégias de aprendizagem permitem que os alunos vejam a totalidade ou a *gestalt* do que se pretende aprender antes de iniciar as aulas. Dessa forma, temos um "cabide" no qual o conhecimento superficial pode ser organizado. Quando o professor apresenta aos alunos um mapa conceitual, por exemplo, o efeito na aprendizagem é muito baixo, mas, quando trabalha junto com eles para desenvolver um mapa conceitual, o efeito é muito maior (embora o professor possa ter uma ideia prévia de como deve ser o mapa conceitual). Trata-se de trabalhar com os alunos para desenvolver as ideias principais e mostrar as relações entre essas ideias para que percebam noções de ordem superior que influenciam a aprendizagem. Assim, quando os alunos começam a aprender algo, eles sabem como os conhecimentos se relacionam, como são destinados a formar noções de ordem superior e como eles podem controlar essa relação de certa forma.

Etapa 3: implementar

Os elementos-chave para implementar a intenção de ensino incluem realizar a fase de diagnóstico (diagnóstico preciso e clareza sobre o que se entende por sucesso a partir do saber-que, do saber-como e do saber-com), usar um planejamento reverso e se preparar para atender às estratégias de aprendizagem (saber quais estratégias os alunos estão usando). Durante a implementação, os professores precisam avaliar o progresso de cada estudante em direção ao sucesso e, em seguida, implementar métodos de ensino ideais para maximizar tudo o que está ocorrendo, de forma que todos os alunos tenham estratégias para atingir bons resultados, estejam engajados e queiram se dedicar a aprender de acordo com os objetivos da aula. Isso precisa ocorrer em um ambiente seguro e justo, com uma boa relação entre o professor e os alunos, para que erros e dúvidas possam surgir e ser discutidos. O cerne dessas relações é mostrar ao aluno que você pode ouvi-lo, dando e pedindo *feedback*, além de incentivá-lo a se apaixonar pelo conteúdo como você, aprender a relação entre as ideias e transferir o que foi aprendido para novas situações.

> Intenção de ensinar.
> Cultura da sala de aula.
> Pensamento avaliativo.
> Interpretação de evidências.
> Métodos diferenciados de ensino.
> Dar e pedir *feedback*.
> Escuta.
> Paixão.

Ensinar exige níveis altos de alinhamento intencional do conteúdo curricular, das intenções de aprendizagem, dos critérios de sucesso, das avaliações e do *feedback*. Também é necessário compreender profundamente a natureza do engajamento cognitivo das aulas. Quando isso está desalinhado, os alunos acham que aprender significa saber muito e que o importante nas avaliações é se lembrar do conteúdo. Isso leva a uma grande discrepância entre os focos e resultados superficiais e mais profundos das aulas. O importante não é saber qual dos conhecimentos (superficial ou profundo) é mais crítico, mas, sim, garantir o equilíbrio entre o saber-que e o saber-como em todas as aulas. Não podemos esperar que os alunos relacionem, ampliem, desenvolvam e transfiram um conhecimento conceitual profundo, a menos que tenham ideias para relacionar, ampliar, resolver problemas, e assim por diante. Identificar o modo de pensar, as estratégias de aprendizagem e as formas de saber é fundamental para o planejamento e o ensino. Em todos os momentos, os professores precisam de uma mentalidade avaliativa ao escolher métodos de ensino, monitorar a fidelidade desses métodos no progresso do aluno e buscar *feedback* dos estudantes sobre a eficiência e a eficácia das escolhas de ensino.

Como poucos métodos incluem os três níveis de conhecimento (que, como, com), desenvolver métodos adicionais pode trazer benefícios, como os métodos *jigsaw* e paideia (ver Capítulo 12). Focar excessivamente no conteúdo e na quantidade de conteúdo é matar a profundidade e o prazer de aprender. "O maior inimigo da compreensão é o excesso de conteúdo" (Gardner, 1993, p. 24). No início de uma série de aulas, pode haver mais atenção ao conteúdo, mas, ao longo dos dias, é preciso equilibrar o conhecimento profundo e o conhecimento superficial. Alguns países têm especificações curriculares básicas. O currículo da Nova Zelândia, por exemplo, tem apenas 69 páginas para todos os anos e todas as disciplinas, o que permite ter proporções mais adequadas de conhecimento profundo e conhecimento superficial. Em outros países, como a Austrália, o currículo tem mais de 2.500 páginas. Quando uma avaliação de alto risco é implementada, a aprendizagem mais profunda fica quase inexistente, e o estudante é muito prejudicado.

Durante a fase de implementação, é preciso prestar muita atenção às estratégias de aprendizagem, as quais incluem se relacionar e aprender com outras pessoas — daí o valor de desenvolver a eficácia do aluno no coletivo. Para compreender superficialmente, vale a pena saber como resumir, delinear, relacionar o novo conhecimento com o desempenho anterior e, depois, consolidar essa aprendizagem praticando ao longo do tempo e aprendendo a pedir e receber *feedback* para modificar o necessário. Para compreender profundamente, são necessárias estratégias de planejamento e avaliação, bem como saber monitorar as estratégias de aprendizagem. Além disso, para consolidar uma compreensão profunda, é preciso saber se avaliar e se questionar, além de ter ajuda dos colegas. O aluno precisa falar seu raciocínio em voz alta, aprender a linguagem do pensamento, saber como buscar ajuda, questionar-se e superar as consequências das próximas etapas da aprendizagem. Para transferir o conhecimento a novas situações, é necessário saber como detectar semelhanças e diferenças entre o problema ou as situações antigas e as novas. Isso não quer dizer que a aprendizagem sempre segue, ou até mesmo segue melhor, um modelo linear. *Sinha e Kapur (2021) sugerem que investigar os problemas para identificar o conteúdo que não foi compreendido pode ser uma estratégia valiosa.

Ter intenção de ensinar significa que devemos nos importar menos com a forma como ensinamos e mais com o impacto do nosso ensino, além de nos lembrarmos de que ensinar menos é aprender mais. Não se trata de uma mistura aleatória de métodos de ensino, mas de uma decisão deliberada, proposital e ponderada de usar um método tendo em mente a bagagem dos alunos e os critérios de sucesso. Trata-se de alinhar intencionalmente os métodos de ensino às avaliações, aos critérios de sucesso e aos processos de aprendizagem.

A intenção de ensinar não depende do meio de ensino — em sala de aula, *on-line*, a distância, usando tecnologia. A tecnologia se tornou outro meio para o ensino, muitas vezes apoiando os métodos de ensino já existentes (é por isso que o impacto não foi tão grande; ver Capítulo 14). Durante a pandemia de covid-19, a tecnologia, especialmente as redes sociais, demonstrou seu poder comunicativo, permitindo reunir os alunos, proporcionando a troca de experiências, a discussão entre colegas, a consolidação da aprendizagem após a explicação do professor, a oportunidade de desenvolver habilidades de pensamento avaliativo e de o aluno ser professor de si mesmo, além de pedir, ouvir e colocar em prática os *feedbacks*. Da mesma forma, os professores podem tirar proveito do amplo uso das redes sociais para reconhecer e promover a própria *expertise*, compartilhar conhecimentos profissionais, construir comunidades e, quem sabe, aprimorar a capacidade de identificar e compreender as necessidades e características dos alunos, o que servirá de base para o planejamento das aulas.

ALUNOS

Etapa 1: descobrir e diagnosticar

Desde o nascimento, as crianças são cercadas por muitas expectativas. Ao entrarem na escola, carregam consigo expectativas influenciadas pela família e ainda se deparam com outras, oriundas dos adultos presentes na instituição escolar. As expectativas em casa, na pré-escola, no parquinho e na comunidade podem ser positivas, estimulantes e ambiciosas (ou não). Em seus primeiros anos, as crianças constroem teorias do seu mundo, desenvolvem uma linguagem sobre esse mundo e aprendem com outras pessoas (ou não). Essas expectativas podem ser moderadas, para o bem ou para o mal, por sua raça, *status* socioeconômico, gênero, identidade, conquistas, aprendizado e muito mais. Essas expectativas influenciam as concepções iniciais da criança sobre suas habilidades, disposições e decisões para se dedicar a tarefas de aprendizagem (suas motivações ou emoções).

A escola precisa ser um lugar de esperança, de boas expectativas e oportunidades de aprendizagem para todos os alunos. Independentemente do seu ponto de partida, de onde mora e de sua cultura, nosso papel é aumentar as expectativas e as conquistas de todos. Todos os alunos são aprendizes, são capazes de aprender e podem ser ensinados a gostar de aprender. Todos os alunos vão para a escola com muitos recursos motivacionais, e nosso papel é transformar essas motivações em aprendizagem. Um dos nossos principais objetivos escolares é romper com a ideia de que é possível prever quais alunos vão ir bem e quais enfrentarão dificuldades. Sua história, onde moram e seus conhecimentos prévios não devem ser determinantes de sucesso. A essência da equidade é que o destino escolar do aluno não seja determinado pelos fatores sociais, culturais e educacionais esperados (National Equity Project, 2018).

> Os alunos levam para a sala de aula os valores, as expectativas e os aprendizados adquiridos em casa, com a cultura e na sociedade.
> Levam suas habilidades, sua disposição e suas emoções para aprender.

O aluno tem em sua bagagem atributos fundamentais que compõem as suas habilidades, como as conquistas anteriores, as práticas culturais e influências de casa, as funções executivas (controle inibitório, flexibilidade cognitiva e memória de trabalho) e a intenção de agilizar as estratégias de aprendizagem e curiosidade, bem como de aprender a organizar ideias e significados em seu mundo. A disposição diz respeito à confiança para enfrentar desafios, às habilidades de avaliação para usar estratégias de enfrentamento baseadas em problemas, à confiança de poder dominar uma tarefa e à confiança de que vale a pena se dedicar. Por fim, os atributos da emoção são a motivação para aprender tanto o aspecto superficial quanto o mais profundo do que é ensinado; para desenvolver habilidades de engajamento, concentração, consciência e desejo de melhorar; e para aprender a se tornar professor de si mesmo. Não obstante, é papel dos educadores tornar isso possível, empolgante e importante para o aluno.

Etapa 2: criar

Todos os alunos são iniciantes até certo ponto, mas isso não significa que eles chegam na sala de aula como uma folha em branco. Eles chegam com expectativas claras sobre suas probabilidades de sucesso; com ou sem esperança de que o professor pode ajudar na sua aprendizagem e que se preocupa com eles; com conhecimento de suas habilidades; e confiança em aprender com os colegas e com o professor. Como o ensino é para os alunos, precisamos ouvir deles quais estratégias de aprendizagem estão empregando, como interpretam o *feedback* que recebem, o que acham do próprio progresso e o que entendem por "sucesso" na escola. A premissa fundamental da aprendizagem visível é: pretendemos que os alunos sejam professores de si mesmos e estejam envolvidos na criação de intervenções e de um plano de monitoramento e avaliação, bem como pretendemos aprender com a reação deles às intervenções.

> Desenvolver boas expectativas.
> Entender a intenção da aprendizagem e os critérios de sucesso.
> Compreender os *feedbacks*.
> Desaprender e desequilibrar.

Essas expectativas dos alunos são poderosas — para o bem ou para o mal. Eles entram na escola com expectativas sobre o sucesso do professor em envolvê-los, ensiná-los e avaliar o seu progresso. Essas expectativas são moldadas desde os primeiros anos em relação ao sucesso alcançado por eles. Aqueles que levantam a mão, respondem às perguntas corretamente, entregam os trabalhos no prazo e seguem as regras são vistos como os melhores. Aos 8 anos, se a criança sentir que não faz parte desse grupo, suas expectativas de sucesso podem diminuir consideravelmente. O efeito Mateus condena alguns e beneficia outros, porque os que têm as habilidades linguísticas e matemáticas adequadas podem continuar progredindo e, assim, prosperar, enquanto os outros ficam para trás. O professor pode mudar essa situação desde que não foque excessivamente na obediência dos estudantes, mas esteja disposto e seja capaz de vê-los como talentos que estão aprendendo, além de mostrar respeito por eles, especialmente quando comunicar suas expectativas de melhoria. Esse respeito mostra aos alunos que o professor está e sempre esteve disposto a ouvi-los. Todas as crianças têm motivação, curiosidade e satisfação de aprender, mas os bons professores usam esses recursos para fazê-las se dedicarem à aprendizagem escolar, para criar oportunidades, mostrar flexibilidade nas expectativas e sua intenção de ensinar, levando a altos níveis de impacto (Reeve *et al.*, 2022).

A proficiência em ouvir inclui questionar como os alunos entendem as intenções e os critérios de sucesso da aula, para que estejam intencionalmente alinhados com os conceitos dos professores; questionar como eles escolhem e usam as estratégias de aprendizagem e, se não forem produtivas, ensinar-lhes estratégias alternativas; reconhecer que o *feedback* do professor precisa ser ouvido, compreendido e realizável; e compartilhar com o estudante a avaliação do progresso em direção ao sucesso.

Etapa 3: implementar

Os alunos assumem riscos toda vez que encontram novos conhecimentos e novas compreensões. Existem riscos em seu pensamento anterior, e esse desequilíbrio pode ser desafiador, provocar ansiedade e levar à dúvida. Além disso, há o risco da vergonha de demonstrar dúvidas ou incompreensão e de cometer erros na frente dos professores e, principalmente, dos colegas. Portanto, não se engajar, não ser desafiado, empregar estra-

> Usar várias estratégias de aprendizagem.
> Dedicar-se e incentivar.
> Encarar os erros como oportunidades.
> Trabalhar com os outros.

tégias de enfrentamento mais emocionais do que de resolução de problemas e não comparecer podem ser habilidades de sobrevivência. O desequilíbrio, no entanto, é a oportunidade perfeita para avançar na aprendizagem, desde que os professores a otimizem.

Popper sugere que o conhecimento não cresce por meio da construção de certas informações, mas por meio da correção, da alteração e da rejeição contínuas do conhecimento prévio, um processo que ele chamou de "conjeturas e refutações". É o oposto da noção de despejar conhecimento em uma mente vazia (o que Paulo Freire chamou de "educação bancária"). Em vez disso, o foco é aprender com os erros, questionar, encontrar lacunas e verificar se a relação entre as ideias constrói e não refuta nossas ideias. Assim como Piaget destacou a importância do desequilíbrio como o maior precursor da aprendizagem, Popper via a aprendizagem não apenas como tolerar pensamentos divergentes, mas também respeitar, dar e questionar as ideias. Para que tudo isso aconteça, a sala de aula precisa ser aberta e admitir diferentes pontos de vista. Bailey (2000, p. 162) resumiu os principais atributos de aprendizagem de um bom estudante segundo a abordagem popperiana.

1. Mantém-se bem-informado sobre fatos, significados e o que é importante.
2. Adota uma postura crítica em relação às informações apresentadas.
3. Apresenta argumentos para manter determinada visão ou se comportar de determinada maneira.
4. Respeita as evidências que corroboram ou refutam uma teoria.
5. Está aberto à possibilidade de mudar uma crença à luz das evidências.
6. Avalia de maneira justa e imparcial uma variedade de questões importantes.
7. Desafia e busca motivos para alterar ou manter políticas.
8. Valoriza a diversidade de ideias, crenças e valores.
9. Trata todos com a mesma importância.
10. Deixa de lado o interesse próprio se for apropriado.

Esses são atributos de bons estudantes, professores e gestores. Para colocá-los em prática, a sala de aula precisa ser segura e acolhedora para que os alunos possam questionar e ver os erros e as falhas como essenciais à aprendizagem. Deve ser uma sala de aula onde possamos encorajar a satisfação de aprender novas ideias e construir relações entre elas para, em seguida, testar, adaptar e eliminar soluções para problemas.

FAMÍLIAS

Etapa 1: descobrir e diagnosticar

Em nosso livro para os pais, notamos que cada sociedade define o que significa ser uma boa pessoa, o que significa criar filhos, o que é família e o que significa ter sucesso (Hattie; Hattie, 2022). No entanto, acima de tudo, a infância é o agora para a criança. Nossos filhos criarão o futuro deles, não você. Eles vão reinventar o mundo, criticar e refinar o que sabemos agora e o mundo em que eles (e nós) vivemos. Os pais (ou educadores) não podem prever seu futuro, nem saber as possibilidades de empregos e carreiras que teremos daqui a 20 anos.

As crianças nascem em um mundo de expectativas e vivem no agora mais do que em qualquer outra época de sua vida. A infância deve ser aventureira, uma época para desenvolver muitas estratégias de aprendizagem e enfrentamento, desfrutar da dignidade dos riscos para desenvolver autonomia e florescer em uma experiência socialmente enriquecedora. As famílias podem ter influências poderosas sobre como os alunos aprendem, os riscos que eles, confiantes, estão dispostos a assumir e as alegrias de se dedicar a várias atividades. Os pais começam a desenvolver na criança o senso de competência, o respeito por si mesma e pelos outros e a autonomia para agir e ser responsável por essas ações. São eles que comunicam suas expectativas boas ou ruins, mostram que podem ouvir e ser receptivos, se gostam dos desafios e da aprendizagem, dão e recebem *feedback*, criam oportunidades para desenvolver a abordagem e avaliam seu impacto.

> As crianças nascem em um mundo de expectativas.
> Os pais são os primeiros aprendizes dos filhos.

Uma das nossas principais premissas é que os pais não são os primeiros professores, porque isso pode deixar dúvidas sobre o papel e as habilidades dos professores, mas, sim, que os pais são os primeiros aprendizes. Os filhos imitam como seus pais reagem ao fracasso, o nível de confiança para assumir tarefas novas e desafiadoras, a curiosidade, a satisfação de descobrir coisas novas, a habilidade de trabalhar com outras pessoas, a capacidade de escutar e de dar/receber *feedback* e o conhecimento das habilidades prévias que os filhos trazem para uma nova tarefa ou aprendizagem.

Etapa 2: criar

Na maioria das democracias, as famílias (e todos os eleitores) opinam sobre a aprovação dos currículos. As diferentes opiniões e reações às mudanças curriculares podem (e devem) gerar muitos debates. No entanto, embora as famílias não costumem opinar nas fases de criação da aprendizagem escolar, elas podem desempenhar um papel importante adotando a abordagem da aprendizagem em casa para apoiá-la. Essa abordagem está relacionada ao senso de expectativa dos pais ou cuidadores, às habilidades de escuta e resposta, à confiança para enfrentar problemas desafiadores e a um ambiente em que o erro é visto como positivo. O lar é o lugar de amar, aprender, ouvir e ser receptivo a todos os membros da família, incentivar os amigos e as habilidades de amizade, bem como desenvolver as habilidades de autodeterminação.

Os pais podem estabelecer rotinas para o dever de casa, criar um espaço para aprender (de modo que o aluno o reconheça como um local de estudo), ver os professores como parceiros da aprendizagem em casa (e vice-versa) e pedir que o filho responda a três perguntas: o que estou aprendendo hoje? Por que estou aprendendo isso? Como saber se realmente aprendi? Particularmente nos primeiros anos, os pais podem definir expectativas e valores sobre volume de leitura, temas de leitura e leitura em voz alta; ajudar nos problemas matemáticos e na escrita; orientar, em vez de mandar; demonstrar o valor do tempo de espera e da prática deliberada; e promover o bem-estar.

> Aprender a abordagem da aprendizagem.
> Ser bom ouvinte.
> Desenvolver boas expectativas.
> Criar um ambiente em que o erro seja visto como positivo.

GESTORES ESCOLARES

Etapa I: descobrir e diagnosticar

Existem responsabilidades extras para os gestores escolares e gestores do sistema. Espera-se que tenham um impacto não apenas nos alunos da escola, mas também nos professores e na proficiência deles para impactar a aprendizagem dos alunos. O poder mais significativo desses atores escolares é escolher os ideais da escola, definir as expectativas e construir um coletivo de educadores para cumprir os propósitos do local. Isso envolve criar e manter um ambiente em que a missão é duradoura e promover o progresso rumo ao sucesso escolar; criar um ambiente seguro e convidativo; criar um sentimento de pertencimento, respeito e cidadania, além de paixão por aprender; saber como aprender com outras pessoas (professores e alunos) e ter confiança para isso; e apoiar várias maneiras de buscar os conceitos de excelência. Os gestores definem o tom e o clima do ambiente e focam no progresso para alcançar os objetivos, o impacto, o bem-estar e a união.

> Prezar tanto pelo progresso quanto pelo desempenho, pelo bem-estar e pela união.
> Saber que o importante são as práticas dentro da escola, não as diferenças entre as escolas.
> Criar tempo e recursos e desenvolver a *expertise* para impactar coletivamente os alunos.

O poder deles também envolve perceber que a maior fonte de variação para melhorar a vida dos estudantes está mais relacionada às características e práticas dentro da escola do que às diferenças entre escolas, reconhecendo a presença de desigualdades prejudiciais na sociedade e garantindo que elas não sejam replicadas naquele local. Envolve estabelecer padrões para verificar a qualidade e a subsequente implementação de intervenções eficazes, avaliando o impacto sobre professores e alunos, além de assumir o papel da crítica e da consciência da instituição de ensino. O gestor escolar precisa criar tempo para que os educadores trabalhem, planejem, avaliem e analisem seu impacto; saber quando e como trabalhar em colaboração com profissionais externos experientes para aprimorar as habilidades dos educadores; informar e manter os pais e os alunos cientes da abordagem de aprendizagem na escola; e se atentar às barreiras e aos facilitadores do aprender. Não estamos falando sobre carisma e simpatia, mas, sim, sobre a competência para identificar preocupações de forma confiável, lidar com problemas difíceis, gerar confiança e desenvolver um coletivo para todos, garantindo que cada criança tenha mais de um ano de progresso em um ano de intervenção (e fazer esse objetivo se concretizar).

Os gestores têm habilidades para fazer os professores e toda a equipe de apoio trabalharem de forma colaborativa — planejando e executando suas atividades juntos —, analisarem suas expectativas, avaliarem seu impacto sobre os alunos e, sabendo o impacto, decidirem o melhor caminho a seguir. Não se trata meramente da eficácia coletiva dos professores, mas, sim, da eficácia coletiva dos professores em relação ao seu impacto. Os gestores escolares são os maiores avaliadores, os modelos quando se trata de analisar situações, são as pessoas que reconhecem e valorizam o trabalho dos outros, são os representantes do pensamento avaliativo.

Etapa 2: criar

Uma grande influência dos gestores é desenvolver uma abordagem de aprendizagem em todo o ambiente escolar com base na missão da escola de desenvolver crescimento, desempenho, bem-estar e inclusão para todos. Essa missão estabelece a direção para desenvolver a eficácia coletiva de todos os adultos da escola e trabalhar com os alunos para identificar, avaliar e maximizar seu impacto na aprendizagem. O objetivo da melhoria não é ajustar os currículos, mexer nos aspectos estruturais, agrupar as turmas por interesses ou habilidades, nem se preocupar com os recursos e déficits socioeconômicos dos pais, ou pedir dinheiro, ou criar *sites* atrativos com fotos de crianças felizes. O poder coletivo dos adultos na escola tem um impacto positivo na aprendizagem e nos resultados dos estudantes. Isso custa tempo e dinheiro, pois focar no diagnóstico, formar equipes para aumentar o impacto e privilegiar a *expertise* e a coragem pode exigir muitos recursos.

O objetivo é garantir o alinhamento intencional na criação das aulas e que o professor avalie o seu impacto e o dos outros professores; é saber que os adultos (e os alunos) esperam que todos possam fazer uma grande diferença para todos os estudantes; é criar um ambiente confiável (na sala dos professores) para monitorar o progresso coletivamente; é conduzir diagnósticos para focar na aprendizagem profissional; é garantir que todas as turmas sejam convidativas para que os alunos queiram ir à escola. Distribuir recursos para promover modos de pensar o ensino, agir e se importar é muito mais eficaz do que gastar grande parte dos recursos em estruturas ou agrupando alunos por habilidades, organizando turmas menores, criando formas comuns de ensinar (que não foquem no impacto do ensino) e não estabelecendo uma abordagem de aprendizagem. A questão central é a seguinte: a escola tem uma abordagem compartilhada para definir o que significa ser um bom aluno? (Hattie, K., 2021) A questão está mais relacionada ao ambiente, à cultura, ao sentimento de pertencimento, à abordagem da aprendizagem e à escola como um lugar convidativo para os alunos do que à estrutura e à organização deles dentro da escola ou da turma.

> Abordagem da aprendizagem.
> Papel do dinheiro.
> Ambiente convidativo.
> Boas expectativas.
> Eficácia coletiva.

Os gestores (e os gestores do sistema educacional) têm um papel específico em negar o pensamento deficitário, que patologiza o aluno e sua origem, considerando-os o problema, tirando a responsabilidade dos educadores de refletirem sobre suas ideias e seu impacto. É uma maneira inadequada de usar o desequilíbrio de poder entre educadores e alunos quando aqueles escolhem os currículos. O pensamento deficitário simplifica a dificuldade e a complexidade do trabalho e estabelece quem participa desse ideal no sistema escolar, na escola e na sala de aula. Isso leva ao pensamento de grupo dominante às custas daqueles que estão marginalizados e, assim, inicia um processo vicioso que reforça as deficiências, limitações e falhas desses alunos. Esse quadro se agrava quando as intervenções são projetadas para remediar os déficits dos alunos e pela necessidade de identificar esses estudantes deficitários para receber subsídios. Em vez disso, a abordagem deve começar com as expectativas do educador para todos os alunos. Depois, implementam-se programas ou aprimora-se o ensino a fim de melhorar a aprendizagem e os resultados de todos os estudantes. Todos podem aprender, mas nós, como educadores, talvez não sejamos bons o suficiente para ensiná-los bem.

Na maioria das escolas atuais, a variação é a norma. Essa variação precisa ser considerada um ativo que leva à criação de um ambiente aberto à aprendizagem, onde o ponto central seja que cada aluno tenha pelo menos um ano de progresso para cada ano de ensino — independentemente do seu ponto de partida e da sua formação. É papel do gestor fazer isso acontecer. Cada estudante precisa de uma intervenção pedagógica, um plano para acelerar seu progresso, um ambiente convidativo para aprender e a oportunidade de cometer erros e ir além do que já sabe, do que pode fazer e do que se interessa. O aluno precisa sentir que o ambiente da escola e da sala de aula é justo, saber que os professores podem melhorar a aprendizagem de forma coletiva, que os educadores têm grandes expectativas em relação a cada aluno, que eles sabem o propósito com clareza e que têm uma boa habilidade de escuta. Criar um senso de coesão e relações positivas entre professor e aluno e entre os alunos faz com que eles sintam que podem errar e aprender com os erros, que se sintam confortáveis mesmo não sabendo de tudo, sendo, dessa forma, receptivos ao impacto do professor. A razão para estabelecer essas relações é transferir o ônus de ser professor para os alunos, permitir que tenham a segurança de trabalhar com seus colegas e de expor o que pensam, além de desenvolver confiança e habilidades para contribuir com o trabalho em grupo e ter o sentimento de pertencimento ao local de aprendizagem.

Etapa 3: implementar

> Ideal compartilhado.
> Ciência da implementação.

Conforme observado, o maior poder dos gestores é escolher os ideais da escola ou do sistema educacional. Os ideais da aprendizagem visível são entender o seu impacto na aprendizagem dos estudantes e cultivar a confiança. Queremos que se sintam convidados a ir à escola e a aprender. Queremos ensiná-los a se tornarem professores de si mesmos.

PROFESSORES, ALUNOS, GESTORES E FAMÍLIAS

Etapa 4: monitorar

Embora o pensamento avaliativo apareça nas etapas 1 a 3, é durante a fase de monitoramento que ele se torna fundamental. Todos os atores (professores, estudantes, famílias e gestores) precisam monitorar e avaliar sistemática e deliberadamente o impacto de todos os fatores na aprendizagem. Melhor ainda se o plano para fazer isso for articulado e acordado antecipadamente na etapa de planejamento e diagnóstico, bem como, muitas vezes, se os diagnósticos forem reavaliados no final da implementação. O objetivo não é fazer uma classificação e apresentar os números aos alunos e aos professores, mas aprender com a interpretação dos dados para descobrir o próximo passo a fim de melhorar os processos de ensino e aprendizagem. Com base nessas interpretações, podemos perceber a necessidade de ensinar o mesmo conteúdo por meio de outro método, focar em partes específicas da matéria ou descobrir que os alunos não aprenderam o conteúdo da primeira vez. Lembre-se do que explica Nuthall (2007): geralmente precisamos ver o conteúdo de três a cinco vezes. Podemos notar a necessidade de consolidar melhor o tema para, depois, solicitar que os alunos o relacionem com conhecimentos mais profundos. E, muitas vezes, podemos identificar a falta de confiança dos alunos para enfrentar os desafios quando eles não conseguem se engajar no estudo.

A avaliação é uma forma de *feedback* para professores e alunos. Precisa ser embasada na observação do professor, na avaliação dos trabalhos dos alunos e na opinião destes sobre sua própria aprendizagem (o que acham que sabem ou podem fazer e o que acham que é importante). São evidências importantes, que tornam as análises mais claras e transparentes para todos. Os estudantes que são capazes de se envolver efetivamente no processo de avaliação e os professores da aprendizagem visível têm a habilidade de saber quando buscar evidências, como interpretá-las e quando ouvir críticas a essas interpretações a fim de decidir o próximo passo para melhorar os processos de ensino e de aprendizagem. Muitas vezes, a avaliação para nos números e, se não houver nenhuma indicação sobre o futuro da avaliação para o professor ou para o aluno, provavelmente ela não valeu a pena.

Interpretar, analisar e tomar decisões coletivamente com base nas evidências de progresso do desempenho escolar são tarefas de toda a escola. O propósito da eficácia coletiva é questionar, auxiliar e esclarecer a análise de evidências, levando a um ensino mais impactante. Para que os professores tenham eficácia coletiva, os gestores precisam criar um ambiente em que os docentes tenham autonomia para melhorar e reconheçam que todos eles são responsáveis por todos os alunos. Isso implica a transição de uma abordagem cooperativa para uma colaborativa. Além disso, os gestores precisam investir no sucesso deles próprios e no do professor e entender quais são suas expectativas, demonstrando-as para todos os alunos e funcionários. Por fim, os gestores devem criar um ambiente em que haja consenso sobre os propósitos (propósito moral, senso de impacto), em que o "nós" esteja antes do "eu", um espaço seguro para correr riscos e trabalhar em equipe.

Os modelos cuja premissa é "confie, mas confira" podem ter impactos positivos. Não modelos baseados em testes padronizados, mas, sim, sistemas em que os gestores escolares apresentam evidências de que a escola é um ambiente convidativo para todos os alunos. Esses sistemas mostram, com evidências, que nesse ambiente os estudantes podem aprender e desenvolver suas habilidades, sua disposição e suas emoções para estudar, além de adquirir pelo menos um ano de progresso em um ano de ensino — e o que isso significa na prática. Para isso, os sistemas precisam fornecer recursos, mas faltam sistemas de avaliação que meçam o progresso, que considerem uma série de outros fatores além do desempenho e que permitam que os gestores escolares aprendam com bons exemplos de outras escolas para aprimorar a sua (Hattie, 2018). Isso significa que desenvolver o pensamento avaliativo deve ser a principal habilidade dos gestores escolares.

Etapa 5: expandir

Professores, alunos, famílias e gestores precisam dar mais prioridade para expandir o que já deu certo, em vez de se ocupar tentando corrigir o que não deu.

Para expandir, é preciso diagnosticar muito bem o que funcionou bem e o que não funcionou bem, os erros, as falhas e os tópicos que os alunos não entenderam. É preciso, também, compreender por que a implantação deu certo, entender o pensamento que levou ao sucesso e aproveitar ao máximo a habilidade de análise dos educadores. Kotter (2012) identificou os principais elementos para expandir um modelo: estabelecer um bom senso de urgência, construir uma poderosa coalizão orientadora,[1] promover e comunicar a visão, remover obstáculos à nova visão, planejar e criar sistematicamente vitórias de curto prazo (mas não declarar vitória muito cedo) e incorporar na rotina as melhorias implementadas.

Conforme Elmore (1996), para expandir, precisamos desenvolver estruturas normativas fortes na prática (por exemplo, focar no impacto do ensino). Também é necessário elevar constantemente o padrão de *expertise* dos educadores; desenvolver uma estrutura que aumente a intensidade e a concentração de esforços, em vez de dissipá-los e dispersá-los de maneira desordenada; criar processos intencionais para replicar o que deu certo; elaborar estruturas que promovam a aprendizagem de novas práticas e sistemas de incentivo que as apoiem; e desenvolver teorias sobre como os educadores podem maximizar seu impacto. Eu acrescentaria desenvolver modelos fortes de implementação que ajustem e permitam a diversidade agora incorporada na maioria das escolas e salas de aula; privilegiar o pensamento coletivo na escola e entre outras escolas; investir em capital humano e na *expertise* dos profissionais; e fazer a comunidade em geral compreender a urgência e o diagnóstico e respeitar a *expertise* (Cohen; Mehta, 2017).

A falta de atenção dada à expansão de modelos que deram certo não se deve a uma resistência à mudança. Talvez tenhamos feito mudanças demais. Uma das principais barreiras para implementar nosso programa *Visible Learning+*™ ocorre quando a diretoria muda. Isso mostra o poder dos gestores e evidencia que as melhorias planejadas não foram incorporadas de fato à cultura da escola. Como Tyack e Cuban (1995) afirmaram, preferimos mexer um pouco com o que é utópico. Alteramos o currículo, criamos novos testes, escolhemos métodos de ensino específicos, criamos dicotomias (ensino direto *versus* quase tudo), mudamos a organização das turmas (turmas menores ou separadas por interesses), inventamos novos nomes para as escolas (como a *charter*; ver Capítulo 2), mantivemos os incentivos priorizando a experiência em vez da *expertise* e clamamos por autonomia para fazer as coisas do nosso jeito. Também pode ser muito difícil interromper as iniciativas ineficazes nas escolas (Hamilton *et al.*, 2022).

Conforme observado, há uma grande falta de contingências e sistemas para que os gestores de diferentes escolas colaborem entre si para aprimorar as suas próprias práticas e, portanto, o sistema escolar como um todo. A noção de eficácia coletiva dos gestores é pouco explorada, mas pode ser empolgante e transformadora. Se ao menos houvesse estudos o bastante para realizar uma metanálise sobre a expansão de modelos que deram certo na educação...

A chave para o sucesso é ter um modelo de implementação e avaliar com frequência a fidelidade, a dosagem, a aceitabilidade e a qualidade, além de adaptá-lo conforme sua eficiência e sua eficácia, analisando minuciosamente o impacto na aprendizagem dos alunos (o progresso deles até o bom desempenho, a disposição para se dedicar mais e mais a essa aprendizagem e o aprimoramento do saber-que, do saber-como e do saber--com, ao mesmo tempo que desenvolve habilidades para aprender sozinho e com outras pessoas).

---

[1] N. de R. T.: Conceito que se refere a um grupo de pessoas, dentro de uma organização, que lidera e impulsiona processos de mudanças organizacionais.

REFLEXÕES

1. Elabore seu modelo de implementação. Por exemplo, como você determina o foco, verifica a fidelidade da implementação, monitora as adaptações ao ambiente, avalia a qualidade da intervenção, considera seu impacto, busca e coloca em prática as melhorias?

2. Quais intervenções você deve interromper em sua escola por não estarem impactando de fato os alunos?

3. De acordo com Nuthall (2007), os alunos já sabem de 40 a 50% do conteúdo que vai ser ensinado. Diante disso, como você poderia diagnosticar de maneira mais eficaz esse conhecimento prévio? Em vez de simplesmente repetir o conteúdo, como você pode utilizar o conhecimento prévio como uma base para construir conhecimentos e compreensões mais avançadas?

4. Descreva suas expectativas em relação a cada estudante. Qual será o desempenho deles no final ano? Em seguida, faça as mesmas perguntas aos seus alunos. Crie estratégias para aumentar as suas expectativas e as deles e tente atender a essas expectativas.

5. Crie uma aula com dois critérios de sucesso, dois conjuntos de atividades, dois trabalhos avaliativos, dois diferentes métodos de ensino e duas avaliações para verificar o progresso dos alunos — uma em relação ao nível de complexidade saber-que, e outra em relação aos níveis de complexidade saber-como e saber-com. Em que parte os alunos se saem melhor nessas tarefas, considerando a dualidade de enfoque nos diferentes níveis de complexidade?

6. Sua turma/escola foca apenas nas notas ou valoriza mais o progresso? Considera que os alunos de melhor desempenho (principalmente os que vão bem sem se esforçar) são os que aprendem melhor? Ela valoriza as situações em que os estudantes mostram um avanço rápido, bem como o domínio do conteúdo e a realização de objetivos?

7. Da próxima vez que você aplicar uma prova, além de dar *feedback* e entregar as notas, peça aos alunos que façam uma autoavaliação, dando uma nota a si mesmos em relação ao próprio desempenho (à luz dos seus comentários e dos de outras pessoas). Peça também que digam o que eles podem fazer para melhorar. Use essas informações como um indicador de que você consegue dar *feedback* de forma eficaz. Ajude os estudantes quando não conseguirem realizar a autoavaliação corretamente ou não souberem o que fazer para melhorar.

5

Alunos

De todos os fatores no banco de dados do *Visible Learning*, a maior fonte de variação de desempenho está relacionada aos alunos. Existem 373 metanálises relacionadas a aspectos do aluno, com base em mais de 25 mil estudos envolvendo mais de 67 milhões de estudantes e cerca de 104 mil efeitos (Tabela 5.1). O efeito médio é de 0,24. As principais influências dos alunos vêm das habilidades que eles já têm: conhecimentos prévios, variáveis de contexto, disposição, crenças, postura, entusiasmo e motivação. Esses aspectos exigem atenção, principalmente em relação às influências relacionadas à disposição, porque muitas são (significativamente) negativas, como tédio e ansiedade — então, precisamos nos atentar aos detalhes.

TABELA 5.1 Estatísticas resumidas para os atributos do aluno

Aluno	N° de meta-nálises	N° de estu-dos	N° total	N° de efeitos	Tamanho de efeito ponderado	Erro padrão (EP)	Robus-tez
Habilidades: conhecimento e experiência prévios	50	6.825	1.867.089	21.977	0,65	0,05	3
Determinação: crenças, postura e disposição	145	8.620	8.742.770	60.207	0,16	0,07	3
Abordagem/ orientação motivacional	63	4.705	28.755.174	9.895	0,30	0,06	4
Variáveis físicas: influências físicas	115	6.095	27.821.772	12.095	−0,15	0,07	3
Total/média	373	26.245	67.186.805	104.174	0,24	0,06	3

AS HABILIDADES

Habilidades: conhecimento e experiência prévios

A Tabela 5.2 apresenta as 12 categorias resumidas das habilidades prévias do estudante. O efeito médio é de 0,70. Os principais atributos dos alunos com bom desempenho são as crenças e expectativas sobre suas conquistas atuais e anteriores e suas habilidades prévias, além da proficiência em reestruturar e impor uma estrutura à informação (inde-

TABELA 5.2 Estatísticas resumidas para as variáveis dos alunos relacionadas às habilidades

Habilidade	N° de meta-análises	N° de estudos	N° total	N° de efeitos	Tamanho de efeito ponderado	EP	Robustez
Habilidades prévias e inteligência	5	1.128	572.240	1.703	0,96	0,02	5
Conquistas anteriores	11	1.862	785.667	6.120	0,73	0,07	5
Relação do ensino médio com a universidade	7	2.155	164.054	7.101	0,55	0,03	5
Relação do ensino médio com o desempenho profissional	2	147	36.756	147	0,37	0,02	3
Níveis piagetianos	1	51	6.000	65	1,28	0,08	2
Funções executivas	2	314	73.552	314	0,62	0,05	3
Força da memória de trabalho	4	437	58.287	4.107	0,63	0,08	4
Habilidades não cognitivas nos primeiros anos	1	78	7.179	78	0,20	0,08	2
Lateralidade cruzada	1	26	3.578	26	−0,03	0,00	1
Independência de campo	2	46	4.423	157	0,94	0,05	2
Autoavaliação	6	218	30.347	427	0,96	0,11	3
Relação da criatividade com o desempenho	5	269	110.239	1.618	0,40	0,09	4
Pensamento crítico	3	94	14.768	114	0,84	0,08	3
Total/média	50	6.825	1.867.089	21.977	0,70	0,26	5

pendência de campo,[1] níveis piagetianos) ou, no jargão mais moderno, a habilidade de se autorregular emocionalmente.

Habilidades prévias, conquistas anteriores e relação com a aprendizagem posterior

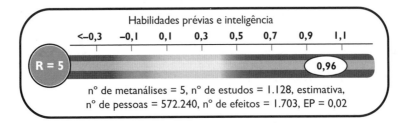

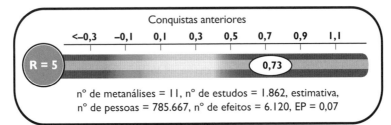

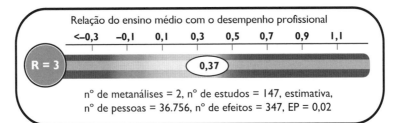

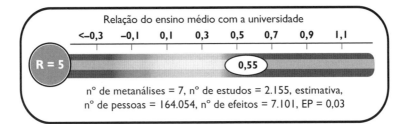

Há um longo debate sobre a inteligência e sua herdabilidade, mas a interação entre hereditariedade e meio ambiente é mais poderosa:

---

[1] N. de R. T.: Capacidade de organizar e compreender as informações de modo independente do contexto percebido, relacionando-se à capacidade do sujeito de discernir informações com base nas suas estruturas cognitivas.

[...] provavelmente há tantas pessoas com superdotação genética vivendo na pobreza, com pouco acesso à educação e poucas oportunidades de aprender, quanto pessoas sem superdotação governando nações e vivendo no luxo (Fletcher; Hattie, 2011, p. 89).

De muitas maneiras, nosso trabalho como educadores é romper com a ideia de que a aprendizagem é previsível, perceber habilidades e talentos no aluno que ele talvez não perceba e ajudá-lo a superar suas expectativas.

Embora não possamos discutir abertamente sobre inteligência em muitos contextos, nem todas as crianças começam com o mesmo potencial para atingir níveis extraordinários de inteligência como Einstein ou Marie Curie. Isso não significa que elas não consigam aprender, que não possam fazer contribuições excelentes para a sociedade nem que a inteligência seria uma barreira. Mas talvez, se compreendêssemos tanto o desempenho atual quanto o potencial intelectual do aluno, poderíamos identificar melhor o potencial ainda não explorado. Ao considerar uma estimativa independente em vez do desempenho, muitos estudantes (pobres, refugiados, de grupos minoritários) podem ter um potencial maior para acelerar a aprendizagem, sem ficarem tão sobrecarregados com falsas expectativas nem limitados pela falta de oportunidades de aprender e se desenvolver. É uma pena que o quociente de inteligência (QI) tenha um impacto tão conturbado e, às vezes, negativo.

A relação entre habilidades e conquistas não deve surpreender, mas, como observado, está longe de ser perfeita. *Hattie e Hansford (1982) relataram uma correlação média de $r = 0,51$ entre as medidas de inteligência e desempenho, que é alta, mas há muitas oportunidades para aprimorar o desempenho de todos os alunos, independentemente de sua inteligência. Além disso, o desempenho anterior prediz o sucesso desde a pré-escola até os primeiros anos de escolaridade, entre as notas do ensino médio e da faculdade ou universidade, entre o sucesso na faculdade e na vida adulta e entre as notas na escola e o desempenho profissional futuro. Tudo isso aponta para o poder de compreender o desempenho anterior de um aluno e endossa o princípio de Ausubel (1968) de primeiro descobrir o que os alunos sabem para ensinar adequadamente.

Estágios piagetianos

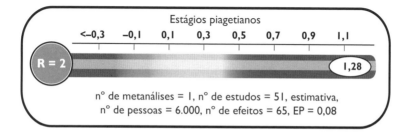

Os estágios de Piaget agora estão relegados à história, mas suas contribuições ainda são importantes (Piaget; Inhelder, 1969). Para ele, havia quatro estágios principais do pensamento infantil, passando do egocentrismo cognitivo para a descentração. Durante o estágio sensório-motor (0–2), a criança tem uma abordagem completamente egocêntrica do mundo, é incapaz de separar os pensamentos da ação e de reconhecer que a perspectiva do objeto é diferente dependendo de sua posição em relação a ele. Depois, passa para o estágio pré-operatório (2-7), em que a permanência do objeto é firmemente estabelecida, e os pensamentos simbólicos se desenvolvem. Para passar ao próximo estágio, conhecido como operatório concreto (7-12), as crianças precisam ser capazes de realizar o que Piaget chamou de "operações": ações internalizadas que o indivíduo pode usar para manipular, transformar e, em seguida, retornar um objeto ao seu estado original. O estágio operatório concreto inicia quando a criança começa a aplicar a lógica às etapas e aos estágios. O estágio final é o operatório formal (acima de 11 anos), caracterizado pelo pensamento abstrato e hipotético.

Embora exista uma vasta literatura embasando os princípios subjacentes da teoria de Piaget (Rindermann; Ackermann, 2021), também existem várias limitações, como a suposição de que as crianças ficam em apenas um estágio por vez. Além disso, o impacto do contexto cultural geralmente é ignorado.

Funções executivas

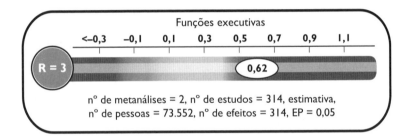

De acordo com Bolton e Hattie (2017), as mudanças descritas por Piaget estão relacionadas principalmente ao processamento executivo. "Processamento executivo" é um termo genérico para um conjunto de processos de controle que regulam funções cognitivas realizadas para atingir objetivos específicos, como memória de trabalho, flexibilidade cognitiva, controle de atenção, planejamento, formação de conceitos e processamento de *feedback*, cada uma com um nível de complexidade diferente (Karbach; Unger, 2014). Muitas pesquisas mostram que o desenvolvimento das funções executivas é um importante indicador de desempenho escolar (Swanson; Alloway, 2012), e vários estudos longitudinais indicam que elas contribuem para o desempenho escolar, não o contrário (Best; Miller; Naglieri, 2011; Bull; Espy; Wiebe, 2008). Nos capítulos seguintes, o desenvolvimento e o ensino das funções executivas serão mais evidentes como aspectos poderosos da aprendizagem.

As funções executivas têm três dimensões principais (Miyake; Friedman, 2012):

- *inibir* as respostas e habilidades dominantes ou proponentes para não se distrair;
- *alternar* tarefas e padrões mentais — passar de uma tarefa ou ideia para outra várias vezes;

Aprendizagem visível **81**

- *atualizar* e monitorar as representações da memória de trabalho — podemos manter um número limitado de informações na memória de curto prazo a qualquer momento, independentemente das habilidades (geralmente cerca de quatro a seis *bits* de informação).

Essas habilidades das funções executivas são muito menores nas crianças com deficiência intelectual e, portanto, podem exigir um ensino deliberado mais próximo (Spaniol; Danielsson, 2022). *Jordan e Brownlee (1981) descobriram que a relação entre o desenvolvimento das habilidades executivas e o desempenho é muito alta (r = 0,54, d = 1,28), como é o caso da matemática (d = 0,73). Na leitura, o efeito é um pouco menor (d = 0,40). Dessa forma, saber como os alunos pensam e como seus estágios de desenvolvimento podem restringir esse pensar é muito importante no momento de o professor escolher os materiais e as tarefas. É essencial, também, para saber como incorporar os conceitos de dificuldade e desafio em diferentes tarefas e identificar qual carga cognitiva exigir do aluno (Das; Naglieri; Kirby, 1994; Sweller, 2008). Isso aponta para a advertência crítica de Shayer (2003, p. 481):

> Se não avaliar as diferenças entre o nível mental de cada aluno e, simultaneamente, o nível de demanda cognitiva das tarefas, como você pode planejar e depois executar — considerando as reações imediatas dos alunos durante a aula — táticas com resultados em que todos se envolvam de forma proveitosa?

Não se trata de adequar o material de ensino ao estágio atual dos alunos, mas de maximizar a taxa de desenvolvimento cognitivo de cada um até o próximo estágio. Essa abordagem faz parte do projeto de Aceleração Cognitiva (Shayer; Adey, 2002), que se baseia nas três premissas a seguir.

1. A mente se desenvolve em resposta ao desafio ou desequilíbrio, então a intervenção deve proporcionar algum conflito cognitivo.
2. A criança tem capacidade de assumir o controle dos seus processos de pensamento, e essa capacidade aumenta. Portanto, a intervenção deve incentivar os alunos à metacognição e ao desenvolvimento das funções executivas.
3. O desenvolvimento cognitivo é um processo social promovido por uma discussão de alta qualidade entre colegas, mediada por um professor. A intervenção deve incentivar a construção social, bem como o pensamento e a criatividade individuais.

Os tamanhos de efeito da aceleração cognitiva são notáveis (d = 1,09), e esse método exige uma análise detalhada das tarefas cognitivas (ver também o Capítulo 11). Observa-se que, para criar aulas apropriadas, é necessário seguir os seguintes passos:

1. analisar as etapas hierárquicas ou a complexidade cognitiva da matéria (por exemplo, ciências e matemática);
2. encontrar contextos nessas etapas que contenham pelo menos dois ou três elementos para aprender os conceitos importantes;
3. planejar as aulas para que cada aluno, independentemente do seu desempenho anterior, adquira um aprendizado possível durante a aula;
4. planejar as aulas para que todos os alunos encontrem os conflitos cognitivos necessários para serem desafiados.

Capacidade da memória de trabalho

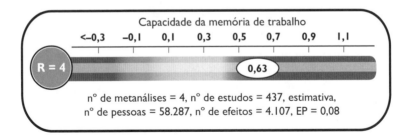

A maioria de nós consegue ter entre quatro e seis pensamentos na memória de trabalho ao mesmo tempo. Imagine dois alunos, um usando a memória de trabalho para encontrar a resposta de 9 × 6, e outro que já aprendeu que 9 × 6 = 54. O primeiro usa toda sua memória de trabalho em um cálculo, deixando pouca capacidade intelectual para usar essas informações na resolução de um problema, enquanto o segundo pode usar toda a sua memória de trabalho para levar o 54 a uma tarefa de resolução de problemas. Ensinar os alunos a consolidarem o conhecimento crítico estudando várias vezes é, portanto, essencial se eles forem capazes de relacionar, ampliar e transferir uma compreensão mais profunda. Isso significa ajudá-los a entender o que é fundamental, garantindo que a repetição do estudo proporcionará oportunidades de aprendizagem mais profundas e estratégias de consolidação do ensino deliberado (ver Capítulo 11), além de ganhos de curto prazo, como notas mais altas.

Baddeley (2017), entre outros, defendem que a memória de trabalho é uma capacidade geral, enquanto Ericsson e Kintsch (1995) afirmam que é mais específica de cada assunto ou área. Com base em 197 estudos, *Peng et al. (2015) encontraram uma correlação de 0,29 entre memória de trabalho e leitura ($d = 0,61$), com efeitos semelhantes para codificação fonológica (0,34), decodificação (0,28), vocabulário (0,26) e compreensão (0,31) — e esses efeitos não estavam relacionados à idade nem à origem bilíngue. *Carletti et al. (2009) mostraram que a magnitude do efeito da memória de trabalho foi maior para tarefas de domínio verbal, exigindo manutenção e manipulação de informações (0,75), em comparação com tarefas visuais (0,36). Também demonstraram que os déficits da memória de trabalho de alunos com baixa compreensão estão relacionados principalmente às tarefas que requerem armazenamento e processamento de informações, enquanto inibem informações não relacionadas ao objetivo e/ou atualizam as informações do conteúdo da memória. Atente-se à sobrecarga cognitiva.

As soluções à venda na internet para melhorar a memória de trabalho podem dar certo, mas a transferência para outras tarefas é quase zero (ver também Foer, 2012). Por exemplo, o CogMed é um padrão computacional de rotinas adaptativas que devem ser usadas de 30 a 40 minutos por dia durante 25 dias. Uma metanálise recente (feita pelos proprietários comerciais, Owen et al., 2010) identificou um tamanho médio de efeito superior a 0,70 em 43 estudos. No entanto, em outra metanálise, de 21 estudos, sobre os efeitos de longo prazo do CogMed, não houve evidências de transferência para outra área, como matemática ou leitura (*Melby-Lervag; Hulme, 2013). Além disso, nenhum ganho foi mantido no acompanhamento, cerca de nove meses depois, e não houve evidências para embasar a alegação de que o treinamento da memória operacional produz ganhos generalizados nas outras habilidades investigadas (habilidade verbal, decodificação de palavras e matemática básica), mesmo quando a avaliação ocorreu imediatamente após o treinamento. Para os estudos mais robustos, o efeito da transferência é zero. Talvez seja melhor reduzir as demandas da memória de trabalho na sala de aula e consolidar o ensino das habilidades (Lovell, 2020).

Habilidades não cognitivas nos primeiros anos

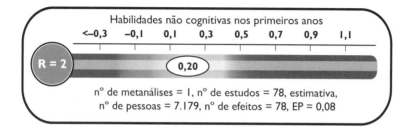

*Smithers et al. (2017) se questionaram se algumas habilidades não cognitivas dos primeiros anos, como atenção, autorregulação e perseverança na infância, influenciariam os resultados futuros. Os estudos de intervenções que focaram nessas habilidades, por volta dos 4 anos de idade, encontraram $d = 0,2-0,4$ no desempenho escolar de curto prazo, nos resultados relacionados aos aspectos psicossociais, na linguagem e nos resultados relacionados aos aspectos cognitivos, embora os efeitos tenham diminuído com o tempo. Parece haver uma necessidade de abordar essas habilidades não cognitivas, independentemente da idade, como veremos depois.

Lateralidade cruzada

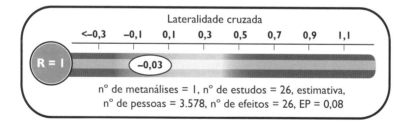

A mão que usamos para escrever influencia o desempenho? Corballis et al. (2008) descobriram que indivíduos ambidestros têm um desempenho mais baixo do que canhotos e destros, especialmente em subescalas que medem matemática básica, memória e raciocínio, e que há pouca ou nenhuma diferença entre canhotos e destros (Fletcher; Hattie, 2011). *Ferraro et al. (2017) não encontraram relação entre a tendência de usar um dos lados do corpo para fazer atividades que envolvem as duas mãos, os dois olhos, os dois pés ou os dois ouvidos e o desempenho em testes de leitura, ortografia, matemática básica, idiomas e inteligência.

Independência de campo

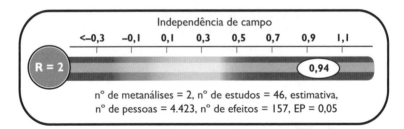

Indivíduos independentes de campo são mais analíticos, independentes e capazes de identificar partes e ideias com menos interferência do contexto. Já os dependentes de campo tendem a ser mais interpessoais, dependem muito de influências externas e buscam pistas do ambiente ou do contexto. Os independentes de campo têm maior probabilidade de ver o todo e depois analisar os detalhes, e os dependentes de campo têm maior probabilidade de ver os detalhes e induzir os padrões. Os primeiros aprendem melhor, embora *Garlinger e Frank (1986) tenham mostrado que juntar alunos e professores dependentes de campo (ou alunos e professores independentes de campo) não tem efeito sobre o desempenho. Essas noções são menos usadas hoje, porque mais atenção está sendo dada às estratégias específicas de aprendizagem e à autorregulação, em vez de categorizar os alunos em apenas duas opções (consulte o Capítulo 11).

Autoavaliação

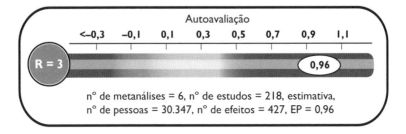

Principalmente depois dos 8 ou 9 anos, o aluno consegue identificar relativamente bem o seu nível de desempenho. Os estudos analisados por *Kuncel et al. (2005) concluíram que estudantes do ensino médio conseguiram reconhecer o próprio nível de desempenho em todas as disciplinas ($r = 0,80+$). Quase todos conseguiram, exceto os de grupos minoritários, que receberam notas mais baixas e foram mais propensos a não identificar com precisão seu nível de desempenho. Porém, no geral, os estudantes tinham estimativas próximas à realidade.

Isso mostra que é possível prever de maneira bastante precisa o desempenho escolar dos estudantes (e podemos nos questionar se realmente são necessárias tantas provas quando eles já têm muitas das informações que elas supostamente proporcionam). Além disso, as expectativas dos próprios alunos, que às vezes são inferiores à realidade, podem ser obstáculos, porque eles podem se restringir a alcançar apenas o que já esperam do seu potencial.

Muitos mostraram que a autoanálise dos estudantes sobre a própria aprendizagem (sobre como aprenderam ou se conseguiriam usar o conhecimento aprendido em outro contexto), geralmente está longe da realidade (Dunlosky; Lipko, 2007). O falso excesso de confiança pode prejudicar a aprendizagem do próximo tema, porque os alunos talvez não estudem o que eles acreditam ter dominado. Além disso, estudantes com baixa precisão metacognitiva geralmente tomam decisões ineficazes sobre o que revisar, dedicando-se em excesso a temas novos ou pelos quais se interessam muito. Por esse motivo, Senko, Perry e Greiser (2021) afirmam que tentar despertar o interesse do aluno com estratégias apelativas e atrativas, como piadas, figuras chamativas e novos elementos, pode levar a um excesso de confiança, resultados ruins na aprendizagem e uma autorregulação menos eficaz. Isso não significa que precisamos excluir o interesse e deixar a aula entediante, mas podemos aumentar o interesse do estudante por aprender o conteúdo e, assim, torná-lo envolvente e importante.

Para desenvolver a capacidade de se autoavaliar, precisamos ensinar os estudantes a reconhecer o quanto aprenderam do assunto, a saber para onde estão indo e a ter confiança para enfrentar os desafios de aprender. Eles também precisam saber como escolher as ferramentas para orientar sua aprendizagem, como pedir *feedback*, sabendo que os erros são oportunidades de aprender, como monitorar seu progresso, fazendo mudanças se necessário, e como reconhecer sua aprendizagem e ensinar os outros (Frey; Hattie; Fisher, 2017).

Relação entre criatividade e desenvolvimento

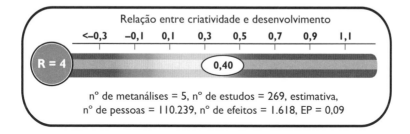

Koestler (1964) resumiu a essência da criatividade: união de duas ou mais ideias aparentemente não relacionadas. Alguns pesquisadores dizem que é preciso haver um limite mínimo para associar criatividade e desempenho (ver Hattie e Rogers, 1986; *Kim, 2005), e essa relação pode ser vista quando os testes de criatividade são administrados sem limitação de tempo e em um ambiente semelhante ao de um jogo (ver Hattie, 1977). Em muitos testes de criatividade, as dimensões usuais são fluência, flexibilidade, originalidade e elaboração de ideias. Essas estratégias de resolução de problemas estão relacionadas aos resultados de desempenho (*Ma (2009) relatou $d = 0,86$, e *Gadga et al. (2017) encontraram mais relações quando medidas com testes de criatividade ($r = 0,30$) do que com medidas de autoavaliação ($r = 0,12$).

O importante é que os professores não apenas ensinem habilidades de resolução de problemas e criatividade, mas também criem um ambiente em que o pensamento criativo seja incentivado. Por exemplo, se eles aceitam apenas respostas muito específicas e estritas, ou se as avaliações são centradas excessivamente no conteúdo, ou se eles próprios não são modelos para o pensamento criativo na hora de ensinar, isso pode demonstrar aos alunos que é melhor não pensar de forma criativa.

Pensamento crítico

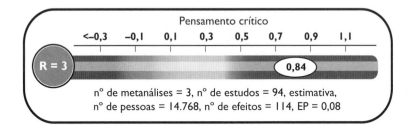

Pensar de forma crítica é interpretar e avaliar observações e discursos, informações e argumentos atendendo aos padrões de clareza, relevância, racionalidade e imparcialidade (Fisher; Scriven, 1997, p. 21). É muito importante que os alunos apliquem os princípios e as práticas de pensamento crítico às suas próprias ideias e aos seus próprios discursos (principalmente na internet). Essa habilidade é a essência da autorregulação, que aparecerá muito ao longo deste livro. *Fong et al. (2017) encontraram uma relação geral de $r = 0,24$ (ou $d = 0,49$) entre o pensamento crítico e o desempenho dos estudantes em faculdades públicas. Retornaremos às estratégias específicas de aprendizagem do pensamento crítico no Capítulo 12.

A DISPOSIÇÃO

A disposição do estudante na sala de aula geralmente é chamada de "aprendizagem social e emocional" (ver panorama em Mahoney *et al.*, 2020). Embora essa influência seja debatida há muito tempo, a pandemia de covid-19 aumentou sua importância para a aprendizagem. A disposição não está separada da aprendizagem; é um fator essencial para deixar a sala de aula convidativa e desenvolver o prazer em aprender. Por isso, precisa ser considerada no planejamento das aulas. Há um grande debate para decidir se ela é precursora da aprendizagem, parte do processo de aprendizagem ou o resultado deste. Discute-se, também, se ela pode ser aprimorada em cursos mais gerais ou precisa ser incorporada aos conteúdos ensinados nas escolas. A ideia desta seção é mostrar a importância da disposição para aprender em diferentes matérias e tarefas e a importância do contentamento e da felicidade de estarmos engajados na aprendizagem.

A disposição engloba quatro categorias principais (Tabela 5.3). Observe que há sobreposição delas e mais disposição do que emoções. O foco permanece na identificação dos atributos relacionados à disposição que têm o maior impacto na aprendizagem e no desempenho. Durante a pandemia de covid-19, algumas questões foram levantadas sobre aprendizagem social e emocional, pressupondo-se que estes são atributos independentes e novos, embora sempre tenham sido o foco dos professores. Além disso, parece

TABELA 5.3 Estatísticas resumidas para as variáveis do aluno relacionadas à disposição

Disposição	N° de meta-análises	N° de estudos	N° total	N° de efeitos	Tamanho de efeito ponderado	EP	Robus-tez
Mentalidade de crescimento *versus* mentalidade fixa	5	325	867.175	565	0,19	0,03	4
Atenção plena	7	228	20.208	244	0,26	0,13	3
Determinação	3	267	356.004	782	0,35	0,02	4
Concentração, persistência e engajamento	10	550	354.511	1.202	0,41	0,12	5
Assiduidade	2	257	73.147	287	−0,52	0,03	3
Autoeficácia	12	640	1.313.310	648	0,64	0,03	5
Autoconceito positivo	13	846	634.598	3.557	0,51	0,03	5
Autocontrole	4	126	90.405	157	0,66	0,06	3
Personalidade	20	1.929	2.384.177	4.545	0,18	0,02	5
Perfeccionismo	2	104	15.068	534	−0,03	0,02	3
Emoções	2	61	19.941	61	0,61	0,08	2
Inteligência emocional	11	567	137.458	1.845	0,50	0,11	5
Bem-estar	5	379	395.547	39.282	0,24	0,08	5
Prazer	3	93	36.225	102	0,50	0,10	3
Esperança	2	56	13.101	34	0,20	0,08	2
Curiosidade	2	15	3.330	18	0,74	0,17	2
Felicidade	2	51	4.694	51	0,54	0,13	2
Tranquilidade	1	20	1.841	36	0,16	0,09	1
Ansiedade	22	1.551	1.698.986	4.983	−0,40	0,04	5
Tristeza	3	96	59.008	113	−0,30	0,08	3
Raiva	1	25	11.153	25	−0,65	0,04	2
Frustração	1	9	1.418	9	−0,04	0,06	1
Agressividade/violência	3	158	140.148	810	0,03	0,01	4
Tédio	4	89	51.128	139	−0,46	0,13	3

(Continua)

TABELA 5.3 Estatísticas resumidas para as variáveis do aluno relacionadas à disposição *(Continuação)*

Disposição	Nº de meta-análises	Nº de estudos	Nº total	Nº de efeitos	Tamanho de efeito ponderado	EP	Robustez
Manhã *versus* noite	2	50	31.229	50	0,18	0,00	2
Procrastinação	3	128	28.961	128	−0,41	0,04	3
Total/média	143	8.363	8.669.623	59.920	0,18	0,06	3

que os educadores agora precisam ser também mentores, mas seria importante dar esse papel para especialistas que, com os professores, pudessem ajudar os estudantes. Alguns aspectos relacionados ao desenvolvimento social e emocional dos alunos são mais complexos do que as demandas típicas dos educadores. Por isso, há muitos programas para ajudá-los em situações mais desafiadoras, como métodos que levam em consideração o impacto do trauma na saúde mental e emocional e modelos de intervenção personalizada. As quatro categorias estão listadas a seguir.

1. Perseverança e confiança: mentalidade de crescimento (em vez de mentalidade fixa), atenção plena, coragem, autoeficácia, autoconceito, autocontrole.
2. Personalidade, inteligência emocional e bem-estar.
3. Emoções:
   - disposições positivas ativadoras: esperança, curiosidade, felicidade, prazer;
   - disposições positivas desativadoras: alívio, relaxamento;
   - negativas ativadoras: ansiedade, tristeza, estresse, tédio, raiva, frustração, agressão/violência;
   - negativas desativadoras: tédio, desesperança.
4. Disposição cognitiva: estigmas, estudar de manhã ou à noite.

Perseverança e confiança: mentalidade de crescimento *versus* mentalidade fixa

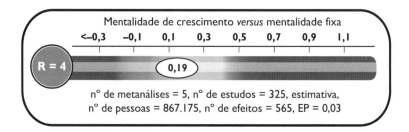

A mentalidade fixa está relacionada à crença de que as habilidades de uma pessoa são imutáveis e herdadas geneticamente, e a mentalidade de crescimento se refere à crença de que inteligência, habilidades e qualidades podem ser desenvolvidas com esforço, contribuição e uma variedade de estratégias de aprendizagem. Dweck (2006) afirmou que a mentalidade de crescimento pode incentivar a pessoa a assumir metas desafiadoras e construir sua visão sobre esforço, mas a autora nunca disse em seus escritos acadêmicos que existe um estado mental chamado de "mentalidade de crescimento". Não é um atributo, mas, sim, uma forma de pensar em circunstâncias específicas. A principal questão é saber em que situações é mais adequado pensar com uma mentalidade de crescimento. Segundo Dweck (2006), são situações em que não sabemos a resposta para algo, cometemos um erro, falhamos ou estamos ansiosos e confusos. Nessas situações, ter uma mentalidade de crescimento (acreditar que podemos mudar e que nossas habilidades não são fixas) é a estratégia de enfrentamento mais apropriada e pode fazer o aluno avançar, sem resistência, reação exagerada ou medo de escapar para uma mentalidade fixa (ver Dweck e Yeager, 2019; Hattie, 2017). A metanálise atual de programas para melhorar a mentalidade de crescimento tem efeitos muito baixos, em parte porque os programas não valorizam a importância das condições ideais para observar e aprimorar o pensamento de crescimento. Muitas vezes, esses programas envolvem treinamentos genéricos (do tipo que usa frases feitas como "Eu posso!"), que têm pouco efeito nas situações em que não sabemos a resposta, além de não serem específicos para as condições nas quais a mentalidade de crescimento é mais necessária.

Perseverança e confiança: atenção plena

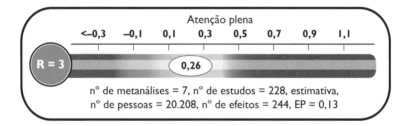

A atenção plena deriva da tradição budista de ter atenção total ao momento presente, sem julgamentos. Envolve ter consciência das experiências que estão ocorrendo, mantendo-nos curiosos, abertos e receptivos. O objetivo é "[...] conscientizar, proteger, manter a mente em seu curso e incentivar estados mentais ativos [...] além de discernir o que é útil. [...] é como o sal que dá às experiências seu sabor" (Shaw, 2020, p. 48, 185). Como condimentos, esses programas geralmente atraem alunos, pais e professores, podendo ser bons complementos.

Os programas genéricos de atenção plena estão se tornando cada vez mais populares nas escolas, geralmente por ajudar a melhorar a saúde mental e o bem-estar. Mas os efeitos desses programas são muito baixos. *Zainal (2020) relatou $d = 0,19$ para fluência verbal e *Sedleimer et al. (2012), $d = 0,15$ para aprendizagem e memória. *Carsley et al. (2018) também observaram que, quando o programa foi oferecido por professores que receberam treinamento sobre atenção plena, os efeitos foram menores em comparação com os profissionais externos (0,19 versus 0,28). Embora os programas de atenção plena possam ter efeitos relevantes para reduzir o estresse e os problemas emocionais e aumentar a atenção, não são uma grande influência ao converter esses efeitos em aprendizagem e desempenho aprimorados.

Kounin (1970) cunhou o termo *"with-it-ness"* para se referir à capacidade do professor de estar ciente do que está acontecendo na sala de aula ou, de forma mais coloquial, de conseguir enxergar até de costas. Marzano, Gaddy e Dean (2000) observaram que os atributos dos educadores que tiveram a maior influência para garantir uma sala de aula bem administrada e reduzir interrupções estavam relacionados a essa habilidade (d = 1,42). Portanto, a capacidade do professor de estar atento ao que acontece ao seu redor pode ser o aspecto mais importante da atenção plena, particularmente porque impacta a aprendizagem dos alunos. Essa noção pode ser aplicada aos estudantes, principalmente quando se refere ao aumento de foco e atenção à tarefa.

Perseverança e confiança: determinação

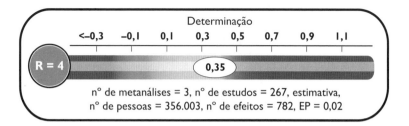

Recentemente, a determinação se tornou um tema muito discutido, em especial por causa dos escritos de Duckworth (2016). Ela define ter determinação como trabalhar arduamente para enfrentar os desafios, mantendo o esforço e o interesse ao longo dos anos, apesar dos erros, das adversidades e dos períodos em que o progresso parecer estagnado. Stokas (2015) estudou a genealogia do conceito de determinação e concluiu que há um grande risco em dizer que podemos atribuir um desempenho baixo à falta desse atributo. Isso porque o que pode estar faltando é o apoio e a influência do professor (ver Ris, 2015). Stokas (2015) usou a figura do boxeador e do *cowboy* como epítomes do que é ser determinado, mas eu acrescentaria que os criminosos também têm e precisam ter determinação. Ela representa perseverança e entusiasmo por objetivos de longo prazo, consistência e diligência para trabalhar com afinco mesmo havendo contratempos. Cada uma dessas qualidades (principalmente a diligência) deve se desenvolver no momento certo para obter os resultados certos. Muitos estudantes persistem em tarefas usando estratégias inadequadas, ou acreditam que não conseguem aprender, ou têm professores desanimados que não acreditam na importância de lhes ensinar o momento certo de serem e de não serem determinados.

Um grupo de pesquisadores (Morell *et al.*, 2020) descobriu que a perseverança no esforço (continuar se esforçando para atingir as metas) tem mais relação com o bom desempenho do que a consistência do esforço (entusiasmo inicial de buscar um objetivo). *Crede et al.* (2017) também demonstraram que perseverança e diligência são indicadores de desempenho muito melhores do que qualquer medida genérica de determinação. Eles concluíram que "a diligência por si só é um indicador tão poderoso que as medidas de determinação não acrescentam muito para prever um bom desempenho. Além disso, essa robustez da diligência mostra que ter a determinação como indicador é redundante" (*Crede et al.*, 2017, p. 30). O importante é que os professores organizem as tarefas de forma a incentivar os alunos a persistirem nelas e aprimorarem suas habilidades, promovendo um sentimento de satisfação nesse processo e aplicando estratégias de ensino que incentivem o desenvolvimento da determinação nos estudantes.

Perseverança e confiança: concentração, persistência e engajamento

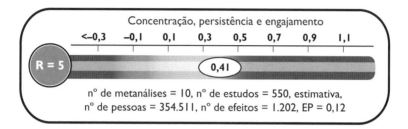

Geralmente, o engajamento é dividido em três tipos: comportamental, que diz respeito à participação em atividades, à atenção e à frequência; emocional, associado a atitudes afetivas e pertencimento; e cognitivo, referente ao uso de estratégias metacognitivas (Fredricks; Filsecker; Lawson, 2016). A correlação não é muito diferente entre os três tipos. *Lei et al. (2018) relataram engajamento comportamental de $r = 0,35$, engajamento emocional de $r = 0,22$ e engajamento cognitivo de $r = 0,25$. *Chang et al. (2016) relataram de forma semelhante: comportamental de $r = 0,30$, emocional de $r = 0,23$ e engajamento cognitivo de $r = 0,24$.

O dilema é que essa noção tridimensional poderia privilegiar a realização do trabalho. Como Nuthall (2007, p. 24) observou, "nossa pesquisa mostra que os estudantes podem estar mais ocupados, e a maioria envolvida com o material que já conhece. Na maioria das salas de aula que avaliamos, cada aluno já sabe cerca de 40 a 50% do que o professor está ensinando". Além disso, Nuthall (2007) explicou que o objetivo dos professores geralmente é manter os alunos ocupados em atividades que produzam algum produto tangível. Isso resulta em rituais padronizados, em que tanto os professores quanto os alunos discutem sobre os recursos disponíveis, as tarefas a serem realizadas e por quanto tempo cada atividade deve durar. Quando ele mostrou aos alunos um vídeo do comportamento deles em sala de aula e perguntou o que estavam pensando, a resposta da maioria estava relacionada a como terminar mais rapidamente e com o menor esforço possível. Isso ocorreu independentemente das habilidades que os alunos já haviam adquirido. Quando ele perguntou aos professores como sabiam que seus alunos estavam realmente aprendendo, eles disseram que percebiam quando os estudantes estavam ativamente engajados nas atividades. "Eles prestam atenção na expressão no rosto dos alunos, se parecem entusiasmados, se parecem confusos, quais perguntas fazem. A maioria dos professores acha que os critérios de uma aprendizagem efetiva são os mesmos de uma boa gestão da sala de aula" (Nuthall, 2007, p. 916). O desempenho é mais uma função do interesse, da motivação e da compreensão do aluno sobre os propósitos e crenças das atividades do professor. No entanto, ver um aluno engajado não significa que ele esteja aprendendo.

Um modelo alternativo foi desenvolvido por Berry (2023) a partir de suas entrevistas com professores sobre o que eles entendem por engajamento dos alunos. A resposta geral foi que, se os alunos estavam trabalhando, eles estavam engajados. O triste é que, às vezes, em muito trabalho há pouca aprendizagem. Por exemplo, van Hees (2011) filmou aulas de crianças de 5 a 6 anos aprendendo a ler durante muitas semanas e, de longe, a atividade mais comum nessas aulas de leitura era recortar e colar. Quanta aprendizagem de leitura existe nesse tipo de atividade? Sim, os alunos estavam engajados, relataram que estavam felizes e gostavam de ler, mas as evidências de progresso na leitura eram mínimas.

Berry também mostrou que os professores conseguiam estimar o engajamento comportamental nas tarefas (o trabalho), mas não necessariamente as motivações emocionais ou cognitivas dos alunos para se dedicar (Lee; Reeve, 2012). Na verdade, eles conseguiam identificar melhor as emoções negativas dos alunos (por exemplo, angústia e frustração) e se estavam seguindo as instruções, mas não as dimensões de motivação mais positivas, como confiança, entusiasmo ou preferência por tarefas desafiadoras. Além disso, os professores geralmente confundem engajamento com motivação, achando que, se os alunos estão seguindo as instruções ou mesmo engajados nas tarefas da sala de aula, logo, eles estão motivados e aprendendo — embora possam estar engajados para mostrar que estão obedecendo o professor e evitar uma repreensão. Portanto, os professores veem seu papel como monitorar, diagnosticar e intervir se os estudantes não estiverem engajados, bem como aumentar a participação nas tarefas e garantir que terminem as atividades, prestem atenção e respondam às perguntas.

Berry (2023, p. 12) observou o seguinte:

> [...] em menor grau, os professores podem tentar que os alunos se engajem apelando aos interesses destes e incentivando-os a compartilhar suas ideias ou opiniões durante a aula, mas o foco principal permanece na participação nos eventos da aula, conforme planejado pelo professor.

Berry (2023), com base em Kennedy (2016), explicou que o professor talvez ache difícil a tarefa de engajar todos os alunos na aprendizagem o tempo todo e que, por isso, pode acabar se contentando com um objetivo de participação mais possível e observável.

Berry (2023) construiu um modelo de engajamento de seis níveis: comportamento disruptivo, evitação, retraimento, participação, dedicação e proatividade (Figura 5.1). O objetivo é que, em termos de engajamento, o professor faça o estudante passar do comportamento disruptivo para a proatividade, além de entender os níveis mais baixos, que têm um impacto negativo no progresso. Se o aluno estiver no nível da dedicação e se esforçar, têm maior probabilidade de seguir uma aprendizagem eficaz. Portanto, aprender gera engajamento mais do que engajamento gera aprendizagem.

*Kumar (2007) encontrou três dimensões principais nas ações dos professores que levaram a um maior engajamento: clareza, oportunidade de aprender e *feedback*. A clareza diz respeito a dar instruções e explicações relacionadas ao contexto da aula ($r = 0,73$), reforçar e incentivar os esforços dos alunos para manter o engajamento ($r = 0,66$), usar métodos apropriados aos objetivos do aluno e do ambiente ($r = 0,63$), demonstrar capacidade de conduzir as aulas com uma variedade de métodos de ensino ($r = 0,66$) e questionar a clareza ($r = 0,49$). A oportunidade, por sua vez, diz respeito a dar oportunidades para os alunos participarem das aulas ($r = 0,62$), usar materiais didáticos que proporcionem essas oportunidades ($r = 0,62$), coordenar comportamentos disruptivos entre os alunos ($r = 0,55$) e promover bons relacionamentos ($r = 0,49$). O *feedback* está relacionado a informar o aluno sobre seu progresso durante toda a aula ($r = 0,56$).

Comportamento disruptivo	Evitação	Retraimento	Participação	Dedicação	Proatividade
Não seguir as regras Desafiar Distrair os colegas	Não fazer a tarefa Não ter estudado Ficar andando pela sala de aula	Não prestar atenção Não se esforçar Não participar	Seguir as instruções Terminar as tarefas Responder às perguntas Interagir com o professor	Fazer perguntas Ter curiosidade Ter interesse Compartilhar com os colegas o que aprendeu	Estabelecer objetivos de aprendizagem Pedir *feedback* Colaborar

Figura 5.1 Modelo de engajamento de Berry: do comportamento disruptivo à proatividade.

*Quinn (2017) demonstrou que a relação professor-aluno de melhor qualidade estava associada a níveis mais altos de engajamento psicológico, notas e frequência, além de níveis mais baixos de comportamentos disruptivos, suspensão e abandono escolar. Ele também mostrou que, quando a qualidade das relações caiu ao longo dos anos de escolaridade, houve um declínio proporcional em engajamento psicológico, frequência e cumprimento de regras.

Perseverança e confiança: autoeficácia

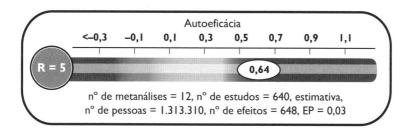

Com as análises anteriores sobre mentalidade de crescimento, atenção plena e determinação, não se pretende concluir que essas qualidades não são importantes. Pelo contrário, um denominador comum das três é a sensação de confiança que faz o estudante engajar, persistir e atender aos critérios de sucesso da tarefa. Portanto, quando essas três influências são elencadas para a autoeficácia, é muito mais fácil que os professores desenvolvam programas e técnicas a fim de trabalhar a confiança para que os estudantes lidem com as tarefas desafiadoras. Também é muito mais fácil monitorar seu impacto na confiança dos alunos para perseverar e cumprir os critérios de sucesso.

A autoeficácia tem um dos maiores efeitos na aprendizagem de todos os atributos relacionados à disposição. Ter autoeficácia é o aluno confiar que terá êxito, que conseguirá realizar a tarefa, que sabe pedir ajuda ou sabe o que fazer quando estiver confuso. A autoeficácia está relacionada a como o próprio aluno julga sua capacidade de organizar e executar as ações necessárias para atingir os critérios de sucesso (Bandura, 1986). Ela leva à prontidão de se esforçar e persistir a fim de atingir os objetivos. Em alguns sentidos, é o contrário da ansiedade, que está relacionada à crença de não conseguir realizar algo e ao medo de falhar, além de nos fazer questionar por que devemos investir esforços e sofrer consequências negativas. A autoeficácia, portanto, envolve nossas habilidades para realizar a tarefa e a confiança de que conseguiremos realizá-la com bons resultados.

Perseverança e confiança: autoconceito positivo

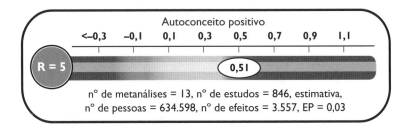

O autoconceito e a autoeficácia estão relacionados, e alguns pesquisadores afirmam que medem construtos semelhantes. A autoeficácia está relacionada à confiança para se engajar, fazer a atividade e se sair bem. Já o autoconceito é mais amplo e se refere a avaliações cognitivas, que se expressam como prescrições, expectativas e/ou descrições que atribuímos a nós mesmos (Hattie, 1992).

O autoconceito é como uma corda: consiste em muitas fibras ou dimensões que se entrelaçam e se sobrepõem, em vez de ter um conceito único dominando tudo (Hattie, 2008a). A primeira premissa do modelo da corda está relacionada à máxima de Wittgenstein (1958, seção 67) de que a força da corda "[...] não está em uma fibra percorrendo todo seu comprimento, mas, sim, na sobreposição de muitas fibras". A segunda premissa é que várias facetas do autoconceito servem como motivações primárias que nos levam a invocar orientações específicas da situação do *eu*, como autoeficácia, ansiedade, desempenho ou orientações de aprendizagem. Por sua vez, essas orientações específicas da situação nos levam a escolher várias estratégias pessoais para atender às motivações do *eu* e, assim, levar significado e previsibilidade ao nosso senso de autoconceito e autoestima. Portanto, o modelo da corda funciona como uma série de fios entrelaçados para formar fibras, que, por sua vez, formam a corda — a sensação de continuidade que temos de nós mesmos. A ideia principal do modelo da corda é que o autoconceito se relaciona mais com a forma como selecionamos e interpretamos as informações que recebemos e apresentamos.

A sensação de confiança para ter sucesso na aprendizagem é a precursora e o resultado mais poderoso da escolaridade — principalmente nas adversidades, quando as coisas não correm bem ou quando erros são cometidos. Ter uma confiança alta (fator decisivo para o progresso e a determinação, ou seja, conseguir fazer e querer fazer) pode ajudar a superar muitos obstáculos. Um autoconceito elevado faz com que os alunos adotem estratégias de aprendizagem em vez de estratégias focadas no desempenho, aceitem os *feedbacks*, tenham como referência objetivos desafiadores, se avaliem com base nos critérios da disciplina, em vez de se compararem com os colegas, tenham uma aprendizagem eficaz e usem a autorregulação e o autocontrole em vez de se sentirem impotentes. Os principais fatores relacionados à disposição quanto ao desempenho são a prontidão para se dedicar à aprendizagem, construir uma boa imagem como aluno e mostrar abertura às experiências.

Perseverança e confiança: autocontrole

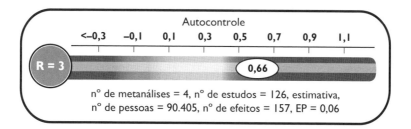

O autocontrole está relacionado à capacidade de alterar ou anular as tendências de resposta dominantes e de regular o comportamento, os pensamentos e as emoções (Bandura, 1986). Afirma-se que os estudantes com um autocontrole elevado são mais capazes de controlar seus pensamentos, regular suas emoções e despender esforços com mais sucesso quando escolhem. Por sua vez, aqueles com autocontrole baixo são mais impulsivos, mais distraídos e menos propensos a cessar as distrações. O autocontrole exige esforço e força de vontade para atingir metas de longo prazo, resistência à tentação de fazer outra coisa enquanto está estudando, persistência, regulação emocional, tomada de decisões e otimização dos recursos disponíveis para a tarefa (Baumeister; Vohs; Tice, 2007). Muitas ações associadas ao autocontrole são semelhantes aos atributos de metacognição (ver Capítulo 11). No entanto, não se trata de dar mais controle aos alunos sobre sua aprendizagem, porque isso tem efeitos muito baixos, já que eles são iniciantes e geralmente não sabem quais são as melhores estratégias. Em vez disso, eles precisam saber quando e como recorrer a especialistas para ajudar no progresso das suas capacidades e da sua aprendizagem (ver Vygotsky (2012), zona de desenvolvimento proximal).

Personalidade do estudante

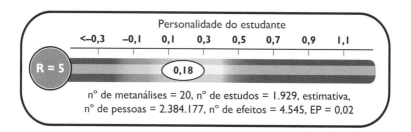

*O'Connor e Paunonen (2007) dão três razões principais para as variáveis da personalidade afetarem o desempenho. Em primeiro lugar, as tendências comportamentais refletidas nos traços de personalidade podem afetar certos hábitos que influenciam o desempenho escolar (por exemplo, perseverança, diligência, eloquência). Em segundo lugar, enquanto a capacidade cognitiva reflete o que um indivíduo pode fazer, os traços de personalidade refletem o que um indivíduo vai fazer. Em terceiro lugar, à medida que os alunos amadurecem, a personalidade e as habilidades cognitivas podem se combinar, permitindo antever melhor qual será seu desempenho futuro.

O modelo dos cinco grandes fatores da personalidade é o mais estudado (Tabela 5.4): amabilidade, conscienciosidade, extroversão, abertura a experiências e neuroticismo (McCrae; Costa Jr., 1997). Entre os 10 objetivos que correlacionaram amabilidade ou extroversão com desempenho, a relação geral é muito pequena. A maior, no entanto, é bastante acentuada e, a partir da discussão anterior, notou-se que essa é uma parte importante (se não a mais importante) da determinação. Acredita-se que estudantes conscienciosos tenham mais motivação para ter um bom desempenho escolar e geralmente sejam mais organizados, trabalhadores, diligentes, autodisciplinados e dedicados para melhorar seu desempenho.

A ideia central é que os professores devem considerar o desenvolvimento da conscienciosidade levando em conta componentes como persistência, organização, cuidado, confiabilidade e rigor. Eles podem, por exemplo, planejar aulas para informar aos alunos os critérios de sucesso e compreender os conhecimentos prévios que eles levam à sala de aula, bem como ensiná-los a aplicar estratégias de aprendizagem adequadas, a se engajar para detectar erros e, em seguida, a se aprofundar para compreender aspectos relacionais e conceituais sobre o assunto. Nessas aulas, pode haver níveis mais altos de diligência ou perseverança, e o aluno pode desenvolver um senso de ordem e responsabilidade por sua aprendizagem (chave para o desenvolvimento da autorregulação), além de sentir orgulho pelo seu bom desempenho e pelo rigor dedicado a ele (sem se estressar buscando a perfeição o tempo todo).

Fatores de personalidade, como abertura a experiências e desenvolvimento da conscienciosidade para se dedicar à aprendizagem, são temas importantes da síntese das metanálises descritas neste livro. Os professores visam a aumentar a prontidão dos alunos para que desenvolvam autoconfiança, além de construir uma reputação positiva como aprendizes, e essas habilidades podem ser ensinadas. Construir uma reputação de bom aprendiz é muito importante principalmente nos primeiros anos da adolescência, porque é durante esse período que, muitas vezes, os estudantes decidem se continuarão na escola ou não (ver Carroll *et al.*, 2009).

Perfeccionismo

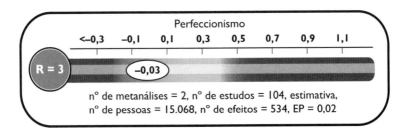

O perfeccionismo está relacionado a padrões de desempenho excessivamente altos e muitas vezes irrealistas. O estudante despende esforços compulsivos e incessantes para atingi-los e baseia sua autoestima principalmente nas suas realizações, resultando em

Aprendizagem visível **97**

TABELA 5.4 Correlações entre os cinco grandes fatores da personalidade e o desempenho

	Poropat (2011)	Poropat (2014)	Vedel	O'Connor	Ibrahim	Trapman	Quadrado	Boyd	Gatka	McBee	Média
Amabilidade	0,08	0,07	0,09	0,06	0,10	0,08	0,10			0,08	0,08
Conscienciosidade	0,43	0,19	0,28	0,24	0,26	0,22	0,20			0,23	0,26
Extroversão	0,10	−0,01	0,00	−0,05	0,00	0,01	−0,01	−0,05		−0,03	0,00
Abertura a experiências	0,37	0,10	0,07	0,06	0,06	0,08	0,05		0,02	0,08	0,10
Neuroticismo	−0,15	−0,01	−0,01	−0,03	−0,02	−0,04	0,01			−0,03	−0,04

autocrítica quando não atinge os padrões (Frost; Marten, 1990). Há duas dimensões principais, e as relações com o desempenho são opostas para as duas. O perfeccionismo que envolve padrões pessoais e uma busca autocentrada pela perfeição tem relação positiva ($r = 0{,}25$). Já o perfeccionismo que envolve a preocupação com os erros e a sensação de não atender às expectativas dos outros tem relação negativa (de $r = -0{,}10$ a $-0{,}20$). Por isso, devemos incentivar que os alunos trabalhem para o seu progresso sem buscar a perfeição com rigidez. Eles devem ver os erros como oportunidades para alcançar os objetivos e buscar ajuda, não internalizando ansiedades, procurando definir objetivos desafiadores ao abordar as falhas de maneira construtiva.

Emoções

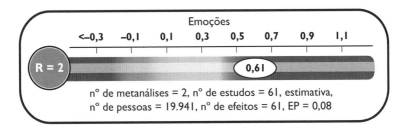

n° de metanálises = 2, n° de estudos = 61, estimativa, n° de pessoas = 19.941, n° de efeitos = 61, EP = 0,08

As emoções estão relacionadas ao processo de desempenho, tanto como precursoras quanto como resultados da aprendizagem. Podem ser motivadoras (alegria de aprender) ou inibidoras (ansiedade, medo do fracasso). Pekrun *et al.* (2018) desenvolveram um modelo mais abrangente de emoções e desempenho. Eles explicam que é a avaliação do aluno o que mais importa, a forma como ele interpreta, reage e explica o que está acontecendo é mais crítica do que as incidências reais que levaram a essa avaliação, já que o mesmo gatilho pode levar a avaliações diferentes. Portanto, criar ambientes seguros nos quais seja possível saber como os alunos estão avaliando as situações é o primeiro passo para reduzir as avaliações negativas e maximizar as positivas. Essas avaliações influenciam muito as expectativas, a motivação, o uso de estratégias, a escolha de tarefas e a dedicação que o estudante está preparado para empregar na aprendizagem.

Os alunos começam com a avaliação do valor de um determinado resultado. Se for valorizado, eles formam expectativas do resultado que a situação produzirá ("Esse professor pode me ajudar a aprender"), da ação-resultado sobre as consequências de suas próprias ações ("Consigo fazer isso sozinho, vou receber *feedback* e ajuda se precisar") ou da própria capacidade de fazer algo (autoeficácia). A avaliação pode estar relacionada ao valor intrínseco do prazer que o aluno obtém ao realizar uma atividade ou atitude em relação à tarefa, ao valor de realização ou da importância pessoal de conseguir fazer bem a tarefa, ao valor da utilidade de fazer a tarefa e obter os resultados ou do custo das consequências negativas de se envolver na tarefa (ansiedade, medo de não conseguir, esforço e tempo que poderia ser gasto em outras atividades).

Pekrun *et al.* (2018) organiza as informações nos quatro grupos a seguir.

- Positiva ativadora: prazer, esperança, orgulho, curiosidade.
- Positiva desativadora: alívio, relaxamento.

- Negativa ativadora: raiva, ansiedade, frustração, vergonha.
- Negativa desativadora: tédio, desesperança.

As emoções podem ser desencadeadas por problemas cognitivos, como surpresa com uma nova tarefa ou curiosidade, confusão, prazer e frustração quando um problema é encontrado. Além disso, alguns conteúdos apresentados na aula e nos materiais didáticos podem induzir emoções (tristeza, empatia pelos personagens de um romance, nojo por ferir animais, etc.). As aulas podem evocar emoções sociais, como simpatia, compaixão, admiração, desprezo, inveja, raiva ou ansiedade social. Um ponto importante é que as escolas e os professores (e os pesquisadores) talvez precisem ser mais explícitos ao dizer que essas emoções e disposições de aprendizagem devem ser indicadores-chave de desempenho nos resultados do ensino, além do progresso e do desempenho.

Emoções: inteligência emocional

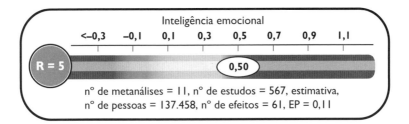

A inteligência emocional se refere às habilidades de regulação, gerenciamento e expressão de informações relacionadas à emoção, bem como autocontrole e automotivação. É um grupo muito amplo, mas a intenção é que o aluno gerencie suas emoções e desenvolva estratégias de enfrentamento cognitivo para reduzir o estresse, comunicar-se de forma eficaz, ser sensível com outras pessoas e reduzir conflitos. O fato de haver uma dimensão comum (a alegação subjacente de dizer que existe uma inteligência das emoções) é contestado, mas, como pode ser visto em outras seções deste capítulo, há componentes específicos que parecem importantes no desenvolvimento do desempenho dos alunos.

*MacCann et al. (2019) constataram que as relações de inteligência emocional são mais altas nas ciências humanas ($r = 0,38$) do que nas ciências naturais ($r = 0,21$). Eles explicaram que isso ocorre porque as ciências humanas geralmente exigem um bom conhecimento sobre as emoções para entender literatura, história, teatro e outros.

> Entender o significado das palavras relacionadas às emoções, assim como o que causa as emoções e quais são suas consequências, parece ser muito relevante para compreender as motivações dos personagens na literatura e em outros assuntos acadêmicos relacionados a pessoas e como elas moldam sociedades, países e a história (*MacCann et al., 2019, p. 21).

Porém, algumas pessoas podem ficar emocionadíssimas quando os dados estão muito próximos da média, quando um modelo de análise de fatores converge ou quando fazem descobertas importantes sobre a distribuição de resíduos.

Emoções: bem-estar

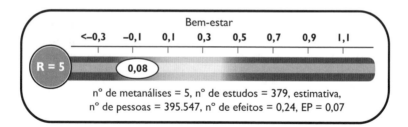

"Bem-estar" é outro termo muito amplo que se refere a como os alunos se sentem e pensam sobre sua vida, especialmente na presença de afetos agradáveis e positivos (por exemplo, felicidade) e na ausência de afetos desagradáveis (por exemplo, tristeza). *Chu et al. (2010) encontraram $r = 0,17$ entre apoio da sociedade percebido e bem-estar geral; $r = 0,19$ para o apoio da família; $r = 0,21$ para professor/escola; e $r = 0,10$ para o apoio de amigos. A correlação entre bem-estar e vários resultados foi semelhante: $r = 0,11$ para desempenho; $r = 0,27$ para autoconceito; $r = 0,21$ para adaptação à sociedade; $r = 0,10$ para habilidade de enfrentar desafios; e $r = 0,14$ para conduta. *Bücker et al. (2018) relataram uma relação geral com o desempenho escolar de $r = 0,16$, o que foi semelhante em linguagem ($r = 0,12$), ciência, tecnologia, engenharia e matemática ($r = 0,13$) e em vários tipos de medição: notas ($r = 0,19$), autoavaliação ($r = 0,15$) e testes de desempenho em classe ($r = 0,15$). Participar de programas de bem-estar genéricos talvez seja menos eficaz do que participar de programas mais específicos destinados a ajudar a saúde mental e a promoção do bem-estar e da capacidade de ser funcional e prosperar.

Emoção positiva ativadora: prazer

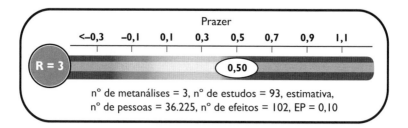

Alega-se que o prazer pode reduzir o desempenho em tarefas que requerem atenção sustentada (Meinhardt; Pekrun, 2003) e pode levar a tarefas mais fáceis em vez de desafiadoras. Além disso, quando as tarefas não forem completadas com sucesso, o prazer pode acabar diminuindo o engajamento (Carver; Scheier, 2001). Também há quem afirme que a diversão pode fazer o aluno se planejar e se monitorar mais (King; Areepattamannil, 2014). *Camacho-Morles (2020) encontrou uma correlação geral entre prazer e desempenho de $r = 0,27$, maior em alunos do ensino médio ($r = 0,34$) em relação aos do ensino fundamental ($r = 0,21$) e semelhante em matemática ($r = 0,29$) e ciências ($r = 0,21$).

Emoção positiva ativadora: esperança

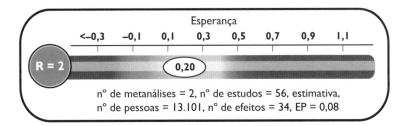

A esperança tem aparecido em *slogans* políticos, é uma forma fraca de implementação e, em geral, é definida como um estado de espírito otimista e expectativas de resultados positivos. *Yarcheski e Mahon (2016) encontraram $r = -0,02$, e *Gallagher *et al.* (2017) encontraram $r = 0,13$ entre o sentimento de esperança e o desempenho escolar. Não surpreendentemente, a esperança estava positivamente relacionada à autoestima ($r = 0,56$), aos afetos positivos ($r = 0,47$), ao enfrentamento ($r = 0,35$), ao otimismo/satisfação ($r = 0,64$) e ao pensamento direcionado para atingir objetivos ($r = 0,43$). Negativamente, estava relacionada à tristeza ($r = -0,47$) e aos afetos negativos ($r = -0,32$). Esse padrão foi semelhante nos ensinos fundamental, médio e superior (*Gallagher *et al.*, 2017). Portanto, parece necessário muito mais do que esperança para melhorar o desempenho.

Emoção positiva ativadora: curiosidade

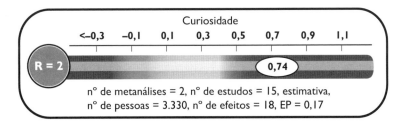

A curiosidade está relacionada ao desejo de explicar o inesperado, resolver a incerteza ou saber mais. Engel (2011) documentou a baixa taxa de curiosidade na sala de aula, principalmente considerando que os alunos fazem poucas perguntas e dedicam pouco tempo para acompanhar e encontrar algo novo. Com frequência, é considerado um atributo valioso em estudantes e se correlaciona altamente com os resultados de criatividade: $r = 0,41$ (*Schutte; Maloufe, 2019). Talvez precisemos incentivar os alunos a fazerem mais perguntas para que eles usem mais sua criatividade.

Emoção positiva ativadora: felicidade

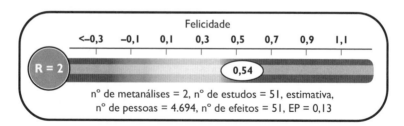

Existe uma relação substancial entre felicidade e desempenho, mas a direção dessa relação está longe de ser clara. Quando estamos felizes, estamos mais abertos a experiências e mais inclinados a enfrentar desafios e, como argumentou Fredrickson (2001), estamos mais propensos a "ampliar e construir". Ter um bom desempenho é o maior indicador de engajamento, e muitas pessoas defendem que as tarefas precisam ser envolventes e que os alunos precisam ficar felizes para que se sintam motivados a aprender.

*Lyubomirsky *et al.* (2005) propuseram que o sucesso das pessoas felizes se baseia em dois fatores principais. Primeiro, como as pessoas felizes experimentam estados de espírito positivos com frequência, elas têm maior probabilidade de trabalhar ativamente para atingir novos objetivos enquanto vivenciam esses estados de espírito. Segundo, as pessoas felizes têm habilidades e recursos que desenvolveram ao longo do tempo, durante os estados de espírito agradáveis anteriores.

O efeito médio ($d = 0,54$) indica que pessoas cronicamente felizes e bem-humoradas têm maior probabilidade de serem criativas e eficientes na solução de problemas. Os estudos longitudinais, em suas metanálises, mostraram que a felicidade tem maior probabilidade de preceder resultados e indicadores importantes de prosperidade, como satisfação e produtividade no trabalho (média $r = 0,24$) e relacionamentos satisfatórios ($r = 0,21$). Mas a felicidade pode ter custos. Quando estudantes felizes falham, pode ser bastante difícil. Eles podem não querer se envolver com questões tão desafiadoras, podem confiar mais em atalhos heurísticos, podem ser julgados como superficiais, complacentes ou que não se esforçam o suficiente. A felicidade no contexto de falta de engajamento e esforço geralmente é julgada de modo negativo. Quando a felicidade segue a aprendizagem, precisamos abraçar essa relação, mas, quando ela precede a aprendizagem, precisamos estar atentos aos perigos. Ser neutro em relação à felicidade não é necessariamente uma barreira nem um facilitador, mas o oposto da felicidade não é amigo da aprendizagem.

Emoção positiva desativadora: relaxamento

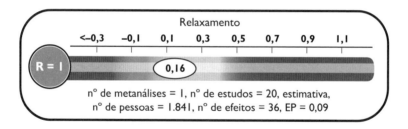

Existem muitos métodos de relaxamento, como relaxamento muscular progressivo, exercícios de respiração profunda e visualização. *Moon et al. (1985) encontraram um efeito de d = 0,16 no desempenho de alunos que receberam algumas técnicas de relaxamento. Eles sugeriram que "uma metanálise futura pudesse analisar a relação entre relaxamento e ansiedade em contextos educacionais" (*Moon et al., 1985, p. 7), mas, mais de 35 anos depois, não consegui localizar nenhuma.

Emoção negativa ativadora: ansiedade

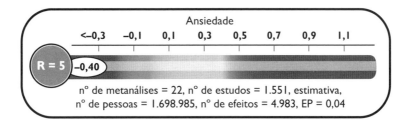

Spielberger (1972) descreveu a ansiedade como o resultado de uma "[...] reação em cadeia que consiste em um estressor, a percepção de ameaça, a reação do estado, a reavaliação cognitiva e o enfrentamento" (Uysal, 2016, p. 2174). A pesquisa de metanálise em educação geralmente destaca duas formas proeminentes de ansiedade: a ansiedade de avaliação ($d = -0,40$) e a ansiedade na aula de matemática ($d = -0,52$). A disciplina de matemática, em particular, promove expressões de ansiedade que assumem várias formas, como tensão e antipatia (características atitudinais), preocupação, desamparo e desorganização mental (características cognitivas) e medo (característica emocional). As consequências da ansiedade incluem a evitação das aulas e a incapacidade de ter bons resultados na matéria. Além disso, ensinar matemática sem conhecer e ensinar habilidades de confiança pode reforçar a ansiedade.

*Seipp (1991) relatou um tamanho de efeito de −0,43 ($r = -0,21$) entre ansiedade e desempenho e observou que era semelhante para homens e mulheres. *Barroso et al. (2020) não encontraram diferença na relação entre ansiedade e desempenho entre homens e mulheres de todas as etnias ou conteúdos. As correlações foram maiores no 1º e no 2º ano do ensino fundamental ($r = -0,40$) em comparação com o 3º, o 4º e o 5º anos ($r = 0$) e aumentaram em magnitude no ensino médio ($r = -0,12$). Eles também notaram semelhanças entre os domínios do conteúdo de matemática: sistemas de numeração ($r = -0,09$), conhecimento básico de números ($r = -0,16$), cálculo de números inteiros ($r = -0,23$), resolução de problemas ($r = -0,27$), frações, decimais e porcentagens ($r = -0,23$) e estatística ($r = -0,23$). As semelhanças também foram encontradas em todas as dimensões da ansiedade: preocupação ($r = -0,37$), emocionalidade ($r = -0,35$), tanto preocupação e quanto emocionalidade ($r = -0,24$), ansiedade de avaliação ($r = -0,21$) e ansiedade na aula de matemática ($r = -0,28$). *Hembree (1988) observou que estudantes com autoconceito alto ou baixo (em oposição ao médio) tendiam a ficar mais ansiosos com as avaliações, e que isso tinha relação direta com o medo de ir mal na avaliação, ficar na defensiva e não gostar das avaliações.

Podemos pensar na ansiedade como o recíproco da confiança, e as estratégias para aumentar a confiança podem mitigar os efeitos negativos da ansiedade. O aluno pode sentir ansiedade por causa do conteúdo ou do professor. No entanto, o professor pode incutir a confiança no conteúdo perguntando quão ansiosos e confiantes os estudantes estão, sendo claro sobre as habilidades esperadas, tendo critérios de sucesso adequadamente desafiadores e sendo transparente sobre o diagnóstico, os critérios de sucesso e o progresso.

Emoção negativa ativadora: tristeza

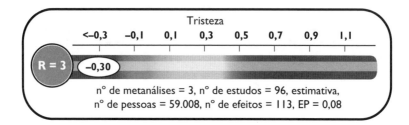

*Buehner (2017) encontrou uma correlação próxima de zero ($r = -0,08$) entre o desempenho inicial e a tristeza subsequente, e essa relação não foi moderada pela idade, pelo tempo entre a medição nem pela forma de avaliação (autoavaliação: $r = -0,01$; e avaliação: $r = 0,07$). *Huang et al. (2014) relataram $r = -0,15$ entre o desempenho e a tristeza subsequente, e a correlação diminuiu à medida que o tempo entre as avaliações aumentou. *Chan et al. (2008) também investigaram a relação longitudinal entre desempenho e tristeza posterior ($r = -0,25$) e a relação transversal ($r = -0,20$), além de tristeza *versus* ausência de tristeza ($r = -0,28$).

Emoção negativa ativadora: raiva

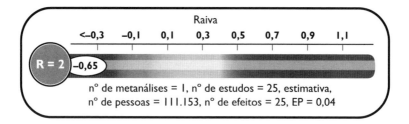

A raiva na aprendizagem pode ocorrer quando os alunos enfrentam dificuldades ou bloqueios para atingir o objetivo desejado e quando veem as demandas ou tarefas como injustas. Essa raiva diminui a motivação intrínseca. O efeito geral é substancial: $d = -0,82$.

Emoção negativa ativadora: frustração

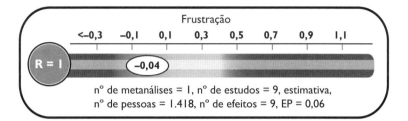

A frustração pode ser vista como uma mistura de raiva e decepção (*Camacho-Morles, 2020). Alega-se que a frustração pode ser favorável, porque pode provocar um esforço maior para realizar a tarefa (Carver; Scheier, 2001), o que é refletido em $d = -0,04$, sugerindo uma mistura de efeitos positivos e negativos.

Emoção negativa ativadora: agressão e violência

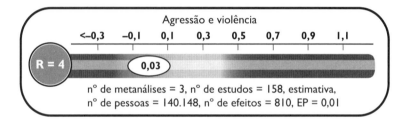

Os objetivos de desenvolvimento das Nações Unidas exigem que o ambiente de aprendizagem seja seguro, não violento, inclusivo e eficaz para todos. A violência pode ser praticada contra estudantes, praticada por estudantes contra outras pessoas e praticada contra crianças. Isso inclui violências física, sexual, emocional, negligência, intimidação e violência no entorno do estudante. *Frey et al. (2018) encontraram efeitos negativos ($d = -0,10$) para todas as formas de violência, e essa violência levou a um aumento de duas vezes na probabilidade de abandono escolar. *Savage et al. (2017) encontraram relações negativas semelhantes ($d = -0,29$) para homens e mulheres, crianças e adolescentes, mesmo considerando o nível de educação dos pais e o *status* socioeconômico.

Emoção negativa desativadora: tédio

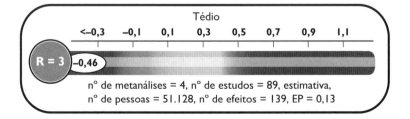

O tédio na sala de aula é uma emoção negativa e desativadora, é a antítese da alta autoeficácia. Sua relação com o desempenho é marcadamente negativa (–0,46). *Tze et al. (2015) também encontraram correlações negativas altas em relação aos efeitos do tédio na motivação na escola ($r = -0,40$), em estratégias/comportamentos de estudo ($r = -0,35$) e no desempenho ($r = -0,16$), o que foi semelhante em todas as faixas etárias e quando os alunos estão em sala de aula ($r = -0,35$) ou enquanto estudam ($r = -0,25$). *Trimble et al. (2015) também descobriram que o tédio em uma tarefa inicial indicou mau desempenho e pouca persistência em uma tarefa subsequente, mesmo ao considerar o desempenho na tarefa inicial e o tempo gasto nela. O efeito do tédio nas tarefas subsequentes foi mais forte para estudantes com melhor desempenho.

O tédio indica que a tarefa carece de valor e significado para o aluno. Percebendo isso, o professor deve aumentar o valor e o significado para o estudante, aumentar a confiança para se engajar nela, regular os recursos cognitivos sendo mais claro sobre os motivos da tarefa e os critérios de sucesso, ou mudando a tarefa (Westgate; Steidle, 2020).

Disposições cognitivas: estudar de manhã ou estudar à noite

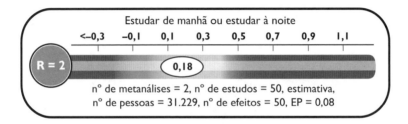

Alguns alunos preferem estudar pela manhã (cotovias), e outros, à noite (corujas). No entanto, as duas metanálises mostraram que a dedicação durante a manhã foi mais eficaz do que a dedicação da noite (por exemplo, *Preckel et al. (2011): $r = 0,16$ versus $-0,14$, respectivamente), independentemente da preferência. Talvez essa diferença esteja relacionada ao sono e ao cansaço, mas os efeitos são tão pequenos que não precisam ser motivo de preocupação. Fletcher e Hattie (2011) também mostraram que as cotovias tiveram melhor desempenho à tarde, e as corujas, pela manhã, apesar da preferência dos estudantes.

Disposições cognitivas: procrastinação

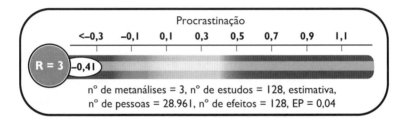

Cinco anos atrás, Bruce, meu editor, me lembrou que o livro *Visible Learning* estava prestes a completar 10 anos e que era hora de uma atualização. A tarefa era pesada, então inventei mil razões para não a colocar em prática. Como mencionei, até meus colegas de trabalho ficam chateados quando uma influência muda uma casa decimal e acham que algo deve estar errado. Já disse tudo o que queria dizer em 2008 e chegou a hora de outra pessoa atualizar; preciso ter mais metanálises para valer a pena; uma segunda edição só vai incluir mais estudos e ficar entediante; prefiro me aprofundar para defender o panorama geral; a história subjacente não mudou quase nada; escrevi muitas outras atualizações em outras fontes. Sou o mestre da procrastinação. O mesmo acontece com muitos estudantes, já que dedicam cerca de um terço do seu dia a esse trabalho árduo (Pychyl *et al.*, 2000).

*Steel (2007) relatou que as correlações de procrastinação com aversão à tarefa foram de 0,40; conscienciosidade, –0,62; impulsividade, 0,41; autocontrole, –0,58; autoeficácia, –0,38; tristeza, 0,28; perfeccionismo, –0,03; medo de errar, 0,18; inteligência, 0,03; e desempenho subsequente, –0,19 (–0,16 com a média ponderada, –0,17 com exames finais e –0,21 com tarefas). *Akpur (2020) encontrou efeitos negativos muito maiores ($r = -0,61$) em 22 estudos especificamente sobre desempenho e, portanto, concluiu que a procrastinação em geral é prejudicial e nunca útil. Ele recomendou que os professores estabelecessem objetivos realistas, dividissem as tarefas em etapas curtas e possíveis, oferecessem recompensas convenientes e eliminassem as distrações.

O ENTUSIASMO: MOTIVAÇÃO

Um dos meus autores favoritos é o filósofo Richard Stanley Peters. Eu o conheci quando estava na pós-graduação e, naquela época, ele era muito respeitado na área da educação, estando em muitas das minhas aulas. Segundo Peters, tentar descobrir a motivação de alguém causa um mal-estar entre os psicólogos, e ele zombava de quem acha que a motivação explica por que fazemos algo (Peters, 1960). Ele esclarece que nós, seres humanos, estamos em constante movimento, então tentar explicar por que alguém é levado a fazer alguma coisa e não outra desconsidera esse impulso inato. Não se trata de por que fomos levados a fazer x ou y, mas de por que escolhemos x em vez de y (por que optar por fazer a tarefa em vez de se distrair com outra coisa). Nossa escolha nos direciona para um resultado e, portanto, pode evocar persistência ou foco/atenção plena em uma tarefa ou atividade. O aspecto crucial para atribuir uma motivação, afirma Peters, é esse direcionar — não as condições iniciais (Tabela 5.5). Então, qual esforço está envolvido quando o aluno entra na sala de aula e começa a ter ou mantém o foco? Por que ele se dedica a aprender em vez de fazer bagunça ou ficar distraído?

Os alunos entram na sala de aula com recursos motivacionais muito ricos, e esses recursos podem não ser coerentes com os objetivos do professor (Reeve *et al.*, 2022). Dizer "eles não estão motivados", "eles não fazem o que eu peço" ou "vou dar uma recompensa (ou punir) se eles (não) fizerem as tarefas" mostra que o professor não entende a questão fundamental da motivação: por que eles deveriam fazer isso em vez daquilo? Não se trata de adotar mensagens motivacionais controladoras, mas entender as motivações atuais (necessidades, desejos e interesses dos estudantes) e, em seguida, desenvolver atividades para trabalhar com esses recursos, talvez até para melhorar ou mudar

TABELA 5.5 Estatísticas resumidas para as variáveis dos estudantes relacionadas ao entusiasmo

Entusiasmo	Nº de meta-análises	Nº de estudos	Nº total	Nº de efeitos	Tamanho de efeito ponderado	EP	Robustez
Motivação	23	1.810	26.210.109	6.274	0,39	0,06	5
Motivação e abordagem superficiais	4	447	132.854	452	0,00	0,08	4
Motivação e abordagem profundas	3	165	15.186	170	0,58	0,08	2
Motivação e abordagem para atingir um objetivo	4	252	23.194	257	0,44	0,02	3
Objetivos de domínio do conhecimento	8	655	133.634	898	0,20	0,09	4
Objetivos de *performance*	9	625	56.513	450	0,04	0,03	4
Postura em relação à aprendizagem	12	751	2.183.685	1.394	0,48	0,11	5
Total/média	63	4.705	28.755.174	9.895	0,30	0,04	4

a visão dos alunos sobre seus desejos, necessidades e interesses. A outra implicação é que a motivação nem sempre precede o desempenho (o aluno se interessa pelo conteúdo graças a um interesse que ele já tem), mas, com mais frequência, segue o desempenho (o aluno se interessa pelo conteúdo à medida que começa a ter conhecimento, compreensão e habilidade). Como percebemos nos jogos de *videogame*, aprender e dominar certas habilidades pode ser uma recompensa poderosa. Nossas motivações para escolher *x* em vez de *y* também estão relacionadas às emoções, particularmente o senso de eficácia, a valorização da tarefa e as expectativas. Conforme observado, o engajamento dos alunos está vinculado à noção de ter iniciativa e se esforçar, e isso é muito mais do que participar e seguir ordens.

Grande parte da literatura atual se concentra em atingir objetivos geralmente estabelecidos pelos professores, como se os alunos concordassem com todos. No entanto, os estudantes podem ter estratégias e motivações para atingir objetivos relacionados à maestria, à *performance* e/ou à vida social.

- Os objetivos de abordagem da maestria estão relacionados ao desenvolvimento de competências e ao domínio de tarefas.
- Os objetivos de evitação da maestria estão relacionados à evitação de tarefas (procrastinação).

- Os objetivos de abordagem da *performance* estão relacionados ao alcance de competências perante os outros.
- Os objetivos de evitação da *performance* estão relacionados à evitação da incompetência perante os outros.
- Os objetivos de abordagem social estão relacionados a uma boa *performance* na frente de amigos e familiares.
- Os objetivos de evitação social estão relacionados à evitação de conflitos nos relacionamentos e ao medo da rejeição de outras pessoas.

A motivação vem da percepção de que as ações de uma pessoa mudam a perspectiva de atingir objetivos (Ballard *et al.*, 2022). A motivação pode aumentar à medida que a distância até o objetivo diminui e esta é vista como desafiadora, mas alcançável.

> Objetivos muito fáceis não são boas motivações, porque não é necessário um grande esforço para atingi-los. Objetivos muito difíceis também falham, porque as chances de alcançá-los são muito baixas, e o esforço não tornará o objetivo mais possível (Ballard *et al.*, 2022, p. 23).

Afirma-se que estudantes com objetivos de domínio do conteúdo são mais intrinsecamente motivados a aprender, acreditam que a competência se desenvolve ao longo do tempo por meio da prática e do esforço, escolhem tarefas que maximizem as oportunidades de aprendizagem, buscam *feedback* que os ajude a dominar o conteúdo, e assim por diante. Estudantes com objetivos de *performance* têm maior probabilidade de serem motivados extrinsecamente, acreditam que a competência é uma função de fatores estáveis (a habilidade é fixa), evitam tarefas que acreditam não conseguirem fazer e buscam *feedback* para receberem elogios. As evidências, no entanto, para os que são motivados pelo domínio do conteúdo (0,13) e/ou *performance* (0,03) são baixas e colocam à prova o valor dessa distinção.

Modelos alternativos ao domínio do conteúdo, à *performance* e à vida social são descritos em uma edição especial da *Contemporary Education Review*. Cinco dos principais pesquisadores sobre motivação foram convidados a delinear seu modelo.

- Teoria da atribuição (Graham, 2020): o aluno busca razões para se engajar em uma tarefa, como sua habilidade, seu esforço ou sua afiliação, que levam a três dimensões causais: *locus* (dentro ou fora da pessoa), estabilidade (duradoura ou não) e controlabilidade (sujeita à influência volitiva).
- Expectativa de tarefas (Eccles; Wigfield, 2020): a motivação é uma função do autoconceito dos alunos sobre habilidade, tarefas, valores e objetivos pessoais. É ponderada pelos custos (esforço, oportunidade, emocional) e benefícios atribuídos.
- Autoeficácia (Schunk; DiBenedetto, 2020): a motivação é uma função da capacidade de agir de forma eficaz e monitorar o progresso para atingir um objetivo, além do senso de capacidade que o indivíduo tem de si mesmo para aprender e realizar algo.
- Sociocognitivo (Urdan; Kaplan, 2020): as percepções, crenças e objetivos do aluno (como realização, tarefa, aprendizagem, desempenho, aparência, evitação e abordagem) orientam a motivação.
- Autodeterminação (Ryan; Deci, 2020): distingue motivação intrínseca (quando o aluno faz a tarefa pela tarefa em si, por se interessar por ela) e motivação extrínseca (quando o aluno faz a tarefa para alcançar algum objetivo, ter alguma recompensa,

evitar algo). Os estudantes são motivados a ter um senso de competência, autonomia e conexão.

Nós (Hattie; Hodis; Kang, 2020) mesclamos esses modelos em torno de quatro dimensões principais: eu, tarefa, objetivos e custos/benefícios. A dimensão do eu, ou da pessoa, inclui aspectos individuais, como expectativas de sucesso, autoeficácia/confiança ou a percepção da própria capacidade para aprender e realizar algo planejado. As tarefas podem ser valorizadas ou percebidas como importantes ou úteis para engajar e aprender, especialmente quando as pessoas percebem que seus objetivos estão alinhados com os resultados importantes. Os custos e benefícios de fazer isso e não aquilo, como custos de esforço (a percepção de quanto esforço seria necessário para concluir uma tarefa e se vale a pena fazê-la), custos de oportunidade (até que ponto realizar uma tarefa diminui a capacidade ou o tempo de realizar outras tarefas importantes) e custos emocionais (os custos emocionais ou psicológicos de realizar a tarefa, particularmente a ansiedade prevista e os custos emocionais e sociais de errar). Os benefícios incluem recompensas externas, satisfação intrínseca, identificação de valores fundamentais, conformidade (e, portanto, muitas vezes consequências negativas reduzidas ou ausentes), autonomia e um senso de competência. São necessárias mais comparações competitivas para trazer mais unidade a esses modelos e, particularmente, questionar o desenvolvimento de modelos que maximizem as informações relativas a resultados, como desempenho.

Esse assunto sobre como os professores motivam os alunos a se engajarem em conhecimentos importantes pode ser o maior desafio educacional de nossos tempos. A curva de Jenkin (Jenkins, 2016) é poderosa e preocupante: 95% das crianças de 5 anos querem ir à escola e estão motivadas a aprender o que os professores querem que elas aprendam. Esse percentual cai para 37% no 9º ano (e aumenta muito pouco depois disso). Assim, ao final do ensino fundamental, cerca de 60% dos alunos não acham as aulas motivadoras para aprender. Eles vão em busca de amizades e muitos prefeririam estar em outro lugar. Esses estudantes menos engajados não são apenas os bagunceiros, mas também os que evitam se envolver e se retraem (Berry, 2023), e todos eles têm perfis semelhantes de baixo progresso na aprendizagem. Isso significa que um grande grupo de estudantes não está motivado para se dedicar aos trabalhos escolares.

*Jansen *et al.* (2021) sintetizaram 125 metanálises relacionando a motivação ao desempenho escolar com base em 488 efeitos e 25 milhões de estudantes. O efeito geral médio relacionando a motivação do aluno ao desempenho foi $d = 0,42$ ($r = 0,21$). Os efeitos do foco na motivação interna foram o dobro dos relacionados à motivação externa (0,53 *versus* 0,26) e semelhantes nas atividades relacionadas a linguagem (0,54), ciência, tecnologia, engenharia e matemática (0,48). As meninas tiveram níveis mais altos de motivação nas atividades relacionadas à linguagem do que os meninos (0,34), mas muito poucas diferenças nos conteúdos de ciência, tecnologia, engenharia e matemática (0,06). As descobertas mais importantes foram que as variáveis socioemocionais, como crenças sobre si mesmo (por exemplo, autoconceito acadêmico), emoções (como ansiedade) e variáveis sociais (sentimento de pertencimento na escola, relação dos alunos com seus colegas ou com seu ambiente e o apoio que sentem ter dos pais) tiveram maior relação com a motivação na escola. Isso indica o quanto a interpretação dos alunos sobre suas experiências na escola é crítica para sua motivação, e não para as experiências (como notas e resultado dos testes). Ignoramos as crenças dos estudantes sobre si mesmos por nossa conta e risco.

Os autores sugerem que, para desenvolver uma relação positiva com os alunos, os professores precisam de habilidades de escuta, empatia, carinho e consideração positiva pelos outros. O que importa é a percepção dos estudantes sobre o impacto das práticas ou técnicas de ensino dos professores (por exemplo, seu conhecimento sobre o assunto, entusiasmo, planejamento, organização das aulas e o tipo de *feedback* que eles dão). Tudo isso pode afetar a motivação dos alunos e mostra se os professores colocam em primeiro plano a importância de aprender e desenvolver competências. Como Anderman e Anderman (2021) explicam: para ajudar os alunos a terem motivação, é necessário primeiro compreender por que os professores estão motivados. Essa motivação precisa ter como premissa maximizar seu impacto na aprendizagem dos estudantes, indo muito além de seguir o currículo ou garantir altos níveis de gestão e engajamento (esforço e motivação).

Dörnyei (2001) afirma que a motivação é maior quando o aluno é competente, tem autonomia, pode estabelecer objetivos importantes, obtém *feedback* e é reconhecido pelos outros. Ele também desafiou os educadores a considerarem seriamente a desmotivação causada nos estudantes, por exemplo, pela humilhação em público, por resultados devastadores nas provas ou por conflitos com professores ou colegas. Para muitos, a desmotivação tem mais impacto do que a motivação. Essa desmotivação pode afetar diretamente o comprometimento com os objetivos de aprendizagem, acabar com o desejo de aprender e o poder do *feedback* e diminuir o engajamento. Pode ser necessário menos esforço de um professor para desmotivar os alunos em comparação com o esforço geralmente necessário para motivá-los, a fim de transformar a aprendizagem deles.

Da mesma forma, *Schwinger et al. (2021) observaram que alguns estudantes, por acharem que vão errar, podem usar a autossabotagem como uma estratégia para não afetar sua autoestima (por exemplo, "eu fui mal porque não dormi bem na noite passada"). *Whitely e Frieze (1985) descobriram que estudantes com baixo desempenho (principalmente adolescentes) atribuem seus erros à tarefa, enquanto aqueles com desempenho alto os atribuem mais a sua habilidade e seu esforço (*Findley e Cooper, 1983; *Kalechstein e Nowicki, 1997; *Ross, 1988).

Motivações superficial, profunda e estratégica

Biggs (1985) desenvolveu três formas de motivação. Em primeiro lugar, a motivação superficial (talvez semelhante à motivação voltada à *performance*) ocorre quando o aluno decide realizar a tarefa por utilidade — por exemplo, reproduzir conhecimento, obter resultados mínimos, aprender o conteúdo ou evocar mais memória mecânica para ganhos de curto prazo, como passar na prova ou fazer um trabalho. Em segundo lugar, a motivação profunda (semelhante à motivação para domínio do conteúdo) ocorre quando o objetivo atualiza a interação e a competência no assunto, quando o aluno é motivado a aprender mais e mais profundamente sobre o assunto, quando ele visa a entender o que deve ser aprendido por meio de ideias inter-relacionadas, lendo e estudando amplamente. No entanto, em muitas situações de aprendizagem, não é possível se aprofundar o tempo todo — o tempo não permite, e os professores geralmente valorizam o conhecimento superficial (saber muitas coisas), apesar do que dizem.

A terceira forma, motivação estratégica, evoca a proficiência do aluno em ler a tarefa ou avaliação quanto à superfície ou à profundidade como requisitos para que se adaptem à tarefa em um nível superficial ou profundo, às vezes misturando os dois quando exigido.

Então, o que importa é a avaliação que os alunos fazem para entender as demandas da tarefa (por exemplo, se eles acreditam que ela evoca motivação de domínio ou *performance*, conhecimento superficial ou profundo e o que significa ser bom na atividade em questão). A tarefa exige a maximização do conteúdo superficial (apesar do que dizem os professores), ou habilidades mais profundas, mais relacionais e de resolução de problemas? Essa motivação estratégica ou de desempenho está no cerne da autorregulação e é a habilidade que leva os alunos a serem motivados a dominar um assunto, realizar algo ou ter bons relacionamentos (Tabela 5.6).

Os professores precisam entender como os alunos consideram quais são os critérios de sucesso, garantindo que as tarefas e provas estejam alinhadas intencionalmente. Isso significa que as tarefas devem misturar atividades superficiais e profundas proporcionalmente à superficialidade e à profundidade das avaliações/notas e refletir nos critérios de sucesso e no ensino. A premissa fundamental do alinhamento intencional (Capítulos 3, 4 e 11) é que os métodos de ensino e as avaliações estejam alinhados para apoiar um aprender adequado ao aluno, da perspectiva do aluno. Mais adiante neste livro, veremos o poder de desenvolver e compartilhar critérios de sucesso, usar rubricas avaliativas e deixar claro quais são os requisitos da tarefa, desenvolver a análise cognitiva das tarefas para garantir que estejam alinhadas com as intenções dos critérios de sucesso, incentivar os professores a buscarem *feedback* sobre seu impacto nos alunos frequentemente, perguntar aos estudantes, também com frequência, como eles interpretam o *feedback* e se sabem o que fazer depois de recebê-lo. A relação entre motivação profunda e motivação de desempenho é muito mais alta do que entre a motivação superficial.

Postura em relação à aprendizagem

A postura em relação à escola envolve muitas dimensões, como sentimentos positivos e negativos, tendência a se engajar ou evitar atividades escolares, crença de que seu próprio desempenho é bom e crença de que a escola é útil. As correlações são, em geral, substantivas ($d = 0,27$ a $0,87$). Por isso, os professores devem se preocupar em desenvolver uma postura positiva antes e como consequência do estudo dos currículos escolares desenvolvendo senso de desafio e confiança e reduzindo estereótipos (como meninos são melhores em matemática, e meninas, em leitura).

TABELA 5.6 Estatísticas resumidas das várias estratégias de motivação

Estratégia de motivação	N° de metanálises	N° de estudos	N° de efeitos	d
Superficial	4	447	452	−0,14
Profunda	3	165	170	0,57
Desempenho	4	252	257	0,38
Domínio do conteúdo	7	433	502	0,13
Performance	9	529	478	0,03

Variáveis físicas

Muitos atributos físicos dos estudantes podem impactar a aprendizagem na escola (Tabela 5.7). Obviamente, muitos estão fora do controle do aluno, da sua casa, do professor e da escola, e é preciso ter cuidado para reconhecer que alguns desses fatores (por exemplo, doenças) estão mais relacionados à oportunidade de aprender do que às proficiências do aluno. Em todos os casos, o diagnóstico precoce e boas intervenções muitas vezes podem fazer a diferença no impacto dessas influências.

TABELA 5.7 Estatísticas resumidas para as variáveis físicas dos alunos

Variáveis físicas	N° de meta-nálises	N° de estudos	N° total	N° de efeitos	Tamanho de efeito ponderado	EP	Robustez
Tempo de gestão e peso ao nascer	13	352	1.259.247	985	−0,59	0,06	5
Aleitamento materno	1	12	1.104	12	−0,04	0,00	1
Doenças	6	913	125.334	982	−0,51	0,02	4
Síndromes físicas	15	302	2.042.506	450	−0,42	0,09	4
Maus-tratos	1	32	2.945	72	−0,63	0,08	1
Autismo	3	76	5.169	186	0,08	0,14	3
Sono	4	107	75.483	107	0,02	0,03	3
Consumo de açúcar	1	23	1.791	93	−0,13	0,08	2
Aptidão	4	279	182.106	1.939	0,16	0,03	4
Condicionamento físico	4	279	182.106	1.939	0,16	0,03	-
Gênero	34	2.884	23.957.726	5.478	0,00	0,04	5
Percepção da própria etnicidade	6	163	30.833	203	0,17	0,01	3
Uso do dialeto	1	19	1.947	19	−0,29	0,00	1
Preocupação com o estigma social	4	237	21.890	416	−0,19	0,11	3
Total/média	93	5.399	27.708.083	10.942	−0,18	0,05	3

Tempo de gestação e peso ao nascer

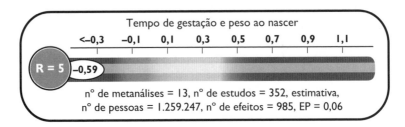

Bebês prematuros com peso inferior a 1,5 kg têm maior probabilidade de ficar atrás de seus pares em muitos atributos, como altura, peso, processamento executivo e desempenho. Quando, além disso, há uma ou mais morbidades neonatais e o bebê fica por um longo período em terapia intensiva neonatal, o sistema, já imaturo, pode ficar mais estressado (Sullivan *et al.*, 2008). As 13 metanálises baseadas em mais de 1 milhão de indivíduos tiveram um efeito geral de –0,56 entre bebês nascidos no tempo esperado e bebês prematuros — essa diferença ficando evidente ao longo dos anos escolares. Por exemplo, *Maitra *et al.* (2014, p. 145) concluíram que:

> [...] adolescentes que nasceram prematuros, em comparação com os que nasceram no tempo esperado, apresentaram déficits significativos nas funções executivas. Tarefas relacionadas a planejamento, organização, fluência da fala, inibição, flexibilidade cognitiva, memória de trabalho, memória verbal e visuoespacial mostraram os níveis mais altos de deficiência.

*Kovachy *et al.* (2014) mostraram que crianças nascidas prematuras tinham notas bem mais baixas do que as nascidas no tempo esperado em compreensão e interpretação de textos. *McBryde *et al.* (2020) descobriram que os efeitos são mais pronunciados na matemática, particularmente nas habilidades de resolução de problemas, mais do que em conhecimentos matemáticos e cálculo. Eles sugerem que isso provavelmente está relacionado a problemas com a memória de trabalho, já que a resolução de problemas matemáticos envolve o processamento do problema e, ao mesmo tempo, a recuperação de informações contextuais da memória de longo prazo. *Deer Speek *et al.* (2011) concluíram que crianças nascidas prematuras também têm notas significativamente menores em testes complexos de função da linguagem durante a infância em comparação com crianças nascidas no tempo esperado. Essas diferenças foram percebidas muito cedo, e "para função de linguagem complexa, as diferenças de grupo entre crianças prematuras e nascidas no tempo esperado aumentaram significativamente dos 3 aos 12 anos".

Aleitamento materno

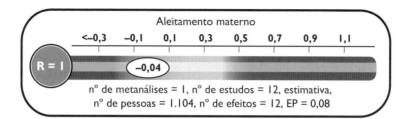

A amamentação tem pouca ou nenhuma relação com a inteligência em crianças (*Der et al.*, 2006). Muitos dos benefícios frequentemente reivindicados são maiores porque as mães com maior probabilidade de amamentar são mais inteligentes, vêm de famílias com mais recursos e têm níveis mais altos de estimulação cognitiva em casa. Portanto, qualquer efeito provavelmente está mais relacionado aos recursos socioeconômicos do lar do que à amamentação.

Doenças

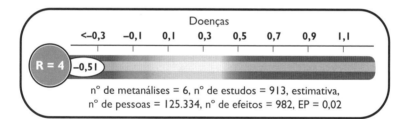

As doenças, em geral, têm um efeito negativo no desempenho e, em muitos casos, isso ocorre em função de haver menor oportunidade de aprender (ausência), não necessariamente proficiência para aprender. Há relação com doenças crônicas ($d = -0,20$), diabetes ($-0,17$), deficiência de iodo ($-0,49$), asma ($-0,33$), anemia falciforme ($-0,25$) e surdez ($-0,61$). Indivíduos com transtorno de déficit de atenção/hiperatividade (TDAH) têm níveis marcadamente diferentes de desempenho em comparação aos sem TDAH ($-0,90$).

Síndromes físicas

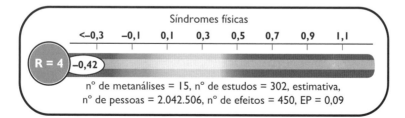

Estudantes com fissura labiopalatina ($d = -0,41$), surdez/implante coclear (-1,14), problemas de saúde bucal (-0,23), anemia falciforme (-0,25) e lesões cerebrais (-0,41) têm, em média, desempenho inferior ao de seus colegas. A variação, no entanto, pode ser enorme, pois uma pessoa não é identificada por sua doença. Como será mostrado no Capítulo 12, podemos aprender muito com os programas de intervenção que deram certo ao beneficiar todos os alunos, pois há um foco na aceleração, nas estratégias de aprendizagem, no ensino adequado de consolidação e na celebração de cada aluno no progresso para um maior desempenho.

Maus-tratos

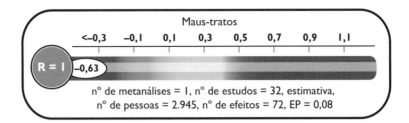

Os maus-tratos a crianças podem resultar de abuso sexual, abuso físico ou negligência (*McGuire; Jackson, 2018). Todos têm impactos negativos altos de forma semelhante no desempenho, mas houve muita variação nos tamanhos de efeito, indicando a necessidade de moderadores mais sistemáticos. Os efeitos também são altamente negativos para matemática (-0,46) e linguagem (-0,64) para as várias formas de maus-tratos (múltiplo: -0,61; físico: -0,52; sexual: -0,66; negligência: -0,86).

Autismo

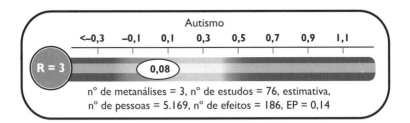

*Brown et al. (2013) compararam estudantes com e sem transtorno do espectro autista (TEA) na compreensão de textos. Houve um grande efeito geral ($d = -74$) e, especificamente, os efeitos foram igualmente grandes para o conhecimento semântico (-0,48), baixos para a decodificação (-0,09) e muito maiores para textos que exigiam uma boa compreensão da sociedade (-1,36) em comparação com indivíduos sem TEA. *Tiede e Walton (2019) revisaram várias intervenções, como modelos baseados na comunidade e mediados pelas partes interessadas, que ocorrem em residências e escolas. Os efeitos incluíram engajamento social (0,69), linguagem expressiva (0,32), linguagem receptiva

(0,28), brincadeira (0,23), comportamento adaptativo (0,09) e atenção (0,51). A conclusão mais importante foi a grande variabilidade, sugerindo que outros fatores além do autismo afetam o sucesso desses programas.

Sono

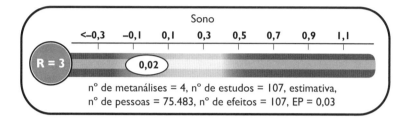

A privação grave do sono tem um efeito negativo no desempenho. O fato de o efeito médio do sono não ser um fator importante em vários estudos provavelmente ocorre porque a maioria dos alunos chega à escola com horas de sono suficientes, o que não indica um problema. *Astill *et al.* (2012) analisaram 86 estudos e relataram que a duração do sono teve um pequeno efeito no desempenho cognitivo ($r = 0,08$), e isso não diferiu quando relacionado às funções executivas ($r = 0,07$), tarefas que abordam vários domínios cognitivos ($r = 0,10$), com desempenho escolar ($r = 0,09$) ou problemas comportamentais ($r = 0,09$). Os efeitos são ligeiramente (mas trivialmente) maiores para distúrbios respiratórios do sono, como ronco, síndrome de resistência das vias aéreas superiores e apneia obstrutiva do sono ($r = -0,15$) (*Galland *et al.*, 2015). As alegações de que as escolas deveriam mudar o horário de funcionamento (por exemplo, começar mais tarde para adolescentes) fazem pouca diferença nos resultados de desempenho e, muitas vezes, quando solicitados a escolher, a maioria dos adolescentes prefere ir à escola mais cedo para que possam desfrutar de longas tardes fora dela (Biller *et al.*, 2022).

Consumo de açúcar

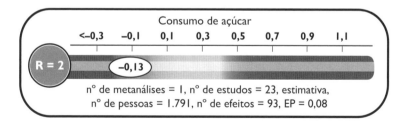

Frequentemente, afirma-se que o consumo excessivo de açúcar leva o aluno a se distrair mais e, portanto, ter menores efeitos de desempenho. *Wolraich *et al.* (2009, p. 1617) não encontraram relação em todos os seus resultados e concluíram que "a forte crença dos pais pode ser devida à expectativa e à associação comum". Coma seu chocolate tranquilamente.

Condicionamento físico

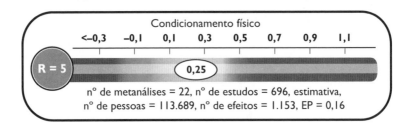

Existem muitas metanálises sobre a relação do exercício com o desempenho, a maioria mostrando relações muito baixas. Isso não deveria surpreender, pois muitos estudantes obesos e com baixo condicionamento físico podem ter um alto desempenho, e indivíduos muito saudáveis podem ter o oposto. Afirmar que um corpo saudável leva a melhorias no desempenho é tão problemático quanto afirmar que podemos curar a crise da obesidade pedindo às pessoas com sobrepeso que aprendam mais leitura e matemática. A questão é que entender os problemas de saúde e aprimorar os atributos físicos são ações que levam a resultados relevantes por si só. Portanto, devemos fazer da saúde e das habilidades físicas uma parte essencial da aprendizagem escolar.

Percepção da própria etnicidade

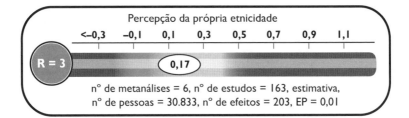

Ter uma visão positiva da própria etnicidade também tem muita relação com bom desempenho ($d = 0,32$), capacidade de se adaptar aos desafios escolares ($d = 0,40$), menor propensão de se envolver em atividades criminosas ($d = -0,23$) e melhora na sociabilidade ($d = 0,30$). Certamente vale muito a pena ter uma imagem positiva da nossa formação cultural. Miller-Cotto e Byrnes (2016) alertaram sobre a generalização desses efeitos positivos, mas pequenos, para todos os grupos étnicos, e Webber, McKinley e Hattie (2013) explicaram que muito depende de como e quanto cada aluno se identifica e está comprometido com sua identidade étnica e cultural.

Uso do dialeto

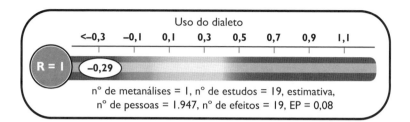

Falar um dialeto não padrão é um fator de risco para dificuldades de leitura no idioma. No entanto, é necessário cuidado, pois às vezes o uso do dialeto pode ser associado a estudantes provenientes de famílias com poucos recursos, imigrantes, refugiados e outros. *Gatlin e Wanzek (2015) encontraram um efeito de −0,29 e concluíram que quanto mais os alunos usam um dialeto não padrão na produção do idioma, menores tendem a ser suas notas na alfabetização. Isso ocorreu independentemente da formação, do nível escolar e do *status* socioeconômico.

Preocupação com o estigma social

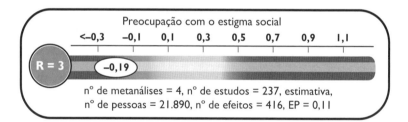

As posturas e crenças sobre o impacto da raça ou etnia podem impactar a aprendizagem. A preocupação com o estigma social ocorre quando há um estereótipo negativo sobre um grupo de pessoas, e o aluno se preocupa em ser julgado ou tratado negativamente com base nesse estigma. Esses estudantes enfrentam mais pressão do que seus colegas, a fim de evitar a confirmação de qualquer estereótipo sobre a inferioridade de seu grupo. Metanálises em muitos domínios confirmam os efeitos negativos:

- mulheres, em matemática: $d = -0,22$ (*Flore; Wicherts, 2015), −0,64 (*Mitchell, 2014) e −0,03 (*Doyle; Voyer, 2016);
- afro-americanos e latinos, em testes de inteligência: $d = -0,50$ (*Spencer et al., 2016);
- idosos: −0,28 (*Spencer et al., 2016).

*Nguyen e Ryan (2008) descobriram que, para mulheres e grupos minoritários, sinais sutis de expressão de estigma produziram o maior efeito, seguidos por sinais explícitos e mais ou menos explícitos. Os efeitos foram maiores em mulheres com habilidades matemáticas moderadas (−0,52) do que em mulheres com boas habilidades matemáticas (−0,29) e foram menores em mulheres que se identificam pouco com matemática (−0,11). As aulas precisam ser convidativas para todos os alunos, é preciso ter boas expectativas em relação a todos, o entendimento deve ser que o desempenho em qualquer disciplina pode ser melhorado e que os professores precisam avaliar seu impacto em todos os estudantes (todos mesmo). Não há lugar para racismo, preconceitos e estigmas.

Gênero

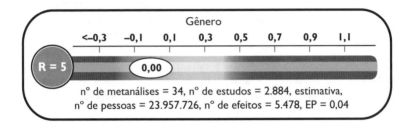

O efeito geral do gênero é muito pequeno: d = 0,07 (em todos os casos, a direção do efeito foi alterada para meninos-meninas). *Hyde (1981) publicou o estudo mais extenso sobre efeitos de gênero em muitas dimensões (não só no desempenho) — ela utilizou 124 estudos e milhões de estudantes. Os quatro resultados principais mostraram que as diferenças favoreceram ligeiramente as meninas em comunicação, controle de atenção e controle inibitório. Já os meninos, segundo Hyde, foram favorecidos em bem-estar, alcance de resultados, capacidade de ajudar os outros e agressão. Portanto, as meninas demonstraram maior capacidade de gerenciar e regular a atenção e inibir os impulsos, habilidades mais úteis na escola. Com esse trabalho, Hyde propôs a "hipótese da similaridade de gênero", defendendo que homens e mulheres são mais parecidos do que diferentes. A conclusão é que a variabilidade entre homens pode ser grande, a variabilidade entre mulheres também pode ser grande, e as diferenças entre homens e mulheres são pequenas.

CONCLUSÕES

- O ponto fundamental deste livro é que, desde o nascimento, toda criança tem capacidade de aprender, pode ser ensinada, pode crescer e pode aprender a gostar de aprender.
- A aprendizagem ocorre, em maior parte, por tentativa e erro. O erro é uma constante, e os alunos devem considerá-lo uma oportunidade extra de aprender, não um motivo de vergonha.
- Todos os educadores e estudantes precisam aprender estratégias de enfrentamento para lidar com situações emotivas (choro, desabafo) e problemas (refletindo sobre o que aconteceu, tentando soluções diferentes). Para fazer isso, eles devem desenvolver a persistência e saber quando procurar ajuda, quando usar a conscienciosidade, quando parar e quando buscar, ouvir, interpretar e lidar com o *feedback*.
- A frequência, a amplitude e a qualidade da interação linguística entre a criança e outras pessoas (adultos, colegas, irmãos) são realmente importantes.

- Não se trata de ajudar os alunos a realizarem seu potencial, mas de trabalhar com eles para superar o que acham que é seu potencial.
- A arte de ensinar é saber em que ponto da jornada de aprendizagem o estudante está, em que ponto se espera que ele esteja e entender se ele tem confiança para preencher essa lacuna.
- O objetivo do professor é compreender e direcionar os recursos motivacionais de cada aluno para se dedicar aos trabalhos escolares e ensiná-lo a desenvolver a capacidade de saber quando focar no conhecimento superficial, no profundo ou no transferível.
- O que mais importa é como os educadores pensam, diagnosticam e avaliam; daí a importância da estrutura mental de professores, gestores, pais e alunos.

Uma criança nasce em um mundo de expectativas. Essas expectativas podem induzir carinho e cuidado, mas às vezes podem induzir o medo do desconhecido, o atrito entre os pais e a rejeição (ver Hattie e Hattie, 2022). A criança vem ao mundo com muitos atributos provenientes da genética e das condições uterinas, mas reafirmo que o ponto fundamental é que, desde o nascimento (apesar do que dizem sobre a herdabilidade do intelecto), toda criança tem capacidade de aprender, pode ser ensinada, pode crescer e pode aprender a gostar de aprender.

Muita coisa acontece nos cinco anos que antecedem o começo da vida escolar, e esse período define uma trajetória que pode ser muito difícil de mudar. Durante esses primeiros anos, as crianças ouvem e depois começam a aprender uma língua, desenvolvem uma teoria mental sobre o mundo ao seu redor (é por isso que crianças de 2 a 3 anos fazem tantas perguntas), aprendem a interagir e agir à luz dos outros, desenvolvem competência, compreendem o que significa ter competência e aprendem a fazer escolhas. Elas também aprendem a aprender, lidar com erros e contratempos, trabalhar com outras pessoas e entender o mundo ao seu redor.

Como em todas as fases da aprendizagem, especialmente nos primeiros anos, os alunos precisam de pessoas mais experientes do que eles para orientá-los aos próximos níveis de desafio. Como vimos, precisam aprender a lidar com as situações enfrentando emoções (choro, desabafo) e problemas (refletindo sobre o que aconteceu, testando soluções diferentes). Para tanto, devem desenvolver persistência e saber quando procurar ajuda, quando usar a conscienciosidade, quando parar e quando buscar aprender com os outros, ouvir, interpretar e lidar com o *feedback*.

Daí a importância da linguagem durante esses primeiros anos — falar, ouvir, raciocinar e explicar. Imagine duas crianças. Uma delas, João, nasce em uma família em que não há muito espaço para conversa, escuta, raciocínio e explicações. Outra, Ana, nasce em uma família em que há esse espaço. Agora, imagine essas duas crianças aos 5 anos quando começarem a escola. Quantas palavras Ana ouviu a mais do que João? Isto é, a quantas palavras a mais Ana foi exposta antes de começar a estudar em comparação com João? A resposta é 30 milhões (Hart e Risley, 2003; ver Kuchirko, 2019). Não é de se admirar que Ana tenha vantagem. Estamos dizendo o quanto é fundamental envolver as crianças pequenas na linguagem: converse, responda, escute, mostre que você escutou. Além disso, a interação linguística ativa entre a criança e outras pessoas, como adultos, colegas e irmãos, é muito importante — não as passivas, como assistir à televisão, jogar *videogame* sem conversar, mexer no celular ou *tablet*.

Esses anos podem ampliar as desigualdades de oportunidade e acesso à educação infantil, o que pode levar ao efeito dos juros compostos. Trata-se do efeito Mateus, baseado na noção de que os ricos ficam mais ricos, e os pobres continuam mais pobres. Esse efeito geralmente está muito presente no desenvolvimento da aprendizagem. Se, por exemplo, os alunos não atingirem um desempenho satisfatório aos 8 anos (por exemplo, nível I no Programa Internacional de Avaliação de Estudantes, o Pisa), é muito provável que eles nunca se equiparem aos seus colegas (*Pfost *et al*., 2014). Pior ainda, os professores podem facilmente identificar esses alunos aos 5 anos. Então, por que não fazemos algo a respeito? É por isso que enfatizamos demais o poder da exposição e da interação com a linguagem nesses primeiros anos. Esse é o alicerce do próximo aprendizado. Não se trata de ir à escola, brincar, ficar em casa com os pais e a família, mas de expor e ajudar a criança a explorar a linguagem, seja qual for o cenário (ver Thunder, Almarode e Hattie, 2021).

Quando entra na escola, a criança não é uma folha em branco. Ela tem uma bagagem de *habilidades* (desempenho anterior, inteligência, influências familiares e culturais), disposição, ou vontade, de aprender (confiança para enfrentar tarefas desafiadoras, resiliência, desenvoltura, reflexões e relacionamentos), senso de propósito (entusiasmo) sobre por que eles estão neste lugar chamado escola (motivação) e vários atributos físicos que podem impactar na aprendizagem.

Os principais atributos associados às habilidades têm relação com desenvolvimento da memória de trabalho (0,68), desenvolvimento das habilidades de inibição, mudança e atualização (funcionamento executivo, 0,70), conhecimento de suas conquistas atuais e habilidades de aprendizagem, vontade de melhorar (1,33), aceleramento ao longo das fases piagetianas de desenvolvimento, construção de várias estratégias de aprendizagem (especialmente habilidades para consolidar o conteúdo e estudá-lo mais profundamente), curiosidade (0,90) e capacidade de impor estruturas e significados em seu mundo. Os alunos estão mais conscientes dos seus níveis de desempenho, o que pode favorecer um maior desempenho ou uma barreira para que fiquem satisfeitos com os níveis esperados. Lembre-se de que não vamos ajudar o aluno a realizar seu potencial, mas, sim, trabalhar em conjunto para superar o que ele acha ser seu potencial.

Os principais atributos associados à disposição têm relação com o desenvolvimento de confiança para enfrentar desafios (0,65) e a capacidade de avaliar estratégias de enfrentamento baseadas em problemas, especialmente para raiva (−0,82), maus-tratos (−0,63), frustração (−0,52), procrastinação (−0,50), doença (−0,44), tédio (−0,33), ansiedade (−0,31) e tristeza (−0,30). Ajudar os alunos a desenvolverem a confiança de que podem ser proficientes em uma tarefa e de que vale a pena se dedicar para isso é fundamental. Com confiança, é mais provável que haja dedicação, concentração, persistência, engajamento e uma postura mais positiva em relação ao conteúdo que está sendo ensinado. Como será discutido mais tarde, isso tem implicações importantes no desenvolvimento dos critérios de sucesso para as aulas, não apenas para ajudar os estudantes a definirem o que é o sucesso, mas também para ajudá-los a interpretar o ensino e a buscar *feedback* para reduzir a lacuna entre onde eles estão agora e onde precisam estar no futuro. Se os alunos acharem que estão muito longe de alcançar os critérios de sucesso, talvez não queiram se dedicar. Se os critérios de sucesso forem muito vagos, talvez eles (na melhor das hipóteses) façam a tarefa, independentemente da qualidade da aprendizagem. Se a atividade for muito fácil ou chata, eles podem se desmotivar. É assim a arte de ensinar: saber onde cada aluno está, onde precisa estar e se tem confiança para preencher essa lacuna.

Os atributos relacionados ao entusiasmo têm relação com construção de motivações e estratégias adaptativas (0,57), habilidades de engajamento, concentração e conscienciosidade para realizar tarefas ($d = 0,53$), desejo de querer melhorar e de ser professor de si mesmo. Os alunos vão para a aula com muitos recursos motivacionais, e o professor tem como objetivo entender e direcionar esses recursos para investir em trabalhos escolares, ensiná-los a desenvolver conhecimentos adaptativos e a saber quando focar nos conhecimentos superficial, profundo e transferível.

As dimensões físicas são mais variáveis e se relacionam com a maximização das oportunidades de engajamento na aprendizagem e na escolarização. Como o desenvolvimento de habilidades físicas, saúde e conhecimento está tão pouco relacionado ao desempenho em outros domínios, é muito importante incluir o ensino dessas habilidades no currículo.

O objetivo é desenvolver formas positivas, proativas e poderosas para os alunos entenderem sua aprendizagem. A seguir, estão listadas 10 estruturas mentais que devemos ensinar aos alunos (as evidências de cada uma delas serão abordadas nos capítulos subsequentes).

1. Estou confiante de que posso aprender.
2. Defino, implemento e monitoro objetivos de desenvolvimento e aprendizagem profunda.
3. Esforço-me para melhorar e aproveitar minha aprendizagem.
4. Esforço-me para dominar e adquirir conhecimentos superficiais e profundos.
5. Contribuo para uma cultura de aprendizagem positiva.
6. Tenho várias estratégias de aprendizagem e sei quando usá-las.
7. Tenho confiança e habilidades para aprender e contribuir com a aprendizagem em grupo.
8. Consigo ouvir e entender *feedbacks*, além de agir conforme os *feedbacks* que recebo.
9. Consigo avaliar minha aprendizagem.
10. Sou meu próprio professor.

REFLEXÕES

As habilidades

1. Discuta as questões a seguir com um grupo de colegas e um grupo de estudantes.

   a) Existem problemas de baixa autoeficácia na escola, como ter medo de errar, comparar os alunos e recompensar alguns, rotulá-los conforme suas habilidades e fazer elogios centrados na imagem em vez de elogios centrados no esforço?

   b) Os alunos estão cientes de que a aprendizagem inclui vários aspectos, como resiliência, concentração, distração, etc.? Eles sabem que a aprendizagem envolve não apenas esforço, mas também prática, tempo e contribuição? Sabem como pedir ajuda?

   c) Já expusemos aos alunos exemplos de pessoas como eles que alcançaram bons resultados de aprendizagem? Se o sucesso precede a motivação, como fazê-los terem sucesso na aprendizagem para se sentirem motivados?

d) Estamos utilizando estratégias apropriadas para que o erro seja visto como algo normal? Por exemplo: incentivar os alunos ("Você está prestes a aprender algo novo!"), compartilhar e analisar os erros mais comuns com a turma, enfatizar como aprendemos com eles, falar sobre o trabalho de cientistas que estudam os erros como um meio adicional de aprendizagem e reconhecê-los como oportunidades.

e) Mostrem aos alunos um exemplo resolvido, mas que apresenta um erro e peçam a eles que descubram como o aluno cometeu o erro e que tipo de *feedback* dariam para ajudá-lo a refazer o problema.

A disposição

2. Façam um gráfico para o nível de prontidão e de confiança de cada estudante ao assumir tarefas desafiadoras. Em seguida, elaborem estratégias para aumentar a confiança deles usando as influências deste capítulo.

3. Usem o modelo de seis fatores de engajamento de Berry na Figura 5.1 para avaliar o engajamento dos alunos. Discutam: (a) as descobertas de Kumar e Quinn que seguem o modelo; e (b) como envolver os alunos desengajados tendo sucesso na aprendizagem: "Aprender gera engajamento mais do que engajamento gera aprendizagem".

O entusiasmo

4. Objetivos fáceis demais não são motivadores, porque a chance de atingi-los é tão alta que não é necessário se esforçar. Em contrapartida, objetivos muito difíceis não inspiram, porque as chances de sucesso são tão baixas que o gasto de esforço não tornará o objetivo mais alcançável. Discutam sobre isso considerando a reflexão 3. Parece fundamental que existam estratégias para ajudar os alunos quando o objetivo é muito difícil (por exemplo, aprender com os colegas, saber como buscar ajuda, trocar de tarefa) ou para estender e desafiar quando o objetivo é muito fácil.

5. Quais estudantes parecem ter níveis altos de motivação estratégica e saber quando a tarefa exige o conhecimento superficial, o profundo ou o transferível? Quais alunos tendem a focar no conhecimento superficial? Como vocês podem estruturar o ensino e o *feedback* para que esses alunos se tornem mais estratégicos?

6. Discutam o que significa cada mentalidade apresentada no final deste capítulo e dê exemplos. Falem sobre possíveis maneiras de compartilhar essas mentalidades com toda a escola e fazer com que os alunos adquiram esse modo de pensar.

6

A casa e a família

Um dos aspectos mais interessantes do impacto da pandemia de covid-19 foi a mudança de perspectiva de muitos pais em relação à escola. Apesar de a maioria dos pais ter sua própria experiência escolar, muitos passaram a admirar a incrível habilidade dos professores em motivar, inspirar e ensinar de 20 a 30 alunos de uma só vez (no ensino médio, mais de 200 por dia) durante 200 dias por ano. Os pais puderam ver de perto como a escola atual engloba muito mais responsabilidade em relação à saúde cognitiva, social e emocional, que a aprendizagem não se resume a apenas saber a resposta certa, mas reconhecer e valorizar os desafios da aprendizagem, que os alunos trabalham em conjunto com muitos colegas ao longo do dia (sabendo que alguns têm facilidade para trabalhar em grupo, mas outros não). Além disso, entre outros aspectos, viram como os professores precisam conhecer não apenas o conteúdo, mas também os equívocos mais comuns dos alunos, para saber como ensiná-los melhor. Por exemplo, alguns estudantes tiveram problemas para acessar as aulas *on-line*, não se sentiam seguros nos ambientes, precisavam cuidar dos irmãos, ou tinham pais que demonstravam pouco ou quase nenhum carinho e apoio. Como argumentamos em nosso livro *10 Mindframes for Parents*,[1] os pais não são os primeiros professores, pois essa ideia mistura as habilidades de pais e professores, mas, antes de tudo, precisam ser aprendizes.

A função fundamental da casa é oferecer amor incondicional. O ambiente doméstico pode ser um espaço propício para o desenvolvimento dos estudantes, mas também pode se tornar um lugar tóxico, em que há uma combinação de danos, negligência e expectativas baixas. É verdade que as escolas podem ser espaços seguros para muitas crianças e que todos os pais desejam ajudar seus filhos, mas alguns não detêm as habilidades necessárias. Durante a pandemia de covid-19, descobrimos que, como pais (ou professores), não precisamos necessariamente ter os alunos diante de nós o tempo todo e que, se abordarmos menos conteúdos, temos a grata oportunidade de nos aprofundarmos mais em um assunto específico, despertando, quem sabe, o interesse dos estudantes pela aprendizagem. Além disso, percebemos que é essencial permitir que os alunos assumam

---

[1] N. de T.: 10 estruturas mentais para os pais (em tradução livre), ainda não publicado no Brasil.

gradualmente maior responsabilidade por seu próprio aprendizado, o que deve ser visto como um processo essencial, não apenas como complemento.

Uma preocupação importante é o nível de compreensão dos pais em relação à abordagem da aprendizagem e, consequentemente, o benefício que isso traz para seus filhos durante o período escolar. Infelizmente, alguns não compreendem essa abordagem, o que pode criar uma barreira considerável no ambiente doméstico, impactando o desempenho escolar e a realização das expectativas dos pais em relação a seus filhos (Clinton; Hattie; Dixon, 2007). As escolas desempenham um papel crucial ao auxiliar os pais na compreensão da abordagem escolar, possibilitando que ofereçam a ajuda necessária aos seus filhos no desenvolvimento da aprendizagem e do amor pelo conhecimento, além de estabelecer as mais elevadas expectativas compartilhadas para o processo de aprendizagem. Isso se tornou evidente durante a pandemia de covid-19, à medida que os pais puderam observar a habilidade dos professores em motivar e fornecer *feedback*, assim como a importância de ensinar os alunos a autorregularem-se.

Este capítulo investiga as influências dos recursos familiares, da estrutura familiar e do ambiente doméstico. Além disso, um tema desenvolvido neste capítulo é que os pais podem ter um efeito significativo em relação ao estímulo e às expectativas que transmitem aos seus filhos.

Há 117 metanálises relacionadas à influência da família, e elas estão divididas em três tópicos principais: recursos familiares, estruturas familiares e ambiente doméstico (Tabela 6.1).

Esse é um exemplo de como médias altas podem ser enganosas. A tabela sugere que a estrutura familiar tem uma importância maior, mas é o ambiente familiar que tem os efeitos mais significativos (considerando que esta última categoria tem um número maior de efeitos mais altos e alguns efeitos muito baixos, tornando a média geral um tanto enganadora; Tabela 6.2).

TABELA 6.1 Resumo dos dados para as três principais variáveis da casa e da família

Casa	N° de meta-nálises	N° de estudos	N° total	N° de efeitos	Tamanho de efeito ponderado	Erro padrão (EP)	Robustez
Recursos familiares	24	1.333	5.010.954	4.563	0,13	0,01	3
Estrutura familiar	25	1.213	10.770.413	2.954	0,21	0,01	3
Ambiente doméstico	68	4.130	8.411.275	9.179	0,11	0,06	4
Total/média	117	6.676	24.192.643	16.696	0,15	0,03	3

Aprendizagem visível **127**

TABELA 6.2 Resumo dos dados para cada uma das influências da casa e da família

Casa	N° de metanálises	N° de estudos	N° total	N° de efeitos	Tamanho de efeito ponderado	EP	Robustez
Status socioeconômico	19	1.153	4.774.885	4.377	0,56	0,03	5
Famílias beneficiárias de programas sociais do governo	1	8	736	8	−0,12	0,03	1
Bolsa-auxílio	2	68	6.259	53	0,03	0,01	2
Status de imigrante	2	104	229.075	125	0,05	0,10	3
Estrutura familiar	5	209	59.676	255	0,14	0,08	4
Empregabilidade materna	2	88	307.061	1.528	0,05	0,08	4
Envolvimento paterno *versus* não envolvimento paterno	6	322	9.981.830	459	0,21	0,05	4
Famílias não divorciadas *versus* famílias divorciadas	6	318	29.268	457	0,26	0,08	3
Novo casamento	2	122	375.614	139	0,24	0,08	3
Crianças adotadas *versus* crianças não adotadas	3	150	13.806	112	0,21	0,04	2
Crianças encaminhadas para instituições de acolhimento	1	4	3.158	4	0,33	0,00	1
Ambiente doméstico	6	165	57.584	811	0,40	0,08	4
Punição corporal em casa	1	16	11.428	16	−0,33	0,14	2
Tempo de televisão	3	37	1.024.853	540	−0,15	0,08	3

(Continua)

TABELA 6.2 Resumo dos dados para cada uma das influências da casa e da família *(Continuação)*

Casa	Nº de metanálises	Nº de estudos	Nº total	Nº de efeitos	Tamanho de efeito ponderado	EP	Robustez
Envolvimento parental	24	1.947	2.177.233	3.668	0,30	0,13	5
Programas de formação parental	15	781	121.469	1.879	0,39	0,08	5
Suporte parental à autonomia	8	485	388.359	1.217	0,06	0,01	4
Expectativas parentais	4	429	4.419.155	403	0,50	0,13	4
Visita domiciliar	3	84	7.731	100	0,22	0,28	2
Mobilidade	4	186	203.463	545	−0,38	0,01	4
Total/média	117	6.676	24.192.643	16.696	0,15	0,06	3

RECURSOS FAMILIARES

Status socioeconômico

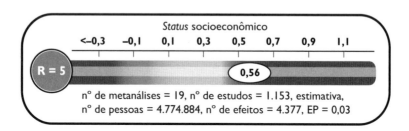

n° de metanálises = 19, n° de estudos = 1.153, estimativa, n° de pessoas = 4.774.884, n° de efeitos = 4.377, EP = 0,03

O *status* socioeconômico está relacionado à posição relativa de um indivíduo (família ou domicílio) na hierarquia social e se refere diretamente aos recursos do ambiente familiar. Os três principais indicadores do *status* socioeconômico são renda, educação e ocupação dos pais. O efeito geral das 19 metanálises baseadas em 1.153 estudos (4.377 efeitos) é $d = 0,56$, o que é uma influência significativa no desempenho escolar do estudante.

*Sirin (2005) relatou um tamanho de efeito entre o desempenho escolar e a educação parental ($d = 0,60$), entre o desempenho escolar e a ocupação parental (0,56) e entre o desempenho escolar e a renda parental (0,58): de fato, números similares. Além disso, houve um tamanho de efeito de $d = 0,50$ em relação aos recursos da comunidade e 0,66 em relação a almoços gratuitos ou a custo reduzido (uma medida comum do *status* socioeconômico nos Estados Unidos). Houve pouca variabilidade na relação entre o *status* socioeconômico e diferentes desempenhos escolares (linguagens, $d = 0,64$; matemática, $d = 0,70$; ciências, $d = 0,54$). *Sirin (2005) destacou um leve aumento considerando as etapas escolares (da educação básica até o ensino médio), mas os efeitos não foram tão diferentes: educação infantil, $d = 0,38$; anos iniciais do ensino fundamental, $d = 0,54$; anos finais do ensino fundamental, $d = 0,62$; e ensino médio, $d = 0,52$. Os efeitos foram menores para os alunos em escolas rurais ($d = 0,34$, em que possivelmente há menos variabilidade do *status* socioeconômico na mesma instituição) do que em escolas suburbanas ($d = 0,56$) e urbanas ($d = 0,48$). No geral, não houve muitas diferenças entre esses efeitos com base nos principais componentes do *status* socioeconômico, o que levanta a questão de como os efeitos socioeconômicos influenciam o desempenho escolar dos alunos.

Precisamos ter cuidado, no entanto, com a unidade de análise usada nesses estudos: é o *status* socioeconômico da escola ou do estudante? Em suas metanálises sobre a relação entre o *status* socioeconômico e o desempenho escolar, *White (1982) observou a importância de distinguir entre os efeitos baseados em unidades agregadas (como *status* socioeconômico da escola, $d = 0,73$) e efeitos baseados em nível individual (como o *status* socioeconômico do aluno, $d = 0,55$). Além disso, *Sirin (2005) observou que o efeito foi muito menor quando os dados sobre o *status* socioeconômico foram fornecidos pelos estudantes ($d = 0,38$), que possivelmente perceberam menos a desigualdade em relação às diferenças dos recursos disponíveis em casa, do que quando as informações foram fornecidas pelos pais ($d = 0,76$). Assim, o *status* socioeconômico é mais importante na escola do que no nível individual e mais importante para os pais do que para os alunos. Os efeitos da composição da escola podem ser fundamentais para estabelecer expectativas, permitindo que os estudantes visualizem o que é possível e influenciando a maneira como os professores apresentam e abordam os desafios da aprendizagem para a maioria deles.

Ainda é necessário realizar uma análise mais detalhada nas diferentes formas pelas quais o *status* socioeconômico pode ser importante. Ele também é um indicador relevante do desempenho escolar prévio; no mínimo, *status* socioeconômico e aproveitamento escolar parecem estar conectados. Então, é realmente o *status* socioeconômico ou o desempenho escolar prévio que está servindo como preditor? Quando levamos em consideração o desempenho escolar prévio, há uma redução nos valores dos efeitos: por exemplo, Rumberger e Palardy (2005) estimaram 0,05 para matemática e 0,06 para leitura (cf., *Lu e Rickard, 2014).

A noção de que o *status* socioeconômico é um limitador ou não, ou um indicador do desempenho escolar prévio, pode afetar de forma significativa as expectativas e a vida de muitos estudantes. Felizmente, eu não conhecia essas possíveis limitações quando comecei a frequentar a escola quando criança: meu pai era sapateiro e minha mãe era dona de casa; a ingenuidade foi minha melhor defesa. Em uma série de artigos, Marks e O'Connell (2021; O'Connell; Marks, 2022) falam sobre os problemas do uso indevido do *status* socioeconômico e argumentam que, uma vez que a capacidade cognitiva de uma criança é levada em consideração, até mesmo a menor conexão entre o *status* socioeconômico e o desempenho escolar se torna uma influência pequena.

No entanto, os recursos proporcionam oportunidades, e é possível que os efeitos dos recursos socioeconômicos tenham mais influência durante a educação infantil e os primeiros anos de escolaridade. A falta de exposição à linguagem, níveis mais baixos de envolvimento dos pais em relação à aprendizagem e à escolarização, menor disponibilidade de ambientes de aprendizagem estimulantes e que atendem às expectativas escolares, além da falta de conhecimento sobre a abordagem de aprendizagem, podem indicar que os alunos de grupos socioeconômicos mais baixos iniciam o processo de educação escolar em desvantagem considerável em relação a outros estudantes.

Os pais com bons recursos podem ter uma grande influência na estratificação social das escolas, por exemplo, quando escolhem aquelas consideradas de melhor desempenho ou mais bem ranqueadas e com forte investimento na educação infantil. Os pais fornecem "códigos de fala" (Bernstein, 1971) que permitem que seus filhos tenham maior acesso aos recursos escolares, maiores expectativas de oportunidades atuais e futuras de ampliar o desenvolvimento, oferecem a eles atividades extracurriculares que complementam a formação escolar, além de recursos no ambiente doméstico que aprimoram as oportunidades de aprendizagem.

Uma das formas em que essa influência se manifesta é que a escolarização introduz uma *linguagem* e um conjunto de normas culturais com os quais muitos pais, especialmente aqueles de famílias de baixa renda, não estão familiarizados. Analisando cinco das escolas com os menores níveis socioeconômicos da Nova Zelândia durante cinco anos, encontramos consequências positivas significativas ao ensinar aos pais a abordagem da escolarização (Clinton; Hattie; Dixon, 2007). Essa análise (*Flaxmere Project*) envolveu uma série de inovações relacionadas à melhoria das relações entre o ambiente doméstico e o interior da escola e entre cinco escolas, incluindo o fornecimento de computadores às famílias e a contratação de ex-professores como mediadores entre o ambiente doméstico e a escola. Por meio dos mediadores, os pais puderam conhecer a abordagem da escolarização: aprenderam sobre a natureza da aprendizagem nas salas de aula atualmente, como ajudar seus filhos a participar e se envolver na aprendizagem e como se comunicar com os professores e funcionários. O envolvimento dos pais por meio do *Flaxmere Project* resultou em um aumento no envolvimento dos alunos em suas experiências escolares, melhorias no desempenho de leitura, aumento das habilidades e oportunidades de emprego para os pais, maior conscientização sobre a abordagem da escolarização, além de um aumento na expectativa, na satisfação e na aprovação das escolas locais e da comunidade de Flaxmere (os tamanhos de efeito variaram de $d = 0,30$ a $d = 0,60$ e ocasionalmente foram muito maiores em muitos resultados). Os maiores efeitos foram em relação ao aumento do conhecimento dos pais sobre a abordagem da escolarização e da aprendizagem.

Ou há esforços para reduzir as barreiras entre a escola e a casa, ou os efeitos do ambiente doméstico na aprendizagem do aluno podem ser comprometidos, já que a criança é convidada a habitar em dois mundos: o ambiente familiar e o ambiente escolar e suas respectivas abordagens. Para muitas crianças, isso é pedir demais. Além disso, elas encontram dificuldades para construir uma reputação como aprendizes, aprender a procurar ajuda durante a aprendizagem e ter um alto nível de abertura para experiências de aprendizagem. A questão se torna mais complexa quando a criança de uma família com poucos recursos precisa aprender a conviver e trabalhar em sala de aula com colegas de famílias de classes média e alta e quando também há diferenças étnicas.

Uma das experiências importantes do ensino a distância da pandemia de covid-19 foi que os pais puderam conhecer melhor e valorizar mais a experiência educacional de seus filhos. A questão é como fazer com que esse reconhecimento se transfira para o ensino regular em sala de aula, especialmente quando observamos que os relatórios enviados aos pais geralmente são desastrosos em termos de relações públicas. Hattie e Peddie (2003) analisaram relatórios escolares de centenas de escolas e descobriram que mais de 95% dos estudantes se saíam bem nos estudos e se esforçavam e que ensiná-los proporcionava satisfação aos professores. Infelizmente, a experiência não é a mesma para os estudantes, o que leva à desconfiança e ao distanciamento entre os pais e as escolas.

Políticas de bem-estar social

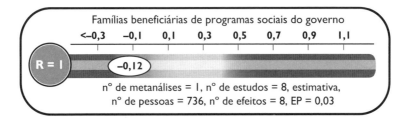

*Gennetian *et al.* (2002) encontraram efeitos quase nulos em estudantes de famílias beneficiárias das políticas de bem-estar social em comparação com estudantes de famílias que não recebiam os benefícios. Eles atribuíram o tamanho de efeito $d = -0,10$ ao afirmar que os efeitos sobre os adolescentes foram "significativamente piores". No entanto, é difícil imaginar os efeitos visíveis desse fenômeno: pouco menos de 4% das mães no grupo de assistência social afirmaram que seus filhos se destacavam acima da média. Certamente, há muitos efeitos benéficos dos programas de auxílio social para essas famílias. Ainda assim, parece que há outros efeitos mais importantes para o aproveitamento escolar do que o *status* de bem-estar social familiar.

Empregabilidade materna

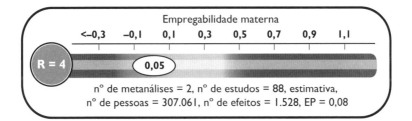

Desde a década de 1980, a maioria das mães dos Estados Unidos trabalha, embora a alegação de que isso foi de alguma forma prejudicial para seus filhos ainda seja uma crença amplamente aceita. *Goldberg *et al.* (2008) mostraram que os efeitos da empregabilidade materna no aproveitamento escolar foram, de fato, triviais ($r = 0,03$), assim como *Lucas-Thompson *et al.* (2010, $r = 0,00$). *Goldberg *et al.* (2008) não encontraram diferenças em relação ao *status* socioeconômico (médio ou alto, $r = -0,04$; médio ou baixo, $r = -0,06$), etnia (branca, $r = -0,03$; maioria afro-americana e hispânica, $r = 0,02$), etapa escolar (educação infantil, $r = 0,02$; anos iniciais do ensino fundamental, $r = 0,06$; ensino médio, $r = 0,02$), estrutura familiar (um dos pais, $r = 0,15$; ambos os pais, $r = -0,01$) ou se o trabalho era de meio turno ($r = 0,04$) ou em tempo integral ($r = -0,01$). O fato de a mãe trabalhar fora de casa não tem impacto direto no desempenho escolar da criança.

Bolsa-auxílio

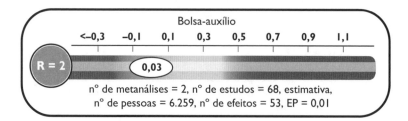

*Nguyen *et al.* (2019) investigaram o impacto dos auxílios financeiros na educação terciária. Um auxílio adicional de US$ 1.000 melhorou a permanência dos estudantes ano a ano em 1,2 pontos percentuais e a conclusão do curso em 0,01 pontos percentuais. Os autores apontaram que, embora sejam aumentos pequenos, os resultados ressaltam a importância de antecipar a ajuda financeira, fornecendo uma quantia maior de bolsa-auxílio no primeiro ano de matrícula em vez de nos anos subsequentes. Além disso, sugeriram complementar a bolsa-auxílio com intervenções adicionais, como apoios acadêmico e social, e direcionar a ajuda financeira com base nas necessidades econômicas dos estudantes em vez de subsidiar aqueles que provavelmente concluiriam o curso sem suporte adicional. Expandir esses programas de apoio financeiro poderia incentivar mais estudantes a ingressar no ensino superior e elevar nível educacional deles.

Status de imigrante

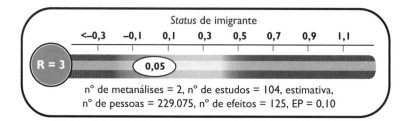

A Austrália abriga 7,6 milhões de migrantes, representando 30% de sua população, e eu faço parte desse grupo. É preciso ter cautela, pois os imigrantes vêm de um lugar parecido com o novo país (meu caso), ou podem existir grandes diferenças culturais, escolares e de expectativas. Nos Estados Unidos, quase uma em cada quatro crianças tem pelo menos um dos pais nascido em outro país (Fortuny; Chaudry, 2011), e é previsto que, até 2050, uma em cada três crianças virá de famílias de imigrantes (Ho; Kao, 2018). *Dimitrova *et al.* (2018) investigaram os efeitos do desempenho escolar em estudantes imigrantes em países europeus. Embora os efeitos gerais tenham sido moderados, com $d = 0,09$, observou-se um impacto negativo entre os adolescentes (–0,16) e positivo entre os alunos dos anos iniciais do ensino fundamental (0,14). Os estudos realizados em países do norte da Europa (como Dinamarca, Finlândia, Noruega, Reino Unido e Suécia) e da Europa Ocidental (como Alemanha, Áustria, Bélgica, Países Baixos e Suíça) apresentaram mais efeitos positivos em resultados de comportamento e bem-estar psicológico em comparação com os países do sul (como Eslovênia, Grécia, Itália e Portugal). Os autores argumentam que essa disparidade está relacionada principalmente à duração das políticas ativas de imigração e à existência de programas de reunificação familiar. Eles concluíram que os "imigrantes contribuem com importantes valores familiares para seus países de acolhimento, como aspirações e expectativas sólidas, que possivelmente explicam os padrões escolares mais favoráveis observados em seus filhos" (Dimitrova *et al.*, 2018, p. 157).

Para esses alunos, pode haver uma ameaça significativa em relação ao estereótipo (*Appel *et al.* (2016), $d = 0,63$), e alguns argumentam sobre um efeito geracional. No entanto, *Duong *et al.* (2016) constataram apenas $d = 0,01$ no desempenho escolar de estudantes de primeira e segunda gerações, com a segunda geração apresentando um desempenho ligeiramente superior em relação às terceiras gerações ou posteriores ($d = 0,12$). *Ho e Kao (2016) revisaram o desempenho de imigrantes nos Estados Unidos considerando a *National Assessment of Education Progress* (NAEP; Avaliação Nacional de Progresso Educacional), as notas do ensino médio e conclusão escolar. Geralmente, os alunos imigrantes não atingem os mesmos níveis de desempenho, especialmente aqueles que estão aprendendo inglês. Entretanto, é necessário ter cautela em relação aos diferentes grupos de imigrantes: os asiáticos têm desempenho superior, havendo também um efeito moderador do *status* socioeconômico e das habilidades na língua inglesa. Além disso, existem papéis e responsabilidades importantes que os professores e as escolas podem assumir para melhorar eventuais quedas de desempenho, como evitar a divisão de turmas por habilidade, manter altas expectativas de progresso para esses alunos, focar no impacto do ensino, reduzir os perigos relacionados ao estereótipo, promover o desenvolvimento de estratégias de estudo positivas, prestar atenção às relações de amizade e entre colegas e garantir que os alunos reconheçam e ajam de modo que uma educação aprimorada possa levar à ascensão social (Ogbu, 2004).

Estrutura familiar

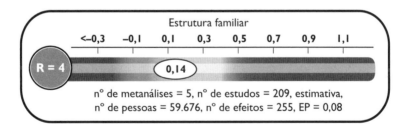

Existem diversos tipos de famílias, e os impactos globais dessas estruturas variadas tendem a ser considerados pequenos em comparação com outras influências. Em muitos países ocidentais, aproximadamente 70 a 80% das famílias são biparentais, enquanto cerca de 10 a 20% são famílias monoparentais e aproximadamente 2 a 10% têm outras formações. As diversas metanálises sobre diferentes estruturas familiares (família biparental *versus* família monoparental; pais do mesmo sexo; um filho *versus* mais de um filho; pai ou mãe encarcerado) revelam efeitos muito sutis. *Pong *et al.* (2003) constataram que a monoparentalidade está associada a um desempenho ligeiramente inferior em matemática e ciências (embora os efeitos sejam bastante modestos, $d = 0,13$). Além disso, observaram que países com políticas de bem-estar mais generosas, como a Áustria, apresentaram as menores diferenças. As disparidades mais proeminentes foram encontradas em países que estão em desvantagem em relação a outras nações industrializadas quanto à disponibilidade de auxílio financeiro, benefícios universais para crianças, incentivos fiscais e licença-maternidade para famílias monoparentais e de baixa renda.

Uma revisão da literatura sobre filhos únicos conduzida por *Falbo e Polit (1986) revelou que, em termos de desempenho escolar e inteligência, os filhos únicos superaram todos os outros, exceto os primogênitos e os filhos de famílias com dois filhos, embora os efeitos sejam pequenos. Além disso, em relação a atributos de caráter positivos e à qualidade do relacionamento entre pais e filhos, os filhos únicos apresentaram desempenho superior a todos os outros não filhos únicos, especialmente aqueles provenientes de famílias com três ou mais filhos; os filhos únicos demonstraram maior motivação e estabeleceram relações mais positivas com os pais ($d = 0,13$). No entanto, não foram observadas diferenças significativas em diversos resultados afetivos.

Todas as metanálises sobre esse tema identificaram efeitos pequenos no desempenho escolar relacionados à presença ou à ausência do pai na família. *Amato e Gilbreth (1999) constataram efeitos leves associados ao pagamento ou não de pensão alimentícia pelo pai ($d = -0,13$), ao contato entre pai e filho ($d = 0,11$), à sensação de proximidade ($d = 0,06$) e à prática de uma parentalidade autoritária ($d = 0,17$). *Salzman (1987) encontrou um efeito de $d = 0,26$ no desempenho escolar em relação à presença do pai comparado à sua ausência. Os efeitos foram ligeiramente mais pronunciados no desempenho escolar ($d = 0,30$) em comparação com os testes de aptidão ($d = 0,20$) para alunos dos anos iniciais do ensino fundamental e da 2ª série do ensino médio do que para a educação infantil, mas não houve diferenças significativas entre meninos e meninas ou entre grupos socioeconômicos diferentes.

Divórcio

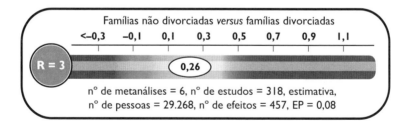

Comparadas às crianças com pais casados de forma contínua, aquelas com pais divorciados tiveram pontuações ligeiramente mais baixas (mas não significativamente) em medidas de desempenho escolar, ajustamento psicológico, autoconceito e relações sociais. *Amato e Keith (1991) analisaram 92 estudos que compararam crianças vivendo em famílias monoparentais divorciadas com crianças vivendo em famílias em que não houve alteração. O tamanho de efeito geral foi $d = -0,26$ no desempenho escolar para as crianças do primeiro grupo, embora essa diferença tenha diminuído nos estudos mais recentes ($d = -0,12$ em comparação com $d = -0,23$ para estudos com 30 anos ou mais). Outros efeitos foram $d = -0,23$ para comportamento, $d = -0,08$ para ajustamento psicológico, $d = -0,09$

para autoconceito, $d = -0,12$ para ajustamento social: todos eles com efeitos pequenos. Os professores não observaram diferenças entre esses dois grupos de crianças ($d = -0,04$), e os efeitos foram maiores para as meninas do que para os meninos ($d = -0,30$). *Amato e Keith (1991) também identificaram efeitos semelhantes no desempenho escolar ($d = -0,22$) para crianças que enfrentaram a perda de um dos pais. Outras metanálises sobre crianças de famílias não divorciadas em comparação com famílias divorciadas mostram um efeito pequeno semelhante.

Novo casamento

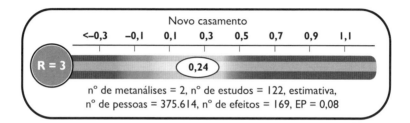

*Jeynes (2006) comparou casamentos sem separação com casamentos em que um ou ambos os pais casaram novamente e descobriu que os efeitos sobre o desempenho escolar das crianças do primeiro grupo em relação ao segundo foi $d = 0,22$, mas não houve diferenças entre as crianças em que um ou ambos os pais casaram novamente e aquelas em famílias em que um ou ambos os pais permaneceram divorciados ou viúvos. O autor argumentou que mais interações com dois adultos são benéficas, mas também sugeriu que pode ser difícil para as crianças passarem por mais de uma transição familiar (mães ou pais solteiros que se casam novamente). *Kunz e Kunz (1995) encontraram um efeito de $d = 0,30$, e os efeitos foram ligeiramente menores para os resultados no desempenho escolar ($d = 0,25$ no desempenho acadêmico, $d = 0,16$ em linguagens, mas $d = 0,52$ em matemática). Os efeitos diminuíram conforme a idade, e a autora relacionou muitas das diminuições mais às diferenças econômicas entre famílias monoparentais (divorciadas) e biparentais. Kunz (2018) estava mais interessada nos efeitos do divórcio nas influências interpessoais. Em seus 53 estudos, crianças que passaram pelo processo de divórcio dos pais tiveram relacionamentos interpessoais menos positivos com mães e pais, mas relacionamentos mais positivos com os irmãos (embora com efeitos muito pequenos).

Crianças adotadas *versus* crianças não adotadas

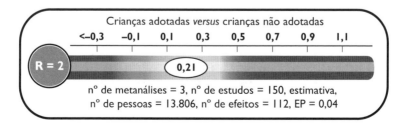

Crianças não adotadas apresentaram desempenho escolar ligeiramente superior em comparação com seus irmãos adotivos; crianças adotadas superaram tanto seus irmãos não adotados quanto os colegas que acabaram permanecendo em instituições de acolhimento ou orfanatos; entretanto, os alunos adotados tiveram um desempenho escolar um pouco inferior ao das crianças não adotadas, embora os efeitos sejam pequenos em comparação com outras influências. Além disso, a idade da adoção parece desempenhar um papel crucial. Aquelas adotadas durante o primeiro ano não apresentaram diferenças significativas ($d = 0,09$), enquanto os efeitos se tornaram mais evidentes para aquelas adotadas no segundo ano ($d = 0,32$) e após o segundo ano ($d = 0,42$). Em suma, *van Ijzendoorn e Juffer (2005, p. 327) concluíram que "[...] as crianças adotadas pareciam se beneficiar da mudança positiva de ambiente proporcionada pela adoção e pela criação subsequente", embora os efeitos globais sejam limitados. Em contraste, *Scott et al. (2011) observaram efeitos mais expressivos ($d = 0,40$) nas habilidades linguísticas de crianças adotadas por famílias de um país diferente de sua nacionalidade.

Crianças encaminhadas para instituições de acolhimento

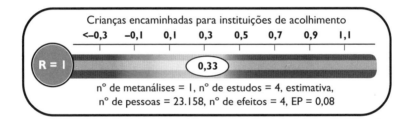

*Cassarino-Perez *et al.* (2018) analisaram os efeitos do sistema de bem-estar infantil no encaminhamento de crianças para instituições de acolhimento. Um local de acolhimento estável foi associado a maiores chances de obter um diploma do ensino médio, mas raça, gênero, orientação e maus-tratos não apresentaram associação significativa com a trajetória educacional de jovens que saem das instituições de acolhimento. Os autores destacam os efeitos positivos da detecção precoce e da avaliação de casos para propiciar um plano de estabilidade, permitindo que os alunos permaneçam na mesma escola com amigos e continuem praticando as mesmas atividades de lazer.

Ambiente doméstico

O ambiente doméstico abrange medidas do ambiente sociopsicológico e da estimulação intelectual no lar. *Iverson e Walberg (1982) sugeriram que o desempenho está mais fortemente relacionado ao ambiente sociopsicológico e à estimulação intelectual do lar do que aos indicadores socioeconômicos dos pais, como ocupação e educação. No entanto, não especificaram quais indicadores domésticos tinham mais influência. *Gottfried (1984) conduziu uma metanálise sobre estudos que utilizavam a escala Home Observation for Measurement of the Environment (HOME) que avalia responsividade, restrição, punição, materiais de brincadeira, envolvimento e variedade. O envolvimento materno, a variedade e os materiais de brincadeira foram os fatores mais consistentes e altamente correlacionados com o desempenho escolar (*Gottfried, 1984). *Strom e Boster (2007) examinaram o efeito do discurso sobre a importância educacional no lar ($r = 0,21$) e na escola ($r = 0,14$) em relação à evasão escolar. Especificamente, descobriram que as expectativas dos pais tiveram o maior impacto na decisão de um aluno de permanecer ou abandonar a escola ($r = 0,32$), seguido pelas interações entre pais e filhos (0,17) e pela comunicação familiar sobre a escola.

Envolvimento parental

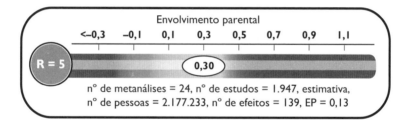

A influência do envolvimento parental, conforme indicada por 24 metanálises, foi de 0,41, porém sua magnitude varia consideravelmente. Por exemplo, observam-se efeitos negativos quando o envolvimento dos pais adota uma abordagem de vigilância, efeitos levemente positivos quando os pais se envolvem precocemente em programas escolares e efeitos significativamente mais elevados quando tem relação com aspirações e expectativas parentais.

*Casto e Lewis (1984) analisaram estudos sobre o envolvimento parental em programas de intervenção precoce. Eles encontraram pouca evidência em apoio à ideia de que o envolvimento dos pais resulta em programas de intervenção mais eficazes. Os autores ressaltaram que, embora os programas que envolviam os pais pudessem ser eficazes, não demonstravam ser necessariamente mais eficazes do que aqueles que não os incluíam ou que os incluíam de forma menos direta. Do mesmo modo, *White et al. (1992) argumentaram que o envolvimento parental conduzia a resultados mais eficazes. No entanto, com frequência, o efeito do envolvimento dos pais, especialmente após levar em consideração a variabilidade decorrente dos alunos e dos professores, é baixo na melhor das hipóteses (*Innocenti et al., 1992).

Outras metanálises com efeitos baixos incluíram *Erdem e Kaya (2020), com $r = 0,09$, e correlações igualmente baixas em todas as áreas de conhecimento (linguagens, 0,08; matemática, 0,08; ciências, 0,12) e níveis de ensino (educação infantil, 0,08; anos iniciais do ensino fundamental, 0,08; ensino médio, 0,11), mas muito maiores em relação às expectativas dos pais (0,29). *Castro *et al.* (2015) observaram $r = 0,12$, assim como *Moerea (2016), $r = 0,12$, que também relataram correlações muito mais altas quando as famílias têm altas expectativas acadêmicas para as crianças ($r = 0,22$) e quando desenvolvem e mantêm comunicação com seus filhos sobre as atividades escolares (0,20). *Kim (2020) encontrou $r = 0,12$ para pais que vivem em países do Leste Asiático, mas as influências foram maiores para a socialização escolar (0,31) e no ensino médio (0,17) em comparação com as escolas primárias (0,05). *Kim e Hill (2015) encontraram $r = 0,14$ entre o envolvimento do pai na educação e o desempenho escolar da criança e 0,15 para a mãe. Os efeitos da socialização escolar foram os mais altos (0,16) e mais baixos para o envolvimento escolar (0,12), enriquecimento intelectual (0,11) e envolvimento no ambiente doméstico (0,07). *Barger *et al.* (2019) separaram as influências dos pais, da escola e da casa e encontraram correlações semelhantes: desempenho escolar (pais, 0,13; escola, 0,12; lar, 0,09), engajamento (0,15; 0,13; 0,15), motivação (0,23; 0,12; 0,11), social (0,12; 0,08; 0,11) e emocional (0,17; 0,15; 0,16). Essas relações foram similares em todos os *status* socioeconômicos.

*Senechal (2006) descobriu que o envolvimento mais ativo dos pais foi mais eficaz. Por exemplo, o tamanho de efeito de estudos em que os pais ensinaram habilidades específicas de alfabetização aos filhos foi duas vezes mais eficaz ($d = 1,15$), pois os pais ouviram seus filhos lerem ($d = 0,51$), o que, por sua vez, foi muito mais eficaz do que ler para a criança ($d = 0,18$). Esses efeitos foram razoavelmente consistentes entre a educação infantil até o 3º ano, para estudantes com ($d = 0,38$) e sem dificuldades de leitura ($d = 0,74$), e para famílias de diferentes grupos de *status* socioeconômico.

*Crimm (1992) revisou o envolvimento dos pais e constatou os maiores efeitos entre a educação infantil e o 3º ano ($d = 0,41$), porém esses efeitos diminuíram com a idade (do 3º ao 5º ano, $d = 0,36$; ensino médio, $d = -0,05$). O envolvimento com mais êxito foi em relação a ajudar a criança com a aprendizagem ($d = 0,49$), visitas domiciliares e interações com os professores ($d = 0,48$), enquanto o treinamento parental registrou os efeitos mais baixos ($d = 0,15$). Os efeitos mais significativos foram observados na leitura ($d = 0,40$), enquanto os efeitos foram consideravelmente menores em matemática ($d = 0,18$), o que não é surpreendente, dado que os pais são mais propensos a ler com seus filhos do que a praticar matemática. Jeynes (2005) descobriu que o melhor preditor era a expectativa dos pais ($d = 0,58$), que superava muito o envolvimento parental na escola ($d = 0,21$). Em um estudo subsequente envolvendo estudantes do ensino médio, *Jeynes (2007) encontrou efeitos mais significativos das expectativas parentais ($d = 0,88$) em comparação com outros fatores parentais, como checar o dever de casa ($d = 0,32$), estabelecer regras na casa ($d = -0,00$) e participar de atividades escolares ($d = 0,14$). No geral, "[...] quanto maiores as esperanças e expectativas dos pais em relação à realização educacional de seus filhos, maiores são as próprias expectativas educacionais dos alunos e, consequentemente, melhor é o desempenho escolar deles" (Hong; Ho, 2005, p. 40); ver também *Fan; Chen, 2001; *Rosenzweig, 2000). *Ma *et al.* (2016) encontraram correlações muito altas (0,53) para o envolvimento dos pais nos primeiros anos da infância, especialmente nas conexões entre casa e escola, participação escolar (trabalho voluntário na escola) e papéis de liderança na formação de serviços sociais e sistemas educacionais. *Nye *et al.* (2006) também identificaram correlações elevadas (0,43), que foram semelhantes para leitura (0,42) e matemática (0,34); o mesmo foi observado por *Ates (2021, $r = 0,39$), sendo esses resultados consistentes em todos os níveis do ensino fundamental (0,31), do ensino médio (0,35) e do ensino superior (0,33).

Quando os pais assumem um papel de vigilância, como exigir que o dever de casa seja feito, o efeito é negativo (ver também Clinton e Hattie, 2013; *Fernández-Alonso et al., 2022). *Hong e Ho (2005) observaram que a supervisão parental ao checar o dever de casa dos alunos, controlar o tempo de televisão e o tempo de saída com amigos parecia prejudicar as aspirações educacionais, especialmente dos adolescentes. *Rosenzweig (2000) relatou baixos efeitos ao supervisionar o dever de casa ($d = 0,19$), participar de atividades escolares ($d = 0,14$), comunicar-se com a escola e os professores ($d = 0,14$), monitorar o progresso escolar ($d = 0,12$), fornecer um lar estruturado ($d = 0,00$) e estilo parental sobre controle e disciplina ($d = -0,09$). Esses efeitos foram mais elevados em famílias de classe alta, nas escolas de ensino fundamental em comparação com as escolas de ensino médio e entre as famílias asiáticas e latinas em comparação com as famílias brancas e afro-americanas. Os efeitos negativos estavam relacionados à presença de recompensas externas, vigilância do dever de casa, controle negativo e restrições em decorrência de notas escolares insatisfatórias. *Barger et al. (2019) encontraram um efeito negativo quando os pais ajudavam com o dever de casa ($r = -0,15$), o que também foi encontrado ($-0,11$) por *Kim e Hill (2015). *Barger et al. (2019) também observaram um efeito negativo ($-0,15$), e *Kim (2020) encontrou um pequeno efeito positivo ($r = 0,08$) do envolvimento dos pais no dever de casa em países do Leste Asiático.

Suporte parental à autonomia

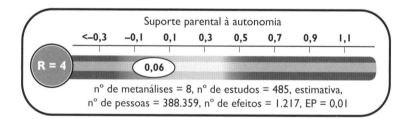

Nas últimas quatro décadas, as pesquisas fizeram uma distinção importante entre três estilos parentais: permissivo, autoritário e autoritativo (Baumrind, 1968). Os pais e as mães raramente adotam apenas um dos três, mas muitos têm um conjunto dominante de estratégias, e, mais importante, a criança reconhece qual deles o pai ou a mãe aplica. A parentalidade permissiva dá muito espaço para a criança, permite que ela tenha rédeas soltas e ignora grande parte do mau comportamento. A parentalidade autoritária, ou ditatorial, enxerga a criança como incapaz de tomar boas decisões e recorre à hostilidade verbal e, às vezes, à punição corporal ("você é uma criança, e eu estou certo"). A parentalidade autoritativa, ou baseada no raciocínio, gera um ambiente acolhedor e participativo. Ela envolve o uso de explicações apropriadas e a escuta atenta da criança, criando um ambiente de confiança e justiça. As evidências de metanálise respaldam a parentalidade autoritativa (positiva) comparada à permissiva (sem limites) e à autoritária (negativa).

Nós (Hattie; Hattie, 2022) buscamos evitar a confusão entre autoritário e autoritativo e preferimos o termo "parentalidade baseada na razão e na escuta" em vez de "autoritativo". As estratégias desejadas de raciocínio e escuta estão relacionadas ao desenvolvimento da autonomia da criança e das habilidades de se relacionar com os outros e promover a competência. Isso é chamado de teoria da autodeterminação e tem sido amplamente pesquisado e reconhecido como um conjunto de atributos desejáveis no Ocidente (Ryan; Deci, 2017). A chave para o desenvolvimento da autodeterminação é os pais saberem o momento certo para fornecer a quantidade de informações, orientações e apoio na medida certa, a fim de construir confiança e habilidades da criança para ser um aprendiz.

*Pinquart (2015) analisou 308 estudos e relatou uma correlação de $r = 0{,}15$ para o estilo de parentalidade baseada na razão e na escuta, 0,01 para o estilo permissivo, –0,17 para o autoritário e –0,15 para o negligente. Ele observou que um maior desempenho estava associado a níveis mais elevados de responsividade parental (acolhimento, $r = 0{,}14$), controle comportamental ($r = 0{,}11$), concessão de autonomia ($r = 0{,}11$) e parentalidade baseada na razão e na escuta ($r = 0{,}17$). A parentalidade autoritária incluía controle parental severo ($r = -0{,}16$) e controle psicológico ($r = -0{,}11$). Da mesma forma, estudos longitudinais apresentaram padrões semelhantes: acolhimento ($r = 0{,}17$), controle comportamental ($r = 0{,}11$), controle severo ($r = -0{,}13$), controle psicológico ($r = -0{,}23$), concessão de autonomia ($r = 0{,}15$) e parentalidade baseada na razão e na escuta ($r = 0{,}15$).

> O desempenho escolar mostrou associações mais fortes com o controle comportamental ($r = 0{,}12$ em comparação com $r = 0{,}03$) se a criança, e não os pais, relata a parentalidade. As associações de apoio por meio de acolhimento e autonomia com o desempenho foram mais fortes se utilizadas avaliações de observadores ($r = 0{,}24$ e $r = 0{,}39$) em vez de avaliações da criança ou dos pais sobre a parentalidade ($r = 0{,}11/0{,}14$ e $r = 0{,}10/0{,}11$) (*Pinquart, 2015, p. 14).

Pinquart e Kauser (2018) usaram 428 estudos para investigar possíveis diferenças entre culturas dentro e fora dos Estados Unidos. Os autores descobriram que a parentalidade baseada na razão e na escuta estava associada a pelo menos um resultado positivo para as crianças, enquanto a parentalidade autoritária estava associada a pelo menos um resultado negativo nos Estados Unidos, tanto entre famílias brancas quanto entre famílias com origens étnicas africanas e asiáticas. Independentemente do contexto cultural, os jovens se "[...] beneficiam de ter pais autoritativos: acolhedores, firmes e que aceitam suas necessidades de autonomia psicológica" (Steinberg, 2001, p. 1). Não houve evidências para a alegação de que a parentalidade autoritativa pode estar ligada a resultados menos positivos para as crianças na China e em outros lugares do Leste Asiático do que em países ocidentais.

Expectativas parentais

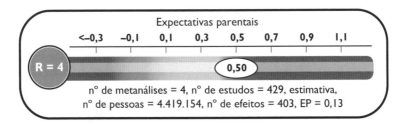

A primeira estrutura mental abordada em nosso livro para pais *Ten Steps to Develop Great Learners* é "tenho expectativas adequadamente altas" (Hattie; Hattie, 2022). O efeito geral das expectativas parentais é de 0,49, e elas exercem efeitos poderosos sobre como as crianças interagem, aprendem e se desenvolvem como aprendizes. Ajudá-las a se tornarem ótimos aprendizes significa estabelecer expectativas altas e apropriadas, seguindo o princípio "nem muito difícil, nem muito fácil, nem muito entediante", como na história da *Cachinhos Dourados*. Para alcançar essas expectativas, a criança precisa ter desenvolvido um vínculo emocional ou apego com os pais, preferencialmente baseado na confiança. Esse sentimento de conexão e confiança permite que a criança cometa erros, aprenda com eles e desenvolva resiliência e outros atributos. Uma criança também precisa de incentivo, um senso de justiça em como você reage a ela e sua orientação para aprender o que é certo e o que é errado. O papel dos pais não é tornar seus filhos dependentes deles, mas ajudá-los a desenvolver autonomia e um senso de competência.

*Pinquart e Ebeling (2019) analisaram 169 pesquisas e encontraram uma correlação de 0,30 em estudos transversais e 0,28 em estudos longitudinais entre as expectativas parentais e o desempenho escolar. Essas correlações não foram afetadas pelo *status* socioeconômico da família ou pelos efeitos de desempenho anteriores da criança. Da mesma forma, *Castro et al., (2015, 0,22), *Jeynes (2007, 0,40), *Danisman (2017, 0,19) e *Phillipson (2013, 0,37) encontraram correlações semelhantes.

*Phillipson (2013) fez uma distinção entre as expectativas parentais em relação às notas escolares (r = 0,39), linguagens (0,30) e matemática (0,39) no ensino fundamental (0,40) e no ensino médio (0,13) e em relação às aspirações futuras para seus filhos (ensino fundamental, 0,19; ensino médio, 0,32), e as percepções das crianças sobre as expectativas parentais (que foram diferentes para o ensino fundamental, 0,30; e para o ensino médio, –0,01). O efeito percebido pelos alunos das expectativas dos pais sobre as notas é maior entre os mais jovens do que entre os mais velhos. No entanto, os pais de estudantes do ensino médio estão mais focados em expectativas relacionadas às aspirações futuras.

Punição corporal

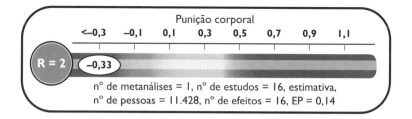

O que há de errado em dar um tapinha como forma de melhorar a aprendizagem? Muito, quando observamos os efeitos. *Paolucci e Violato (2004) analisaram 70 estudos e encontraram –0,33 em relação ao desempenho escolar, –0,35 em relação aos resultados afetivos e –0,25 em relação aos resultados comportamentais. Os resultados não foram influenciados por quem aplicou o castigo físico, se a criança era do gênero masculino ou feminino, pelo *status* socioeconômico, idade ou técnica disciplinar. Portanto, parece haver muitos problemas associados ao uso de castigos físicos.

Envolvimento paterno *versus* não envolvimento paterno

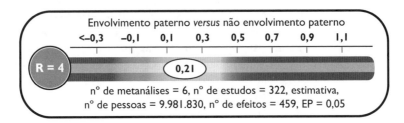

O que mais importa não é tanto a mera presença do pai, mas sim a forma como ele se envolve com seus filhos. *Amato e Gilbreth (1999) encontraram um efeito de 0,07 entre o pai que não mora com os filhos e o desempenho escolar das crianças ($d = 0,13$ com pagamento de pensão alimentícia; frequência do contato entre pais e filhos, 0,02; proximidade emocional, 0,06; e estilo de parentalidade autoritária, 0,15). De maneira similar, *Adamsons e Johnson (2013) analisaram os efeitos do envolvimento de pai que não mora com os filhos em relação ao desempenho escolar (0,04), comportamento (0,50), resultados psicológicos (0,03) e sociais (0,15). Os efeitos não variaram de acordo com o envolvimento do pai em atividades (0,09), contato (0,02) ou provisão financeira (0,06). *Jeynes (2015) também encontrou efeitos baixos (0,16) do envolvimento do pai, tanto nos Estados Unidos (entre crianças negras e não negras) quanto em amostras de outros países. Os efeitos foram semelhantes em crianças mais jovens (de 1 a 10 anos, 0,18) e mais velhas (de 11 a 20 anos, 0,14) e relacionados à natureza do envolvimento (promover o sucesso acadêmico, 0,14; promover o bem-estar psicológico, 0,17; incentivar resultados comportamentais positivos, 0,20; e encorajar outros resultados saudáveis, 0,22).

*Salzman (1987) investigou a ausência do pai em razão de trabalho, serviço militar, morte, divórcio, separação ou abandono e encontrou um efeito $d = 0,26$ em relação ao desempenho escolar para a presença do pai em comparação com a ausência do pai (por serviço militar ou trabalho, 0,08; morte, –0,21; divórcio, separação ou abandono, –0,31). Os efeitos foram ligeiramente maiores no desempenho escolar ($d = 0,30$) em comparação com os testes de aptidão ($d = 0,20$), sendo mais altos para alunos do ensino fundamental (–0,34) do que do ensino médio (–0,15), mas não houve diferenças entre homens e mulheres ou entre grupos de diferentes *status* socioeconômicos.

O envolvimento paterno é de suma importância. *Kim e Hill (2015) encontraram uma correlação de $r = 0,14$ ($d = 0,28$) entre o envolvimento paterno na educação e o desempenho escolar da criança (e o mesmo r para o envolvimento materno), com o efeito sendo mais pronunciado ($r = 0,17$) para alunos do ensino médio em comparação com os do ensino fundamental (0,10). *McWayne *et al.* (2013) focaram no efeito do pai nos primeiros anos de infância e encontraram correlações semelhantes entre o envolvimento paterno com o desempenho escolar ($r = 0,21$) e com atividades de engajamento positivo (0,08), parentalidade positiva (0,08) e parentalidade negativa (–0,10), mas maiores efeitos da parentalidade positiva nas habilidades pró-sociais (0,19) e na autorregulação (0,21). Contrariando suas expectativas, a correlação com o desempenho foi mais alta para alunos brancos (0,27) do que para alunos não brancos (0,10) e para famílias de classe média alta (0,27) em comparação com famílias de baixa renda (0,14). Os autores concluíram que tanto a quantidade quanto a qualidade do envolvimento direto do pai são relevantes.

Mais especificamente, aspectos da qualidade da parentalidade (como afetividade, nutrição e responsividade, refletindo uma parentalidade positiva, e, alternativamente, dureza, punitividade, falta de resposta, refletindo um estilo de parentalidade negativa) e a frequência de atividades de engajamento positivo (tanto gerais, como brincadeiras, quanto específicas de aprendizagem, como ler para o filho) são cruciais para prever o sucesso social e escolar das crianças.

Mobilidade

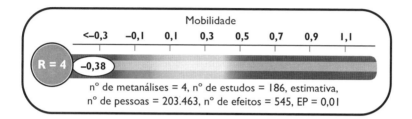

O efeito da mobilidade dos estudantes entre escolas pode ser profundamente significativo. A transitoriedade, ou a troca entre instituições de ensino, tornou-se uma tendência marcante nas últimas décadas. Meus filhos mudaram de escola e de país cinco vezes durante a sua vida escolar, e nenhuma dessas mudanças foi fácil. Na Nova Zelândia, por exemplo, 40% de todos os estudantes mudam de escola a cada ano (incluindo a transição dos anos iniciais para os anos finais do ensino fundamental, do ensino fundamental para o ensino médio e entre as séries finais do ensino médio), enquanto nos Estados Unidos, 20% dos alunos mudam de residência anualmente. Os efeitos dessa mobilidade na leitura ($d = -0,27$) e na matemática ($d = -0,22$) são negativos (*Mehana, 1997). *Jones (1989) argumentou que qualquer mudança de escola resultava em efeitos negativos, já que a mobilidade não estava negativamente relacionada com o número total de mudanças, *status* socioeconômico ou etnia.

*Card *et al.* (2011) investigaram especificamente os efeitos da mobilidade em alunos com pais militares. A partir de 16 estudos analisados, foi encontrada uma correlação média entre o destacamento militar e os problemas enfrentados pelas crianças de $r = 0,08$. Essas questões foram categorizadas em problemas internalizantes, com correlação de 0,09 (como depressão e ansiedade), problemas externalizantes, com correlação de 0,04 (como agressão e quebra de regras) e problemas acadêmicos, com correlação de 0,08 (notas). Os problemas acadêmicos mostraram-se mais significativos quando a mobilidade ocorreu durante os anos intermediários (-0,21), em comparação com os anos iniciais (-0,12) e as séries do ensino médio (0,00).

Durante os anos finais do ensino fundamental, a influência dos colegas se torna mais significativa. Uma das considerações importantes quando uma criança muda para uma nova turma ou escola é sua habilidade de fazer amigos, especialmente aqueles que compartilham o interesse em ir bem na escola (ver Ota, 2014). Galton *et al.* (1995) estimaram que até dois em cada cinco alunos não conseguem progredir conforme o esperado durante o primeiro ano após a mudança de escola. Muitos professores aderem ao princípio de começar do zero e, assim, acabam desperdiçando tempo conhecendo seus alunos em vez de realizar uma transição mais fluida, aproveitando o conhecimento e as avaliações que eles tiveram ao longo dos anos ou em escolas diferentes. Hargreaves e Galton (2002) observaram que, como forma de gerenciar a turma, os professores geralmente tentam diminuir o ritmo dos alunos mais rápidos e acelerar o ritmo dos mais lentos. Além disso, após a troca de escola, os estudantes com desempenho abaixo do esperado normalmente são identificados como problemáticos.

Galton e Willcocks (1983) acompanharam os alunos ao longo do tempo, e cada mudança de escola teve efeitos negativos. Eles observaram que, geralmente, surgiam problemas de adaptação, incluindo questões com padrões de amizade, em especial aquelas que auxiliam na aprendizagem. Sempre que ocorre uma transição importante nas escolas, o fator crucial para uma troca com êxito é se a criança faz amigos no primeiro mês (cf., Galton, 1995; Pratt e George, 2005). Portanto, é responsabilidade das escolas atentar às amizades dos alunos e garantir que a turma receba bem os novos integrantes. É provável que o retorno para casa após longos períodos de fechamento das escolas durante a pandemia de covid-19 e, posteriormente, a volta às aulas presenciais apresentem implicações semelhantes. A interação com os pares é fundamental, especialmente durante a adolescência (Carroll *et al.*, 2009).

Tempo de televisão

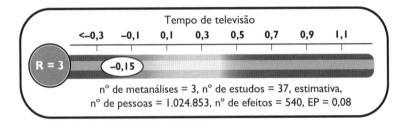

Os efeitos gerais da televisão sobre o desempenho escolar são pequenos, mas negativos (–0,15). No entanto, dadas as mudanças nas tecnologias disponíveis para os estudantes (*videogames*, computadores e tecnologia interativa), os efeitos da televisão sobre o desempenho escolar são provavelmente de muito menos interesse e importância do que a maioria das outras influências tecnológicas (veja mais adiante em tempo de tela).

É provável que haja um efeito negativo não linear. *Williams *et al.* (1982) encontraram efeitos ligeiramente positivos para até dez horas de visualização por semana, enquanto a magnitude foi maior ao assistir mais de dez horas (cf., Ennemoser e Schneider, 2007). *Razel (2011) relatou que o tempo ideal de visualização (ou seja, quando a relação está menos positivamente relacionada ao desempenho escolar) diminui com a idade: as crianças mais novas podem assistir à televisão por mais tempo sem efeitos negativos, mas, aos 7 anos, o tempo é reduzido para uma hora e, aos 17, para zero.

*Neuman (1986) argumentou que essas diferenças refletem características parentais. Os pais que permitem assistir à televisão de forma irrestrita e não supervisionada tendem a ter expectativas e aspirações educacionais menores para seus filhos do que aqueles que assumem maior controle sobre o tempo de exposição. A autora não encontrou embasamento para a hipótese do deslocamento, pois a leitura recreativa, as atividades esportivas e o tempo com amigos pareciam independentes do tempo de televisão. A televisão também pode ter efeitos positivos sobre comportamentos pró-sociais (d = 0,63), que superam os efeitos de comportamentos antissociais (d = 0,30, *Hearold, 1980).

Programas de formação parental

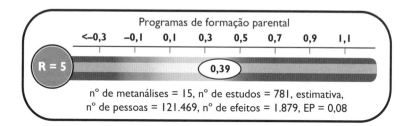

Programas de formação parental tendem a ter um impacto mais significativo nos primeiros anos, especialmente em crianças com dificuldades de leitura e matemática, quando ministrados por professores ou pais treinados, e quando os pais participam de grupos de apoio com outros pais (*Layzer et al., 2001). Os programas de intervenção tiveram mais sucesso quando focados em resultados específicos. Assim, programas mais curtos e direcionados foram mais eficazes do que programas longos (*van Steensel et al., 2019). Quando os pais envolvem seus filhos em atividades (leitura compartilhada, por exemplo), os efeitos são maiores do que quando usam métodos de ensino mais formais, o que reforça a importância da *expertise* dos professores. *Graue et al. (1983) observaram que quanto mais experientes e capacitados forem os professores ou pais, maior será o impacto dos programas de intervenção domiciliares (*Manz et al., 2010). Eles também argumentaram que criar um ambiente doméstico rico em matemática, abrangendo todas as atividades, atitudes, expectativas, recursos e interações entre pais e filhos relacionadas à matéria, é a maneira mais eficaz de aprimorar o desenvolvimento matemático inicial das crianças (*Grindl et al., 2016).

A maior parte dos programas de intervenção domiciliares era voltada para os estágios escolares iniciais, e os efeitos diminuíam uma vez que a escolarização formal começava. *Daucourt (2019) argumentou que isso provavelmente se deve ao fato de que, uma vez iniciada a escolarização formal, o ensino oferecido na escola tende a ter mais impacto do que esse tipo de programa. Os efeitos foram maiores quando os alunos iniciaram os programas com defasagem em relação ao seu desenvolvimento cognitivo, em amostras de classes socioeconômicas mais baixas do que nas mais altas, e não houve diferenças entre meninos e meninas (*Layzer et al., 2001).

Os programas domiciliares voltados ao desenvolvimento da leitura inicial apresentaram efeitos maiores do que aqueles voltados para o desenvolvimento numérico (ver *Daucourt et al., 2021). *Senechal (2006) demonstrou que os efeitos eram maiores quando os pais ouviam seus filhos lendo (0,51) do que quando liam para eles (0,18). *van Steensel et al. (2011) também observaram efeitos baixos da leitura compartilhada (0,05), mas o efeito aumentou quando os pais também se engajavam em outras atividades de alfabetização (0,21). Os maiores efeitos da leitura pelos pais foram o aumento do conhecimento dos alunos sobre conceitos da linguagem escrita (*Manz et al., 2010, 1,21) e linguagem expressiva (0,76).

Visita domiciliar

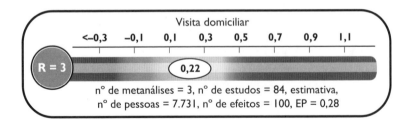

Os programas de visita domiciliar têm uma longa tradição, e existem diversas justificativas para essas visitas (evitar abuso, prevenir acidentes, estimular o desenvolvimento cognitivo). Os efeitos foram maiores quando realizadas por profissionais do que por leigos (*Sweet; Appelbaum, 2004), quando eram frequentes (acima de uma visita mensal), em vez de pontuais (*Grindl et al., 2016), quando incluíam atividades de aprendizagem para os pais e suporte de pares (*Layzer et al., 2001) e quando integravam uma série mais sistemática de intervenções (*Layzer et al., 2001). No entanto, os efeitos costumam ser menores do que a frequência a programas de *Early Childhood Education* (ECE; Educação e Cuidado na Primeira Infância).

COMENTÁRIOS FINAIS SOBRE EFEITOS DO LAR

> Em todas as variáveis domésticas, as aspirações e expectativas dos pais para o desempenho escolar dos filhos apresentam a relação mais forte com o próprio desempenho. Muitos pais têm dificuldade para entender a abordagem da aprendizagem e, por isso, ficam em desvantagem quanto aos métodos que utilizam para incentivar seus filhos a se tornarem grandes aprendizes.
>
> Os pais devem aprender a abordagem escolar para que a casa e a escola possam compartilhar as expectativas, e a criança não precise habitar em dois mundos separados.
>
> As crenças e as expectativas dos adultos no ambiente doméstico contribuem mais para o desempenho do que a estrutura familiar.
>
> É preciso evitar qualquer classificação da habilidade ou futuro de uma criança como membro de um grupo (como baixo *status* econômico, imigrante, divórcio, adoção), pois a variação pode ser significativa, e o amor e o engajamento parental não são privilégios exclusivos dos mais abastados.
>
> O foco deve estar nas habilidades dos pais como os primeiros aprendizes: isso significa demonstrar e estar aberto ao aprendizado, promovendo a abordagem da aprendizagem, transmitindo a seus filhos as habilidades e a animação de aprender, desenvolvendo sua capacidade de escuta, estabelecendo limites justos e cultivando habilidades específicas sobre como as crianças aprendem.

Uma criança nasce em um mundo de expectativas. Entre todas as variáveis do ambiente doméstico, as aspirações parentais e as expectativas em relação ao sucesso educacional das crianças têm a relação mais forte com o desempenho escolar (d = 0,49), enquanto a comunicação (interesse nas tarefas de casa e escolares, auxílio com os deveres de casa, discussão sobre o progresso escolar; d = 0,38) tem um efeito de tamanho moderado, e o envolvimento na vigilância das atividades educacionais é negativo. Portanto, os pais precisam ter aspirações e expectativas elevadas para seus filhos, as escolas precisam trabalhar em parceria com os pais para estabelecer expectativas altas e desafiadoras de forma apropriada, e então todos trabalharem em conjunto para que essas expectativas sejam alcançadas (e até mesmo para aumentar as expectativas da criança).

Muitos pais, no entanto, têm dificuldade em compreender a abordagem da aprendizagem e, assim, ficam em desvantagem nos métodos que usam para incentivar seus filhos a alcançar as expectativas. Com muita frequência, a alienação da casa em relação à escola reduz as expectativas iniciais dos pais. O estudo *Flaxmere*, por exemplo, descobriu que, quando as crianças começaram a escola, 98% dos pais consideravam que a educação era muito ou extremamente importante para o futuro de seus filhos. Dois terços desses pais esperavam que seus filhos obtivessem diplomas e títulos acadêmicos. No entanto, quando eles deixavam o ensino fundamental, essas aspirações haviam diminuído, e os pais queriam que seus filhos priorizassem "conseguir um emprego" (Clinton; Hattie; Dixon, 2007).

Os pais devem conhecer a abordagem escolar para que tanto o ambiente doméstico quanto a escola possam compartilhar expectativas, evitando que a criança tenha que transitar entre dois mundos com pouco entendimento entre eles. Alguns pais têm esse domínio e, assim, proporcionam uma vantagem para seus filhos durante os anos escolares, enquanto outros não, o que pode representar uma barreira significativa para o ambiente familiar, afetando o desempenho acadêmico. As expectativas parentais exercem uma influência muito mais poderosa do que muitos dos fatores estruturais da casa (como a composição familiar — monoparental ou biparental —, a presença ou ausência do pai residente, pais divorciados, adoção ou não, número de filhos únicos ou não e a ordem de nascimento). Não é tanto a estrutura familiar em si, mas as crenças e as expectativas dos adultos no ambiente doméstico que mais contribuem para o desempenho escolar.

Muitos têm ressaltado que o lugar onde as pessoas moram nunca deveria determinar as oportunidades ou os resultados de uma criança. Os recursos familiares podem proporcionar acesso a oportunidades de aprendizagem mais amplas, mas é necessário ter cautela ao interpretar as fortes correlações entre o *status* socioeconômico e o desempenho acadêmico. O *status* socioeconômico pode ser visto como um indicador de conquistas prévias; é preciso evitar qualquer classificação da habilidade ou futuro de uma criança como membro de um grupo (como baixo *status* econômico, imigrante, divórcio, adoção), pois a variação pode ser significativa, e o amor e o engajamento parental não são privilégios exclusivos dos mais abastados. Além disso, discutimos o efeito Mateus, que pode amplificar o impacto dos atrasos precoces. O ponto crucial são as habilidades dos pais como primeiros educadores, isto é, demonstrar e estar aberto à aprendizagem, promover a abordagem da aprendizagem (ou seja, discutir o aprendizado e cultivar uma cultura de aprendizagem) e incutir nas crianças as habilidades e o entusiasmo pela aprendizagem, desenvolvendo a capacidade dos pais de ouvir, estabelecer limites adequados e adquirir conhecimento sobre como as crianças aprendem (Hattie; Hattie, 2022). O que realmente importa é o desenvolvimento de parcerias casa-escola, o aprendizado da abordagem da aprendizagem e o engajamento com a *expertise* do ensino (reconhecer, acessar e usar o conhecimento especializado em métodos de ensino). A casa é, antes de tudo, um lugar para amar, aprender, ouvir e ser receptivo a todos os membros da família, incentivando amizades e habilidades de relacionamento, além de desenvolver a autodeterminação.

Em nosso livro recente sobre mentalidades parentais, identificamos dez formas de pensar adotadas pelos pais que podem levar à realização ideal de expectativas elevadas e influenciar positivamente a aprendizagem dos alunos:

1. Tenho expectativas adequadamente altas.
2. Faço demandas razoáveis e presto atenção às necessidades dos meus filhos.
3. Não estou só.
4. Desenvolvo a habilidade, a força de vontade e o entusiasmo dos meus filhos.
5. Amo aprender.
6. Sei do poder do *feedback* e que os erros fazem parte do sucesso.
7. Sou mãe ou pai, não professor(a).
8. Exponho meu filho à linguagem.
9. Reconheço que meu filho não é perfeito, assim como eu não sou.
10. Eu avalio o meu impacto.

REFLEXÕES

1. Certifique-se de que os pais, professores e alunos da sua escola compartilham a mesma abordagem da aprendizagem, que inclui ter resiliência, concentração e persistência, se esforçar, ter estratégias para enfrentar dificuldades, estar disposto a aceitar desafios, avaliar e melhorar, ter curiosidade, procurar por padrões e estabelecer conexões.

2. Há estratégias que podemos empregar para familiarizar os pais com a abordagem escolar: o conteúdo e a dinâmica do aprendizado nas salas de aula modernas, e como podem auxiliar seus filhos da melhor maneira possível. Por exemplo, promover dias de portas abertas ou sessões de aprendizagem *on-line* com base no conceito de ensino recíproco, permitindo que os alunos ensinem aos pais o que aprenderam na semana anterior e, em seguida, incentivando os pais a compartilharem suas impressões sobre essa experiência.

3. Até que ponto sua turma e escola são inclusivas para alunos de diferentes contextos socioeconômicos, imigrantes, estruturas familiares diversas, pais pouco envolvidos ou em situações em que o ambiente doméstico não é seguro?

4. Após ler as seções sobre envolvimento parental e suporte parental à autonomia, revise as orientações que você oferece aos pais sobre como auxiliar no progresso de seus filhos.

5. Elabore um folheto conciso de duas páginas para os pais, transformando as dez estruturas mentais parentais em exemplos práticos de como podem ser aplicados na comunicação com seus filhos.

7

Escola e sociedade

As escolas não funcionam isoladas da sociedade. Muitos autores escreveram sobre a união da sociedade e seu sistema educacional (Alexander, 2000; Biesta, 2013). Qualquer busca por escolas de classe mundial está condenada, pois a cultura supera as salas de aula, não o contrário. Como afirmam Clarke, Keitel e Shimizu (2006), mesmo comparando países com classificações semelhantes em testes internacionais, há uma variação notável no que acontece nas escolas e nas salas de aula.

Existem questões centrais em todas as sociedades sobre quem é privilegiado com conhecimento. Persistem grandes conflitos de classe tanto entre bairros quanto entre países, e ainda existe muita desigualdade. Há controle e poder por hierarquias dentro e fora das escolas, há grandes influências (ou, às vezes, discriminações baseadas na cultura, na pobreza, no gênero e na identidade) e amplificações contínuas da diferença e das deficiências. O poder é frequentemente validado e apoiado por sistemas de conhecimento mantidos por especialistas (por exemplo, quem formula as políticas, professores, pesquisadores, psicólogos). Notamos muitas visões diferentes sobre o que é a infância, argumentos a favor de uma sociedade centrada na criança (ou não) e apelo por mais reconhecimento da voz dos estudantes nos propósitos e na busca pela educação. Nenhuma criança deixa a pobreza, a cultura ou as influências de sua casa e de seus cuidadores do lado de fora da escola. Para muitos estudantes, a escola é um refúgio seguro, é uma pausa das adversidades do lar e, certamente, está entre os lugares onde mais se desenvolvem costumes e valores de uma sociedade (para libertação ou controle).

A cultura da escola é poderosa e afeta o desenvolvimento dos sensos de identidade e de pertencimento dos alunos. Em algumas sociedades, a cultura dominante nem sempre aceita a diversidade, estudantes de origens e raças diferentes da maioria. O racismo é um fardo terrível. Ataca o espírito. Ataca a autoestima e a alma de forma que quem não está sujeito a ele não tem a menor ideia. O racismo é uma grande desvantagem. Noel Pearson (2021) explicou que ele faz com que os aborígenes não tenham acesso a oportunidades, não as reconheçam a quando surgem e não consigam aproveitá-las e mantê-las quando as reconhecem.

Alguns críticos mencionaram que o *corpus* atual da pesquisa favorece estudantes brancos, ocidentais e trabalhadores homens. O argumento é que a aprendizagem visível está:

> [...] estreitamente alinhada com as pautas do neoliberalismo, do sexismo e do capacitismo que contribuem para a discriminação nas escolas e a desprofissionalização de professores em um trabalho historicamente considerado feminino. A aprendizagem visível também pode ser entendida como parte de uma "verdade" sexista e "masculinista". Presidido por uma autoridade masculina única e divina, o culto à aprendizagem visível envolve instrumentos contundentes, tanto no nível da metanálise quanto no nível de exigência na sala de aula. Sua fixação nos "resultados ejaculatórios", ou melhor, nos "resultados tangíveis" (McKnight; Whitburn, 2020, p. 4).

De fato, a maioria dos artigos dos estudos originais são baseados no Ocidente, em países de língua inglesa. Se não por outra razão, é porque a maioria das pesquisas educacionais é realizada no Ocidente e porque os principais mecanismos de busca do mundo estão em inglês (e minha falta de capacidade de ler em outros idiomas não ajuda, embora os mecanismos de tradução estejam melhorando). Conforme mostrado no Capítulo 2, a introdução da metanálise em outros países está aumentando. Ainda é preciso ter muita cautela com as alegações de generalizar para outros países que não sejam ocidentais e democráticos (na verdade, para qualquer sistema em que a variação entre escolas seja tão grande ou maior do que a variação dentro da escola). Nosso trabalho recente que sintetiza estudos nos países do Sul Global tem muitas ideias semelhantes a este livro, mas também algumas criticamente diferentes (Hamilton; Hattie, 2022). Sugerimos que as implicações e direções, no entanto, talvez precisem ser diferentes, pois esses países não podem esperar 150 anos (como a maioria no Ocidente) para desenvolver nosso modelo de ensino. E talvez precisemos contornar nossas estruturas e sistemas atuais para construir melhor (o Sul Global é o conceito mais empoderador em comparação com termos como "terceiro mundo" ou "países em desenvolvimento") (Mahler, 2018).

Não é verdade, entretanto, que o *corpus* das metanálises seja formado principalmente por estudos de pesquisadores brancos e homens, assim como não é verdade que eles deixam de incluir a diversidade entre estudantes (diferentes classes e raças). Muitos desses moderadores raramente alteram a ideia geral das influências (com exceções importantes, conforme observado em várias partes deste livro), e essa generalidade para países com recursos razoáveis é uma descoberta empírica, não uma restrição na escolha dos estudos. Além disso, a falta de muitos moderadores significativos não significa que os professores devam ignorar as diferenças e a singularidade de cada aluno ao implementarem intervenções de alta probabilidade (ver seções sobre a centralidade do aluno e os efeitos dos moderadores). Isso também não significa que não devemos continuar procurando por moderadores.

Isso significa que há um grau razoável de confiança para interpretar os resultados dessa síntese de maneira um tanto generalizada (o que funciona melhor tende a funcionar melhor para todos os alunos), desde que as intervenções sejam implementadas com altos níveis de fidelidade, com atenção à centralidade de cada estudante e com um foco contínuo na avaliação do impacto individualmente. Eu prefiro a ideia de que "o que funciona melhor para todos os estudantes pode não funcionar melhor para estudantes de grupos minoritários, mas o que funciona melhor para estudantes de grupos minoritários provavelmente funciona melhor para todos os estudantes". Isso enfatiza a construção da centralidade de cada criança para toda a turma, em vez de tomar decisões para toda a turma e esperar ou adaptar o ensino para alunos específicos. A proposta "conheça seu impacto" tem como objetivo enfatizar a avaliação do impacto de qualquer intervenção ou escolha de intervenção em *seus* alunos. Usar as evidências deste livro é mais uma afirmação sobre a probabilidade de impacto, e maximizar a probabilidade de impacto é uma atitude sensata. A ideia central é avaliar o impacto quando a intervenção é implementada localmente.

Este livro, no entanto, não é sobre sociologia da educação, embora haja paralelos importantes na sua essência com muitos grandes pensadores da área. Veja, por exemplo, o trabalho e os escritos de Paulo Freire (1996), cujas ideias ainda são aplicáveis hoje ao Sul Global e às muitas salas de aula ocidentais tradicionais. Freire explica que, na sala de aula típica dos oprimidos, o educador fala para preencher os educandos com o conteúdo de sua narrativa (isso certamente ocorre em muitas salas de aula do Ocidente): "[...] uma das características desta educação dissertadora é a 'sonoridade' da palavra e não sua força transformadora" (Freire, 1996, p. 57). A tarefa do educando seria memorizar essa narrativa. Na sala de aula dos oprimidos, a educação é, portanto, um ato de depositar. O objetivo seria depositar o conhecimento para que o educando o armazene e use posteriormente. O ato de depositar, como no banco, implica que o conhecimento é um presente concedido pelo educador aos alunos e que estes deveriam ser gratos por esses depósitos.

Contudo, Paulo Freire (1996) tinha uma proposta diferente: os professores devem ser parceiros na aprendizagem dos alunos. O professor não pode pensar pelos alunos; ele deve problematizar e aprender com eles. Os alunos se tornam professores de si mesmos, e o professor se torna o aluno. Isso se aproxima muito das principais ideias da aprendizagem visível sobre não focar excessivamente nos fatos e no conteúdo, não só explicar, mas também discutir, atentar-se ao excesso de explicações e práticas e ouvir mais os alunos para saber o que eles sabem, como pensam, como processam e analisam os conteúdos. Os temas do *Visible Learning* estão relacionados a aquisição de conhecimento e formulação de problemas, a compreender o poder da voz dos alunos e a ver a aprendizagem pelo ponto de vista deles.

Uma noção freiriana fundamental é que os alunos devem entender que há mitos nos discursos dominantes e que são esses mitos que os oprimem e marginalizam — mas podem ser transcendidos por meio de ações transformadoras (Lankshear; McLaren, 1993). Freire criticou o modelo de escolarização dominante até então: "Quanto mais analisamos as relações educador-educandos, na escola, em qualquer de seus níveis (ou fora dela), parece que mais nos podemos convencer de que estas relações apresentam um caráter especial e marcante — o de serem relações fundamentalmente narradoras, dissertadoras" (Freire, 1996, p. 57). Ou seja, o professor narra e espera-se que o aluno ouça. "O professor fala [...] da realidade como algo parado, estático, compartimentado e previsível [...]. Sua tarefa indeclinável é 'encher' os educandos dos conteúdos de sua narração" (Freire, 1996, p. 57). A educação, alegou Freire (1996), está sofrendo do mal da narração; há monotonia nas palavras e perda da sua força transformadora. Por isso, os alunos acreditam que aprender é receber esses depósitos do banco de conhecimentos de outras pessoas, que precisam ser arquivados e armazenados. Durante o dia, alguém verifica o saldo da conta bancária, ou seja, da mente de cada criança. É o que acontece em muitas salas de aula ocidentais na atualidade.

Alguns estudantes, principalmente aqueles que estão acima da média, preferem essa forma de ensino e gostam de construir grandes bancos de conhecimento para serem usados quando necessário. Eles são bons nesse jogo, são os vencedores e querem mais. Alguns pais gostam de professores que concedem depósitos de conhecimento a seus filhos, e muitas sociedades aceitam esse modelo seguro, não desafiador e fácil de lidar. Sociedades nas quais há uma cultura predominante de avaliação educacional se alimentam de fatos. Freire (1996) explicou que esse modelo não prioriza o desenvolvimento da consciência crítica e é o modelo preferido dos opressores para preservar o *status quo*. Talvez, por isso, muitos países se saem melhor em testes internacionais que priorizam o conteúdo em detrimento da capacidade crítica e da relação entre as ideias (ver Zhao, 2014). Mais importante ainda, esse modelo bancário minimiza o desequilíbrio, raramente ajuda os alunos a verem e a estabelecerem relações entre as ideias e reduz o desafio de aprender à memória de curto prazo, saber muito e regurgitar os depósitos do ensino. Esses sistemas educacionais visam a replicar a sociedade como ela era, em vez de educar os alunos para construir seu (e nosso) futuro; são desenvolvidos mais para classificar e selecionar do que apoiar a aprendizagem e o senso crítico.

A alternativa é considerar o ensino uma atividade subversiva (Postman; Weingartner, 1971), e o objetivo é ensinar os alunos a desafiarem o conhecimento e o aprendizado. O intuito é atrair, educar e revigorar estudantes e professores para emocionarem-se com o desafio de construir suas realidades e entendimentos sobre si mesmos e criticar ao mundo ao seu redor, isto é, acender a faísca da aprendizagem. Frequentamos a escola para aprender o que sabemos ou entendemos agora ("conhecimento poderoso", Young, 2013), e é mais provável que aprendamos quando estamos no limite — o limite entre o que sabemos ou pensamos que sabemos e o que não sabemos. Essa ideia é semelhante à da zona de desenvolvimento proximal, de Vygotsky, ou do desequilíbrio, de Piaget. Um dos papéis centrais da educação escolar é formar novas relações entre o que sabemos e o que estamos aprendendo e depois analisá-las. Isso exige, sim, saber coisas e construir um banco, mas exige também usar esse banco de conhecimento para estabelecer relações entre ideias e entre o que sabemos e o que não sabemos, para descobrir agora o que não sabemos de novo e analisar o que aprendemos e sabemos. O uso, a crítica e a interpretação do banco, não a presença do banco em si, são valiosos para a educação escolar, pois envolvem assumir riscos, estar em circunstâncias em que talvez não saibamos o que fazer a seguir, ver os erros e o não saber como oportunidades de aprendizagem e fazer com que outras pessoas nos ajudem a fazer as conexões ideais entre as ideias.

Não estou alegando que o *Visible Learning* seja um modelo atualizado dos estudos de Paulo Freire, mas existem muitos paralelos do poder de criticar, conhecer seu impacto e desenvolver habilidades críticas de aprendizagem. Muitos outros teóricos da sociologia tiveram pensamentos semelhantes, muitas vezes usando fontes de evidência diferentes (por exemplo, Madeline Hunter, 2004).

PROPÓSITOS DA EDUCAÇÃO ESCOLAR

Alguns críticos alegaram que o *Visible Learning* focava estritamente no desempenho. Segundo Zhao (2018), por exemplo, muitos acharam que o foco da aprendizagem visível no desempenho se refere a toda experiência educacional. Porém, como ele destaca, há outras experiências, como pensamento crítico, resolução de problemas, aprendizagens social e emocional, coragem, resiliência e cidadania. Portanto, "[...] promover ou descartar intervenções e tratamentos educacionais com base simplesmente em seus efeitos sobre resultados acadêmicos não são atitudes sábias" (Zhao, 2018, p. 88). Ele repete as questões que eu levantei em *Visible Learning*: a aprendizagem visível aborda o desempenho; existem muitos outros resultados de experiências educacionais; precisamos considerar os efeitos colaterais; e precisamos considerar a interação de intervenções com outros resultados.

No capítulo 1 do *Visible Learning*, afirmei o seguinte:

> É importante, desde o início, observar pelo menos dois codicilos críticos. Obviamente, a educação escolar deixa muitos resultados, como atitudes, atributos físicos, pertencimento, respeito, cidadania e amor pela aprendizagem. Este livro se concentra no desempenho dos alunos, e essa é uma limitação desta revisão (Hattie, 2008b, p. 6).

Depois, mencionei:

> Levin (1988) sempre afirmou que um dos preditores mais poderosos de saúde, riqueza e felicidade na vida adulta é o número de anos de educação escolar, mais do que o desempenho. Portanto, um dos principais objetivos das escolas deve ser nos *estimular* a aprender (independentemente do nível em que estejamos) e nos ajudar a estarmos abertos a novas experiências de aprendizagem (Hattie, 2008b, p. 32, grifo do autor).

No entanto, alguns críticos preferem ignorar essas afirmações claras, e não deve haver desculpas por incluir também o desempenho como resultado da educação escolar. É difícil imaginar escolas se não houvesse (também) foco no desempenho.

Hattie e Larsen (2020) discutem os vários propósitos da educação. Uma reivindicação importante, conforme observado em *Visible Learning*, é permitir que os alunos sejam professores de si mesmos, e isso envolve muito mais do que focar no desempenho. Envolve que os estudantes saibam agir quando não souberem o que fazer, tenham habilidades e disposição para aprender, busquem ajuda, vejam erros como oportunidades de aprendizagem e saibam como fazer isso, além de ter confiança para aprender com outras pessoas. Esses atributos são frequentemente chamados de aprendizagem contínua e autorregulação. O principal objetivo da educação é formar pessoas ou, como explicou Luhmann (2013), minimizar a improbabilidade da comunicação social. Nós nos desenvolvemos por meio da socialização e da educação. Um dos objetivos é desenvolver a capacidade de aprender, aprender com os outros, remodelar o sistema de conhecimento e ser criativo e competente para nos tornarmos melhores (Qvortrup, 2006).

Há um longo debate sobre o propósito da educação escolar, como transmitir noções fundamentais de humanidade e civilização (ou, pelo menos, discutir sobre esses assuntos), preparar os alunos para que vivam de forma pragmática em seu ambiente atual (quando crianças), capacitá-los para viver de maneira independente, participar da sua comunidade, aprender a retribuir e desenvolver-se, bem como prepará-los para o mercado de trabalho. Nos últimos 30 anos, no entanto, muitos sistemas educacionais ocidentais consideram que o principal objetivo da educação escolar é melhorar o desempenho dos estudantes em áreas como leitura, matemática e ciências. O movimento internacional de testes (*Progress in International Reading Literacy Study, Trends in International Mathematics and Science Study* [TIMSS], Programa Internacional de Avaliação de Estudantes [Pisa]) pode reforçar essa estreiteza. A excelência restrita faz os currículos serem baseados no desempenho do aluno em algumas áreas privilegiadas, e considera-se bom aquele que atinge um nível alto de competência (bancária) nessas áreas. Precisamos de uma gama mais ampla, rica e valiosa de aspectos para definir o valor da educação escolar (Hattie, 2018; Hattie; Larsen, 2020).

No seu dia a dia, as escolas também precisam se concentrar na aprendizagem — como saber, como saber de forma mais eficiente e como saber de forma mais eficaz. É claro que a aprendizagem e o desempenho estão relacionados, não são dicotomias, e aprender sempre envolve aprender alguma coisa (Biesta, 2012). O desempenho vem com o avanço da aprendizagem em áreas específicas. A questão é como o aprimoramento das habilidades de um aluno se traduz em melhor desempenho e em muitos outros propósitos da educação escolar. Como observou Perkins (2014, p. 21), o mercado de trabalho hoje não prioriza tanto os estudantes que têm apenas um grande número de informações, "[...] porque estamos educando os alunos para um mundo que muda, que por si só é muito desconhecido". O requisito é saber como aprender e, além disso, como aprender com outras pessoas, como ensinar outras pessoas e como trabalhar em equipe compartilhando conhecimento. Lembre-se de que aprender sempre envolve aprender alguma coisa e, por isso, é importante discutir sobre os currículos.

Essa distinção entre aprendizagem e desempenho foi apresentada de muitas maneiras ao longo da história. Aristóteles (350BC/1908), por exemplo, afirmou que havia pelo menos quatro maneiras de saber: fazendo, por demonstração, por intuição e por raciocínio prático. Mais recentemente, Ryle (1949) sugeriu que haveria pelo menos dois tipos de conhecimento: saber-como e saber-que. O saber-como está relacionado a saber fazer alguma coisa (por exemplo, andar de bicicleta), e o saber-que está relacionado a saber que algo está correto (por exemplo, saber quais são os benefícios de andar de bicicleta). Você pode saber como andar de bicicleta sem saber nada sobre os benefícios da prática, e vice-versa. Em debates recentes, houve uma revisitação dessas noções sob a bandeira das habilidades do século XXI. Elas mudam de tempos em tempos, mas geralmente envolvem criatividade, pensamento crítico, resolução de problemas, comunicação e colaboração. Essas habilidades de pensamento precisam ser desenvolvidas dentro dos vários conteúdos curriculares, pois: (a) podem diferir em significado dependendo do conteúdo (pensamento crítico em matemática pode ser diferente do pensamento crítico em artes); (b) os estudantes podem ser bons em pensamento crítico em uma área, mas talvez não em outra, pois isso depende muito do conhecimento sobre o qual pensar criticamente; e (c) não há necessidade de desenvolver áreas curriculares separadas para essas habilidades de pensamento (o que alguns países estão fazendo agora, possivelmente para terem bons resultados em testes internacionais), mas elas precisam estar em cada área.

INFLUÊNCIAS RELACIONADAS À ESCOLA

Existem cinco principais categorias nas influências relacionadas à escola (Tabela 7.1). A atual tendência de criar novos modelos ou, muitas vezes, novos nomes para escolas (por exemplo, *charter*, *trust*,[1] academia), teve um impacto menor na aprendizagem, mas gera tanto debate e levanta tantas questões financeiras que é um grande exemplo da política de distração (Hattie, 2015). O que mais importa é garantir um início positivo na vida escolar e gestores qualificados.

---

[1] N. de T.: Escola pública administrada por uma fundação ou organização beneficente.

TABELA 7.1 Estatísticas resumidas das cinco principais influências relacionadas à escola

Escola	N° de meta-análises	N° de estu-dos	N° total	N° de efeitos	Tamanho de efeito ponderado	Erro padrão (EP)	Robus-tez
Recursos escolares	10	925	2.353.777	1.882	0,24	0,20	3
Tipos de escolas	19	941	1.759.886	1.953	0,08	0,03	3
Intervenções na educação infantil	50	3.033	448.158	15.875	0,37	0,08	5
Efeitos relacio-nados à forma-ção do corpo discente	20	537	167.039	1.427	0,13	0,05	2
Gestores	42	1.893	5.731.055	4.299	0,46	0,05	4
Total/média	141	7.329	10.459.915	25.436	0,26	0,08	3

Entre as 22 influências relacionadas à escola, o efeito médio de 0,26 é pequeno em relação à média das outras influências principais. As influências escolares variam desde políticas que apoiam a escolha da escola, criação de diferentes tipos de escolas até efeitos mais positivos da gestão escolar, ambiente e frequência (e qualidade) da educação infantil. As influências escolares importantes estão relacionadas mais ao que acontece dentro de uma escola do que a estruturas, horários ou tipo de escola. O que importa está dentro da escola (Tabela 7.2).

TABELA 7.2 Estatísticas resumidas das várias influências da escola e da sociedade

Escola	N° de meta-análises	N° de estu-dos	N° total	N° de efeitos	Tamanho de efeito ponderado	EP	Robus-tez
Finanças	6	228	2.289.626	1.048	0,19	0,08	4
Qualidade das dependências da escola	1	594	54.671	594	0,24	0,08	3
Sistemas de avaliação de ensino	3	103	9.480	240	0,27	0,20	2
Pagamento por desempenho a professores	1	40	3.682	40	0,05	0,00	1
Escolas *charter*	6	347	31.937	780	0,04	0,03	3

(Continua)

TABELA 7.2 Estatísticas resumidas das várias influências da escola e da sociedade *(Continuação)*

Escola	Nº de meta-análises	Nº de estu-dos	Nº total	Nº de efeitos	Tamanho de efeito ponderado	EP	Robus-tez
Escolas religiosas	3	127	64.368	127	0,23	0,00	3
Escolas só para meninas/só para meninos	2	205	1.601.933	135	0,07	0,03	3
Escolas de verão	6	183	54.377	809	0,17	0,02	4
Duração das férias de verão	1	39	3.589	62	−0,09	0,00	1
Mudanças nos calendários escolares	2	77	46.761	674	0,10	0,04	3
Educação infantil com alunos em situação de risco	12	1.330	183.135	9.193	0,51	0,04	5
Programas para a educação infantil	22	880	156.966	4.056	0,33	0,16	5
Programas *Head Start*	6	412	46.307	1.288	0,37	0,02	4
Tipos de inter-venção precoce	10	411	61.750	1.338	0,26	0,09	5
Dessegregação	10	335	37.196	723	0,23	0,06	4
Residências estudantis	1	10	11.581	23	0,05	0,00	2
Diversidade do corpo estudantil	3	55	80.526	333	0,09	0,00	3
Tamanho da escola (número de alunos)	2	30	2.761	129	0,33	0,00	2
Escolha da escola	1	22	2.025	28	0,02	0,00	1
Consolidação/ união de escolas	2	47	4.326	169	0,05	0,03	2

(Continua)

TABELA 7.2 Estatísticas resumidas das várias influências da escola e da sociedade *(Continuação)*

Escola	N° de metanálises	N° de estudos	N° total	N° de efeitos	Tamanho de efeito ponderado	EP	Robustez
Intervenções nos anos finais do ensino fundamental	1	38	28.624	22	0,18	0,00	2
Direção/gestão escolar	28	1.198	1.416.750	2.993	0,37	0,06	5
Efeitos do ambiente escolar	13	527	4.298.843	1.138	0,53	0,06	5
Efeitos escolares	1	168	15.462	168	0,48	0,02	2
Total/média	143	7.406	10.506.676	26.110	0,21	0,04	3

FINANÇAS E PRESTAÇÃO DE CONTAS

Finanças

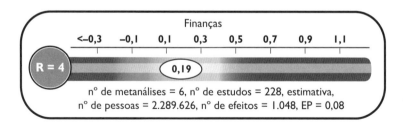

Embora as metanálises pareçam indicar que o dinheiro não faz diferença, essa seria uma conclusão enganosa. O importante não é o valor gasto, mas como ele é gasto. Quando se gasta mais com o ensino, os efeitos são maiores. Isso significa investir no desenvolvimento profissional (do tipo certo, ver mais adiante), no material didático e no tempo dos professores para melhorar seu impacto coletivo. Já quando se gasta mais com soluções estruturais (redução do tamanho das turmas, extensão do ano letivo, criação de novas estruturas de ensino), os efeitos são muito menores.

O efeito aparentemente limitado nas finanças pode estar relacionado ao fato de que: (a) a maioria dos estudos foi conduzida em países com bons recursos (por exemplo, Estados Unidos e Reino Unido), onde o aumento do financiamento tem uma base sólida; (b) a variação nos recursos para escolas dentro de um país não é tão substancial quanto em países em desenvolvimento; (c) a maioria das finanças das escolas está vinculada não a custos discricionários, mas a custos fixos (como salários de professores, ônibus e prédios), e estes não variam na proporção dos custos entre as escolas de qualquer país; e (d) se os efeitos da formação do corpo discente forem muito mais significativos dentro da própria escola do que entre escolas diferentes, os custos podem fazer mais diferença dentro das escolas (atualmente, há mais foco nos gastos extras entre escolas diferentes do que dentro da mesma instituição).

Refutando as alegações sobre o efeito limitado do aumento das finanças, *Greenwald *et al.* (1996) analisaram os efeitos dos insumos escolares diferenciais nos resultados dos alunos. Sua análise mostrou padrões sistemáticos e positivos nas relações entre recursos educacionais e resultados estudantis. Um aumento nas despesas de US$ 500 por aluno aumentou o efeito sobre o desempenho em $d = 0,15$ para despesas por aluno, $d = 0,22$ para formação de professores, $d = 0,18$ para experiência docente, $d = 0,16$ para salário dos professores, e $d = 0,04$ para a proporção professor-aluno. Assim, poderíamos esperar "[...] aumentos comparáveis e substanciais no desempenho se os recursos fossem destinados a selecionar (ou reter) professores mais qualificados ou mais experientes" (*Greenwald *et al.*, 1996, p. 380). O salário dos educadores determinado pela idade e pela experiência parece discrepante em relação a sua *expertise*. Segundo Hanushek (2013), o profissional tem poucos incentivos para melhorar seu desempenho. Geralmente, os incentivos financeiros estão mais relacionados à escola do que à *expertise* do professor.

Talvez não devamos nos perguntar *se* o dinheiro faz a diferença, mas *como* faz a diferença, especialmente além dos custos fixos de administrar uma escola (iluminação, salários). Jonathon Kozol (2005), em sua análise *The Shame of the Nation*, sobre as escolas segregadas pelo *apartheid* nos Estados Unidos, afirma que só vai acreditar que o dinheiro não é importante quando pais ricos pararem de gastar tanto na educação de seus filhos.

*Davis-Beggs (2013) analisou 20 estudos de investimentos da *Race to the Top* e do *Recovery and Reinvestment Act* de 2009, dos Estados Unidos, quanto à relação de efeito positivo ou negativo entre os gastos com financiamento escolar e o desempenho escolar. Embora o efeito geral ($d = 0,16$) seja pequeno, havia valores discrepantes claros. No entanto, o número de estudos nessa metanálise é muito pequeno para tirarmos conclusões definitivas. Foi proposta a implementação de um programa que visa a oferecer recursos financeiros governamentais para os pais escolherem a escola privada que desejam para seus filhos. *Shakeel *et al.* (2016) analisaram o efeito desses programas (em leitura e matemática) em várias partes do mundo, usando estudos controlados randomizados. Eles descobriram que, em geral, o efeito foi baixo ($d = 0,17$), com resultados ligeiramente melhores em matemática ($d = 0,15$) em comparação com leitura ($d = 0,08$) nos Estados Unidos ($d = 0,00$), e mais alto na Colômbia e na Índia ($d = 0,24$). Quando um programa da Colômbia foi excluído, o efeito geral reduziu para $d = 0,04$. Embora nos países mais desenvolvidos seja difícil encontrar apoio para esses recursos educacionais, alguns programas podem ter um impacto positivo em locais onde há uma grande disparidade entre escolas privadas e públicas, como em países em desenvolvimento.

O maior investimento recente em alguns países é na contratação de paraprofissionais, ou assistentes de ensino. No Reino Unido, por exemplo, cerca de 30% do orçamento salarial é destinado a assistentes, que têm um impacto zero ou negativo nos estudantes (Blatchford; Russel; Webster, 2012). Não foi feita uma metanálise dos efeitos dos assistentes de ensino e, dada sua prevalência e o impacto negativo geral, vale a pena fazer. Webster, Russel e Blatchford (2015) conduziram o estudo mais extenso, que descobriu que os assistentes de ensino têm graves efeitos negativos não intencionais no progresso escolar dos estudantes. Quanto mais o aluno recebia ajuda de assistentes, maior era o impacto negativo. Em comparação com os professores, os assistentes eram mais propensos a dar aos alunos dicas ou respostas para as tarefas e, até mesmo, fazer o trabalho por eles. Além disso, suas explicações, às vezes, eram imprecisas e confusas, o foco estava mais na conclusão da tarefa do que na aprendizagem e na compreensão. Os alunos que mais frequentemente precisavam da *expertise* do professor eram os que acabam sendo terceirizados para o assistente, resultando em falta de autonomia na aprendizagem. Blatchford, Russel e Webster (2012) e Webster, Russel e Blatchford (2015) escreveram extensivamente sobre a melhor forma de trabalhar com os assistentes, defendendo que eles não deveriam ajudar os estudantes com dificuldades de aprendizagem, mas ser empregados de maneira a complementar o trabalho dos professores, acrescentando valor ao que os educadores já fazem, em vez de substituí-los. Talvez precisemos pensar em outras funções para os assistentes, como trabalhar com estudantes mais autônomos para que os professores possam atender aqueles que estão com dificuldades; auxiliar os professores na avaliação dos alunos, incluindo a atribuição de notas; e preparar as aulas.

O dinheiro é importante? Sim, se a redução das desigualdades nos resultados escolares for importante; sim, se o investimento na *expertise* dos professores for importante; sim, se focarmos em investir tempo na eficácia coletiva dos educadores e no desenvolvimento profissional; e sim, se investigarmos como é gasto de forma sábia para melhorar o ensino. A mensagem geral do *Visible Learning* é investir em *expertise*, e é aqui que o debate sobre recursos precisa se concentrar. Parece haver valor em investir no avanço da *expertise* dos professores, até se tornarem líderes, permitindo que a eficácia coletiva sobre o impacto do ensino seja maximizada. Há custos envolvidos para que trabalhem juntos fora da sala de aula e durante o dia letivo, assim como para que os diretores saibam como construir eficácia coletiva em sua escola e com diretores de outras escolas.

Sistemas de avaliação de ensino

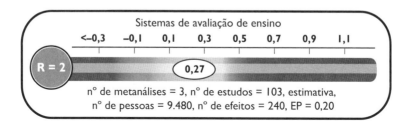

Os sistemas de avaliação de ensino têm sido um assunto muito debatido — com base no princípio de Ronald Reagan: confie, mas confira. Alguns sistemas educacionais têm pouca confiança na *expertise* dos educadores. Nos Estados Unidos, muitos estados implementaram exames de admissão, e muitos foram incluídos no *No Child Left Behind* (legislação federal que exigiu testes padronizados para avaliar o desempenho escolar), bem como em políticas educacionais posteriores. Alguns pesquisadores dizem que realizar essas provas com frequência leva a um efeito semelhante ao de treinamento para prova (os alunos aprendem a fazer os exames, mas sem realmente entenderem o conteúdo). Outra perspectiva é que os educadores podem acabar limitando o conteúdo para ensinar apenas aqueles que cairão nos testes. Além disso, muitos estudantes ficam de fora por não conseguirem ir bem nesses exames. Amrein e Berliner (2002) levantaram muitos debates analisando o desempenho de 18 estados com sistema de exames de admissão e encontraram pouco efeito no desempenho dos alunos. Essa conclusão, não surpreendentemente, foi contestada (por exemplo, Braun, 2004; Raymond e Hanushek, 2003; Rosenshine, 2003). *Lee (2006) usou a metanálise para comparar diferentes políticas estaduais na *National Assessment of Educational Progress* (Avaliação Nacional do Progresso Educacional) e descobriu que seis estudos favoreciam estados que aplicam exames de admissão, cinco eram mistos, e um favorecia estados que aplicam exames que não são de admissão. Os efeitos foram extremamente variados (de $d = -0{,}67$ a $d = 1{,}24$), e o efeito geral foi $d = 0{,}36$. Não fez diferença, no entanto, quanto ao foco da avaliação de ensino — ou seja, se o foco foi uma combinação de escolas e estudantes, $d = 0{,}38$; apenas escolas, $d = 0{,}39$; ou apenas alunos, $d = 0{,}31$. Os efeitos na matemática ($d = 0{,}38$) foram ligeiramente maiores do que na leitura ($d = 0{,}29$) e maiores nos anos iniciais do ensino fundamental ($d = 0{,}44$), bem como nos anos finais do ensino fundamental ($d = 0{,}35$) do que no ensino médio ($d = 0{,}03$). Os estados com os programas de avaliação de ensino mais fortes obtiveram maiores ganhos ao longo dos anos do que os que aplicavam avaliações mais fracas. *Lee (2006) observou, contudo, que esses ganhos seguiam trajetórias semelhantes aos anos anteriores à implementação dessas políticas de responsabilização. Ele concluiu que "argumentar que os estados que adotaram políticas de responsabilização rigorosas melhoraram significativamente o desempenho dos alunos não é convincente até que ocorram melhorias substanciais nas condições e práticas escolares" (*Lee, 2006, p. 26).

*Hendriks *et al.* (2018) revisaram o impacto da avaliação tanto a nível de turmas quanto a nível da escola. Sua correlação geral de apenas sete estudos foi $r = 0{,}07$. Os estudos geralmente estavam relacionados à implementação de um ciclo avaliativo de investigação, e os resultados dependiam da precisão dos dados coletados, de que "[...] professores e gestores escolares tivessem as habilidades necessárias para analisar e interpretar os dados, que os educadores pudessem dar *feedbacks* relevantes, [...] que professores e gestores escolares pudessem fazer adaptações adequadas ao ensino e à aprendizagem" (*Hendricks *et al.*, 2018, p. 56), além das atitudes, dos conhecimentos e das habilidades de professores e gestores nos trabalhos e nas avaliações, bem como das estratégias que usam e da qualidade da capacitação.

Os sistemas de avaliação que aplicam exames de admissão provavelmente têm efeitos positivos nas escolas na metade inferior da distribuição, mas poucos e, possivelmente, efeitos negativos sobre os que estão na metade superior. Se houver exames de admissão, talvez a recompensa por estar na metade superior (independentemente dos critérios) seja ficar sozinho de três a cinco anos. Seria como ganhar uma medalha de honra, mostrando a qualidade da gestão e do ensino, permitindo oportunidades para explorar e melhorar sem o constante temor dos modelos de avaliação de ensino externos e a necessidade de promover exaustivamente o sucesso da escola junto aos pais (e eleitores e políticos).

Pagamento por desempenho aos professores

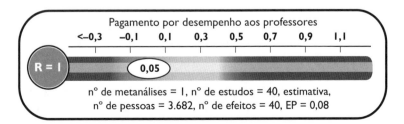

Uma metanálise sobre pagamento por mérito a professores concluiu o seguinte:

> [...] o pagamento por mérito tem o potencial de melhorar as notas dos alunos nas provas, seja motivando os professores a melhorarem seu desempenho, seja atraindo e retendo professores mais eficazes. A agregação de resultados de vários estudos em diferentes contextos culturais, econômicos e políticos sugere que o pagamento de incentivos, segundo os defensores do pagamento por mérito, é uma estratégia promissora para melhorar as notas dos estudantes nas provas (*Pham *et al.*, 2021, p. 28).

Mas o tamanho de efeito foi de apenas 0,05. Sim, estatisticamente diferente de zero, mas muito pequeno para valer a pena se preocupar. Também pode ter efeitos de equidade, já que Hill e Jones (2021) mostraram que estudantes brancos tiveram um desempenho (ligeiramente) melhor do que estudantes negros em condições de pagamento por desempenho.

Qualidade das dependências da escola

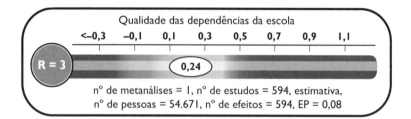

As escolas precisam ser saudáveis, seguras, limpas e bem-cuidadas. *Gunter e Shao (2016) encontraram $r = 0,12$ entre a qualidade das dependências da escola e o desempenho escolar. Os efeitos foram semelhantes em todos os currículos, mas foram maiores nos anos iniciais ($r = 0,20$) e finais ($r = 0,26$) do ensino fundamental do que no ensino médio ($r = 0,10$) e e da educação infantil ao fim do ensino médio ($-0,21$). Embora esses efeitos sejam baixos, não há motivos para que os prédios escolares não sejam visualmente agradáveis, adequados à finalidade, de boa qualidade e bem-conservados.

TIPOS DE ESCOLAS

Nunca subestime o desejo de inventar um novo modelo de ensino. Existem muitas propostas para escolas do futuro, fundações, fundos fiduciários e escolares. Tudo o que você precisa é de um filantropo, uma pessoa famosa, um educador com um ego para proclamar: "Esta é uma escola XXX" — e você encontrará defensores. Supõe-se que o modelo atual não está funcionando e que, portanto, precisamos de um novo, apesar das evidências de que muitas escolas excelentes seguem o modelo atual. O objetivo deve ser identificar de forma confiável essas escolas, compreendê-las e aprimorá-las. Em vez disso, há uma propensão a inventar um novo modelo e acreditar que será melhor. A realidade é que você administra uma escola seis meses após a abertura de uma nova forma de ensino.

Escolas *charter* e escolas religiosas

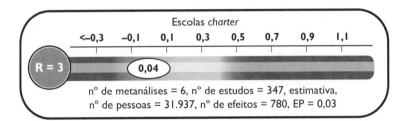

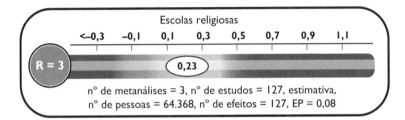

O efeito geral das diferentes formas de ensino é realmente pequeno (0,04 para escolas *charter* e 0,23 para escolas religiosas), embora a variação seja grande. *Jeynes (2012), por exemplo, descobriu que o efeito geral para escolas religiosas (0,25) é maior do que para escolas *charter* em comparação com escolas públicas (0,01), mas os efeitos para escolas religiosas variaram de 0,68 a –0,07 e, para *charter*, de 0,75 a –0,87. Os efeitos tendem a ser maiores em matemática do que em leitura, embora *Betts e Tang (2008) não tenham encontrado diferenças para leitura, mas efeitos ligeiramente superiores para matemática. Mais importante ainda, eles concluíram que os "efeitos estimados das escolas *charter* são altamente variáveis, o que provavelmente reflete variações na qualidade da educação oferecida nas escolas *charter* e nas escolas de comparação, ou seja, escolas públicas tradicionais locais" (*Betts; Tang, 2008, p. 2).

Mesmo dentro de um padrão de escola *charter*, há uma variação notável. Por exemplo, *Krowka *et al.* (2017) investigaram escolas *charter* conhecidas como *No Excuses* (Sem Desculpas) que apresentam altas expectativas escolares, disciplina rígida e consistente, tempo de ensino prolongado, treinamento intensivo de professores e maior envolvimento dos pais. Elas trabalham principalmente com estudantes de baixa renda e minorias. Nas escolas *charter No Excuses*, houve menos efeitos na leitura ($d = 0,06$) do que na matemática ($d = 0,20$) em comparação com as escolas públicas (ver também *Cheng *et al.*, 2017). No entanto, quando duas escolas foram removidas da amostra (uma em Idaho e outra em San Diego), esses efeitos da média matemática foram reduzidos acentuadamente para zero diferenças em comparação com as escolas públicas.

Outros pesquisadores descobriram efeitos opostos favorecendo as escolas públicas. *Erickson (2013), de 11 estudos e mais de 1 milhão de estudantes, encontrou um efeito negativo nas *charter* ($d = -0,27$), com pontuações de desempenho mais baixas em leitura (–0,25) e matemática ($d = -0,29$) quando comparadas às tradicionais escolas públicas. A vantagem das escolas públicas aumentou nos anos finais do ensino fundamental e no ensino médio.

O ponto principal é que a natureza ou o nome da escola parecem insignificantes; é a implementação local que pode ou não importar. Esse é o caso de escolas públicas, religiosas, *charter*, *trusts*, privadas, exclusivas para meninos ou para meninas — ou qualquer nome que você queira chamá-las. A variação dentro das escolas é marcadamente maior e mais importante do que a variação entre escolas diferentes. É improvável que melhoremos a educação inventando novos rótulos para escolas.

Escolas só para meninos/só para meninas

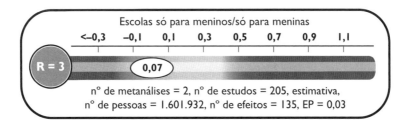

De tempos em tempos, ressurge a defesa de escolas exclusivas para o mesmo gênero. Muito do interesse vem de escritores que destacam as vantagens para as meninas, citando a natureza diferente de interações com professores, a intimidação que as meninas sofrem dos meninos, o viés ao dar as notas ou aplicar avaliações, conteúdo e apresentação dos assuntos.

Ao comparar os tipos de escolas, é fundamental reconhecer que pode haver efeitos de seleção relacionados a vieses. Por exemplo, é comum ver estudos e manchetes de jornais dizendo que estudantes de escolas exclusivas para o mesmo gênero têm maior probabilidade de ter os melhores resultados nas avaliações nacionais, cursar disciplinas seletivas e ingressar na universidade do que estudantes de escolas mistas. Porém, em muitos casos, os efeitos dos vieses sobre instituições desse tipo que admitem estudantes que já tiveram alto desempenho precisam ser considerados. Por exemplo, *Pahlke et al.* (2014), usando apenas estudos controlados (atribuição aleatória ou controles para efeitos de seleção), mostraram apenas diferenças triviais entre alunos de escolas exclusivas para o mesmo gênero e de escolas mistas; para desempenho em matemática, $g = 0,10$ para meninas e 0,06 para meninos; para desempenho em ciências, $g = 0,06$ para meninas e 0,04 para meninos e, em alguns casos, mostraram pequenas diferenças favorecendo a escolaridade mista; por exemplo, para as aspirações educacionais das meninas, $g = 0,26$. Além disso, tanto meninos quanto meninas tinham autoconceitos ligeiramente maiores em escolas mistas: 0,08 para meninas e 0,11 para meninos. Portanto, pouco importa se as escolas são mistas ou exclusivas para o mesmo gênero.

Efeitos das férias de verão

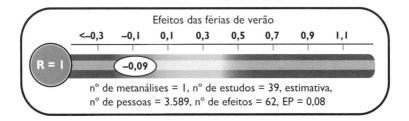

Nos primeiros anos da educação formal nos Estados Unidos, o calendário escolar (incluindo as longas férias de verão) foi elaborado para atender às necessidades das comunidades agrícolas (*Cooper et al.*, 1996). Hoje, com apenas cerca de 3% da subsistência dos estadunidenses vinculada aos ciclos agrícolas, houve apelos para reduzir o efeito das longas férias de verão na aprendizagem. Os defensores da mudança consideram uma pausa de três meses muito longa, pois as crianças aprendem melhor, segundo eles, quando a aprendizagem é contínua. Além disso, com o longo intervalo, é necessário gastar um tempo significativo revisando o material anterior para que a aprendizagem recomece (*Cooper et al.*, 2003). *Fitzpatrick e Burns (2019) descobriram que calendários únicos durante todo o ano com férias de verão encurtadas (< 20 dias úteis), mas com números totais semelhantes (cerca de 180) por ano eram ligeiramente mais eficazes ($d = 0,13$) do que férias de verão mais longas (40–50 dias úteis).

Em média, o desempenho dos estudantes cai durante o verão ($d = -0,09$), e os efeitos foram um pouco maiores em matemática ($d = -0,14$) do que em leitura e linguagens ($d = -0,05$) (*Cooper et al.*, 1996). Em comparação com todos os outros efeitos, no entanto, esses são realmente menores. Durante o verão, o desempenho de estudantes de classe média nas provas de leitura foi melhor do que o esperado para seu ano escolar ($d = 0,13$) em comparação com estudantes de baixa renda ($d = -0,14$). Não houve efeitos moderadores para gênero ou raça, mas o efeito negativo do verão aumentou conforme o ano escolar. Talvez os professores pudessem estar mais sintonizados com o aprendizado que os alunos levam para a sala de aula — por exemplo, verificando os relatórios do professor anterior, começando o planejamento do novo ano com base no último mês do ano anterior a fim de relacionar os conteúdos e entender o que vão ver no novo ano. Assim, o primeiro mês do ano letivo poderia ser usado para recuperar as perdas das férias de verão de forma razoavelmente rápida (e não para reavaliar o que os dados dos anos anteriores poderiam ter mostrado).

Em um estudo de grande escala, mas não de metanálise, de 18 milhões de estudantes, Atteberry e McEachin (2021) mostraram a notável variação nos efeitos do verão. "[...] pouco mais da metade dos estudantes apresenta queda na aprendizagem no verão, enquanto a outra metade apresenta um aumento" (Atteberry; McEachin, 2021, p. 269). A média da queda na aprendizagem de um aluno é 39% do total de ganhos do ano letivo durante o verão, e esses efeitos negativos tendem a se acumular ao longo dos anos. Conforme Attenberry e McEachin (2021), a implicação não é ter mais escolas de verão ou mais escolas com ano letivo contínuo, mas possivelmente identificar os alunos antes ou imediatamente após o verão, garantindo que haja mais evidências sobre todos os alunos que passaram de um professor a outro e passaram de um currículo estruturado com base nos anos escolares para um currículo baseado em habilidades.

Escola de verão

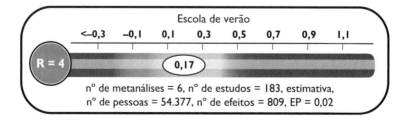

Ir para a escola de verão faz diferença? Em geral, não muito, mas é difícil ignorar até mesmo esses pequenos ganhos se eles forem fundamentais para estudantes que podem já estar à margem (pois esse geralmente é o critério de seleção). *Cooper *et al.* (2000) analisaram 93 programas de verão, e seus alunos pontuaram cerca de $d = 0{,}23$ a mais do que aqueles que não os frequentavam, embora os efeitos tenham sido mais favoráveis para estudantes de classe média do que de baixa renda. Efeitos maiores foram encontrados em programas mais especificamente adaptados às necessidades dos alunos quando os pais estavam envolvidos e em matemática, mais do que leitura. Os efeitos foram os mesmos em todos os anos escolares. *Cooper *et al.* (2000) e *Kim (2002) encontraram um efeito pequeno nos programas de verão tanto de recuperação quanto de aceleração.

Dado o tempo que os alunos já passam no ano letivo regular, uma abordagem eficaz seria focar na eficiência do ensino durante esse período. Dessa forma, os alunos podem desfrutar do seu verão.

Mudanças no calendário escolar

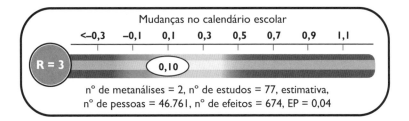

Um dos assuntos de *e-mail* mais comuns que recebo de gestores e educadores (especialmente professores de matemática) é a mudança dos horários das aulas, a duração das férias e os efeitos de adicionar mais dias ao ano letivo. Em geral, eu respondo: "tome uma decisão, qualquer que seja", pois isso não importa muito. O importante é o que você faz com o tempo. Mais importantes são estratégias como tempo de prática, intercalação, prática espaçada *versus* prática contínua e uso intencional do tempo para aprender (ver Capítulo 11). *Cooper *et al.* (2003) encontraram pouco ou nenhum efeito com as mudanças no calendário escolar: prolongar os dias letivos, mudar a duração das férias ($d = 0{,}06$) e escolas com calendário modificado e escolas tradicionais (0,01). *Fitzpatrick e Burns (2019) encontraram pouco efeito das aulas durante todo o ano (0,13).

Os estudantes da Finlândia passam 900 horas por ano na escola; os estudantes dos Estados Unidos, 1.224 horas; os da Coreia do Sul, 1.600 horas; os da Polônia, 6.327 horas; e os australianos, quase o dobro, com 11.000 horas. Há pouca relação entre as horas de aula e, por exemplo, a classificação no Programa Internacional de Avaliação de Estudantes (Pisa) (OCDE, 2016). Na verdade, há uma relação curvilínea: o relatório do Pisa observou que o desempenho em leitura melhorou a cada hora adicional de aulas na área de linguagens por semana, até três horas, mas a relação enfraqueceu entre os alunos que passavam mais do que esse período nessas aulas. Mais importante ainda foi que os estudantes que tiveram acesso a uma sala e ajuda para fazer o dever de casa na escola e receberam atividades extracurriculares mais criativas (por exemplo, música, arte) tiveram melhor desempenho em leitura, mesmo depois de calcular a média por aluno.

A noção de eficiência foi adicionada às medidas usuais de eficácia do impacto da educação escolar. Podemos fazer melhor com o tempo que já temos, em vez de acreditar que mais do mesmo necessariamente fará a diferença. A pandemia de covid-19 mostrou a muitos estudantes que eles podem aprender em casa tanto quanto aprendem na escola e em muito menos tempo.

EFEITOS RELACIONADOS À FORMAÇÃO DO CORPO DISCENTE

Com uma exceção (número de alunos), os efeitos relacionados à formação do corpo discente são pequenos, embora todos positivos.

Dessegregação

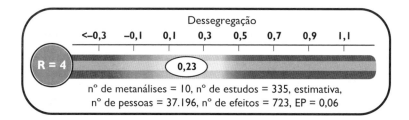

A dessegregação é um processo que visa a reduzir a segregação racial, que em geral acontece nos Estados Unidos, e começou formalmente por meio da lei dos Direitos Civis na década de 1960. Desde o caso *Brown versus Board of Education of Topeka* (1954), as escolas estadunidenses foram dessegregadas (o que também ocorreu em outros países), mas a resistência não diminuiu. Sobe o número de distritos que estão recebendo um *status* desobrigando-os legalmente de dessegregar escolas, além de limitar seu potencial de dessegregação voluntária. Fiel e Zhang (2019) documentaram esses impactos e levantaram a seguinte hipótese:

> [...] os processos de competição de *status* baseados em raça relacionados à resistência branca e à subsequente insatisfação negra tornam a dessegregação ordenada pelo tribunal menos eficaz, menos popular e, portanto, menos estável. Espera-se que essas dinâmicas sejam mais evidentes em áreas onde a população negra é significativamente grande, o que tende a resultar em escolas predominantemente negras e dar aos negros uma maior influência política (Fiel; Zhang, 2019, p. 1.698).

Durante os anos iniciais do ensino fundamental na Carolina do Norte, meus filhos estudaram em uma escola *magnet* (criada para atrair estudantes brancos para bairros predominantemente negros). Não conseguíamos compreender por que nossos vizinhos adoravam a escola local que era totalmente branca. Afirmavam que seus filhos podiam estar com amigos que pensavam da mesma forma. O diretor da escola local afirmou que acolhia estudantes brancos australianos, pois isso acrescenta uma "diversidade muito necessária" à instituição. Sem dúvidas, optamos pela escola *magnet*.

Como todas as metanálises foram feitas na década de 1980, quando a dessegregação era um assunto importante, os estudos são datados. Os efeitos geralmente são positivos, mas pequenos. Foram maiores quando os alunos se mudavam para escolas não segregadas por mais tempo, mais em leitura do que em matemática e em estudos bem planejados. O sucesso da dessegregação pode ser mais bem avaliado pelo grau em que ela proporcionou oportunidades e diversidade do que pelos efeitos de desempenho.

Diversidade do corpo discente

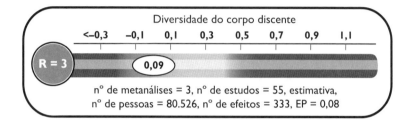

A questão é: ter muitos estudantes de minorias étnicas em uma escola leva a impactos educacionais e sociais mais positivos ou mais negativos? As três metanálises sobre esse assunto mostram efeitos quase nulos. Pode haver efeitos negativos se os professores tiverem expectativas mais baixas por não acreditarem na capacidade de aprender dessas crianças (podem achar que elas precisam de material fácil, não desafiador); ou se professores mal qualificados são designados para escolas com maior diversidade. No entanto, pode haver razões mais críticas para favorecer um corpo discente mais diverso do que o efeito sobre o desempenho. Além disso, qualquer efeito baixo indica que escolas com culturas diversas podem ser igualmente eficazes no desempenho e provavelmente se destacarão em outras dimensões, como comunicação, socialização, respeito próprio e respeito pelos outros. Nossos alunos viverão em uma sociedade diversificada, portanto, desenvolver habilidades, postura e disposição para fazer isso de forma eficaz pode começar em nossas escolas.

Residências estudantis

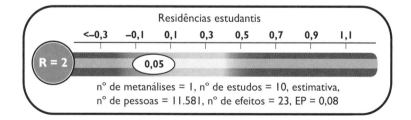

Esse assunto está relacionado à universidade. Não importa se o estudante mora em uma residência estudantil, uma casa, uma residência para membros de fraternidades ou irmandades ou um apartamento fora do *campus*.

Tamanho da escola (número de alunos)

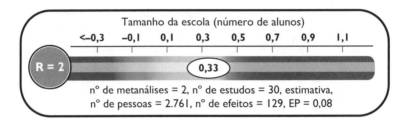

O número ideal de alunos matriculados no ensino médio é cerca de 600 a 900, o que normalmente faz com que uma escola ofereça um currículo básico sólido para todos. Há menos probabilidade de ter disciplinas eletivas que agrupem/classifiquem os estudantes em diferentes níveis de habilidade e, portanto, diluam o currículo. Lee e Smith (1997) descobriram que os ganhos de desempenho em matemática e leitura foram maiores em escolas de ensino médio com 600-800 alunos. Consolidar escolas de ensino médio pequenas talvez seja mais importante do que consolidar escolas grandes (*Stekelenburg, 1991), particularmente nas áreas com *status* socioeconômico mais baixo.

Os principais argumentos para abordar o número de alunos na escola estão relacionados aos efeitos de questões financeiras, diversidade curricular, desempenho dos estudantes e sentimento de pertencimento. Friedkin e Necochea (1988) analisaram dados de estudantes californianos do 3º, 6º e 8º anos do ensino fundamental e 3ª série do ensino médio. Descobriram que, nas escolas grandes, os alunos da 3ª série tiveram um desempenho melhor e que, nas escolas pequenas, foram os alunos do 3º, 6º e 8º anos que tiveram um desempenho melhor. Meier (1996) descobriu que, em grandes escolas, com mais de 400 alunos, cerca de 30% têm um sentimento de pertencimento, enquanto, em escolas menores, cerca de 70% têm esse sentimento. Isso ocorre porque: (a) é mais provável que as pessoas se conheçam e se respeitem nas escolas pequenas; (b) nas escolas grandes, muitos alunos não se conhecem, o que aumenta a raiva e a violência física; ou (c) as escolas pequenas foram menos intimidantes para os pais. No entanto, muitas escolas grandes criam grupos menores ou têm outros métodos para gerar esse sentimento de pertencimento. Pode haver economia imediata na mudança para escolas maiores, mas quando $n > 1.000$, esses ganhos desaparecem rapidamente. Parece que o importante não é o número de alunos, mas como as escolas, independentemente do tamanho, atendem ao sentimento de pertencimento dos estudantes, à disponibilidade de currículos adequados, à não utilização de eletivas para amplificar os efeitos negativos do rastreamento e ao uso de recursos para maximizar a eficácia coletiva e as habilidades de alinhamento intencional dos professores.

Luyten, Hendriks e Scheerens (2014) encontraram efeitos mistos nas escolas de ensino fundamental e concluíram que "alguém talvez conclua que o tamanho da escola não importa para os resultados cognitivos". No entanto, o número ideal de alunos para escolas de ensino médio é cerca de 500 a 1.000 (cf., Leithwood e Jantzi, 2009), e o tamanho parece ser mais importante para resultados não cognitivos, como coesão social, segurança, bem-estar e engajamento. Durante os primeiros anos, as escolas pequenas são melhores para estudantes em desvantagem. Além disso, pode haver mais gastos quando > 1.000. O Pisa e o TIMMS mostraram efeitos positivos muito pequenos em escolas pequenas (mas Áustria, Bélgica, Alemanha e Itália mostraram correlações positivas altas), e esses efeitos tendiam a desaparecer quando outras variáveis relacionadas a recursos eram adicionadas às análises.

Fusão de escolas

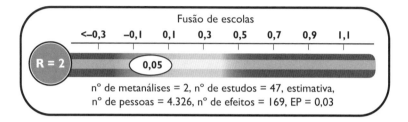

Geralmente, a fusão de escolas é vista como uma forma eficaz de economizar dinheiro, aumentar as ofertas (tanto escolares quanto extracurriculares), lidar com escolas que apresentam baixo desempenho e aumentar o desempenho dos alunos. *Hall (2019) encontrou $d = 0,00$ para escolas dos anos iniciais do ensino fundamental e –0,06 para escolas de ensino médio. Pode haver um efeito negativo imediato no primeiro ano após a fusão ($d = -0,27$), mas não diferenças posteriores. Não há efeitos diferenciais para estudantes afro-americanos (0,05) e hispânicos (0,06) nem para ano escolar, gênero ou *status* socioeconômico.

Escolha da escola

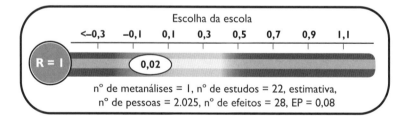

Os pais costumam debater sobre a escola em que seus filhos vão estudar, e muitos acreditam que a competitividade entre escolas pode contribuir para que elas tentem melhorar. Na minha cidade natal, Melbourne, mais de 60% dos estudantes passam pela escola local para ir a uma escola de sua escolha. É um assunto recorrente entre os pais que têm crianças em idade escolar: em qual escola os filhos estudam, qual é a melhor, etc. O governo australiano disponibilizou a página *MySchool*, com informações sobre as escolas. No entanto, raramente os dados sobre progresso são considerados, e a página não mostra as informações mais importantes, como questões de amizade, socialização, segurança e equidade. Além disso, os resultados deste livro mostram que o que importa é ter bons professores, e os pais geralmente não têm escolha em relação a isso. *Jabbar et al. (2022) afirmam ter encontrado "pequenos efeitos positivos" na competitividade entre escolas. Quando o resultado foi a nível distrital, o efeito foi 0,01; a nível escolar, 0,01; e a nível do aluno, 0,002. Esses efeitos são tão próximos de zero que podemos dizer que a competitividade não melhora o desempenho dos alunos.

Existem outros efeitos, indiretos, mas importantes, decorrentes das políticas relacionadas à escolha da escola (Kornhall; Bender, 2019), principalmente o fato de alguns alunos ficarem para trás. Isso ocorre porque os pais de *status* socioeconômico mais elevado podem transferir seus filhos para escolas com mais recursos, enquanto os alunos menos privilegiados acabam frequentando escolas com menos recursos e oportunidades. A oportunidade de escolher a escola aumenta a segregação escolar (Brandén; Bygren, 2018) e a migração em massa da população branca em uma região (Trumberg; Urban, 2021). Geralmente, as famílias querem escolher para evitar que seus filhos estudem em uma escola com alunos de "baixo *status* socioeconômico", com crianças "diferentes das nossas", segundo os pais (Smith; Meier, 2015). A oportunidade de escolher onde os filhos vão estudar pode ter consequências negativas, especialmente para escolas localizadas em áreas de baixo *status* socioeconômico. Países que permitem escolher a escola, como a Suécia, tiveram grandes impactos adversos nos resultados gerais de desempenho do país (Kornhall; Bender, 2019).

Intervenções nos anos finais do ensino fundamental

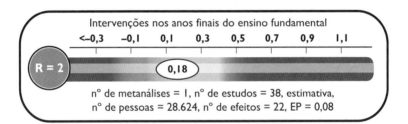

*Grant (2011) revisou intervenções nos anos finais do ensino fundamental e encontrou efeitos muito baixos. No estudo da *Oracle*, a maior e mais longa pesquisa sobre transferência de alunos para os anos finais do ensino fundamental (da mesma escola ou de outra), Galton (1995) relatou que, quando comparamos o que os professores faziam há 20 anos e o que fazem agora, notamos que eles ainda têm uma comunicação unilateral com os alunos. Em ciências, nas escolas de anos finais do ensino fundamental, agora prioriza-se a transmissão de informações em detrimento da resolução de problemas e da geração de hipóteses. Em 1980, 19% do tempo na sala de aula foi dedicado a um ensino em que todos aprendem juntos, e esse número quase dobrou (35%) em 2011. O aumento ocorreu porque os professores passaram a ouvir os alunos. Os educadores ainda falam quatro vezes mais do que perguntam e, na maioria das vezes, o nível cognitivo desse discurso é baixo (Hargraves; Galton, 2002, p. 104). As escolas de anos finais do ensino fundamental estão, portanto, preparando os alunos para o ensino médio, porque eles são instruídos principalmente sobre o que devem fazer e são expostos a uma grande quantidade de fatos e informações. Além disso, o conteúdo se repete muito nos anos finais do ensino fundamental e no ensino médio, levando a um hiato no progresso dos alunos, que não avançam significativamente ao longo dos anos. Esse fenômeno também tem sido observado quando o estudante é transferido para outra escola. Com isso, o desempenho escolar cai, os alunos têm uma postura mais negativa em relação às disciplinas e mais antipatia pelo professor e pela escola, além de uma autoestima mais baixa. Embora muitos estudantes se recuperem, cerca de 10% não conseguem, principalmente os que apresentam necessidades educacionais especiais (Eccles; Wigfield, 1997). Mais uma vez, debater formas de escolarização tem pouca importância se o ensino e o impacto sobre os alunos não melhorarem.

EFEITOS DAS INTERVENÇÕES NA EDUCAÇÃO INFANTIL

Foram feitas 50 metanálises sobre programas na educação infantil com base em 3.033 estudos, cerca de 721.719 estudantes e 15.875 efeitos, com um total $d = 0,38$. O efeito é um pouco maior para crianças na educação infantil mais propensas a enfrentarem dificuldades. Os benefícios da intervenção precoce são evidentes em muitas variáveis de resultados (como quociente de inteligência [QI], habilidades motoras, linguagens e desempenho escolar) e em uma ampla variedade de crianças, condições e tipos de programas. Os melhores indicadores iniciais de desempenho nessas metanálises são ensinar os alunos a não se distrair, abordar problemas de comportamento, desenvolver a linguagem è melhorar o funcionamento cognitivo (incluindo funções executivas).

Os programas de intervenção precoce são mais eficazes se forem estruturados, incluírem cerca de 15 ou mais crianças e se elas estiverem em um programa por até 13 horas por semana. Esse efeito ocorre de forma semelhante para alunos mais propensos a enfrentarem dificuldades, crianças típicas, com deficiência e da educação especial. O efeito, no entanto, diminui com o tempo (aos 8 anos, pode ser difícil determinar quem participou ou não dos programas de educação infantil). Assim, há uma necessidade de atenção sistemática, sustentada e constante para melhorar a aprendizagem, se quisermos maximizar esses ganhos iniciais (*Casto; Mastropieri, 1986; *Cooper et al., 2010). Por exemplo, para populações mais desfavorecidas, os benefícios imediatos diminuem rapidamente e desaparecem em grande parte após 60 meses, uma vez que elas começam a escola formal (*Casto; Mastropieri, 1986; *Kim et al., 1996; *White; Casto, 1985). *Gilliam e Zigler (2000) sintetizaram os efeitos da frequência na educação infantil em 13 estados estadunidenses e afirmaram que houve efeitos consideráveis (de $d = 0,20$ a $d = 0,30$) no desempenho até o final da educação infantil, embora esses efeitos não fossem evidentes até o final do 1º ano. Essa falta de efeito de longo prazo é maior em programas para a educação infantil que abordam mais as brincadeiras e o desenvolvimento social e emocional do que em programas que também abordam o desenvolvimento da linguagem (por exemplo, estrutura textual), da matemática básica (ordenação, padronização) e das habilidades de aprendizagem (estar presente, reduzir as distrações e trabalhar com pares). Tudo isso pode ser desenvolvido por meio de brincadeiras.

É necessário cuidado para não inferir que a baixa correlação entre a educação infantil e o posterior sucesso escolar signifique que essa educação não é importante. Na verdade, sugere-se que o impacto em longo prazo pode ser resultado da falta de sucesso dos professores e do ambiente educacional que os alunos encontram após saírem da educação infantil e passarem para o próximo estágio educacional, onde podem aproveitar os benefícios dessa educação.

The Effective Early Educational Experiences (*E4Kids*) foi um estudo longitudinal de cinco anos projetado para avaliar o impacto de programas para a educação infantil aprovados e cuidado na primeira infância sobre os resultados de aprendizagem e desenvolvimento de cerca de 2.500 crianças (de 3 a 8 anos) (Tayler *et al.*, 2013). O estudo não encontrou um resultado claro para a contribuição relativa e independente de fatores estruturais individuais para o desempenho das crianças (como proporção entre adultos e crianças, espaço físico, cuidados pessoais/rotinas e materiais de higiene). No entanto, confirmou-se a importância do ensino intencional focado no desenvolvimento da linguagem e do pensamento das crianças: construir vocabulário, incentivar conversas ricas em termos de linguagem entre adultos e crianças e promover os aspectos expressivos de uso da linguagem infantil.

No geral, o estudo constatou que muitos programas para a educação infantil tiveram um efeito pequeno nas crianças quando elas começaram a escola formal, além de haver uma grande lacuna na qualidade e nos resultados relacionados ao *status* socioeconômico. Essa lacuna não foi reduzida ao frequentarem ambientes de educação infantil, a não ser que houvesse um alto nível de ensino intencional com bom engajamento de adultos e crianças no 1º e no 2º anos. Apenas 13% das configurações atingiram o padrão de alta qualidade em 2015, e a qualidade dos serviços nas áreas de *status* socioeconômico baixo foi pouca ou ausente (Cloney *et al.*, 2016). Esse estudo resultou nos padrões nacionais de qualidade para ambientes, serviços e funcionários (consulte www.acecqa.gov.au/nqf/national-quality-standard), o que melhorou muito a qualidade e o impacto dos locais. Até 2020, mais de 75% de todos os serviços atenderam aos padrões nacionais de qualidade com base em programas e práticas educacionais, saúde e segurança das crianças, ambiente físico, organização de pessoal, relacionamento com as crianças, parceria com famílias e comunidades, governança e gestão.

Tipo de programas para a educação infantil

O tipo de educação infantil parece ser um moderador significativo. *Chambers *et al.* (2016) revisaram 28 programas para a educação infantil e encontraram seis com o maior impacto ($d > 0,20$): *Curiosity Corner*, *Direct Instruction*, *Early Literacy and Learning Model*, *Interactive Book Reading*, *Let's Begin with the Letters* e *Set Leap!*, e concluíram que o denominador comum é que todos se concentram na linguagem, na alfabetização e na consciência fonológica. Os programas *Head Start* foram razoavelmente sistemáticos ao encontrarem efeitos mais altos ($d = 0,33$). Por exemplo, *Mares e Pan (2013) analisaram 24 relatórios sobre o impacto de assistir ao programa de televisão *Vila Sésamo*, com um d geral = 0,29 (cognição: 0,28; aprendizagem sobre o mundo: 0,24; consciência social e atitudes: 0,19) e muito maior em crianças de áreas de baixo *status* socioeconômico (0,41).

*Nelson *et al.* (2003) relataram que o efeito desses programas para a educação infantil foi maior quando os alunos estavam participando por pelo menos um ano, principalmente para estudantes de grupos minoritários. O desempenho em tarefas avaliativas padronizadas de matemática ($d = 0,25$) e leitura ($d = 0,20$) foi melhor para as crianças participantes do que para as não participantes. Segundo os estudos de *Fusaro (1997), crianças que faziam a pré-escola em período integral apresentaram melhor desempenho ($d = 0,18$)

do que aquelas que ficavam só meio turno (*Cooper *et al.*, 2010), tanto meninos quanto meninas (*McCoy *et al.*, 2017). *Cooper *et al.* (2010) também encontraram um efeito positivo na pré-escola de período integral em relação à de meio período no desempenho escolar. No entanto, esse efeito diminui no final do 3º ano. Nos níveis mais avançados (do 7º ano à 2ª série do ensino médio), mais alunos participantes com baixo desempenho não precisaram de educação especial e não baixaram suas notas (*Goldring; Presbrey, 1986). *Brunsek *et al.* (2017) deram mais atenção a como as ferramentas para medir a qualidade dos ambientes de educação infantil, como a Escala de Avaliação do Ambiente de Educação Infantil (ECERS, do inglês Early Childhood Environment Rating Scale), poderia ajudar a compreender as influências mais salientes nos ambientes da primeira infância. A ECERS avalia a qualidade estrutural (proporção entre funcionários e crianças, ambiente físico) e a qualidade processual (interações que ocorrem no ambiente da criança). Nenhuma está relacionada ao desempenho. A única que eles destacaram foi a subescala que avaliou a qualidade da linguagem usada na sala de aula, em vez dos materiais disponíveis. Portanto, "incentivar as crianças a se comunicarem e usarem a linguagem para desenvolver suas habilidades de raciocínio" é um indicador fundamental de sucesso em ambientes de educação infantil.

Não há muitas evidências que comprovem a crença de que o envolvimento dos pais faz as intervenções precoces serem mais eficazes (*Casto; Mastropieri, 1986; *Casto; White, 1984), mas há evidências para a alegação de que estudantes desfavorecidos, de grupos minoritários ou de áreas com baixo desenvolvimento socioeconômico foram mais impactados quando os pais estavam mais envolvidos (*Collins, 1984; *Harrell, 1983).

Concentrar-se no desenvolvimento da linguagem é a habilidade essencial para proporcionar às crianças o melhor início da sua aprendizagem. Isso significa desenvolver sua capacidade de ouvir, decodificar, entender e usar a linguagem. As brincadeiras não se mostram essenciais nesses estudos, a menos que envolvam a linguagem (ver Capítulo 13). Lillard *et al.* (2013) conduziram uma grande revisão sistemática sobre brincadeiras de faz de conta no desenvolvimento de crianças pequenas e concluiu que "[...] as evidências atuais não embasam as alegações causais sobre a importância do brincar de faz de conta [...]" (Lillard *et al.*, 2013, p. 1). Há poucas evidências convincentes de que o brincar influencie a criatividade (há evidências sobre o brincar no desenvolvimento de habilidades para resolver problemas que envolvam construção), conservação, teoria da mente ou habilidades sociais. A conclusão dos autores: "Considerando em conjunto e examinando de perto esses estudos, eles apresentam uma visão pessimista para a afirmação frequentemente feita de que o brincar de faz de conta melhora significativamente o desenvolvimento cognitivo" (Lillard *et al.*, 2013, p. 13), e a verdade deles é que "[...] não temos evidências o bastante para afirmar que o faz de conta é crucial para o desenvolvimento" (Lillard *et al.*, 2013, p. 26).

Embora esses efeitos mostrem as vantagens das experiências de aprendizagem da educação infantil, talvez não sejam tão grandes quanto deveriam ser, especialmente para os estudantes que mais precisam da linguagem, da teoria da mente, da matemática básica, e assim por diante. Há também o efeito dos primeiros anos na escola, que pode dissipar os ganhos iniciais da educação infantil. Por exemplo, Chetty *et al.* (2011) estimaram que o desempenho poderia cair mais de 75% nos primeiros anos de escolaridade.

INFLUÊNCIA DA GESTÃO ESCOLAR

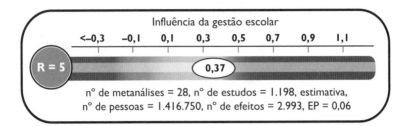

John Marsden (2021) descreve em sua biografia suas experiências com a abertura e a gestão de escolas. Ele comenta: "Vi um mau diretor destruir uma boa escola em menos de um ano e vi um ótimo diretor transformar uma escola ruim em poucas semanas" (Marsden, 2021, p. 99). Há uma grande diferença entre gestores que fazem as coisas acontecerem e gestores que não conseguem (Macklin; Zbar, 2020). Embora o impacto direto da gestão escolar sobre os alunos não seja tão alto quanto o dos professores, os gestores podem fazer uma enorme diferença positiva na aprendizagem de estudantes e professores. O efeito médio de 17 metanálises sobre a gestão (diretores e superintendentes, por exemplo) no desempenho dos alunos, com base em mais de 600 estudos, mais de 1.350 efeitos, é de 0,40, tendo um efeito indireto.

Com a revisão dessas 17 metanálises, alega-se que uma gestão eficaz apresenta cinco atributos principais:

1. desenvolve um discurso comum a todos, sobretudo na escola, maximizando o impacto nos alunos;
2. tem boas expectativas e promove objetivos desafiadores para todos;
3. oferece processos e estruturas de apoio para esse trabalho;
4. tem qualificação para gerenciar o coletivo e, assim, maximizar o impacto;
5. sabe como implementar, avaliar e melhorar com eficácia o impacto das intervenções na escola e nas turmas.

Portanto, as abordagens tradicionais de liderança, que dependem fortemente do carisma pessoal do gestor, do modelo de herói ou da capacidade de inspirar e motivar por meio de discursos e visões grandiosas, têm seus impactos reduzidos. Não se trata de oferecer apoio individualizado aos funcionários, ser exemplo de comportamento, dar recompensas, estar ciente das questões pessoais dos professores, adaptar suas ações de liderança conforme for necessário na situação atual e gerenciar por exceção. Não se trata de uma gestão transformacional, que se preocupa mais com a missão e em garantir que todos estejam seguindo essa missão. Como *Robinson et al. (2008) demonstraram, trata-se de uma gestão instrucional e do maior impacto desses gestores no resultado dos alunos ($d = 0,42$; que foi muito maior do que o efeito da gestão transformacional, $d = 0,11$). Uma gestão de alto impacto pode precisar de atributos transformacionais, mas eles são pré-condições para desenvolver uma missão comum entre todos sobre o impacto. São os gestores que dão mais atenção ao poder coletivo, concentrando-se no impacto do ensino, na liderança e na aprendizagem dos alunos e criando estruturas e ambientes seguros, convidativos e equitativos para que todos (professores, funcionários e alunos) tenham sucesso, com grande impacto.

Em *Visible Learnig*, distingui a liderança "instrucional" (poderosa) da liderança "transformacional" (não tão poderosa), mas esses termos estão ficando tão confusos que talvez seja hora de superá-los. Uma gestão escolar de alto impacto tem seu foco principal na criação de um ambiente de aprendizagem livre de interrupções, equitativo e seguro para todos, desenvolvendo um poderoso senso de eficácia coletiva, experiência colaborativa e boas expectativas dos professores em relação a todos os alunos. Uma gestão escolar de alto impacto interage com o corpo docente de forma a inspirá-lo a alcançar um novo nível de energia, comprometimento e propósito moral; encontra maneiras de aproveitar o tempo para que os professores sejam especialistas flexíveis para causar impacto nos alunos; e dedica muita atenção ao desenvolvimento e à implementação de uma visão sobre o impacto na escola — e permite a análise de evidências para concretizar essa visão. Robinson (2011) explicou que esses atributos estão mais presentes e são mais eficazes nas escolas de anos iniciais do ensino fundamental (e entre os coordenadores de departamento nas escolas de ensino médio) e, particularmente, em escolas de baixo desempenho e recuperação. Em uma linha semelhante, Bendikson, Hattie e Robinson (2011) concordaram que escolas que precisam de grandes melhorias necessitam de uma gestão de alto impacto, enquanto escolas que já têm um bom desempenho podem ter uma gestão menos imperativa (mas ainda válida).

Existem condições prévias para que a gestão escolar seja de alto impacto, como uma gestão solidária, equitativa e segura, da mesma forma que os professores precisam dar apoio, promover a equidade e criar um ambiente seguro para fazer a diferença. Além disso, gestores de alto impacto também precisam ser bons em solucionar problemas, realizar uma boa gestão e desenvolver as habilidades e a confiança dos educadores para estabelecer, coletivamente, boas expectativas sobre o progresso do desempenho, bem como ser capaz de motivá-los para cumprirem a missão da escola.

O principal atributo de uma gestão escolar eficaz (incluindo gestores, superintendentes, chefes de departamento) é desenvolver um ponto de vista em comum sobre a missão para maximizar o impacto em todos os alunos (todos mesmo). Em uma pesquisa sobre gestão escolar, Hallinger e Kovačević (2019) afirmaram que a âncora cognitiva da pesquisa é a "liderança para a aprendizagem e o desenvolvimento dos alunos". As qualidades de liderança estão sintonizadas com a noção de equidade, pois permitem que *todos* os alunos obtenham *pelo menos* um ano de progresso com um ano de intervenção (além de concordarem com o que significa esse progresso em um ano e quais são as evidências dele). Também acabam com a ideia de prever o sucesso ou o fracasso do aluno, o que atualmente se correlaciona com qualquer fator social ou cultural (National Equity Project, 2018). "Quanto mais a gestão escolar concentra sua influência, sua aprendizagem e sua relação com os professores no principal objetivo dos processos de ensino e de aprendizagem, maior é sua provável influência no desempenho dos alunos" (*Robinson et al.*, 2018, p. 23).

Essa gestão de alto impacto deve tornar a escola e as aulas convidativas para estudantes e professores se dedicarem à aprendizagem, ao crescimento, ao bem-estar, ao respeito por si mesmo e ao respeito pelos outros. Deve se concentrar totalmente no objetivo principal de ensinar, visar à aprendizagem, ter uma visão clara sobre o tipo de aprendizagem que espera e promover objetivos adequadamente desafiadores para os professores e seus alunos. Isso geralmente requer pessoas dispostas a desafiar o *status quo*.

Esse alto senso de propósito moral é perceptível a todos e é a base da construção de confiança nas relações, assim como o conhecimento dos gestores, o ensino e as práticas de avaliação. Essas qualidades de liderança se traduzem em estabelecer critérios claros de sucesso, especialmente para educadores; saber como aprimorar os objetivos mais críticos e desafiadores; apoiar professores com estratégias de alta probabilidade e bem implementadas; estabelecer boas expectativas sobre o desenvolvimento dos alunos e atendê-las, para que todos obtenham pelo menos um ano de progresso na aprendizagem.

Uma gestão escolar de alto impacto conhece, pode criar e apoiar as condições de trabalho para que essas expectativas se concretizem. Garantem um ambiente ordenado e solidário, aproveitam o tempo de ensino e de aprendizagem, reduzem a pressão e as interrupções externas e estabelecem um ambiente organizado e favorável dentro e fora das salas de aula ($d = 0,49$). Isso pode estimular intelectualmente os professores a maximizarem o impacto, buscarem por inovações de impacto de alta probabilidade ($d = 0,64$) e estabelecerem um ambiente seguro para que analisem, questionem e apoiem o trabalho de outros professores a fim de atingirem o objetivo de impacto juntos. O foco é na aprendizagem, e todos os educadores podem colaborar significativamente, atingindo a eficácia coletiva (ver Capítulo 12).

Um dos fatores críticos de implementação é construir o coletivo (deixando de lado a ideia de que uma pessoa só vai salvar e resolver tudo). Isso inclui ter uma organização coletiva ($d = 0,35$), promover e participar da aprendizagem e do desenvolvimento de professores ($d = 0,91$). Envolve, também, planejar, coordenar e avaliar o ensino e o currículo; por exemplo, envolver-se diretamente no ensino passando nas salas de aula regularmente, conversando com os professores e dando-lhes *feedback* ($d = 0,74$). Por fim, envolve alinhar a escolha e a alocação de recursos estratégicos às metas prioritárias de ensino ($d = 0,60$) — todos efeitos de *Robinson *et al.* (2008). *Sun e Leithwood (2012) também notaram um efeito de 0,35 na construção de uma organização escolar colaborativa.

Um dos temas menos explorados sobre a gestão escolar é a habilidade de implementar iniciativas e avaliá-las. Se a gestão escolar monitorar a eficácia das práticas escolares e seu impacto na aprendizagem dos alunos ($r = 0,56$), a implementação é fundamental. Por um lado, uma implementação ruim pode arruinar o ambiente escolar, porque pode levar à desconfiança e à confusão. Por outro lado, uma implementação positiva pode unir a equipe e criar eficácia coletiva. Muitos gestores escolares enfrentam desafios ao tentar implementar mudanças eficazes, principalmente devido à falta de modelos ou estudos disponíveis para orientá-los (ao contrário das áreas de administração, engenharia e medicina) (ver Hamilton *et al.*, 2022).

Mas os docentes aceitam essa noção de liderança? Moir, Hattie e Jansen (2014) entrevistaram professores do ensino médio e questionaram o que eles consideravam uma liderança eficaz. Os professores identificaram os chefes de departamento como sendo seus gestores mais influentes, mais do que o diretor. Eles descreveram gestores eficazes como aqueles que constroem relações positivas, comunicam-se de forma eficaz, lideram pelo exemplo e apoiam os educadores. O tema principal era que eles preferiam líderes transformacionais, que os entendem e respeitam, além de preservarem sua autonomia sobre o modo de ensinar. Para esses professores do ensino médio, gestores eficazes se envolvem menos na eficácia coletiva, na interpretação de evidências e na promoção de altas expectativas. Mesmo pequeno, esse estudo sugere por que pode ser tão difícil implementar uma gestão de alto impacto: exige construir confiança, apreciar e conhecer o conteúdo e os currículos para fundamentar o discurso e o impacto, bem como requer experiência e compromisso, em longo prazo, de focar não apenas nos debates sobre ensino, recursos e condições nas escolas, mas também na análise do impacto de todos esses aspectos na aprendizagem dos alunos.

Efeitos relacionados ao ambiente escolar

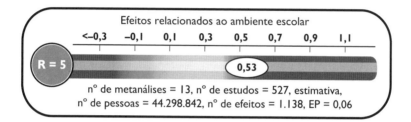

*Bulris (2009) relatou um efeito de $d = 0,74$, e *Bektas et al. (2015) relataram $d = 0,47$ entre cultura escolar e desempenho. *Scheerens et al. (2013) investigaram muitos fatores do ambiente escolar, e os maiores efeitos foram ambiente organizado, oportunidade de aprender, tempo de aprendizagem eficaz e foco no desempenho em toda a escola. Contudo, o efeito foi muito baixo para fatores como consenso e coesão entre os funcionários, presença ou ausência de deveres de casa, envolvimento dos pais e diferenciação.

A partir de estudos turcos, *Kocyigt descobriu um efeito de $d = 1,12$ do ambiente no desempenho, com o maior impacto em percepção da cultura, gestão colaborativa, desenvolvimento de programas, apoio entre os colegas e propósitos em comum. Também da Turquia, *Karadağ et al. (2016) relataram um efeito ($d = 0,36$) no ambiente desenvolvido pela gestão escolar sobre o desempenho. Eles notaram que os maiores impactos são apoio, comunicação, confiança e respeito desenvolvidos com foco na continuidade de aprender e ensinar, bem como no estabelecimento de relações intencionais, positivas e confidenciais entre gestores escolares, colegas e outros envolvidos.

Em relação à universidade, *Credé e Niehorster (2012) mostraram que o maior impacto na média dos alunos (grau de adaptação às demandas acadêmicas refletido em sua postura em relação ao curso) é o seu envolvimento com material e a adequação do seu empenho nos estudos ($r = 0,39$), depois o vínculo institucional (grau de identificação e ligação com a comunidade escolar, $r = 0,19$). São aspectos do sentimento de pertencimento (ver Capítulo 8). Houve efeitos semelhantes para a adaptação pessoal e emocional ($r = 0,17$) e a adaptação social ($r = 0,11$). Segundo os autores, esses dados mostram a importância das estratégias de enfrentamento e do apoio social para que os estudantes se adaptem à universidade.

> A ideia de enfrentar uma situação envolvendo-se com o problema (especialmente um enfrentamento proativo) foi, de certa forma, relacionada positivamente à adaptação. Em contrapartida, relações negativas de força semelhante foram encontradas para abordagens de enfrentamento evitativas. [...] O apoio social dos colegas foi mais relacionado positivamente à adaptação social, enquanto o apoio do corpo docente e da instituição foi mais relacionado positivamente à adaptação acadêmica e ao vínculo institucional (*Credé; Niehorster, 2012, p. 157).

Efeitos relacionados à escola

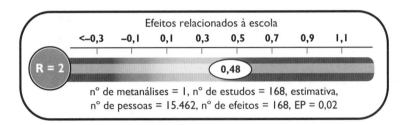

Discute-se se a variação no desempenho pode ser atribuída às diferenças entre as escolas. Rutter *et al.* (1979) observaram que boas escolas tendem a diferir nas atitudes de seus funcionários e alunos — e, portanto, em seu ambiente ou no clima geral — em comparação a escolas não tão boas. Não houve variação em relação ao gasto geral por aluno, à idade dos prédios, ao espaço disponível, ao número de livros na biblioteca, à proporção professor-aluno, ao tamanho das turmas e às qualificações dos educadores. O que importa, afirmaram Rutter *et al.* (1979), é o sucesso acadêmico, com boas expectativas, objetivos educacionais claros, organização bem-estabelecida, aprendizagem ativa e abordagem focada em tarefas significativas.

A variação entre escolas diferentes costuma ser muito menor do que a variação dentro das escolas, mesmo se adaptarmos ao *status* socioeconômico dos alunos. No entanto, isso pode variar de acordo com o país (Konstantopoulos, 2006). Por exemplo, Lietz (2009) usou os dados da avaliação nacional australiana para mostrar que cerca de 20% das diferenças no desempenho de alunos de 15 anos estão entre escolas diferentes, enquanto cerca de 80% estão entre os estudantes dentro da mesma escola — resultado semelhante ao do Canadá, do Reino Unido e da Nova Zelândia, mas muito maior do que o da Finlândia (cerca de 5% de variação entre escolas) e menor do que o da Alemanha (52% de variação entre escolas).

Existem diversos modelos para abordar a variação atribuída às diferenças entre escolas, e eles podem variar dependendo se consideram as diferenças nas características de admissão dos alunos em cada escola, se focam no desempenho ou nos ganhos de aprendizagem (novamente com ou sem controles contextuais). Os efeitos oscilam em torno de 18 a 25% no geral, e metade disso quando se ajustam às diferenças na entrada dos alunos (*Sheerens; Bosker, 1997). O efeito é maior para matemática e medidas compostas de desempenho escolar do que para linguagens. É maior para escolas de ensino médio do que para escolas de ensino fundamental. Pode haver variações consideráveis nessas estimativas. Por exemplo, em ciências, a média é de cerca de 30% entre 69 países e cerca de 70% dentro do mesmo país, mas observe as estimativas entre escolas para diferentes países: Islândia (4%), Finlândia e Noruega (8%), em comparação com Austrália (25%), Hong Kong (22%), Nova Zelândia (21%), Estados Unidos (21%) e o maior efeito para os Países Baixos (65%), Bulgária (59%) e Hungria (57%).

Marks (2015, 2021) descobriu que a estimativa entre escolas australianas era de 18%, caindo para 11% quando se considera a origem socioeconômica dos alunos. Isso significa, por exemplo, usando as escalas de avaliação nacionais (cujas notas variam de 200 a 700), que uma diferença de apenas cerca de 25 pontos separa as escolas do topo das do fundo do *continuum* de efeitos escolares, com o efeito (não surpreendentemente, dada sua baixa magnitude) oscilando ao longo dos anos (Timmermans; van der Werf, 2017). *Lloyd e Schachner (2021) estimaram um efeito de 0,17 na variação entre escolas, Jennings *et al.* (2015) de 0,14 e Deming (2014), cerca de 0,10.

Entre os estudos mais sistemáticos sobre o tamanho desse efeito escolar está a metanálise de *Scheerens e Bosker (1997). Eles usaram uma modelagem linear hierárquica com base em 168 estudos e descobriram que, em média, as escolas respondem por 19% das diferenças de desempenho entre os alunos e 8% quando se ajustam às diferenças iniciais entre eles. O efeito da escola foi maior em matemática do que em linguagens, e os países menos desenvolvidos tiveram maior variação entre escolas do que os países ocidentais. Eles também concluíram que "as escolas são mais importantes para estudantes desfavorecidos e/ou inicialmente com baixo desempenho" (*Scheerens; Bosker, 1997, p. 96). Concluo que passamos muito tempo debatendo diferenças entre escolas, enquanto nosso foco deve estar nas diferenças que há dentro de uma escola.

CONCLUSÕES

Nós não criamos o futuro de nossos alunos; eles que criam.

Um dos principais objetivos da educação é formar o aluno para se tornar professor de si mesmo, porque isso aumenta a probabilidade de que ele esteja mais bem informado para escolher o que aprender, saber como aprender, sentir curiosidade pelo conteúdo e analisá-lo, além de aprender a envolver outros nesse processo de aprendizagem. O que realmente importa é como os recursos são utilizados dentro da escola, qual é o *ethos* promovido pelos gestores escolares e qual é a *expertise* tanto dos gestores escolares quanto dos professores.

O ambiente da escola deve ser convidativo para os alunos irem, estarem e aprenderem. Deve transmitir equidade, previsibilidade, oportunidades de aprendizagem e excelência.

O que importa são gestores que possam desenvolver um discurso em comum com toda a escola, maximizando o impacto sobre os alunos; que tenham um propósito moral e conhecimento sobre o impacto desejado em toda a escola; que tenham altas expectativas e promovam objetivos desafiadores para todos; que forneçam processos e estruturas de apoio para realizar esse trabalho; que sejam proficientes em liderar o coletivo para maximizar esse impacto; e que saibam como implementar, avaliar e melhorar efetivamente as intervenções na escola e nas turmas.

Não se trata de carisma e charme, mas de competência para identificar preocupações de forma confiável, lidar com problemas difíceis, gerar confiança e desenvolver um coletivo para todos nas escolas, garantindo que cada criança tenha mais de um ano de progresso com a intervenção de um ano (e tornando esse objetivo concreto).

Um papel importante dos gestores é desenvolver, estimar e reforçar a cultura, o ambiente e o impacto coletivo para que todos os educadores e estudantes se sintam convidados a prosperar e aprender.

A maior fonte de variações está dentro da mesma escola, não entre escolas diferentes, na maioria dos países ocidentais.

Nós não criamos o futuro dos nossos alunos; eles criam. Tenho certeza de que meus pais disseram que o mundo seria diferente quando eu crescesse, que haveria empregos inimagináveis hoje e que seria necessária apenas uma pequena mudança no que eles aprendiam na escola (e meus avós falaram o mesmo para eles). As escolas, antes e agora, não funcionam isoladas da sociedade. Elas podem incutir valores que queremos que nossos filhos sigam, mas não há garantias. Um dos principais objetivos da educação escolar é educar os alunos para que se tornem professores de si mesmos, para que saibam escolher o que aprender, como aprender, ter curiosidade, analisar o conteúdo e aprender como envolver outras pessoas nessa aprendizagem. Mas ser professor de si mesmo também envolve as questões morais dos propósitos da escola, que precisam de um debate contínuo.

Ao longo deste capítulo, foram apresentadas considerações sobre as fontes da variação entre escolas. Visite a escola de uma área pobre da cidade e veja se ela se parece com a escola de um bairro mais abastado. Pergunte se a pobreza fica do lado de fora dos portões da escola, observe as diferenças de recursos e questione os pais sobre suas opiniões em relação às discrepâncias entre as escolas. Muitas vezes, as respostas estão relacionadas ao modelo de ensino, à estrutura, ao tamanho e à semelhança com suas aspirações étnicas e socioeconômicas. Observe como os formuladores de políticas continuam inventando novos modelos de escola e logo descobrem que são simplesmente escolas. Uma descoberta importante ao longo deste capítulo é que o que acontece dentro de uma escola é muito mais poderoso do que as diferenças entre as escolas. No entanto, enquanto os especialistas em política e os pais se preocupam com as diferenças entre elas, eles desviam a atenção de onde deveríamos realmente estar investindo nosso tempo, energia e *expertise*.

A solução comum proposta para resolver problemas costuma ser simplesmente investir mais dinheiro, sem considerar necessariamente se essa é a melhor abordagem ou como o dinheiro será usado de forma eficaz. O que importa é como os recursos são usados, qual é o *ethos* dentro da escola e qual é a *expertise* de gestores e professores. O que importa é a escolha do professor, não a escola. Isso também não significa que as escolas precisem urgentemente de uma grande mudança na qualidade dos prédios escolares (isso custa dinheiro), na capacidade de atrair muita *expertise* e excelentes gestores. No sul da Austrália, por exemplo, atribuem-se recursos financeiros extras às escolas carentes para que possam anunciar vagas específicas para professores altamente qualificados ou gestores, os quais mantêm o aumento salarial enquanto permanecem naquela escola. Isso possibilita uma redistribuição eficiente de *expertise* por todo o sistema. O dinheiro é importante? Sim, se a redução das desigualdades nos resultados escolares for importante; sim, se o investimento na *expertise* dos professores for importante; sim, se focarmos em investir tempo na eficácia coletiva dos educadores e no desenvolvimento profissional; e sim, se investigarmos como é gasto de forma sábia para melhorar o ensino.

Para garantir que as escolas ofereçam educação de alta qualidade, é válido confiar nos modelos, porém é essencial conferir se eles funcionam. Além disso, é importante recompensar instituições que oferecem ensino de alta qualidade com autonomia conquistada para continuar gerando um impacto positivo significativo. Em vez disso, adoramos inventar novos nomes e tipos de escolas; classificar os alunos com base em suas habilidades, gênero, duração do ano letivo, religião; mexemos nos calendários escolares; e consolidamos escolas. Em seguida, permitimos que os pais escolham as escolas, criando uma dinâmica de competição entre elas para serem consideradas as melhores. Idealmente, a escola do bairro deveria ser a melhor da região, e a segunda melhor seria a escola mais próxima. Porém, muitos pais escolhem uma escola com base no quanto os alunos são "como seus filhos" e de quem eles querem que seus filhos sejam amigos.

Em muitas escolas, o *apartheid* está vivíssimo. Ao caminhar pelos corredores, é possível notar claramente diferenças na composição racial entre os alunos, bem como observar a formação de grupos de amizade no pátio. É crucial saber se a escola promove a diversidade racial, de gênero, cultural e de habilidades, conversando diretamente com os alunos. O ambiente escolar deve ser convidativo para todos, onde se sintam bem-vindos e tenham oportunidades iguais de aprendizagem e excelência (Purkey; Novak; Fretz, 2020). O ambiente escolar precisa exalar equidade, previsibilidade, oportunidade de aprender e excelência.

Onde há efeitos estruturais, geralmente há um indicador de preocupação mais profunda. Por exemplo, o número de alunos no ensino médio parece ter importância, o que é intrigante, pois não é o tamanho da escola, em si, que importa, mas as oportunidades e as limitações associadas a ele. O que importa é a oportunidade de oferecer um conjunto essencial de disciplinas, em vez de disciplinas eletivas que separam os estudantes em diferentes grupos. A educação infantil precisa abordar o desenvolvimento da linguagem e a curiosidade da criança em compreender o mundo, explorar padrões e números e aprender a minimizar distrações. No entanto, o começo mais importante precisa ser impulsionado e ampliado. Isso requer a intenção de ensinar, o desenvolvimento de habilidades para colaborar com outros e *expertise* em educação. Criar um ambiente acolhedor é uma das principais responsabilidades dos gestores em toda a escola.

Os gestores precisam desenvolver um discurso em comum sobre todos na escola, maximizando seu impacto nos estudantes; ter um propósito moral e conhecimento sobre o impacto desejado; ter boas expectativas e promover metas desafiadoras para todos; fornecer processos e estruturas de apoio para fazer esse trabalho; ser proficientes em liderar o coletivo para maximizar o impacto; e saber como implementar, avaliar e melhorar com eficácia as intervenções na escola e nas turmas. Precisa haver competência para identificar preocupações de forma confiável, lidar com problemas difíceis, gerar confiança e desenvolver um coletivo para todos nas escolas, garantindo que cada criança ganhe mais do que um ano de progresso para cada ano de intervenção.

Na conferência anual sobre a aprendizagem visível em Denver, em 2022, abordamos as 10 estruturas mentais sobre cultura e ambiente escolar.

Equidade

1. Descobrir, corrigir e eliminar as desigualdades.
2. Abraçar diversas culturas e identidades.
3. Reconhecer e eliminar vieses.
4. Criar oportunidades equitativas e eliminar barreiras às oportunidades.

Identidades

5. Cultivar ambientes fortalecedores e sustentáveis para todas as identidades.
6. Reconhecer, afirmar e abraçar as identidades de todos os alunos.
7. Remover barreiras à aprendizagem dos alunos, incluindo aquelas relacionadas à identidade.

Pertencimento

8. Esforçar-se para que todos se sintam convidados a aprender.
9. Valorizar o engajamento na aprendizagem.
10. Colaborar para aprender e prosperar.

REFLEXÕES

1. Com base na primeira seção e na parte sobre os propósitos da educação, pense se é necessário revisar o equilíbrio no ensino entre fazer os alunos adquirirem conhecimento e fazê-los usarem o conhecimento, estabelecendo relações entre ideias e entre o que sabemos e o que não sabemos. É o uso, a crítica e a interpretação do banco de conhecimento, não sua presença, que precisam ser o valor da educação escolar.

2. Existe um conjunto de aspectos que você deseja desenvolver em sua escola? Os pais e os alunos concordam com eles?

3. Podemos usar os cinco principais atributos de gestores eficazes como um meio de garantir que as implicações sejam incluídas nas políticas escolares, tanto na retórica quanto na realidade? Leia toda a seção sobre as influências da gestão escolar para descobrir o que precisamos enfatizar, o que precisamos deixar de lado e o que precisamos analisar em nossa gestão.

4. Discuta: os gestores precisam saber o que significa ser um bom professor (de preferência, eles mesmos devem ter sido) e sentir isso, ajudando no crescimento, valorizando e promovendo ótimos educadores.

5. Avalie sua escola usando as 10 estruturas mentais de cultura e ambiente escolar. Em seguida, elabore estratégias para aprimorar esses aspectos. Não deixe de perguntar aos alunos a opinião deles como parte de sua avaliação.

8

Efeitos da sala de aula

A estrutura e o ambiente das turmas estabelecem o cenário para o que acontece nelas. As diversas influências são acaloradamente debatidas, e professores, estudantes e pais aguardam a cada ano a designação de turmas maiores ou menores, de nível mais alto ou mais baixo, regulares ou especiais, na esperança de encontrar alunos engajados e bem-comportados, além de amigos. O desejo é que a turma tenha coesão social, excelente gestão, comportamento disruptivo mínimo, alto nível de amizade e sem a presença de *bullying*, além de intervenções e aconselhamento apropriados para aqueles que necessitam ou que apresentam maior probabilidade de afetar os colegas.

Existem três categorias principais de efeitos das turmas: a composição, a gestão e o ambiente da sala de aula (Tabela 8.1).

Os maiores efeitos da sala de aula estão relacionados à coesão de aula, à gestão, às relações professor-aluno, à amizade e ao sentimento de pertencimento (Tabela 8.2). Os efeitos mais baixos estão relacionados aos aspectos mais estruturais das turmas: abertas *versus* tradicionais, agrupamento por habilidades ou desempenho, redução do tamanho das turmas e agrupamento de salas de aula. Os efeitos mais negativos são *bullying*, retenção, sensação de não gostar, dependência excessiva do professor, suspensão e expulsão.

TABELA 8.1 Resumo dos dados das três principais influências da sala de aula

Sala de aula	Nº de meta-análises	Nº de estudos	Nº total	Nº de efeitos	Tamanho de efeito ponderado	Erro padrão (EP)	Robustez
Efeitos da composição da turma	57	1.970	5.593.250	4.870	0,19	0,06	3
Gestão da sala de aula	33	1.588	411.706	5.929	0,24	0,07	3
Ambiente da sala de aula	30	1.194	4.681.462	7.890	0,24	0,03	3
Total/média	120	4.752	10.686.418	18.689	0,23	0,06	3

TABELA 8.2 Dados resumidos das várias influências da escola e da sociedade

Efeitos da composição da turma	N° de me-tanálises	N° de estudos	N° total	N° de efeitos	Tamanho de efeito ponderado	EP	Robustez
Redução no tamanho das turmas	9	181	570.652	1.242	0,17	0,06	4
Salas de aula abertas *versus* salas de aula tradicionais	4	315	28.992	333	0,02	0,03	3
Agrupamento por habilidades em turmas diferentes	14	469	43.166	1.136	0,09	0,05	4
Interrupção do agrupamento por habilidades	1	15	15.577	22	0,09	0,08	2
Agrupamento na turma	3	144	28.662	209	0,16	0,08	3
Aprendizagem em pequenos grupos	7	197	18.755	278	0,46	0,07	3
Turmas multisseriadas/multietárias	2	67	6.167	45	–0,01	0,08	2
Integração/inclusão	11	445	4.868.670	1.189	0,52	0,07	5
Agrupamento por habilidades de estudantes superdotados	6	137	12.609	416	0,21	0,06	3
Gestão da sala de aula	**N° de me-tanálises**	**N° de estudos**	**N° total**	**N° de efeitos**	**Tamanho de efeito ponderado**	**EP**	**Robustez**
Gestão da sala de aula	4	179	16.247	84	0,43	0,09	3
Intervalos escolares	1	18	1.657	18	0,16	0,02	1
Bullying	5	81	290.204	84	–0,28	0,07	3
Diminuição do comportamento disruptivo	2	140	5.940	315	0,82	0,03	3
Suspensão/expulsão de estudantes	1	24	7.579	42	–0,20	0,08	2

(Continua)

TABELA 8.2 Dados resumidos das várias influências da escola e da sociedade *(Continuação)*

Gestão da sala de aula	N° de metanálises	N° de estudos	N° total	N° de efeitos	Tamanho de efeito ponderado	EP	Robustez
Tratamento medicamentoso para transtorno de déficit de atenção/hiperatividade (TDAH)	10	476	28.609	1.875	0,30	0,06	4
Programas de intervenção para TDAH	5	350	32.213	3.224	0,44	0,24	4
Efeitos do aconselhamento	5	320	29.256	287	0,29	0,08	3
Ambiente da sala de aula	**N° de metanálises**	**N° de estudos**	**N° total**	**N° de efeitos**	**Tamanho de efeito ponderado**	**EP**	**Robustez**
Ambiente da sala de aula	3	80	582.941	761	0,29	0,02	4
Forte coesão na sala de aula	2	76	11.187	438	0,66	0,08	3
Relações professor-aluno	5	428	590.784	1.718	0,62	0,04	5
Apoio professor-aluno	1	93	8.560	93	0,32	0,05	2
Dependência professor-aluno	1	8	3.808	8	−0,24	0,04	1
Amizade	3	60	5.522	229	0,35	0,05	2
Pertencimento	3	97	78.931	174	0,46	0,08	3
Antipatia	1	5	1.776	5	−0,26	0,08	1
Idade relativa na turma	1	8	3.347.259	8	0,45	0,00	2
Repetência	10	339	50.694	4.456	−0,24	0,04	5
Total/média	119	4.659	10.677.858	18.596	0,22	0,04	3

EFEITOS DA COMPOSIÇÃO DA TURMA

Redução no tamanho das turmas

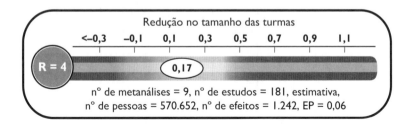

A questão do tamanho da turma gera mais discussão do que qualquer outra. Já recebi *e-mails* de ódio, de descrença, além de assédio e vaias. O que mais ouço são "claro que o tamanho da turma importa" e "o tamanho da turma afeta minha carga de trabalho e níveis de estresse", sendo muitas vezes convidado para dar aula para uma turma de 30 alunos do 9º ano em uma sexta-feira à tarde (e sim, já fiz isso várias vezes). Então, para ser claro, um efeito geral de 0,18 em oito metanálises significa simplesmente que a redução do tamanho da turma melhora o desempenho. Simples. Nunca disse "o tamanho da turma não importa", mas expressei surpresa por um fator tão óbvio ter uma influência tão baixa. Certamente, se a redução do tamanho da turma cumpre todas as alegações atribuídas a ela, o tamanho do efeito deveria ser maior.

Blatchford e Russell (2020) oferecem o melhor panorama desse tema. Seu livro faz uma análise profunda para compreender as nuances, os dilemas, os argumentos e os fatores moderadores. Assim como eu, o apelo deles é entender melhor as dinâmicas em turmas pequenas e turmas grandes, a fim de explicar a influência relativamente baixa de uma intervenção com um custo tão alto. Eles examinaram os efeitos do tamanho da turma em diversos resultados, exploraram como a redução no número de alunos influencia os processos em sala de aula e, por fim, concentraram-se em como aproveitar ao máximo as reduções ou alterações nesse aspecto para melhorar o desempenho dos estudantes.

Eles não conseguiram encontrar efeitos não lineares, como efeitos maiores quando o tamanho das turmas é reduzido abaixo de 20 alunos (como relatado por *Glass e Smith, 1979), embora *Bowne *et al.* (2017) tenham investigado os efeitos do tamanho das turmas na educação infantil e encontrado um efeito não linear. Para razão criança-professor de 7,5:1 e inferiores, a redução dessa razão em uma criança por professor previu um tamanho de efeito de $d = 0,22$. Para turmas menores de 15, uma criança a menos previu um tamanho de efeito de 0,10. No entanto, nenhuma relação perceptível foi encontrada para turmas e proporções entre crianças e professores maiores. Eles concluíram que "o tamanho da turma e a razão entre crianças e professores precisam ser muito pequenos para facilitar interações de maior qualidade no nível necessário para gerar aumentos modestos nos resultados cognitivos e de desempenho da criança" (*Bowne *et al.*, 2017, p. 422; ver também *Perlman *et al.*, 2017). Uma turma menor pode ter efeitos positivos ao reduzir faltas frequentes, além de potencialmente diminuir a propensão de evasão escolar (Tran; Gershenson, 2021).

Ao investigarmos os efeitos do que acontece em sala de aula, é possível observar alguns resultados importantes. Em turmas menores, há um aumento (embora não significativo) da atenção individualizada e da interação entre professor e aluno. Além disso, os estudantes se tornam menos passivos (Finn; Cox, 1992). No entanto, mesmo em turmas menores, o ensino para toda a turma e o trabalho individual ainda predominam. Reduzir o tamanho da turma, por si só, não é suficiente para garantir um ensino eficaz e, consequentemente, uma aprendizagem efetiva.

> Os professores nem sempre mudam a maneira de lecionar quando se deparam com turmas menores, mesmo que eles tenham a sensação de estarem mudando [...] reduzir o número de alunos em uma turma pode não ser suficiente para que os professores modifiquem significativamente o currículo e o estilo de ensino (Blatchford; Russell, 2020, p. 298).

Uma resposta típica a esse efeito menor do que o esperado da redução do tamanho da turma é notar que muitas das influências mais poderosas identificadas neste livro poderiam ser mais eficazes se as turmas fossem menores. Com turmas menores, argumenta-se, poderia haver mais *feedback*, mais interação com os alunos e entre pares, mais diagnósticos, e assim por diante. No entanto, as evidências indicam que, quando as turmas são menores e essas influências são de fato implementadas, ainda não há uma grande diferença nos resultados dos alunos. Talvez seja necessária a formação profissional para se adaptar ao ensino em turmas menores como forma de otimizar mais plenamente os benefícios declarados. Parece que os efeitos da redução do tamanho da turma podem ser maiores nas condições de trabalho dos professores (Smith e Glass (1980); $d = 0,49$ sobre carga de trabalho, moral e atitudes em relação aos alunos), o que pode ou não se traduzir em efeitos na aprendizagem.

Os efeitos da redução do tamanho das turmas no desempenho escolar são relativamente pequenos em comparação com todos os efeitos e aproximadamente médios nos efeitos da sala de aula. Conforme descrito em Blatchford e Russell (2020), precisamos de investigações mais sofisticadas sobre as influências do tamanho das turmas nas práticas de sala de aula, nos métodos de ensino e em mais do que resultados acadêmicos. Também observo o aumento do número de adultos nas aulas, como auxiliares pedagógicos, além da empolgante possibilidade de turmas de 80 a 90 alunos em uma sala com três professores trabalhando juntos. Há muitas comparações a serem feitas sobre a proporção de adultos em relação aos estudantes, e precisamos entender melhor esses efeitos nos alunos.

Salas de aula abertas *versus* salas de aula tradicionais

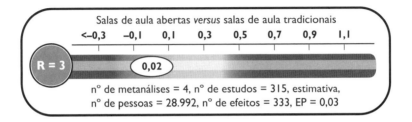

As quatro metanálises são bastante datadas e vêm de uma época em que o debate sobre salas de aula abertas *versus* salas de aula fechadas estava mais em voga. Meus próprios filhos frequentaram uma escola aberta nos Estados Unidos (Carolina do Norte), mas a sala não tão aberta, pois os professores usavam estantes de livros, armários de arquivo e vasos de plantas para criar seus próprios espaços. A conclusão dessas metanálises mais antigas é que, sim, espaços abertos são evidentes, mas poucos princípios de ensino aberto existem. Não é surpresa que os efeitos gerais sejam zero.

Mais recentemente, a discussão mudou para os ambientes inovadores de aprendizagem (AIAs), que incluem muito mais do que a forma ou o tamanho da sala de aula. É central para essa noção a ideia de que a natureza do ensino e da aprendizagem precisa estar alinhada com as oportunidades proporcionadas pelo espaço (Byers *et al.* (2018); veja legacy.iletc.com.au/). Os AIAs buscam ir além da transmissão de conhecimento e incluem colaboração, comunicação, pensamento crítico, criatividade, cidadania e formação de caráter (Fullan; Langworthy, 2014).

Murphy (2020) demonstrou que a maneira como os professores pensam sobre seu trabalho difere em AIAs. Nesses ambientes, eles têm maior probabilidade de apresentar mentalidades como: "Eu não apenas falo, mas também converso", "Eu foco no aprendizado e na abordagem da aprendizagem", "Eu dou e ajudo os alunos a entenderem o *feedback*" e "Eu colaboro com meus colegas". Seus estudos mostraram que essas mentalidades decorrem do fato de o ambiente físico possibilitar interações mais regulares, reflexões críticas e discussões sobre avaliação com colegas que compartilham o ensino dos alunos. Byers *et al.* (2018) conduziram uma revisão sistemática de pesquisas mais recentes sobre AIAs, e o efeito médio foi $d = 0{,}31$, mas com base em apenas quatro estudos. Eles observaram que a pesquisa contemporânea parece repetir os erros da pesquisa de plano aberto da década de 1970, na qual a quantidade e a qualidade dos estudos eram ruins, os desejos e as afirmações superavam as evidências, havia muito foco no ambiente e não na interação dos métodos de ensino e do ambiente. Por isso, não é surpreendente que poucos tenham se convencido a aproveitar as oportunidades oferecidas pelos AIAs.

Agrupamento por habilidades/desempenho em turmas diferentes

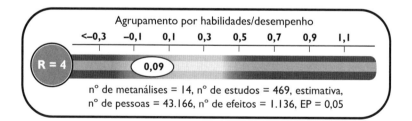

Agrupar turmas por habilidade continua sendo uma prática popular em todo o mundo, especialmente em aulas de matemática. Por exemplo, a Organização para a Cooperação e Desenvolvimento Econômico (OCDE) (2010) relata que 46% dos alunos em países da OCDE são agrupados por habilidades em turmas diferentes, e 75% têm aula em pelo menos uma disciplina em uma turma com agrupamento por habilidades na Austrália, Canadá, Hong Kong, Irlanda, Israel, Malta, Nova Zelândia, Cingapura, Tailândia, Reino Unido, Estados Unidos e Vietnã.

Os resultados podem ser amplamente agrupados em efeitos de desempenho e efeitos de equidade. *Steenbergen-Hu *et al.* (2016) analisaram 13 metanálises que demonstraram que os alunos não se beneficiam do agrupamento entre diferentes turmas (0,03). Além disso, o efeito não variou para alunos com altas habilidades (0,06), médias habilidades (−0,04) ou baixas habilidade (0,03). A diferenciação por habilidade/desempenho tem impacto mínimo na aprendizagem; ninguém se beneficia. Os efeitos gerais em matemática e leitura também foram baixos (leitura, $d = 0,00$; matemática, $d = 0,02$), e os efeitos na autoconfiança dos alunos ficaram próximos a zero. Castejón e Zancajo (2015) observaram uma relação negativa entre o nível de motivação dos estudantes e o grau em que os sistemas os classificam e os agrupam por habilidades. Por que persistimos com uma intervenção que se mostra comprovadamente ineficaz? Quem se beneficia? Com certeza, não os alunos.

Os efeitos sobre os resultados de equidade são mais profundos e negativos. O estudo aprofundado mais influente sobre ensino e aprendizagem em turmas agrupadas por habilidade é *Keeping Track: How Schools Structure Inequality,*[1] de Oakes (2005). Esse estudo foi baseado em uma análise qualitativa intensiva de 25 escolas de anos finais do ensino fundamental e do ensino médio. A principal descoberta foi que muitas das turmas agrupadas em níveis de habilidades mais baixos são ambientes sem vida e não educacionais. Oakes (1992, p. 13) concluiu que "[...] a melhor evidência sugere que, na maioria dos casos, o agrupamento falha em promover os resultados que as escolas valorizam". O agrupamento por habilidades incentiva redes de amizade baseadas no grupo que os alunos pertencem, os quais podem contribuir para a polarização de atitudes entre os estudantes do ensino médio em relação ao nível da turma. Alunos de turmas avançadas tendem a ficar mais entusiasmados, enquanto os de turmas baixas se sentem mais alienados (Oakes; Gamoran; Page, 1992). Oakes (1992) comentou que a segregação por habilidade/ desempenho limita as oportunidades educacionais, as realizações e as chances de vida dos alunos. Estudantes fora das turmas mais avançadas recebem menos desafios intelectuais, têm salas de aula menos envolventes e menos apoio, além de terem menos professores bem qualificados. Shanker (1993), na época presidente da American Federation of Teachers, comentou a pesquisa de Oakes de forma mais direta: "Crianças nessas turmas [de nível mais baixo] frequentemente recebem pouco trabalho significativo; elas passam muito tempo preenchendo formulários e folhas mimeografadas. E como esperamos quase nada delas, elas aprendem muito pouco" (Shanker, 1993, p. 24). Em um estudo qualitativo semelhante, Page (1991) forneceu um relato detalhado das atividades diárias de oito turmas de baixo nível de desempenho e descobriu que professores e alunos chegaram a um entendimento tácito de não exigirem muito uns dos outros para que pudessem lidar com a situação. As turmas de nível mais baixo eram usadas como uma espécie de "quarto da bagunça" para alunos com problemas comportamentais mais graves, e os professores se concentravam em correção por meio de trabalhos repetitivos e maçantes (veja também Datnow e Park, 2018). Quando os estudantes são agrupados por habilidade/desempenho, a composição dos grupos de trabalho pode reforçar os níveis mais baixos de desempenho (Thrupp; Lauder; Robinson, 2002).

Oakes e Wells (1996) afirmaram que o agrupamento por habilidades garante a distribuição injusta de privilégios em que estudantes brancos e ricos se beneficiam do acesso a

---

[1] N. de T.: Agrupar por habilidade: como as escolas reforçam a desigualdade (em tradução livre), ainda não publicado no Brasil.

conhecimentos de alto nível, o que é negado a estudantes de baixa renda e estudantes negros. Oakes *et al.* (1990) analisaram 1.200 escolas públicas e privadas dos anos iniciais do ensino fundamental e do ensino médio nos Estados Unidos e descobriram que estudantes de grupos minoritários tinham sete vezes mais chances de serem classificados como de baixa habilidade do que de alta habilidade. As escolas que praticam o agrupamento por habilidades geralmente explicam essa subdivisão étnica referenciando o desempenho anterior e, portanto, argumentam que isso pode maximizar as oportunidades de mudar esse cenário. No entanto, ocorre o oposto: se o agrupamento por habilidades fizer com que proporcionalmente mais estudantes de baixa renda ou de grupos étnicos específicos sejam agrupados em níveis mais baixos, esse sistema poderá aumentar a segregação em termos de classe, raça e etnia.

Datnow e Park (2018) mostraram o uso questionável de dados para tomar decisões de agrupamento por habilidades/desempenho e observaram que, se essa prática continuar, haverá avaliações mais regulares (por exemplo, pelo menos três vezes por ano). Isso garantiria a todos os alunos terem oportunidades semelhantes de aprender com conteúdos desafiadores, permitindo a eles se beneficiar de qualquer nível que lhes seja atribuído e de eventuais mudanças de nível. Os autores concluíram o seguinte:

> As práticas problemáticas de agrupamento por habilidades com consequências de longo prazo continuam abundantes nas escolas e são legitimadas por dados. Na verdade, o agrupamento por habilidades permanece como uma das práticas mais persistentes nas escolas norte-americanas, apesar de uma sólida base de pesquisas que o denuncia (Datnow; Park, 2018, p. 148).

Em seu levantamento sobre políticas de agrupamento por habilidades/desempenho na Califórnia e Massachusetts, Loveless (1999) identificou contradições significativas. As escolas com baixo desempenho, recursos limitados e localizadas em zonas urbanas estão tendendo a abandonar o agrupamento por habilidades; por sua vez, escolas suburbanas, localizadas em comunidades ricas e com alto desempenho acadêmico, estão mantendo e até reforçando o agrupamento por habilidades. "Isso contraria a noção de que as elites impõem uma política contraproducente aos oprimidos da sociedade. Se o agrupamento por habilidades é uma política ruim, as elites da sociedade o estão reservando irracionalmente para seus próprios filhos" (Loveless, 1999, p. 154). Além disso, Braddock (1990) descobriu que as escolas com mais de 20% de matrículas de estudantes de grupos minoritários tinham maior probabilidade de fazer agrupamento por habilidades/desempenho do que aquelas com menos estudantes desses grupos.

Oakes, Gamoran e Page (1992) descobriram que estudantes asiáticos tinham maior probabilidade de serem designados para turmas avançadas do que estudantes hispânicos com pontuações de testes equivalentes. Um número desproporcional de alunos de baixa renda e minorias desfavorecidas ocupa as turmas de nível inferior e que não preparam para a faculdade (Hanushek; Wößmann, 2006; Oakes; Gamoran; Page, 1992). Alunos de capacidade média de famílias favorecidas têm maior probabilidade de serem designados para turmas mais avançadas devido às ações de seus pais, que muitas vezes gerenciam a escolaridade dos filhos de forma eficaz (Gamoran, 2009). Além disso, escolas com uma proporção maior de alunos de grupos minoritários e de baixa renda têm menor probabilidade de oferecer cursos de nível superior suficientes, afetando sua probabilidade de entrarem em turmas mais avançadas (Caro; McDonald; Willms, 2009; Ferrer-Esteban, 2016). Nessas escolas, os programas de turmas mais avançadas geralmente são menos rigorosos do que as turmas de nível superior em escolas com menos minorias e alunos de maior renda (Oakes; Gamoran; Page, 1992; Kalogrides; Loeb, 2013). Modica (2015) observou que o agrupamento por habilidades acadêmicas reforçava a barreira racial e fortalecia a ideia de que a branquitude e o sucesso acadêmico estão correlacionados de forma fixa e natural.

Considerando que muitos professores preferem turmas com menor variação no nível de habilidade dos alunos, isso pode reduzir as chances de sucesso na vida dos estudantes ao diminuir as expectativas (tanto dos professores quanto dos alunos). No mínimo, é necessário que haja avaliações por parte da direção da escola e de avaliadores independentes (ou sistemas de inspeção) para garantir que a designação para turmas de nível médio ou baixo seja justificável, que todos os alunos sejam expostos a grades curriculares desafiadoras e que o agrupamento por habilidades/desempenho não leve à segregação escolar. Na Itália, por exemplo, as regulamentações estipulam que todos os alunos devem ter a mesma grade curricular e a mesma qualidade e quantidade de ensino (Dupriez; Dumay; Vause, 2008; Duru-Bellat; Mingat, 1997). Parker *et al.* (2021, p. 343) demonstraram que "[...] a estratificação por habilidades cria vieses na autoimagem acadêmica das crianças no topo e na base, embora em direções diferentes. Isso ocorre em detrimento de todos os alunos".

Há um enigma adicional nesta pesquisa. As evidências empíricas levam à conclusão de que o efeito do agrupamento por habilidades/desempenho é praticamente nulo, mas a literatura qualitativa indica que pode haver diferenças significativas no ensino e na interação entre as turmas de níveis baixo e alto, sugerindo que as turmas de nível baixo são mais fragmentadas, menos envolventes e ministradas por professores menos bem qualificados. Se essas turmas de nível baixo fossem mais estimulantes, mais desafiadoras e tivessem professores qualificados, o agrupamento por habilidades poderia ser benefício para esses estudantes. Em vez da composição estrutural das turmas, parece que os fatores-chave são a qualidade do ensino, as expectativas transmitidas por professores e alunos, a grade curricular diferenciada com trabalho facilitado e desafiador, e a natureza das interações entre os estudantes.

Vamos parar seriamente de agrupar por habilidade/desempenho: nenhum aluno é o vencedor.

Interrupção do agrupamento por habilidades/desempenho

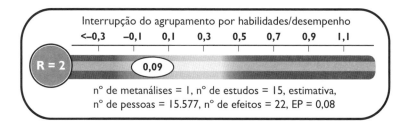

O movimento para a interrupção do agrupamento por habilidades/desempenho surgiu da preocupação com a distribuição desigual dos recursos educacionais, além da premissa de que todos os estudantes deveriam seguir uma grade curricular rigorosa. Dado o efeito zero do sistema de agrupamento por habilidades, vale a pena notar que a interrupção desse processo (parar o agrupamento por habilidades e formar turmas mais heterogêneas) tem um efeito muito maior em comparação com alunos em turmas monitoradas (*Rui, 2012). Criticamente, quase todos os efeitos positivos estão relacionados aos estudantes em turmas de nível mais baixo ($d = 0,28$), os quais são os maiores beneficiários da interrupção do agrupamento por habilidades. Os estudantes dos ensinos médio e superior não são favorecidos nem desfavorecidos.

Turmas multisseriadas/multietárias

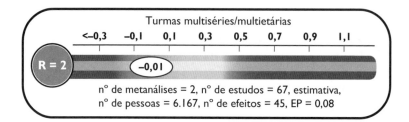

As turmas multietárias (também chamadas de multisseriadas, combinadas, com turmas divididas, agrupadas verticalmente, etárias misturadas, grupos familiares ou não seriadas) incluem alunos de mais de um nível de ensino que são ensinados na mesma sala de aula pelo mesmo professor. Elas são comuns em escolas muito pequenas, em muitos países em desenvolvimento e em situações com números desiguais de estudantes em diferentes anos. O efeito médio em três metanálises é de –0,02: não há diferença significativa.

*Veenman (1995) conduziu uma metanálise dos resultados cognitivos e afetivos de turmas multisseriadas e multietárias em escolas de ensino fundamental de diversos países, falantes e não falantes de inglês (veja também Mason e Burns, 1996; *Veenman, 1996). Analisando 34 estudos que comparavam turmas multisseriadas e com apenas um ano letivo, e 8 estudos que comparavam turmas multietárias e com apenas uma faixa etária, *Veenman (1996) não encontrou diferenças no desempenho escolar ($d = 0,00$ e $d = -0,03$ para turmas multisseriadas e multietárias, respectivamente). No entanto, identificou pequenos efeitos positivos na atitude dos alunos em relação à escola, autoconceito e adaptação pessoal, favorecendo essas turmas ($d = 0,10$ e $d = 0,15$, respectivamente). Os efeitos positivos das turmas multisseriadas foram pequenos para alunos do 1º ao 3º ano ($d = 0,06$), quase nulos do 4º ao 5º ano ($d = 0,01$) e levemente negativos do 6º ao 7º ano ($d = -0,08$). Houve algum indício de que o desempenho poderia ser prejudicado em disciplinas como ciências (tamanho médio de efeito, $d = -0,19$) e matemática ($d = -0,25$), mas não se sustentou a ideia de que poderia haver pequenos efeitos negativos em escolas nas quais fatores de seleção não estivessem presentes (por exemplo, em escolas rurais, o tamanho médio de efeito foi $d = 0,10$).

Como consequência, *Veenman (1995, p. 367) concluiu:

> [...] pais, professores e administradores não precisam se preocupar com o progresso acadêmico ou a adaptação social e emocional dos alunos em turmas multisseriadas ou multietárias. Essas turmas não são simplesmente piores nem melhores do que turmas com apenas uma série ou alunos na mesma faixa etária.

Parte da razão para esse pequeno efeito é que as oportunidades oferecidas pelo ensino em todas as séries/idades não são percebidas. *Veenman (1995) e Mason e Burns (1996) observaram que os professores raramente exploram a formatação de turmas multisseriadas ou multietárias para promover a aprendizagem entre os próprios alunos. Em vez disso, tendem a ensinar de modo distinto grades curriculares diferentes, manter os níveis de ensino e ministrar aulas separadas para cada turma de nível escolar.

Aprendizagem na turma e em pequenos grupos

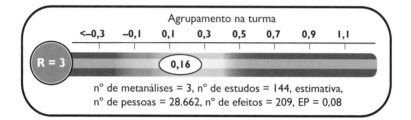

*Steenberger-Hu *et al.* (2016) concluíram a metassíntese de cinco metanálises de agrupamento na turma, com uma média de $d = 0,25$. Os efeitos foram melhores para estudantes de habilidades média alta (0,29) e baixa (0,30), e menor para estudantes de habilidade média (0,19). Os agrupamentos na turma agregam valor, e parte de seu apelo é que raramente são permanentes e geralmente são heterogêneos.

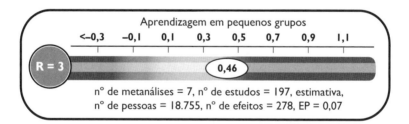

Em geral, a aprendizagem em pequenos grupos envolve a atribuição de uma tarefa a um pequeno conjunto de alunos, esperando que a concluam juntos. Os resultados de sete metanálises sobre aprendizagem em pequenos grupos variam sistematicamente entre 0,4 e 0,5, demonstrando que o uso de pequenos grupos na turma pode ser muito eficaz. *Tomcho e Foels (2012) mostraram que a utilização de pequenos grupos por um curto período é mais efetiva do que por um longo período, quando não há responsabilização do grupo, e quando a interdependência dos participantes é alta em comparação a quando é baixa. *Lou *et al.* (2001) observaram que os efeitos da aprendizagem em pequenos grupos eram significativamente reforçados quando os alunos tinham experiência ou ensino em trabalho em grupo, quando estratégias específicas de aprendizagem cooperativa eram empregadas e quando o tamanho do grupo era pequeno.

Uma mensagem consistente dos estudos sobre a eficácia dos agrupamentos na turma e em pequenos grupos é que os alunos podem precisar aprender habilidades para trabalhar em grupo, chamadas de "habilidades de eficácia coletiva do aluno" (Hattie *et al.*,

2021a). As principais habilidades relacionadas ao *eu* e a *nós*, às habilidades interpessoais. As habilidades de *eu* incluem ver a si mesmo como um estudante, não se deixar limitar por crenças sobre se alguém tem um alto ou baixo desempenho e ser capaz de se colocar no lugar dos colegas e reconhecer seus processos de pensamento e formas de compreensão. Isso envolve aceitar os outros como eles são, decodificar e entender o que os outros estão pensando e sentindo, tornando-se solucionador de problemas sociais, demonstrando empatia pelos outros e pelo humor do grupo, além de ouvir e demonstrar que ouviu os demais integrantes. O trabalho em grupo é mais bem-sucedido quando os alunos aprendem habilidades de escuta e turnos de fala (por exemplo, não sendo dominadores nem socializados para o silêncio ou a passividade), identificando, confrontando e acolhendo desafios para o sucesso, e sendo hábeis em resolução de conflitos, negociação e comunicação. As habilidades de *nós* incluem a confiança de que o grupo pode chegar a uma solução melhor do que qualquer um individualmente (incluindo você mesmo), um sentimento de confiança para que perspectivas alternativas e erros sejam vistos como oportunidades, além de habilidades para solucionar problemas em grupo.

O trabalho em grupo também requer garantir que a tarefa seja mais aberta do que fechada, permitindo múltiplas interpretações, estabelecendo critérios de êxito para os indivíduos e o grupo, e tendo critérios de avaliação que devem acolher contribuições individuais e do grupo. É importante garantir que todos os alunos tenham conhecimento, confiança e motivação suficientes para lidar com conteúdos mais complexos em grupo. Portanto, o melhor é dar um panorama do conteúdo antes de formar os grupos de trabalho. Caso contrário, muitos podem ser deixados para trás, não valorizados e sentirem-se menos capazes de contribuir.

Integração: redução no número de estudantes da educação especial

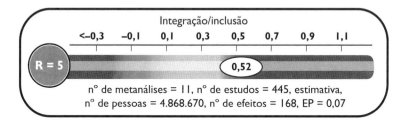

A ideia do ambiente menos restritivo para estudantes com necessidades educacionais especiais frequentemente resultou nesses alunos sendo integrados ao ensino regular, ou seja, colocados em salas de aula comuns. No entanto, o ambiente menos restritivo não significa necessariamente a integração total, mas sim a modificação de conteúdo, materiais, gestão da sala de aula, técnicas de ensino e estratégias para eles, mesmo na sala de aula regular. A inclusão total, afirmam os defensores, leva a expectativas mais elevadas por parte dos professores, mais interação entre os colegas, mais aprendizagem e maior autoestima.

Houve um significativo movimento das turmas de educação especial em relação à integração em turmas regulares entre as décadas de 1970 e 1990, e, consequentemente, a maioria das metanálises foi realizada nesse período, mostrando que, em geral, essa abordagem se mostrou mais eficaz. O efeito médio para as cinco metanálises publicadas até 2000 foi de 0,28. *Kavale e Carlberg (1980) identificaram pequenas, porém positivas, vantagens para a integração em comparação com as turmas especiais ($d = 0,12$), e um efeito semelhante foi observado para desempenho (0,15) e resultados sociais/de personalidade (0,11). *Baker (1994) relatou efeitos semelhantes ($d = 0,08$) a favor dos alunos integrados, com resultados mais positivos em matemática ($d = 0,22$) do que em leitura ($d = 0,12$). Ele também constatou efeitos similares para pessoas com deficiência intelectual ($d = 0,47$) em comparação com pessoas com transtorno de aprendizagem ($d = 0,13$), e *Wang e Baker (1985) encontraram efeitos semelhantes em vários níveis de ensino. Estudos mais recentes reforçam as vantagens das turmas regulares. *Oh-Young e Filler (2015) relataram 0,31 para resultados acadêmicos e 0,26 para resultados sociais, indicando uma vantagem para configurações mais integradas em detrimento das menos integradas. *Zumeta (2009) encontrou pequenas diferenças no desempenho acadêmico para estudantes com transtornos educados em ambientes inclusivos (0,09).

Mas como os estudantes sem necessidades educacionais especiais são afetados pela presença de estudantes com necessidades educacionais especiais? *Szumski *et al.* (2017) encontraram $d = 0,12$ em estudantes com desenvolvimento típico. Dessa forma, a presença de alunos com necessidades educacionais especiais impactou positivamente todos os alunos. Essa vantagem foi semelhante em todos os níveis de escolaridade, independentemente de as necessidades educacionais especiais serem leves ou graves. Da mesma forma, *Ahmad (2016) investigou especificamente o efeito na matemática e relatou um aumento de $d = 0,38$ para estudantes com necessidades educacionais especiais e $d = 0,81$ para aqueles sem necessidades educacionais especiais. Todos se beneficiam.

Em nosso programa de formação de professores, tiramos o foco das necessidades educacionais especiais e introduzimos um programa de intervenções de aprendizagem. Todos os alunos precisam de intervenções de aprendizagem, mas o foco deve ser coletivo, desenvolvendo suas habilidades de aprendizagem, interpessoais e de trabalho em equipe. É importante reforçar a ideia de que o que funciona melhor para todos pode não funcionar para alunos com necessidades educacionais especiais, mas o que funciona para estes tende a funcionar melhor para todos.

Como Mitchell e Sutherland (2020, p. 7) demonstraram, há "[...] poucas evidências que apoiam a noção de estratégias de ensino específicas para pessoas com necessidades educacionais especiais [...]". Em vez disso, é necessário a aplicação sistemática, explícita e intensiva de uma ampla gama de estratégias de ensino eficazes (dia a dia, minuto a minuto) nas salas de aula. Em sua principal síntese de estudos para estudantes com necessidades educacionais especiais, eles identificaram as mesmas estratégias eficazes para todos os alunos, conforme descrito neste livro: estratégias comportamentais (ensino direto, revisão e prática, avaliação formativa, *feedback*), estratégias sociais (cooperação em grupo, tutoria por pares, treinamento de habilidades sociais, ambiente de sala de aula), estratégias cognitivas (aprendizagem autorregulada, estratégias de memória, estratégias de compreensão) e estratégias mistas (tecnologia assistiva, intervenção precoce, RTL,[2] *design* universal para aprendizagem).

---

[2] N. de R. T.: Do inglês *Right-to-left* (direita-para-esquerda), estratégia relacionada à educação inclusiva e à acessibilidade, em que os *scripts*, ou interfaces, de usuários são escritos da direita para a esquerda (da mesma forma que em idiomas como árabe, hebraico e persa), em oposição à direção mais comum, da esquerda para a direita.

Agrupamento por habilidades de estudantes superdotados

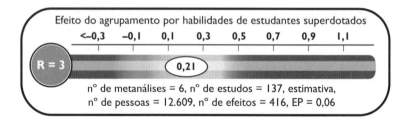

Se algum grupo de alunos se beneficia do agrupamento por habilidades, são os superdotados. Os programas em que estão inseridos geralmente envolvem um ritmo de ensino mais rápido e tarefas mais desafiadoras, dentro da mesma estrutura curricular que os alunos de média e baixa habilidades. Aqui reside uma distinção importante. Quando há uma grade curricular específica para desafiar os alunos em um nível apropriado, parece haver maior probabilidade de sucesso no engajamento e na aprendizagem (*Steenenberg-Hu *et al.*, 2016). Goldring (1990), por exemplo, descobriu que alunos superdotados, quando colocados em turmas homogêneas com uma matriz curricular desafiadora, alcançavam mais do que seus pares superdotados em turmas regulares. No entanto, Redding e Grissom (2021) encontraram efeitos próximos a zero, e mesmo entre grupos sub-representados em turmas para superdotados (afro-americanos, baixa renda), os efeitos questionam o quão bem esses programas atendem a esses alunos. Para os estudantes em turmas especiais, as maiores vantagens foram em ciências e ciências sociais, e as menores em leitura e escrita. Não houve evidência de efeitos sociais negativos ou diferenciais: não houve diferenças na autoimagem geral ou na criatividade para alunos em turmas especiais e aqueles em turmas regulares (no entanto, veja Craven, Marsh e Print, 2000). *Vaughn *et al.* (1991) encontraram efeitos positivos de vários programas de criatividade na autoimagem ($d = 0,11$), no desempenho escolar (leitura e vocabulário, $d = 0,65$) e no pensamento criativo ($d = 0,44$).

INFLUÊNCIAS DA SALA DE AULA

Gestão da sala de aula

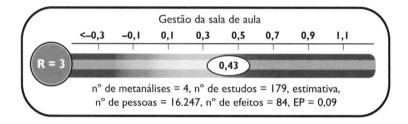

A gestão da sala de aula é uma condição necessária, mas não suficiente, para aumentar o desempenho escolar. Geralmente, envolve estabelecer um ambiente positivo, boas relações entre os alunos e com os professores, um senso de justiça, aulas convidativas à aprendizagem e intervenções apropriadas para reduzir as interrupções. No entanto, isso não significa necessariamente um foco em silêncio, ordem e obediência. Também é preciso ter cuidado com os níveis de problemas que levam a questões de gestão: a diferença entre comportamentos leves, como falar fora de hora ou recusar tarefas, e comportamentos graves, como violência (verbal, nas redes sociais ou fisicamente).

*Korpershoek *et al.* (2016) observaram que 85% das intervenções de gestão da sala de aula se concentraram na mudança do comportamento dos alunos, 74% se concentraram parcialmente em melhorar o desenvolvimento socioemocional dos alunos, 54% se concentraram na mudança do comportamento dos professores (54%) e apenas 4% na melhoria das relações professor-aluno. Eles relataram d geral = 0,22 entre a gestão positiva da sala de aula, 0,17 no desempenho acadêmico, 0,24 no comportamento, 0,21 no socioemocional, 0,08 nos resultados de motivação e 0,24 na qualidade das relações professor-aluno no desempenho. Os efeitos dos programas de gestão da sala de aula foram maiores em meninos (0,23) do que em meninas (0,10), semelhantes em todas as séries e níveis socioeconômicos e para estudantes com (0,27) ou sem (0,20) problemas de comportamento.

*Marzano *et al.* (2000) investigaram e descobriram que os efeitos de vários processos de gestão da sala de aula sobre o desempenho escolar em salas de aula bem gerenciadas foram d = 0,52 e no envolvimento dos alunos foi d = 0,62. O atributo dos professores que teve a maior influência foi a percepção aguçada (d = 1,42), ou seja, o professor poderia identificar e agir rapidamente sobre possíveis problemas comportamentais e manter a objetividade emocional (d = 0,71). Na sequência, métodos mais eficazes foram intervenções disciplinares (d = 0,91), que incluíram comportamentos verbais e físicos de professores que indicaram aos alunos que seu comportamento era apropriado ou inadequado (d = 1,00); estratégias de contingência em grupo, que exigiam que um conjunto específico de alunos alcançasse um certo nível de critério de comportamento apropriado (d = 0,98); reconhecimento tangível, que incluiu estratégias nas quais os alunos receberam algum símbolo ou *token* de comportamento apropriado (d = 0,82); e intervenções que envolveram uma consequência direta e concreta do mau comportamento (d = 0,57). Os principais fatores incluíram o que *Marzano *et al.* (2000) chamaram de "alta dominância" (clareza de propósito e orientação forte) e "alta cooperação" (preocupação com as necessidades e opiniões dos outros e desejo de funcionar como membro de uma equipe). As regras e procedimentos (d = 0,76) envolveram expectativas declaradas em relação ao comportamento e regras e procedimentos bem articulados que foram negociados com os alunos.

Portanto, é importante estabelecer expectativas e limites claros, criar relações positivas com os alunos e entre eles, encarar o problema como comportamentos difíceis, e não alunos difíceis (desprendimento emocional), garantir que as tarefas tenham um nível de desafio adequado para engajar os estudantes na aprendizagem em vez de resistir a ela, além de ter a habilidade de identificar e agir rapidamente diante de potenciais problemas comportamentais.

Intervalos escolares

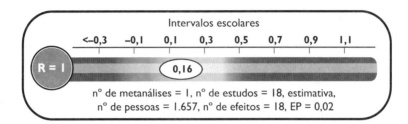

*Huimin et al. (2021) investigaram os efeitos de intervalos ativos ao longo do dia escolar. Em 18 estudos, os intervalos melhoraram o comportamento na tarefa (0,69), mas tiveram efeitos muito menores no funcionamento cognitivo (0,31). Como será mostrado posteriormente, alguma forma de exercício ao longo do dia é benéfica para a aprendizagem cognitiva, embora os efeitos sejam pequenos. O que pode ser mais crítico é entender os níveis de distração e atenção de todos os alunos e construir aulas que os motivem a empenhar sua memória de trabalho nas tarefas, processos e aprendizagem relevantes.

Bullying

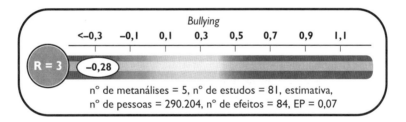

Se as aulas devem ser espaços convidativos, justos e seguros onde os alunos sejam respeitados, então não há espaço para o *bullying*. Não há espaço. Porém, existe um dilema quando se discute esse tema, já que o local não é apenas o espaço físico chamado sala de aula e escola (e depois da escola e casa), mas também o ciberespaço. O *bullying* também tem impactos negativos de curto e longo prazos (às vezes, de muito longo prazo) e pode afetar o comportamento (e a aprendizagem) tanto da vítima quanto do agressor de maneira adversa. *Bullying* tem tudo a ver com controle, como o agressor pretende confrontar por meio de ataques deliberados e privação intencional do outro de autorregulação, autocontrole e respeito próprio.

Há uma correlação negativa entre êxito e *bullying*, mas isso pode significar que os estudantes com bom desempenho acadêmico tinham menos probabilidade de serem vítimas de *bullying* (*Moore et al., 2017). *Gardella et al. (2017) descobriram que sofrer *bullying* estava negativamente relacionado ao desempenho e à frequência escolar.

Existem muitas metanálises de programas para reduzir o *bullying*. A maioria conclui que esses programas têm, em média, efeitos positivos importantes (Ferguson *et al.* (2007), $d = 0{,}24$; Fraguas *et al.* (2021), $d = 0{,}15$ na redução do *bullying* e 0,21 na melhora dos problemas de saúde mental), e reduziram em 15–20% os relatos de sofrer *bullying* (pessoalmente e no ciberespaço) (Gaffney; Ttofi; Farrington, 2021; White, 2019). Além disso, embora as taxas de prevalência do ciberbullying fossem menores do que as do *bullying* tradicional, observou-se alta correlação entre a incidência do *bullying* cibernético e o tradicional (Modecki *et al.*, 2014; Walters, 2021).

Programas mais intensivos foram mais eficazes, assim como programas que incluíram reuniões de pais, métodos disciplinares firmes e melhor supervisão no recreio (Gaffney; Ttofi; Farrington, 2021). Uma política escolar abrangente (incluindo ambiente escolar e de turmas positivo, supervisão no recreio e política antibullying) funciona, mas precisa ser complementada com outras intervenções e programas (White, 2019), os quais devem incluir treinamento em controle emocional, aconselhamento de pares ou treinamento de habilidades sociais. Além disso, as escolas precisam coletar e interpretar regularmente dados sobre o comportamento dos alunos e promover uma cultura escolar que não tolere tal comportamento (Lee; Kim; Kim, 2015). Outros aspectos de programas eficazes incluem o envolvimento de colegas que não sofrem *bullying*, pois isso aumenta a probabilidade de eles intervirem para impedir o *bullying* ou fornecer apoio às vítimas (Lee; Kim; Kim, 2015; Gaffney; Ttofi; Farrington, 2021; White, 2019). Programas baseados em pontos fortes para pais e o convite para que participem de programas antibullying podem reduzir tanto a perpetuação do *bullying* quanto a vitimização (Chen; Zhu; Chui, 2021; Huang *et al.*, 2019; Gaffney; Ttofi; Farrington, 2021). Os programas são mais eficazes em escolas de ensino médio do que em escolas de anos iniciais do ensino fundamental, provavelmente porque os professores do ensino fundamental têm efeitos mais diretos e os alunos são mais obedientes a eles (Huang *et al.*, 2019; Lee; Kim; Kim, 2015; Gaffney; Ttofi; Farrington, 2021; Walters, 2021; Yeager *et al.*, 2015).

Diminuição do comportamento disruptivo

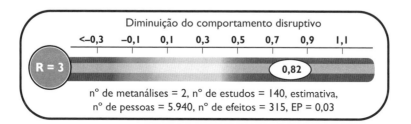

A presença de estudantes disruptivos pode ter efeitos negativos nos resultados de desempenho pessoal e de todos os outros alunos. Assim, reduzir comportamentos disruptivos deve ser uma competência essencial dos professores que querem ter êxito. Existem muitas metanálises dos efeitos de vários programas na diminuição de comportamentos disruptivos (embora elas não estejam incluídas no *Meta x*™, pois não relatam os efeitos de desempenho escolar). Por exemplo, Weisz *et al.* (1987) encontraram um efeito médio de $d = 0,79$ em estudos de psicoterapia conduzidos com crianças em idade escolar. Kazdin *et al.* (1990), em um conjunto maior de estudos, encontraram um efeito médio de $d = 0,77$ e observaram, em particular, que as intervenções comportamentais ($d = 0,76$) foram muito mais eficazes do que as intervenções não comportamentais ($d = 0,35$). Os efeitos foram maiores para o autocontrole ($d = 0,87$), seguidos pelo tratamento de comportamentos delinquentes ($d = 0,42$), comportamentos de não conformidade ($d = 0,42$) e comportamentos agressivos ($d = 0,34$) (veja também *Prout e DeMartino, 1986).

*Skiba e Casey (1985) encontraram maiores efeitos em programas baseados em procedimentos de reforço aversivo (ou seja, tempo limite, custo de resposta), cooperação, modificação cognitiva do comportamento e consulta comportamental, e efeitos muito menores em programas baseados em treinamento de *biofeedback* ou aconselhamento psicodinâmico (tornando os alunos mais autoconscientes do impacto de seu comportamento e de suas preocupações sobre o que levou aos comportamentos disruptivos). Os programas mais bem-sucedidos incluíram reforço social ou simbólico ($d = 1,38$), cooperação ($d = 1,05$), consulta comportamental ($d = 1,09$), modificação do comportamento cognitivo ($d = 1,0$) e o mínimo treinamento de habilidades sociais ($d = 0,44$). Esses resultados indicam que combater as interrupções na sala de aula por meio de uma abordagem comportamental é o mais eficaz. Os efeitos não foram relacionados a domínio curricular, idade ou nível de escolaridade.

Uma mensagem importante é que o mau comportamento precisa de consequências justas, claras e compreensíveis. Os efeitos dos vários tipos de consequências são bastante semelhantes: uso de consequências positivas (0,86), negativas (0,78), positivas e negativas combinadas (0,97) e intervenções sem consequência imediata (0,64) (*Stage; Quiroz, 1997). As consequências importam. Os efeitos de consequências compreensíveis são altos (0,65) para a redução de comportamentos disruptivos em salas de aula regulares e ainda maiores em salas de aula especiais autocontidas (salas de aula ou salas de recursos separadas, 0,97). As intervenções não diferiram em seu sucesso geral na redução de problemas disruptivos: programas usando contingências de grupo (–1,02), autocontrole (–1,00), reforço diferencial (–0,95) e intervenções cognitivo-comportamentais (–0,50). No entanto, os professores são menos propensos a perceber evidências de redução nos comportamentos disruptivos (0,37) em comparação com os métodos de observação comportamental (0,83) (*Stage e Quiroz, 1997; veja também *Reid *et al.*, 2004). Talvez isso sugira que os professores possam criar expectativas de comportamento para alunos específicos e, quando o mau comportamento realmente diminui, eles precisam estar mais cientes disso e revisar suas expectativas.

Suspensão/expulsão de estudantes

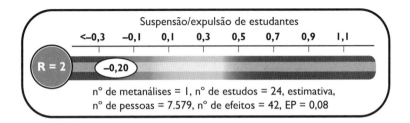

Geralmente, a suspensão é um tempo limitado fora da aula regular (suspensão na escola) ou fora da escola, e a expulsão é a exclusão da matrícula escolar. *Nolte-meyer *e al.* (2015) observaram que o efeito da suspensão na escola no desempenho escolar subsequente foi $d = -0,10$, e o efeito da suspensão fora da escola foi –0,24. Os estudantes suspensos tinham maior probabilidade de vir de escolas em áreas urbanas e de baixa renda, serem afro-americanos, com menor desempenho escolar e de famílias de baixa renda.

> Sugere-se que os alunos que já correm um risco elevado desde o início podem estar duplamente prejudicados pelo uso de práticas disciplinares na escola. Essas práticas podem excluí-los ainda mais da instrução necessária para o seu progresso educacional e afastá-los do ambiente escolar (*Noltemeyer et al., 2015, p. 234-235).

Alternativas que podem ajudar a reduzir os comportamentos que levaram à suspensão podem incluir intervenções de comportamento positivo em toda a escola, resolução de conflitos e programas de habilidades sociais (Lester; Lawrence; Ward, 2017; Valdebenito et al., 2018). Embora os efeitos gerais desses programas sejam positivos, eles são modestos. Um maior sucesso poderia vir de melhorar o desempenho escolar desses alunos e tornar as aulas mais atrativas para todos os estudantes. Isso poderia, consequentemente, reduzir seus sentimentos de exclusão e injustiça em sala de aula.

Tratamento medicamentoso para transtorno de déficit de atenção/hiperatividade

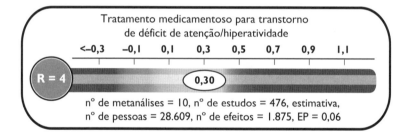

Frequentemente, os medicamentos são vistos como a solução para reduzir problemas de comportamento e aumentar a atenção, e há alegações de que eles podem melhorar o desempenho escolar. No entanto, as evidências são menos conclusivas. Os efeitos dos medicamentos são relativamente baixos. *Kortekaas-Rijlaarsdam et al. (2019) relataram efeitos baixos da Ritalina na precisão (0,03) e na produtividade (0,08) em matemática, e na precisão da leitura (0,06) (ver também *van der Oord et al., 2008). *Purdie et al. (2002) investigaram os efeitos de vários medicamentos em alunos com TDAH. Embora houvesse evidências de que os diferentes medicamentos (estimulantes e depressores) pareciam reduzir os problemas de comportamento de acordo com avaliações de professores e pais, o mesmo não foi observado por alunos ou observadores independentes (veja também *Crenshaw, 1997). Além disso, os efeitos no desempenho escolar foram limitados. *Ottenbacher e Cooper (1983) também encontraram efeitos muito maiores no comportamento ($d = 0,90$) e aumento da atenção ($d = 0,84$) em comparação com o desempenho acadêmico ($d = 0,47$) (veja também *Thurber e Walker, 1983).

*Kavale (1982) encontrou efeitos positivos para estimulantes, que foram maiores para tarefas de nível cognitivo inferior (memória e cópia, $d = 0,41$) do que para tarefas de nível cognitivo superior (leitura, $d = 0,32$, e matemática, $d = 0,09$). *Purdie et al. (2002) observaram que os efeitos dos estimulantes ($d = 0,35$) não eram muito diferentes das intervenções psicológicas e educacionais baseadas na escola ($d = 0,39$), treinamento de habilidades sociais ($d =$

0,31), programas cognitivos e de autorregulação ($d = 0,58$) e treinamento parental ($d = 0,31$). Da mesma forma, *Snead (2005) comparou os efeitos de intervenções comportamentais (0,23), medicamentosas (0,17) e ambas (0,19). Comparada às intervenções comportamentais, a intervenção com medicamentos teve maior efeito na redução da agressão (0,78 *versus* 0,42) e comportamentos internalizantes (ansiedade e depressão) (0,51 *versus* 0,34), mas pouca diferença em problemas sociais (0,33 *versus* 0,29). *van der Oord *et al.* (2008) também encontraram efeitos semelhantes de tratamentos comportamentais ou medicamentosos (0,19).

Estudantes diagnosticados com TDAH têm maior probabilidade de apresentarem baixo desempenho ($d = -0,99$, diferença entre aqueles diagnosticados com TDAH e seus colegas; *Fowler, 2015). O desempenho escolar mais baixo e a distração, combinados, podem se tornar uma fonte poderosa de angústia para os professores e desvio de foco sobre esses alunos. A designação de professores assistentes pode ajudar a reduzir as pressões e a atenção dos professores sobre esses estudantes, mas não ajuda muito a melhorar sua aprendizagem (Blatchford; Russel; Webster, 2012). Os medicamentos parecem reduzir os problemas comportamentais e a distração, mas isso não se traduz necessariamente em ganhos acadêmicos.

Tratamento não medicamentoso para transtorno de déficit de atenção/hiperatividade

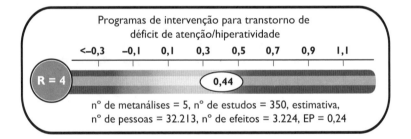

As metanálises que revisaram os efeitos de intervenções não medicamentosas em alunos com TDAH apresentaram resultados consistentemente positivos. *DuPaul e Eckert (1997) investigaram programas de tratamento escolar para alunos com TDAH e descobriram que tiveram um efeito maior no desempenho — comportamento ($d = 0,78$) e desempenho escolar ($d = 0,58$) — do que tratamentos medicamentosos. *Daley *et al.* (2014) encontraram um efeito geral de intervenções comportamentais de 0,28 no desempenho escolar. Os programas mais eficazes para melhorar comportamentos positivos em sala de aula foram os programas de habilidades sociais (0,47) e, em seguida, os programas de conduta (0,26). No entanto, programas focados principalmente em práticas positivas de parentalidade parecem não ser suficientes para produzir mudanças positivas no comportamento das crianças. *DuPaul e Eckert (1997) encontraram altos efeitos para intervenções de gerenciamento de contingências[3] ($d = 0,94$) e intervenções acadêmicas ($d = 0,69$).

---

[3] N. de R. T.: Estratégia interventiva comportamental que visa a ajudar os indivíduos a gerenciar os sintomas do TDAH e melhorar o funcionamento nas diversas áreas da vida. Geralmente, envolve o uso de sistemas de recompensas e consequências para incentivar comportamentos desejados e desencorajar comportamentos problemáticos.

Essas intervenções foram mais eficazes do que procedimentos cognitivo-comportamentais ($d = 0,19$) para melhorar o comportamento em sala de aula. No entanto, este último tipo de intervenção foi o mais eficaz para melhorar o desempenho escolar. *DuPaul et al. (2012) relataram que a intervenção acadêmica teve efeitos maiores (0,56) do que programas de gerenciamento de contingências (0,24).

Efeitos do aconselhamento

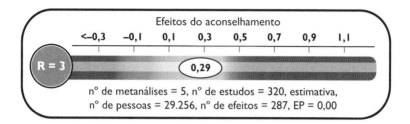

Os efeitos do aconselhamento escolar são muito maiores no comportamento do que no desempenho. *Prout e Prout (1998), por exemplo, encontraram um efeito geral de 0,97. Os efeitos foram maiores nos programas de intervenções cognitivo-comportamentais (1,45), relaxamento (0,84) e treinamento de habilidades (0,50), os quais causaram efeitos em depressão (1,96), atitude (0,85), ansiedade (0,74), autoestima (0,74) e habilidades sociais (0,38), mas nenhum na melhoria do desempenho escolar. Da mesma forma, *Grant (2011) relatou um efeito geral de 0,18 nos programas de aconselhamento em escolas de anos finais do ensino fundamental sobre o desempenho escolar. Os efeitos foram maiores na redução da agressão (0,23) do que no desempenho escolar (0,12), e negativos na redução de problemas de conduta (-0,10) e quando professores, em vez de conselheiros, ministraram o programa (-0,27). *Whiston et al. (2009) encontraram efeitos mais baixos na média de pontos de graduação (GPA, do inglês *grade point average*)[4] (0,15) e no desempenho escolar (0,16), em comparação com a melhoria da disciplina (0,83), da ansiedade (0,40), da depressão (0,37), de habilidades sociais (0,33), da frequência (0,30), da autoestima (0,29), da redução de alterações e brigas (0,27) e do desenvolvimento social (0,24). Existem metanálises que visam às aprendizagens social e emocional e ao desenvolvimento de habilidades sociais, como Murano, Sawyer e Lipnevich (2020), que encontraram um efeito de 0,34 na melhoria de habilidades sociais e 0,32 na redução de comportamentos problemáticos.

Outro programa escolar, *Student Success Skills*, foi o foco da metanálise de *Villares et al. (2012). Esse programa envolve o ensino de habilidades cognitivas e metacognitivas a todos os alunos, como definição de metas, monitoramento de progresso e habilidades de memória; habilidades sociais, como habilidades interpessoais, resolução de problemas sociais, habilidades de escuta e trabalho em equipe; e habilidades de autogestão, como gerenciamento de atenção, motivação e raiva. Os efeitos gerais no aumento do

---

[4] N. de R. T.: Medida numérica da média das notas obtidas por um aluno em seu curso, ao longo de um determinado período. Esse sistema é usado com frequência nos Estados Unidos para admissão em programas de pós-graduação e obtenção de bolsa de estudos.

desempenho escolar foram de 0,29, mas nenhum moderador ou mais detalhes foram fornecidos.

*Reese *et al.* (2010) atualizaram o estudo de *Prout e DeMartino (1986) sobre os efeitos da psicoterapia escolar e da pesquisa de aconselhamento, com um efeito médio de 0,23. Os efeitos maiores estavam relacionados ao treinamento de habilidades (0,55) e, em seguida, às intervenções cognitivo-comportamentais (0,24), e os menores à ludoterapia (0,03). Os efeitos foram maiores para estudantes dos anos iniciais do ensino fundamental (0,65), em comparação com alunos do ensino médio (0,30) e dos anos finais do ensino fundamental (0,07); e quando focados em comportamentos externalizantes (0,44) em relação aos internalizantes (0,23). *Baskin *et al.* (2010) encontraram efeitos maiores nos resultados não acadêmicos (0,50) em comparação com os resultados acadêmicos (0,38). Os efeitos foram maiores nos relatos dos alunos sobre os ganhos (0,59), em comparação com os relatos dos professores (0,26) e medidas de desempenho escolar (0,36), e semelhantes nas escolas dos anos iniciais do ensino fundamental (0,41) e de ensino médio (0,45).

No geral, os orientadores parecem ser uma adição valiosíssima à equipe escolar e, como veremos mais adiante ao discutir a resposta à intervenção, são essenciais nessas equipes. Como esperado, os orientadores têm efeitos maiores em variáveis não relacionadas ao desempenho escolar, mas que frequentemente estão associadas ao envolvimento em sala de aula.

AMBIENTE DA SALA DE AULA

Ambiente da sala de aula

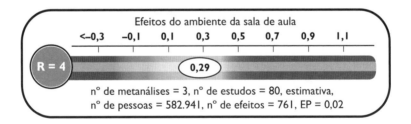

*Wang *et al.* (2020) relataram que o ambiente da sala de aula teve associações positivas pequenas a médias com competência social ($r = 0,18$), motivação e engajamento (0,25) e desempenho acadêmico (0,12), e associações negativas com comportamento externalizante (-0,18) e sofrimento socioemocional (-0,14). *Demirtas-Zorbaz *et al.* (2021) também encontraram correlações semelhantes com o desempenho escolar ($r = 0,18$). Como veremos, existem aspectos específicos do ambiente da sala de aula que fazem a aula ser segura, justa e convidativa para que os alunos aprendam e trabalhem com colegas. Da mesma forma, esses climas positivos têm maior probabilidade de desenvolver as necessidades de competência, autonomia e relacionamento dos estudantes.

Coesão da sala de aula

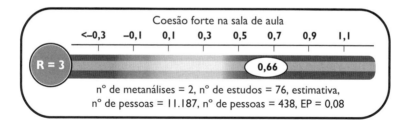

Um fator-chave no desenvolvimento de um ambiente positivo na sala de aula é a coesão: a sensação de que todos (professores e alunos) estão trabalhando juntos para alcançar progressos positivos na aprendizagem. A coesão em sala de aula abrange foco nos objetivos, nas relações interpessoais positivas e no apoio social. Por exemplo, *Haertel e Walberg (1980) descobriram que os resultados da aprendizagem estavam associados positivamente com coesão, satisfação, dificuldade da tarefa, formalidade e direcionamento para objetivos; e associados negativamente com conflitos, panelinhas, apatia e desorganização. Em salas de aula com maior coesão, é mais provável que haja aprendizagem entre pares, tolerância, aceitação de erros e, consequentemente, mais *feedback*, discussões sobre objetivos, critérios de sucesso e relações positivas entre professor e aluno e entre alunos (*Evans; Dion, 1991). *Mullen e Copper (1994) argumentaram que a coesão do grupo está mais relacionada ao comprometimento com a tarefa do que à atração interpessoal ou orgulho do grupo. É a coaprendizagem que faz a diferença.

Relação professor-aluno

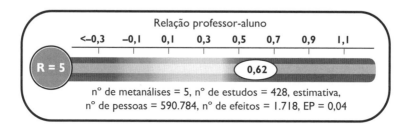

Fico frustrado quando ouço que o principal feito do *Visible Learning* foi descobrir que o aspecto mais importante da sala de aula é a relação professor-aluno. Não porque não seja importante, mas porque é apenas um meio para um fim. Além disso, a *expertise* do professor para desenvolver uma relação positiva entre os alunos é igualmente fundamental. Os colegas podem ser críticos severos, às vezes intolerantes, o que pode causar exclusão, *bullying* e antipatia. O objetivo de desenvolver relações positivas é criar um ambiente convidativo para aprender, onde o erro e a falta de conhecimento sejam bem-vindos como oportunidades de aprendizagem, e onde os alunos possam se sentir seguros, sabendo que são tratados de forma justa por todos.

Para construir uma boa relação com os alunos, é preciso ter capacidade de tomar decisões, ser eficiente e ter respeito pela bagagem que levam de casa, da cultura e dos seus colegas, bem como permitir que as suas experiências sejam reconhecidas na sala de aula. Além disso, construir uma boa relação requer habilidades por parte do professor, como capacidade de ouvir, ter empatia, cuidado e consideração pelos outros. Os alunos são muito perceptivos para detectar sinais sutis que indicam se são ou não bem-vindos na sala de aula, se serão tratados de maneira justa e se têm chances de progredir em seu aprendizado com o professor (ver Capítulo 7).

A ideia principal é perceber as relações da perspectiva dos alunos. Bishop (2019) observou que os estudantes de grupos minoritários notavam que o professor gostava deles quando criava um ambiente de cuidado e aprendizagem, tinha expectativas elevadas para eles como aprendizes, incentivava sua participação em tarefas cognitivamente desafiadoras, reconhecia e abordava os problemas na sala de aula sem culpar os alunos, sua etnia, os recursos disponíveis ou o ambiente familiar. Algumas práticas podem ser prejudiciais, como criar um currículo limitado, usar linguagem simplificada, agrupar os estudantes com base em suas habilidades e usar métodos de ensino que consideram apenas a transmissão de informações.

*Cornelius-White (2007) realizou uma das minhas metanálises favoritas, que é sobre a relação professor-aluno. Ele baseou sua revisão na educação centrada na pessoa, inspirada nas ideias de Carl Rogers (cf., Rogers, Lyon e Tausch, 2013) sobre as qualidades necessárias para construir um vínculo entre o educador e o aprendiz. Essas qualidades incluem confiança genuína nos estudantes e um ambiente de aceitação e empatia. O professor consegue enxergar o mundo através dos olhos dos alunos, demonstrar flexibilidade em seus métodos de ensino, estar aberto a mudanças para atender às necessidades de aprendizagem e aprender junto com eles em um ambiente de ensino seguro e confiante? Cornelius-White encontrou uma correlação de 0,34 ($d = 0,72$) em todas as variáveis do professor centradas na pessoa e em todos os resultados dos alunos (desempenho e atitudes).

Em aulas com professores que valorizam a educação centrada na pessoa, há mais envolvimento, mais respeito por si mesmo e pelos outros, menos comportamentos de resistência, maior delegação de responsabilidade pelo professor e melhores resultados de desempenho. *Cornelius-White (2007) observou que a maioria dos alunos que não querem ir à escola ou não gostam dela o faz principalmente porque não gosta do professor. Ele explica que para "melhorar a relação entre professor e aluno e colher seus benefícios, os professores devem aprender a facilitar o desenvolvimento dos alunos", demonstrando que se importam com a aprendizagem de cada um (o que passa uma mensagem poderosa sobre propósito e prioridade) e se colocando no lugar deles: "[...] ver da perspectiva deles, comunicá-la de volta para que tenham um *feedback* valioso para autoavaliação, sintam-se seguros e aprendam a entender os outros e o conteúdo com o mesmo interesse e preocupação" (Cornelius-White, 2007, p. 123).

Dependência professor-aluno

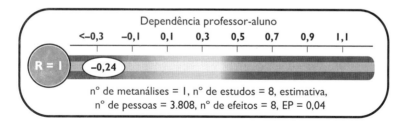

Um extremo da relação professor-aluno é a dependência excessiva do educador. O apego exagerado e submisso aos professores pode ser mais evidente nos primeiros anos, quando as regras já imperam, mas pode persistir ao longo da jornada escolar. Infelizmente, isso diminui a capacidade do aluno de aprender o que fazer quando não souber o que fazer, reduz sua autonomia durante a aprendizagem, mina suas habilidades e confiança para lidar com tarefas desafiadoras e pode resultar em relações menos satisfatórias com os colegas.

*Roorda *et al.* (2021) analisaram 28 estudos e descobriram que a dependência excessiva dos professores estava correlacionada a $r = -0,12$ com desempenho, $-0,13$ com engajamento e $-0,17$ com relacionamento interpessoal. Esses efeitos foram consistentes, independentemente de quem fornecia informações sobre a dependência: seja o próprio professor, o aluno ou um observador independente, de qualquer faixa etária. Os autores concluíram o seguinte:

> [...] professores e outros profissionais da escola precisam estar cientes de que um nível alto de dependência aluno-professor pode ser tão prejudicial à adaptação escolar dos alunos quanto um nível muito baixo de proximidade e uma quantidade grande de conflitos. Isso parece ser ainda mais significativo para estudantes com dificuldades de se adaptar à escola, estudantes de grupos minoritários e estudantes de anos superiores (*Roorda *et al.*, 2021, p. 12).

Amizades na escola

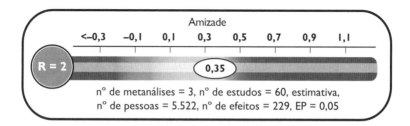

As amizades podem contribuir para o bem-estar social e emocional, construir confiança para trabalhar em conjunto em desafios e resolução de problemas, oferecer apoio mútuo e encorajamento, além de contribuir para o *status* social dos estudantes na escola e criar um senso de comunidade. Alunos que têm amigos tendem a ter mais conversas entre si, demonstrar maior sensibilidade social e resolver conflitos de forma mais eficaz. No entanto, o contrário também pode acontecer, devido a distrações, conversas não relacionadas à escola, conflitos ou traições.

*Wentzel *et al.* (2018) relataram *d* = 0,29 entre amizade — ter amigos com quem fazer as tarefas escolares, por exemplo — e desempenho. Os efeitos foram semelhantes nos ensinos fundamental e médio; duas vezes maiores entre meninos (0,24) do que entre meninas (0,13); maiores quando as amizades eram positivas e recíprocas (0,38) e menores conforme o número de amigos aumentou (0,25). Da mesma forma, *Newcomb e Bagwell (1995) relataram *d* = 0,37 para estudantes que faziam as tarefas com amigos, quando comparados aos que não eram amigos, e *Chung *et al.* (2018) encontraram *d* = 0,31 para amizade no desempenho do grupo. Nessa sequência, houve muitas referências à importância da amizade como preditora de sucesso escolar, especialmente quando há uma mudança de turma (um novo ano ou mudança de escola).

Pertencimento

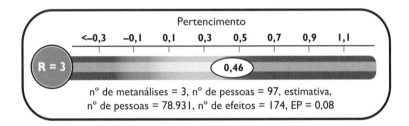

n° de metanálises = 3, n° de pessoas = 97, estimativa,
n° de pessoas = 78.931, n° de efeitos = 174, EP = 0,08

O sentimento de pertencer à turma é um poderoso precursor da aprendizagem. Pertencer se refere ao sentimento de ser aceito, respeitado, incluído e apoiado por outras pessoas no ambiente social escolar (*Allen *et al.*, 2016). Quando os professores se empenham em criar um ambiente no qual os alunos se sentem aceitos e valorizados, é mais provável que os estudantes sintam que pertencem ao ambiente escolar e se sintam verdadeiramente convidados a participar do processo de aprendizagem. *Moallem (2013) encontrou *r* = 0,22 (*d* = 0,53) entre o sentimento de pertencimento e o desempenho, tanto para homens quanto para mulheres, independentemente da raça ou da etnia. Os maiores efeitos foram mais relacionados à aceitação do grupo do que ao engajamento emocional (por exemplo, qualidade da relação professor-aluno, segurança escolar, relacionamento com colegas e harmonia entre os diferentes grupos raciais). *Allen *et al.* (2016) descobriram que o apoio do professor (autonomia, ajuda e envolvimento, *r* = 0,46) teve o maior efeito, seguido do apoio dos colegas (*r* = 0,32) e dos pais (*r* = 0,33).

*Nurmi (2012) investigou a relação entre professores e alunos em salas de aula nas quais havia crianças com muitos comportamentos problemáticos e relatou associações negativas com conflito (*r* = 0,20) e dependência na relação professor-aluno (*r* = −0,19) e efeitos positivos com a proximidade (*r* = 0,21). Além disso, embora não seja uma metanálise relacionada ao desempenho, *Gerber e Wheeler (2009) encontraram grandes efeitos negativos em relação à rejeição no humor (−0,50), na autoestima (−0,70) e no pertencimento e controle ou frustração pela rejeição. Allen *et al.* (2018) observaram os principais benefícios de um sentimento positivo de pertencimento, especialmente para estudantes do ensino médio (*Korpershoek *et al.*, 2020). Também descobriram que cerca de um terço não tem sentimento de pertencimento na escola. A partir de uma revisão sistemática, as intervenções ideais foram reduzir o *bullying*, treinar habilidades sociais, planejar objetivos, apoiar a saúde mental e promover estratégias de aprendizagem adaptativas para aumentar a sensação de realização.

Antipatia

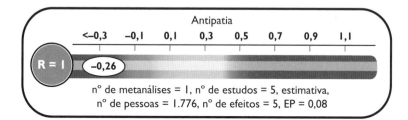

Muitos de nós já nos deparamos com colegas de quem não gostamos ou que não gostavam de nós. *Card (2010) descobriu que cerca de um terço dos estudantes relatou que a antipatia leva a comportamentos externalizantes, como agressão, problemas internalizantes, como ansiedade, solidão e retraimento, bem como vitimização ou rejeição de colegas e efeitos negativos no desempenho escolar ($d = -0,26$). Quase não houve diferenças na prevalência para homens e mulheres e entre escolas de ensinos fundamental e médio.

Idade relativa na turma

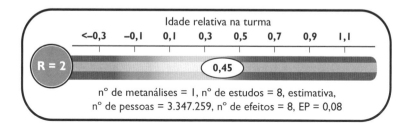

Há um efeito razoavelmente alto para a idade relativa na turma, embora muito maior no ensino fundamental do que no ensino médio (Mavilidi *et al.*, 2022). Pode haver diferenças significativas de desenvolvimento nas habilidades físicas, emocionais e cognitivas em qualquer turma. Por exemplo, em sistemas em que os alunos começam a estudar no ano em que completam 5 anos, pode haver 11 meses de diferença (alguns aos 5 anos, 0 meses; alguns 5 anos, 11 meses, o que representa 20% da diferença ao longo da vida). Nessa idade, as crianças mais velhas geralmente são maiores, mais rápidas, mais fortes e têm melhor coordenação do que seus colegas mais novos. Isso pode fazer com que alguns professores as vejam como mais inteligentes, mais maduras emocionalmente, com um vocabulário maior e, em geral, mais preparadas para a escola, e, de fato, elas podem ser. *Maynard (2013) sintetizou 12 estudos sobre idade relativa com base em mais de 3 milhões de estudantes e encontrou uma correlação entre idade relativa e desempenho de $r = 0,22$ ($d = 0,45$). Os efeitos foram maiores em matemática do que em leitura. Além disso, aumentaram do 1º para o 3º ano, depois começaram a diminuir (perto de zero no 9º ano). Uma política alternativa é começar a escola mais perto de completar 5 anos (por exemplo, no dia em que completam 5 anos, no período em que completam 5 anos, como em muitos locais). Dessa forma, os efeitos da idade relativa se tornam muito mais baixos.

Mavilidi *et al.* (2021) utilizaram um estudo longitudinal mostrando que os efeitos da idade relativa foram maiores no ensino fundamental do que no ensino médio. Levando em consideração várias covariáveis (gênero, *status* socioeconômico, tipo de escola, porcentagem de meninas na escola e desempenho cognitivo pré-escolar), os efeitos foram de 0,29 no 3º ano, 0,22 no 5º ano, 0,10 no 7º ano e 0,07 no 9º ano. Nos primeiros anos, a relativa imaturidade cognitiva e social desempenha um papel importante, e há um processo de comparação social — os alunos comparam seu desempenho com o de seus colegas. Isso ocorre quando os alunos mais novos comparam seu desempenho com colegas mais velhos que são mais maduros física, cognitiva, social e emocionalmente.

Repetência

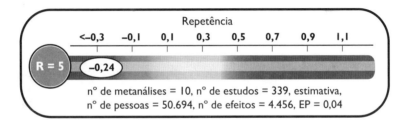

A repetência é a prática de não passar os alunos para o próximo ano escolar e é baseada na crença de que as crianças aprendem mais repetindo o ano. Essa é uma das poucas áreas da educação em que é difícil encontrar estudos com efeito diferente de zero ou negativo. No geral, há efeitos negativos para estudantes que repetem de ano e há mais efeitos positivos em longo prazo para aqueles que não repetem do que para os repetentes, mesmo quando comparados com o desempenho no momento da decisão de repetir ou não.

Há dois tipos de comparação: com base no ano e com base na idade. Na primeira delas, os alunos que repetiram o ano são comparados com seus colegas que estão no mesmo ano escolar, ou seja, seus pares. Na segunda, os alunos que repetiram o ano são comparados com outros alunos da mesma idade que passaram para o próximo ano (a maioria dos estudos). Os efeitos da comparação com base no ano escolar são $d = 0,05$ e da comparação com base na idade são $-0,11$. Quando os alunos repetem o ano, eles se saem tão bem quanto seus pares, mas ainda ficam atrás dos que haviam passado para o próximo ano (Goos; Pipa; Peixoto, 2021).

Descobriu-se que a repetência tem um efeito negativo em todas as disciplinas nas adaptações social e emocional, no comportamento, no autoconceito e na postura em relação à escola. Por exemplo, *Jimerson (2001), com base em 169 efeitos de desempenho, encontrou um efeito médio de $d = -0,39$, o qual se refletiu em muitas disciplinas, como linguagens ($d = -0,36$), leitura ($d = -0,54$) e matemática ($d = -0,49$). Outros 246 tamanhos de efeito relacionados a resultados socioemocionais e comportamentais também foram sistematicamente negativos (d = -0,22), e a frequência foi menor para os alunos repetentes (d = -0,65). O efeito negativo ocorre em todas as idades e, embora muitas vezes se afirme que a repetência pode ser benéfica nos primeiros anos, a evidência mostra o contrário. *Bright (2011) investigou especificamente os efeitos da repetência em alunos da educação infantil até o 6º ano em 26 estudos. Os repetentes obtiveram -0,50 desvios padrão mais baixos do que aqueles que passaram de ano em medidas de resultados escolares. *Gottfried (2013) também mostrou os efeitos negativos em pares na comparação por ano escolar.

*Holmes (1989) sintetizou os resultados de 63 estudos sobre os efeitos da repetência e relatou um efeito geral de d = -0,15. Esse efeito negativo aumenta com o tempo, de modo que, após um ano, os grupos que repetiram o ano tiveram uma pontuação inferior à dos grupos de comparação que haviam passado para o próximo ano (d = 0,45). Essa diferença ficou maior a cada ano subsequente, chegando a d = -0,83 para medidas tomadas quatro ou mais anos após o período de repetência. Claramente, a ameaça de não passar de ano não é uma força motivadora para os estudantes. Além disso, repetir dois anos aumenta duas vezes a chance de abandono escolar.

Esses efeitos negativos são parcialmente causados pelo fato de as escolas e os professores não oferecerem intervenções ideais para os alunos repetentes quando eles estavam cursando o ano pela primeira vez. Isso significa que esses estudantes cursam duas vezes o ano seguindo programas que não deram certo. Um grupo de alunos repetentes foi comparado com os novos colegas que estavam no mesmo ano. Marsh *et al.* (2017) observaram que, depois de repetirem duas vezes, os repetentes apresentaram um desempenho acadêmico melhor do que seus novos colegas.

*Holmes (1989) concluiu que seria difícil encontrar outra prática educacional na qual as evidências fossem tão inequivocamente negativas. Os efeitos já são ruins para o desempenho escolar e, quando consideramos os efeitos negativos sociais e emocionais, além da equidade, a situação se torna ainda mais crítica. A repetência é mais comum entre meninos, minorias raciais/étnicas e crianças menos favorecidas (Manacorda, 2012). Considere que dois alunos tenham o mesmo desempenho. É quatro vezes mais provável que o estudante negro, por exemplo, repita o ano, e o aluno branco passe de ano (Cosden; Zimmer; Tuss, 1993; Meisels; Liaw, 1993). Por que ainda é comum impor a repetência, mesmo diante dessas evidências contundentes? Repetir o ano não proporciona nenhum benefício para o estudante, nem em relação às avaliações, à maturidade social, ao autoconceito e à atenção, nem em relação ao desempenho (Shepard; Smith, 1990).

CONCLUSÕES

O mais importante não é a estrutura física nem a quantidade de alunos. O mais importante é o ambiente convidativo, a cultura escolar e o sentimento de pertencimento. Os alunos aprendem muito uns com os outros, e precisamos ser mais deliberados ao ensinar as habilidades para trabalharem com colegas de origens e habilidades diversas. Esse é o mundo que encontram fora da escola e vão encontrar quando adultos. Como os estudantes estão criando o futuro, ser modelo de como trabalhar com diversidade é uma das mensagens e heranças mais poderosas que podemos deixar para eles.

> Talvez precisemos retornar às noções de um ambiente menos restritivo, de tarefas desafiadoras, da centralidade no aluno e no foco no progresso acelerado para o desempenho de todos.
>
> Além disso, os estudantes precisam sentir que o ambiente é equitativo. O professor deve acreditar que eles podem aprender, deve ter grandes expectativas em relação ao sucesso de cada um, ter inteligência, ser capaz de resolver problemas disruptivos, ter clareza de propósito e excelentes habilidades de escuta.
>
> O senso de coesão e a relação positiva entre professor e aluno e entre os alunos aumentam a confiança, de modo que eles podem errar e aprender com o erro, além de se sentirem confortáveis em não saber e, portanto, serem receptivos ao impacto do professor.
>
> Os alunos querem nos conhecer, querem estar seguros para aprender, querem ver o professor como competente e querem equidade na redução do mau comportamento e na promoção da aprendizagem.

Repito: não se trata da estrutura e da organização da turma. Trata-se de o ambiente ser convidativo, trata-se da cultura, do sentimento de pertencimento.

Algumas pessoas acreditam que a estrutura das salas de aula define o cenário para o que acontece nelas, mas as evidências são escassas. As várias influências estruturais são muito debatidas. Professores, alunos e pais esperam todos os anos que as turmas sejam maiores ou menores, que o nível de dificuldade seja inferior ou superior, que as turmas sejam regulares ou especiais, que tenham estudantes com uma faixa etária específica ou de várias idades. Esperam alunos superengajados e bem-comportados. Como os estudantes estão criando o futuro, ser modelo de como trabalhar com diversidade é uma das mensagens e heranças mais poderosas que podemos deixar para eles. O desejo é que a turma tenha coesão, que sejam feitas atividades em equipe, que a gestão da sala de aula seja ótima, que os maus comportamentos sejam raros, que os alunos sejam amigos, que não haja *bullying* e que haja orientação adequada para o que precisarem. Mas esses recursos não são exclusivos de turmas menores, de nível mais avançado, de idade única ou de alunos com necessidades educacionais especiais. A variação é positiva, é a norma, é um recurso e pode ser uma oportunidade para criar um ambiente aberto à aprendizagem, onde há um foco em cada aluno, gerando pelo menos um ano de desempenho a cada ano de intervenção, não importa por onde eles comecem em sua jornada de aprendizagem. Os alunos aprendem muito uns com os outros, e precisamos ser mais deliberados ao ensinar as habilidades para trabalharem com colegas de origens e habilidades diversas. Esse é o mundo que encontram fora da escola e vão encontrar quando adultos.

A importância exagerada que se dá às considerações estruturais da turma explica por que esses efeitos são tão baixos. Se o tamanho da turma tem um efeito pequeno, apesar de haver afirmações contrárias, intuitivas e atrativas, por que os professores raramente mudam seus métodos de ensino? É muito comum querer agrupar, marginalizar, separar e reduzir a variação entre os alunos para facilitar a vida dos professores. Os efeitos de agrupar os alunos conforme as habilidades são pequenos no desempenho, mas os educadores medem o sucesso por sua facilidade e satisfação de ensinar em turmas mais homogêneas. Se eles se concentrassem no desempenho e nos efeitos da equidade, essa prática logo desapareceria, ou deveria desaparecer, das escolas. É fascinante que o número de alunos na escola não seja o problema, embora isso tenha um impacto grande, mas seja o motivo subjacente. Ter um número adequado de estudantes pode oferecer uma variedade de oportunidades de aprendizagem. No entanto, se houver muitos alunos na escola, pode haver dificuldades em oferecer opções de disciplinas eletivas.

Quando as oportunidades decorrentes das influências estruturais são aproveitadas, os efeitos podem ser potencializados. Quando aproveitamos essas oportunidades, a aprendizagem na sala de aula e em pequenos grupos não se torna estática, está em constante evolução. O currículo e o ensino são adaptados ao agrupamento atual, e todos os alunos têm critérios de sucesso semelhantes, embora possam existir diferentes abordagens e momentos para alcançá-los. Agrupá-los conforme suas habilidades tem efeitos maiores em estudantes com superdotação, porque o ensino e o currículo são modificados. No entanto, esse princípio deveria ser aplicado a todos os alunos, como evidenciado pelo sucesso da aceleração para todos. Como podemos reduzir a quantidade de conteúdo para explorar mais a fundo e proporcionar enriquecimento para todos? Muitos ainda preferem um currículo superficial, mas abrangente, especialmente aqueles vinculados a exames nacionais, que geralmente seguem essa abordagem.

Com frequência, a composição da sala de aula é impactada mais por questões de equidade do que pelos efeitos relacionados ao desempenho escolar. Embora os efeitos da escola convencional sejam pequenos, os efeitos de equidade podem ser altamente negativos. Isso nos leva de volta à ideia do ambiente menos restritivo, das tarefas desafiadoras, da centralidade no aluno e do foco no progresso escolar. Deve-se ter cuidado ao fazer um aluno repetir o ano, porque os efeitos negativos podem ser significativos. Se houver evidências claras de que o desempenho dos repetentes melhorou em relação aos colegas que passaram de ano, esses casos precisam ser divulgados e estudados mais profundamente.

A mensagem deste capítulo é que o ambiente da sala de aula é muito mais importante, independentemente de quantos e quais estudantes estejam presentes. As salas de aula precisam ser convidativas para que os alunos queiram estar lá e queiram aprender. O gerenciamento da sala de aula é uma condição necessária, mas não suficiente, para aumentar o desempenho. Os estudantes precisam sentir que o ambiente é equitativo. O professor deve acreditar que eles podem aprender, deve ter grandes expectativas em relação ao sucesso de cada um, ter inteligência, ser capaz de resolver problemas disruptivos, ter clareza de propósito e excelentes habilidades de escuta. O senso de coesão e a relação positiva entre professor e aluno e entre os alunos aumentam a confiança, de modo que eles podem errar e aprender com o erro, além de se sentirem confortáveis em não saber e, portanto, serem receptivos ao impacto do professor.

Comportamentos disruptivos podem afetar negativamente o ambiente de aprendizagem, tornando-se um verdadeiro problema tanto para os professores quanto para os colegas. Imagine que eu dou essas duas opções para um professor, visando a reduzir comportamentos disruptivos: me deixar escolher aleatoriamente de 10 a 15 alunos para tirar da turma, reduzindo seu tamanho, ou ele mesmo escolher cinco alunos para tirar da turma. Ele provavelmente vai escolher a segunda opção. Os estudantes com comportamentos disruptivos demandam uma quantidade desproporcional de tempo e, geralmente, dar atenção a eles só intensifica esses comportamentos. A principal mensagem é que é necessário haver consequências justas, claras e compreensíveis para o comportamento inadequado ou, ainda melhor, consequências igualmente justas, claras e compreensíveis para priorizar a aprendizagem. McDonald (2019) delineou intervenções e estratégias para criar um ambiente de alta confiança, disciplina regulatória apropriada e altos níveis de engajamento dos alunos na aprendizagem. Os professores precisam explicar claramente suas crenças sobre o comportamento na sala de aula e se concentrar na prevenção e no ensino para desenvolver um ambiente de aprendizagem de qualidade. É preciso desenvolver estratégias para lidar com comportamentos desafiadores e alunos vulneráveis, mantendo consistência e imparcialidade. Os estudantes precisam sentir que conhecem os professores, que estes têm competência para ensiná-los e que o ambiente é seguro e equitativo para aprender.

No entanto, não podemos supor que alunos sem comportamentos disruptivos estejam necessariamente aprendendo. Embora seguir as normas seja uma condição importante para o ensino, estudantes passivos, evasivos e desinteressados têm perfis negativos semelhantes aos dos desobedientes. Apenas fazê-los obedecer pode reduzir os problemas comportamentais, mas não garante que a aprendizagem esteja ocorrendo. Os orientadores escolares podem desempenhar um papel importante na vida desses alunos e em muitos outros, tornando-se recursos valiosos nas escolas, especialmente quando trabalham em colaboração com os professores para lidar com essas questões (ver Capítulo 13).

Nas escolas, é comum sentir solidão, especialmente durante o ensino médio, quando os jovens estão construindo sua reputação como estudantes. Nesse contexto, os amigos desempenham um papel crucial, moldando crenças, expectativas e níveis de envolvimento. Como observou Aristóteles (1995, 1295b23–25): "[...] a comunidade se baseia na amizade e, quando há inimizade em vez de amizade, as pessoas nem mesmo compartilham o mesmo caminho". Ter amigos, ou pelo menos uma turma amigável, proporciona um sentimento de pertencimento, que é um precursor importante para o envolvimento no processo de aprendizagem. Em contrapartida, não ser aceito, sofrer *bullying* ou praticá-lo está diretamente relacionado a um desempenho escolar inferior. Apesar dos desafios, é crucial priorizar a redução do *bullying*, especialmente do *ciberbullying*, que transcende os limites da escola.

REFLEXÕES

1. Leia a seção sobre agrupar os alunos por habilidades e discuta essas descobertas importantes em relação à sua prática atual:

   A evidência qualitativa sugere que as turmas que têm um nível de aprendizagem mais baixo são mais fragmentadas, menos envolventes e geralmente conduzidas por um número pequeno de professores qualificados. Se essas turmas fossem mais estimulantes e desafiadoras e se tivessem professores mais qualificados, poderia haver benefícios na divisão por níveis para esses alunos. No entanto, não é o que ocorre. Parece que a qualidade do ensino, as expectativas transmitidas pelos professores e alunos, o currículo diferenciado entre trabalhos mais fáceis e difíceis e a natureza das interações entre os alunos são os principais fatores, não a estrutura composicional das turmas. Existem maneiras de fazer mudanças na sua escola (por exemplo, os professores mais qualificados ensinam as turmas de nível mais baixo)? Discuta o que precisaria ser implementado para apoiar o corpo docente na realização dessas mudanças.

2. Depois de ler a seção sobre aprendizagem em pequenos grupos, organize um período experimental no qual os professores implementem as condições para uma boa eficácia coletiva. Em seguida, apresente os resultados e impactos em uma reunião da equipe.

Aprendizagem visível **215**

3. Na seção Gestão da sala de aula, a percepção aguçada é destacada por ter uma influência positiva considerável (0,71). Com seus colegas, decida como interpretar possíveis problemas de comportamento na sala de aula, oferecendo exemplos concretos, para garantir expectativas consistentes. Em seguida, tentem chegar a um consenso sobre maneiras específicas de agir prontamente assim que esses problemas forem identificados. Compartilhem palavras e frases utilizadas. Onde a percepção aguçada se encaixa nessas discussões?

4. Leia a seção Relação professor-aluno. Será que demonstramos, por meio de palavras, tom de voz e linguagem corporal, que realmente nos importamos com a aprendizagem de cada aluno? Será que demonstramos ter empatia, vendo as coisas pela perspectiva dos alunos e passando *feedbacks* efetivos para que possam se autoavaliar, se sentir seguros e entender os outros e o conteúdo com o mesmo interesse e preocupação? Com seus colegas, observem-se ensinando, concentrando-se apenas nesses três elementos e discutindo como isso parece afetar a autoeficácia de cada aluno. Em seguida, perguntem aos alunos se o professor os escuta, se acham que o professor gosta deles e se importa com eles e, por fim, se se sentem seguros para reconhecer que não sabem algo.

5. Depois de ler a seção Diminuição do comportamento disruptivo, discuta se sua escola aplica consequências justas e claras em relação ao mau comportamento, tendo em mente os sentimentos da última reflexão, pois esse é o destaque da ideia.

6. A mensagem principal de todo este capítulo é a importância do ambiente da sala de aula. Leia a conclusão e, em seguida, discuta os pontos fortes e os pontos a serem desenvolvidos em sua escola nesse sentido. Será que você considera o erro uma oportunidade para aprender? Será que oferece aos estudantes estratégias sobre o que fazer quando eles não entendem a matéria? Você explica claramente quais são as intenções de aprendizagem? Tem altas expectativas em relação a todos os alunos? É modelo de empatia, gentileza e imparcialidade?

9

Os professores

Existem aproximadamente 80 milhões de professores nas escolas do mundo inteiro, e a Organização das Nações Unidas para a Educação, a Ciência e a Cultura (Unesco) prevê que outros 69 milhões sejam necessários nos próximos 10 anos. Nos últimos 50 anos, houve grandes transformações na profissão. Ingersoll, Merril e Stuckey (2014) analisaram a *US Schools and Staffing Survey* (Pesquisa de escolas e funcionários dos Estados Unidos) a partir da década de 1980, observaram sete tendências no país e adicionaram mais três, que provavelmente ocorrem em muitos países ocidentais da Organização para a Cooperação e Desenvolvimento Econômico (OCDE) (ver também https://ourworldindata.org/teachers-and-professors):

Número: o número de professores, assistentes e gestores aumentou, o que mudou drasticamente a proporção de estudantes. Desde 1987, o número de estudantes matriculados aumentou em 19%, e a equipe docente, em 46%.

Idade: a porcentagem de professores com mais de 50 anos aumentou (33% > 50 nos países da OCDE), mas essa tendência provavelmente se reverterá à medida que buscarmos substitutos para o crescente número de alunos. Os professores mais jovens estão familiarizados com a economia *gig*, vendo a docência como uma vocação temporária, não vitalícia. À medida que o orçamento reduz, os professores que têm salários mais baixos e menos experiência terão mais oportunidades em detrimento dos que são mais experientes e têm salários mais altos.

Anos de experiência: o número de educadores com mais de 50 anos aumentou, mas outra tendência é a proporção significativa de professores iniciantes. A idade média de início para a formação de professores é, provavelmente, de 25 a 30 anos. A idade média (em toda a Austrália) para se registrar pela primeira vez como professor é de 30 anos ou mais. Isso indica um número maior de pessoas no meio da carreira entrando (e saindo) do ensino. Portanto, o número de professores na faixa dos 30 anos é quase tão alto quanto após os 50 anos. Na década de 1980, um professor convencional tinha 15 anos de experiência, mas, hoje, o professor convencional está no seu quinto ano de ensino.

Gênero: a força de trabalho docente há muito tempo é dominada por mulheres. Nos Estados Unidos, eram 67% em 1980 e 76% em 2012. Nos países da OCDE, eram 70%

em 2017 e, na Austrália, 80%. Isso não se deve a uma diminuição na quantidade de homens que ingressam na profissão, mas ao número de mulheres se tornando professoras, que está aumentando duas vezes mais do que o número de homens. A tendência é que aumente rapidamente a taxa de mulheres que se tornam gestoras escolares.

Diversidade: embora a principal etnia de um país ainda domine a profissão, isso está mudando rapidamente. A proporção de estudantes brancos está diminuindo em nossas escolas, e a proporção de professores de grupos minoritários também está aumentando.

Desempenho acadêmico: nos Estados Unidos, os melhores alunos têm menos probabilidade de se tornarem professores, e os que escolhem a profissão costumam ter notas mais baixas no *Scholastic Assessment Test* (SAT), um exame padronizado para ingresso na universidade, do que aqueles que optam por outras carreiras. Essa tendência vem se mantendo em queda constante. Na Austrália, as médias de desempenho necessárias para ingressar na docência têm declinado ao longo de 12 anos, mas começaram a se estabilizar e até mesmo a reverter nos últimos dois anos, à medida que os governos estabelecem perfis mínimos de desempenho para os aspirantes a professores.

Continuidade da carreira: nos últimos 40 anos, a taxa de saída anual aumentou em 41%, passando de 6,4% para 9%, sendo mais alta em escolas públicas com alta pobreza, alta proporção de alunos de grupos minoritários, urbanas e rurais. Gundlach (2022) realizou uma metanálise com 186 estudos e descobriu que os professores saem devido à conflitos com gestores e permanecem por causa dos alunos. A gestão escolar e o espírito de equipe têm um grande efeito sobre a intenção de permanecer ou não nas escolas ($r = 0,39$) e na profissão (0,28). Não é de surpreender que professores satisfeitos com o emprego tenham muito menos probabilidade de pretender sair ou realmente sair (0,20). A satisfação está relacionada à autonomia (0,30), à presença de sistemas de comportamento escolar (0,37) e à qualidade do desenvolvimento profissional (0,22). Além disso, os educadores permanecem por questões salariais (0,47), já que outros empregos nem sempre proporcionam segurança e boa remuneração. A relação com orientação (0,06), proporção entre funcionários e alunos (0,18) e relacionamento com pais (0,00) foi menor. Eles têm menos probabilidade de sair por causa dos estudantes: padrões escolares (–0,13), estudantes de educação especial (0,00), estudantes com proficiência limitada em inglês (0,06), nível socioeconômico mais baixo (–0,10) ou mau comportamento (0,05).

Preparação para o ensino on-line: mais professores iniciam na escola com formação para ensino *on-line* e não presencial. Na Austrália, por exemplo, 25% dos alunos fazem aulas *on-line*. Ainda realizam práticas em salas de aula reais, mas frequentemente sem a supervisão de alguém do curso além do professor da turma. Não há razão para acreditar que os cursos *on-line* sejam melhores ou piores do que os presenciais. É provável que esses professores tenham uma perspectiva bem diferente de como o ensino pode ocorrer na sala de aula do futuro.

Entusiasmo com a carreira: nos primeiros 10 anos, os professores estão mais dispostos a adotar padrões profissionais e interagir com outros educadores dentro e fora da escola. No entanto, esses mesmos professores muitas vezes recebem menos apoio ou benefícios de aprendizagem profissional e participam menos dos programas de integração. Mais de 90% dos diretores australianos afirmam ter excelentes programas de integração, mas menos de 40% de seus educadores sabem disso. Além disso, eles buscam oportunidades de liderança precocemente.

Privação de salários: em virtude da *expertise*, o salário dos professores pode ser razoável no início (entre os 10 maiores salários para recém-formados na Austrália, muitos com contrato temporário). Porém, depois desse tempo, os aumentos ficam mais raros e, portanto, em relação às ocupações que exigem *expertise* semelhante, eles começam a ficar bem para trás.

Ser professor é se engajar em uma prática de aprimoramento humano, e os educadores são bem-sucedidos quando seus alunos são bem-sucedidos. Os professores trabalham com estudantes que, em sua maioria, são obrigados por lei a frequentar a escola. Muitos não permaneceriam se não fosse obrigatório. É preciso desenvolver uma boa relação professor-aluno e, ao mesmo tempo, estar em uma posição de autoridade. É preciso estabelecer e gerenciar ativamente um vínculo emocional com os estudantes, mas ter limites claros. Os professores devem ser respeitados, devem ser claros e confiáveis. É necessário que os alunos os vejam como capazes de gerar um impacto positivo sobre eles. Geralmente, os professores trabalham sozinhos, sendo os únicos profissionais na sala. Têm uma flexibilidade notável para escolher como ensinar. Muitos acreditam que o conhecimento provido de sua experiência é mais poderoso do que as evidências de outras fontes. Lidam com o equilíbrio do simples com o complexo, com o objetivo de dar sentido à infinidade de situações que os confrontam todos os dias na sala de aula. Em sua profissão, a experiência, mais do que a especialização, é um fator significativo para ditar o salário, o respeito e as oportunidades. Não é de admirar que as diferenças entre os professores sejam uma grande fonte de variação no seu impacto sobre os alunos.

A maioria escolhe a docência para gerar um impacto em seus alunos. Richardson e Watt (2016) relataram que as motivações mais bem avaliadas para escolher uma carreira docente foram valores intrínsecos, capacidade de ensino, desejo de fazer uma contribuição social, trabalho com crianças e adolescentes e experiências anteriores positivas de ensino e aprendizagem. As motivações mais baixas incluíram segurança no emprego, desejo de aumentar a equidade social e maior provisão de tempo com a família. Portanto, o tema do *Visible Learning*, "conheça seu impacto", é apenas um lembrete aos educadores de uma das principais razões para terem ingressado na profissão.

Considerando os 10 pontos anteriores, talvez seja hora de perguntar se o ensino continuará sendo uma carreira. A economia *gig* é um sistema de livre mercado em que os trabalhadores têm contratos temporários. Nos Estados Unidos, representa cerca de um terço de todos os trabalhadores e inclui *freelancers*, consultores, motoristas de Uber, proprietários do Airbnb, plantonistas e professores substitutos. Em geral, quem escolhe esse tipo de trabalho está satisfeito principalmente porque trabalha por conta própria, é seu próprio chefe, consegue equilibrar melhor a vida doméstica, a vida privada e a profissional e podem buscar o melhor cliente por sua *expertise*. Conforme a demanda por professores aumenta em relação à oferta, aqueles com uma *expertise* difícil de encontrar provavelmente se tornarão trabalhadores autônomos. No entanto, isso tornará mais desafiador manter uma força de trabalho docente estável. Já abordamos a importância da profissão e do sistema que a sustenta, reconhecendo que a *expertise* é fundamental para o ensino; a alternativa não é favorável (Rickards; Hattie; Reid, 2021).

Para impactar positivamente o desempenho dos alunos, os professores desempenham diversos papéis e precisam ter várias qualidades. Isso inclui criar um ambiente seguro e respeitoso, onde é permitido falhar, aprender e trabalhar em equipe; demonstrar que estão atentos ao pensamento e ao envolvimento dos alunos; mostrar entusiasmo pela aprendizagem e incentivar a curiosidade; bem como oferecer várias oportunidades para aprender. Além disso, lembramos daqueles professores que viram algo em nós que nos permitiu superar nossas expectativas, que nos ajudaram a desenvolver estratégias ou processos de aprendizagem mais eficazes e que demonstraram paciência e disposição para explicar o conteúdo e auxiliar nos trabalhos dos alunos (Clinton; Hattie; Al-Nawab, 2018).

EFEITO DOS PROFESSORES

O professor é responsável pela maior fonte de variação dentro da escola. Há, no entanto, uma ampla estimativa da variação de impacto de diferentes professores. Hanushek e Rivkin (2006) relataram que a variação média para professores de leitura é de 13% e para matemática é de 17% (cf. Ladd, 2008). Rowan, Correnti e Miller (2002) estimaram que os educadores são responsáveis entre 4 e 16%, e Nye, Konstantopoulos e Hedges (2004) descobriram uma variação de 3 a 16%. Isso sugere que um professor no 25º percentil da distribuição de qualidade, em comparação com um no 75º percentil, significaria uma diferença nos ganhos de aprendizagem de cerca de 0,2 desvios padrão em um ano. Ter aulas com um professor de maior impacto levaria um aluno para o meio da distribuição de desempenho, do 50º para o 59º percentil. Um estudo importante avaliou o impacto de professores de qualificações variáveis. Descobriu-se um aumento de 1 desvio padrão quando os professores tinham alta qualificação, o que estava positivamente relacionado a um aumento no desempenho dos alunos em matemática na 3ª série do ensino médio de $d = 0,26$; −0,29 acima dos alunos quando os professores tinham baixa qualificação (Lee, 2018).

No entanto, Grasby *et al.* (2020) estimaram o efeito da sala de aula e do professor na alfabetização e na matemática básica comparando 3.402 gêmeos que estavam ou não na mesma turma. Houve uma porcentagem de variância baixa e preocupante (de 2 a 3%) explicada por professores/turmas. Segundo os autores, os resultados observados são influenciados por fatores genéticos, ambiente familiar, expectativas e uniformidade do que é ensinado nas aulas, considerando um currículo nacional focado nas expectativas do ano.

Este capítulo tem duas seções: atributos do professor e aprendizagem profissional do professor (Tabela 9.1). Os atributos do professor (Tabela 9.2) incluem personalidade, habilidades de comunicação, expectativas, não rotular os alunos, estimativas de desempenho, credibilidade, clareza, eficácia coletiva e avaliação da qualidade do ensino pelos alunos. A aprendizagem dos professores inclui programas de formação inicial, qualificações de ensino, desenvolvimento profissional, orientação, microensino/análise das aulas gravadas em vídeo e conhecimento da matéria.

Os pontos-chave envolvem os professores trabalhando juntos para avaliar seu impacto, sua credibilidade aos olhos dos alunos para aprimorar a aprendizagem, clareza sobre o que se espera dos alunos na aula, como definem o sucesso, os professores evitando rotular os alunos e as expectativas mútuas. O efeito foi menor para muitos métodos de educação de professores em formação e aprendizagem profissional.

220 John Hattie

TABELA 9.1 Estatísticas resumidas para atributos e formação de professores

Professores	N° de meta-análises	N° de estu-dos	N° total	N° de efeitos	Tamanho de efeito ponderado	Erro padrão (EP)	Robus-tez
Atributos dos professores	47	2.238	3.688.095	4.838	0,59	0,08	3
Formação dos professores	48	2.272	3.693.349	5.259	0,36	0,07	3
Total	95	4.510	7.381.443	10.097	0,47	0,08	3

Parte A: atributos dos professores

TABELA 9.2 Estatísticas resumidas para atributos dos professores

Professores	N° de meta-análises	N° de estu-dos	N° total	N° de efeitos	Tamanho de efeito ponderado	EP	Robus-tez
Autoeficácia	3	44	4.050	122	0,27	0,04	2
Habilidades de comunicação	1	21	1.933	58	0,22	0,03	1
Efeitos	4	299	3.233.771	1.207	0,38	0,01	4
Expectativas	9	648	59.641	778	0,58	0,09	4
Expectativas – atratividade física	1	12	1.104	12	0,36	0,00	1
Hábito de rotular os alunos	1	79	7.271	79	0,61	0,08	2
Estimativas de desempenho	4	151	45.873	224	1,30	0,08	3
Credibilidade	1	51	14.378	51	1,09	0,05	2
Trabalho em equipe	1	46	3.975	67	0,38	0,04	1
Autoeficácia	2	28	15.319	129	0,22	0,03	2
Clareza	3	101	18.442	239	0,85	0,04	3
Eficácia coletiva	3	85	5.699	85	1,34	0,05	2

Personalidade

Existem poucas dimensões da personalidade do professor relacionadas sistematicamente aos efeitos de desempenho. A partir do detalhamento na Tabela 9.3, a maior personalidade se correlaciona com a maximização do desempenho do aluno em relação à confiança em si mesmo como professor, entusiasmo pelo trabalho e habilidades de julgamento. Os outros fatores têm correlatos baixos ou não têm.

Habilidades de comunicação

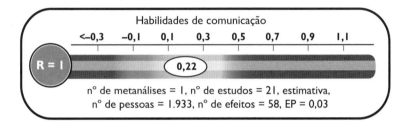

TABELA 9.3 Correlações entre os atributos da personalidade do professor e os ganhos de desempenho dos alunos

	N° de rs	Média de r	EP	Fonte
Eficácia pessoal	21	0,21	0,22	Klassen et al.
Entusiasmo	98	0,16		Maddocks et al.
Percepção de julgamento	7	0,16	0,13	Klassen et al.
Expressividade	12	0,14		Abrami et al.
Eficácia do ensino	21	0,09	0,23	Klassen et al.
Eficácia do professor	83	0,08	0,18	Klassen et al.
Neuroticismo sensorial	8	0,06	0,12	Klassen et al.
Conscienciosidade	7	0,06	0,05	Klassen et al.
Extroversão	19	0,03	0,13	Klassen et al.
Defesa do ego	8	0,03	0,20	Klassen et al.
Neuroticismo	8	0,01	0,07	Klassen et al.
Abertura à experiência	5	0,00	0,04	Klassen et al.
Autoeficácia	2	–0,03	0,06	Klassen et al.
Ser agradável	6	–0,06	0,06	Klassen et al.
Equilíbrio entre razão e emoção	8	–0,13	0,18	Klassen et al.
Total	313	0,05	0,13	

Os professores falam muito, e as habilidades de comunicação parecem ser importantes. As habilidades de comunicação e seu correlato próximo, a inteligência, estão relacionadas ao desempenho dos alunos (Kaplan; Owings, 2002; Darling-Hammond, 2000), mas apenas para os professores que estão em seus primeiros anos de ensino. De acordo com Hanushek (1989, p. 48), "entre todos os estudos, o mais próximo de uma conclusão consistente talvez seja a descoberta de que professores que têm um bom desempenho em testes de habilidades de comunicação se saem melhor na sala de aula [...]". *Aloe e Becker (2009), em sua metanálise, observaram que a relação não é tão forte quanto muitos afirmam e, de fato, ela diminui com a experiência de ensino. Eles concluíram que "[...] um professor com boas habilidades de comunicação, sozinho, provavelmente não fará uma diferença significativa no ensino" (*Aloe; Becker, 2009, p. 620) (note a palavra "sozinho"). Pode ser que uma proficiência acadêmica ou intelectual mais geral seja um determinante crítico nos primeiros anos, quando os professores lidam com as movimentadas salas de aula com enormes expectativas e sobrecarga. À medida que se tornam mais experientes (digamos, com mais de cinco anos na sala de aula), o efeito da inteligência e das habilidades de comunicação diminui, e outros fatores assumem maior importância (cf., *Greenwald *et al.*, 1996).

Embora *Aloe e Becker (2009) tenham relatado um declínio no impacto dos educadores com a experiência, isso ainda é contestado. Eles podem melhorar sua eficácia ganhando mais experiência, mas talvez não na mesma proporção dos primeiros anos (Jackson; Bruegmann, 2009; Podolsky; Kini; Darling-Hammond, 2019). Além disso, os tamanhos de efeito dessa eficácia aprimorada são positivos, mas pequenos: Ladd e Sorensen (2017) relataram que um professor com 12 anos de experiência aumentou os resultados dos testes de 0,08 desvios padrão em inglês, linguagens e artes para 0,18 em matemática em comparação com professores sem experiência anterior. Papay e Kraft (2015) relataram ganhos de 0,05, mas observaram a curva não linear em maior eficácia (Figura 9.1). A ideia aqui é que não necessariamente aceitamos esses pequenos ganhos dos mais experientes (muitos dos quais podem ter alcançado um alto nível de eficácia), mas convidamos os gestores escolares a estruturarem as escolas de modo que *todos*, de forma coletiva e colaborativa, possam melhorar sua eficácia independentemente da experiência.

Expectativas

Os professores criam expectativas sobre as capacidades e habilidades dos alunos, e isso afeta o desempenho destes (*Dusek; Joseph, 1985). A pergunta não é "Os professores têm expectativas?", mas, sim, "As expectativas dos professores são falsas e prejudicam a aprendizagem? De quais alunos?" e "Os professores têm grandes expectativas para todos os seus alunos?". Nas oito metanálises, há um alto efeito sistemático, indicando que as expectativas dos professores podem fazer a diferença no desempenho do estudante.

É necessário cuidado para interpretar as implicações desses efeitos nas expectativas dos professores. Weinstein (2009) mostrou que os alunos *sabem* que são tratados de forma diferenciada na sala de aula devido às expectativas dos professores. Eles geralmente acertam ao informar como os professores diferem conforme as expectativas para alguns estudantes em relação a outros. Às vezes, os professores buscam selecionar talentos para diferentes modos de ensino (como dividir os alunos em grupos conforme seu desempenho ou suas habilidades), mas há educadores que têm uma cultura de desempenho buscando

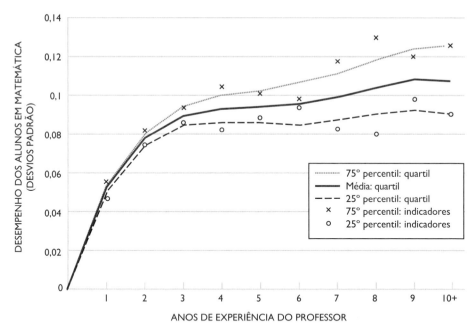

Figura 9.1 Relação entre anos de experiência do professor e desempenho dos alunos em matemática.

desenvolver talentos em cada um. Às vezes, os professores acham que é difícil mudar o desempenho dos alunos, porque acreditam que ele é fixo e inato, mas outros acreditam que o desempenho é mutável (Dweck, 2008). Weinstein (2009) também demonstrou que muitas práticas institucionais (como dividir os alunos em grupos conforme seu desempenho ou suas habilidades) podem levar a crenças que limitam as oportunidades de aprender: "A expectativa não está apenas 'na cabeça dos professores'; está embutida na própria estrutura de nossas instituições e nossa sociedade" (Weinstein, 2009, p. 290). Fox (2016), por exemplo, descobriu que educadores da mesma raça ou do mesmo gênero tiveram pouco efeito sobre as expectativas de realizar mais estudos ou serem recomendados para cursos avançados, com uma exceção notável. O efeito da mesma raça nas expectativas dos professores para completar mais do que o ensino médio varia de 11 a 17 pontos percentuais.

O mais importante é se o professor tem expectativas altas ou baixas. Rubie-Davies (2015, 2018; Rubie-Davies; Hattie; Hamilton, 2006) descobriu que educadores com altas expectativas tendem a mantê-las em relação a *todos* os alunos da turma, o que aumenta totalmente o desempenho. Já os que têm baixas expectativas, infelizmente, vão na direção oposta. Além disso, essas expectativas podem afetar drasticamente o que acontece em sala de aula. A Tabela 9.4 mostra o contraste entre as turmas de professores de baixa e de alta expectativas. Aqueles com expectativas altas se veem como agentes de mudança e não apenas como facilitadores; acreditam que as habilidades podem aumentar e não são fixas; têm mais objetivos de domínio do conteúdo do que objetivos de *performance*; equilibram melhor questões abertas e fechadas; estão mais focados na aprendizagem do que na realização de atividades; explicam o que se entende por sucesso, em vez de apenas

TABELA 9.4 Diferenças entre as turmas de professores que têm expectativas altas e professores que têm expectativas baixas

Expectativas baixas (d = –0,03 a 0,20)	Expectativas altas (d = 0,50 a 1,44)
Se veem como facilitadores, construtivistas, socializadores.	Se veem como agentes de mudança ativos, como orientadores.
Esperam um desempenho baixo, e o desempenho acaba de fato sendo baixo, o que reforça sua opinião.	Esperam melhorias, veem os erros e buscam formas de implementar melhorias.
Acham que as habilidades são fixas.	Acreditam que se pode melhorar a inteligência.
Acreditam que apenas alguns alunos podem melhorar.	Acreditam que todos podem melhorar.
Veem grandes diferenças entre os alunos.	Veem diferenças pequenas entre os alunos.
Agrupam os alunos conforme as habilidades de maneira inflexível.	Agrupam os alunos conforme os interesses.
Diferenciam claramente as atividades de ensino entre alunos conforme suas habilidades.	Pedem que todos os alunos façam atividades semelhantes.
Dão atividades fáceis para todos os alunos.	Proporcionam experiências de aprendizagem semelhantes a todos os alunos.
Estabelecem objetivos relacionados à *performance*.	Estabelecem objetivos relacionados ao domínio do conhecimento.
Passam atividades de nível inferior e repetem as mesmas atividades para alunos com poucas habilidades.	Passam atividades de nível avançado para todos os alunos.
Frequentemente falam sobre atividades diferenciadas em sala de aula.	Quase não falam sobre atividades diferenciadas em sala de aula.
Dão mais atenção aos alunos que têm poucas habilidades e deixam os outros trabalhando de forma independente.	Trabalham com todos igualmente.
Comentam sobre baixo esforço, comportamento da turma e relações na sala de aula.	Comentam sobre o desenvolvimento da confiança, motivação, persistência e postura em relação ao trabalho.
Lembram constantemente os alunos sobre procedimentos e rotinas.	Estabelecem procedimentos que os próprios alunos gerenciam.
Concentram-se em atividades e comportamentos.	Concentram-se na aprendizagem.
Dão detalhes das atividades a serem realizadas.	Falam com mais frequência sobre definição de objetivos e critérios de sucesso.
Fazem mais perguntas fechadas.	Fazem perguntas abertas e fechadas.
Fazem mais declarações negativas sobre aprendizagem e comportamento e têm pouca confiança.	Fazem declarações mais positivas sobre a aprendizagem e constroem confiança.

(Continua)

TABELA 9.4 Diferenças entre as turmas de professores que têm expectativas altas e professores que têm expectativas baixas *(Continuação)*

Expectativas baixas (d = –0,03 a 0,20)	Expectativas altas (d = 0,50 a 1,44)
Fazem muitos elogios.	Dão *feedbacks*, pareceres e concentram-se em um *feedback* específico sobre o futuro.
Conversam pouco com os alunos para monitorar sua aprendizagem.	Conversam com frequência com os alunos para monitorar sua aprendizagem.
Propõem atividades repetitivas de nível inferior.	Fazem todos os alunos se sentirem desafiados a fazer as atividades.
Dão menos atenção aos interesses dos alunos e não dão chances de escolha.	Proporcionam oportunidades de aprendizagem centradas nos interesses dos alunos.
Fazem pouco uso do conhecimento prévio do aluno.	Com frequência, usam o conhecimento prévio do aluno para fazer conexões.
Seguem o roteiro da aula.	Modificam as aulas de acordo com as necessidades do aluno se for preciso.

passar tarefas; dão *feedbacks* mais eficazes; e estão mais abertos a receber *feedbacks* dos alunos sobre seus interesses e conhecimentos prévios. Uma grande diferença estava em sua concepção de diferenciação, com altos raramente mencionando o termo, mas, quando pressionados, argumentando que todos os alunos podem atingir os critérios de sucesso da aula e que diferenciação significa diferente tempos e formas de alcançar o sucesso. Já as expectativas baixas envolviam diferenciação em termos de agrupamento, atividades diversas e níveis de desafio. Portanto, os alunos são expostos a diferentes oportunidades e têm expectativas distintas em relação às chances de sucesso. Não é de surpreender que o efeito nos resultados seja tão diferente.

Com base nessas evidências, os professores devem parar de enfatizar demais as habilidades e começar a enfatizar o progresso (curvas acentuadas de aprendizagem ou aceleração são direitos de todos os alunos, independentemente de onde comecem). É importante se concentrar no progresso individual em relação ao desempenho anterior, em vez de comparar os alunos entre si — você pode chegar em último lugar em uma corrida, mas ficar feliz por ter superado seu recorde pessoal. Os professores não devem querer comprovar as baixas expectativas anteriores, mas, sim, surpreender-se com os talentos, habilidades e progresso dos alunos. Devem encontrar maneiras de aumentar o desempenho de todos, parar de reforçar o desempenho e as experiências anteriores (por exemplo, por meio do agrupamento por habilidades) e saber qual é o talento e como está o crescimento de *todos* os estudantes, acolhendo a diversidade e sendo responsáveis por todos. Lembre-se de que você pode se surpreender e que não sabe de tudo. Isso evita efeitos adversos de expectativa. As expectativas dos professores e das escolas precisam ser desafiadoras, apropriadas e verificáveis para que todos os alunos alcancem o que é considerado importante.

Como visto no Capítulo 5, as expectativas dos alunos possivelmente exercem mais influência do que as expectativas do professor. Eles sabem quais são as expectativas do professor, percebem isso no agrupamento na turma e, logo, aprendem qual é o seu lugar.

O papel dos educadores é ajudar cada aluno a superar suas próprias expectativas, não as reforçar, oferecer oportunidades para prosperar e evitar atividades mundanas e repetitivas que apenas mantenham, em vez de elevar, seu desempenho.

Expectativas dos professores: atratividade física

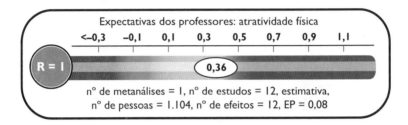

Quando conhecemos pessoas, rapidamente formamos expectativas sobre elas; a aparência física é evidente. É mais provável que consideremos pessoas fisicamente atraentes as melhores em habilidades sociais, inteligência e saúde, além de terem uma disposição mais calorosa e amigável (Patzer, 2012). Também é mais provável que empreguemos e votemos no candidato mais atraente fisicamente. Os alunos afirmam que aprendem mais com professores mais atraentes (Hosoda; Stone-Romero; Coats, 2003; Olivola; Todorov, 2010; Westfall; Millar; Walsh, 2016). *Ritts *et al.* (1992) relataram $d = 0,36$ entre a atratividade dos alunos e o julgamento dos professores em relação às medidas escolares (por exemplo, inteligência, potencial futuro e notas). Os autores explicam que isso ocorre devido aos seus preconceitos de que a atratividade física está relacionada a habilidades sociais positivas e menos à má conduta comportamental. Os professores tendem mais a recomendar programas de necessidades educacionais especiais para crianças menos atraentes do que para crianças atraentes ($d = 0,48$), independentemente do gênero, da raça ou do seu desempenho anterior.

Hábito de rotular os alunos

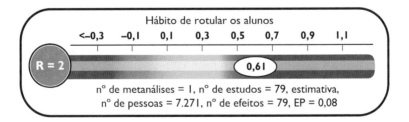

Somos muito bons em inventar rótulos para os alunos (e, muitas vezes, isso afeta a alocação de recursos). O problema é que esses rótulos podem diminuir as expectativas e fazer com que tratemos todos os alunos da mesma forma, o que nos leva a responsabilizá-los (ou suas famílias ou os recursos). A chave é adotar intervenções baseadas em evidências ideais para todos os estudantes, como alinhamento intencional, resposta à intervenção e sistema de apoio multinível. Slavin (2019) explica que as escolas estão sendo responsabilizadas de forma menos rigorosa por esses alunos e que a educação especial precisa ser reinventada para eles. Além disso, muitos estudantes com algum diagnóstico são vistos como vítimas de um ensino regular deficiente, e é isso que precisa ser corrigido. Hettleman (2019) escreveu uma acusação contundente sobre os problemas de rotular erroneamente os estudantes com deficiência. Não há uma resposta simples, mas precisamos parar com essa prática, pois ter expectativas mais baixas geralmente têm consequências devastadoras.

Rotular, portanto, pode levar a uma forma particularmente prejudicial de expectativas baixas, resultando em efeitos negativos e desagradáveis. Essas expectativas baixas geram questionamentos sobre por que esses alunos não conseguem aprender, se envolver e ter sucesso. Por exemplo, o rótulo "dificuldades de aprendizagem" pode levar a expectativas de baixo desempenho. O rótulo "TDAH" pode levar a presumir que todo aluno diagnosticado com transtorno de déficit de atenção/hiperatividade (TDAH) também tem baixo desempenho, e aqueles com necessidades educacionais especiais devem, portanto, ser tratados como se tivessem alguma deficiência. *Fuchs *et al*. (2002) encontraram 79 estudos que compararam estudantes com menor desempenho em leitura, que não receberam nenhum rótulo, com estudantes que foram considerados com dificuldades de aprendizagem. O efeito de $d = -0,61$ indicou que as notas de leitura de 73% dos alunos que não foram rotulados estavam acima das notas de leitura daqueles que foram rotulados, indicando que o rotular o estudante leva a um desempenho inferior.

O dilema é que diagnósticos precisos podem ser o primeiro passo para intervenções adequadas. Imagine que você se sentiu mal e foi ao médico, que, depois de solicitar alguns exames, deu o diagnóstico da doença x. Agora todos vão ver você como a pessoa que tem a doença x. Você terá que modificar seu comportamento e suas interações, e as outras pessoas serão instruídas a respeitar sua doença e adaptar-se a ela. Nesse caso, o diagnóstico foi o fim da discussão. No entanto, diagnosticar a doença x é a primeira fase crítica para decidir sobre a intervenção apropriada para o bem-estar, o desenvolvimento e a saúde. Na educação, muitas vezes, os diagnósticos explicam por que um aluno tem dificuldades, e as adaptações são feitas com base nesses diagnósticos, em vez de agirmos com vigor para ajudar o aluno a prosperar. O diagnóstico nunca deve ser o último passo.

O sistema escolar de Cingapura recusa esses rótulos, preferindo falar em "estudantes de baixo progresso", o que é um passo na direção certa. Porém, esse termo também pode ser um substituto para culpar a criança ou um código para necessidades educacionais especiais, baixo *status* socioeconômico ou imigrantes. Anteriormente, a Itália regulamentou que todos os estudantes devem seguir o mesmo currículo e ter a mesma qualidade de ensino. Talvez precisemos de um debate robusto para garantir que os rótulos sejam usados apenas no diagnóstico de problemas específicos de aprendizagem, nunca associados à criança. Além disso, todas as crianças devem ter um programa de ensino que promova a aceleração do seu progresso.

Estimativas de desempenho dos professores

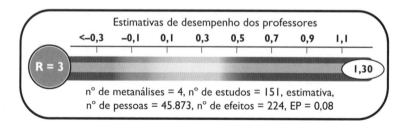

Os professores costumam fazer julgamentos sobre as habilidades dos alunos para depois decidir sobre os requisitos de aprendizagem e tarefas mais adequados (Artelt; Gräsel, 2009). Esses julgamentos podem ser comparativos em relação ao desempenho de outros alunos, em relação ao desempenho real de cada estudante ou em relação a algum critério absoluto, como notas em exames padronizados ou medidas de quociente de inteligência (QI). Educadores que fazem julgamentos mais precisos têm mais chances de ajustar a dificuldade das tarefas de forma ideal e estão mais preparados para oferecer *feedbacks* que realmente ajudem o desenvolvimento dos alunos (Urhahne; Wijnia, 2021). As metanálises sobre o julgamento dos professores apontam para estimativas bastante elevadas de precisão quando se trata de avaliar o desempenho real dos alunos — $r = 0,63$ (*Südkamp et al.*, 2012) e $r = 0,66$ (*Hoge; Coladarci, 1989) —, mas essa precisão é um pouco menor quando se trata de avaliar a criatividade: $r = 0,23$ (*Gralewski; Karwowski).

*Machts et al. (2014) relacionaram os julgamentos dos professores à inteligência, $r = 0,54$; à superdotação, 0,37; e à criatividade, 0,36 (que incluiu fatores de não desempenho, como motivação e disposição). A precisão não diferiu por nível escolar. Quando há uma discrepância entre o desempenho atual do aluno e sua inteligência, os professores tendem a ter um desempenho padrão, o que pode significar que muitos estudantes com baixo desempenho têm menos probabilidade de serem identificados. A conclusão de *Machts et al. (2014) foi que "os professores parecem ser bons para julgar o desempenho escolar e o nível geral de habilidade. No entanto, esperar que cada professor tenha a competência para julgar o potencial intelectual subjacente pode não ser realista". Esses resultados certamente dão crédito à confiança e à inclusão das estimativas de desempenho dos professores, desde que sejam triangulados junto com os métodos mais padronizados, como resultados de exames, entre outros.

Esses julgamentos também se convertem em aspectos mais formais da educação, como boletins escolares, diplomas, decisões de colocação em cursos e decisões de acompanhamento escolar. *Machts et al. (2020) mostraram que, quando os professores escrevem boletins, eles tendem a ter um julgamento geral sobre o desempenho dos alunos que influencia todas as estimativas de desempenho das disciplinas, bem como uma dimensão altamente correlacionada da orientação de aprendizagem (por exemplo, uso de métodos, autonomia e engajamento), mas são mais capazes de distinguir várias dimensões sociais (trabalho em equipe, capacidade de lidar com conflitos, entre outras).

Embora as correlações gerais sejam altas, cerca de dois terços da variação nos julgamentos dos professores não podem ser explicados pelo desempenho dos alunos. Também pode haver um efeito halo, que ocorre quando as crenças gerais sobre um aluno são generalizadas para todas as áreas de conhecimento. Carvalho e Abreu (2018) mostraram como as estimativas de desempenho dos professores podem ser influenciadas erroneamente pela família, pelas habilidades sociais, pelo comportamento disciplinado e pelo gênero. Como observaram Sanrey *et al.* (2021), é importante que os professores mantenham um grau de incerteza, busquem e processem extensivamente informações sobre os alunos antes de formar julgamentos. Além disso, devem perguntar sobre o desempenho do aluno em uma área específica, evitando perguntas generalizadas: "Esse aluno é bom?". Não presuma. Portanto, os julgamentos devem ser continuamente testados e reconsiderados. Também não podemos achar que os alunos com maior desempenho são mais propensos a crescer e aprender e que os com menor desempenho estão fadados a ficarem para trás. O trabalho dos professores está relacionado a garantir que cada estudante, não importa por onde comece, tenha altos níveis de crescimento durante as aulas.

Essa discussão também mostra uma grande falta em muitas das salas de aula atuais. A melhor informação sobre o desempenho dos alunos é o desempenho deles e, se isso for subestimado ou se não estiverem trabalhando da maneira ideal, pode criar uma profecia autorrealizável. Se outras informações independentes estivessem disponíveis, poderia aumentar as expectativas de os estudantes obterem melhores resultados. Assim, o professor poderia oferecer tarefas mais desafiadoras e promover maiores expectativas de sucesso. Essas medidas podem incluir indicadores de inteligência, avaliações, exames padronizados ou habilidades. É claro que algumas dessas medidas não têm um bom histórico e não pretendemos replicar os usos inapropriados (ver Fletcher e Hattie, 2011).

Credibilidade dos professores

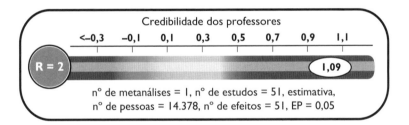

A credibilidade dos professores é a crença dos estudantes de que podem aprender com um determinado educador porque ele é crível, convincente e capaz de fazê-los acreditarem que podem ter sucesso. Se o professor não for considerado confiável, os alunos simplesmente se desligam. Essa credibilidade é uma função das crenças sobre confiança, competência, interesse pelo tema e desejo de que os estudantes aprendam em sala de aula.

*Finn *et al.* (2009) investigaram os efeitos das crenças dos alunos sobre a credibilidade dos professores. Aqueles que consideravam seus professores atenciosos, compreensivos e receptivos tinham maior probabilidade de escolher uma disciplina com o mesmo professor no futuro ou recomendá-lo aos colegas. Além disso, relataram maior motivação para aprender e maior aprendizagem cognitiva nas aulas em que consideravam o professor confiável. Portanto, se você perguntar a um aluno antes de entrar na aula "Esse professor é confiável? Ele demonstra desejo, habilidade e cuidado com sua aprendizagem?", e eles disserem que não, é provável que seu impacto esteja seriamente comprometido.

Clareza dos professores

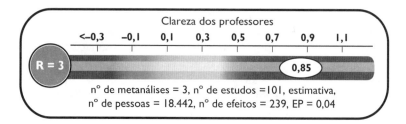

Bolkan (2017) delineou um modelo de cinco fatores de clareza para os educadores: disfluência, sobrecarga, interação, coerência e estrutura. A disfluência se refere a professores que têm dificuldade em explicar os conceitos de maneira simples, que não conseguem criar exemplos para ilustrá-los e que ministram aulas de forma complicada. A sobrecarga se refere a situações de aprendizagem em que o ritmo do ensino aumenta a capacidade dos alunos de absorver o conteúdo. A interação indica que o ensino deve incluir trabalhar com os alunos para determinarem seus níveis de compreensão e ajustar as aulas para se adaptarem à compreensão deles. A coerência está relacionada a não dar informações redundantes, porque elas podem confundir os estudantes e direcionar seu foco para aspectos sem importância. Por fim, a estrutura se refere à apresentação organizada das informações.

*Fendick (1990) explorou os efeitos da clareza de fala do professor (fala alto o suficiente para que todos possam ouvir e não usa termos vagos), organização (começa com critérios de sucesso, as provas abrangem todos os assuntos vistos até então e analisa o trabalho do aluno), explicação (explica de forma simples e interessante, no ritmo certo, dá exemplos de como fazer o trabalho, responde às perguntas dos alunos e dá tempo suficiente) e avaliação (faz perguntas, incentiva discussões e dá *feedback*). A correlação geral dessas dimensões de clareza e desempenho é alta ($r = 0,35$ e $d = 0,67$) e consistente: organização, 0,32; explicação, 0,35; exemplos e prática guiada, 0,23; e avaliação da aprendizagem, 0,32. Os efeitos foram semelhantes em disciplinas relacionadas a linguagens e disciplinas exatas, turmas maiores e menores, e professores experientes ou não. A relação aumentou em todos os níveis de ensino (anos iniciais do ensino fundamental, 0,26; ensino médio, 0,30; faculdade, 0,41) e foi mais alta quando avaliados pelos alunos (0,40) do que por observadores independentes (0,28, pois, certamente, eles não vivenciam as aulas como os estudantes). *Titsworth *et al.* (2015) relataram, mais recentemente, $r = 0,52$ sobre aprendizagem afetiva e $r = 0,34$ sobre aprendizagem cognitiva. Houve diferenças quando a relação foi medida por autorrelatos e por meio de testes de desempenho como resultado. Os autores alertaram que não significa que devemos orquestrar demais a aprendizagem. Além disso, afirmaram que a ambiguidade pode ser justificada ocasionalmente.

Parece óbvio que, se os alunos não entenderem as instruções ou o ensino do professor, é improvável que haja compreensão e engajamento. Porém, a clareza vai além da compreensão. Trata-se de "explicar claramente como deve ser a prática" (Sharratt, 2019). Trata-se de o professor ter expectativas altas; conversar com os alunos sobre quais são os critérios de sucesso; garantir um alinhamento intencional entre a aula, as tarefas e as avaliações; dar aulas relevantes, precisas e compreensíveis; dar exemplos práticos para ilustrar o grau de complexidade cognitiva esperado; e dar *feedbacks* úteis guiando os estudantes nos próximos passos (Fisher *et al.*, 2018).

Eficácia coletiva dos professores sobre seu impacto

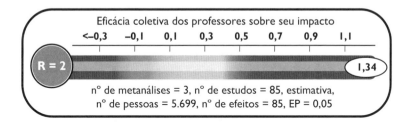

Desde o trabalho pioneiro de Bandura (1993), a noção de eficácia coletiva tem sido influente. Bandura (1993) observou que a confiança de um grupo em suas habilidades parecia estar associada a um sucesso maior. Quando uma equipe de indivíduos compartilha a crença de que, por meio dos seus esforços unificados, pode superar desafios e produzir os resultados pretendidos, as equipes acabam sendo, de fato, mais eficazes. Esse fenômeno tem sido observado com frequência em escolas com grandes impactos no desempenho dos alunos.

A eficácia coletiva é muito mais do que apenas se sentir influente ou ter grandes expectativas. As crenças de eficácia precisam se concentrar no que significa impacto e em como diagnosticar e avaliar os níveis desse impacto, bem como precisam ser alimentadas com evidências. Ter o mesmo entendimento sobre aprendizagem e impacto é mais crucial do que ensinar de forma padronizada. Nas culturas que valorizam a eficácia, as percepções que moldam as ações dos educadores incluem "Nós somos avaliadores", "Nós somos agentes de mudança" e "Nós trabalhamos juntos".

Pode ser difícil promover essa eficácia, porque geralmente não há colaboração e discussão sobre teorias de ensino e de aprendizagem nas salas dos professores e nas experiências de aprendizagem profissional. Muitas vezes, esses espaços não se concentram em desenvolver um consenso sobre o que constitui um impacto significativo na educação e como alcançá-lo. Little (1990) observou que as colaborações nas escolas costumam parecer artificiais, inventadas e não integradas ao trabalho real do ensino, ocorrendo à margem do verdadeiro esforço educacional. Às vezes, os professores preferem resolver a razão dos problemas, contar histórias e desviar a discussão para o currículo, as características dos alunos, os recursos, o tempo e a carga de trabalho, em vez de se engajar em atividades pedagogicamente produtivas. Como observaram Lefstein *et al.* (2020), esse tipo de conversa demanda sensibilidade, percepção de situações críticas, interpretação para dar-lhe sentido (e permitir que várias pessoas deem sua interpretação), raciocínio usando evidências para ir além das opiniões e um repertório de estratégias, habilidades para lidar com tensões, questionamentos e críticas das próprias e de outras perspectivas, confiança de que o coletivo pode levar a uma interpretação e direção melhores, e discernimento para escolher o melhor curso de ação.

Donohoo, Hattie e Eells (2018) observaram que os gestores escolares têm um papel fundamental na criação de ambientes de ensino não ameaçadores baseados em evidências. Ao promover uma cultura de colaboração focada em conhecer seu impacto coletivo, eles têm o potencial de apoiar a melhoria da escola de forma a influenciar positivamente as crenças de eficácia coletiva dos professores e, assim, promover o desempenho dos alunos. Os gestores fazem isso promovendo conversas sobre o que significa impacto e esforço, a diferença entre progresso e desempenho e o uso de evidências confiáveis. Eles também podem influenciar a eficácia coletiva estabelecendo expectativas de colaboração formal, frequente e produtiva entre educadores e criando altos níveis de confiança para que isso ocorra.

Existem habilidades para desenvolver a eficácia coletiva, como alta sensibilidade social, participação, consciência social, confiança nas habilidades dos outros e crença no impacto do trabalho em equipe. Exploramos com mais profundidade essas noções de eficácia coletiva no livro *Student Collective Self-Efficacy* (Hattie et al., 2021a; cf., Datnow e Park, 2018; DeWitt, 2018; Hargreaves e O'Connor, 2018). Muito também depende da natureza da tarefa do coletivo, com preferência por problemas mais abertos e ricos em informações, especialmente se a complexidade permitir divisões complementares do trabalho (Stasser; Abele, 2020). É preciso ter atenção para garantir que a eficácia coletiva não seja vista apenas como conversas e trabalho em equipe, seu foco precisa estar claramente em maximizar o impacto sobre os alunos.

APRENDIZAGEM PROFISSIONAL DE PROFESSORES

Programas de formação inicial de professores

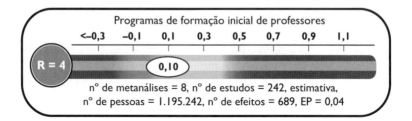

Os professores aprendem 50% sobre ensino no primeiro ano de sala de aula e a metade disso no segundo. Depois, tal conhecimento se torna relativamente estável, com pouca variação nos programas de formação docente. A maioria dos educadores (62%) que tiveram os menores efeitos sobre os alunos em seu primeiro ano continuou apresentando baixos efeitos cinco anos depois. Em contraste, a maioria daqueles (73%) com os maiores efeitos em seu primeiro ano manteve os maiores efeitos cinco anos depois (Atteberry; Loeb; Wycokff, 2015; Henry; Bastian; Fortner, 2011).

Além disso, mais de 90% dos diretores afirmam ter um excelente programa de orientação para novos professores, mas menos de 40% destes têm conhecimento sobre tais programas (AITSL, [201-]). Minha experiência é que os novos professores estão entre os mais ávidos por aprender e os mais empolgantes de trabalhar, mas muitos acreditam rapidamente que um bom profissional é aquele que está sempre ocupado, e acabam perdendo muito tempo buscando e criando recursos, corrigindo trabalhos e fazendo comentários. Por exemplo, disseram a um dos educadores que acompanhei: "Sua turma é única. Se tiver algum problema, venha falar comigo", o que, na verdade, significava que ele precisava criar todos os recursos do zero, e que qualquer pedido de ajuda seria interpretado como um sinal de problema ou fracasso. Outro professor que acompanhei mudou de uma sala de aula regular para uma sala de aula aberta (94 alunos de 1 a 3 anos com três professores), e cada professor recebeu um planejamento semestral para a equipe (portanto, dois períodos sem planejamento). Ele gostou da ideia de fazer um terço a menos do planejamento, porque teria mais tempo para se dedicar à sala de aula, mas foi avisado: "Não conte para ninguém que você não planejou dois terços do ano", como se ser eficiente fosse um segredo e uma admissão de não ser um bom professor.

Levine (2006, p. 109) descreveu a formação docente como a "[...] Dodge City do mundo da educação. Como a lendária cidade do Velho Oeste, é indisciplinada e desordenada". Não há uma abordagem padrão sobre onde e como os professores devem ser preparados. Walsh (2006, p. 1) também afirmou que "muitos educadores de professores [...] admitem que atualmente há pouca evidência empírica para embasar os métodos usados para ensinar os professores". No entanto, outros que trabalham em muitas instituições de formação de professores afirmam que existe uma abordagem padrão, uma ordem e conhecimentos e entendimentos básicos que todos os futuros profissionais devem ter. Participei de muitas reuniões em que colegas decidiram sobre os conhecimentos e as experiências essenciais que devem ser ensinados aos docentes em formação. Essa discussão é longa e foi complicada em todos os lugares e todas as vezes que o grupo tentava definir essas habilidades essenciais, porque cada lugar tem uma visão diferente sobre quais elas devem ser. Não há um conjunto de experiências essenciais que devam ser ensinadas, muito menos uma ordem correta para ensinar futuros professores.

Além disso, surpreende que a formação de novos docentes tenha tanta carência de dados. Talvez seja por isso que os professores aprendem a ignorar evidências, priorizar a arte e buscar comprovar que estão fazendo a diferença (em algum lugar, de alguma forma, com alguém). Uma formação de três a cinco anos parece formar docentes que apenas imitam o professor de quem mais gostavam quando estavam na licenciatura e que, muitas vezes, veem pouco valor em outras coisas além da aprendizagem baseada na prática. Dizer, como é comum, que "a melhor parte da faculdade é praticar o ensino" ou que a aprendizagem real ocorre *in situ* reflete a falta da experiência universitária. Essa crença é comum, inclusive, entre os educadores que ensinam professores, que não percebem como ela faz parecer que a aula deles próprios não é boa. Isso não significa que não existem ou não devem existir programas de preparação docente. Eles existem (Darling-Hammon; Lieberman, 2011), mas ainda é necessária uma revisão das evidências de educação inicial de professores (ver Hattie *et al.*, 2015).

Delineamos o modelo clínico de formação de professores implementado com sucesso na University of Melbourne (inspirado em Darling-Hammond em Stanford; Rickards; Hattie; Redi, 2021). Embora haja algum debate sobre o termo "clínico" (alguns consideram frio, focado em um déficit), ele está relacionado a um equilíbrio entre pensamento avaliativo, raciocínio e pensamento crítico e foca no impacto dos alunos. Como afirmaram Sackett *et al.* (1996, p. 71), da medicina, é o "[...] uso consciente, explícito e judicioso das melhores evidências atuais na tomada de decisão sobre o cuidado de pacientes individuais". Não é a tirania da evidência nem as opiniões ou reflexões do professor. Nem a opinião nem a evidência são suficientes, porque são necessários o equilíbrio criterioso e a integração da experiência clínica (proficiência e opiniões) com as melhores evidências externas disponíveis da pesquisa sistemática. Preferimos a noção de desenvolver o pensamento avaliativo, e os principais atributos são a centralidade de clientes/alunos, conhecimentos e habilidades especializados, uso de evidências e opiniões na prática, responsabilidade de acordo com os padrões profissionais e treinamento acadêmico e prático rigoroso antes do registro como professor (Alter; Coggshall, 2009).

Um aspecto marcante do modelo da University of Melbourne é a avaliação. No exame de práxis clínica, os candidatos a professores devem apresentar o diagnóstico, a intervenção e a avaliação de sua prática em relação às necessidades específicas de aprendizagem e desenvolvimento dos alunos, mapeados conforme as questões a seguir.

- O que o aluno está pronto para aprender e quais evidências sustentam isso?
- Quais são as intervenções possíveis e preferidas baseadas em evidências?
- Qual é o impacto esperado na aprendizagem e como ele será avaliado?
- Como a intervenção escolhida será financiada e implementada?
- O que aconteceu e como isso pode ser interpretado?
- Como faço para colaborar com outras pessoas (colegas, estudantes e pesquisadores) para obter informações sobre meu impacto?

As miniversões são intercaladas por todo o programa (em uma apresentação oral de 5 a 10 minutos), culminando em uma apresentação fundamental significativa. A tarefa requer a síntese do conhecimento teórico e do conteúdo de disciplinas centrais e áreas de aprendizagem ou disciplinas com evidências da prática de ensino. Isso permite um envolvimento significativo entre o local do curso (a universidade) e os locais de prática (as escolas) (ver Rickards; Hattie; Redi, 2021).

As metanálises relacionadas à formação de professores mostram que o tamanho de efeito desta nos resultados subsequentes dos alunos é insignificante (cerca de 0,10). *Qu e Becker (2003) relataram um efeito muito pequeno de apenas 24 estudos, poucos deles considerando a importância desse assunto (os autores reconheceram as dificuldades de até mesmo encontrar esses estudos). Os efeitos do treinamento universitário de quatro anos em comparação com a certificação alternativa são $d = -0,01$ e, em comparação com as licenças temporárias, $d = 0,14$. O efeito para aqueles que estudam uma disciplina, mas ensinam fora da área de especialização, é $d = 0,09$. No entanto, quando comparamos professores com certificação completa que têm vários anos de experiência aos professores com licença de emergência, o efeito sobe para $d = 0,39$. Isso provavelmente reflete as influências da experiência de ensino (disciplina pedagógica) e não do conhecimento do assunto em si. Da mesma forma, *Sparks (2005) encontrou poucos ($N = 5$) estudos com 18 efeitos e comentou quão pouco se sabe sobre um tema tão importante, discutido e defendido. Ela relatou que professores certificados tiveram um efeito ligeiramente maior no desempenho dos alunos do que aqueles com licenças probatórias ou de emergência (em matemática, ciências e leitura, $d = 0,12$). Relatou, também, que professores que fizeram curso na área em que lecionam foram mais eficazes do que os que não fizeram ($d = 0,38$). Embora não seja uma metanálise, um dos raros estudos randomizados controlados envolveu a atribuição de alunos a 44 professores em caso de licença de emergência e 56 professores especialistas na área (Glazerman; Mayer; Decker, 2006, p. 95). Na leitura, os autores não encontraram diferenças e, na matemática, encontraram $d = 0,15$. Eles concluíram que os professores do *Teach for America* eram "um grupo atraente de candidatos", principalmente porque atendem escolas de baixa renda e, muitas vezes, de difícil contratação de pessoal. Na melhor das hipóteses, concluiu-se que os programas de formação docente fazem alguma diferença em comparação com os que têm licenças de emergência. No entanto, é necessário discutir muito mais sobre esse assunto.

Na última geração, houve mais de 100 comitês e documentos de reforma na Austrália, a maioria recomendando padrões de ingresso mais elevados, currículos diferentes, mais tempo nas escolas e requisitos específicos para incluir x ou y. Assim, não surpreende que a maioria tenha tido efeitos limitados ou inexistentes. A 101ª revisão (TEMAG, 2014) fez o oposto. Seguindo o modelo do Conselho Nacional de Acreditação da Educação de Professores dos Estados Unidos/Acreditação da Preparação de Educadores, começou pedindo aos mais de 400 programas que apresentassem evidências de que os graduados poderiam mudar a vida de aprendizagem dos alunos (ou seja, estarem prontos para a sala de aula). Desde então, os regulamentos foram alterados, o debate sobre estar pronto para a sala de aula está em pleno andamento, e os primeiros programas foram credenciados com base em evidências de impacto sobre os graduados. As instituições agora estão cooperando para fornecer moderação externa de seus padrões de prontidão para a sala de aula. Existem avaliações de desempenho de professores que cruzam as fronteiras do programa e da universidade, e há evidências do sucesso de muitos desses programas. O fato de o tamanho geral de efeito ser baixo não significa que devemos abandonar a formação de professores, mas que precisamos celebrar os programas bem-sucedidos com base na evidência do seu impacto e aprender e escalar esses programas. Só podemos elevar os padrões de formação docente quando sabemos quais são eles e com o que se relacionam, quando construímos uma base de evidências de programas bem-sucedidos e quando a profissão está envolvida na definição dos padrões.

O que pode ser necessário é um estudo mais aprofundado dos melhores programas, para que haja um foco em aumentar o sucesso. Darling-Hammond (2000), por exemplo, estudou programas exemplares de formação de professores e identificou sete características deles: coerência baseada em uma visão comum e clara do bom ensino que permeia todos os cursos e experiências clínicas; padrões bem definidos de prática e desempenho que orientam e avaliam cursos e trabalho clínico; currículo baseado no conhecimento do desenvolvimento de crianças e adolescentes, aprendizagem, contextos sociais e pedagogia temática; experiências clínicas ampliadas cuidadosamente desenvolvidas para apoiar as ideias e práticas apresentadas em cursos simultâneos estreitamente entrelaçados; estratégias explícitas para ajudar os professores em formação a confrontar suas próprias crenças e suposições profundas sobre a aprendizagem; relacionamentos fortes, compartilhamento de conhecimento e crenças em comum, que unem todos os que estão ensinando esses futuros profissionais; e avaliação baseada em padrões profissionais, a fim de medir o ensino por meio de demonstrações de capacidades e habilidades críticas usando avaliações de desempenho e portfólios.

Programas de qualificação docente

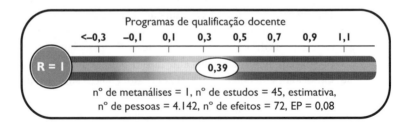

*Manning *et al.* (2019) revisaram os efeitos das qualificações na educação e dos cuidados na primeira infância. Essas qualificações de professores/cuidadores podem variar em termos de nível de educação (por exemplo, ensino médio ou ensino superior), grau de especialização (educação geral, especial ou infantil) e tipo de curso (feito antes de o professor começar a lecionar, enquanto está lecionando ou após a primeira formação). A única qualificação nos 49 estudos considerados foi o nível de educação dos professores da educação infantil, que teve uma relação baixa, mas positiva, para a qualidade da aprendizagem sobre cuidados infantis ($r = 0,19$).

*Klassen e Kim (2018) revisaram 32 estudos sobre a seleção de professores para cursos de preparação para formação docente. A correlação de preditores acadêmicos ($r = 0,13$) e não acadêmicos ($r = 0,10$) da eficácia posterior do professor (medidas externas, classificações de observação e ganhos de desempenho) foi pequena. Essas médias não variaram de acordo com o nível de escolaridade, tipo de seleção ou seleção para formação inicial de professores ou emprego. Os autores notaram que essas correlações são muito menores do que em muitas outras vocações.

Programas de desenvolvimento profissional

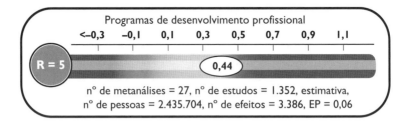

Muitas vezes, a aprendizagem profissional é avaliada em relação aos efeitos sobre o professor (sua satisfação, gosto e percepção da aprendizagem do curso) e muito menos em relação aos efeitos sobre as melhorias reais na prática em sala de aula e o impacto nos alunos. *Wade (1985) dividiu os resultados em quatro grupos: reação, ou seja, como os professores se sentiam em relação ao desenvolvimento profissional; aprendizagem, isto é, quanto de aprendizagem acumularam; comportamento, se os professores mudaram seu comportamento por causa do desenvolvimento profissional; e resultados dos alunos, ou seja, o impacto. É mais provável que o desenvolvimento profissional mude a aprendizagem (d = 0,90), mas essas aprendizagens têm menos efeitos no comportamento real (d = 0,60) e na reação dos professores ao desenvolvimento profissional (d = 0,42) e ainda menos influência na aprendizagem dos alunos (d = 0,37) (ver também *Batts, 1988; *Egert, 2015; *Harrison, 1980; *Kraft *et al.*, 2017). Os efeitos são maiores quando os resultados estão mais diretamente vinculados a critérios específicos de sucesso da aprendizagem profissional (*Blank; Alas, 2010) e quando o programa já foi testado na área de especialização ou usado extensivamente (*Harrison, 1980).

Nas 23 metanálises, há muita variação nos efeitos gerais (de 0,10 a 0,66), refletindo a variabilidade na qualidade do impacto da formação profissional. Metanálises com mais estudos tiveram efeitos maiores, e estudos mais recentes tiveram efeitos menores, possivelmente porque as metanálises mais recentes são mais rigorosas e se concentram muito mais em efeitos da formação profissional nos alunos do que nos professores. Segundo Gore, Rickards e Fray (2023), o consenso atual sobre desenvolvimento profissional eficaz precisa ser debatido. Assim, eles questionaram se a identificação do consenso atual considera um foco no conteúdo curricular, incluindo conhecimento e pedagogia do conteúdo específico da disciplina; aprendizagem ativa; colaboração entre professores de todos os anos, escolas ou distritos; duração sustentada por um longo período; modelos das melhores práticas; uso de treinadores ou apoio especializado; oportunidades de *feedback* e reflexão; e coerência com as prioridades da escola e dos professores, para que a formação profissional esteja alinhada com políticas mais amplas e/ou esforços de reforma. Eles não ofereceram evidências dos efeitos aprimorados de uma alternativa. No entanto, existem muitos estudos e metanálises mostrando os principais componentes, enquanto talvez mais pesquisas possam ser usadas em modelos de implementação (por exemplo, fidelidade, dosagem, adaptação e qualidade) (ver Hamilton *et al.*, 2022). Concordo com os autores que identificar os principais componentes é a primeira etapa, mas a implementação de qualidade é menos compreendida.

Ainda assim, a revisão mais abrangente é de *Timperley *et al.* (2007), que relataram um efeito geral de formação profissional de 0,66, com altos efeitos em ciências (1,10), escrita (0,81), linguagens/alfabetização (0,95) e matemática (0,54), além de ser maior no ensino médio (0,66) e nos anos iniciais do fundamental (0,58) do que nos anos finais do ensino fundamental (0,32). Eles fizeram muitas descobertas sobre os principais componentes, incluindo as listadas a seguir.

1. Um período prolongado para oportunidades de aprendizagem era necessário, mas não suficiente.
2. Em geral, a experiência externa era necessária, mas não suficiente (pois eles se tornaram corretores honestos).
3. Os discursos predominantes são desafiados (relacionados ao aprimoramento da mente, mais do que dicas e truques).
4. As oportunidades de participar de uma comunidade profissional de prática eram mais importantes do que o lugar.
5. Consistência com tendências mais amplas em políticas e pesquisas (a necessidade de alinhamento).
6. Envolvimento ativo da liderança escolar.
7. Um alinhamento claro entre os objetivos de aprendizagem pretendidos e as atividades era evidente.

8. Os professores receberam várias maneiras e oportunidades de entender e aprender o conteúdo.
9. A perspectiva do aluno foi mantida.

Desafiar os discursos predominantes é fundamental não apenas para o aluno, mas também para a aprendizagem do professor. Esse desequilíbrio perturba nossos preconceitos cognitivos de buscar continuamente evidências de que estamos tendo um impacto e, em vez disso, exige expectativas mais altas do que baixas para todos os alunos, bem como nos faz buscarmos evidências de que talvez não estejamos tendo um impacto, levando a considerações mais profundas sobre os efeitos de nosso ensino. Esse desequilíbrio é um poderoso precursor de um processo eficaz de aprendizagem profissional. Isso pode levar tempo (*Tinoca, 2004) e envolver gestores escolares e especialistas externos, os quais são mais impactantes quando estão atentos à fidelidade da implementação, garantem o impacto da formação profissional nos alunos e consideram baixo desempenho e engajamento.

A conversa sobre ensino entre professores (envolvimento em uma comunidade de aprendizagem profissional) era necessária, mas não suficiente. O foco da comunidade de aprendizagem profissional precisa estar relacionado às evidências do seu impacto nos alunos. As comunidades de aprendizagem profissional são mais eficazes quando crenças problemáticas são desafiadas, quando há testes da eficácia de ideias concorrentes, quando altas expectativas para todos são desenvolvidas e quando as discussões são baseadas em artefatos que representam crescimento e desafios na aprendizagem dos alunos. O desenvolvimento profissional foi mais eficaz quando a liderança da escola apoiou oportunidades de aprendizagem (geralmente indicadas pela presença do gestor na aprendizagem profissional), quando o acesso a conhecimentos relevantes estava disponível e quando foram oferecidas reuniões para processar novas informações (ver também *Patrick, 2014). Fatores não relacionados ao impacto da aprendizagem profissional incluem financiamento, tempo de liberação e se o envolvimento foi voluntário ou obrigatório.

Orientação para professores

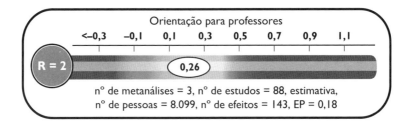

A orientação para professores é bastante popular, mas existem tantas variedades (como orientação entre pares, cognitiva e instrucional) que não é surpreendente encontrar uma grande variabilidade nos resultados (Atteberry; Bryk, 2011; Deussen et al., 2007). Muitos estudos de orientação têm como objetivo melhorar a prática em sala de aula ou implementar processos de ensino com fidelidade, e poucos avaliam o impacto nos resultados de aprendizagem dos alunos. O elemento comum em muitos modelos de orientação envolve análise da situação atual, estabelecimento de objetivos, identificação de intervenções e apoio até que esses objetivos sejam alcançados (muitas vezes incluindo observação em sala de aula e *feedback*). A orientação tende a ser "[...] individualizada, intensiva em tempo, mantida ao longo de um semestre ou ano, específica do contexto e focada em habilidades específicas" (*Kraft *et al.*, 2018, p. 2). A implementação e a ampliação da orientação podem ser caras e, muitas vezes, são as habilidades específicas do orientador, mais do que o método ou foco, que fazem a diferença.

*Kraft *et al.* (2018) revisaram 60 estudos sobre orientação na prática do ensino (d = 0,49) e desempenho do aluno (0,18). Os efeitos de desempenho foram maiores em ciências (0,35) do que em leitura (0,16) e matemática (0,04). Há efeitos menores para programas de orientação geral (0,07) do que para programas específicos de conteúdo (0,20). Os efeitos foram maiores nos ensinos fundamental e médio (0,26) do que nos programas de educação infantil (0,12). Foram maiores em programas curtos (< 100 professores, 0,28) do que em programas longos (0,10). Além disso, não houve diferença entre a orientação virtual e a presencial (ver também Powell *et al.*, 2010).

Ao contrário da maioria das metanálises de intervenções de ensino, existem estudos comparando a orientação com outros métodos. Por exemplo, *Kraft *et al.* (2018) descobriram que combinar a orientação com orientadores de grupo (0,12) foi mais eficaz do que dar aos professores acesso a videoaulas gravadas (–0,13). *Dunst *et al.* (2019) compararam quatro métodos de aprimoramento da aprendizagem profissional de adultos. O tamanho de efeito da orientação na prática de ensino foi maior (0,91), seguida pela orientação imediata ou orientação personalizada individualizada para preocupações específicas (0,52), criação guiada de aulas ou sessões de resolução de problemas (0,49), e relaxamento com atividades de *role-playing* (0,05). Os autores também descobriram que os efeitos da orientação foram maiores para aquisição de habilidades (0,69), crenças de autoeficácia (0,49), postura para aprender (0,41) e aquisição de conhecimento (0,33). No entanto, parece que essas influências não se traduzem bem para os estudantes. *Dietrichson *et al.* (2017) relataram que a orientação (0,04) pouco diferiu dos programas de educação continuada (0,02), oferta de incentivos (0,010), programas de verão (0,03), desenvolvimento de pessoal (0,07), tecnologia (0,11) e aumento de recursos (0,08), e muito menos do que aprendizagem cooperativa (0,22), monitoramento de *feedback* e progresso (0,32) e tutoria (0,36).

Knight (2019) usou essas descobertas para refinar a orientação em três fases: identificar, aprender e melhorar. Durante a fase de identificação, os orientadores trabalham com os professores para identificar uma imagem clara da realidade; decidir qual será o objetivo, considerando que deve ser convincente, acessível e focado no aluno; e concordar com uma estratégia a ser implementada para atingir o objetivo. Durante a fase de aprendizagem, a orientação ajuda a preparar o professor para atingir o objetivo, descrevendo claramente a estratégia a ser implementada, geralmente com a ajuda de uma lista de tarefas, e depois apresenta um modelo da estratégia de uma ou mais maneiras de fazer isso. Finalmente, durante a fase de melhoria, o orientador apoia o professor durante as adaptações até que o objetivo seja atingido.

Portanto, o orientador precisa diagnosticar a realidade básica atual, como contexto, crenças e habilidades do professor, trabalhar em parceria com o educador, ouvir e dialogar, ser preciso e específico, o que requer a habilidade de abordar a fidelidade, a dosagem, as adaptações e a qualidade da implementação. O orientador também precisa ancorar a orientação na sala de aula, por exemplo, usando as videoaulas, suas entrevistas com os alunos, os trabalhos e as provas dos alunos. Deve oferecer ferramentas poderosas para analisar o trabalho dos estudantes, mostrando, assim, o impacto da intervenção e das habilidades do professor, além de manter-se fiel aos objetivos; caso contrário, a orientação se limitará a "apenas uma conversa agradável" (Campbell; van Nieuwerburgh, 2018). Os orientadores devem desenvolver listas de tarefas para ajudar na implementação e na explicação, bem como apresentar modelos ou ensinar estratégias em conjunto (mas não ministrar aulas inteiras, pois a estratégia pode ser perdida). Também é importante concentrar-se nas crenças e na forma como o professor está pensando, e planejar os próximos passos em conjunto. Por fim, os orientadores precisam ter clareza sobre o papel de cada um, trabalhar com os professores e ser bons avaliadores. Quando os gestores escolares adicionam a orientação à sua função, a relação de confiança, que é tão importante para o sucesso da orientação, diminui.

Microensino/análise das aulas gravadas em vídeo

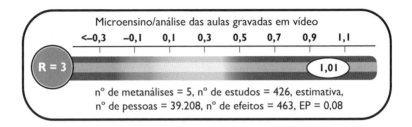

Em geral, o microensino envolve a videoconferência de professores conduzindo pequenas aulas e, em seguida, participando de discussões posteriores sobre elas. Há uma rica história da análise dessas videoaulas (Hiebert *et al.*, 2003). Por exemplo, a partir de uma análise detalhada de vídeos, *Seidel e Shavelson (2007) descobriram que os resultados estavam relacionados à clareza e à coerência das metas do professor. Observaram que o trabalho em equipe estava relacionado ao desenvolvimento motivacional e que os alunos se consideravam mais autodeterminados e motivados nas salas de aula se houvesse um discurso de alta qualidade.

*Morin *et al.* (2019) concluíram que os alunos se beneficiam quando seus professores se envolvem em atividades de análise de vídeo para melhorar as práticas profissionais. Independentemente da duração dos vídeos, do número de vídeos de intervenção, do avaliador primário ou da variável dependente, os efeitos foram maiores com o *feedback* imediato, mais do que o *feedback* dado depois de um tempo. Seu modelo envolvia gravação e revisão, mas eles notaram que era necessário muito mais do que a autoanálise. Não se trata de autorrefletir sobre seus próprios vídeos, mas de trabalhar com outros críticos experientes para fornecer interpretações alternativas, ouvir os pensamentos do professor e considerar opções, observar consequências não intencionais e planejar melhorias futuras em seu impacto na aprendizagem do aluno.

A análise de vídeos tem efeitos maiores para aspectos mais específicos da preparação para a formação de professores. *Metcalf (1995), por exemplo, realizou uma revisão metanalítica de estudos sobre a experiência clínica no *campus* para a formação docente e descobriu que as experiências de laboratório produziram resultados de moderados a fortemente positivos para afeto, conhecimento e comportamento de ensino ($d = 0{,}70$). Essas experiências incluíram microensino com análise, ensino reflexivo e *role-playing* em vídeo com interrogatório. *Bennett (1987) revisou os efeitos de vários métodos de ensino nos programas de formação de professores e relatou efeitos mais elevados na demonstração (1,65) e na informação (0,63) do que na teoria (0,15) no conhecimento dos professores em treinamento. Ele encontrou um padrão semelhante para resultados de atitude (0,48, 0,15, –0,08, respectivamente), mas o inverso para efeitos nas habilidades: teoria ($d = 0{,}97$), informação ($d = 0{,}35$) e, em seguida, demonstração ($d = 0{,}26$). A conclusão foi que todos os componentes deveriam ser incluídos — teoria, demonstração e prática —, bem como *feedback* e treinamento, preferencialmente de forma distribuída, em vez de condensada, em muitas sessões.

Conhecimento dos professores sobre a disciplina

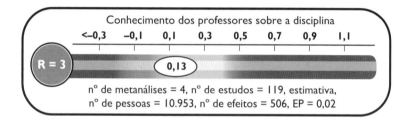

Há um longo debate em relação à importância do nível de conhecimento dos professores sobre as disciplinas que lecionam, com a alegação aparentemente óbvia de que precisam conhecer as matérias para ensiná-las (van Driel, 2021). O ensino, de acordo com Shulman (1987, p. 7), "[...] começa com a compreensão do professor sobre o que deve ser aprendido e como deve ser ensinado", e Ball e Forzani (2010a, p. 41) acrescentam que o conhecimento do conteúdo precisa ser pensado como "[...] conhecimento explícito e habilidades além da simples experiência". Uma descrição mais específica do nível de conhecimento do professor foi desenvolvida por Ball, Thames e Phelps (2008) com base em duas categorias principais: conhecimento da disciplina e conhecimento do conteúdo pedagógico (Figura 9.2). Em matemática, por exemplo, eles disseram que o conhecimento do professor estava relacionado ao raciocínio matemático, ao conhecimento dos alunos e "talvez até mesmo a um tipo especial de raciocínio sobre o pensamento matemático dos alunos". Outros incluíram conhecimentos e crenças relacionados ao assunto, conhecimento específico sobre avaliação de disciplinas, estratégias de ensino e conhecimentos e crenças sobre o propósito e as metas de ensinar o conteúdo em níveis específicos (Magnusson; Krajcik; Borko, 1999).

Apesar de essa afirmação ser plausível, não há um grande *corpus* de evidências para defendê-la. *Ahn e Choi (2004) encontraram uma correlação muito baixa ($r = 0{,}06$) entre o conhecimento de matemática dos professores e os resultados dos alunos. *Dupuis e Karl (2017) também encontraram baixas correlações ($r = 0{,}11$) entre o conhecimento docente em matemática e o desempenho dos alunos; *Druva e Anderson (1983) encontraram $r = 0{,}03$ entre a formação do professor em ciências e o desempenho; *Kelley e Camilli (2007) encontraram baixa correlação entre a qualificação de educadores na primeira in-

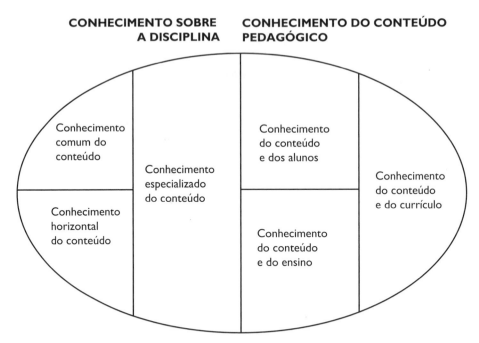

Figura 9.2 Ball et al. modelo de conhecimento da disciplina e conhecimento do conteúdo pedagógico.

fância; e *Manning *et al.* (2017) relataram $r = 0,16$ entre o nível de escolaridade do professor e a capacidade de utilizar a linguagem e $r = 0,11$ para interações linguísticas. Não é tão convincente que o conhecimento do assunto seja importante.

Uma noção relacionada é o ensino fora da área de especialização, que não é unidimensional. O caso de uma pessoa graduada em língua inglesa ensinar matemática não pode ser equiparado ao caso de uma pessoa graduada em física ensinar matemática. Da mesma forma, o caso de um professor de inglês do ensino fundamental ensinar leitura ao 1º ano não pode ser comparado ao caso de uma pessoa graduada em biologia ministrar aulas de química, ou um professor de educação física assumir as aulas de música. Todos presumem que não há semelhanças necessárias em qualidade do ensino ou que a pessoa graduada seja versada apenas em sua especialização (eu aprendi clarinete com meu professor de geografia). Shah, Richardson e Watt (2020) estimaram que 19% das aulas de matemática, 5% das de ciências e 17% das de tecnologia (na 1ª série do ensino médio ou etapas superiores) na Austrália são ministradas por pessoas que não tiveram essa disciplina como parte da formação docente ou outra qualificação profissional. É mais provável que esses professores trabalhem em escolas que relatam escassez de pessoal; portanto, a comparação dos efeitos pode ser com o não ensino da matéria. Segundo Ingersoll (2004), faltam evidências de experimentos políticos cuidadosamente avaliados que mostrem que o ensino fora da área de atuação tenha um efeito adverso nos resultados dos alunos. *Dunst *et al.* (2019), em sua metanálise sobre as influências da formação do professor, relataram $r = 0,02$ entre o diploma na área de especialização e as práticas de ensino, e $-0,01$ com a qualidade da sala de aula. Dentro e fora da área de especialização tendem a não diferir nessas dimensões.

Então, como podemos conciliar a convicção de muitos de que conhecer bem a disciplina é fundamental para ensinar e inspirar os alunos? Para abordar isso, tentamos relacionar a presença, nas aulas, dos conhecimentos superficial e profundo com o conhecimento da disciplina. Shulman (1987) afirmou que o conhecimento do conteúdo deve ir além do superficial para uma compreensão analítica mais profunda. Se a sala de aula é dominada pelo conhecimento superficial do conteúdo, parece haver pouco valor se o professor tem ou não uma compreensão conceitual mais profunda. Somente se as aulas tiverem demanda suficiente por um conhecimento conceitual profundo é que o conhecimento mais profundo dos professores sobre o assunto será importante. Se, conforme identificado no Capítulo 3, aulas, tarefas, avaliações e *feedback* forem dominados pelo conhecimento superficial do conteúdo, provavelmente o conhecimento do educador sobre sua disciplina não importa. Tomemos como exemplo a quantia gasta na capacitação de professores de ciências para descobrir que pouca coisa muda quando eles retornam às salas de aula. É muito improvável que suas aulas mudem se esse conhecimento aprimorado não for acompanhado por uma mudança na prática em sala de aula para ter uma proporção diferente dos conhecimentos superficial e profundo. Esse argumento está de acordo com a afirmação de Magnusson, Krajcik e Borko (1999, p. 96), que observaram que "professores com conhecimento diferenciado e integrado terão uma capacidade maior do que aqueles cujo conhecimento é limitado e fragmentado, para planejar e ministrar aulas que ajudam os alunos a desenvolverem entendimentos profundos e integrados".

Picker (2022) se concentrou no ensino da leitura para alunos do 1º ano. Ela desenvolveu uma pesquisa sobre o conhecimento relacionado à leitura com cinco fatores (combinação de fonemas, regras fonéticas, conhecimento, contagem de morfemas e manipulação de fonemas). Convidou 17 professores que tinham −1 desvio padrão (pouco conhecimento) ou +1 desvio padrão (muito conhecimento) em relação à média geral para dar exemplos de aulas que foram transcritas e analisadas. Os professores que tinham muito conhecimento do conteúdo ensinaram com mais frequência todas as práticas de ensino focadas no conteúdo, especialmente componentes de explicação e metalinguagem. Aqueles que tinham pouco conhecimento do conteúdo foram muito menos responsivos às oportunidades para aprofundar a aula e a aprendizagem. Eles continuaram com a aula planejada independentemente da compreensão ou do progresso dos alunos. Os professores que tinham muito conhecimento do conteúdo estavam mais envolvidos, mais engajados no princípio de *scaffolding*[1] e convidavam os alunos a ler e a buscar ajuda de colegas. Já os educadores que tinham pouco conhecimento do conteúdo se limitavam a transmitir informações, eram mais propensos a dizer aos alunos exatamente o que fazer e o que precisavam aprender, bem como estavam mais focados em terminar as atividades de leitura e fazer perguntas fechadas. Picker (2022) concluiu que aqueles que tinham muito conhecimento do conteúdo iam além da aprendizagem dos fatos, para um nível mais profundo, em que pensar profundamente, debater ideias, fazer conexões e justificar o raciocínio pareciam ser uma parte regular do diálogo em sala de aula. Às vezes, o professor organizava as discussões repetindo, ampliando ou expandindo comentários que afirmavam e reforçavam o objetivo da aprendizagem, e o questionamento e o *feedback*

---

[1] N. de R. T.: Designa um conjunto de estratégias educacionais que dão suporte semelhante ao de andaimes durante o processo de aprendizagem: ensino gradual, modelagem, *feedback*, perguntas guiadas, aprendizagem colaborativa, entre outras.

eram usados tanto por ele quanto pelos alunos para esclarecer e ampliar a compreensão. Por sua vez, os professores que tinham pouco conhecimento do conteúdo se concentravam demais em concluir a aula conforme planejado, perdiam oportunidades de ouvir as observações dos estudantes e aprofundá-las, tinham discussões mais curtas e usavam mais perguntas para estimular respostas corretas com base em informações factuais.

Precisamos entender por que o efeito geral do conhecimento de conteúdo é baixo, e não simplesmente descartar sua importância. O estudo de Picker (2022) embasa a afirmação de que, quando há um equilíbrio entre experiências superficiais (saber-que) e experiências profundas (saber-como) nas aulas, o impacto na aprendizagem do aluno é maximizado. No entanto, quando há uma alta proporção de aprendizagem superficial na sala de aula, provavelmente não importa o grau de conhecimento do professor sobre o conteúdo.

CONCLUSÕES

As influências mais significativas dos professores estão relacionadas a terem altas expectativas para todos os alunos; evitarem rotular os estudantes; perceberem que as diferenças permitem diversos caminhos e ritmos para que todos alcancem os critérios de sucesso; serem vistos pelos alunos como alguém que confia em sua aprendizagem e seu bom desempenho; terem clareza suficiente para que todos os estudantes saibam o que estão aprendendo e por que estão aprendendo; e acompanharem o progresso deles em sua jornada de aprendizagem.

As maiores influências ocorrem quando os professores trabalham em conjunto para avaliar suas crenças e o impacto de suas ações, buscam críticas e explicações alternativas sobre esse impacto, e usam microensino para revisar coletivamente o efeito disso nos alunos.

Um bom educador é definido por seu impacto em todos os alunos, incorporando tanto o conceito de saber-que quanto o conceito de saber-como nas tarefas, garantindo que todos tenham um ano de progresso para cada ano de intervenção. Sabemos quem são os bons professores mais pelo seu pensamento crítico e sua busca por *feedback* sobre seu impacto nos alunos do que apenas pelas suas ações e seus conhecimentos. Sabemos quem são os bons professores mais pela forma como pensam e buscam críticas sobre seu impacto nos alunos do que pelo que fazem e sabem.

As baixas quantidade e qualidade das evidências da formação de professores devem representar um grande constrangimento para essas instituições, que constantemente pedem mais anos, mais recursos e mais influência. Em vez disso, precisam apresentar evidências de que seus graduados estão prontos para a sala de aula.

É difícil encontrar evidências de que o conhecimento sobre a disciplina seja importante. Isso é um enigma. É necessário um alinhamento entre os níveis mais altos de conhecimento do conteúdo e a proporção de aprendizagens superficial e profunda em aulas e tarefas. É provável que, onde a superfície domina o ensino e as tarefas, o conhecimento do assunto seja menos importante.

A maneira de invocar altas expectativas parece ser fundamental, e isso pode exigir mais discussões na escola sobre os parâmetros de referência apropriados entre os níveis de ensino e um acordo sobre as evidências de desempenho antes de começar a aula ou o ano.

O maior problema individual enfrentado pelo aprimoramento dos alunos é a necessidade de os professores terem uma concepção comum de progresso e padrões. Quando o aluno passa de um educador para outro, não há garantia de que ele vai ter tarefas cada vez mais desafiadoras e um educador com boas expectativas, que o fará progredir e que tenha altos níveis de pensamento avaliativo.

Portanto, as influências mais significativas dos professores estão relacionadas a terem altas expectativas para todos os alunos; evitarem rotular os estudantes; perceberem que as diferenças permitem diversos caminhos e ritmos para que todos alcancem os critérios de sucesso; terem habilidades de comunicação (especialmente nos primeiros anos de ensino); serem vistos pelos alunos como alguém que confia em sua aprendizagem e seu bom desempenho; terem clareza suficiente para que todos os estudantes saibam o que estão aprendendo e por que estão aprendendo; e acompanharem o progresso deles em sua jornada de aprendizagem. Por fim, as maiores influências ocorrem quando os professores trabalham em conjunto para avaliar suas crenças e o impacto de suas ações, buscam críticas e explicações alternativas sobre esse impacto, e usam microensino para revisar coletivamente o efeito disso nos alunos.

Embora não existam metanálises sobre a natureza do pensamento usada pelos professores, existem maneiras específicas de pensar que diferenciam os mais e menos eficazes. Chamamos isso de pensamento avaliativo (Rickards; Hattie; Reid, 2021). Como explicou Scriven (1991), as habilidades centrais do pensamento avaliativo são o pensamento crítico, o raciocínio e a compreensão dos outros (como eles pensam, raciocinam, julgam e interagem). Na educação, o pensamento avaliativo está focado em maximizar o impacto na aprendizagem dos alunos, o que inclui tornar as salas de aula lugares convidativos para aprender, desenvolver um ambiente de equidade, cultivar o respeito por si mesmo e pelos outros e garantir que o foco esteja na melhoria da aprendizagem e do caráter dos estudantes (ver Hattie e Larsen, 2020). Identificamos as cinco habilidades a seguir como básicas para o pensamento avaliativo.

1. Implica utilizar o raciocínio e o pensamento crítico para valorizar evidências, o que ditará os próximos passos.
2. Envolve monitorar como as estratégias são implementadas, avaliar as consequências não intencionais e fazer ajustes para otimizar os resultados.
3. Seu foco é específico para as principais decisões que cada profissão pretende tomar: para os professores, é maximizar o impacto na aprendizagem dos alunos.
4. Envolve a investigação de possíveis vieses e fatores de confusão que podem levar a conclusões equivocadas.
5. Relaciona-se à capacidade de compreender os pontos de vista de outras pessoas, a fim de conseguir fazer julgamentos de valor.

Educadores com um alto nível de pensamento avaliativo têm maior capacidade de reconhecer padrões, verificar vieses e restrições, monitorar seus próprios julgamentos e os dos outros (como seus colegas e alunos) e buscar ações alternativas. Como resultado, eles podem ser mais lentos para chegar a representações e conclusões de problemas, tentam enxergar o mundo através de outras perspectivas, verificam regularmente o enunciado do problema e estão focados em se tornarem especialistas em aprendizagem.

A cada ano, os alunos enfrentam incertezas sobre quem será seu professor e qual será o impacto dele em sua aprendizagem. Eles podem se deparar com um professor cuja influência é altamente positiva, ou com um professor cuja influência, embora positiva, não seja tão marcante. Será alguém que se dedica ao pensamento avaliativo ou alguém que só quer seguir o currículo? Todo estudante deve ter acesso a um excelente professor de propósito, não por acaso. Um bom educador não é definido pelos métodos de ensino que usa, por sua personalidade, por sua formação inicial nem por seu conhecimento sobre a disciplina. Um bom educador é definido por seu impacto em todos os alunos, incorporando tanto o conceito de saber-que quanto o conceito de saber-como nas tarefas, garantindo que todos tenham um ano de progresso para cada ano de intervenção. Sabemos quem são os bons professores mais pela forma como pensam e buscam críticas sobre seu impacto nos alunos do que pelo que fazem e sabem.

Os programas de formação inicial de professores têm pouco impacto na influência que os educadores exercem sobre o desempenho de seus alunos. Talvez os efeitos subsequentes a anulem, como, por exemplo, a experiência nos primeiros anos de sala de aula. As baixas quantidade e qualidade das evidências da formação docente devem representar um grande constrangimento para essas instituições, que constantemente pedem mais anos, mais recursos e mais influência. A formação profissional pode ser mais bem-sucedida se enfatizar mais as estratégias de aprendizagem e de ensino; desenvolver as concepções dos professores sobre o ensino como uma profissão baseada em evidências (aprendendo tanto com os erros quanto com os sucessos); criar um sistema de avaliação que envolva um alto nível de confiança e dependência da observação ou avaliação com gravações da prática em vídeo; e fornecer aos iniciantes uma variedade de métodos de ensino diferentes para usar quando os atuais não funcionam. Além disso, pode ser mais eficaz reintroduzir métodos de ensino de micro-habilidades, que têm efeitos positivos comprovados em novos professores; desenvolver a compreensão dos educadores sobre diferentes maneiras de ensinar os conhecimentos superficiais, profundos e conceituais; demonstrar como eles podem construir relacionamentos positivos com todos os alunos; e mostrar como os trabalhos e a avaliação dos estudantes são uma forma de *feedback* eficaz sobre o quão bem estão ensinando, quem não ensinaram tão bem e o que precisam ensinar novamente. Um caminho é solicitar que os programas de formação docente articulem um conjunto de padrões de graduação e, em seguida, avaliar a natureza e a qualidade das evidências de que todos os alunos atendem a esses padrões. Se os empregadores e os especialistas independentes em educação se sentarem com os acadêmicos dos programas de formação em educação para tomar essas decisões, há uma probabilidade maior de que esses programas melhorem para se concentrar na formação de novos professores para impactar a aprendizagem dos alunos (ver www.aitsl.edu.au/deliver-ite-programs/teaching-performance-assessment).

É difícil encontrar evidências de que o conhecimento sobre a disciplina seja importante. Isso é um enigma. Alega-se que indivíduos que têm um alto nível de conhecimento na disciplina estão mais capacitados para compreender o conteúdo, identificar erros e concepções equivocadas prováveis, bem como estabelecer progressos de aprendizagens superficial e profunda nesse conteúdo. Esses professores conseguem dar *feedbacks* melhores quando os alunos enfrentam dificuldades e ajudá-los a avançar de sua compreensão atual para visões mais profundas e bem elaboradas do conteúdo. Seria de se esperar que os alunos se tornassem mais apaixonados e interessados na matéria à medida que dominassem o conteúdo, em contraste com aqueles que aprendem apenas para passar nas provas, realizar tarefas e seguir adiante para o próximo conteúdo. No entanto, faltam evidências para respaldar essas alegações. Talvez precisemos questionar qual é o conhecimento mínimo que o professor precisa ter sobre a disciplina e como podemos otimizar as estratégias de ensino daqueles que têm mais conhecimento sobre a disciplina. Deve haver uma concordância entre os graus mais elevados de conhecimento da disciplina e a proporção de aprendizagens superficial e profunda. É provável que, quando o ensino é dominado por métodos superficiais, o conhecimento do conteúdo tem pouca importância.

Portanto, são as crenças dos professores, mais do que os métodos ou conteúdos, que importam. Trata-se menos do que eles fazem e mais de como pensam sobre o que fazem. Os educadores entram na sala de aula com concepções de ensino, aprendizagem, currículos, avaliação e sobre seus próprios alunos (Brown, 2011; Witter, 2021). Precisamos entendê-las melhor, porque elas parecem ser moderadoras poderosas do sucesso desses educadores. As baixas expectativas em relação ao sucesso dos alunos são uma profecia autorrealizável, e parece que elas são menos mediadas pelos atributos entre os alunos (gênero, raça e atratividade física) do que pelo fato de serem mantidas (altas ou baixas) para todos eles. Invocar altas expectativas parece fundamental, e isso pode exigir mais discussões na escola sobre os parâmetros de referência apropriados em todas os anos, além de evidências de desempenho antes de começar a aula ou o ano. Nuthall (2007) mostra que metade de todo o conteúdo ensinado em qualquer turma já é de conhecimento dos alunos. Grande parte dos primeiros meses do ano envolve tentativa e erro, à medida que os professores descobrem em que nível os estudantes estão. Essas informações poderiam ser mais facilmente obtidas revisando-se os registros dos alunos e discutindo-se com professores anteriores.

O maior problema individual enfrentado pelo aprimoramento dos alunos é a necessidade de os professores terem uma concepção comum de progresso e padrões. Moderar os padrões e expectativas dos educadores (e das escolas) é essencial para o crescimento do aluno. Quando o estudante passa de um professor para outro, não há garantia de que ele vai ter tarefas cada vez mais desafiadoras e um professor com boas expectativas, que o fará progredir e que tenha altos níveis de pensamento avaliativo.

Meu colega Russell Bishop (2019) circula pela sala de aula e pergunta aos estudantes: "Seu professor gosta de você?". Muitos alunos de grupos étnicos minoritários, na Nova Zelândia, dizem que não; já os alunos brancos dizem que sim. Quando os professores veem os resultados das pesquisas, muitas vezes ficam surpresos, principalmente porque assumiam que as relações eram positivas, procuravam sinais de que tudo estava bem e raramente viam a sala de aula pelos olhos dos estudantes. O efeito poderoso do trabalho de Bishop é que, depois de verem esses resultados, os professores rapidamente mudavam suas práticas. A aprendizagem profissional que questiona as suposições e as teorias da prática pode ser muito eficaz. Uma relação professor-aluno positiva é fundamental para que a aprendizagem ocorra, e ela envolve mostrar aos alunos que o professor se preocupa com sua aprendizagem e pode "[...] enxergar a perspectiva deles, comunicá-la de volta para eles de forma que recebam um *feedback* valioso para autoavaliação, sintam-se seguros e aprendam a compreender os outros e o conteúdo com o mesmo interesse e preocupação" (*Cornelius-White, 2007, p. 123). Então, é invocado o poder de desenvolver um ambiente socioemocional mais receptivo na sala de aula, promover o esforço e, portanto, o engajamento de todos os alunos. Isso exige que os professores entrem na sala de aula com certas concepções sobre progresso, relacionamentos e estudantes. Requer que acreditem que seu papel é o de um agente de mudança, que todos os alunos *podem* aprender e progredir, que o desempenho de todos é mutável e não fixo, e que demonstrar a todos os estudantes que eles se preocupam com a aprendizagem é, ao mesmo tempo, poderoso e eficaz.

REFLEXÕES

1. Use a Tabela 9.4 para reavaliar suas crenças e práticas atuais e decidir quais aspectos precisam ser mudados. O que é necessário para que os professores façam essas mudanças?

2. Identifique todos os rótulos atualmente utilizados em sua escola. Os rótulos devem ser utilizados apenas para diagnóstico de questões de aprendizagem específicas, como o primeiro passo para intervenções adequadas, nunca atribuídos à criança. Na sua escola, os rótulos são usados como forma de culpar a criança e codificar necessidades educacionais especiais, baixa condição socioeconômica e origens migratórias?

3. Seus alunos consideram os professores atenciosos, compreensivos e receptivos? Como vocês demonstram essas características? Quais comportamentos mostram o contrário? Depois de ler o parágrafo final deste capítulo, peça a uma pessoa aleatória para fazer a pergunta de Bishop a seus alunos: seu professor gosta de você? Depois que cada professor tiver analisado as descobertas, compartilhe e discuta as implicações gerais.

4. Depois de ler a seção Microensino/análise das aulas gravadas em vídeo, peça aos professores que configurem uma captura de vídeo para ver o ensino e/ou a aprendizagem de um pequeno grupo de alunos. Em seguida, decida quais são as perguntas principais (por exemplo, quantas perguntas os alunos fizeram? Por quanto tempo o professor falou? Quanto de foco foi dado no saber-que, no saber-com e no saber-como?). A análise subsequente com um colega de confiança é inestimável para o desenvolvimento do professor.

5. Suas comunidades de aprendizagem profissional são exemplos de cultura colaborativa ou colaboração forçada? Nessas sessões, há evidências de troca de turnos, a tarefa convida a várias interpretações e o grupo apresenta uma solução melhor do que se você tivesse resolvido o problema sozinho?

6. Compartilhe experiências e estratégias para lidar com alunos que ficam em silêncio, não interagem com o professor e talvez estejam confusos sobre a aula.

7. Em sua opinião, por que os efeitos do conhecimento sobre a disciplina são tão baixos? Trabalhe com colegas para verificar esses motivos em sua turma, garantindo que a aula aborde deliberadamente tanto o saber-que quanto o saber-como e o saber-com. Analise as tarefas e atribuições para verificar a complexidade cognitiva das tarefas e dos trabalhos solicitados aos alunos.

10

O currículo

Em dezembro de 2019, eu estava em Alice Springs quando os Ministros da Educação de toda a Austrália lançaram a Declaração de Educação de Mparntwe, atualizando os objetivos da educação. Essa foi a primeira vez que um relatório do governo nacional foi intitulado com um nome de língua aborígene (o jornal local de Alice Springs registrou este marco, mas não incluiu a palavra "Mparntwe" — claramente, muito mais precisa ser feito). A Declaração de Mparntwe começa pedindo aos educadores que ajudem os alunos a "realizarem seu potencial, fornecendo as habilidades necessárias para participar da economia e da sociedade e contribuindo para todos os aspectos de seu bem-estar". O objetivo *deve* ser trabalhar com os alunos para que eles possam ir além de suas crenças sobre seu potencial; sejam seres humanos decentes; aprendam, entendam, critiquem e apreciem o conhecimento; e aprendam a criar o seu e o nosso futuro. O foco está mais na vida dos estudantes no presente e menos na preparação para o trabalho ou para a economia. Biesta (2020) lembra que Adolf Eichmann realizou seu potencial: as escolas alemãs da época lhe proporcionaram as habilidades para participar com sucesso da economia e da sociedade, e ele cuidou de si mesmo em todos os aspectos do seu bem-estar. O mesmo não pode ser dito sobre Rosa Parks, que ousou dizer não para desenvolver um propósito moral contrário às normas da sociedade; valorizar o *nós* mais do que o *eu*; e usar seu poder de dizer não para recusar o apoio a certos aspectos do governo e da sociedade da época. Sabemos qual dos dois contribuiu para a sociedade, a economia e o bem-estar da nação e do mundo.

Semelhante à maioria dos manifestos sobre o currículo escolar, Mparntwe defende o desenvolvimento de sólidas habilidades de alfabetização e matemática básica, bem como a construção de conhecimento amplo e profundo em diversas áreas. O documento também enfatiza os aprimoramentos intelectual, físico, social, emocional, moral, espiritual e estético dos jovens. Espera-se que os alunos lidem com a abundância de informações (como ocorre em currículos tradicionalmente sobrecarregados), que naveguem por questões de confiança e autenticidade e que desenvolvam flexibilidade, resiliência, criatividade e impulso para aprender continuamente ao longo da vida. Contudo, o documento não menciona claramente qual é o papel esperado de pais e "*whā nau*" (termo neozelandês para "família extensa", ou "comunidade de famílias") além de parceiros na aprendizagem.

Além disso, raramente esses objetivos grandiosos respondem com clareza e especificidade à pergunta: "Por que ensinar isso e não aquilo?".

O currículo é uma das áreas mais disputadas nas escolas, e é exatamente assim que deve ser. O debate curricular: "[...] sempre envolve valores e compromissos sobre o que os alunos devem aprender, refletindo escolhas e propósitos sobre os tipos de resultados que queremos para os jovens" (Yates, 2017, p. 87). Em uma democracia, a essência do currículo é o ponto de encontro entre a escola e a sociedade — os debates e, muitas vezes, as guerras que se seguem podem ser facilmente intensos. Existem muitas tensões curriculares importantes, como o compromisso, por vezes conflitante, com equidade e excelência; a falsa dicotomia entre o conhecimento tradicional e as habilidades do século XXI; a batalha entre a "volta ao básico" e um currículo rico e significativo; a noção de que todo currículo deve ser aplicado igualmente a todos os alunos, como se todos precisassem da mesma exposição e conteúdo; a classificação por idade, como se todos os estudantes da mesma faixa etária estivessem prontos, desejosos e precisando aprender naquele momento; a falta de alinhamento entre o que as avaliações nacionais testam e as aspirações declaradas no currículo; a constante adição de temas ao currículo a cada crise social, raramente removendo algo; as noções de preparação para a faculdade em oposição a destinos vocacionais ou técnicos, considerando que muitos mais alunos estão concluindo o ensino médio; e a ênfase em formar pessoas, e não apenas mentes abstratas. Com a expansão do conhecimento, os desafios sobre o que incluir se tornam ainda mais disputados. Será que os responsáveis por desenvolver os currículos nunca aprenderão a dizer não?

O currículo precisa atender a um grupo altamente diversificado de alunos e lidar com as crescentes demandas impostas às escolas por pais, empregadores, políticos e os próprios estudantes. O novo normal é o grande número de alunos com diferentes históricos nas escolas e o rápido aumento do conhecimento, dos novos domínios e das novas tecnologias. Esses fatores fizeram com que o foco do currículo mudasse do que os jovens devem saber ou aprender para *quem* eles devem se tornar e o que precisam ser capazes de *fazer* ao final da vida escolar. É por isso que "a capacidade de se comunicar, ser flexível, resolver problemas e ser um aprendiz ao longo da vida" é tão frequentemente mencionada em documentos educacionais (Yates; Collins; Connor, 2011, p. 430).

É impossível ensinar tudo no currículo, e aqueles que dizem não a ensinar tudo são, na verdade, os professores. Eles precisam priorizar, ignorar algumas partes e fazer julgamentos sobre quais tópicos e habilidades estão relacionados aos exames classificatórios. É difícil encontrar evidências de que mudar o currículo provoque grandes transformações (veja a seção Currículo de ciências, mais adiante), especialmente quando o debate é colocado em termos de amplitude *versus* foco, conhecimento *versus* disposições. Há uma necessidade de reduzir a amplitude para permitir uma maior profundidade.

A maioria das metanálises se concentra em leitura, escrita, matemática e ciências. Outras áreas curriculares incluem ortografia, teatro, artes, música, programação, currículo integrado, programas de finanças, programas de motivação, programas de julgamento moral, educação baseada em resultados, habilidades sociais, treinamento em diversidade, criatividade, xadrez, educação ambiental, programas para jovens infratores, programas de brinquedoteca, programas bilíngues, programas especiais para faculdade e programas de orientação profissional (Tabela 10.1).

TABELA 10.1 Estatísticas para atributos e formação de professores

Leitura, escrita e artes	N° de metanálises	N° de estudos	N° total	N° de efeitos	Tamanho de efeito	Erro padrão (EP)	Robustez
Programas de leitura para todos os alunos	22	821	495.289	2.970	0,57	0,09	5
Programas de leitura para grupos específicos	10	367	30.127	1.016	0,82	0,16	4
Programas de leitura em outras disciplinas	7	204	20.222	273	0,42	0,07	3
Programas de leitura com música	6	149	5.747.987	313	0,38	0,07	4
Estratégias de leitura	13	444	55.002	960	0,47	0,09	4
Ensino de fonética	12	426	577	1.980	0,48	0,07	4
Consciência fonológica	11	563	80.114	6.275	0,75	0,16	5
Programas relacionados a som ou inferência	5	81	7.634	436	0,43	0,08	3
Programas com foco no vocabulário	12	419	35.918	824	0,62	0,09	4
Programas de percepção visual	9	830	418.124	5.564	0,67	0,03	5
Programas com foco na repetição de leituras	3	72	6.627	164	0,80	0,08	2
Programas de combinação de frases	2	35	3.221	40	0,13	0,09	1
Programas com foco na compreensão de leitura	11	630	94.405	2.160	0,50	0,08	5
Exposição à leitura	16	606	424.119	1.785	0,50	0,15	5
Linguagem integral/método global	5	81	12.620	288	0,14	0,06	3
Programa de Recuperação de Leitura (*Reading Recovery*)	3	68	8.630	1.496	0,47	0,09	3
Programas de escrita	17	801	94.874	1.375	0,53	0,08	5
Programas com foco em ortografia	3	163	15.826	230	0,53	0,05	3
Programas com teatro e artes	12	845	3.503.113	1.109	0,55	0,11	5
Programas com música	4	84	5.793.132	84	0,33	0,09	3
Média total	183	7.689	16.890.561	29.342	0,50	0,09	4

(Continua)

TABELA 10.1 Estatísticas para atributos e formação de professores *(Continuação)*

Matemática e ciências	N° de metanálises	N° de estudos	N° total	N° de efeitos	Tamanho de efeito	EP	Robustez
Currículos e programas de matemática	15	832	353.322	2.513	0,38	0,12	5
Matemática direta ou orientada	4	196	20.351	228	0,59	0,05	3
Resolução de problemas matemáticos	5	155	33.938	433	0,98	0,09	4
Habilidades específicas de ensino de matemática	14	843	421.882	2.348	0,73	0,08	5
Programas de matemática para alunos com dificuldades	8	231	21.023	355	0,60	0,27	3
Outros programas de matemática	2	49	8.960	64	0,42	0,03	2
Materiais manipuláveis na matemática	9	368	40.286	683	0,38	0,09	4
Uso de calculadoras	6	238	21.905	1.100	0,25	0,05	3
Codificação	2	170	15.121	971	0,46	0,04	3
Programas de ciências	21	1.234	472.945	2.892	0,50	0,08	5
Programas de ciências, tecnologia, engenharia e matemática	10	422	186.265	452	0,90	0,08	4
Programas com laboratório de ciências	4	126	11.597	474	0,43	0,08	3
Programas de mudança conceitual de ciências	2	112	10.308	168	0,94	0,08	2
Média total	102	4.976	1.617.903	12.681	0,58	0,08	3
Currículo para estudantes superdotados	**N° de metanálises**	**N° de estudos**	**N° total**	**N° de efeitos**	**Tamanho de efeito**	**EP**	**Robustez**
Programas de enriquecimento	5	240	51.462	569	0,49	0,08	4
Programas de aceleração	4	117	14.096	462	0,53	0,18	3
Média total	9	357	65.558	1.031	0,51	0,13	3

(Continua)

TABELA 10.1 Estatísticas para atributos e formação de professores *(Continuação)*

Outros programas curriculares	N° de metanálises	N° de estudos	N° total	N° de efeitos	Tamanho de efeito	EP	Robustez
Línguas estrangeiras	1	99	14.128	17	0,85	0,00	2
Programas de currículo integrado	2	61	29.551	80	0,39	0,05	3
Programas de educação financeira	1	37	3.405	177	0,16	0,02	2
Programas de motivação	2	91	42.097	109	0,45	0,02	3
Programas com foco no julgamento moral	2	49	12.019	49	0,40	0,05	2
Programas de caráter/positivos	6	395	439.543	1.211	0,23	0,03	4
Educação baseada em resultados	1	20	16.160	20	0,97	0,22	2
Estimulação tátil	1	19	505	14	0,36	0,14	1
Treinamento de habilidades	2	49	5.606	109	0,56	0,09	2
Programas de habilidades sociais	16	799	1.064.848	2.539	0,40	0,05	5
Ensino de diversidade	1	307	28.256	307	0,09	0,01	2
Programas com foco na criatividade	19	1.235	147.683	1.952	0,51	0,11	5
Ensino de xadrez	1	24	5.221	40	0,34	0,00	1
Educação ao ar livre	5	211	28.369	531	0,49	0,04	4
Programas para jovens infratores	1	15	1.381	134	0,12	0,00	1
Programas de ensino com brincadeiras	6	137	12.000	151	0,52	0,00	3
Programas bilíngues	13	515	48.730	1.552	0,40	0,07	5
Intervenções de carreira	3	143	166.238	243	0,34	0,05	3
Média total	83	4.206	2.065.740	9.235	0,42	0,05	3

PROGRAMAS CURRICULARES: LEITURA

A leitura é uma das áreas curriculares mais debatidas, com muitas propostas diferentes sobre a melhor forma de ensiná-la (Castles; Rastle; Nation, 2018). Um debate frequente é o do método fônico *versus* método global/alfabetização equilibrada.[1] No entanto, evidências sugerem que, ao ensinar um novo conjunto de habilidades aos alunos, a abordagem mais eficiente é o ensino deliberado das habilidades conhecidas como *cinco grandes fatores*: fonética, consciência fonêmica, fluência, vocabulário e compreensão. O desenvolvimento dessas habilidades tem como objetivo despertar nos alunos o prazer pela leitura e capacitá-los a ler para aprender. Um dos maiores preditores de sucesso escolar futuro é o gosto pela leitura, pois ela funciona como uma porta de entrada para o conhecimento (Gutiérrez-de-Rozas; López-Martín; Carpintero Molina, 2022).

Seja qual for o melhor método de ensino, se os alunos não desenvolverem uma leitura fluente até o final dos anos iniciais do ensino fundamental, eles estarão em desvantagem para aprender em outras disciplinas. A habilidade de leitura é essencial para aproveitar os efeitos cumulativos positivos (efeito Mateus) do aprendizado inicial bem-sucedido. Esse fenômeno, baseado na parábola dos talentos (Mateus, 25:29), explica que pessoas com melhor desempenho em uma determinada habilidade tendem a progredir mais rapidamente do que aquelas com desempenhos mais baixos — os ricos ficam mais ricos, e os pobres permanecem pobres (Stanovich, 2000). Não é surpreendente que bons leitores estejam mais motivados a ler, pois os que têm habilidades tendem a aprimorá-las e utilizá-las com mais frequência. O problema crucial é que, após ensinar determinados conteúdos e habilidades curriculares nos dois primeiros anos escolares, muitos professores partem para conteúdos e habilidades novas (que exigem a habilidade de leitura), deixando para trás aqueles que não dominaram o conjunto inicial. Isso cria um ciclo virtuoso para os que aprendem bem e um ciclo vicioso para os que têm dificuldades. Em uma metanálise sobre o impacto do efeito Mateus, *Pfost et al.* (2014) encontraram forte evidência para o efeito leque, que corrobora a existência do efeito Mateus tanto positiva quanto negativamente na leitura. Esses efeitos foram mais evidentes para habilidades altamente delimitadas (por exemplo, conhecimento das letras, fonética, conceitos de escrita) e ocorreram independentemente da regularidade ortográfica em vários idiomas. As crianças precisam aprender habilidades básicas de leitura até os 8 anos — não há desculpas para isso não ocorrer —, mesmo que implique programas de intervenção diferenciada, como os programas de resposta à intervenção, ensino especializado em pequenos grupos e tutoria individual.

Shanahan (2017) alertou sabiamente os professores e pesquisadores de leitura para que não se baseiem apenas no tamanho de efeito e na classificação apresentados em metanálises, sem uma análise crítica mais profunda. Ele recomenda, assim como eu, que os leitores usem o *Visible Learning* como um recurso, não como uma decisão definitiva. É importante ir além e ler as metanálises originais. Às vezes, vale a pena voltar a alguns estudos originais para descobrir o que realmente aconteceu nas pesquisas. Existem pou-

---

[1] N. de R. T.: O método global de ensino da leitura tem como base a compreensão das palavras e frases como um todo, em vez de ensinar a leitura por meio da decodificação fonética de letras e sílabas isoladas. É frequentemente associado à teoria da linguagem integral, que enfatiza o uso de textos completos e autênticos para promover a alfabetização.

cas respostas simples e, como argumentado no Capítulo 13, um diagnóstico preciso é o ponto de partida antes de escolher qualquer intervenção. Em seguida, deve-se selecionar a melhor intervenção de acordo com o diagnóstico, implementá-la com qualidade (considerando fidelidade, dosagem e adaptações) e, por fim, avaliar o ensino em relação ao diagnóstico inicial.

Desde a publicação do *Visible Learning* em 2009, o número de metanálises relacionadas à leitura aumentou significativamente (de 52 para 124), assim como o número de estudos (de 2.143 para 4.914). No entanto, o efeito médio geral e de cada subcategoria praticamente não se alterou (de 0,46 para 0,49). Não é surpreendente que as conclusões também não tenham mudado, enfatizando a importância de ensinar um conjunto de estratégias de aprendizagem para a construção de significado a partir do texto. Esse ensino ativo de habilidades de leitura precisa ser planejado, deliberado e explícito. A leitura bem-sucedida requer o desenvolvimento de habilidades de decodificação, ampliação de vocabulário e compreensão, além do aprendizado de estratégias e processos específicos. Programas baseados em habilidades e estratégias demonstram eficácia, enquanto os que não têm essa ênfase apresentam efeitos mínimos no aprendizado da leitura. O desenvolvimento contínuo da proficiência em leitura depende da aquisição dessas habilidades, bem como da aprendizagem para extrair significado e prazer do ato de ler.

Programas de leitura para todos os alunos

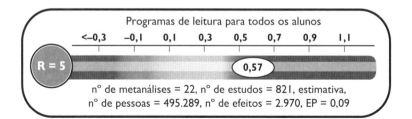

Programas de leitura para todos os alunos geralmente incluem diversos métodos de ensino. Alguns focam no ensino coletivo, ou *Tier* 1 (não remediadora) — como grande parte das revisões de Slavin —, outros abordam os cinco grandes fatores de forma integrada: consciência fonêmica, fonética, fluência, desenvolvimento de vocabulário e compreensão de leitura. Se os professores utilizam métodos diagnósticos precisos, é provável que seja necessário focar em uma ou poucas dessas habilidades antes de partir para métodos mais profundos baseados na compreensão. No entanto, para alunos fluentes com boas habilidades de escuta (consciências fonêmica e fonética), o foco provavelmente deve ser o desenvolvimento de vocabulário e compreensão. A briga entre os defensores de métodos específicos (por exemplo, fônico *versus* global) pouco beneficia os alunos com baixa capacidade de consciência fonológica ou alta fluência e compreensão.

*Slavin *et al.* (2009) analisaram diversas abordagens abrangentes do *Tier* 1 para o ensino inicial de leitura (com duração mínima de 12 semanas e média de pouco mais de um ano de implementação). Entre os 36 programas identificados, envolvendo 32.075 alunos, o efeito médio foi de 0,32 para decodificação, 0,23 para compreensão e 0,24 no geral. Eles concluíram que os programas baseados em processos instrucionais, focados em mudar as práticas diárias de ensino, têm respaldo científico muito maior do que aqueles baseados apenas em currículo ou tecnologia. Resultados semelhantes foram encontrados em análises paralelas para programas de leitura dos anos finais do ensino fundamental e do ensino médio (*Slavin et al., 2007).

No geral, os programas de maior sucesso incluíam aprendizagem cooperativa, ensino diário e amplo desenvolvimento profissional de professores. Essas abordagens foram muito mais eficazes do que o foco exclusivo em livros inovadores ou tecnologia educacional. *Slavin et al. (2009, p. 70) argumentam que "[...] programas baseados em desenvolvimento profissional com atividades estruturadas que envolvam as crianças em discussões sobre leitura, dando-lhes oportunidades de aprender umas com as outras e utilizar habilidades metacognitivas, podem melhorar o desempenho em leitura a partir do 2º ano". A tutoria entre alunos de diferentes séries (0,26) e da mesma série (0,26) também mostrou resultados positivos, assim como programas que enfatizam o ensino de estratégias (0,32), como ensinar habilidades de predição, resumo e autoavaliação (a essência do ensino recíproco).

Especificamente, *Slavin et al. (2009) relataram vários estudos que demonstram efeitos positivos na aprendizagem com o programa desenvolvido por eles, o *Success for All*. Esse programa abrangente de reforma escolar visa ao sucesso na leitura para crianças em escolas com alto índice de pobreza (*Slavin; Madden, 2011). Ele oferece às escolas um currículo de leitura da educação infantil ao 5º ano, com foco em consciência fonêmica, fonética, compreensão e desenvolvimento de vocabulário, começando com livros pequenos envolvendo fonética (livros decodificáveis) na pré-escola e no 1º ano. O programa utiliza aprendizagem cooperativa, tutoria individual, avaliação frequente do progresso, reagrupamento de alunos de acordo com o nível atual de leitura e independentemente do nível de ensino, amplo desenvolvimento profissional e um facilitador em tempo integral para ajudar os professores a aplicarem todos os elementos de forma eficaz. Além disso, uma equipe de soluções trabalha com os pais para auxiliá-los no apoio ao desempenho dos filhos e na resolução de problemas, como questões de frequência e comportamento.

Programas de leitura para grupos específicos

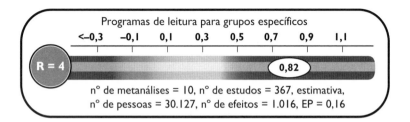

O ensino inicial de leitura com foco em habilidades específicas parece dar certo para alunos com dificuldades de aprendizagem ou no processo de aquisição de uma segunda língua. Por exemplo, *Scammacca et al. (2015) investigaram adolescentes com dificuldades de leitura e reforçaram a mensagem geral sobre o ensino de habilidades específicas e recomendaram intervenções no nível da palavra e do texto, além de conhecimento do significado de palavras e conceitos. A conclusão desses estudos é que o ensino de habilidades básicas do saber-que é essencial antes de passar para as habilidades do saber-como (compreensão). No entanto, é fundamental tornar ambos os conjuntos de ensino interessantes, envolvendo os alunos na riqueza das consequências da leitura (por exemplo, a narrativa) e alternando entre a imersão na leitura e a atualização da atenção para o ensino das habilidades.

Programas de leitura em outras disciplinas

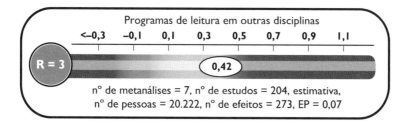

Esses programas não se concentram tanto em ensinar a leitura em si, mas em incentivar o foco na leitura em outros conteúdos curriculares. O ensino conjunto de leitura e outras disciplinas geralmente produz um efeito muito maior. Por exemplo, *Swanson et al. (2014) relataram um efeito de 1,02 em intervenções de leitura ministradas usando estudos sociais, com o maior efeito em adolescentes. Essas intervenções incluíam organizadores gráficos, mnemônicos, leitura e resposta a perguntas, e uso de anotações guiadas. *Graham et al. (2018) exploraram o ensino conjunto de leitura e escrita, com um tamanho de efeito de 0,33 em programas equilibrados sobre a leitura e de 0,37 sobre a escrita. Em trabalhos anteriores, *Graham e Hebert (2011) descobriram que o ensino da escrita aumentava a leitura com um efeito menor, mas positivo, de 0,13. Já *Graham e Santangelo (2014) relataram um efeito de 0,54 usando o ensino de ortografia para melhorar a leitura de palavras e a compreensão.

Mais especificamente, os efeitos na leitura a partir da escrita de resumos foram maiores do que responder a perguntas (0,24) e tomar notas (0,05); tomar notas foi mais eficaz do que responder a perguntas (0,20); responder a perguntas teve pouca diferença em relação às atividades de escrita extensa (0,01) (*Gillespie; Graham, 2014). Essas observações apoiam a teoria do conhecimento compartilhado, que afirma que ler e escrever não são habilidades idênticas, mas utilizam os mesmos conhecimentos e sistemas cognitivos (Shanahan, 2016). Ambas as habilidades exigem conhecimento geral e metacognitivo sobre a linguagem escrita; envolvem conhecimento procedimental sobre como acessar informações propositalmente; implicam definir metas, questionar, prever, resumir, visualizar e analisar; demandam conhecimento dos atributos do texto (texto, palavras, sintaxe e uso); e se baseiam em processos comunicativos.

Programas de leitura com música

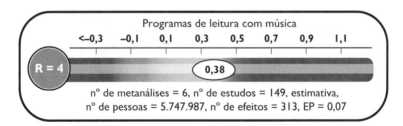

Muito se falou sobre o efeito Mozart: 10 minutos de uma sonata de Mozart supostamente aumentariam o raciocínio espacial, reduziriam a pressão arterial e trariam outros benefícios. Isso levou a uma onda de exposição de bebês à música clássica. Em um estado dos Estados Unidos, o governador até propôs dar um CD de música clássica para todo recém-nascido. O argumento é que aprender música melhora a percepção sonora, aumenta a memória de trabalho e desenvolve a linguagem e a inteligência fluida (Moreno, 2009). No entanto, cinco metanálises oferecem poucas evidências para sustentar essa ideia. Na verdade, quanto maior a qualidade do projeto de pesquisa, mais o efeito se reduz a zero. *Sala e Gobet (2018, p. 15) concluíram que "os resultados refutam todas as teorias que afirmam que o treinamento musical causa melhorias em qualquer habilidade cognitiva geral ou desempenho acadêmico".

Estratégias de leitura

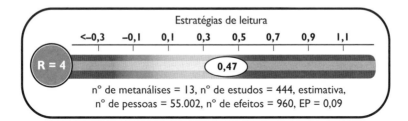

Este trecho se encaixa mais na outra categoria, pois essas metanálises incluem agrupamento, tomada de decisão baseada em dados e métodos que podem envolver variadas estratégias de ensino de leitura. Como observado anteriormente, as estratégias de ensino escolhidas pelos professores fazem a diferença, por exemplo, aprendizagem cooperativa para promover a aprendizagem coletiva e o uso de habilidades metacognitivas, tutoria entre pares, ensino diário, atividades estruturadas que envolvam as crianças em discussões sobre leitura e ensino recíproco. O sucesso parece aumentar com diagnósticos precisos, monitoramento do progresso e ajustes no ensino de acordo com as evidências coletadas sobre o desenvolvimento dos alunos na leitura. *Filderman et al. (2019) investigaram sistemas de monitoramento de dados que envolvem acompanhamento frequente do progresso, aplicação de avaliações diagnósticas para crianças com dificuldades e adaptação do ensino com base em dados de monitoramento e avaliação diagnóstica. A maioria dos estudos coletava dados semanalmente ou com maior frequência, mas os ajustes feitos no ensino com base nas evidências foram decepcionantes, e o efeito geral, embora importante, foi pequeno.

Textos expositivos ajudam a construir o conhecimento prévio necessário para compreender informações específicas e, frequentemente, esse conhecimento é a base para a leitura como ferramenta de aprendizagem em vários domínios do currículo. Meyer, Young e Bartlett (2014) identificaram cinco estruturas textuais: descrição, comparação/contraste, sequência, causa/efeito e problema/solução. *Hebert et al. (2016) descobriram que ensinar os alunos sobre a estrutura do texto melhora a compreensão da leitura expositiva, especialmente quando várias estruturas textuais são ensinadas. Isso também envolveu atividades de escrita, como fazer anotações, escrever frases, responder a perguntas de respostas curtas e escrever respostas de um parágrafo a um texto.

Ensino da fonética

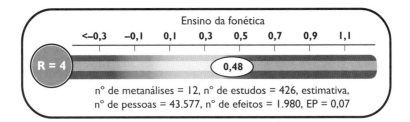

A metanálise publicada pelo Painel Nacional de Leitura (*National Reading Panel, 2000) mostrou o poder da fonética e da consciência fonêmica na aprendizagem da leitura. Isso se manteve consistente nas 13 metanálises publicadas desde o lançamento do livro *Visible Learning*, em 2009. São mais de 500 estudos sobre fonética com efeito médio de $d = 0,57$, oito metanálises sobre consciência fonológica com mais de 250 estudos e efeito médio de $d = 0,75$, além de seis metanálises sobre ensino relacionado a sons ou inferência com mais de 200 estudos e efeito médio de $d = 0,53$.

Assim como a maioria dos tipos de ensino superficial, de conteúdo e vocabulário, os métodos de ensino intencionais têm sido os mais eficazes no ensino das habilidades fonéticas. Por exemplo, *Swanson (1999b) analisou evidências empíricas de pesquisas sobre intervenção em leitura para alunos com dificuldades de aprendizagem e descobriu que modelos que utilizavam o ensino direto e ensinavam estratégias de reconhecimento de palavras melhoravam o desempenho na compreensão da leitura.

Consciência fonológica

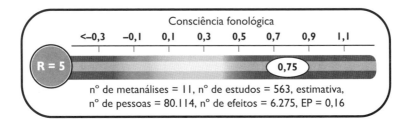

O Painel Nacional de Leitura concluiu que existem muitas atividades usadas para avaliar e melhorar a consciência fonêmica, como isolamento fonêmico (Qual é o primeiro som de "gato"?), identificação (Qual som é igual em "bola", "barco" e "belo"?), categorização (Qual som não pertence em "bola", "barco" e "rato"?), junção (Qual palavra estas letras formam: "f/o/g/o"?), segmentação (Quantos fonemas tem a palavra "bola"?) e omissão (Qual palavra sobra quando o "b" é retirado de "bola"?). Argumentou-se que uma parte essencial da aprendizagem da leitura envolve:

> [...] aprender o sistema alfabético, ou seja, correspondências entre letras e sons e padrões ortográficos, bem como aprender a aplicar esse conhecimento na leitura. O ensino sistemático em fonética é uma forma de ensinar leitura que enfatiza a aquisição da correspondência entre letras e sons e seu uso para ler e soletrar palavras (Harris; Hodges, 1995). O ensino fonético é voltado para crianças iniciantes no ensino fundamental e para aquelas com dificuldade em leitura (*National Reading Panel, 2000, p. 2-89).

O Painel Nacional de Leitura encontrou um tamanho de efeito geral da consciência fonêmica nos resultados fonológicos de $d = 0,86$, nos resultados de leitura de $d = 0,53$ e na ortografia de $d = 0,59$. O ensino focado em um ou dois tipos de consciência fonêmica levou a efeitos maiores do que o ensino de muitos outros tipos. O ensino da manipulação de fonemas usando letras levou a efeitos maiores do que o ensino sem letras, assim como programas de fonética sintética que enfatizavam o ensino de conversão de letras em sons, a mistura de sons para formar palavras reconhecíveis e a análise e mistura de subpartes maiores de palavras e fonemas. Esses efeitos da fonética ocorreram independentemente de serem usados por professores em sala de aula ou computadores, foram maiores na educação infantil do que nas séries mais avançadas (ou seja, mais eficazes na alfabetização) e mais efetivos quando ministrados por meio de tutoria, em pequenos grupos ou em turmas inteiras. Os resultados do Painel Nacional de Leitura foram fortemente contestados, porque poucos estudos foram usados em comparação com a grande quantidade de pesquisas disponíveis sobre o tema. No entanto, as conclusões de outras metanálises sobre o ensino da leitura não são muito diferentes.

Por exemplo, $d = 0,77$ (*Pan et al., 2019), $d = 0,87$ (*Ruan et al., 2018) e $d = 0,36$ (*Fischer; Pfost, 2015) oferecem um forte embasamento para a importância do ensino da consciência fonológica como uma habilidade fundamental na aprendizagem da leitura. Eles reforçam as alegações anteriores de *Ehri et al. (2001), que consideraram apenas experimentos controlados que incluíam ensino de consciência fonêmica na aprendizagem da leitura. Os autores concluíram que os benefícios do ensino de consciência fonêmica se repetiram em vários experimentos, o que embasa a afirmação de que esse ensino é mais eficaz do que formas alternativas de ensino no auxílio à aquisição de habilidades de leitura e ortografia. *Swanson et al. (2003) também descobriram que habilidades preditivas, como nomeação rápida, reconhecimento de palavras e identificação de letras, estavam altamente relacionadas à leitura, especialmente compreensão ($d = 0,93$). Essa descoberta foi replicada mais recentemente por *Araujo et al. (2015), $d = 0,95$. Não é de surpreender que os alunos que não conseguem ler aos 8 anos não tenham essas habilidades.

*García e Cain (2014) investigaram a importância relativa das habilidades de decodificação para a compreensão durante o desenvolvimento da leitura. A precisão com que os alunos leem as palavras ($r = 0,86$) é um melhor preditor da compreensão do que a velocidade da leitura ($r = 0,65$). Em seguida, vêm a precisão da leitura de pseudopalavras (0,56) e a precisão da leitura de palavras no contexto ($r = 0,48$). As correlações foram maiores para textos narrativos do que para textos expositivos quando a leitura silenciosa era priorizada em relação à leitura em voz alta. Os autores observaram que alunos que sabem decodificar bem dedicam mais recursos cognitivos aos processos envolvidos na construção de significado a partir do texto, porque têm a habilidade de reconhecer as palavras de forma rápida e eficiente. Isso ocorreu em todas as idades escolares. Observa-se um círculo virtuoso no processo de leitura: aqueles que têm habilidade para decodificar tendem a ler mais, o que os faz terem contato com mais textos, o que, por sua vez, contribui para o aumento de suas habilidades de decodificação. Esses resultados confirmam a relevância do ensino de decodificação e compreensão de linguagem em sala de aula, mesmo com adolescentes. Os autores concluíram que "[...] é importante combinar diferentes medidas de decodificação e diferentes materiais e procedimentos para avaliar a compreensão da leitura" (García; Cain, 2014, p. 100).

Em resumo, o ensino de fonética e consciência fonológica é poderoso para a aprendizagem da leitura, tanto para decodificação quanto para compreensão.

Programas relacionados a som ou inferência

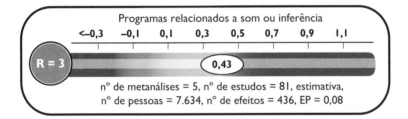

Programas relacionados a som ou inferência estão diretamente ligados aos programas de fonética. Alguns exemplos incluem regras de correspondência entre sons e letras (como relações entre sons e padrões ortográficos), ensino de morfologia (compreensão da estrutura das palavras), nomeação automatizada rápida e ensino de vocabulário e inferência. A nomeação rápida refere-se ao tempo necessário para uma criança nomear com rapidez e precisão uma série de estímulos visuais conhecidos (geralmente letras, números, objetos ou cores). *Araújo et al. (2015) defenderam que a nomeação rápida é um dos melhores preditores da capacidade de leitura, possivelmente o mais universal, persistente ao longo do tempo (longitudinal) e que ocorre no mesmo momento (concorrente) em que a habilidade é avaliada. Esta também pode ser um déficit central na dislexia. Analisando 126 estudos, os autores relataram efeitos significativos na leitura de palavras ($r = 0,45$), leitura de texto ($r = 0,45$), leitura de palavras sem correspondência fonética (pseudopalavras) ($r = 0,40$) e compreensão de leitura ($r = 0,39$). Eles concluíram que o desempenho na nomeação rápida "[...] reflete, desde muito cedo, processos cognitivos subjacentes que são importantes para a aprendizagem da leitura e, consequentemente, reflete a utilidade dessas medidas na previsão do sucesso (e do fracasso) no desenvolvimento da leitura" (Araújo et al., 2015, p. 881).

Programas com foco em vocabulário

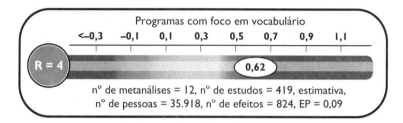

O treinamento para aquisição de vocabulário parece ser uma parte valiosa de um programa mais abrangente para desenvolver a leitura, a compreensão e, especialmente, a linguagem oral. *Marulis e Neuman (2010) analisaram 67 estudos com um efeito médio de 0,88, o que os levou a argumentar que o treinamento em vocabulário é um componente essencial do desenvolvimento inicial da leitura. Esse efeito foi alto, independentemente de quem estava realizando o ensino — pesquisador (d = 0,96), professor (d = 0,92) ou pais (d = 0,76) —, mas foi muito menor para outros cuidadores (d = 0,13).

O efeito não variou de acordo com o tamanho do grupo (individual, 2-5 ou 6+) e foi mais eficaz em intervenções curtas (menos de uma semana). Mesmo intervenções intensivas e pequenas mostraram ganhos no vocabulário. Isso ocorreu particularmente se havia métodos explícitos (definições detalhadas e exemplos dados antes, durante ou depois da leitura de um livro de histórias), em vez de métodos implícitos (palavra inserida em uma atividade sem parar de maneira intencional ou ensinar deliberadamente o significado da palavra). O professor também precisa se atentar para garantir a transferência do ensino de vocabulário para a leitura dos textos. *Stahl e Fairbanks (1986) mostraram que o ensino de vocabulário e o conhecimento do significado das palavras auxiliaram no desenvolvimento da compreensão de leitura de textos com as palavras ensinadas (d = 0,97), e o impacto na transferência para outros textos foi menor (d = 0,30).

Pode haver grandes diferenças nos resultados dependendo se o vocabulário ensinado no programa foi usado na medida de compreensão da leitura para avaliar o impacto do ensino de vocabulário ou se a medida de resultado foi mais geral (não intencionalmente alinhada ao ensino). Por exemplo, *Stahl e Fairbanks (1986) encontraram uma diferença de 0,60 favorecendo instrumentos padronizados e feitos por pesquisadores, e as diferenças tendem a ser mais pronunciadas com o vocabulário. Eles sugeriram que "isso pode indicar que o ensino de vocabulário geralmente facilita o crescimento da compreensão de leitura, tanto em instrumentos que contêm palavras ensinadas quanto naqueles que não as contêm, possivelmente aumentando o interesse do aluno em aprender novas palavras" (Stahl; Fairbanks, 1986, p. 100).

Os métodos de ensino de vocabulário mais eficazes fornecem explicitamente informações de contexto e definição e oferecem aos alunos mais de uma ou duas exposições às palavras que deveriam aprender. O método mnemônico da palavra-chave também afetou positivamente a lembrança de definições e a compreensão de frases (ver *Mastropieri; Scruggs, 1989). Nesse método, os alunos primeiro aprendem uma palavra concreta que soe como a palavra-alvo e depois criam uma imagem ligando a palavra-alvo à sua definição. *Klesius e Searls (1990) encontraram tamanhos de efeito positivos semelhantes para esse método e relataram efeitos de esvanecimento rápido, com o maior efeito retardado pós-teste de apenas $d = 0{,}19$. *Fukkink e de Glopper (1998) também examinaram os efeitos do ensino na derivação do significado das palavras a partir do contexto e afirmaram que a derivação do significado das palavras era, de fato, passível de ensino, com efeitos positivos mesmo com duração relativamente curta.

Programas de percepção visual

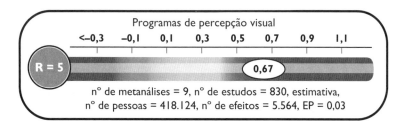

A percepção visual é o processo de diferenciar letras e palavras escritas, um aspecto importante da alfabetização inicial. *Peng et al. (2016) usaram a metanálise para distinguir os leitores proficientes dos leitores que apresentam dificuldades de leitura. A percepção visual foi um dos principais elementos de discriminação ($d = -0{,}86$), com consciência fonológica ($-1{,}06$), nomeação rápida ($-1{,}17$), conhecimento ortográfico ($-1{,}03$) e consciência morfológica ($-0{,}20$). *Kavale e Forness (2000) descobriram que as percepções auditiva e visual eram importantes preditoras da leitura tanto para alunos regulares ($d = 0{,}36$) quanto para alunos com dificuldades de aprendizagem ou de leitura ($d = 0{,}38$). Houve pouca diferença na precisão em prever a proficiência em leitura para muitas habilidades perceptivas auditivas (compreensão auditiva, $d = 0{,}40$; memória, $d = 0{,}38$; fusão, $d = 0{,}38$; discriminação, $d = 0{,}37$) ou habilidades perceptivas visuais (memória, $d = 0{,}47$; fechamento visual, $d = 0{,}43$; discriminação, $d = 0{,}39$; associação, $d = 0{,}38$; integração motora, $d = 0{,}36$; relação espacial, $d = 0{,}33$), mas foi menor para discriminação figura-fundo ($d = 0{,}25$). Parece que a percepção visual é um dos principais déficits que, se remediada, pode melhorar as habilidades de leitura.

Programas com foco na repetição de leituras

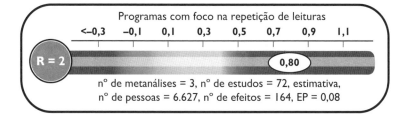

Tarefas que requerem altos níveis de automatismo são importantes para todas as habilidades de alto desempenho, como música, esportes e, claro, leitura. A leitura repetida é um método para ajudar a melhorar o automatismo da leitura. Envolve reler uma passagem curta e significativa até que se alcance um nível satisfatório de fluência. As habilidades de automatismo no reconhecimento e na programação de palavras (a transição da leitura precisa para a leitura automática) precisam ser avaliadas e ensinadas de maneira específica, principalmente para alunos com dificuldades de aprendizagem. Talvez não seja surpreendente que esse automatismo, ou superaprendizagem, seja uma característica importante em muitos programas de segunda e terceira chance para alfabetização (ver mais adiante).

*Lee e Yoon (2017) descobriram que ler uma passagem pelo menos quatro vezes aumenta a fluência de leitura mais do que duas ou três vezes, em comparação com ouvir a passagem antes da leitura repetida. Ambas as estratégias ajudam a modelar e melhorar a compreensão do texto, reduzindo qualquer emoção negativa. Assim como *Therrien (2004), *Lee e Yoon (2017) descobriram que os efeitos da leitura repetida tiveram impactos positivos marcantes na compreensão da leitura, bem como na fluência — embora os efeitos na transferência próxima (influência imediata e compreensão) tenham sido maiores ($d = 0,76$) do que na transferência distante (capacidade de ler fluentemente ou compreender novas passagens), e o último efeito ($d = 0,50$) tenha sido substancial.

Programas de combinação de frases

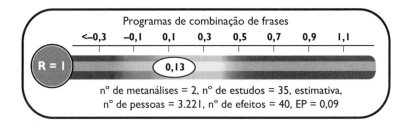

A combinação de frases é uma estratégia de ensino para melhorar a leitura que exige que os alunos combinem uma ou mais sentenças em uma frase composta, complexa ou composta-complexa (ver *Fusaro, 1993, p. 228). Os efeitos são pequenos. *Neville e Searls (1991) descobriram que a combinação de frases como técnica de ensino era muito mais eficaz no ensino fundamental do que no ensino médio, enquanto *Fusaro (1993) encontrou que os efeitos da combinação de frases na compreensão da leitura eram inconclusivos em todos os níveis. No geral, de acordo com as diversas metanálises, os métodos de combinação de frases parecem não ter alto valor no conjunto de ferramentas de ensino de leitura ($d = 0,15$).

Programas com foco na compreensão de leitura

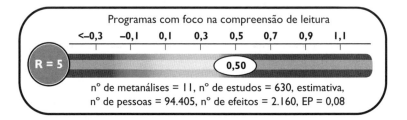

Novamente, o ensino intencional de estratégias teve o maior impacto na compreensão da leitura. Muitas das habilidades necessárias talvez precisem ser ensinadas explicitamente: *Suggate (2014) argumentou que as evidências de sua síntese indicaram que pode haver uma ordenação das intervenções de forma que os programas iniciais tenham como alvo apenas a consciência fonêmica, deixando as habilidades de decodificação para os 1º e 2º anos e, em seguida, as intervenções em compreensão de leitura.

*Rowe (1985) descobriu que programas com foco em estratégias de processamento (por exemplo, raciocínio inferencial, regras para resumir e classificar textos) produziram um efeito maior (d = 1,04) do que programas de texto (por exemplo, repetição de conceitos, explicitação, d = 0,77) e programas de tarefas (d = 0,69). Programas que adotavam o ensino de estratégias visuais (0,94), auditivas ou de linguagem (1,18) tiveram sucesso (*Sencibaugh, 2005). *Pyle *et al.* (2017) revisaram as evidências sobre ensinar aos alunos formas de usar a organização do texto para ajudar a guardar informações na memória. Esses componentes estruturais incluem a organização das ideias, a relação entre elas e o vocabulário usado para transmitir significado ao leitor. Os efeitos foram maiores para organizadores gráficos (1,71), depois para questões de compreensão (0,93), recordação e resumo do ensino (0,86). Igualmente importante, os efeitos na compreensão dos alunos foram maiores quando eles aprendiam estruturas de texto por meio de uma abordagem de liberação gradual quando havia textos expositivos cada vez mais complexos. Quando aprendiam palavras-chave que indicam a estrutura de um texto e quando eram orientados a prestar atenção em como o texto estava organizado para encontrar as ideias mais importantes, eles conseguiam usar essa estratégia de forma mais eficaz. Quando praticavam com estruturas parecidas, mas em textos mais difíceis, e quando o que estavam aprendendo no momento estava conectado ao que haviam aprendido antes (por exemplo, usar textos com tópicos familiares para que os alunos tivessem conhecimento prévio suficiente), eles conseguiam focar na estrutura do texto e aprender a usá-la de forma eficaz.

*Guthrie *et al.* (2007) revisaram o programa de leitura orientada a conceitos, específico para melhorar a compreensão e que funciona porque o leitor engajado está internamente motivado a ler. Portanto, o objetivo é engajar os estudantes e seguir estratégias motivacionais e de ensino de leitura. O leitor engajado é cognitivamente ativo no uso de estratégias e na busca de relacionar informações antigas a novas; é participativo, esforçado e persistente na tarefa diante da dificuldade; e lê frequentemente por prazer e conhecimento. O programa de leitura orientada a conceitos é uma intervenção de 12 semanas, e cada aula tem vários segmentos: leitura oral; miniaula sobre estratégias de compreensão, como inferência, perguntas durante a leitura, resumo e acompanhamento da compreensão; escrita e leitura independentes e leitura guiada por professores em pequenos grupos, como a estratégia de modelagem, suporte pedagógico e prática guiada. Os efeitos são positivos na compreensão de vários textos (d = 0,93), fluência (d = 0,73) e compreensão da história (d = 0,65), bem como nos resultados de motivação (curiosidade, d = 0,47; vontade de participar das atividades, d = 0,31; orientação para a tarefa, d = 0,28; e autoeficácia, d = 0,49).

Exposição à leitura

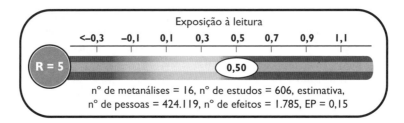

Mais exposição ou tempo de leitura não necessariamente levam a maiores habilidades de leitura. *Lewis e Samuels (2003) encontraram um efeito de apenas 0,10, embora ele tenha sido um pouco maior para estudantes com baixo desempenho em leitura. Eles observaram que ler regularmente por períodos mais curtos é mais eficaz do que ler de vez em quando por longos períodos.

Existem várias metanálises sobre leitura compartilhada, principalmente em relação a professores conversando com os alunos sobre o texto. *Blok (1999) encontrou um efeito geral de d = 0,63 para efeitos na linguagem oral e d = 0,41 para efeitos na leitura. Os efeitos foram maiores com estudantes mais jovens e quando os grupos eram pequenos, pois isso promoveu mais conversas. *Stephenson (2011) descobriu que a leitura compartilhada de livros está mais relacionada à linguagem receptiva do que à linguagem expressiva, e também mais associada ao conhecimento de letras e conceitos fundamentais de escrita e leitura de texto impresso do que à compreensão oral e à consciência fonológica. Além disso, a leitura compartilhada de livros está mais correlacionada com a identificação de palavras do que com a programação e a compreensão da leitura. Parece que aprender habilidades de leitura não leva a um nível tão avançado, mas a escuta, a linguagem expressiva e a identificação de palavras melhoram com a leitura compartilhada. Os efeitos são maiores em crianças mais novas e começam a diminuir à medida que elas se tornam leitoras convencionais e podem ler sozinhas (*Bus et al., 1995). Os efeitos são semelhantes para estudantes monolíngues e bilíngues (*Fitten et al., 2018) e de todas as origens socioeconômicas (*Bus et al., 1995).

Os efeitos dependem de quem está lendo: os pais que se envolvem na emoção da leitura, o professor que usa a leitura em voz alta como ferramenta de ensino ou um voluntário que parece ter pouco ou nenhum efeito. Uma metanálise sobre a transmissão intergeracional da alfabetização afirmou o efeito positivo das interações entre pais e filhos no apoio à alfabetização das crianças (*Bus et al., 1995). Foi demonstrado que a leitura conjunta de livros entre pais e crianças em idade pré-escolar está relacionada a resultados positivos no desenvolvimento da linguagem (d = 0,67), na alfabetização emergente (d = 0,58) e no desempenho em leitura (d = 0,55).

*Kim e Quinn (2013) revisaram os programas de leitura nas férias de verão e encontraram pouco impacto (0,10), embora o efeito tenha sido o dobro para estudantes de famílias de baixa renda. Os efeitos foram maiores na compreensão do que no vocabulário de leitura. Isso sugere uma baixa probabilidade de o leitor aprender uma nova palavra durante a leitura normal (*Swanborn; de Glopper, 1999). Esse aumento do efeito em famílias de baixa renda mostra que elas têm menos acesso a livros em casa e passam menos tempo lendo e discutindo livros entre pais e filhos. Os programas de livros têm uma grande lacuna a ser preenchida, e isso tem um efeito.

Blatchford, Russel e Webster (2012) mostraram o impacto de baixo a negativo dos assistentes de ensino em muitos domínios da aprendizagem, incluindo leitura. *Torgerson *et al.* (2002) investigaram os efeitos de voluntários não remunerados em sala de aula para fornecer apoio extra às crianças que aprendem a ler. Quase metade dos estudos mostrou efeitos negativos, e a relação geral foi pequena. Eles concluíram que "há poucas evidências de que a ajuda de voluntários para ensinar as crianças a ler é eficaz" (*Torgerson *et al.*, 2002, p. 443). Blatchford, Russel e Webster (2012) vão mais longe e dizem que o efeito dos assistentes de ensino pode ser "tóxico".

A leitura compartilhada com professores e pais pode ter efeitos positivos, principalmente nas linguagens oral e receptiva, e as habilidades de leitura, como decodificação, compreensão e linguagem expressiva, podem ser mais bem ensinadas por meio de outros métodos. A leitura compartilhada é mais eficaz quando espaçada em sessões curtas ao longo do tempo do que em sessões mais longas. "Mais" não é necessariamente "melhor", a menos que haja instruções específicas sobre esse ensino. A leitura silenciosa sustentada, o tempo dedicado apenas à tarefa e a falta de profissionais têm efeitos muito menores.

Abordagens de linguagem integral/alfabetização balanceada

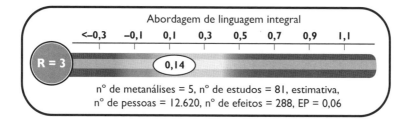

Toda abordagem linguística para o ensino de leitura é baseada na seguinte ideia:

> [...] a aquisição de habilidades de leitura depende do contexto em que essas habilidades são apresentadas. Palavras individuais são aprendidas com mais facilidade e fluência quando apresentadas em um contexto específico. As palavras obtêm significado de outras palavras ao seu redor e da estrutura da história (*Gee, 1995, p. 5).

*Gee (1995) descobriu que essa abordagem de linguagem integral no ensino de leitura influenciou positivamente o aproveitamento e o desempenho. Ele qualificou essa descoberta observando que estudos com amostras maiores produziram efeitos menores, e intervenções com menos de um ano não possibilitaram aprofundar o ensino para produzir resultados mensuráveis.

À primeira vista, há uma divergência notável nos efeitos gerais das quatro metanálises em abordagens de linguagem integral. O efeito médio do estudo de Gee tem um efeito geral positivo em comparação com o programa de *Jeynes e Littell (2000), que teve um efeito geral negativo. Houve muita sobreposição nos artigos usados nessas duas metanálises. A diferença é como os autores classificaram alguns estudos-chave e a codificação do que constituiu toda a linguagem. Neste último, *Gee (1995) incluiu programas com fonética sistemática e estudo de palavras como programas de linguagem integral e, portanto, teve o que ele considerou um programa mais "equilibrado" de ambos os conjuntos de habilidades. Por exemplo, o estudo de Tunmer e Nesdale (1985) é classificado como linguagem integral, sendo o oposto do que eles reivindicaram para seu programa. As três aulas completas de idiomas de Tunmer e Nesdale, de acordo com Gee, incluíram uma "[...] forte ênfase no ensino de habilidades de recodificação fonológica" (*Gee, 1995, p. 421). No estudo de Trachtenburg e Ferruggia (1989), também classificado por Gee como um estudo de linguagem integral, usaram-se várias estratégias, incluindo lista de palavras, nomeação do som das letras e técnicas de decodificação. Da mesma forma, *Gee (1995) classificou o estudo de Uhry e Shepherd (1993) como linguagem integral. Eles usaram a abordagem de segmentação e soletração, abordagem fonética de 10 a 20 minutos e cópia de palavras. Se esses três estudos fossem reclassificados para que não fossem incluídos como estudos de linguagem integral, a média de Gee mudaria de $d = 0,65$ para zero — e a média em todas as metanálises de toda a linguagem seria de até $d = 0,06$.

*Stahl e Miller (1989) também tiveram zero efeito ($d = 0,17$ no reconhecimento de palavras e $d = 0,09$ na compreensão de leitura) em programas de linguagem integral. Essa abordagem pode ser mais eficaz na educação infantil do que no 1º ano, produzir mais (mas ainda próximos de zero) efeitos nas medidas de reconhecimento de palavras do que nas medidas de compreensão de leitura e ser mais eficaz quando comparada a um programa de prontidão para leitura. Os autores compararam os efeitos com os livros destinados à alfabetização, e houve uma tendência de efeitos mais altos para programas que adotavam estes últimos. *Stahl *et al.* (1994) atualizaram a metanálise de *Stahl e Miller (1989) sobre o ensino de linguagem integral e, novamente, relataram um pequeno efeito. Eles acrescentaram que essas abordagens foram eficazes para melhorar a atitude das crianças em relação à leitura e concluíram que houve uma pequena vantagem das abordagens tradicionais em medidas de decodificação.

A metanálise mais recente encontrou uma relação negativa substancial entre intervenções em linguagem integral e intervenções com livros didáticos, com abordagem sistemática e sequencial no ensino da leitura, e programas de aprendizagem da leitura. *Jeynes e Littell (2000) investigaram o efeito do ensino de linguagem integral na alfabetização de alunos de baixo nível socioeconômico, desde a educação infantil até o 3º ano. Eles descobriram que as crianças que receberam livros destinados à alfabetização se saíram melhor do que aquelas que receberam ensino baseado em linguagem integral. Em resumo, programas de linguagem integral têm efeitos insignificantes no aprendizado da leitura, seja no reconhecimento, seja na compreensão de palavras. Esses métodos podem ser valiosos posteriormente, mas certamente não para os processos de aprendizagem da leitura. Parece que as estratégias de leitura precisam ser ensinadas deliberadamente, em especial para estudantes com dificuldades para ler.

A conclusão anterior é uma repetição do texto de 2009, pois não houve uma nova metanálise relacionada à linguagem integral. O'Connor (2020) criticou minhas afirmações sobre esse tema, argumentando que eu era explicitamente hostil e tendencioso contra pedagogias construtivistas e progressistas e a favor do ensino direto e de pedagogias conservadoras. Ele argumenta que *Stahl e Miller (1989) confundiram abordagens de alfabetização por experiência linguística com ensino e aprendizagem baseados em linguagem integral. O'Connor também observou que *Stahl *et al.* (1994) publicaram posteriormente uma metanálise excluindo esses estudos discutíveis. O tamanho médio de efeito aumentou de 0,09 para 0,15. Ele descartou o estudo de *Jeynes e Littell (2000) com um efeito geral negativo (–0,65), porque Jeynes é cristão, evangélico e de direita, com tendência para a fonética. O'Connor alegou que eu deveria ter notado esse viés. Além disso, afirmou que omiti três estudos da metanálise de *Gee (1995), porque claramente não eram intervenções de linguagem integral, e isso reduziu o efeito geral de 0,65 para zero. Eu defendo as exclusões.

Depois de alguns avanços, a linguagem integral recebeu um novo nome: alfabetização equilibrada (e há uma metanálise em um programa; *Abrami et al. (2020); $d = 0,20$). A alfabetização equilibrada afirma incorporar elementos de consciência fonêmica e fonética, ensinando vocabulário e fluência. Envolve leitura em voz alta, leituras compartilhadas em sala de aula, leitura independente, escrita compartilhada e livros para diferentes níveis. Todo o ensino (por exemplo, de fonética) está dentro do contexto de histórias, não separadamente. O trabalho de Pressley (1998) é frequentemente citado para embasar a ideia de alfabetização equilibrada. No entanto, é importante notar que Pressley (1998) incluiu especificamente algumas práticas de ensino em sua definição, incluindo o ensino de "consciência fonêmica, o ensino de reconhecimento de palavras, o desenvolvimento de vocabulário, o ensino de estratégias de compreensão, o desenvolvimento do conhecimento prévio e ensino sobre como utilizar esse conhecimento, e o ensino de automonitoramento" (Pressley et al., 2003). Esse ensino explícito acompanha experiências mais holísticas e "inunda suas salas de aula com motivação". Parece que a linguagem integral pode não ser tão eficaz quanto a fonética, porque aquela é muito eclética. Como indica o estudo de *Gee (1995), linguagem integral significa muitas coisas para muitas pessoas. Pode ser por isso que seus efeitos são fracos: ela se propõe a muitas coisas. Tenta cobrir tudo e pode não cobrir nada muito bem no processo. Em contraste, as abordagens fonéticas são muito mais específicas e intensivas, focando principalmente nas habilidades de decodificação de palavras. Isso tem mais impacto nos estágios cruciais da aprendizagem da leitura, especialmente nos primeiros anos escolares.

Em uma metanálise, *Abrami et al. (2020) analisaram os efeitos do programa de computador Abracadabra (uma abordagem de leitura equilibrada para crianças, sempre projetada para alcançar os melhores resultados para todos) que visa a equilibrar o foco na decodificação e um contexto rico em literatura. A ferramenta digital inclui 33 atividades alfabéticas, de fluência, compreensão e escrita vinculadas a 20 histórias interativas de vários gêneros e 15 histórias escritas por estudantes. Ele usa um método de jogo para motivar, oferece recompensas (de jogo) quando os alunos atingem metas e é uma ferramenta para professores e pais. No entanto, em 17 estudos, o efeito médio foi de 0,20, incluindo fonética (0,19), consciência fonêmica (0,09), fluência de leitura (0,18) e compreensão (0,18).

Programa de Recuperação de Leitura

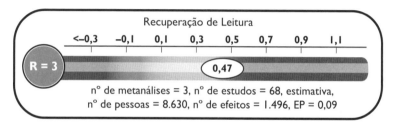

O Programa de Recuperação de Leitura (do inglês, *Reading Recovery*) é implementado por professores especialmente treinados que trabalham individualmente com os alunos em aulas diárias de 30 minutos, com duração de 12 a 20 semanas (Clay, 2000). As evidências da metanálise parecem consistentes: o programa faz a diferença para esses estudantes. *D'Agostino e Murphy (2004), por exemplo, descobriram que os alunos do Programa de Recuperação de Leitura superaram os alunos do grupo de controle, especialmente em escalas do cronograma de observação (uma parte fundamental do programa). Eles concluíram que o programa "[...] estava atingindo seu objetivo fundamental de aumentar as habilidades de leitura e escrita dos alunos do 1º ano para níveis comparáveis aos de seus colegas" (*D'Agostino; Murphy, 2004, p. 35). Além disso, houve um "efeito duradouro, pelo menos no final do 2º ano, em habilidades amplas de leitura". *Elbaum *et al.* (2000) concluíram que "[...] intervenções individuais, bem projetadas e implementadas de forma confiável podem contribuir significativamente para melhorar a leitura de muitos estudantes que estão em risco de repetir o ano" (*Elbaum *et al.*, 2000, p. 617). Eles também observaram criticamente que os resultados do Programa de Recuperação de Leitura foram semelhantes nos estudos que usaram intervenções em pequenos grupos, "[...] atendendo de três a quatro alunos por instrutor" (*Elbaum *et al.*, 2000, p. 615). *Slavin *et al.* (2011) também encontraram efeitos semelhantes em estudos de recuperação de leitura e programas que adotam assistentes de ensino ou voluntários com programas estruturados e intensivos (+0,24 *versus* +0,23), apesar do treinamento muito mais intensivo e caro que os professores do Programa de Recuperação de Leitura recebem. Os autores concluíram que enfatizar a fonética melhora muito os resultados da alfabetização dos alunos.

Depois de uma grande revisão, Chapman *et al.* (2018) concluíram que estudantes que têm habilidades básicas menos desenvolvidas, necessárias para a alfabetização, obtêm poucos ou nenhum benefício do Programa de Recuperação de Leitura. Clay (2000) afirmou que o programa não atende às necessidades de todos os leitores com dificuldades. Ela desenvolveu ferramentas de diagnóstico precoce e uma saída mais rápida para aqueles que não apresentaram melhora durante o programa. Esses alunos precisam de ensino sistemático e explícito em consciência fonológica e relações entre letras e sons, juntamente a treinamento estratégico sobre como e quando usar esse conhecimento ao ler texto e escrever palavras.

Além disso, muitos estudantes que ingressam nesses programas vêm de turmas com pouco ou nenhum nível de ensino de leitura para ajudá-los a se atualizarem. É por isso que esses programas existem, já que os alunos muitas vezes não aprendem explicitamente as habilidades básicas de leitura em salas de aula regulares depois de passarem ao 2º ano. Os professores mudam a abordagem do *aprender a ler* para o *ler para aprender* e encontram formas alternativas para aqueles que não têm as habilidades básicas. No final do ensino fundamental, esses efeitos adversos acumulados (o efeito Mateus) e a falta de habilidades de leitura não são tão superáveis por meio de atividades e estratégias substitutas. Seria maravilhoso ter uma síntese de programas alternativos de leitura que pudessem ajudar esses alunos.

A alegação é que os programas de recuperação funcionam, especialmente aqueles com diagnósticos precisos, e atendem às habilidades requisitadas no modelo das cinco grandes habilidades que precisam de recuperação. Essa é a chave, o que não quer dizer que os Programas de Recuperação de Leitura sejam os únicos, já que outros métodos de ensino individuais ou em pequenos grupos também parecem ter resultados positivos. No entanto, também está claro que os programas de recuperação, planejados para oferecer

Aprendizagem visível **271**

oportunidades adicionais para os estudantes que não obtêm sucesso nos programas convencionais, podem não funcionar em longo prazo para todos os alunos e que podem ser necessárias outras chances de recuperação.

Comentários gerais sobre metanálises de leitura

Há muitos estudos embasando a metanálise para os cinco pilares do bom ensino de leitura: consciência fonêmica, fonética, fluência, vocabulário e compreensão — e atender a todos é fundamental. Eles precisam ser ensinados explicitamente como parte de uma rotina diária, usando métodos como aprendizagem cooperativa, tutoria entre pares, ensino recíproco e ensino de estruturas de texto (incluindo anotações e redação de frases e parágrafos), diferenciação de letras e palavras escritas, bem como aquisição de um vocabulário mais extenso com foco no ensino da leitura. Ensinar leitura com outras disciplinas, como ciências (*Kaldenberg et al.*, 2015) e estudos sociais (*Swanson et al.*, 2014), e especialmente a escrita, ajuda a criar atividades estruturadas que envolvam as crianças em discussões sobre leitura.

Quando o Painel Nacional de Leitura identificou os cinco grandes fatores de ensino da leitura no âmbito escolar, não foram detalhadas suas inter-relações nem como ou quando eles impactam as capacidades cognitivas subjacentes ao aprendizado. Tunmer e Hoover (2019) construíram um modelo baseado nas relações entre os cinco grandes fatores e afirmam que bons professores de leitura, iniciantes ou especialistas em intervenção, podem responder a duas questões-chave sobre sua prática: o que estou fazendo e por quê? Isso requer três competências: primeiro, ter uma ampla compreensão das capacidades cognitivas envolvidas no aprendizado da leitura; segundo, determinar o que leitores iniciantes ou com dificuldades sabem e o que ainda precisam saber para se tornarem habilidosos; e terceiro, fornecer aos alunos ensino direcionado e baseado em evidências que atendam diretamente às suas necessidades individuais de alfabetização e aprendizagem.

Hoover e Tunmer (2020) desenvolveram a estrutura de fundamentos cognitivos para ajudar os professores de leitura a entenderem melhor o que seus alunos enfrentam ao aprender a ler em sistemas de escrita alfabética. Confira o exemplo:

> Se os leitores iniciantes não estão progredindo satisfatoriamente (ou seja, em taxas semelhantes às de seus colegas) na compreensão da leitura, é porque estão tendo problemas para reconhecer palavras impressas, problemas para entender o idioma sendo lido, ou ambos? A fraqueza nas habilidades de reconhecimento de palavras pode resultar da falta de automação ou de habilidades fracas de codificação alfabética, ou a dificuldade pode estar no conhecimento inadequado do princípio alfabético, no fraco conhecimento das letras, nas fracas habilidades de consciência fonêmica ou na falha em entender como um texto impresso funciona (Tunmer; Hoover, 2019, p. 90).

Da mesma forma, fragilidades em aspectos da compreensão da linguagem podem ser detectadas. Esses estudantes:

> [...] podem ter fraquezas no vocabulário ou no conhecimento sintático, ou talvez fraquezas no conhecimento fonológico que os impeçam de ouvir as diferenças entre palavras com significados diferentes (por exemplo, "vinho" e "ninho"). Da mesma forma, crianças com dificuldade em compreender histórias ou fazer inferências podem ter um conhecimento prévio fraco, dificuldades em ativar o conhecimento relevante ou uma compreensão fraca das estruturas usadas para integrar o significado em todos os

limites de frases. Qualquer uma dessas circunstâncias pode levar a atividades especializadas que visam às habilidades cognitivas subjacentes (Tunmer; Hoover, 2019, p. 90-91).

Os programas de ensino de leitura mais eficazes priorizam as habilidades de pré-leitura, como conhecimento do alfabeto, consciência fonêmica e linguagem oral. Em seguida, ensino de vocabulário, compreensão e fonética, bem como oportunidades repetidas de leitura, são os métodos mais poderosos. Os menos eficazes são o ensino baseado exclusivamente em linguagem integral, a combinação de frases e a suposição de que os alunos aprenderão vocabulário incidentalmente durante a leitura. Nesse campo de ensino, uma das descobertas mais sólidas é a necessidade de ensinar explicitamente habilidades relacionadas à recodificação fonológica, principalmente a consciência fonêmica e fonológica. Alunos com dificuldades de leitura geralmente apresentam menor desenvolvimento nessas áreas, e aprender a decodificar é fundamental para a compreensão do texto. Professores que combinam o poder da fonética, para construir uma base de habilidades de programação, com um foco na compreensão de leitura que trabalhe estratégias de compreensão, vocabulário e fluência por meio da prática da leitura, serão muito mais eficazes do que aqueles que se concentram apenas em fonética ou no método de linguagem integral. Uma vez que os estudantes automatizam essas habilidades, eles podem dedicar mais recursos cognitivos aos processos envolvidos na construção de significado a partir do texto, pois têm habilidades de reconhecimento de palavras de forma rápida e eficiente. Isso se aplica a todas as fases escolares. Programas que pressupõem que as crianças aprendem a ler naturalmente e que os professores só interferem nesse processo ao tentar ensinar habilidades, como na abordagem radical baseada somente na linguagem integral, que apenas expõe os alunos a livros e mais leitura, dificilmente terão impacto no aprendizado.

Considerando o efeito Mateus no aprendizado da leitura, com seu ciclo de efeitos positivos ou negativos no futuro das crianças como leitoras, parece crítico que elas tenham acuidade e fluência suficientes por volta dos 8 anos e, em seguida, passem a ler para aprender, por prazer e para aumentar a compreensão. Um ensino inicial eficaz será fundamental para garantir que todas as crianças tenham sucesso e nenhuma fique para trás. No caso improvável de isso acontecer, programas de recuperação serão essenciais. Desenvolver programas de compreensão que se concentrem em estratégias de processamento (por exemplo, raciocínio inferencial, organizadores gráficos, leitura compartilhada, questões de compreensão, recordação, resumo e fragmentação de textos) garantirá que os alunos avancem além da decodificação para os níveis mais altos de sofisticação de leitura que são característicos do verdadeiro leitor.

PROGRAMAS DE ESCRITA

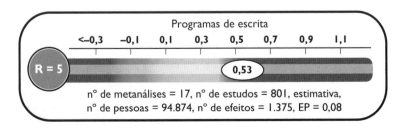

De 2009 a 2023, o número de metanálises sobre escrita dobrou, chegando a 16 (no geral 0,48). Grande parte desse interesse renovado se deve a Graham e seus colegas. Em seu primeiro e maior estudo, *Graham e Perin (2007) identificaram que o ensino de estratégias de planejamento, revisão e edição é a abordagem mais eficaz (efeito de 0,82), especialmente para alunos com dificuldades de escrita. Os efeitos de outras estratégias foram os seguintes: estratégias para resumir textos lidos (0,82); colaboração entre alunos para planejamento, rascunho, revisão e edição (0,75); definição de metas claras e específicas para o produto da escrita (0,70); uso de editores de texto (0,55); e ensino de estratégias para escrita de frases complexas (0,50). Os resultados demonstram o poder de ensinar aos alunos os processos e estratégias envolvidos na escrita, estruturando o ensino por meio da colaboração organizada e da definição de metas claras e específicas, especialmente no que diz respeito ao *propósito* de cada texto escrito.

*Graham e Perin (2007) identificaram 12 elementos eficazes no ensino atual de redação para ajudar adolescentes a escrever bem e a usar a escrita como ferramenta de aprendizagem. *Koster *et al.* (2015) descobriram que quatro intervenções tiveram os maiores efeitos no aprendizado da escrita: definição de metas; ensino de estratégia — especialmente com o desenvolvimento de estratégias de autorregulação (ver *Graham *et al.*, 2013) —; ensino de estrutura textual, por exemplo, elementos de diferentes tipos de texto (narrativo, persuasivo e dissertativo-comparativo); e colaboração entre pares. O ensino de gramática apresentou efeito médio negativo. Eu incluí os tamanhos de efeito para alunos dos ensinos fundamental e médio para cada elemento. É provável que esses mesmos 12 elementos também sejam mais poderosos para estudantes com dificuldades de aprendizagem (cf., *Graham *et al.*, 2013). *Gillespie e Graham (2014) encontraram um efeito geral de 0,74, e quatro processos foram estatisticamente diferentes de zero — ensino de estratégias: 1,09; ditado: 0,55; definição de metas: 0,57; e processo de escrita: 0,43). Novamente, seria necessário tempo e ensino explícito (sistemático, apoio ao professor e *scaffolding*). *Graham e Perin (2007) identificaram 11 estratégias para o ensino da escrita:

Estratégias de escrita (1,20): ensinar de forma explícita e sistemática as etapas necessárias para planejar, revisar e corrigir textos, como compartilhamento de ideias, revisão por pares, autoavaliação, definição de metas, estratégias de autorregulação (estratégias gerais e específicas de escrita), conhecimento prévio necessário para usar as estratégias e procedimentos para regular as estratégias, o processo de escrita e as ações na escrita (definição de metas, automonitoramento, autoensino e autorreforço).

Resumo (0,82): ensinar como resumir textos, fornecendo modelos de bons resumos.

Escrita colaborativa (0,75): ensinar os alunos a trabalharem juntos para planejar, redigir, revisar e corrigir seus textos.

Metas específicas (0,70): ensinar a identificar o propósito da escrita (persuadir, instruir, narrar, descrever, explicar, relatar ou criar), além de falar sobre as características desejáveis do texto, apresentando bons exemplos.

Editores de texto (0,55): o uso de processadores de texto, comparado ao papel e caneta, é particularmente benéfico para escritores com baixo desempenho, pois permitem adicionar, excluir, manter a legibilidade, verificar a ortografia e mover o texto facilmente, aumentando a quantidade de texto escrita pelos alunos. Um estudo de *Morphy e Graham (2011) investigou o uso de editores de texto em comparação com lápis e papel, especialmente para escritores e leitores menos habilidosos. O efeito geral ($d = 0,52$) se relacionou com qualidade da escrita (0,52), extensão (0,48), desenvolvimento e organização do texto (0,66), correção mecânica (0,61) e, particularmente, motivação para escrever (1,42) e preferência pelo editor de texto em relação à escrita manual (0,64). Efeitos especialmente poderosos na qualidade da escrita foram associados a programas de processamento de texto que forneciam *feedback* sobre a qualidade do texto ou *prompts* para planejamento, rascunho ou revisão ($d = 1,46$).

Combinação de frases (0,50): ensinar os alunos a construírem frases complexas e sofisticadas por meio de exercícios para transformar duas frases simples em uma frase complexa.

Pré-escrita (0,32): ensinar a gerar e organizar ideias para a escrita, com planejamento individual ou em grupo. É importante demonstrar como fazer isso, atribuir materiais de leitura pertinentes a um assunto e, em seguida, incentivar os alunos a planejarem seu trabalho.

Atividades de investigação (0,32): ensinar a desenvolver ideias e conteúdo para uma tarefa de escrita, analisando dados imediatos e concretos (comparar casos ou coletar e avaliar evidências), e ensinar explicitamente aos alunos como serem mais criativos ou como produzir imagens visuais ($d = 0,56$) (*Hillocks, 1984). *Atkinson (1993) também explicou que essas atividades de investigação podem ser o resultado do relacionamento com o "público-alvo", "[...] seja devido à presença de um público real e imediato, como em oficinas de redação, ou pela necessidade de colaborar com outros para completar uma tarefa" (*Atkinson, 1993, p. 105). Assim, a importância de incluir o propósito da escrita na aula é enfatizada.

Abordagem de escrita processual (0,32): ensinar a escrever tendo um público-alvo real em mente; incentivar ciclos de planejamento, tradução e revisão; reforçar a responsabilidade e a apropriação pessoal dos projetos de escrita; facilitar a interação entre os alunos; desenvolver ambientes de escrita favoráveis; incentivar autorreflexão e autoavaliação; e oferecer ajuda individual, pequenas aulas para atender às necessidades individuais do aluno e, em alguns casos, instruções mais amplas e sistemáticas.

Estudo de modelos (0,25): apresentar aos alunos bons modelos para cada tipo de escrita que é o foco da tarefa. Isso permite que eles analisem esses exemplos e reproduzam os elementos importantes, os padrões e as formas em sua própria escrita.

Feedback (0,80 do professor, e 0,37 dos colegas): o *feedback* do professor pode focar no progresso do aluno em uma habilidade específica de escrita. Já para o *feedback* dos colegas e a autoavaliação, pode-se ensinar como definir critérios de avaliação. Nem sempre os estudantes recebem bem o *feedback* dos colegas (DeLuca *et al.*, 2018). *Gersten e Baker (2001) observaram que, quando o *feedback* é combinado com instruções sobre o processo de escrita ou a estrutura do texto, cria-se um vocabulário comum que permite a professores e alunos um diálogo significativo, resultando em melhores produções escritas. Os *prompts* (instruções específicas) ajudam a fornecer sugestões concretas aos professores ou colegas para que ofereçam um *feedback* adequado.

O método de ensino de escrita que demonstrou menor eficácia foi o ensino tradicional de gramática (–0,41). É improvável que ele ajude a melhorar a qualidade da escrita dos alunos e, na verdade, muitos efeitos foram negativos (*Graham *et al.*, 2012).

Programas específicos de escrita, como o desenvolvimento de estratégias de autorregulação (1,17) e o desenvolvimento do processo de escrita (0,40), demonstraram melhora na qualidade do trabalho dos alunos (*Graham *et al.*, 2012). Esses programas envolvem o ensino explícito de estratégias para planejamento, elaboração de rascunhos e revisão de diferentes tipos de texto. Também ensinam como aplicar procedimentos de autorregulação, como definição de metas e autoavaliação, para ajudar os alunos a gerenciar as estratégias de escrita aprendidas, como formar imagens e ser mais criativos (0,70); estruturar e formar diferentes tipos de texto (0,59); usar as habilidades de ortografia, caligrafia e digitação (0,55); planejar, redigir, revisar e corrigir seus textos (0,89); estabelecer metas claras e específicas (por exemplo, adicionar três novas ideias ao revisar) sobre o que devem realizar ao escrever (0,76); visualizar e organizar ideias para seus textos antes de escreverem um primeiro rascunho (0,54); e avaliar a escrita e o progresso na aprendizagem da escrita (0,42).

*Santangelo *et al.* (2016) investigaram especificamente os processos de autorregulação que, quando ensinados, melhoraram a escrita. Os três mais importantes foram: ensino de estratégias cognitivas (1,06), imagens mentais (0,76), definição de metas (0,51), pré-escrita (0,55) e critérios de autoavaliação (0,51). *Graham e Sandmell (2011) verificaram o processo de escrita ou a abordagem de oficinas de escrita. Esses programas geralmente envolvem ciclos de planejamento (estabelecer metas e organizar ideias), escrita (transformar o planejamento em texto) e revisão (avaliar, corrigir e revisar). Os alunos escrevem para propósitos e públicos autênticos, e alguns de seus projetos de escrita se estendem por um período maior. A apropriação da escrita pelos alunos é enfatizada, assim como a autorreflexão e a autoavaliação. Eles trabalham em colaboração, e os professores criam um ambiente de escrita favorável, e não ameaçador. No entanto, os efeitos na motivação foram baixos (0,19).

Há também forte embasamento para os efeitos recíprocos do ensino da leitura por meio da escrita, do ensino da escrita por meio da leitura e do ensino da escrita sobre conteúdos específicos (como ciências, estudos sociais e matemática). Em todos os casos, os benefícios mútuos são substanciais (*Graham *et al.*, 2020). Isso reforça a necessidade de mais intervenções combinadas de leitura e escrita para beneficiar ambas as habilidades, já que elas tendem a se complementar. No entanto, a mensagem principal é que cada conjunto de habilidades (leitura e escrita) precisa ser ensinado explicitamente (*Graham *et al.*, 2018). Programas equilibrados de leitura e escrita, por exemplo, que se concentram em fontes comuns de conhecimento e processos cognitivos, como a construção de significado, tiveram um efeito de 0,39 na leitura (compreensão de leitura, 0,39; programação, 0,53; vocabulário de leitura, 0,35) e 0,37 na escrita (qualidade da escrita, 0,47; mecânica da escrita, 0,18; produção escrita, 0,69) (*Graham *et al.*, 2018).

Embora os computadores pareçam ajudar a motivar e melhorar a escrita, ainda há muitas ocasiões em que a escrita à mão é necessária. *Santangelo e Graham (2016) relataram que o ensino de caligrafia levou a uma maior legibilidade (0,59) e fluência (0,63) da escrita dos alunos, além de melhorar a qualidade (0,84), a quantidade (1,33) e a fluência da escrita (0,48). Curiosamente, o ensino de caligrafia por meio de tecnologia (0,85) resultou em melhorias estatisticamente significativas na legibilidade. Alunos que receberam 10 horas ou mais de ensino de caligrafia tiveram ganhos maiores em legibilidade do que aqueles que receberam 8 horas ou menos. O estudo também observou que estudantes mais velhos (do 5º ano em diante) tiveram maiores ganhos em fluência do que os mais jovens (4º ano ou abaixo), sugerindo que um certo nível de competência em caligrafia pode ser necessário para que os ganhos em fluência sejam maximizados.

PROGRAMAS COM FOCO NA ORTOGRAFIA

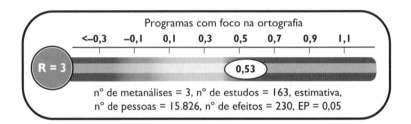

Palavras escritas incorretamente podem dificultar a leitura do texto e desvalorizar a qualidade da mensagem do escritor. Além disso, os professores atribuem notas muito mais baixas ($d = -0,38$) quando há erros ortográficos, mesmo quando o objetivo é avaliar a qualidade das ideias (*Graham et al., 2011). A falta de habilidades em ortografia pode prejudicar a motivação, a vontade de expressar ideias, a escolha de palavras para as ideias e o impacto sobre a memória de trabalho. *Graham e Hebert (2010) mostraram que o ensino de ortografia aprimorou as habilidades de leitura de palavras das crianças (0,62).

A ortografia continua sendo um desafio para muitos alunos, exigindo alto conhecimento linguístico não apenas para escrever, mas também para identificar erros. Elaborar uma progressão de aprendizagem para o ensino da ortografia incluiria a fase pré-fônica, de associar os sons aos símbolos; a fase emergente, em que a ortografia está relacionada à acústica e à articulação; a fase semifônica, ou fase inicial, de soletrar; a formação de padrões, em que os alunos percebem que a ortografia nem sempre funciona de forma estritamente linear da esquerda para a direita; a padronização dentro da palavra, que vai além da ideia de que uma letra é igual a um som; o reconhecimento de padrões silábicos; a fase morfêmica, com o reconhecimento e o uso de convenções de ortografia fonêmica; e a fase ortográfica, com constância, apesar dos desvios, em que os alunos chegam a um ponto em que escrevem quase todas as palavras corretamente em sua escrita espontânea (Deacon; Sparks, 2015).

Existem discussões sobre a aquisição da ortografia se dar de forma "natural" (Westwood, 2018), em que a proficiência é adquirida incidentalmente por meio da leitura e da escrita, com os professores servindo como modelo e corrigindo palavras mal escritas. Outra visão defende o ensino deliberado da ortografia utilizando métodos como o estudo de palavras específicas, o aprendizado de regras e estratégias e a exposição a palavras comumente escritas de maneira incorreta. Há evidências que apoiam ambas as abordagens, já que a habilidade de escrever parece estar relacionada ao aumento da exposição à leitura e à escrita (*Graham et al., 2018).

Graham et al. (2008) entrevistaram professores dos Estados Unidos sobre suas práticas de ensino em ortografia. Quase todos afirmaram ensiná-la, sendo que pouco mais da metade usava um programa comercial e mais de 90% adotavam o uso de listas semanais de palavras para aprendizagem. As principais atividades de ortografia relatadas foram elogio por grafia correta (94%), ensino de fonética para ortografia (92%), ensino de consciência fonológica (88%), miniaulas para ensinar habilidades e estratégias de ortografia (86%), *feedback* do professor sobre erros de ortografia (84%), uso de jogos de ortografia para ensinar habilidades e estratégias (83%), ensino de regras de ortografia (83%), incentivo a invenções ortográficas (80%), ensino de estratégias para escrever palavras desconhecidas (77%), conferência com alunos sobre sua ortografia (77%), uso de corretores ortográficos pelos alunos (76%), ajuda mútua entre alunos (76%), autorrevisão e revisão dos colegas (71%), reforço do ensino de habilidades e estratégias de ortografia (70%), reforço e estratégias motivacionais para o ensino da ortografia (63%) e classificação de palavras para o ensino da ortografia (55%).

As três metanálises sobre ortografia corroboram a ideia de que o maior impacto vem do ensino explícito de estratégias de ortografia ou de métodos de estudo sistemático e prática de palavras, que incluem múltiplas oportunidades de prática e *feedback* corretivo imediato após o erro (*Wanzek *et al.*, 2006). *Graham e Santangelo (2014) demonstraram que aumentar a quantidade de ensino formal de ortografia tem impacto positivo no desempenho (0,70). Esse método foi superior às abordagens baseadas na "absorção natural" (0,43). Os programas formais também melhoraram a ortografia na escrita (0,94) e a habilidade de leitura (0,44), com efeitos mantidos ao longo do tempo (0,53). *Lin (2013) mostrou que o ensino sistemático baseado no código fonético é mais eficaz para melhorar a ortografia do que o ensino não baseado no código ou menos sistemático (0,58). Os maiores efeitos vieram de programas focados na segmentação fonêmica, e escrever as palavras manualmente teve o maior impacto. Portanto, o ato de gerar a ortografia e atentar para a segmentação dos fonemas nas palavras parecem desempenhar papéis importantes na eficácia das intervenções em relação aos resultados da ortografia. Isso se aplica a todas as idades desde o ensino fundamental até o ensino médio.

PROGRAMAS COM TEATRO, ARTES E MÚSICA

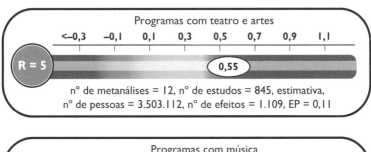

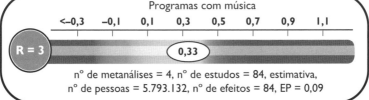

Como ex-professor de música, nunca acreditei que o ensino de música (ou teatro) precisasse ser justificado por melhorar o aprendizado em outras áreas; é um tópico curricular valioso por si só. No entanto, isso não impediu que eu pesquisasse o impacto do uso da música e do teatro em outras disciplinas. A alegação é que o ensino baseado em teatro ou música pode facilitar o desenvolvimento tanto em conteúdos não relacionados ao teatro (história, matemática) quanto em conteúdos específicos do teatro.

*Kardash e Wright (1987) descobriram que atividades de dramatização criativa afetam positivamente o desempenho das crianças do ensino fundamental em habilidades de linguagem oral, autoestima, raciocínio moral, capacidade de interpretação de papéis e habilidades atuação. *Conard (1992) encontrou um tamanho de efeito de 0,48 para estudos em que a dramatização criativa foi usada como ferramenta de ensino. A dramatização criativa tendeu a ser mais eficaz na educação infantil e no ensino fundamental do que nos outros anos. Tanto alunos regulares quanto alunos com dificuldades pareciam se beneficiar e gostar de participar da dramatização criativa. *Butzlaff (2000) explicou que a prática de leitura de notação musical torna a leitura da notação linguística uma tarefa mais fácil. Ele afirma que isso ocorre porque a habilidade de ouvir música requer sensibilidade às distinções tonais, o que pode ajudar na aquisição de sensibilidade às distinções fonológicas. A leitura da repetitividade e, portanto, da previsibilidade das letras das músicas ajuda a treinar as habilidades de leitura, e trabalhar em grupos de música instila um senso de responsabilidade pessoal, o que, por sua vez, leva a uma maior responsabilidade e desempenho acadêmicos. Ele foi mais cauteloso sobre o tamanho de efeito entre a participação em programas de música e o desempenho na leitura, alegando que a causalidade não pôde ser determinada a partir de sua metanálise.

Diversas teses e dissertações conduzidas na Turquia mostram a relação entre a dramatização criativa e o desempenho dos alunos. Os efeitos relatados nesses estudos são surpreendentemente maiores do que os encontrados em outros países. Por exemplo, *Günhan (2016) encontrou um efeito de 0,99 do aprendizado baseado em dramatização criativa no sucesso de alunos do ensino fundamental em matemática, e *Erden *et al.* (2016) encontraram um efeito de 0,87 em diversas disciplinas.

*Hetland (2000) relacionou a estratégia de estudantes universitários ouvirem música à melhoria do raciocínio espacial-temporal ($d = 0,49$). No entanto, ela teve dificuldade em encontrar qualquer relevância educacional para esse achado, observando que o efeito era notavelmente variável e, na melhor das hipóteses, temporário. *Vaughn (2000) encontrou uma relação moderada entre o estudo voluntário de música e o desempenho em matemática, mas os efeitos do treinamento em *performance* instrumental ou vocal foram muito menores. Colocar música de fundo enquanto os alunos fazem provas de matemática tem apenas um pequeno efeito positivo, talvez um efeito de excitação, na melhor das hipóteses. *Winner e Cooper (2000) encontraram uma relação muito pequena entre o estudo de artes e o desempenho acadêmico ($d = 0,10$); a relação com o verbal foi maior ($d = 0,39$) do que com matemática ($d = 0,20$). Os autores tiveram o cuidado de não presumir causalidade e sugeriram que o estudo das artes pode levar a um maior engajamento na escola, resultando em melhor desempenho.

Esses estudos apontam para a necessidade de uma síntese mais profunda para compreender as habilidades ou razões subjacentes comuns que explicam essas relações, de maior controle sobre o fluxo de um assunto para outro e de melhor compreensão da dinâmica do ensino que leva a esses efeitos. *Moga *et al.* (2000, p. 102) relatam:

[...] observamos alguma transferência quando a ponte é estreita: da experiência nas artes, que inclui as artes visuais, para o desempenho em testes que exigem desenho. No entanto, não encontramos transferência quando a ponte é ampla: da experiência nas artes para o desempenho em testes que exigem a geração de ideias, conceitos ou palavras.

CURRÍCULOS E PROGRAMAS DE MATEMÁTICA

Analisando 70 metanálises sobre matemática, um tema significativo emerge: os métodos de ensino explícito, intencional e de alto impacto voltam a se destacar como as intervenções mais eficazes. Há pouco embasamento para a ideia de que mudanças nos currículos tenham grande impacto, embora possam afetar o escopo, a sequência de tópicos e o principal foco do ensino intencional. É surpreendente a ausência de discussões sobre o foco ideal das intervenções em matemática: começar com conceitos básicos e progredir para a resolução de problemas, ou vice-versa. Evidências sugerem que dar mais atenção à fase de desenvolvimento cognitivo pode fazer grande diferença no sucesso de várias intervenções.

Revisando as 10 análises mais recentes sobre currículos de matemática na Austrália, alguns temas se repetem. Há o apelo habitual por um planejamento de aulas e intervenções baseados em evidências, maior capacitação profissional para professores (Jensen *et al.*, 2016) e compartilhamento das melhores práticas (Watt; Carmichel; Callingham, 2017). Além disso, alega-se que o ingresso em muitas universidades deveria exigir cursos de matemática (Wienk, 2017). Mais importante ainda, o relatório Stanley (2008) defendia o ensino de matemática "de forma que auxilie os alunos na interpretação de informações, na resolução de problemas práticos e na aplicação do conhecimento". A ênfase na aprendizagem de fatos isolados (denominada pelo relatório como "corrida para a proficiência aparente") frequentemente resulta em habilidades fracas de resolução de problemas. Quando os alunos começam a enfrentar problemas reais (perto do final do ensino fundamental), há uma queda no interesse e na motivação e um afastamento gradual do estudo da matemática. O relatório de Williams (2008), do Reino Unido, recomendou que houvesse, nos anos finais do ensino fundamental e no início do ensino médio, um especialista em matemática com profundo conhecimento da matéria e didática para supervisionar o programa escolar, enfatizando a resolução de problemas. Essas recomendações foram implementadas no Reino Unido, e vale destacar a melhora significativa na média do Programa Internacional de Avaliação de Estudantes (Pisa) em matemática básica. No entanto, essa iniciativa foi abandonada na Austrália.

A reforma curricular em matemática geralmente envolve alterações em conteúdos, livros didáticos e formação de professores. No entanto, o impacto geral dessas mudanças tem sido medido em torno de 0,10. Com frequência, esses baixos efeitos são acompanhados por justificativas de que a implementação de reformas curriculares pode levar tempo para gerar resultados mais positivos. Porém, outro ponto a se considerar é a fidelidade da implementação. Uma conclusão mais realista seria que, "[...] apesar de todos os debates acalorados sobre o conteúdo da matemática, há poucas evidências de alta qualidade que embasem efeitos diferenciados de diferentes currículos de matemática" (*Slavin; Lake, 2015, p. 445).

Vários programas de ensino de matemática são oferecidos por editoras e autores, que promovem coleções de livros, pacotes didáticos e plataformas *on-line*. Slavin e colegas publicaram relatórios sobre programas para os ensinos fundamental (*Slavin; Lake, 2007) e médio (*Slavin *et al.*, 2008). Eles apontaram a qualidade metodológica marginal, o tamanho reduzido das amostras e do número de turmas analisadas, além dos baixos efeitos gerais (em torno de 0,10). A conclusão foi que a revisão "[...] não sugere impactos diferenciais fortes em resultados como resolução de problemas ou conceitos e aplicações, como se poderia esperar [...]" (*Slavin; Lake, 2007, p. 17). Exemplos de efeitos dos programas em sua revisão incluíram três programas nacionais de ciências; *Everyday Mathematics*; *Math Trailblazers*; e *Investigations in Number, Data, and Space* (d = 0,10); *Everyday Mathematics* (d = 0,12, 0,35 e 0,26); *Math Trailblazers* (0,06); *Saxon Math* (0,02); *Scott Foresman-Addison Wesley* (0,07 e −0,06); *Houghton Mifflin Mathematics* (0,14); *Growing with Mathematics* (0,20); *Excel Math* (0,13); *MathSteps* (0,03); e *Knowing Mathematics* (0,10). Da mesma forma, no ensino médio, o efeito geral foi de 0,03 (*Slavin *et al.*, 2008). Parece, portanto, que a escolha do livro adotado pela escola tem pouca relevância (0,10). De acordo com os autores, o maior impacto vem menos dos programas ou livros didáticos e mais das práticas diárias de ensino e da interação entre professores e alunos.

Seguindo o trabalho de *Lloyd (2013), quatro processos matemáticos são considerados cruciais para o desenvolvimento da proficiência na disciplina: aquisição (0,48), fluência (0,71), generalização (0,34) e aplicação (dado não relatado). O autor argumenta que intervenções voltadas para a fluência matemática são mais eficazes do que intervenções focadas na aquisição para o desenvolvimento de habilidades matemáticas básicas. No entanto, um maior foco em intervenções de generalização para resolução de problemas demonstrou um efeito maior na habilidade de resolver problemas com enunciados do que intervenções focadas em fluência ou aquisição.

Processos de ensino de matemática

Os programas projetados para mudar as práticas diárias de ensino parecem ser mais promissores do que aqueles que lidam principalmente com currículo ou tecnologia (*Slavin *et al.*, 2009). Em muitas dessas revisões, intervenções mais curtas foram mais eficazes do que intervenções mais longas (*Jacobse; Harskamp, 2011; 0,62 *versus* 46). Por exemplo, *Sowell (1989) descobriu que intervenções de menos de 14 dias foram mais eficazes do que programas mais longos, e *Codding *et al.* (2011) descobriram que intervenções mais curtas foram mais eficazes do que programas de intervenção mais longos no aprendizado de matemática básica.

O debate entre abordagens minimamente guiadas e diretas no ensino de matemática continua. Evidências contraditórias provavelmente refletem a variabilidade do que se entende por cada abordagem (especialmente "ensino direto"), às vezes o tamanho reduzido da amostra e a fidelidade da implementação. *Malofeeva (2005) descobriu que a combinação de ensinos direto e guiado (0,48) era a abordagem mais benéfica, seguida pelos ensinos guiado (0,43) e direto (0,15) separadamente. No entanto, duas metanálises não mostraram diferenças. *Jacobse e Harskamp (2011) não relataram diferença entre métodos de ensino direto (0,58) e indireto (guiado) (0,61), nem entre turmas inteiras (0,51), pequenos grupos (0,63) e intervenções individuais (0,60). *Xie *et al.* (2018) investigaram os efeitos de métodos construtivistas (0,55) e de transmissão de conteúdo (0,63) — este

Aprendizagem visível **281**

último é um modelo de ensino e aprendizagem centrado no professor, em que o seu papel é projetar aulas com objetivos predeterminados e apresentar conhecimentos e habilidades em uma ordem predefinida, sendo a tarefa dos alunos adquirir o conhecimento e as habilidades especificadas de forma passiva (0,63). A diferença entre esses métodos foi insignificante.

O efeito desses métodos de ensino provavelmente varia de acordo com a complexidade cognitiva do conteúdo (ver Capítulo 11), mas esse aspecto raramente é investigado nas metanálises. *Kaplan *et al.* (2015), por exemplo, revisaram programas de matemática que começam com problemas da vida real, ensinam os alunos a usarem modelos e descoberta e, então, retrocedem para ensinar habilidades (o que eles chamam de uso de métodos didáticos). Eles compararam isso com o ensino de princípios e regras abstratas primeiro, passando para os problemas depois. O efeito geral é de 0,61, mas há poucos detalhes sobre os métodos, poucas variáveis moderadoras e uma pequena amostra de 10 teses turcas. No entanto, os autores sugerem que uma investigação mais aprofundada dessa ordem de ensino pode ser valiosa.

Ensinar matemática apenas como algoritmos e fatos pode levar a dificuldades quando os alunos precisam aplicar suas habilidades matemáticas em contextos mais complexos e baseados em linguagem. Ambas as metanálises sobre esse tópico envolvem estudantes com dificuldades de aprendizagem e mostram a importância de ensinar as habilidades de programação desses termos e números para lidar com as ideias matemáticas. *Lein (2016) investigou o ensino de resolução de problemas com enunciados, e o efeito foi de 1,03 (mas havia dois valores atípicos e, quando removidos, o efeito foi de 0,77). Ela descobriu que os efeitos foram maiores para toda a turma (1,60), depois para pequenos grupos (0,70) e menores para o ensino individual (0,34). Os principais componentes do ensino eficaz de resolução de problemas com enunciados para os alunos foram apresentação de modelos, verbalização dos pensamentos e do raciocínio, ensino com *scaffolding*, avaliação com *feedback* corretivo, uso de representações visuais e verbais e identificação de tipos de problemas que compartilham características subjacentes comuns. *Zhang e Xin (2012) obtiveram um efeito geral similarmente alto de 0,89 ao ensinar habilidades para resolver problemas com enunciados e relataram que intervenções implementadas em contextos de educação especial apresentaram um tamanho de efeito menor do que aquelas implementadas em salas de aula inclusivas. Integrar a escrita nas aulas de matemática pode ser uma estratégia pedagógica útil para aumentar o sucesso dos alunos na resolução de problemas matemáticos (0,42) (*Bicer *et al.*, 2017).

Há evidências que apoiam a afirmação de que o desenvolvimento do senso numérico e da matemática básica é mais eficaz que a fluência em fatos matemáticos para a competência numérica. *Cason *et al.* (2019) encontraram um efeito de 0,88 para o impacto da competência numérica no desempenho em matemática e concluíram que "o senso numérico e a matemática básica são mais eficazes do que a fluência em fatos matemáticos no desenvolvimento da competência numérica" no 1º ano, mas "os tamanhos de efeito reduzem drasticamente após o 2º ano". Os tamanhos de efeito para o desenvolvimento da competência numérica são aproximadamente o dobro da educação infantil ao 2º ano em comparação com turmas do 3º ao 5º ano e anos finais do ensino fundamental. Mais uma vez, dar mais atenção às fases de desenvolvimento cognitivo dos alunos parece ser crucial antes de generalizar a partir dessas influências na matemática. Provavelmente, existe um efeito Mateus em ação na matemática, embora esse fenômeno seja muito menos estudado do que na leitura.

Em muitas revisões, os vários métodos de ensino deliberado ou intencional se destacam repetidamente. Os efeitos são maiores quando os alunos são informados dos critérios de sucesso com clareza (com apresentação de exemplos) e *feedback* de acordo com essas noções de sucesso. Por exemplo, *Gertson *et al*. (2009) foram mais específicos sobre as características do ensino explícito. Nesse tipo de ensino, o professor demonstra um plano passo a passo (estratégia) para resolver o problema. O plano de aula é específico para certo problema e não um guia genérico e heurístico para resolver problemas em geral. Os alunos são incentivados a usar os mesmos procedimentos demonstrados pelo professor. Esse tipo de ensino resultou em um efeito de 1,22, e sua análise de regressão múltipla mostrou que contribuiu consistentemente para a magnitude dos efeitos, independentemente de ser combinado com outros componentes de ensino. *Codding *et al*. (2011) focaram na fluência básica em matemática e observaram efeitos maiores para a prática contínua do que para a prática com exemplos, sendo o menor efeito para a prática sem exemplos. Da mesma forma, há efeitos altos para aprendizagem cooperativa (0,67), aprendizagem baseada em problemas (0,58), aprendizagem baseada em investigação (0,52), ensino por variação (0,49) — quando o professor mostra muitos exemplos do conceito, mudando as situações do problema de simples para complicadas —, aprendizagem baseada em roteiro (0,47) e aprendizagem autônoma (0,30). *Chodura *et al*. (2015) também encontraram suporte para estratégias mais intencionais, assim como *Lee (2000): métodos baseados em estratégias (0,85), prática guiada (0,86), tutoria entre pares (0,76), modelagem pelo professor (0,73), uso de formas específicas de *feedback* (0,62), uso de critérios de domínio (0,63), sequenciamento de exemplos (0,58) e mudança no ensino com base no *feedback* (0,42). Os menos eficazes foram o trabalho em grupo (0,15), o uso de tecnologia para prática independente (0,16), o uso de modos alternativos de representação (0,26) e a identificação e o ensino de pré-requisitos relevantes (0,28). Mais uma vez, pode ser mais valioso observar os efeitos desses diferentes métodos dependendo de qual estágio o aluno se encontra, desde a aquisição de conhecimento até a resolução de problemas com esse conhecimento.

Intervenções baseadas em modelos cognitivos, como ensino explícito sobre estratégias de resolução de problemas (0,68), ensino sequencial abstrato-representacional-concreto usando materiais manipuláveis práticos e resolução (0,52) tanto no ensino fundamental (0,62) quanto no ensino médio (0,64) (*Hughes *et al*., 2014). Da mesma forma, *Ennis e Losinski (2019) revisaram as frações de ensino, e os efeitos foram maiores para ensino de estratégica (1,48), ensino gradual (1,60), ensino explícito (1,25) e ensino ancorado (enquadramento de problemas matemáticos em contextos relevantes e práticos para facilitar a resolução de problemas e as habilidades de computação, 0,35). *Moin (1986) comparou três técnicas para ensinar cálculo: autorritmo (0,54), avaliação formativa (0,29) e ensino assistido por computador (0,23). *Haas (2005) estudou o ensino de álgebra no ensino médio, obtendo efeitos maiores com o ensino direto ($d = 0,55$) e a resolução de problemas ($d = 0,52$). Os menores efeitos foram com os métodos auxiliados por tecnologia ($d = 0,07$) e com comunicação e habilidades de estudo ($d = 0,07$). Houve efeitos médios com a aprendizagem cooperativa ($d = 0,34$) e manipulativa, com apresentação de exemplos e múltiplas representações ($d = 0,38$). Haas concluiu que os maiores efeitos do ensino direto se devem ao seu foco nos resultados de aprendizagem desejados, nas decisões sobre o ritmo, na ênfase no currículo e na ênfase na busca de um aprendizado aprimorado para todos os alunos.

*Baker *et al.* (2002) destacaram o poder do *feedback* para os aprendizes de matemática. Eles descobriram que os maiores efeitos ocorreram quando os professores deram *feedback* ou recomendações aos alunos ($d = 0{,}71$) e, em seguida, quando houve aprendizagem assistida por pares ($d = 0{,}62$), ensino explícito conduzido pelo professor ($d = 0{,}65$) e ensino direto ($d = 0{,}65$). Os efeitos mais baixos ocorreram quando os professores enfatizaram as aplicações da matemática no mundo real ($d = -0{,}04$). Uma constatação foi que dar informações específicas sobre o desempenho de cada aluno aos professores e estudantes pareceu melhorar o aproveitamento e o desempenho de forma consistente. Da mesma forma, parece valer a pena considerar o poder dos colegas. *Dennis *et al.* (2016) encontraram um efeito maior com a aprendizagem assistida por pares (0,82) e com o ensino explícito conduzido pelo professor (0,76); menor com programas que utilizam computador ou *tablets* (0,39); e menor ainda com assistentes de ensino (0,11).

Recursos didáticos: materiais manipuláveis e calculadoras

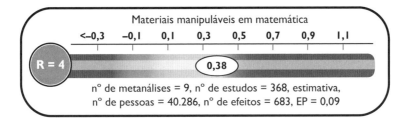

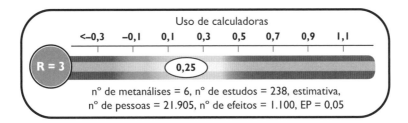

As principais metanálises realizadas em matemática têm se concentrado em recursos auxiliares como calculadoras, material manipulável e ferramentas de representação gráfica. Esses estudos identificaram três temas principais. Em primeiro lugar, o efeito de muitas intervenções é mais significativo para alunos com menor habilidade do que para aqueles com maior habilidade. Em segundo, o uso de ferramentas auxiliares para reduzir a carga cognitiva é mais eficaz, por exemplo, as calculadoras para diminuir a carga de cálculos na resolução de problemas. Por fim, em terceiro, um *feedback* eficaz entre professores e alunos é fundamental.

*Carbonneau *et al.* (2013) defenderam o uso de materiais manipuláveis em comparação com o ensino baseado apenas em símbolos matemáticos abstratos. No entanto, ambos os métodos foram mais eficazes quando combinados com oferecer uma grande quantidade de orientações e instruções (0,46) do que uma baixa quantidade (0,29). Os efeitos foram maiores para frações ($d = 0{,}69$) do que para aritmética ($d = 0{,}27$) e álgebra ($d = 0{,}21$). Mais importante ainda, os efeitos foram maiores para alunos no estágio operatório concreto (0,45) em comparação com aqueles no estágio operatório formal (0,16) do desenvolvimento cognitivo. Da mesma forma, *Sowell (1989), *Holmes (2013) e *Parham (1983) descobriram que o uso de materiais manipuláveis em matemática teve os maiores efeitos nas etapas concretas, em comparação com os componentes de ensino mais abstratos (–0,09). Mesmo as crianças no estágio concreto parecem ter dificuldade com a ideia de que um objeto possa representar um item individual e, simultaneamente, um conceito matemático maior. Além disso, esses materiais podem ser prejudicados por detalhes desnecessários.

A calculadora, um importante material manipulável, tem sido alvo de muito debate, embora, com o avanço e a ubiquidade da tecnologia, essa questão pareça estar se tornando menos relevante. Com uma única exceção, as metanálises mostram um efeito positivo, porém baixo, para o uso de calculadora nas aulas de matemática (cerca de $d = 0,20$). As principais descobertas que apoiam o uso de calculadoras são (a) quando elas são usadas para computação, exercícios, atividades práticas e revisão da atividade, (b) quando reduzem a carga cognitiva dos alunos para que possam atender a outros conceitos mais matemáticos e (c) quando usadas para um propósito pedagógico em que sejam um elemento importante nos processos de ensino e de aprendizagem.

*Ellington (2000) descobriu que os efeitos das calculadoras foram maiores para estudantes com poucas habilidades ($d = 0,30$), mais variáveis para aqueles com habilidades médias ($d = 0,20$) e negativos para alunos com altas habilidades ($d = -0,23$). Alega-se que as calculadoras poderiam ajudar a reduzir a carga cognitiva dos alunos que têm poucas habilidades, enquanto aqueles que têm habilidades mais altas são menos limitados pelos requisitos adicionais de conhecer os aspectos computacionais ao aprender matemática. Além disso, *Ellington (2000) descobriu que os efeitos eram muito maiores quando a calculadora era usada durante as aulas. Por exemplo, quando utilizadas para resolução de problemas de composição, os efeitos eram $d = 0,72$: "Quando comparados com estudantes que não usavam calculadora, os alunos dos grupos de intervenção conseguiram resolver mais problemas e decidir os melhores métodos para achar soluções" (*Ellington, 2000, p. 169). *Ellington (2006) investigou especificamente calculadoras gráficas, e os efeitos gerais foram bastante baixos. Já as habilidades conceituais ($d = 0,72$) mostraram efeitos maiores em comparação com habilidades processuais ($d = 0,52$). Quando os alunos puderam usar a calculadora durante as aulas, mas não nas provas, os efeitos foram negativos ($d = -0,21$). A conclusão foi que a calculadora não ajuda nem impede o aproveitamento e o desempenho geral dos alunos em matemática; no mínimo, seu uso ajuda a reduzir a carga cognitiva e a melhorar a disposição dos estudantes em relação ao estudo da disciplina. *Smith (1996) também relatou um efeito positivo das calculadoras na disposição ($d = 0,37$), mas efeitos menores em habilidades computacionais ($d = 0,21$), desenvolvimento de conceitos ($d = 0,19$), resolução de problemas ($d = 0,15$) e habilidades para usar gráficos ($d = -0,05$). Ele encontrou efeitos maiores com o uso de calculadoras no ensino médio em comparação com estudantes do ensino fundamental — exceto com calculadoras gráficas em escolas de ensino médio. *Nikolaou (2001) encontrou um efeito maior nas habilidades de resolução de problemas ($d = 0,49$, particularmente nas aulas de pré-álgebra), ele não encontrou diferenças nos efeitos relacionados a *status* socioeconômico, gênero, nível escolar, habilidades, etnia ou experiência em usar a calculadora.

*Hembree e Dessart (1986) descobriram que o uso pedagógico de calculadoras aprimorou as habilidades básicas dos alunos na conclusão de exercícios e na resolução de problemas. Em todos os anos (particularmente acima do 5º ano, quando as calculadoras são mais usadas) e em todos os níveis de habilidades, os alunos que usaram calculadoras tiveram maiores efeitos nas habilidades básicas do que em operações, principalmente na resolução de problemas. Os efeitos na resolução de problemas parecem estar relacionados a boas habilidades matemáticas e à menor demanda de carga de trabalho cognitiva. Eles também descobriram que a disposição dos estudantes em relação à matemática melhorou, assim como o autoconceito daqueles que usam calculadoras, em comparação aos que não usam. Os autores sugeriram que essa melhoria na disposição provavelmente ocorreu porque o uso da calculadora ajudou a aliviar a aversão que os alunos costumam ter pelos problemas em forma de texto (reduzindo a carga cognitiva de ter que calcular e resolver problemas).

Codificação

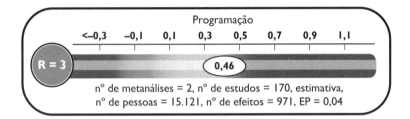

Em 1969, precisei aprender Fortran, uma linguagem de programação, para realizar algumas análises multivariadas para minha dissertação de mestrado. Fui ao centro de informática para me inscrever, mas eles alegaram: "Não ensinamos essa linguagem; ensinamos a linguagem do futuro". Então, minha primeira linguagem de computador foi a APL, que agora desapareceu completamente, embora restos da Fortran permaneçam. Existe uma disciplina em codificação, similar à álgebra, que tem sua beleza (algo que eu continuo gostando, como um recém-convertido para a linguagem R). Porém, alguns argumentam que ensinar codificação não vale a pena, já que ela logo se tornará obsoleta e, na melhor das hipóteses, os alunos só poderiam codificar em um nível inferior a muitos algoritmos de codificação gerados atualmente por computador. No entanto, as pesquisas recentes sobre codificação são fascinantes, pois se constituem em um estudo de caso sobre o poder (ou a ausência dele) da transferência: será que a resolução de problemas e as habilidades de programação se transferem para outras tarefas?

*Liao e Bright (1991) encontraram um efeito de 0,41 para a transferência da codificação a outras tarefas. *Liao (1999), em uma síntese atualizada, relatou 0,76, com os maiores efeitos para transferência próxima (2,48) e os mais baixos para transferência distante, por exemplo, situações de pensamento criativo (0,13). *Scherer *et al.* (2019) também encontraram um efeito geral semelhante de 0,49, com efeitos maiores no ensino fundamental (0,56) em comparação com o ensino médio (0,36) e o ensino superior (0,35). Os efeitos foram altos na transferência próxima (0,75) em comparação com a transferência distante (0,47). As habilidades cognitivas mais impactadas foram pensamento criativo (0,73), habilidades matemáticas (0,57), metacognição (0,44) e raciocínio (0,37); e menor para aproveitamento e desempenho escolar (0,28) e alfabetização (0,02). Eles argumentaram que as habilidades cognitivas na codificação também são relevantes para outras habilidades, mas, em áreas que exigem conhecimento e compreensão específicos (por exemplo, alfabetização), é improvável que haja transferência de aprendizagem.

Comentários finais sobre os currículos e o ensino de matemática

No geral, o *feedback*, o ensino direto, os métodos baseados em estratégias, o aprendizado cooperativo entre pares, os altos níveis de desafio e domínio têm muito efeito no aprendizado de matemática. Isso significa que o ensino intencional faz a diferença no ensino da disciplina, desde que os professores considerem a complexidade cognitiva do material e como ele está alinhado para desafiar os alunos, dado seu período de desenvolvimento cognitivo. Há muitos indícios de que ensinar matemática como solução de problemas desde a mais tenra idade e, em seguida, garantir as habilidades apropriadas para resolvê-los é mais poderoso do que ensinar fatos básicos e, posteriormente, introduzir a solução de problemas. Ao lidar com problemas, vale a pena usar materiais manipuláveis, calculadoras e outros recursos para reduzir a carga cognitiva dos alunos e permitir que eles dediquem suas energia e atenção à resolução de problemas. É a orientação deliberada e intencional, em comparação com a orientação mínima, que importa, e isso vale tanto para estudantes com dificuldades de aprendizagem quanto para aqueles sem dificuldades de aprendizagem. É necessário muito mais para verificar se esses são métodos de ensino diferenciais para habilidades matemáticas específicas em comparação com a resolução de problemas matemáticos ou para diferentes níveis de complexidade cognitiva.

CURRÍCULO DE CIÊNCIAS

Não há novas metanálises comparando diferentes currículos de ciências desde 2009. As metanálises anteriores comparavam os currículos tradicionais (que enfatizavam o conhecimento de fatos, leis, teorias e aplicações científicas) com currículos baseados em habilidades, análises e processos, os quais apresentaram efeitos médios mais altos (*Kyle, 1982; *Shymansky, 1984; *Shymansky *et al.*, 1983). Os estudos mais recentes geralmente confirmam esse afastamento das abordagens baseadas em livros didáticos, mas enquadram o trabalho mais em termos de debates sobre ciências, tecnologia, engenharia e matemática. A maioria dos autores, no entanto, refere-se apenas à matemática e às ciências, já que a engenharia raramente é ensinada no ensino médio, e a tecnologia geralmente se relaciona à computação. No entanto, há um argumento convincente de que a tecnologia permeia muitos domínios, incluindo ciências sociais e humanas.

*Becker e Park (2011) argumentam que alunos expostos a abordagens integrativas demonstram maior aproveitamento no grupo de disciplinas ciências, tecnologia, engenharia e matemática, especialmente nos anos iniciais. Entretanto, ao integrar conceitos de engenharia, as disciplinas, entre essas, que menos se beneficiam parecem ser ciências e matemática. *Siregar *et al.* (2020) corroboram essa ideia, encontrando um efeito muito menor na matemática (0,23), quando há integração entre ciências, tecnologia, engenharia e matemática. Esse efeito foi ainda menor para alunos do ensino fundamental (0,16) em comparação aos do ensino médio (0,34) e do ensino superior (0,26). Além disso, intervenções mais curtas (0,37) mostraram-se mais eficazes do que intervenções mais longas (0,19).

Métodos de ensino de ciências

Muitos estudos analisaram projetos de aprendizagem por descoberta, investigação científica e desenho de pesquisa científica. *Pellegrini e Heroux (2011) relataram efeitos altos com os projetos de pesquisa dos estudantes, especialmente quando trabalharam em equipes:

> [...] eles devem comunicar e consolidar seu pensamento sobre o desenho de pesquisa, a rede e a execução da experiência prática dentro de seu grupo. Os membros da equipe precisam ouvir, se relacionar e apreciar outros pontos de vista de forma ativa (*Pellegrini; Heroux, 2011, p. 33).

*Donnelly e Linn (2014) recomendaram mais evidências sobre o papel dos professores nesses projetos, explorando a compensação entre uma grande quantidade de orientações, fazendo com que as ciências pareçam estereotipadas, e poucas orientações, incentivando explorações superficiais ou incorretas.

Não parece surpreendente que esses métodos possam superar os livros didáticos. No entanto, a maioria dos estudos sobre métodos de ensino mais inovadores nem sempre exclui o livro didático como parte do ensino, mas se concentra mais na natureza de ensino das ideias desses materiais. Por exemplo, *Therrien *et al.* (2011) se concentraram em estudantes com dificuldades de aprendizagem e compararam, usando um livro didático de ciências, o foco com três formas de intervenções: investigação estruturada (0,73); ensino mnemônico suplementar, em que palavras-chave são combinadas com uma ilustração demonstrando como a palavra-chave está relacionada à palavra do vocabulário (2,00); e ensino suplementar, como tutoria por pares, ensino explícito e explicação fornecida pelo professor ou gerada pelo aluno (0,42). Os três métodos ofereceram significativamente mais estrutura do que a abordagem de aprendizado por descoberta pura. Períodos mais curtos (1,13) foram mais eficazes do que sessões com duração mais longa (> 12 sessões, 0,59). *Schmidt (2016) relatou que o foco em métodos de ensino semelhantes (0,81) foi mais eficaz do que a tecnologia de ensino (0,45). *Kaldenberg *et al.* (2015) relataram que estudantes com dificuldades de aprendizagem se beneficiam do ensino explícito de vocabulário para aumentar a compreensão da leitura científica (1,25) e do uso de intervenções mais amplas, como usar um organizador gráfico e entender melhor a estrutura de parágrafos (0,64). Eles argumentaram que o ensino de vocabulário eficaz deveria se concentrar no mapeamento semântico, usar ensino direto ou de precisão, fornecer mnemônicos aos alunos e ensinar explicitamente definições de palavras. Mais uma vez, o ensino explícito funciona, garantindo que os alunos tenham o vocabulário científico antes de passarem a relacioná-lo e investigando relações entre ideias científicas.

Embora os alunos cheguem às aulas de ciências com conceitos equivocados e interpretações errôneas, existem muitos programas voltados para a mudança conceitual dessas crenças. O uso de textos refutáveis ou em combinação com outras estratégias que causem conflito cognitivo é uma maneira mais eficaz de eliminar esses equívocos. Esses textos refutáveis criam uma forma de dissonância cognitiva no pensamento dos alunos, o que os leva a questionar e explicar por que a ideia equivocada está incorreta. "Atividades de ativação aumentada facilitam o conflito cognitivo ao direcionar a atenção do leitor para informações contraditórias no texto ou por meio de demonstrações ilustrativas que causam incongruência com as crenças existentes" (Guzzetti *et al.*, 1993, p. 134). *Guzzetti *et al.* (1995) descobriram que gráficos de aprendizagem (d = 0,43), redes de discussão

(d = 0,51) e ativação aumentada (d = 0,43) foram mais eficazes do que a ativação do conhecimento prévio (d = 0,10) e explicação de perguntas e respostas (d = 0,02) para reduzir os equívocos da leitura de textos científicos. *Horak (1985) encontrou efeitos positivos (d = 0,57) na leitura de textos científicos por alunos. Esses textos auxiliavam na seleção de aspectos importantes do material escrito e na construção de conexões internas dentro do conteúdo textual. Armagan *et al.* (2010) investigaram a efetividade de textos científicos para promover a mudança conceitual em diferentes áreas do conhecimento, incluindo física, química e biologia, e os resultados indicaram um efeito alto (próximo a 1,00) para todas as áreas e grupos etários.

A grande variabilidade nos resultados de pesquisas sobre aprendizagem com foco na prática sugere que talvez haja um momento ideal para sua implementação. Em uma análise reunindo principalmente estudos turcos, *Caglak (2017) encontrou um efeito geral de 1,55 ao comparar o ensino com atividades práticas com o ensino centrado no professor ou exclusivamente baseado em aulas expositivas. Outros estudos relatam efeitos menores, porém ainda positivos (*Weinstein *et al.*, 1982; *Wise; Okey, 1983). *Bredderman (1983) advertiu que as vantagens desses currículos baseados em atividades para estudantes do ensino fundamental podem ser perdidas quando eles se matricularem posteriormente em salas de aula nas quais métodos mais tradicionais prevalecem. *Kyle (1982) relatou que as aulas de ciências que priorizam atividades de laboratório tiveram resultados mais altos. *Rubin (1996) explicou parcialmente esses efeitos inferiores utilizando um moderador importante — as experiências de laboratório aumentaram os resultados relacionados às habilidades de manipulação (d = 1,26) em comparação com as habilidades de raciocínio (d = 0,06) ou aprendizagem de conceitos (d = 0,33). *Rubin também mostrou experiências de laboratório que visam a questionar, explicar e incentivar o pensamento em níveis mais altos. Usar uma variedade de fontes para descobrir respostas tem efeitos maiores do que experiências com o objetivo de verificar o que foi apresentado anteriormente.

Existem estratégias de ensino com maior impacto, que refletem sua eficácia em muitos assuntos. *Schroeder *et al.* (2007) também investigaram os efeitos de várias estratégias de ensino de ciências no desempenho. Os maiores vieram de estratégias de conteúdo aprimoradas (por exemplo, relacionar tópicos à experiência anterior ou aprender e envolver o interesse dos alunos, d = 1,48), estratégias de aprendizagem colaborativa (d = 0,67), estratégias de investigação (d = 0,65), estratégias de manipulação (d = 0,57), estratégias de trabalhos e avaliações (d = 0,51) e estratégias de tecnologia de ensino (d = 0,48). Eles concluíram o seguinte:

> Se os alunos forem colocados em um ambiente onde possam conectar ativamente o ensino aos seus interesses, apresentar entendimentos e ter a oportunidade de experimentar a investigação científica colaborativa sob a orientação de um bom professor, o aproveitamento e o desempenho serão acelerados (*Schroeder *et al.*, 2007, p. 1452).

*Wise (1996) analisou várias estratégias de ensino e encontrou os seguintes efeitos: questionamento do professor (d = 0,58); estratégias de foco (d = 0,57); estratégias de manipulação, ou seja, trabalho ou prática com objetos (d = 0,58); materiais aprimorados, isto é, quando o professor modifica o material didático (d = 0,52); *feedback* explicativo ou imediato (d = 0,32); estratégias de investigação (d = 0,28); estratégias de contexto aprimoradas, por exemplo, saídas de campo, jogos e aprendizado individualizado (d = 0,26); e mídias de ensino (d = 0,18). Ele concluiu que a construção ativa do significado é mais provável de ocorrer "quando professores de ciências usam estratégias que exigem que os alunos estejam engajados física e mentalmente [...]" (*Wise, 1996, p. 338).

Duas metanálises analisaram um conceito científico específico: o ensino de estratégias de controle de variáveis (*Ross et al., 1988; *Schwichow et al., 2015), que visa a ajudar os alunos a identificarem as causas dos efeitos e interações no trabalho científico (aquelas que talvez precisem ser controladas) e avaliarem as evidências geradas a partir de experimentos controlados para, em seguida, relacioná-las a uma hipótese ou teoria. Ambos os estudos encontraram efeitos altos e semelhantes ao ensinar esse conceito (0,73 e 0,61). Além disso, os estudos identificaram cinco moderadores-chave que influenciam a eficácia do ensino: a necessidade de ensinar um conceito específico sem adicionar outras habilidades; o *feedback* durante o ensino; a presença de conflito cognitivo, isto é, quando o professor direciona a atenção dos alunos ao pensamento e às estratégias experimentais para validar suas interpretações, não apenas às tarefas práticas de medição; o uso de demonstrações; e a exclusão de atividades práticas, pois elas prejudicam o conceito e aumentam a sobrecarga cognitiva.

OUTROS DOMÍNIOS E TEMAS CURRICULARES

Programas de enriquecimento

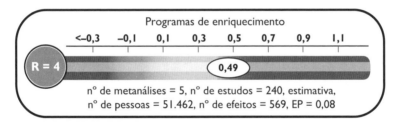

Os programas de enriquecimento visam a ampliar a vida educacional dos estudantes, promover níveis mais altos de pensamento e criatividade em uma área temática e permitir que explorem os assuntos em profundidade. Os efeitos gerais apoiam esses programas, mas os resultados mostram uma grande variação. *Kim (2016), por exemplo, observou que os efeitos de enriquecimento foram maiores no ensino médio (mas há apenas um estudo) do que no ensino fundamental. Além disso, alguns cuidados são necessários, pois três de seus 12 estudos tiveram tamanhos de efeito atípicos (> 2,0).

*Henfield et al. (2017) estudaram programas para superdotação com estudantes hispânicos e afro-americanos. Os programas de enriquecimento não escolar (0,55) tiveram efeitos maiores do que os programas escolares (0,19). *Wallace (1989) relatou que o enriquecimento foi mais forte em matemática ($d = 1,10$) e ciências ($d = 1,23$) do que em leitura ($d = 0,59$) e estudos sociais ($d = 0,23$). Os programas cujo objetivo era mais aprofundado tiveram maiores efeitos do que quando o objetivo era ampliar o leque de ideias. Professores mais experientes com o ensino de alunos com altas habilidades tiveram efeitos maiores ($d = 0,88$) do que aqueles com pouca ou sem experiência ($d = -0,06$). Há uma grande necessidade de ser mais específico sobre a natureza dos programas de enriquecimento. Além disso, observa-se que os programas de aceleração são sistematicamente muito mais eficazes ao longo do tempo.

O programa de enriquecimento específico de Feuerstein (Feuerstein, 1980) visa a ensinar habilidades de pensamento crítico em 13 a 15 sessões de uma hora, de três a cinco vezes por semana, durante dois a três anos. Cada sessão diz respeito a uma deficiência cognitiva específica, como percepção imprecisa e generalista, comportamento exploratório impulsivo e desorganizado, carência de ferramentas verbais receptivas, dificuldade de conservação de constância (tamanho, forma ou quantidade), falta de precisão e exatidão, incapacidade de considerar simultaneamente duas ou mais fontes de informação, dificuldade em identificar a existência de um problema e defini-lo, incapacidade de selecionar informações relevantes em detrimento das irrelevantes, ausência de necessidade de buscar evidências lógicas, e assim por diante. *Shiell (2002) revisou os efeitos do programa de Feuerstein e os efeitos gerais sobre o desempenho e encontrou $d = 0,26$. Em sua metanálise, *Romney e Samuels (2001) encontraram um efeito de $d = 0,35$ no desempenho.

Programas de aceleração

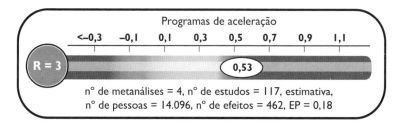

Uma alternativa às aulas especiais e ao enriquecimento de crianças com superdotação é acelerar o currículo. Essa abordagem permite que os alunos progridam em um ritmo mais rápido ou em idades mais jovens do que o convencional. Existem diversas maneiras de implementar a aceleração, incluindo compactação ou telescopagem curricular, matrícula simultânea ou dupla em disciplinas, aceleração em disciplinas específicas e cursos de colocação avançada (*Rogers, 2019). Uma metanálise realizada por *Steenbergen-Hu et al. (2016) analisando seis outros estudos encontrou um efeito geral de 0,81, e *Kulik e Kulik (1984, 2004) argumentam que esse valor é equivalente ao avanço de um ano escolar (comparando alunos acelerados com um grupo de controle um ano mais velho, em que o tamanho de efeito foi $d = -0,04$).

*Rogers (1991, 2019) concluiu que, "de forma geral, há um forte efeito acadêmico positivo ao se engajar em diferentes formas de aceleração" (*Rogers, 2008, p. 2). *Steenbergen-Hu e Moon (2011, p. 39) também apontam que "[...] a aceleração escolar influencia positivamente alunos com altas habilidades [...]". Além disso, evidências sugerem que a aceleração pode trazer benefícios sociais (Kent, 1992; Bernstein; Lubinski; Benbow, 2021). Embora programas de aceleração, especialmente pular de ano, sejam frequentemente criticados por supostos efeitos sociais negativos, Wardman e Hattie (2018) apontam que a falta de aceleração é que pode ter um impacto social negativo em alunos com superdotação.

Levin (1988, 2017) questionou se, se a aceleração é tão benéfica para alunos com superdotação, ela não poderia ser utilizada também com estudantes sem esse perfil. Assim surgiu o programa de aprendizagem acelerada, que visa a acelerar o aprendizado de estudantes em risco para que atinjam o nível esperado para seu ano até o final do ensino fundamental. Esses programas envolvem altas expectativas, estabelecimento de prazos para o cumprimento de requisitos educacionais, programas de ensino estimulantes, planejamento por toda a equipe escolar e utilização de todos os recursos comunitários disponíveis. A evidência, no entanto, é limitada do ponto de vista da metanálise: *Borman e D'Agostino (1996) afirmaram que a aprendizagem acelerada tinha "evidências altamente promissoras de eficácia", embora o tamanho de efeito geral tenha sido apenas $d = 0,09$.

Wardman e Hattie (2018) identificaram diversos mitos relacionados à aceleração. O primeiro é a alegação de que os professores são contra ela. Wardman (2009) coletou dados quantitativos e qualitativos de 455 professores do ensino médio da Nova Zelândia e encontrou, ao contrário, muito apoio à aceleração de um ano inteiro. O segundo mito é que a aceleração leva a reações emocionais negativas. É difícil encontrar um único estudo que mostre danos sociais ou emocionais significativos causados por esse processo. Wardman (2012) conduziu um estudo longitudinal com 12 alunos do ensino médio que haviam sido acelerados por um ano inteiro, comparando-os a 12 colegas de habilidade similar, mas que não foram acelerados. Ela não encontrou evidências de danos emocionais. Ao contrário, o relato dos alunos acelerados foi de "um ano extra de vida", o que lhes deu mais opções, como a conclusão de diplomas duplos ou complementares. Alguns pais comentaram que, se seus filhos não tivessem sido acelerados, teriam ficado tão entediados com o ritmo do currículo que teriam abandonado a escola precocemente, e os alunos concordaram. O terceiro mito diz respeito a resultados sociais negativos para os estudantes não acelerados.

Da mesma forma, Gross (2006) relatou que alunos superdotados que *não* tiveram a oportunidade de participar de programas de aceleração sofreram isolamento social, pois estavam presos em salas de aula cujos critérios de classificação eram em idade e ano escolar, sem pares intelectuais. A autora observou que, "em todos os casos, os jovens que foram radicalmente acelerados encontraram tanto um sucesso acadêmico excepcional quanto o 'porto seguro' de um grupo de amizade caloroso e solidário" (Gross, 2006, p. 281). Os pais do estudo de Wardman afirmaram que os adolescentes acelerados eram mais maduros e responsáveis do que seus colegas de mesma idade. Em um estudo longitudinal iniciado com alunos acelerados de 13 anos, que estavam no percentual 1% superior em capacidade cognitiva, e acompanhando-os até seus 50 anos, Bernstein, Lubinski e Benbow (2021) mostraram que esses adultos estavam acima da média em bem-estar psicológico e não houve relatos de arrependimentos pela aceleração; na verdade, muitas vezes desejavam ter sido acelerados ainda mais.

Os diretores frequentemente argumentavam que não queriam perder um ano letivo desses alunos, o que significaria uma redução de receita. Além disso, acelerá-los significaria que seu sucesso não seria computado nas métricas de desempenho da escola em relação ao ano letivo, e eles temiam possíveis efeitos sociais negativos. As perguntas certamente são: qual o dano que estamos causando aos alunos ao não acelerá-los? Quantos talentos estamos perdendo? Por que todos os alunos devem seguir o ritmo rígido do sistema educacional baseado na idade atual? Também é importante notar que o estudo de Wardman foi conduzido na Nova Zelândia, onde há muito tempo aboliram o currículo e a avaliação baseados em idade ou ano letivo, preferindo, em vez disso, um currículo baseado em níveis. Isso reconhece a gama de proficiências em uma turma, forçando os professores a não lecionarem apenas para o nível da série e monitorando a progressão de cada estudante pelos desafios do currículo.

Programas curriculares integrados

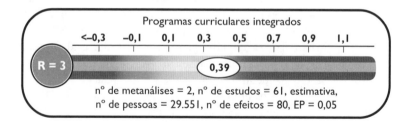

*Hartzler (2000) investigou 30 estudos usando currículos integrados e encontrou efeitos diferentes por disciplina: ciências ($d = 0,61$), artes da linguagem ($d = 0,42$), estudos sociais ($d = 0,38$) e matemática ($d = 0,42$). Os elementos mais importantes nos programas integrados foram o ensino temático ($d = 0,46$) e a ênfase nas habilidades de processo ($d = 0,36$). Esses programas tiveram mais sucesso nos anos iniciais do ensino fundamental ($d = 0,56$) e nos anos finais do ensino fundamental ($d = 0,57$) em comparação com o ensino médio ($d = 0,27$); para alunos de baixo rendimento em comparação com os de médio e alto rendimentos; para estudantes de diversas etnias; e quando foram implementados por professores mais experientes.

*Hurley (2001) investigou programas integrados de matemática e ciências. Os efeitos foram maiores na matemática ($d = 0,37$) do que nas ciências ($d = 0,27$). A conclusão foi que integrar a matemática à ciência pode ser benéfico para a ciência, mas os efeitos para a matemática foram maiores quando ensinada em sequência com a ciência, particularmente quando a ciência era ensinada antes da matemática — isso porque os efeitos foram maiores na disciplina ensinada por último (provavelmente devido ao maior nível de integração do primeiro para o último tema abordado).

Programas de educação financeira

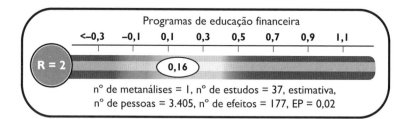

*Kaiser e Menkhoff (2018) analisaram 27 estudos randomizados controlados que investigaram os efeitos de programas de educação financeira em escolas ($d = 0,25$). Houve efeitos semelhantes para conhecimento e comportamento financeiro. Intervenções mais intensivas resultaram em maiores efeitos no conhecimento financeiro, porém, com baixa retenção ao longo do tempo. Além disso, esses programas apresentaram maior eficácia nos anos iniciais do ensino fundamental do que nos anos finais do fundamental ou no ensino médio.

Programas de motivação

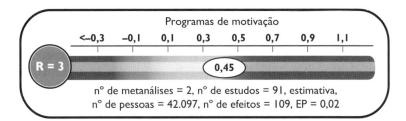

Analisamos a relação entre vários atributos de motivação e desempenho no Capítulo 5. Aqui, a questão é se a introdução de programas para aumentar a motivação faz diferença no desempenho. As três metanálises questionaram a natureza da intervenção ideal, mas o tamanho das amostras foi muito pequeno para ser claro em cada caso. Uma síntese romena de *Wagner e Szamoskozi (2012) afirmou que o treinamento motivacional (mudar o motivo, por exemplo, do medo do erro para a esperança de sucesso, 0,53) foi mais eficaz do que o retreinamento atribucional (redefinir como os alunos pensam sobre o sucesso e o fracasso e incentivar a responsabilidade pelos resultados acadêmicos, 0,32). *Lazowski e Hulleman (2016) descobriram que os efeitos do treinamento motivacional eram semelhantes em termos de idade, etnia, cultura, nível socioeconômico e níveis de habilidade, mas apresentavam maiores diferenças dependendo do foco (por exemplo, autodeterminação, 0,70; atribuição, 0,54; teorias implícitas, 0,56; valor de expectativa, 0,39; autoafirmação, 0,38). *Berg (2003) encontrou efeitos maiores no conhecimento (0,20) do que nos comportamentos (0,14) e atitudes (0,07).

Programas com foco no julgamento moral

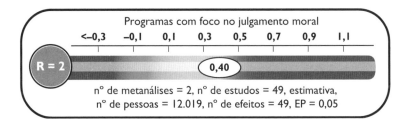

O principal resultado dos programas de educação moral é a facilitação do julgamento moral, ou seja, de que forma as pessoas definem decisões ou ações como moralmente certas ou erradas (Schlaefli *et al.*, 1985). Como esse conceito não se encaixa exatamente na definição típica de desempenho escolar, esses resultados não foram incluídos nas tabelas. O efeito geral de 0,28 dos programas de educação moral que enfatizaram as discussões sobre dilemas morais apresentou resultados ligeiramente superiores ($d = 0,41$) do que aqueles baseados no desenvolvimento da personalidade ($d = 0,36$). Os efeitos foram maiores para adultos ($d = 0,61$) do que para universitários ($d = 0,28$), estudantes dos anos finais do ensino médio ($d = 0,23$) e alunos dos anos iniciais do ensino médio ($d = 0,22$). *Zierer e Sanders (2005) revisaram o uso de dilemas morais para melhorar o julgamento moral, e os efeitos foram significativamente maiores (0,76) quando o professor participava das discussões, fornecendo um debate desafiador e estimulante, apontando fraquezas no raciocínio dos alunos, do que quando não participava ativamente (0,45).

Educação baseada em resultados

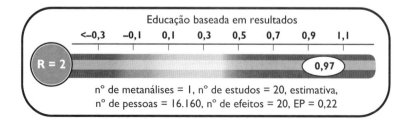

A educação baseada em resultados é popular em muitos sistemas educacionais por se fundamentar na responsabilização, frequentemente por meio de inspeções, e pressupõe que os resultados escolares são mensuráveis e passíveis de melhoria. A educação baseada em resultados tem diversas formas, a maioria delas envolvendo a definição clara de resultados a partir de declarações curriculares, estruturando e operando as escolas para que os objetivos sejam alcançados (com autonomia para implementá-los em cada turma). Porém, há um foco renovado no que os alunos podem fazer após o ensino (Spady, 1998). *Yusoff *et al.* (2014) encontraram 20 estudos, principalmente de países não ocidentais, com um grande tamanho de efeito de 0,97, o que talvez não seja surpreendente quando há clareza sobre o que deve ser aprendido, atenção às altas expectativas para obter esses resultados e, em seguida, mensuração do que é estipulado. Em geral, as críticas se relacionam a limitar os resultados ao que é mensurável, incentivar a "maquiagem" para reduzir a influência de alunos com menor probabilidade de sucesso e supor que as ações entre a estipulação dos resultados e sua mensuração estejam todas nas mãos das escolas.

Programas com foco nas habilidades sociais

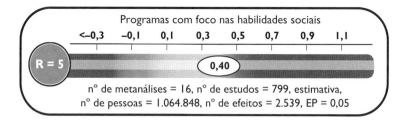

Os programas de habilidades sociais ou competência social geralmente são fornecidos para alunos cujo comportamento é altamente internalizado ou altamente externalizado (por exemplo, socialmente isolado, retraído ou perturbador). O objetivo é desenvolver níveis mais altos de adequação social, habilidades de resolução de problemas sociais, autocontrole ou treinamento em perspectiva social. No geral, as metanálises envolvendo programas de habilidades sociais mostram que os efeitos são mais fortes no aprimoramento das relações com os colegas (0,80 a 0,90) e nos resultados sociais (cerca de 0,5 a 0,6), menores quando os estudantes são inicialmente identificados com problemas sociais (0,20)

Aprendizagem visível **295**

e ainda menores quando o desempenho escolar é o resultado esperado (de 0,10 a 0,20). Em todos esses programas, houve principalmente ganhos de curto prazo, indicando a necessidade de fornecer treinamento de habilidades sociais de forma regular e sustentável.

Três metanálises estão mais preocupadas com os efeitos do treinamento de habilidades sociais nos resultados sociais. *Beelmann *et al*. (1994) descobriram que o treinamento de competência social foi uma intervenção eficaz nos resultados sociais das crianças em curto prazo ($d = 0,61$), enquanto os efeitos em longo prazo foram fracos. Os efeitos foram maiores nas habilidades sociocognitivas ($d = 0,77$) em comparação com as habilidades de interação social ($d = 0,34$), adequação social ($d = 0,18$) e cognições autorrelacionadas (por exemplo, autoconceito e crenças de controle). Os maiores efeitos ocorreram em crianças em risco e crianças mais novas. Tamanhos de efeito maiores só foram encontrados quando critérios de metanálises diretas, como habilidades sociocognitivas, foram avaliados. Houve baixos efeitos em construções mais amplas, como adequação social. *Denham e Almeida (1987) estavam particularmente interessados nos efeitos na resolução de problemas interpessoais sociocognitivos e encontraram altos efeitos semelhantes ($d = 0,62$) (ver também *Beelmann *et al*., 1994). Um aumento nas habilidades de resolução de problemas interpessoais sociocognitivos está relacionado à melhoria na adequação comportamental, particularmente para crianças do ensino fundamental, quando elas se concentram no desenvolvimento do diálogo entre professor e aluno sobre a resolução de problemas sociais. A revisão da literatura de *Hanson (1988) sobre treinamento de habilidades sociais descobriu que o participante médio desse tipo de programa era mais habilidoso socialmente do que 74% daqueles que não haviam recebido treinamento ($d = 0,65$). Foram maiores os efeitos de medidas baseadas na observação comportamental, seguidas por autorrelato e *role-playing*, e depois pelas avaliações dos professores.

Entre todos os alunos, o treinamento de habilidades sociais apresentou os maiores efeitos na área de relacionamento com os pares (*Schneider, 1992, $d = 0,98$). Descobriu-se que os programas mais eficazes incluíam técnicas de ensino orientado e modelo de comportamento, principalmente quando focados em questões individuais de relacionamento com colegas. Sugere-se que estudantes que recebem treinamento em habilidades sociais se beneficiam da redução da ansiedade social, maior conforto em situações sociais ou maior motivação, à medida que sentem que melhorias significativas nos comportamentos sociais estão ao seu alcance. No entanto, os efeitos desses programas diretamente no aproveitamento escolar foram muito baixos ($d = 0,19$).

Duas metanálises focaram nos efeitos do treinamento social em estudantes com transtornos emocionais ou comportamentais. *Quinn *et al*. (1999) relataram baixos efeitos gerais (0,20), o que foi semelhante quando os estudantes foram avaliados por professores, colegas, experimentadores ou pais, e para comportamento pró-social (relações sociais, comportamento, resolução de problemas, competência), comportamentos problemáticos (relações familiares, comportamento social escolar, comunicação social e comportamento disruptivo) e resultados sociais específicos (ansiedade, adaptação, cooperação, autoconceito e agressão). Não houve diferença na duração da intervenção ou se o programa foi estabelecido, publicado ou criado para o grupo específico. *Forness e Kavale (1996) encontraram efeitos baixos semelhantes quando programas de habilidades sociais foram implementados com crianças com dificuldades de aprendizagem e déficits de habilidades sociais ($d = 0,21$). Novamente, não houve diferenças na duração do tratamento, se foi avaliado por colegas, professores ou autoavaliados, e entre os resultados sociais, com uma exceção: estudantes em programas de habilidades sociais acreditavam que seu *status* social havia sido aprimorado. Os autores descobriram que o treinamento de habilidades sociais mais eficaz incluía uma combinação de programas de apresentação de modelos, treinamento e reforço, particularmente quando está diretamente relacionado ao déficit de habilidades sociais do aluno — embora a persistência dos efeitos ao longo do tempo tenha sido problemática.

Estudantes com dificuldades de aprendizagem têm menos habilidades sociais do que seus colegas sem dificuldades ($d = 0{,}60$ a $d = 0{,}70$) e, portanto, talvez não seja surpreendente que os efeitos dos programas de habilidades sociais tivessem o maior impacto quando eles foram o foco. *Kavale e Forness (1996) encontraram altos graus de diferenças nas habilidades sociais entre grupos de comparação com e sem dificuldades de aprendizagem. As diferenças nas habilidades sociais foram bastante marcantes ($d = 0{,}65$). Os autores alegaram que os alunos com dificuldades de aprendizagem geralmente eram avaliados como tendo déficits de habilidades sociais, independentemente de quem os avaliou — professores, colegas ou eles mesmos (embora as autoavaliações tenham sido um pouco mais severas). Os professores consideravam que os alunos tinham dificuldades de aprendizagem se eles apresentassem baixa competência acadêmica, especialmente quando associada a déficits nas habilidades sociais. As dimensões de habilidades sociais mais enfatizadas pelos educadores foram interação, adaptação, hiperatividade e distração; as menos citadas foram agressividade, transtorno da conduta, dependência e problemas de personalidade. Os colegas eram mais propensos a rejeitar e a ter aceitação limitada de estudantes com dificuldades, particularmente aqueles com competências sociais mais baixas. Alunos com dificuldades de aprendizagem eram menos populares, menos selecionados como amigos e vistos como menos cooperativos. *Swanson e Malone (1992) descobriram que, em situações sociais, em comparação com pares sem dificuldades, crianças com dificuldades tinham maior probabilidade de serem rejeitadas pelos colegas, serem menos queridas, serem classificadas como agressivas e imaturas, serem percebidas como tendo problemas de personalidade e como tendo dificuldade em cumprir as tarefas. Crianças com dificuldades de aprendizagem percebem com precisão seu *status* na sala de aula.

Ensino de diversidade

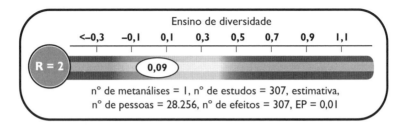

Um foco dos programas de habilidades sociais é diminuir as diferenças raciais e étnicas na escola. *Densen (2009) examinou o impacto das atividades focadas na diversidade curricular e cocurricular em vários resultados e preconceitos raciais com universitários. A autora analisou programas voltados para o esclarecimento (por exemplo, aprendizado sobre outros grupos), abordagens de contato (aproximando grupos), conscientização sobre diversidade (por exemplo, reduzindo o pensamento deficitário), cursos multiculturais, intervenções facilitadas por pares (ensino entre colegas sobre questões de preconceito racial), comunidades de aprendizagem compartilhada e diálogos intergrupais (conversas entre estudantes de grupos diversos). Todos eles visam a influenciar atitudes (preconceito), cognição (estereótipos), emoções (sentimentos negativos) e comportamento (discriminação).

Em geral, essas atividades reduzem positivamente o preconceito racial entre universitários (0,48). A porcentagem de alunos negros nas turmas não parecia importar, mas o método pedagógico sim. Os programas mais bem-sucedidos visavam a reduzir o preconceito racial expandindo o conhecimento baseado em conteúdo que as pessoas têm de outros grupos, alterando sua perspectiva sobre suas relações e usando abordagens de contato intergrupal que diminuem o preconceito racial ao capitalizar os benefícios da interação inter-racial. O maior impacto foi observado em estudantes brancos, em comparação com estudantes negros. Além disso, o impacto foi maior quando as intervenções incluíam um componente de interação inter-racial. É importante ressaltar que o ensino voltado para melhorar o desempenho acadêmico de estudantes de diferentes raças e etnias deve ser planejado e implementado de forma intencional, e não deixado ao acaso.

Programas com foco na criatividade

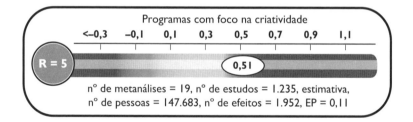

Os programas com foco na criatividade são baseados na ideia de que o treinamento, a prática e o incentivo no uso de habilidades de pensamento criativo podem melhorar a capacidade de avaliação crítica do indivíduo, incluindo interpretação, análise, avaliação, inferência e desenvolvimento de explicações para embasar esses julgamentos (*Cohn, 1986; *Rose; Lin, 1984).

Assim como a maioria dos outros programas, a ênfase nas estratégias de ensino e no ensino direto faz uma grande diferença na eficácia dos programas de criatividade. *Scope (1998), por exemplo, relatou que esses programas tinham um alto nível de estruturação ($d = 0,80$), questionamento ($d = 0,73$) e resposta ao questionamento dos alunos ($d = 0,70$). Esses efeitos foram constantes em todas as áreas temáticas. *Higgins et al. (2005) realizaram uma das revisões mais completas dos programas para aprimorar o pensamento e o processamento criativos. Em todos os resultados, o tamanho de efeito foi $d = 0,74$; para resultados cognitivos, $d = 0,62$; para desempenho, $d = 0,62$; e para resultados afetivos, $d = 1,44$. Os maiores efeitos vieram de estratégias metacognitivas ($d = 0,96$), aceleração cognitiva ($d = 0,61$) e enriquecimento instrumental ($d = 0,58$). Os autores concluíram uma extensa revisão de várias estratégias e desenvolveram um modelo de pensamento em quatro partes. O pensamento consiste na coleta de informações, na construção da compreensão, no pensamento produtivo e nos pensamentos estratégico e reflexivo. Eles argumentaram que desenvolver os pensamentos estratégico e reflexivo é o principal objetivo da escolaridade. As outras três habilidades cognitivas podem acontecer de maneiras não planejadas e irrefletivas (*Higgins *et al.*, 2005). Outra parte do modelo poderia ser desenvolver expectativas motivacionais altas sobre o desenvolvimento do pensamento criativo (*Bangert-Drowns; Bankert, 1990; *Cohn, 1986; *Kardash; Wright, 1987).

A solução criativa de problemas (Osborn, 1963) é listada entre os programas mais bem-sucedidos e geralmente oferece maiores efeitos em menos tempo (Cohn, 1986; *Huang, 2005). Esse modelo tem três fases: compreensão do problema, geração de ideias e planejamento de ações. Da mesma forma, programas que se concentram na ativação de experiências anteriores (0,61), promoção de novos conhecimentos demonstrados ao aluno (0,67), demonstração (0,67) e aplicação de habilidades (0,60), e integração em atividades do mundo real (0,62, o que Merrill (2002) chamou de "primeiros princípios de ensino") maximizaram o pensamento criativo (*Bertrand, 2005). Quanto mais desses princípios, maior o efeito. *Huang (2005) também relatou que os programas desenvolvidos pela escola tiveram os efeitos mais baixos, possivelmente porque muitos deles são genéricos e não estão incorporados nos domínios dos currículos. *Scott *et al.* (2004) encontraram efeitos para processos e fases semelhantes: foco na identificação do problema ($d = 0,78$), geração de ideias (0,45), planejamento da implementação (0,39), monitoramento da solução (0,35) e combinação conceitual (0,33). Ele também descobriu que o efeito dos programas de criatividade foi muito maior para alunos sem superdotação (0,72) e com baixo desempenho (0,68) do que para alunos com superdotação (0,38).

*Berkowitz (2006) descobriu que várias estratégias de comunicação melhoraram os resultados do pensamento crítico, como participação em cursos de oratória ($d = 0,29$), aulas do tipo argumentação ($d = 0,26$) e vários tipos de métodos forenses competitivos para trabalhar criativamente com problemas ($d = 0,41$). *Abrami *et al.* (2015) atualizaram sua metanálise anterior sobre programas para aprimorar o pensamento crítico, mas ainda encontraram efeitos gerais em torno de 0,30, os quais foram consistentes nos ensinos fundamental e médio, em todas as disciplinas. Programas mais curtos (de uma hora a dois dias) têm o dobro do efeito do que programas mais longos. Os efeitos do diálogo dos professores (0,32; fazer perguntas, 0,38; discussões com toda a turma, 0,42; pequenos grupos liderados pelo professor, 0,41) e ensino ancorado (0,34; *role-playing*, 0,61; resolução aplicada de problemas, 0,35)[2] foram mais eficazes do que a orientação. Os resultados específicos do conteúdo produziram um efeito médio maior do que os resultados genéricos de conteúdo (0,57 *versus* 0,30), e os efeitos gerais no desempenho foram de 0,33.

Desenvolver esses princípios de criatividade em um domínio curricular, em vez de genericamente, parece ideal. Por exemplo, Cohn (1984) observou que o treinamento de criatividade não é tão eficaz para melhorar o desempenho criativo em tarefas diferentes daquelas empregadas durante o treinamento. Uma intervenção curta e intensiva mostrou-se mais eficaz do que programas longos (*Liu; Chang, 2017) — programas com duração inferior a um mês apresentaram resultados melhores (0,94) do que programas mais extensos (0,71). O efeito da nota está longe de ser claro. *Yu (2012), usando estudos chi-

---

[2] N. de R. T.: Abordagem educacional que utiliza contextos narrativos ou histórias ricas e realistas para criar um ambiente de aprendizagem significativo.

neses, encontrou efeitos mais elevados nos anos iniciais do ensino fundamental (0,88), nos anos finais do ensino fundamental (0,66) e no ensino médio (0,66). *Nui *et al.* (2013) encontraram efeitos semelhantes para alunos de graduação e pós-graduação. Já *Huber e Kuncel (2016) sugeriram efeitos não lineares entre universitários, mas foram cautelosos ao indicar o nível de um ano em que o aumento ocorre, provavelmente porque eles também notaram que houve ganhos de curto prazo.

Ensino de xadrez

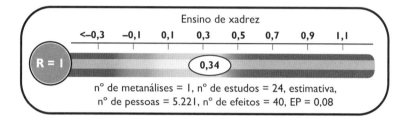

*Sala e Gobet (2016) revisaram os efeitos de transferência do ensino de xadrez, com um efeito de 0,34. Eles concluem que "[...] o ensino de xadrez não é mais eficaz no aprimoramento das habilidades cognitivas e escolares das crianças do que muitas (pelo menos mais de 50%) outras intervenções educacionais possíveis" (*Sala; Gobet, 2016, p. 53) e que, em vez disso, "as atividades de aprendizagem devem estar o mais próximas possível das habilidades a serem treinadas; por exemplo, o ensino de matemática deve ser usado para ensinar habilidades matemáticas" (*Sala; Gobet, 2016, p. 54). Além disso, a transferência pode começar após um mínimo de 25 horas de ensino, e talvez seja melhor aproveitá-la diretamente na disciplina escolar.

Educação ao ar livre

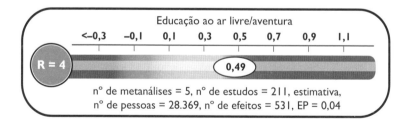

Pode parecer rebuscado imaginar que atividades como canoagem em corredeiras, escalada e acampamento solo de três noites possam afetar as notas de leitura ou matemática. *Hattie *et al.* (1997) revisaram 96 estudos e encontraram um aumento médio de 0,34 nos resultados escolares. Talvez o mais animador seja que esta é uma das poucas áreas na educação na qual os efeitos de acompanhamento ($d = 0{,}17$) foram positivos e se somaram aos efeitos no final do programa (então 0,34 + 0,17 = 0,51). É raro encontrar efeitos educacionais que aumentem após a intervenção, já que muitos apresentam retornos decrescentes. Especificamente, os efeitos dos programas de aventura nos resultados escolares foram $d = 0{,}46$; liderança, $d = 0{,}38$; autoconceito, $d = 0{,}28$; personalidade, $d = 0{,}37$;

e resultados interpessoais, $d = 0,32$. No entanto, houve muita variação entre eles, com os australianos superando em muito os norte-americanos. Nossa hipótese é que isso se deva ao fato de os primeiros serem mais voltados para o ensino (por exemplo, apenas graduados em ciências sociais podiam ser instrutores), enquanto os últimos eram mais focados na experiência ao ar livre. A conexão se dá por meio do desenvolvimento de habilidades de resolução de problemas, aprendizagem cooperativa e entre pares, além de um maior nível de busca e interpretação de *feedback* por meio desses programas. Os principais motivos do sucesso são a forma como as atividades são estruturadas para enfatizar objetivos de aprendizagem desafiadores, a clareza dos critérios de sucesso, a otimização do apoio dos colegas e o *feedback* dado não apenas ao longo do programa, mas também buscado ativamente pelos participantes. Muitas das estratégias de enfrentamento que os alunos apresentavam no início do programa eram deficientes e precisavam ser substituídas por outras mais cognitivas e baseadas no apoio dos colegas para garantir que a equipe superasse os inúmeros desafios.

*Cason e Gillis (1994) descobriram que programas mais longos eram mais eficazes, e participantes mais jovens ganhavam mais com programas ao ar livre do que participantes mais velhos. Os efeitos nas notas foram $d = 0,61$ e, na escola, a frequência foi $d = 0,47$, o que está acima do efeito médio geral de $d = 0,31$. *Laidlaw (2000) encontrou um efeito de $d = 0,49$ para áreas com natureza e $d = 0,39$ para programas de acampamento escolar, mas programas mais longos foram mais eficazes. Também descobrimos que programas com mais de 20 dias tiveram muito mais sucesso do que os mais curtos (*Hattie *et al.*, 1997). Aprender a enfrentar desafios, buscar *feedback*, adaptar-se ao aprendizado cooperativo entre pares e aprimorar a autorregulação sobre suas habilidades e pontos fortes parece durar além da experiência ao ar livre.

Programas para jovens infratores

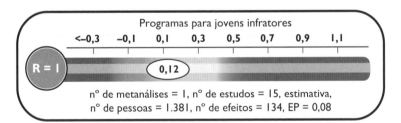

*Sander *et al.* (2012) investigaram o efeito de transferência da participação em programas para jovens infratores sobre o desempenho escolar. O efeito foi pequeno para o aproveitamento escolar (0,12), assiduidade (0,11) e disposição em relação à escola (0,19). Esses efeitos também não apresentaram variações significativas em relação à duração da intervenção, ao local do programa (dentro ou fora da escola) e à gravidade dos motivos para a participação. Os autores concluem que "[...] a eficácia dos programas testados para melhorar os resultados acadêmicos parece ser medíocre [...]" (*Sander *et al.*, 2012, p. 1707).

Programas de ensino com brincadeiras

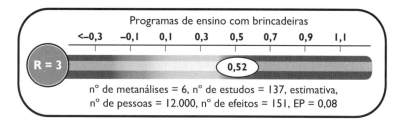

Lillard et al. (2013) realizaram uma revisão tradicional da pesquisa sobre jogos e brincadeiras e concluíram que "[...] as evidências existentes não apoiam afirmações causais fortes sobre a importância única da brincadeira de faz de conta para o desenvolvimento e que pesquisas muito mais amplas e melhores são essenciais para esclarecer seu possível papel" (Lillard et al., 2013, p. 1). Eles não conseguiram encontrar evidências convincentes de que brincar de faz de conta aumenta a criatividade, a capacidade de resolução de problemas, a conservação ou a maioria dos aspectos do desenvolvimento cognitivo. A brincadeira de faz de conta também não ajuda a desenvolver a teoria da mente, as funções executivas, a regulação emocional ou o desenvolvimento de habilidades da criança para construir conceitos mais coerentes e interpretados sobre seu mundo e explicar e prever o comportamento. Fornecer brinquedos não aprimora novas histórias, mas ajuda a recontá-las. Crianças que brincam mais de faz de conta também parecem contar histórias mais elaboradas, mas, quando mais velhas, não são melhores na compreensão de histórias. Isso não significa que brincar não seja divertido nem valha a pena como atividade, mas exige cautela sobre alegações causais e convida a outras formas de melhorar os resultados positivos de desenvolvimento.

*Spies (1987) examinou brincadeiras, resolução de problemas e criatividade em crianças pequenas e encontrou uma pequena relação entre brincadeira e originalidade para objetos familiares, mas não para objetos desconhecidos, e nenhum efeito da brincadeira na resolução de problemas. Fisher (1992), em uma investigação sobre os efeitos do brincar no desenvolvimento, encontrou evidências mais fortes que sugerem que as brincadeiras promovem resultados de desempenho melhores nos domínios cognitivo-linguístico e afetivo-social. Ele encontrou tamanhos de efeito um pouco maiores para fluência de ideação (originalidade ou flexibilidade de associação e o tipo de pensamento divergente característico da imaginação criativa) e tomada de perspectiva (suposição de papel empático relacionada a um maior comportamento cooperativo, sociabilidade e maior popularidade no grupo de pares). Fisher encontrou algumas diferenças nos efeitos entre os diferentes tipos de brincadeiras. As sociodramáticas tiveram o efeito mais marcante, e as imaginativas tiveram o menor efeito. As brincadeiras dirigidas por adultos não mostraram mais ganhos do que as não dirigidas por eles. *Ray et al. (2015) estudaram o efeito da terapia de brincar centrada na criança e encontraram $d = 0,36$ nos resultados escolares dos alunos que receberam e dos que não receberam terapia lúdica. Segundo eles, isso mostra que "[...] a terapia de brincar centrada na criança a libera das limitações emocionais que a impedem de realizar todo o seu potencial nos esforços de aprendizagem" (*Ray et al., 2015, p. 119).

A mensagem é ter cuidado com os efeitos das brincadeiras. É preciso buscar explicações causais mais precisas sobre quais tipos de brincadeiras são benéficas, evitando tratá-

-las como um conceito genérico relacionado à melhoria da aprendizagem. As explicações prováveis para os benefícios da brincadeira estão relacionadas a aprender sobre relações sociais e com os colegas, enfrentar e superar desafios, compreender as consequências da prática deliberada durante a brincadeira e a satisfação de decidir ou se tornar consciente das intenções de aprendizagem e dos critérios de sucesso ao se envolver na brincadeira. Embora a brincadeira possa não estar diretamente associada ao desempenho escolar, ela continua sendo uma atividade valiosa.

Programas bilíngues

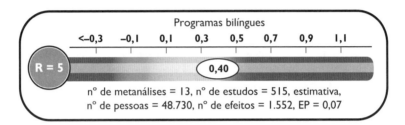

A educação bilíngue utiliza duas línguas como meio de ensino, diferentemente dos programas de imersão estruturada, nos quais os alunos são ensinados exclusivamente em um único idioma. Na educação bilíngue, a alocação e a organização do uso das línguas ao longo do cronograma e do currículo podem variar amplamente, o que se reflete na alta heterogeneidade observada nesses programas (*Willig, 1985), especialmente porque alguns são programas de recuperação para imigrantes (*Oh, 1987) e outros são para ensinar um segundo idioma. Alguns estão relacionados à preservação de princípios culturais (por exemplo, imersão maori nas escolas Kura Kaupapa, na Nova Zelândia). A variação nos tamanhos de efeito desses programas parece estar relacionada à qualidade da competência docente e à atenção explícita às estratégias de ensino e aprendizagem. *Slavin e Cheung (2005) finalizam sua revisão reforçando a ideia de que a língua de ensino é apenas um aspecto, tão importante quanto a qualidade do ensino. Eles também destacam a necessidade de separar os resultados de imigrantes aprendendo uma segunda língua dos resultados de programas bilíngues em um mesmo país (como a imersão em francês nas escolas canadenses). O estudo concluiu que a imersão em francês não prejudica o desempenho na leitura em inglês e que programas bilíngues bidirecionais para crianças proficientes em inglês provavelmente não prejudicam o desenvolvimento da leitura em inglês. Para estudantes imigrantes, os efeitos mais fortes foram a abordagem bilíngue em pares, na qual as crianças foram ensinadas a ler em inglês e em sua língua nativa em horários diferentes todos os dias, desde o início da escolaridade, em comparação com a abordagem de educação bilíngue transitória, na qual as crianças são primeiro ensinadas a ler em sua língua nativa e só então passam gradualmente para o ensino exclusivamente em inglês. Eles descobriram que "[...] nada sugere que seja prejudicial ao desempenho de leitura das crianças usar o ensino de leitura em inglês e na língua materna em momentos diferentes do dia" (*Slavin; Cheung, 2005, p. 274).

*Willig (1985) descobriu que a participação em programas de educação bilíngue, comparada à imersão total em inglês, apresentou diferenças pequenas a moderadas, favorecendo a educação bilíngue em testes aplicados tanto em inglês quanto em espanhol.

Os resultados foram positivos para a educação bilíngue em avaliações de leitura, habilidades linguísticas, matemática e desempenho geral em inglês. Também favoreceram a educação bilíngue quando os testes eram aplicados em outras línguas, avaliando leitura, linguagem, matemática, escrita, ciências sociais, compreensão auditiva e disposição em relação a si mesmo e à escola. *Andes-Hope et al. (2010) encontraram $d = 0,41$ nos resultados cognitivos associados ao bilinguismo em comparação com o monolinguismo, incluindo consciência metalinguística (0,33), consciência metacognitiva (0,32) e resolução de problemas (0,26). Os efeitos foram maiores na educação infantil e no ensino médio (cf. *Powers; Rossman, 1984). Esses resultados oferecem pouco suporte para a ideia de que o aprendizado de uma segunda língua iniba o desenvolvimento de uma ou outra. Na verdade, parecem dar aos falantes bilíngues uma capacidade aprimorada para controlar e distribuir adequadamente seus recursos atencionais, desenvolver representações abstratas e simbólicas e resolver problemas. *Prevoo et al. (2016) examinaram a relação entre a proficiência na língua oral de crianças imigrantes bilíngues com desenvolvimento típico e o desempenho escolar. Eles descobriram que as relações intralinguais entre a proficiência na língua oral e o desenvolvimento em leitura, escrita e matemática ($r = 0,43$) eram mais fortes do que as relações entre línguas diferentes ($r = 0,27$). Essa evidência mostra que "estimular a proficiência na linguagem oral em ambas as línguas pode ser um fator-chave na melhora dos resultados escolares de crianças bilíngues com origem imigrante" (*Prevoo et al., 2016, p. 266). *Reljic et al. (2014) abordaram questões semelhantes usando estudos europeus e encontraram evidências para incluir a língua materna de crianças de minorias linguísticas no ensino escolar ($d = 0,23$).

Programas universitários especiais

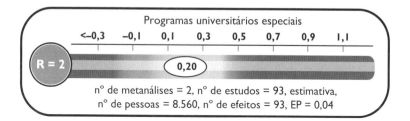

Existem muitos programas de recuperação para universitários. *Kulik et al. (1983) afirmaram que programas universitários especiais para estudantes de alto risco levaram esses alunos a permanecerem na faculdade por mais tempo (62% *versus* 52% para o grupo de controle, embora os autores considerem esse efeito muito pequeno). Os programas mais bem-sucedidos estavam relacionados a habilidades acadêmicas ($d = 0,28$) e sessões de orientação ($d = 0,41$), mas os efeitos dos programas corretivos foram limitados a zero ($d = 0,05$). Os efeitos foram mais fortes em novos programas e mais fracos em programas institucionalizados. Assim, as faculdades parecem mais proficientes em criar programas para estudantes de alto risco do que em mantê-los em andamento. *Valentine et al. (2011) revisaram os efeitos das intervenções de retenção universitária, como intervenções abrangentes, tutoria e escrita de diários. Os efeitos foram baixos no desempenho ($d = 0,08$), embora os estudantes tivessem maior probabilidade de permanecer na faculdade.

Programas de educação profissional

A educação profissional envolve atividades e experiências destinadas a aumentar o conhecimento sobre profissões, cursos, habilidades de busca de emprego e estratégias de tomada de decisão que incluem a integração de papéis profissionais, familiares, de lazer e comunitários. Os programas de educação profissional parecem afetar positivamente os resultados dos alunos (*Baker; Popowicz, 1983). *Oliver e Spokane (1988) descobriram que o aconselhamento profissional geralmente tem efeitos positivos, sendo as intervenções em classe as mais eficazes, mas exigindo maior número de horas. O aconselhamento individual produziu mais ganhos por hora do que outros modelos de intervenção. A intensidade do tratamento foi a única parte significativa, contribuindo para resultados mais positivos. *Evans e Burck (1992) descobriram que as intervenções de educação profissional contribuíram para o desempenho escolar, mas só melhoraram os padrões escolares dos alunos em uma média de $d = 0,16$ em relação às condições alternativas ou de controle. Estudantes do ensino fundamental com habilidades médias se beneficiaram mais em termos escolares, especialmente se foram distribuídos aleatoriamente em grupos. A intervenção foi acoplada com disciplinas de matemática e artes da linguagem. O programa tem uma média de 151 a 200 horas por ano escolar.

CONCLUSÕES

O que mais importa é o alinhamento de métodos de ensino apropriados com a natureza dos objetivos do currículo. Isso significa usar métodos de ensino que se concentrem no conteúdo, no saber-que e nas habilidades e, em seguida, adotar métodos de ensino que se concentram no conhecimento mais profundo do saber-como, nas compreensões conceitual e relacional. O saber-que está firmemente incorporado ao conteúdo do currículo, o que torna a transferência de conhecimento ou habilidades mais profundas ainda mais dependente do conhecimento desses conteúdos e habilidades.

O ensino eficaz requer o planejamento, a deliberação e a explicitação intencionais do saber-que, do saber-como e do saber-com relacionados à matéria.

Desde a infância, é possível ensinar com sucesso os domínios curriculares a partir de uma perspectiva de resolução de problemas (garantindo conteúdo suficiente para solucioná-los). Isso garante que os alunos aprendam as habilidades adequadas para enfrentar esses desafios.

Ao planejar aulas, é mais importante se preocupar em conectar o conteúdo com o aprendizado e a compreensão prévios do que tentar relacioná-las com o mundo real ou futuro, como se costuma sugerir.

De fato, um grande erro, e potencialmente prejudicial para o desenvolvimento escolar posterior da criança, é introduzir tarefas mais desafiadoras antes que o domínio do básico seja alcançado. Um tema recorrente é o efeito Mateus: se até os 8 anos os alunos não adquirirem conteúdo, habilidades e ideias suficientes para interconectar o conhecimento e não desenvolverem a estrutura conceitual para interpretar novas informações, então a discrepância entre aqueles que têm esse conhecimento e aqueles que não o têm aumentará.

Ao comparar os currículos de diferentes sistemas educacionais em uma mesma disciplina, a constatação mais surpreendente é a sua imensa diversidade. Não existe um conhecimento essencial, uma sequência ou escopo perfeito, um currículo universalmente aceito, nem uma progressão ideal para o sucesso. Como resultado, os currículos são, e devem ser, um tema constantemente debatido, a essência do debate democrático e o cerne da discussão sobre o que é ensinado e valorizado nas escolas.

Ao desenvolver o sistema de avaliação da Nova Zelândia, identificamos 147 objetivos específicos que sustentam o currículo de leitura. Inicialmente, eles foram agrupados em cinco conceitos mais amplos que formavam a base do currículo (processos e estratégias, propósitos e público, ideias, características da linguagem e aspectos superficiais — gramática, pontuação, ortografia). Uma revisão curricular alterou esses conceitos para outros seis (encontrar informações, conhecimento, compreensão, conexões, inferência e aspectos superficiais — gramática, pontuação, ortografia). No entanto, a alteração foi apenas uma reorganização dos mesmos 147 objetivos. Posteriormente, implementamos o modelo de avaliação na cidade de Nova York. Mais uma vez, os conceitos de ordem superior foram considerados perfeitos pelos desenvolvedores do currículo, mas novamente era apenas uma reorganização dos mesmos 147 objetivos. É impressionante a quantidade de discussões e preciosismo atribuídos à rotulagem desses conceitos superiores. Ler é ler.

Da mesma forma, os professores da Nova Zelândia ficaram chocados com o fato de a estatística não ser uma parte importante do currículo do ensino médio nos Estados Unidos, e os professores dos Estados Unidos ficaram chocados com o fato de a matemática finita não estar no currículo da Nova Zelândia. Provavelmente há uma variação maior nos outros domínios curriculares entre os sistemas (ou seja, educação física e saúde, humanidades e ciências sociais, artes, tecnologias e idiomas). Isso ocorre porque muita energia e emoção são gastas em reestruturações curriculares, mas a essência das habilidades, da compreensão e do ensino ideal nesses currículos é semelhante.

O que mais importa é o alinhamento de métodos de ensino adequados à natureza dos objetivos do currículo. Ou seja, utilizar métodos de ensino focados no conteúdo, no saber-que e nas habilidades para, então, passar a métodos que abordem os conhecimentos conceitual e relacional mais profundo (saber-como). O conhecimento factual está firmemente embasado no conteúdo do currículo, tornando a transferência do conhecimento procedimental ou habilidades mais complexas ainda mais dependente da internalização desses conteúdos e habilidades. É por isso que cada área do currículo é única.

Existem muitos estudos sobre leitura, escrita, matemática e ciências, e poucos sobre outras áreas do currículo, mas a mensagem parece semelhante: garantir a aquisição do conhecimento factual para, então, avançar para os conhecimentos procedimental e atitudinal (do superficial ao profundo e à transferência). Isso pode acontecer em uma única aula, mas muitas vezes o debate se concentra em expor os alunos a todo (ou a grande parte) do conteúdo antes dos anos finais da escolaridade para depois partir para o relacional e para o pensamento como matemático, historiador ou profissional de serviços. O equilíbrio, a proporção e a presença de ambos os tipos de conhecimento (saber-que e saber-como/com) em cada aula ou série de aulas parecem motivar os alunos. Além disso, existem métodos de ensino diferenciados que maximizam o aprendizado dependendo da natureza do resultado. Se houvesse menos especificações de conteúdo em nossos currículos, poderíamos também nos aprofundar mais.

O ensino eficaz requer o planejamento deliberado e explícito das habilidades específicas da matéria. A leitura bem-sucedida exige o desenvolvimento de habilidades de decodificação, ampliação de vocabulário e compreensão, além do aprendizado de estratégias e processos específicos — isso é mais evidente nos anos iniciais, mas está presente em todos os níveis de escolaridade. O sucesso em matemática requer o desenvolvimento de habilidades de identificação de padrões, ordenação, estabelecimento de relações e aprendizado e uso de fatos e conceitos básicos. Pode haver muito sucesso em ensinar matemática como resolução de problemas desde a idade mais precoce (envolvendo tanto o conteúdo quanto habilidades mais profundas) e, em seguida, garantir que os alunos aprendam as habilidades apropriadas para resolver esses problemas. Isso pode ser mais eficaz do que ensinar fatos básicos e introduzir a resolução de problemas mais tarde. Não se trata de focar em um ou outro (habilidades ou compreensão), mas em ambos, no momento certo, com os métodos de ensino corretos, com os níveis e profundidade de integração adequados.

Em todos os casos, é mais importante se preocupar em conectar a aula com o aprendizado e a compreensão prévios do que tentar relacioná-la com o mundo real ou futuro, como se costuma sugerir. Portanto, um excelente diagnóstico do que o aluno traz para a aula (seu conteúdo, habilidades, conceitos e concepções equivocadas) é crítico para o sucesso — garantir que os critérios de sucesso da aula não sejam nem muito difíceis nem muito fáceis, e isso deve ser baseado nesse diagnóstico. A aprendizagem vai além da mera exposição ou tempo gasto na tarefa, e avaliar o progresso em relação aos critérios de sucesso pode significar que alguns professores precisem dedicar menos tempo a determinados conceitos. Assim, tanto a eficiência quanto a eficácia do ensino devem ser consideradas. Isso pode ser difícil em turmas com tempos predefinidos. O que fazer com aqueles que alcançam o sucesso bem antes dos outros? O ensino a distância durante a pandemia de covid-19 mostrou muitas maneiras de permitir que esses alunos avancem para outros tópicos ou ganhem mais profundidade.

É um erro grave, e pode até prejudicar o desenvolvimento escolar futuro da criança, introduzir tarefas mais desafiadoras antes que o domínio do básico seja alcançado. Um tema recorrente é o efeito Mateus: se até os 8 anos os alunos não adquirem conteúdo, habilidades e conceitos suficientes para interligar o conhecimento e não desenvolvem a estrutura conceitual para interpretar novas informações, então a discrepância entre aqueles que têm esse conhecimento e aqueles que não têm tende a aumentar. Programas como o de Recuperação de Leitura garantem que os alunos adquiram habilidades suficientes antes de partir para a leitura como ferramenta de aprendizagem. Isso requer mais exposição à leitura para esses estudantes e habilidades específicas de ensino para levar ao domínio de forma eficiente. Se houvesse mais programas de recuperação em matemática e outras áreas do conhecimento seria fantástico.

A pesquisa mais recente sobre o desenvolvimento de várias progressões possíveis de aprendizagem é animadora. Porém, o nível de detalhes pode ser opressor. Certamente não existe uma única progressão ideal (um erro em muitos sistemas educacionais).

Desenvolver sistemas semelhantes a um GPS para ajudar professores e alunos a entenderem melhor as progressões, o foco no "próximo melhor passo" do ensino de acordo com a progressão específica e o reconhecimento contínuo dos ganhos de aprendizagem pelos alunos pode motivá-los em direção ao próximo marco/critério de sucesso (Cawsey; Hattie; Masters, 2019). A pesquisa de Petit *et al.* (2016) sobre progressões em frações mostra a enormidade dessa tarefa, mas é um trabalho valioso, e muito mais é necessário em relação aos diversos tópicos nos vários currículos. São necessárias mais pesquisas sobre modelos concorrentes de currículos em relação ao sucesso no progresso e no desempenho. Uma das descobertas saudáveis dos estudos científicos são os estudos comparativos dos vários currículos, e muitas outras investigações comparativas como essa são necessárias em todos os domínios.

Deixe-me ser claro: não sou fã de reajustar os currículos constantemente. Muitas vezes me pedem para participar de grupos de revisão de currículos, mas resisto, a menos que haja uma estipulação por escrito de que os currículos revisados devem incluir substancialmente menos do que a versão atual. Portanto, participei apenas de um grupo de revisão na última década, mas me retirei quando o novo ministro disse: "Os estudantes precisam saber mais, não menos". Se você colocar todos os currículos de vários sistemas em qualquer disciplina na mesa, a descoberta mais surpreendente é que eles são muito diferentes. Não existe algo essencial. Não existe escopo e sequência perfeitos. Não existe um currículo acordado mundialmente. Os currículos são, e devem ser, o tópico mais contestado, a essência do debate democrático e do que é ensinado e valorizado nas escolas.

REFLEXÕES

1. Gardiner alegou que a quantidade é inimiga da profundidade. Alguns afirmam que os professores ensinam aquilo que está mais alinhado com os testes padronizados. Isso se assemelha à sua experiência? Ensinar para os testes equivale ao que é mais valioso? O conteúdo dos exames reflete o que você valoriza e pretende cobrir? É possível elaborar um exame valioso antes de desenvolver os planos de aula, ministrar as aulas e avaliar o impacto nos alunos?

2. Leia a seção Processos de ensino de matemática, na qual o ensino intencional ou deliberado é destacado por ter altos efeitos positivos. Liste os elementos descritos e usados para discutir e explorar metas e prioridades futuras para o desenvolvimento do corpo docente.

3. Faça uma avaliação dos cinco grandes fatores de leitura de todos os seus alunos (independentemente do ano). Em seguida, com colegas e especialistas em recursos de leitura, desenvolva um programa para esses estudantes aprimorarem essas habilidades.

4. Após ler as seções sobre matemática, discuta as implicações da seguinte conclusão: ensinar matemática como resolução de problemas desde a idade mais precoce e, em seguida, garantir habilidades adequadas para completar esses problemas é mais eficaz do que ensinar fatos básicos e, posteriormente, introduzir a resolução de problemas. Quais são os desafios envolvidos em problemas com enunciados para crianças pequenas e como podemos superá-los?

5. Juntos, identifiquem os principais pontos das conclusões. A mensagem parece ser que esses temas são o caminho a seguir para garantir o ensino e a aprendizagem bem-sucedidos, independentemente do currículo oferecido. A partir disso, avalie as maneiras atuais pelas quais professores e líderes decidem sobre o foco, o escopo e a progressão do currículo e garanta que haja oportunidades para aprofundamento em algumas áreas de cada currículo.

11
Ensinando com intencionalidade

ALINHAMENTO INTENCIONAL DE METAS, ESTRATÉGIAS DE APRENDIZAGEM, CRITÉRIOS DE SUCESSO E *FEEDBACK*

O ensino precisa ser intencional. Isso significa que todos os componentes da aula devem estar alinhados de forma planejada: critérios de sucesso, *feedback*, estratégias de aprendizagem, métodos de ensino, atividades e avaliações. O foco está na importância, no valor e na natureza crítica dos critérios de sucesso. É preciso haver um equilíbrio entre o saber--que, o saber-como e o saber-com, para que os alunos não interpretem mal a intencionalidade (por exemplo, focando demais no conteúdo ou nos aspectos mais profundos da aula) se isso não estiver alinhado com o objetivo do educador. É claro que a aprendizagem dos estudantes não se limita apenas ao que o professor diz, faz, se importa ou pretende. Mas eles não precisam ficar confusos sobre a intencionalidade. A clareza do professor é fundamental, mesmo quando ele se desvia para digressões interessantes. Assim, ao preparar as aulas, a escolha dos métodos de ensino exige uma compreensão profunda dos itens a seguir.

1. Currículo, progressões de aprendizagem, conhecimento do que define o sucesso (no tempo disponível) e intenções de aprendizagem.
2. Análise cognitiva da tarefa, que envolve decompor com sucesso as etapas necessárias para completá-la. Isso pressupõe os conhecimentos superficial, profundo e de transferência, bem como as estratégias de aprendizagem exigidas para o sucesso em cada nível.
3. Nível de conhecimento prévio dos alunos, sua trajetória de aprendizagem e de onde eles partiram.
4. Fornecimento de intervenções de ensino e *feedback* para reduzir a lacuna de aprendizado entre o ponto de partida dos estudantes e os critérios de sucesso desejados.
5. Uma estratégia de avaliação (incluindo instrumentos formais) para monitorar a implementação e o impacto sobre os alunos durante e ao final da(s) aula(s). O *feedback* deve servir para nortear a atuação do professor.

Esses cinco processos são fundamentais para a escolha das estratégias de ensino. A intenção das aulas deve estar alinhada com os critérios de sucesso delas e com a avaliação e o *feedback* para o professor e para o aluno durante e ao final das aulas. Segundo Biggs (1999), isso significa que há três noções centrais que sustentam o alinhamento intencional: identificar os resultados desejados, alinhar deliberadamente as atividades de aprendizagem planejadas e os critérios de sucesso desejados, e garantir que as tarefas de avaliação digam se os resultados reais correspondem aos pretendidos ou desejados.

Isso remete ao conceito de planejamento curricular reverso. Wiggins e McTighe (2005) observaram que os professores em geral organizam uma aula usando um planejamento curricular progressivo, escolhendo o conteúdo e as atividades e, em seguida, tentando fazer conexões com os objetivos de aprendizagem. Muitas vezes, essas salas de aula são dominadas por diversas atividades, os alunos acabam vendo o propósito do aprendizado como a conclusão de atividades ou a realização de tarefas, e o sucesso torna-se apenas concluí-las no tempo determinado. As decisões sobre avaliação no planejamento curricular progressivo geralmente ocorrem após o ensino e refletem o conteúdo do que foi ensinado, em especial se os alunos prestaram atenção ao conteúdo.

Em contraste, o planejamento curricular reverso faz os professores considerarem os objetivos de aprendizagem em primeiro lugar. Esses objetivos de aprendizagem incorporam o conhecimento e as habilidades que os alunos devem adquirir ao final da série de aulas. Uma vez estabelecidos, a segunda etapa envolve considerar a avaliação, com o intuito de deixar claro para o professor (e para os alunos) o que é valorizado em termos de conteúdo, as relações mais profundas entre ideias e compreensões conceituais e as habilidades desejadas para transferência para outras tarefas e contextos. A terceira etapa é projetar métodos de ensino, atividades e recursos para levar os alunos de onde eles partem até os critérios de sucesso desejados e transparentes. Essa é a essência do ensino com intencionalidade. Ele sugere que os professores ajam com intenção — "ação sob desenvolvimento" (Russell, 2018):

- Ser intencional sobre a escolha dos objetivos de aprendizagem, dos critérios de sucesso e dos métodos avaliativos, buscando *feedback* avaliativo sobre a eficácia e a eficiência dos métodos de ensino e sua implementação durante e ao final das aulas.
- Ser intencional sobre o processo de aprendizagem, que pode ser considerado o desenvolvimento do conhecimento, as compreensões relacional e conceitual mais profundas e as habilidades de transferência.
- Ser intencional sobre as estratégias de aprendizagem ideais para ensinar e usar nas aulas.
- Ser intencional sobre a escolha dos métodos de ensino e reconhecer que existem poucos que sejam ótimos para todas as três partes do ciclo de aprendizagem: saber-que, saber-como e saber-com. Isso requer que os professores tenham habilidades para diferenciar os métodos de ensino dependendo de onde seus alunos estão no ciclo de aprendizagem.
- Ser intencional não significa usar um método de ensino quando ele não está tendo o impacto pretendido; não fazer os alunos realizarem atividades apenas por realizá-las.
- Ser intencional significa perceber o impacto do ensino por meio dos alunos verbalizando seu raciocínio e aprendizado e pela compreensão dos critérios de sucesso e seu progresso em direção a eles.

Este capítulo descreve as evidências sobre intencionalidades e objetivos de aprendizagem, critérios de sucesso, habilidades para analisar as estratégias de aprendizagem e os requisitos cognitivos das tarefas, bem como o poder do *feedback* (incluindo avaliações) — o núcleo do modelo de ensino com intencionalidade.

O modelo inclui informar os alunos sobre a intencionalidade da aprendizagem e os critérios de sucesso das tarefas. Essas duas fases não se concentram tanto no desejo dos alunos de alcançar o objetivo de aprendizagem (que está mais relacionado à motivação), mas em sua compreensão da natureza das tarefas de aprendizagem e do que significa ter sucesso. Quando um estudante está ciente do que significa ser bem-sucedido antes de iniciar a tarefa, essa consciência leva a comportamentos mais direcionados a objetivos e a uma melhor compreensão do porquê e do valor do ensino e do *feedback*. Além disso, aqueles que podem articular ou são ensinados a respeito desses critérios de sucesso têm maior probabilidade de serem estratégicos na escolha de suas estratégias de aprendizagem, de desfrutarem da emoção do sucesso e de se empenharem mais para alcançar os objetivos da(s) aula(s).

O modelo de ensino com intencionalidade prevê que os alunos precisam ser ensinados a obter uma visão geral do que deve ser aprendido (por meio de intenções de aprendizagem), entender os critérios de sucesso para as próximas aulas e ter alguma clareza desde o início sobre o que significa dominar e ser bem-sucedido na aprendizagem com base nas aulas (Tabela 11.1). Dessa forma, sua aprendizagem subsequente é maximizada. O efeito geral nas 31 metanálises sobre critérios de sucesso é de 0,54, sendo os maiores efeitos relacionados a oferecer aos alunos habilidades de planejamento e previsão, ter intenções de implementar metas, estabelecer padrões para autoavaliações e ter um nível de dificuldade adequado para os objetivos. Isso permite que os alunos vejam o todo ou a *gestalt* do que se pretende aprender antes de iniciar as aulas. Assim, oferece um cabide no qual o conhecimento superficial pode ser organizado.

INTENÇÕES DE APRENDIZAGEM

As intenções de aprendizagem estabelecem o que os alunos pretendem aprender e podem ser apresentadas em forma de conteúdo, linguagem ou aprendizagem social. Existem muitas fontes que detalham como projetar as intenções de aprendizagem e os critérios de sucesso; este livro não é o local para essa discussão (ver Clarke, 2021). A questão aqui está mais relacionada às evidências do poder da intencionalidade da aprendizagem e dos critérios de sucesso. Uma descoberta fundamental é que, em muitos casos, ambos são necessários. De fato, intenções de aprendizagem sem critérios de sucesso podem fazer os alunos voltarem a ver a aprendizagem como pouco mais do que fazer e, sem critérios de sucesso, eles terão pouco ou nenhum conceito do que os professores consideram bem-sucedido nesse aprendizado (além de conclusão e conformidade). Por exemplo, se uma intenção de aprendizagem é aprender a escrever redações, isso deixa o aluno se perguntando como é uma boa redação; portanto, o critério de sucesso pode oferecer essa informação crucial para eles.

A essência das intenções de aprendizagem é o comportamento orientado para objetivos. *Locke e Latham (1990) encontraram evidências convincentes, incluindo muitas metanálises, mostrando o quão críticos são os objetivos para melhorar o desempenho, pois eles regulam as ações e explicam a natureza da ligação entre o passado e o futuro.

TABELA 11.1 Estatísticas resumidas para intenções de aprendizagem, critérios de sucesso e profundidade de complexidade

Intenções de aprendizagem	N° de metanálises	N° de estudos	N° total	N° de efeitos	Tamanho de efeito ponderado	Erro padrão (EP)	Robustez
Intenções claras dos objetivos	7	504	97.824	613	0,44	0,04	4
Organizadores avançados	12	935	87.015	2.291	0,41	0,04	4
Planejamento e previsão	3	157	14.450	178	0,83	0,08	3
Abordagem de hierarquias de aprendizagem	1	24	2.209	24	0,19	0,00	1
Mapeamento conceitual	12	1.262	115.467	1.429	0,62	0,08	5
Critérios de sucesso	2	163	15.002	163	0,64	0,08	2
Objetivos adequadamente desafiadores	6	375	36.955	473	0,60	0,06	4
Compromisso com as metas	3	103	9.907	112	0,44	0,08	2
Aprendizagem de domínio	17	814	76.638	667	0,67	0,10	4
Exemplos resolvidos	2	83	5.257	179	0,47	0,04	2
Profundidade da complexidade							
Complexidade da tarefa	3	331	213.627	413	0,62	0,08	4
Análise cognitiva da tarefa	2	27	2.485	95	1,09	0,11	2
Total/média	70	4.778	676.835.79	6.637	0,58	0,04	3

Uma descoberta importante do livro deles é que o desempenho é aprimorado na medida em que alunos e professores estabelecem metas desafiadoras, em vez de "fazer o seu melhor", em relação às competências atuais dos estudantes e às metas que eles estão comprometidos a alcançar. Uma importante afirmação aqui é que também faz uma grande diferença se os professores forem transparentes desde o início sobre as intenções de suas aulas e comunicarem, ou melhor ainda, construírem com os alunos as noções de como é o sucesso. Ao compreender o sucesso ou quando "bom é suficiente", os educadores podem aumentar o comprometimento dos estudantes com os objetivos.

Muitas influências relacionadas enfatizam as intenções de aprendizagem e os critérios de sucesso, como organizadores prévios, aprendizagem baseada no domínio e hierarquias de aprendizagem.

Organizadores avançados

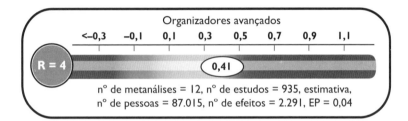

Entre as décadas de 1960 e 1990, houve muita atenção aos objetivos comportamentais e organizadores prévios:

> [...] definidos de maneira ampla como pontes entre o conhecimento prévio do leitor e o que deve ser aprendido. Eles devem ser mais abstratos e inclusivos do que o material específico a ser aprendido e dar um meio para organizar o novo material (*Stone, 1983, p. 194).

Existem 12 metanálises com um efeito médio de 0,42. Os efeitos diminuem quando os organizadores prévios são muito específicos, explicitamente focados na tarefa real e não em um nível superior, ou quando ignoram os desafios. Os efeitos são maiores quando as noções de sucesso são incluídas e compartilhadas com os alunos. *Kozlow (1978), por exemplo, descobriu que os objetivos comportamentais eram mais eficazes quando envolviam comparações com alguns padrões de desempenho, tornando-se mais parecidos com critérios de sucesso do que expositivos.

Planejamento e previsão

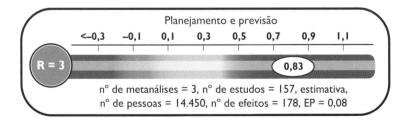

O efeito médio do planejamento e da previsão a partir de quatro metanálises é de 0,83. As estratégias de planejamento incluem o desenvolvimento de intenções de aprendizagem e a alocação de recursos, com atenção específica para decidir sobre a quantidade de tempo a ser gasto em atividades, escolher a ordem ideal para ensinar o conteúdo e os conceitos, definir a natureza e os indicadores de progressão para o sucesso e fazer previsões sobre quais estratégias cognitivas e de aprendizagem empregar.

É preciso ter cuidado com as progressões. Não existe uma progressão única para todos os alunos, pois pode haver múltiplas progressões para os critérios de sucesso e a necessidade de permitir diferentes tempos e maneiras para que eles os atinjam (como observado anteriormente). Cawsey, Hattie e Masters (2019) compararam as progressões a um GPS: há uma rota que a maioria seguirá de Nova York para Los Angeles, mas se alguns subirem pelo Canadá, e outros descerem pelo sul, eles não devem ser punidos nem vistos como desviantes ou inferiores nem serem forçados a ir pela rota principal. Ao aprender, alguns adoram sair da trilha principal, descobrir a beleza do cenário local e têm maior probabilidade de se lembrar dos incidentes de descoberta, de se perder e de sentir a alegria de chegar ao destino com muitas histórias boas.

Hierarquias de aprendizagem

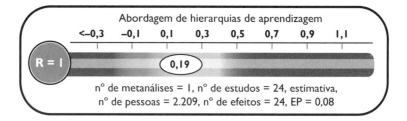

As hierarquias de aprendizagem determinam a ordenação das habilidades a serem aprendidas que darão suporte ao aprendizado futuro. O tamanho médio de efeito de uma metanálise é de 0,19 (*Horon; Lynn, 1980). Isso sugere a insensatez de desenvolver progressões de aprendizagem para todos os alunos, como se todos seguissem as mesmas etapas. Também é preciso ter cuidado com o excesso de velocidade na jornada da progressão, o que pode dificultar um pouco o desenvolvimento da fluência e a consolidação da aprendizagem (*Jackson; Suethanapornkul, 2013). Como parte do planejamento, os professores precisam se preocupar com precisão, complexidade e fluência; trabalhar para definir níveis apropriados de desafio com base no domínio anterior; compartilhar o destino da jornada (critérios de sucesso); e ensinar os estudantes a avaliarem sua progressão, bem como a apreciar a paisagem local, sabendo que as falhas e os caminhos falsos são normais.

Mapeamento conceitual

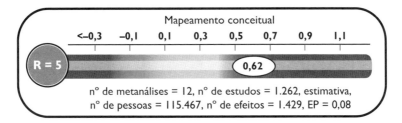

Uma maneira eficaz de explicar as intenções de aprendizagem é por meio de mapas conceituais, que envolvem o desenvolvimento de representações gráficas da estrutura conceitual do conteúdo a ser aprendido. Esses mapas geralmente identificam o material a ser aprendido com indicadores de prioridades e conceitos de ordem superior. O efeito médio de 11 metanálises é de 0,62.

Um dos principais fatores de sucesso é envolver os alunos no desenvolvimento dos mapas (*Nesbit; Adesope, 2006), não necessariamente no início de uma série de aulas, mas depois que eles começaram a aprender parte do vocabulário da matéria e foram expostos às ideias principais. (*Kang, 2002). Durante essas sessões de codesenvolvimento, pode haver discussões sobre como capturar as ideias principais do que deve ser aprendido, identificando temas e observando inter-relacionamentos, especialmente para aqueles que não têm essas habilidades de organização e síntese. Os mapas conceituais são mais eficazes com alunos que têm menos probabilidade de conhecer a relação entre conceitos de ordem inferior e superior, ou seja, que têm menor habilidade ou são menos verbais (*Horton *et al.*, 1993; *Nesbit; Adesope, 2006; *Vásquez; Caraballo, 1993). *Nesbit e Adesope (2006, p. 434) observaram que há uma menor carga cognitiva "[...] ao organizar nós em um espaço bidimensional para representar as relações, consolidando todas as referências a um conceito em um único símbolo e rotulando explicitamente os *links* para identificar relações". Mapas conceituais oferecem um "cabide" para os alunos entenderem as grandes ideias subjacentes aos muitos detalhes do conteúdo (Karpicke; Blunt, 2011).

CRITÉRIOS DE SUCESSO

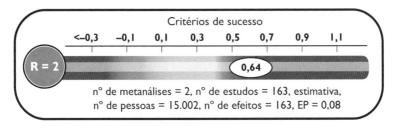

O objetivo dos critérios de sucesso é fazer os alunos entenderem o que o professor usa como meta ou noção de domínio. Eles delineiam os critérios para avaliar o trabalho dos estudantes, indicando quando ele está bom o suficiente, demonstrando aos alunos que o professor é claro e compartilhando os critérios para determinar se as intenções de aprendizagem foram alcançadas com sucesso. Muitas vezes, os alunos podem conhecer a intenção de aprendizagem, mas não sabem como o professor vai avaliar o desempenho deles ou saber quando ou se foram bem-sucedidos (geralmente levando à pergunta "isso vai cair na prova?"). Então, não surpreendentemente, há um foco excessivo em fazer, completar e ver o aprendizado como encerrado quando o trabalho é entregue. Ao disponibilizar critérios de sucesso, os estudantes podem ser ajudados a monitorar seu progresso em direção a esses julgamentos e padrões.

Tanto as intenções de aprendizagem quanto os critérios de sucesso são necessários para maximizar o impacto no desempenho. A base de muitas afirmações sobre o valor da autoavaliação, autoanálise, automonitoramento e autoaprendizagem do aluno é que eles tenham uma compreensão razoável de onde estão, para onde estão indo, como será quando chegarem lá e para onde irão em seguida, ou seja, eles têm intenções de aprendizagem e critérios de sucesso. Martin (2006) sugeriu que um método para auxiliar os estudantes na definição de metas específicas para tarefas e situações era usar a noção de melhores conquistas individuais. Metas específicas para tarefas dão a eles informações claras sobre o que estão tentando alcançar no futuro imediato (tanto em termos de especificidade quanto de grau de desafio), e, para situações, dão a eles a razão para querer alcançar um determinado resultado (para superar seu nível anterior de realização naquele objetivo). O *feedback* relativo a esses critérios de sucesso costuma ser mais eficaz do que quando comparado ao desempenho de outros alunos (Zhao, 2022). Martin descobriu que definir as melhores conquistas individuais tinha alta relação positiva com as aspirações educacionais, o prazer pela escola, a participação na turma e a persistência na tarefa. As características mais salientes das melhores conquistas individuais eram a especificidade e o grau de desafio das metas, e o fato de serem vistas como relacionadas ao autoaprimoramento. As melhores conquistas individuais combinavam as melhores características das metas de domínio e desempenho, pois "[...] refletem principalmente uma orientação para o domínio, porque são autorreferenciadas e baseadas em autoaprimoramento, mas ainda têm um elemento de orientação para o desempenho, porque o aluno compete com seu próprio desempenho anterior" (Martin, 2006, p. 816).

Embora os alunos gostem de entender como é o sucesso (DeLuca *et al.*, 2018), o dilema é que eles podem interpretar os critérios de sucesso principalmente em termos de saber muito (não importa o quão brilhantemente o professor os desenvolva e os explique). Isso levou Hattie e Clarke (2019) a recomendar, quando apropriado, dois critérios de sucesso: um para o fechado/superficial (fato, conteúdo, saber-que) e outro para o aberto/profundo (relação, transferência, saber-como e saber-com). Por exemplo, em uma tarefa de escrita, pode haver critérios de saber-que específicos para o desenvolvimento de conhecimento e habilidades (por exemplo, usar pontuação correta, o papel dos adjetivos) e outros para atributos relacionais e de saber-como mais profundos (por exemplo, escrever a caracterização de um personagem em uma peça, escrever um texto explicativo).

Metas adequadamente desafiadoras

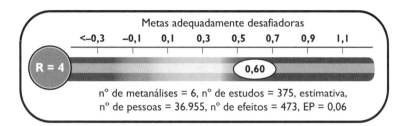

Em *Visible Learning*, evidências mostraram que metas mais difíceis eram mais poderosas do que "dar o seu melhor". O desempenho dos alunos com metas mais desafiadoras é mais de 250% superior ao dos sujeitos com metas mais fáceis (*Wood *et al.*, 1987). Portanto, devemos banir o "dar o seu melhor", principalmente porque às vezes o seu melhor não é bom o suficiente, e isso pode reduzir o comprometimento e a habilidade para enfrentar tarefas desafiadoras. O bom cenário é que professores eficazes estabelecem metas apropriadamente desafiadoras, comunicam-nas aos alunos e, então, estruturam situações para que eles possam alcançá-las. Se os educadores puderem encorajar os estudantes a compartilharem o compromisso com essas metas desafiadoras e dar *feedback* sobre como ser bem-sucedido na aprendizagem à medida que se trabalha para alcançá-las, então há maior probabilidade de as metas serem alcançadas.

"Desafio" é um termo relativo — depende do desempenho e compreensão atuais do aluno e dos critérios de sucesso derivados da intenção de aprendizagem. O desafio não deve ser tão difícil que a meta seja vista como inatingível, dado o nível de autoeficácia ou confiança do aluno. Em vez disso, professores e alunos devem ser capazes de ver um caminho para atingir a meta desafiadora, que pode incluir estratégias para entender a meta ou a intenção, planos de implementação para alcançá-la e, de preferência, um compromisso para isso.

Lomas *et al.* (2017) observaram que muitos *design*s de jogos são otimizados para torná-los "nem muito difíceis, nem muito fáceis". Eles designaram aleatoriamente jogadores para condições fáceis, moderadas e difíceis e permitiram que outros grupos de jogadores escolhessem sua dificuldade livremente. Níveis moderadamente difíceis foram os mais motivadores quando autosselecionados, e muita ou pouca novidade reduziu a motivação intrínseca. Eles concluíram que, se a dificuldade diminui enquanto a novidade e o suspense aumentam a motivação, então uma implicação é fazer jogos fáceis e interessantes que não sejam "nem muito fáceis, nem muito difíceis, nem muito chatos", como na história de *Cachinhos Dourados e os três ursos*.

Jogadores de xadrez gostavam mais de jogos com 20% de chance de vitória; eles gostam de jogos difíceis, mas não muito difíceis (Abuhamdeh; Csikszentmihalyi, 2012). Em jogos de computador, Lomas *et al.* (2017) notaram o oposto. Os jogadores afirmaram que o nível ideal de dificuldade para maximizar a motivação intrínseca parecia ser "o mais fácil possível". Eles determinaram três pontos para maximizar o sucesso e a motivação: escolha do jogador, novidade e suspense. À medida que os jogos se tornam mais difíceis, eles podem introduzir novidades, e o "apelo do desafio é mais determinado pela novidade ideal do que pela dificuldade ideal". A mensagem começa minimizando a dificuldade e oferecendo graus moderados de novidade/desafio. Os jogadores geralmente gostam de se sentir bem-sucedidos e competentes ao jogar algo novo.

> A repetição de tarefas causa fadiga e deve ser acompanhada de um fluxo regular de novidades. Depois de um tempo, a própria dificuldade pode ser essa fonte de novidade. Tanto os jogadores de alto desempenho quanto os de baixo desempenho se beneficiam de uma sensação de suspense durante um jogo equilibrado. Em geral, o desafio parece ser divertido porque é interessante. Manter os jogos fáceis e interessantes pode ser mais importante do que equilibrar a dificuldade (Lomas *et al.*, 2017, p. 1037).

Por isso, nossa máxima "nem muito difícil, nem muito fácil" pode ser reformulada como "nem muito difícil, nem muito chato".

Se o desafio permanecer muito fácil, isso pode ser desmotivador, e não há novidade em acertar continuamente. Nuthall (2007) mostrou que os alunos já sabem de 40 a 50% de tudo o que é ensinado nas aulas. Berry (2023) descobriu que as crenças dos professores sobre engajamento eram mais uma função de fazer o trabalho, independentemente dos padrões de desafio ou desempenho. Talvez um problema mais comum nas aulas seja que o trabalho não é nem desafiador nem inovador, mas muito repetitivo, às vezes com muita novidade e pouco desafio, e às vezes muito focado em fazer e terminar com pouco senso de uma escada de desafios.

Concluindo sobre o tema da dificuldade ideal, Wilson *et al.* (2019) propuseram a regra dos 85% para a aprendizagem otimizada. Eles demonstraram que a taxa de aprendizagem é maximizada quando a dificuldade é ajustada para manter a precisão do aprendizado em torno de 85%. Se a aprendizagem estiver muito rápida, pode ser interessante misturar exemplos mais difíceis. Essa aprendizagem deve envolver prática espaçada (ao longo do tempo, não tudo de uma vez), o que reforça a importância da novidade. A mensagem aqui é que taxas de erro em torno de 20% são toleráveis, desde que haja uma progressão gradual do fácil para o difícil, encontrando rapidamente a zona ideal de sucesso de 80-85%. É nesse ponto que o "fluxo", ou equilíbrio entre ansiedade e tédio, pode ser alcançado. Para concretizar isso, no entanto, é preciso encarar os erros (os 15%) como oportunidades de aprendizagem, não como fontes de constrangimento.

Compromisso com as metas

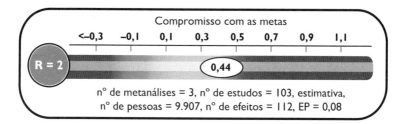

O comprometimento com os critérios de sucesso não é tão crítico quanto torná-los apropriadamente desafiadores, mas ajuda. Sem comprometimento, pode haver pouca ou nenhuma motivação para se esforçar, e o professor precisa confiar em obediência, coerção ou recompensas externas para estimular o empenho. Em contrapartida, um comprometimento alto demais pode levar a estresse e ansiedade.

Existem muitos fatores envolvidos no comprometimento com metas, como senso de dever, necessidade de desempenho, orientação para metas de domínio, preferência por desafios e influência dos colegas (Carroll *et al.*, 2009). Os pares influenciam o comprometimento com as metas por meio de pressão, modelagem e competição. O compromisso pode ser moderado pelo fato de a meta ser definida publicamente, ser coletiva, ou ser vista como muito fácil, muito difícil ou muito chata (Epton; Currie; Armitage, 2017). O comprometimento público com as metas tem um efeito maior do que o comprometimento privado. O ponto principal é que o comprometimento dos alunos ajuda no investimento da aprendizagem, tornando ainda mais importante a transparência, a compreensão, o nível de desafio e a aceitação dos critérios de sucesso.

Aprendizagem por domínio

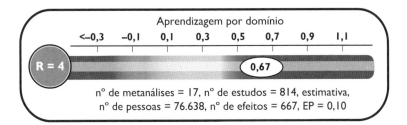

A ideia subjacente à aprendizagem por domínio é que todas as crianças podem aprender desde que recebam explicações claras sobre o que significa dominar o material ensinado. No modelo de domínio, define-se um nível de domínio (por exemplo, 80% de aprovação na avaliação desenvolvida no início, antes de o ensino iniciar). Esse nível de domínio é, então, mantido constante, e o tempo e as formas de progresso devem ser flexíveis. O aluno não avança para um novo material até que o nível de domínio seja atingido (como em muitos jogos). Aulas extras e oportunidades de aprendizagem são oferecidas para aqueles que não alcançam o domínio.

As metanálises sobre o tema são relativamente antigas, possivelmente indicando a perda de interesse na implementação desse tipo de aprendizagem, embora muitos métodos de ensino por computador mais recentes frequentemente tenham o domínio como parte central de sua metodologia. Os efeitos são altos nos ensinos fundamental, médio e superior (*Guskey; Gates, 1986; *Kulik *et al.*, 1990), sendo particularmente fortes para alunos com menores habilidades ($d = 0,96$) (*Kulik *et al.*, 1990).

O ensino por domínio aumenta, em média, 25% do tempo necessário, porque, no ensino sem domínio, os professores avançam mesmo que os alunos ainda não tenham aprendido. *Slavin (1987) argumentou que os efeitos mais positivos podem ser devido ao tempo extra que os estudantes precisam para alcançar o domínio do que o tempo normal de ensino em sala de aula, o que talvez aponte para a importância do tempo extra para muitos deles. O autor concluiu que o que mais importa é a qualidade do ensino, do acompanhamento e dos materiais; o tempo extra necessário; e a qualidade e quantidade do *feedback* corretivo.

Exemplos resolvidos

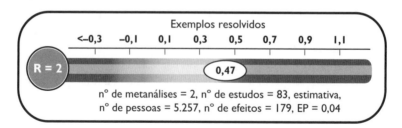

Outra forma de demonstrar aos alunos como é o sucesso e, portanto, qual poderia ser a meta para o próprio aprendizado deles, é apresentar exemplos resolvidos, os quais, em geral, consistem em uma apresentação do problema e as etapas apropriadas para a solução. A defesa da utilização de exemplos resolvidos é que eles reduzem a carga cognitiva para os alunos, concentrando-se nos processos que levam à resposta correta e não apenas dando uma solução que pode estar certa ou errada. Um exemplo típico consiste em uma fase introdutória (exposição ao exemplo), uma fase de aquisição ou treinamento e uma fase de teste (avaliação da aprendizagem). Embora possa haver pequenos desvios, a maioria dos estudos segue esse padrão, incluindo um pré-teste ou introdução de uma fase de aquisição ou teste retardado. A diferença nos efeitos médios nas duas metanálises é bem distinta. *Crissman (2006) usou 62 estudos, principalmente das décadas de 1980 ao início dos anos 2000, com ensinos médio e superior em ciências, obtendo um efeito alto de 0,57. Já *Wittwer e Renkl (2010) usaram 18 estudos em ciências a partir dos anos 2000, obtendo um efeito mínimo de 0,16.

Os efeitos foram maiores para alunos com menores habilidades e duas vezes maiores para aqueles sem conhecimento ou habilidade prévia em um domínio, em comparação com aqueles com conhecimento prévio, assim, sugere-se usá-los no início da sessão. Ambas as revisões encontraram efeitos altos para o "esmaecimento" (0,60), que é a omissão de etapas específicas do problema para facilitar a transição de exemplos resolvidos para a resolução de problemas. *Wittwer e Renkl (2010) descobriram que explicações adicionadas a exemplos resolvidos tiveram um efeito significativo e positivo na aquisição de conhecimentos conceitual (0,36), estratégico (0,31) e situacional (0,37). O valor dos exemplos resolvidos pode ser restrito, portanto, a um método de demonstração de critérios de sucesso, mas nada mais. Essa exposição inicial seguida pelo desaparecimento gradual das etapas da solução tem maior probabilidade de levar à resolução autônoma de problemas pelo aluno.

Complexidade e análise cognitivas de tarefas

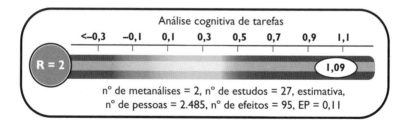

Dois aspectos importantes dos critérios de sucesso e das intenções de aprendizagem são a complexidade do aprendizado desejado ao longo das aulas e a análise das demandas cognitivas nas tarefas atribuídas aos alunos. Em geral, a análise cognitiva de tarefas envolve os professores identificando o desempenho eficaz da tarefa, as decisões e procedimentos estratégicos, o conhecimento de conteúdo necessário, como as ideias para completar a tarefa estão relacionadas entre si (como as relações hierárquicas entre tarefas ou conteúdo), como os alunos raciocinam e escolhem estratégias de aprendizagem ao resolver problemas, em que os estudantes precisam prestar atenção e o que precisam minimizar ao resolver a tarefa, e os possíveis erros e conceitos equivocados que podem atrapalhar o aprendizado. É mais do que apenas observar, analisar comportamentos ou relatar o que pensamos ser os atributos cognitivos da tarefa. É uma compreensão profunda do porquê e do como os alunos dão sentido às coisas. A análise de tarefas é frequentemente desenvolvida utilizando observações diretas do aprendizado dos estudantes, entrevistas com alunos iniciantes e especialistas ou ouvindo-os para saber como pensam e processam as tarefas, fazendo uma análise profunda do conteúdo de documentos existentes (manuais, currículos, progressões), rastreando o processo de aprendizagem durante a execução da tarefa, mapeando conceitos, tendo um conhecimento profundo de como aprendemos e usando estudos anteriores sobre as progressões envolvidas na conclusão bem-sucedida de uma tarefa (e não na conclusão para verificar os erros e caminhos falsos que alguns alunos podem tomar). É uma tarefa complexa.

Tanto para o conhecimento superficial (conteúdo, fatos, ideias) quanto para o mais profundo (relacional, conceitual, transferência), pode haver diferentes níveis de complexidade cognitiva. Se isso não for transparente para o professor ou para o aluno, há uma lacuna importante no processo de ensino e possível confusão para o estudante. Além disso, o alinhamento intencional não ocorre apenas entre as intenções de aprendizagem, os critérios de sucesso e o *feedback* nos diferentes níveis de complexidade cognitiva, mas também nas estratégias de aprendizagem ideais a serem invocadas na aprendizagem.

Assim, ao preparar as intenções de aprendizagem, os critérios de sucesso e o *feedback*, também é preciso atentar para a análise de tarefas do nível de complexidade cognitiva desejado na aula e na aprendizagem do aluno, bem como na escolha das estratégias de aprendizagem (detalhadas no próximo capítulo). Essa análise envolve identificar as habilidades cognitivas ou demandas mentais necessárias para realizar uma tarefa com proficiência.

Por exemplo, Shute, Torreano e Willis (2020) conceberam um modelo sofisticado de complexidade cognitiva para professores. O modelo computacional deles, DNA[1] (decompor, relacionar, avaliar):

> [...] extrai e organiza conhecimentos e habilidades de especialistas no assunto, dando, assim, a base para o ensino. Por outro lado, o Smart[2] (abordagem de apresentação de modelos para ensino responsivo) utiliza os elementos estruturados do currículo resultante como base para avaliação, diagnóstico cognitivo e ensino. Desse modo, o DNA se relaciona com "o que" ensinar, e o Smart aborda "quando" e "como" ensinar (Shute; Torreano; Willis, 2020, p. 310).

---

[1] N. de T.: Do inglês *decompose, network, assess.*
[2] N. de T.: Do inglês *Student Modeling Approach for Responsive Tutoring.*

Esse processo identifica o conhecimento simbólico (saber-que), as habilidades procedimentais (solução de problemas) e o conhecimento conceitual (saber-como).

As duas metanálises sobre tarefas cognitivas têm efeitos altos, mas o foco está em universitários ou adultos. *Tofel-Grehl e Feldon (2013) revisaram a análise de tarefas cognitivas em diversos contextos: médico, escolar, governamental, militar e industrial. As aulas baseadas em análise de tarefas cognitivas diferiram dos cursos baseados em análise de tarefas não cognitivas ($d = 0,87$), com efeitos maiores nas áreas militar (1,44), industrial (1,06), médica (0,73) e de ensino (0,67), e menores em ambientes governamentais não militares (−0,17). Os efeitos foram altos para conhecimento procedimental (0,93) e resultados de conhecimento declarativo (0,83). *Lee (2004) investigou especificamente a análise de tarefas cognitivas em ambientes educacionais e encontrou apenas nove estudos, todos com universitários e adultos, mas nenhum com alunos em idade escolar. O efeito geral foi de 1,70 entre as medidas pré e pós, e os efeitos dobram na universidade em comparação com outros ambientes adultos, sendo similarmente altos para alunos iniciantes, intermediários e avançados.

Esse método necessita de mais investigações sobre mapeamento curricular, sequenciamento e preparação de aulas. A mensagem central é a necessidade de incluir análises mais profundas dos procedimentos, das estratégias de pensamento e aprendizagem, bem como dos modelos do quê, quando e como ensinar os conhecimentos declarativo e procedimental. Isso pode tornar as intenções de aprendizagem e os critérios de sucesso muito mais ricos e focados nos processos de aprendizagem, além de auxiliar no *feedback* sobre quais aspectos do pensamento cognitivo precisam de um ensino mais refinado e aprimorado.

FEEDBACK

Um tema importante do *Visible Learning* foi o poder do *feedback*. Depois da contagem de palavras para termos como "educadores" (professores, escolas, alunos) e palavras comuns (o, a, de), a próxima palavra mais comum no *Visible Learning* depois de "leitura" ($n = 299$) foi "*feedback*" (251 menções). A pesquisa sobre *feedback* vem se acelerando bastante desde a metanálise de Kluger e de Nisi de 1996 (para uma revisão, ver Hattie, Gan e Brooks, 2017). Alguns países declararam um "ano do *feedback*" (será que eles abandonam a prática no ano seguinte?) e muitos artigos e livros foram escritos sobre o tema. Infelizmente, muitos trabalhos ignoram a enorme variação nos efeitos do *feedback*. Um foco excessivo em dar *feedback* e aumentar a quantidade recebida pelos alunos faz esquecer a importância crucial de ensinar alunos e professores a ouvir, receber, interpretar e se engajar com um *feedback* que possa ser colocado em prática. Existem muitos recursos sobre o poder e a variabilidade do *feedback* (Hattie; Clarke, 2019), e esta seção apresenta uma visão geral das principais afirmações (Tabela 11.2).

Em um banco de dados anterior, todos os tamanhos de efeito em uma metanálise eram incluídos (não apenas da média geral, mas de todos os moderadores), e isso levou a uma média de 0,79 (Hattie; Timperley, 2007). No entanto, as dependências criadas pelo uso de múltiplos efeitos em um estudo levaram à revisão do banco de dados para incluir apenas um (o tamanho de efeito médio geral). Com base em todos os moderadores possíveis, a média foi de 0,79 e, baseada apenas na média geral, foi de 0,53 (mostrando os problemas de dependências dentro de estudos. Agradeço a Kiendl Korbinian, da University of Siegen, por notar isso). Esse efeito geral de 0,53 é semelhante ao efeito geral da média de 24 metanálises sobre *feedback* (0,48) (*Wisniewski *et al.*, 2020).

*Wisniewski *et al.* (2020) também destacaram a grande variabilidade nos efeitos do *feedback*. Eles foram maiores em resultados cognitivos (0,51), em comparação com motivacionais (0,33), e para *feedback* com muita informação (0,99), *feedback* corretivo (0,46) e *feedback* de reforço ou punição (0,24). Os efeitos foram altos para *feedback* de professor para aluno (0,47) e de aluno para professor (0,35), mas muito maiores entre alunos (0,85). O *feedback* é mais eficaz quanto mais informação ele contém, principalmente sobre para onde ir em seguida (Hattie; Clarke, 2019), e não importa se dado oralmente ou por escrito. A conclusão de *Wisniewski *et al.* (2020, p. 14) foi que "[...] o *feedback*, em média, é poderoso, mas alguns *feedbacks* são mais poderosos".

Para entender essa variabilidade, começamos construindo um modelo baseado em três perguntas de *feedback* e três níveis da natureza do *feedback*. O *feedback* é a resposta a três perguntas: para onde estou indo? Como estou indo para lá? E para onde devo ir em seguida? O *feedback* pode ser focado na tarefa, no processo ou na fase de autorregulação da aprendizagem. Existem outros modelos (ver Carless e Boud, 2018; Lipnevich, Berg e Smith, 2016; Shute, 2008; Wiliam, 2010), e outros pesquisadores que investigaram e criticaram nosso modelo (Ekecrantz, 2015). Brooks *et al.* (2019) confirmaram que a preponderância do *feedback* nas turmas está no nível da tarefa, e a menor quantidade de *feedback* aborda os próximos passos. Para muitos alunos, se não houver um "para onde ir em seguida", a reação deles é que não receberam nenhum *feedback* (às vezes, apesar de extensos comentários, correções e críticas). Brooks *et al.* (2019) desenvolveram uma matriz que ajuda a explicar o modelo de Hattie e Timperley (Figura 11.1).

As categorias de tarefa, processo e autorregulação se sobrepõem com o saber-que, o saber-como e o saber-com, e o *feedback* pode ter efeitos diferenciados dependendo de onde o aluno está trabalhando ao longo desse *continuum* de aprendizagem. Por exemplo, o *feedback* sobre o conteúdo é mais poderoso quando a aula se concentra nos aspectos superficiais, ou de saber-que, do tópico. Corrigir erros, reensinar tópicos e construir confiança no conteúdo necessário são importantes nesse caso. À medida que os alunos mudam o foco do conteúdo para a fase conceitual mais profunda da aprendizagem, diferentes formas de *feedback* são necessárias. Eles precisam de *feedback* sobre as relações entre as ideias e a detecção de erros com o professor. Quando queremos que assumam mais autonomia sobre os próximos passos em sua aprendizagem, o *feedback* precisa promover habilidades de autorregulação, planejamento e avaliação. A questão do tempo do *feedback* também é importante ao longo desse *continuum*. Ele precisa ser mais imediato na fase do conteúdo, mas mais poderoso se postergado na fase de autorregulação.

O *feedback* funciona melhor quando há erros e em condições em que os alunos percebem baixa, em vez de alta, ameaça à autoestima. No entanto, o elogio tende a diluir o efeito do *feedback* (já que os alunos se concentram no elogio sobre eles ou seu esforço e não na informação sobre melhorias ou no "para onde ir em seguida" na tarefa).

A maior parte da pesquisa se concentrou na quantidade e na qualidade do *feedback* do professor. Há poucos estudos e nenhuma metanálise focada em como os alunos escutam, entendem e recebem *feedback* que pode ser transformado em ação. Mandouit (2020) entrevistou estudantes sobre suas reações a exemplos simulados de *feedback* e eles ficaram mais receptivos a *feedbacks* do tipo "para onde ir em seguida", o que levou a quatro

TABELA 11.2 Estatísticas resumidas para variáveis de *feedback*

Feedback	N° de metanálises	N° de estudos	N° total	N° de efeitos	Tamanho de efeito ponderado	EP	Robustez
Feedback	9	1.005	61.164	3.117	0,51	0,08	4
Feedback (próprio)	2	103	9.480	103	0,14	0,08	2
Feedback (dos alunos)	12	300	26.732	429	0,47	0,08	4
Feedback (reforço e dicas)	3	108	21.053	211	1,01	0,08	3
Feedback (tarefas e processos)	11	161	14.552	222	0,63	0,12	3
Feedback (dos testes)	3	72	6.627	90	0,41	0,03	2
Feedback (comentários e notas)	3	27	2.485	103	0,19	0,05	2
Feedback (tecnologia)	2	62	6.291	92	0,55	0,08	2
Feedback (cronometragem)	2	134	29.352	134	0,89	0,08	3
Erro produtivo	3	89	8.165	213	0,39	0,10	3
Avaliação por pares e autoavaliação	8	179	18.290	233	0,54	0,16	3
Avaliação formativa	6	256	138.747	905	0,40	0,06	4
Métodos alternativos de trabalhos avaliativos	4	78	17.496	88	0,67	0,09	3
Trabalhos avaliativos por pares	2	91	8.375	178	0,41	0,09	2
Testes frequentes	3	191	17.579	386	0,39	0,05	3
Efeitos do teste	7	728	7.081.731	2.168	0,59	0,03	5
Questionar	9	270	22.590	330	0,49	0,10	3
Discussão em sala de aula	1	42	3.866	42	0,82	0,00	1
Total/média	90	3.896	7.495.477	9.044	0,54	0,06	3

Estágio do aluno	Nível de *feedback*	Incrementar o apoio para o desenvolvimento: para onde eu vou?	*Feedback*: como estou indo para lá?	Orientação para o futuro: para onde devo ir em seguida?
Iniciante	Tarefa	**Incrementar dicas de apoio para o desenvolvimento** Hoje estamos aprendendo... O sucesso nesta tarefa será semelhante a... (exemplar/modelo) Os principais critérios para o sucesso são... Estamos procurando... **Estratégias** Reduza a complexidade. Use exemplares/modelos. Identifique equívocos. Use trabalhos avaliativos diagnósticos para definir metas.	**Dicas de *feedback*** Você *cumpriu/não cumpriu* a intenção de aprendizado ao... Você *atendeu/não atendeu* aos critérios de sucesso até... Sua resposta/trabalho é/não é o que estamos procurando, porque... **Estratégias** Evite a ênfase excessiva na análise de erros. O *feedback* deve ser imediato. Combine o *feedback* com os critérios de sucesso.	**Dicas de orientação para o futuro** Para atender plenamente à intenção de aprendizado, você pode... Abordar os seguintes critérios de sucesso melhoraria seu trabalho... Adicionar/remover... melhoraria seu trabalho. **Estratégias** Use o discurso dos critérios de sucesso. Use *scaffolding*. A orientação para o futuro deve ser oportuna. Use desafios. Consulte as metas.
Proficiente	Processo	**Incrementar dicas de apoio para o desenvolvimento** As ideias/conceitos principais nesta tarefa são... Essas ideias/conceitos estão relacionadas a... As principais perguntas que você pode fazer sobre essa tarefa são... As habilidades que você precisará nesta tarefa são... As estratégias que você precisará nesta tarefa são...	**Dicas de *feedback*** Sua compreensão das ideias/conceitos desta tarefa é... Seu pensamento sobre essa tarefa é... Você demonstrou habilidades em um nível... Você usou estratégias até certo nível. **Estratégias** A quantidade de *feedback* pode começar a aumentar.	**Dicas de orientação para o futuro** Você poderia melhorar sua compreensão dos conceitos... Pensar mais sobre isso poderia melhorar seu trabalho com... Você poderia melhorar suas habilidades... **Estratégias** A quantidade de apoio para o futuro pode começar a aumentar. A complexidade do apoio para o futuro pode aumentar. Use dicas ou pistas. Use desafios.

(Continua)

Estágio do aluno	Nível de *feedback*	Incrementar o apoio para o desenvolvimento: para onde eu vou?	*Feedback*: como estou indo para lá?	Orientação para o futuro: para onde devo ir em seguida?
Proficiente	Processo	**Estratégias** Use organizadores gráficos. Reduza *scaffolding*. Aumente a complexidade. Use metas de domínio.	A complexidade do *feedback* pode aumentar. Use dicas ou sugestões.	
Avançado	Autorre-gulação	**Incrementar dicas de apoio para o desenvolvimento** Como você usará a intencionalidade de aprendizagem? Como você poderia usar os critérios de sucesso? De que outras formas você poderia monitorar seu trabalho? **Estratégias** Reduza a ênfase em modelos, metas de domínio e desempenho.	**Dicas de *feedback*** Você está no caminho certo com seu trabalho? Como você sabe? Em que nível você está satisfazendo os critérios de sucesso? Você está no caminho certo para alcançar seu objetivo? Como você sabe? **Estratégias** Postergar o *feedback*. Pode exigir apenas *feedback* de verificação.	**Dicas de orientação para o futuro** Como você poderia aprofundar sua compreensão? Como você poderia melhorar seu trabalho? Qual é o próximo passo para seu aprendizado? Como você sabe? **Estratégias** Postergar o *feedback*. Reduzir a dependência dos professores. Desenvolver alunos com boa autorregulação.

Figura 11.1 Matriz de *feedback* das três perguntas e níveis de *feedback* de processamento. *(Continuação)*

perguntas específicas: em que me saí bem? Onde preciso melhorar? Como posso melhorar? E o que posso fazer da próxima vez? Os alunos também conversaram muito sobre os aspectos afetivos do *feedback* e deixaram claro que suas reações motivacionais influenciam como o recebem e o interpretam. Muitas vezes, o *feedback* pretendido pelo professor não era ouvido e, mesmo quando ouvido, não era compreendido. Quando os alunos o entendiam, valorizavam mais quando ele levava a ações sobre os próximos passos e, então, queriam ajuda para avançar.

Avaliação do aluno sobre a qualidade do ensino

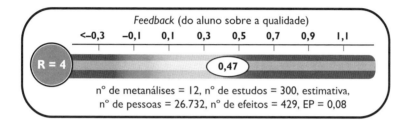

Quase todas as metanálises sobre a relação entre qualidade do ensino e aprendizagem se baseiam em avaliações de professores feitas por universitários. Embora comum no ensino superior, o *feedback* dado pelos alunos raramente leva a melhorias no ensino ou na eficácia dos cursos.

As avaliações de estudantes têm sido muito debatidas, apesar de a maioria dos estudos mostrar que elas são confiáveis, fidedignas e válidas (Marsh; Dicke; Pfeiffer, 2019). Alguns argumentam que são apenas concursos de popularidade. Em uma metanálise de estudos sobre a influência da personalidade do educador nas avaliações de ensino, *Abrami et al.* (1982) descobriram que a expressividade do professor afetava substancialmente as avaliações, mas tinha pouco efeito no desempenho dos alunos. Por sua vez, o conteúdo das aulas teve um impacto considerável no desempenho dos alunos, mas um efeito insignificante nas avaliações. *Cohen (1981) encontrou uma correlação média de $r = 0,43$ entre a avaliação geral do professor e o desempenho dos estudantes. Os alunos avaliaram com razoável precisão o próprio progresso no curso ($r = 0,47$). As relações foram mais altas para habilidades percebidas de ensino e conhecimento da matéria ($r = 0,50$), planejamento e organização do curso ($r = 0,47$), relacionamento com os alunos ($r = 0,31$) e *feedback* ($r = 0,31$). Dado o valor das avaliações dos alunos como índice de ensino e da própria aprendizagem, é desanimador observar que os professores não parecem aprender muito com essa importante fonte de informação. *Cohen (1980, 1981) descobriu que o *feedback* das avaliações dos alunos tem uma contribuição média para a melhoria do ensino no nível superior ($d = 0,38$). Os efeitos foram amplificados quando o *feedback* era expandido por meio de processos como consultas e folhetos (ver também Hampton e Reise, 2004).

A falta de avaliações de alunos nos ensinos fundamental e médio deve ser uma preocupação significativa. O risco é alto demais para depender da crença de que a qualidade é boa ou de que os estudantes são imaturos demais para ter julgamentos significativos sobre o impacto dos professores em sua aprendizagem. O ponto crucial não é se os educadores são excelentes, ou mesmo vistos como excelentes pelos colegas, mas se eles são excelentes na visão dos alunos — que estão em sala de aula, sabem se o professor vê a aprendizagem através de seus olhos, conhecem a qualidade do relacionamento e têm opiniões sobre seu progresso. Além disso, a visibilidade da aprendizagem da perspectiva dos alunos precisa ser conhecida pelos professores para que entendam melhor o que é aprendizagem para os estudantes. Por fim, a qualidade dos instrumentos de avaliação dos alunos é crítica, embora a metanálise mostre pouca diferença nos resultados, independentemente do questionário utilizado.

Marsh, Dicke e Pfeiffer (2019) mostraram que há muita sobreposição entre universitários e estudantes do ensino médio que valorizam atributos semelhantes dos professores. Os alunos do ensino médio discriminaram com mais clareza professores eficazes e menos eficazes em aspectos como aprendizagem/valor, entusiasmo, provas/avaliações/trabalhos, interação em grupo, interação individual, amplitude, organização/clareza, planejamento, carga de trabalho/dificuldade, mas adicionaram cinco novas escalas relevantes para o ensino médio: relevância, escolha, ativação cognitiva, gestão de sala de aula e tecnologia. É um campo novo e empolgante, e temos muito que aprender para interpretar as avaliações dos estudantes e demonstrar que elas levam a melhorias.

Há um livro recente que discute o uso de avaliações de alunos nas escolas (Rollett; Bijlsma; Röhl, 2021) baseado em um modelo bem embasado de *feedback* do estudante que leva a um instrumento que é o foco de muitos capítulos da obra. A metanálise deles (*Rohl, 2021) sobre os efeitos longitudinais de receber *feedback* de alunos do ensino médio mostra o poder de dar *feedback* de apoio aos professores, interpretá-los e de programas consequentes de desenvolvimento profissional vinculados às escalas ($d = 0{,}21$). O livro também observa que a maioria dos professores está disposta a receber esse *feedback* (ver Gobel *et al.*, capítulo 11).

Um dos temas centrais deste livro é a necessidade de os professores ouvirem sobre o seu impacto. Parece irônico que eles estejam dispostos a ouvir o *feedback* de observadores externos adultos que visitam rapidamente suas salas para fazer anotações superficiais sobre o ensino, raramente podendo vê-los como os alunos os veem, mas raramente escutam seus próprios alunos. Sim, eles ouvem perguntas e comentários, ouvem as informações contidas em trabalhos e avaliações e ouvem os estudantes que se voluntariam para responder perguntas e participar de diálogos. No entanto, perdem a voz de muitos que preferem o silêncio, que não estão envolvidos com a aula e que talvez estejam confusos com a tarefa.

Pedir e dar *feedback*: tecnologia

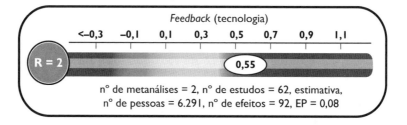

Três histórias. Primeira: uma turma de crianças de 10 anos estava sendo ensinada por um robô com aparência humanoide. Era impressionante, os alunos estavam superengajados e animados interagindo com o robô. No final da aula, perguntaram a eles: o que vocês gostaram no professor-robô? A maioria comentou sobre a relação entre os alunos e o robô: "ele não sabia que eu era bagunceiro", "ele não me tratou diferente por eu ter necessidades educacionais especiais", "eu podia pedir para ele explicar várias vezes sem ele ficar bravo", e assim por diante. Se, como afirma Nuthall (2007), todos nós precisamos de três a cinco exposições a ideias para ter sucesso na aprendizagem, então tragam os robôs. Se queremos evitar baixas expectativas ou expectativas que diminuam o envolvimento e a experiência do aluno, então tragam os robôs.

Segunda história: ao desenvolver o modelo de avaliação e-asTTle[3] para o governo da Nova Zelândia, testamos a correção de redações por computador. Naquela época (início dos anos 2000), a tecnologia funcionava bem, mas o custo era alto. Como tínhamos comprado uma licença, sugeri à minha faculdade que os alunos inserissem seus trabalhos no programa de correção e recebessem o *feedback*, pois isso melhoraria o ensino e a compreensão deles. A reação foi rápida e negativa: "não mesmo, seria como trapacear".

Terceira história: o Turnitin Feedback Studio é um dos vários sistemas de computador que dão *feedback* aos alunos por meio de opções automatizadas e geradas pelo professor. Uma pesquisa que examinou a percepção de mais de dois mil estudantes sobre o *feedback* do instrutor descobriu que eles preferem "sugestões de melhoria" a "elogios e comentários desencorajadores" (Turnitin, c2022b). Em uma pesquisa subsequente sobre a percepção dos alunos em relação ao *feedback*, a Turnitin (c2022a) descobriu que eles consideram o *feedback* tão crítico para o aprendizado quanto fazer o dever de casa, estudar e assistir às aulas. Entre as 1.155 respostas, a maioria dos alunos (78%) relatou que receber e colocar em prática o *feedback* do professor é muito ou extremamente importante para a aprendizagem. Portanto, qualquer sistema automatizado precisa dar *feedback* de melhoria, no mínimo, e aumentar ou melhorar o *feedback* do professor.

Selecionamos aleatoriamente 3.204 trabalhos de alunos dos ensinos médio e superior que foram enviados, receberam *feedback* e reenviados para a nota final no Turnitin (Hattie *et al.*, 2021b). A média de comentários por redação foi de 14, abordando aspectos como "para onde ir em seguida", necessidade de apoio, citações, comentários confusos, gramática e elogios. A melhora entre a primeira e a nota final foi substancial ($d = 0{,}70$). O melhor indicador foi a frequência de comentários do tipo "para onde ir em seguida", enquanto o mais negativo foi a presença de elogios (por conter pouca informação sobre "para onde ir em seguida"). A melhora não se relacionou ao número ou tamanho dos comentários. Mais nem sempre é melhor, mas dar *feedback* sobre como melhorar ("para onde ir em seguida") foi o que mais importou. Como observamos anteriormente, os alunos preferem um *feedback* que os ajude a saber o que aprender a seguir e como alcançar esse próximo passo. Ao que parece, algumas soluções tecnológicas podem maximizar esse tipo de *feedback* (Brooks *et al.*, 2019; Mandouit, 2020). Seja o *feedback* mais geral, seja o mais específico, o do tipo "para onde ir em seguida" parece ser ouvido e colocado em prática pelos alunos.

---

[3] N. de T.: *Electronic Assessment Tool for Teaching and Learning* (ferramenta de avaliação eletrônica para ensino e aprendizagem) é um recurso *on-line* desenvolvido para avaliar o desempenho e o progresso dos alunos em leitura, matemática, escrita e nas matérias equivalentes em te reo Māori: pānui (leitura), pāngarau (matemática) e tuhituhi (escrita). https://e-asttle.tki.org.nz

No entanto, é importante notar que o *feedback* do tipo "onde estou?" e "como estou indo para lá?" pode ajudar a fundamentar o *feedback* "para onde ir em seguida?".

Duas metanálises analisaram o efeito do *feedback* dado por computador. *Van der Kliel *et al.* (2015) relataram que o *feedback* elaborado foi mais eficaz (0,61) do que o simples conhecimento dos resultados (0,32) ou da resposta correta (0,05). Eles observaram que a maior parte do *feedback* elaborado tem menor impacto no nível da tarefa (–0,06). No entanto, informações metacognitivas ou perguntas combinadas com o conhecimento do resultado ou da resposta correta foram as mais poderosas. Eles concluíram que um *feedback* elaborado na forma de orientação sutil pode ser mais eficaz do que uma orientação altamente específica. Esses resultados estão de acordo com as afirmações de Narciss e Huth (2004, p. 28) de que "não dar a resposta correta leva a um processamento mais profundo e, subsequentemente, a um melhor aprendizado". Eles não encontraram nenhum efeito em relação ao tempo (imediato ou posterior), embora Kulik e Kulik (1988) tenham descoberto que o imediato era mais eficaz do que o posterior. Houve uma ressalva: o *feedback* posterior pode ser mais poderoso se o conhecimento do resultado ou da resposta correta for oferecido imediatamente, permitindo que qualquer informação incorreta desapareça. Nesse caso, talvez as respostas elaboradas sejam melhores quando dadas posteriormente.

Pedir e dar *feedback*: questionar

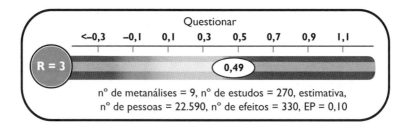

Freire (1996) defendia uma sociedade na qual a minoria não explora a maioria; uma sociedade na qual, por exemplo, fazer perguntas é uma atividade cotidiana e comum. As perguntas dos alunos podem ser um *feedback* poderoso para os professores sobre o seu impacto e para os estudantes se engajarem na curiosidade e na profundidade, auxiliando-os na consolidação de uma aprendizagem mais sólida e na clarificação do que estão aprendendo.

No entanto, também é importante notar que os professores dominam a sala de aula no que diz respeito às perguntas, sendo o questionamento o segundo método de ensino mais comum, depois da exposição oral (Cotton, 1988). As estimativas de perguntas por dia variam entre 100 e 350 (Brualdi, 1998; Clinton; Dawson, 2018). As respostas às perguntas dos professores para os alunos em geral envolvem alguma forma de recordação de fatos, julgamento ou correção; são principalmente de natureza reforçadora, confirmadora, reformuladora e consolidadora das respostas dos alunos (geralmente exigindo menos de três palavras). Em mais de 80% das perguntas dos professores, eles já sabem a resposta (Shomoossi, 2004); a maioria das perguntas é fechada, com baixa demanda cognitiva para os alunos (ver Asay e Orgill, 2010; Erdogan e Campbell, 2008; Nystrand, Gamoran e Carbonaro, 2001); e a forma mais comum de interação ainda é o ciclo iniciar uma pergunta, obter uma resposta e avaliá-la. A razão para tanto questionamento está relacionada às concepções sobre ensino e aprendizagem de muitos docentes, ou seja, seu papel é transmitir conhecimento e informações sobre um assunto, e a aprendizagem do aluno é a aquisição dessa informação por meio de processos de repetição, memorização e recordação, daí a necessidade de muito questionamento para verificar se eles memorizaram.

Mas nem todas as perguntas são iguais. Boaler e Brodie (2004), por exemplo, examinaram aulas de matemática usando nove categorias de perguntas: perguntas de coleta que exigem uma resposta imediata, perguntas que inserem terminologia, perguntas para explorar pontos, perguntas sondadoras para levar os alunos a explicarem seu pensamento, perguntas que geram discussão, perguntas de ligação e relacionamento entre ideias, perguntas que ampliam o pensamento, perguntas de orientação que ajudam os alunos a se concentrarem em ideias-chave e perguntas que estabelecem o contexto. Apesar dessa riqueza, mais de 95% das perguntas feitas pelos professores eram do primeiro tipo. Nystrand, Gamoran e Carbonaro (1998) explicaram que as duas perguntas mais poderosas eram as de retomada, nas quais os professores validam ideias específicas dos alunos incorporando suas respostas em perguntas subsequentes, e as perguntas autênticas, isto é, aquelas feitas para obter informações importantes ou que não têm respostas predefinidas, não apenas para ver o que os alunos sabem e não sabem.

> Perguntas autênticas, assim como as de retomada, também contribuem para a coerência. Ao fazer perguntas autênticas, os professores provocam a manifestação de ideias, opiniões e sentimentos dos alunos, tornando o conhecimento prévio e os valores deles um contexto para o processamento de novas informações. [Dessa forma, elas] [...] contribuem para a coerência do ensino ao ampliar a rede de significados disponível em sala de aula (Nystrand; Gamoran; Carbonaro, 1998, p. 7).

Nystrand, Gamoran e Carbonaro (2001) também observaram que as taxas de perguntas dos alunos eram menores nas turmas com menos recursos, além de um comportamento mais disperso e menos conclusão de tarefas. Nessas turmas, o discurso tende para o monólogo e há menos perguntas autênticas por parte dos estudantes — um ciclo vicioso. Eles demonstraram a necessidade de haver mais perguntas autênticas nessas turmas, focadas no conteúdo do material que está sendo estudado. *Samson et al. (1987) descobriram que perguntas prévias baseadas em fatos podem facilitar a aprendizagem, desde que estejam diretamente relacionadas aos textos ou materiais a serem aprendidos, do contrário, têm um efeito negativo quando não estão relacionadas ao material (*Hamaker, 1986; *Redfield; Rousseau, 1981).

Uma das desvantagens de fazer perguntas para toda a turma é a baixa participação de muitos alunos na hora de respondê-las. *Randolph (2007) descobriu que usar cartões de resposta era eficaz para aumentar a participação (em 50%) e era o método mais apreciado (82%) em relação a levantar a mão. Cartões de resposta são cartões, sinais ou itens que todos os alunos da turma levantam simultaneamente para mostrar suas respostas a perguntas ou problemas. Em média, aqueles que usaram cartões de resposta tiveram $d = 1,08$ mais alto em *quizzes* e 0,38 mais alto em provas do que estudantes na condição de levantar a mão.

Pedir e dar *feedback*: foco nos erros

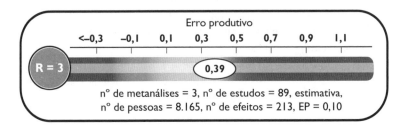

O *feedback* se alimenta de erros, os desafios exigem erros, a aprendizagem envolve detecção de erros, a correção de erros é um foco do ensino, e a falha precisa ser a melhor amiga do aluno. Os erros podem servir como informações importantes de *feedback*, indicando onde o pensamento e o conhecimento do estudante não estão adequadamente desenvolvidos. Porém, alunos e professores frequentemente evitam erros, em geral para não impactar de maneira negativa a autoestima do aluno; colegas podem ser cruéis e rudes com aqueles que demonstram não saber. Quando os estudantes cometem erros em discussões em sala de aula, geralmente são corrigidos rapidamente pelo professor ou por um colega questionado pelo professor, e muitos logo aprendem que é melhor parecer que sabem algo do que correr o risco de serem questionados. Desse modo, evitar e se esquivar se tornam táticas bem-sucedidas para manter sua autoimagem como estudantes competentes.

Analisando 24 estudos, *Keith e Frese (2008) descobriram um efeito positivo ($d = 0,44$) para o ensino que incentiva, em comparação com o ensino que não incentiva, os erros durante a aprendizagem. O efeito foi muito maior quando a clareza do *feedback* era alta (0,56), em comparação com baixa (0,19), após os alunos serem expostos ao material (0,56), em vez das fases iniciais da primeira exposição (–0,15), e na fase do saber-como e do saber-com (0,80), em comparação com a fase do saber-que (0,20).

Muitos modelos de aprendizagem enfatizam explicitamente a atenção aos erros e às falhas. Por exemplo, Piaget (1952) discutiu o desequilíbrio cognitivo, que ocorre quando os alunos encontram uma situação contrária ao seu modelo mental atual. Esses conceitos equivocados têm sido estudados particularmente na aprendizagem de ciências. Em seguida, os alunos são desafiados ou ensinados até assimilarem essas diferenças em seu modelo mental ou modificarem esse modelo de acordo com as novas informações. A falha produtiva incentiva os alunos a resolverem problemas complexos ou mal estruturados antes da explicação para avaliar seu desequilíbrio, a tentar e inventar múltiplas soluções, e a perceber o que precisam aprender com a explicação subsequente (*Sinha; Kapur, 2021).

*Darabi *et al.* (2018) relataram um efeito positivo ($d = 0,43$) em estudos sobre a falha produtiva e concluíram que, comparada a outras estratégias, a estratégia baseada na falha apresentou um resultado positivo e significativo. *Sinha e Kapur (2021) analisaram 53 estudos sobre o ensino baseado na falha produtiva, obtendo um efeito geral de 0,36. O efeito aumentou à medida que o programa se fidelizava a quatro princípios principais: ativação e diferenciação do conhecimento prévio em relação aos conceitos-alvo; atenção às características conceituais críticas; explicação e elaboração dessas características; e organização e montagem das características conceituais críticas nos conceitos-alvo.

Portanto, iniciar o ensino de um novo conceito com a resolução de problemas, para que os alunos experimentem o desequilíbrio e aprendam mais sobre o que não sabem, pode torná-los mais focados no valor da explicação subsequente. Em resumo, compreender, detectar e analisar erros pode ser crucial para a aprendizagem.

Pedir e dar *feedback*: discussão em sala de aula

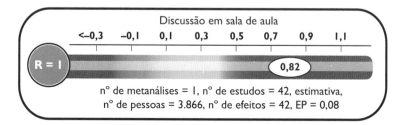

Trabalhos anteriores sobre discussões em sala de aula, como o de Flanders (1965), observaram o "princípio dos dois terços": em aproximadamente dois terços do tempo de aula, alguém está falando; desses falantes, dois terços são os professores; e, do tempo destinado aos professores, dois terços são com explicações diretas, ou ensino direto. O padrão dominante é o de iniciação-resposta-avaliação (professor faz uma pergunta, aluno responde, professor avalia) (Nystrand; Gamoran; Carbonaro, 2001). Discussões em sala são raras (menos de 15 segundos por dia em aulas de inglês, e cerca de 30 segundos em aulas de ciências sociais), e em mais de 60% das aulas não há nenhuma discussão, enquanto em outros 15% há, no máximo, 2 minutos por dia (Nystrand; Gamoran; Carbonaro, 1998). Esses resultados foram replicados no estudo MET (Kane *et al.*, 2013), que analisou três mil salas de aula, mostrou que em 60% delas não houve qualquer discussão em sala durante três meses.

Goodwin *et al.* (2020) analisaram a fala em sala de aula de 19.944 alunos do 4º e do 5º anos e seus 745 professores de artes da linguagem. Eles identificaram quatro modos dominantes: explicação do professor, questionamento do professor, incentivo do professor à fala do aluno e resumo da aprendizagem pelo professor. O único fator que não se correlacionou com a aprendizagem do aluno foi o aumento da proporção de fala. Isso porque muito da fala do estudante se concentrou na percepção da quantidade, não da qualidade, e menos no pensamento crítico. A fala do aluno foi uma preocupação específica quando envolvia resumir a aprendizagem, pois tais resumos abordavam a visão do educador (não a dos alunos) sobre o "quê" (não o "porquê") da aprendizagem e estavam focados mais na aquisição de conhecimento do que no pensamento crítico.

Discussões em sala de aula (não do tipo iniciação-resposta-avaliação) podem ser uma forma de os professores ouvirem *feedback* e de os alunos se engajarem em um diálogo de aprendizagem, ouvindo interpretações alternativas e se tornando mais participativos no processo de aprendizagem (Alexander, 2020; Mercer; Hennessy; Warwick, 2019). O diálogo em sala de aula é, portanto, dinâmico, relacional e mediado por experiências compartilhadas. Specjal (2022) revisou diversas abordagens para criar esse diálogo, tais como:

- Raciocínio colaborativo (Anderson *et al.*, 1998): incentiva os alunos a usarem o discurso fundamentado como forma de escolher entre perspectivas alternativas sobre um tema. Convida-os a tomarem uma posição sobre o assunto e a apresentarem argumentos que a sustentem.
- Questionando o autor (Beck; Mckeown; Sandora, 2020): pede aos estudantes que examinem a posição do autor como especialista, que leiam criticamente o texto e que presumam que as dificuldades encontradas durante a leitura de textos desafiadores não sejam necessariamente atribuíveis às suas próprias inadequações.
- Clube do livro (Raphael; McMahon 1994): compreende quatro elementos — leitura, escrita, discussão em pequenos grupos e compartilhamento com a turma.
- Fórum no computador (Scardamalia; Bereiter, 2006): convida os alunos a investigarem problemas coletivamente, adicionando comentários individuais, gráficos, complementos e observações resumidas.
- Quadro de avisos da comunidade *Scratch* (Roque; Rusk; Resnick, 2016): permite que os alunos recebam *feedback* de outros. O sistema *Web of Inquiry* os auxilia na geração de teorias, construção de hipóteses e condução e análise de suas investigações.

Muitas abordagens promoveram efetivamente a compreensão dos alunos, especialmente aquelas categorizadas como de natureza mais "eferente", ou seja, intervenções em que a discussão dá destaque à leitura para aquisição e recuperação de informações específicas. Essa postura se concentra nas "[...] ideias, informações, direções e conclusões que devem ser retidas, usadas ou colocadas em prática após o evento de leitura" (Rosenblatt, 1978, p. 27). A maioria dos métodos foi eficaz para aumentar a fala dos alunos e diminuir a fala do professor, mas isso não resultou necessariamente em um aumento concomitante da compreensão. Aumentar a fala não é suficiente; é necessário um tipo específico de fala para promover a compreensão. Pouquíssimas abordagens aumentaram efetivamente a compreensão literal ou inferencial, o pensamento crítico e o raciocínio sobre o texto. Os autores argumentam que a discussão é um meio, não um fim.

> Fazer os alunos conversarem entre si durante as aulas de alfabetização é uma coisa, mas garantir que esse engajamento se traduza em aprendizagem significativa é outra bem diferente. Simplesmente colocar os alunos em grupos e incentivá-los a conversar não é suficiente para melhorar a compreensão e o aprendizado; é apenas um passo do processo (Murphy *et al.*, 2009, p. 761).

Specjal (2022) observou que o que professores e alunos fazem antes, durante e depois das discussões é importante. A etapa inicial, de preparação, exige dos estudantes uma compreensão básica do texto antes de participarem de uma discussão. Durante as discussões, os educadores devem promover interações significativas, desafiando as respostas, dando suporte e demonstrando as normas da discussão. Também podem gradualmente transferir a responsabilidade para os alunos, para que possam coconstruir e refletir juntos sobre a compreensão do texto. Esse tipo de discussão requer que os estudantes externalizem seus processos cognitivos, e os professores podem ouvir como eles estão processando o texto para planejar suas próximas ações pedagógicas. Após a discussão, é o momento para o *feedback* resumido sobre as práticas discursivas do estudante e sua compreensão do texto. Com a experiência da pandemia de covid-19, essas oportunidades de conversação entre alunos floresceram (White; Collins, 2021).

Pedir e dar *feedback*: avaliação por pares e autoavaliação

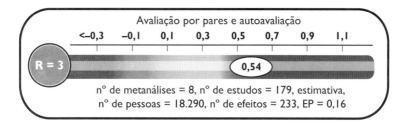

A autoavaliação oferece muitos benefícios. Ao exigir que os alunos façam julgamentos metacognitivos sobre o trabalho, ela pode aumentar a compreensão mais profunda dos critérios de sucesso e a sensação de progresso em direção ao objetivo, tornar as expectativas sobre o desempenho mais transparentes e explícitas, diminuir a falta de confiança em relação à avaliação e dar outra oportunidade para aplicar o que aprenderam. *Sanchez et al. (2017) relataram que os estudantes que se autoavaliaram (0,34) e aqueles que avaliaram seus pares (0,29) tiveram melhor desempenho em provas subsequentes do que aqueles que não o fizeram. Tanto a autoavaliação quanto a avaliação por pares apresentaram alta correlação ($r = 0,67$) com as notas dos professores. O número de vezes que foram avaliados teve pouca influência, assim como o treinamento em avaliação (por exemplo, usando práticas ou exemplos) ou o uso de critérios de avaliação. O envolvimento ativo no processo de avaliação resulta em efeitos benéficos para a aprendizagem dos alunos.

Pedir e dar *feedback*: avaliação formativa

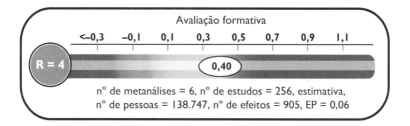

Muito se fala sobre o poder da avaliação formativa, mas infelizmente muitos perdem a força e o valor desses métodos, com frequência confundindo avaliações formativa e somativa com provas. Os termos "formativa" e "somativa" foram apresentados por Michael Scriven há 50 anos (Scriven, 1967, 1991), e sua distinção entre eles estava relacionada à interpretação e ao tempo. Como ilustra a máxima de Bob Stake: quando o cozinheiro prova a sopa, é formativo; quando os convidados provam a sopa, é somativo. Bloom (1969) transferiu esses termos para avaliações formativa e somativa. Isso tornou o significado mais complexo e reduziu o impacto, pois muitos começaram a ver o foco principal como sendo as provas. Qualquer prova pode ser interpretada de forma formativa (durante o aprendizado) ou somativa (na fase final do aprendizado). Não é o teste que é formativo ou somativo; é a natureza da avaliação. Existem muitas outras maneiras, além de provas, de os educadores interpretarem a quantidade e a qualidade da aprendizagem durante ou no final de uma série de aulas.

Muitas vezes, as provas são usadas como motivadores para os alunos. Se a principal motivação deles gira em torno do que está no teste, então há a crença de que aprender é saber muito, e não é de admirar que motivadores externos (como provas) possam ter ganhos em curto prazo, mas poucos em longo prazo. Muitos observaram que grande parte da avaliação em sala de aula agrega pouco ao processo de aprendizagem. Black e Wiliam (1998), por exemplo, revisaram 578 publicações relacionadas ao papel da avaliação na aprendizagem e concluíram que a avaliação em sala de aula:

> [...] tipicamente incentiva a aprendizagem superficial e mecânica, concentrando-se na memorização de detalhes isolados, geralmente itens de conhecimento que os alunos logo esquecem. Professores geralmente não revisam as questões de avaliação que usam e não as discutem criticamente com colegas, havendo pouca reflexão sobre o que está sendo avaliado (Black; William, 1998, p. 17).

Naquela época, argumentamos que Black e Wiliam precisavam ir além e sugerir que a aprendizagem e avaliação eficazes ocorrem não se preocupando com a prova em si, mas integrando a avaliação no ciclo de metas desafiadoras (por exemplo, receptividade dos alunos aos desafios) e *feedback* (Hattie; Jaeger, 1998). Esse ciclo requer professores pensativos, reflexivos, entusiasmados, apaixonados e conhecedores de seu impacto sobre os alunos, bem como que estejam abertos ao *feedback* dos estudantes sobre esse impacto e, consequentemente, possam melhorar o ensino. Certamente seria mais útil usar as interpretações "formativa" e "somativa" para separá-las dos testes (já que este é apenas um método de *feedback*).

As quatro metanálises sobre métodos formativos têm foco variado. *Fuchs e Fuchs (1986) examinaram os efeitos da avaliação formativa sistemática pelo professor e descobriram que essa técnica aumentou o desempenho de alunos com transtorno de aprendizagem leve (d = 0,70). As avaliações formativas foram eficazes em diferentes faixas etárias, duração do tratamento, frequência de medição e *status* de necessidades educacionais especiais. Quando os professores precisavam usar modelos baseados em dados e evidências, os tamanhos de efeito eram maiores do que quando os dados eram avaliados pelo julgamento do professor. Além disso, quando os dados eram apresentados em gráficos, os tamanhos de efeito eram maiores do que quando os dados eram simplesmente registrados.

*Kingston e Nash (2011) foram altamente críticos da qualidade da pesquisa sobre a eficácia da avaliação formativa. Assim, eles acabaram analisando apenas 13 estudos e encontrando um efeito de 0,25. *Kim (2005) demonstrou que os alunos melhoraram na aprendizagem após avaliações formativas de desempenho (0,39), e esses efeitos foram maiores quanto mais tempo a avaliação foi implementada. *Lee *et al.* (2018) revisaram 32 estudos que conduziram avaliações formativas para melhorar a aprendizagem dos alunos em salas de aula da educação infantil ao final do ensino médio e encontraram um efeito de 0,28. Uma limitação importante da maioria desses trabalhos é que as avaliações formativas e somativas estiveram muito ligadas ao movimento de exames padronizados. Embora haja ganhos, eles provavelmente seriam muito maiores para muitos outros métodos de avaliação ou atividades formativas. Esse tipo de pensamento, tanto formativo quanto somativo, é uma forma de pensamento avaliativo.

Pedir e dar *feedback*: frequência das provas

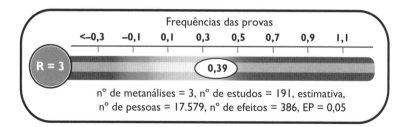

Os efeitos mostram que as provas são mais valiosas quando há pelo menos um semestre entre provas importantes,[4] como exames classificatórios, quando incluem questões conceituais e de resolução de problemas, em vez de apenas factuais, e quando há *feedback*. Caso contrário, os efeitos diminuem consideravelmente — por exemplo, com *feedback*, 0,62; sem *feedback*, 0,30 (*Gocman, 2003).

Pedir e dar *feedback*: efeitos das provas

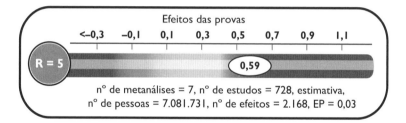

A maioria das metanálises mostrou efeitos positivos elevados das provas. Por exemplo, *Phelps (2019) analisou 149 estudos sobre frequência de provas e *feedback*, relatando um tamanho de efeito de 0,84. Ele encontrou efeitos maiores para testes no final de uma série de aulas do que durante o ensino; quando os alunos precisam construir respostas em vez de selecioná-las (por exemplo, múltipla escolha); e quando o *feedback* era combinado com exames de acompanhamento ou provas importantes. Esta última, sugeriu ele, provavelmente se devia à influência motivadora desse tipo de prova, quando os alunos estão mais propensos a ouvir o *feedback* e a agir em decorrência dele, embora possa ter menos efeitos em longo prazo. *Fuchs e Fuchs (1986) descobriram que esses efeitos eram maiores quando os estudantes já conheciam os examinadores do que quando estes eram desconhecidos, sugerindo um efeito estereótipo.

---

[4] N. de T.: No original, *high-stakes tests*, provas com consequências importantes para alunos, professores ou escolas, geralmente padronizadas, aplicadas em grande escala e com resultados usados para passar de ano, diplomação, avaliação docente e classificação de escolas.

Pedir e dar *feedback*: métodos alternativos de avaliação

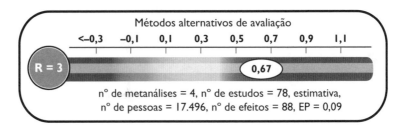

Há evidências defendendo métodos de teste mais abrangentes, como portfólios. Tanto *Gozuyesil e Tanriseven (2017, d = 1,01) quanto *Basol e Erbay (2017, d = 0,83) apoiaram o uso de portfólios, e não houve diferenças entre os feitos em papel e os eletrônicos. O monitoramento de progresso envolve avaliações mais frequentes e curtas para verificar a compreensão do aluno. *Prenkert (2015) encontrou um efeito pequeno (0,17), mas o efeito foi maior em matemática (0,54) do que em leitura (0,14), provavelmente refletindo a ênfase em sondagens rápidas para verificar o conhecimento factual, foco mais comum na avaliação de matemática.

CONCLUSÕES

Existem altos efeitos quando há um alinhamento intencional entre o conteúdo curricular, as intenções de aprendizagem, os critérios de sucesso, a avaliação e o *feedback*, além de uma compreensão profunda da natureza do engajamento cognitivo nas aulas. A questão é encontrar a proporção ideal entre amplitude de conteúdo e pensamento crítico. O objetivo é alinhar intencionalmente esses elementos em termos de intenções de aprendizagem, critérios de sucesso e natureza do *feedback* e de avaliação ao longo das aulas. Essa é a essência da intenção deliberada de ensinar. Em todos os momentos, os professores precisam de uma mentalidade avaliativa para escolher seus métodos de ensino, monitorar a fidelidade da progressão do aluno para o sucesso e buscar *feedback* dos estudantes sobre a eficiência e a efetividade do ensino no impacto de sua aprendizagem. Os fundamentos da intenção de ensinar envolvem a escolha criteriosa não apenas da abrangência do currículo, mas também de encontrar o equilíbrio ideal entre conteúdo e profundidade, estar atento às estratégias cognitivas e de aprendizagem que podem precisar ser ensinadas, aperfeiçoar o princípio do conto *Cachinhos Dourados e os três ursos* em relação ao nível de desafio (encontrar o nível ideal de dificuldade), enxergar a avaliação como um *feedback* para o professor sobre seu impacto (sobre o que, para quem e em que medida) e celebrar os pequenos e longos sucessos à medida que os alunos avançam em direção aos critérios de sucesso.

Existem altos efeitos quando há um alinhamento intencional do conteúdo curricular, das intenções de aprendizagem, dos critérios de sucesso, da avaliação e do *feedback*, bem como uma profunda compreensão da complexidade cognitiva das aulas. Quando há desalinhamento, os alunos tendem a acreditar que aprender é saber muito e relembrar para fins de avaliação. Não deve haver incompatibilidade entre a superfície e a profundidade, ou entre os focos de saber-que e saber-como, e as atividades, *feedback*s, avaliações e resultados das aulas.

A questão não é que um nível de aprendizagem (superficial ou profundo) seja mais crítico do que o outro, mas que a proporção ideal ou equilíbrio entre saber-que e saber-como/com ao longo das aulas deva ser garantida. De fato, não é razoável esperar que os alunos relacionem, estendam, desenvolvam uma compreensão conceitual mais profunda e transfiram seu aprendizado a menos que tenham ideias para relacionar, estender, resolver problemas, e assim por diante. Identificar o pensamento, as estratégias de aprendizagem e as formas de conhecimento são aspectos críticos do planejamento e, posteriormente, do ensino. É mais do que conteúdo e é mais do que pensamento crítico; é alinhar intencionalmente esses elementos em termos das intenções de aprendizagem, critérios de sucesso e natureza do *feedback* e da avaliação ao longo das aulas. Essa é a essência do modelo de ensino com intencionalidade.

Usar métodos de planejamento reverso, começando com os critérios de sucesso, fazendo um excelente diagnóstico de onde os alunos estão e, em seguida, criando aulas enquanto se consideram os aspectos de saber-que e saber-como/com da aprendizagem, ao mesmo tempo que se alinham as qualidades de avaliação e *feedback*, provavelmente levará à maior eficácia e eficiência no ensino e na aprendizagem. Isso é o que se entende por modelo de ensino com intencionalidade de planejamento, implementação e avaliação de aulas.

O que importa não é apenas o planejamento da aula, mas o alinhamento. Esse alinhamento deve estar presente não só na implementação, mas também na clareza com que os alunos compreendem o saber-que e o saber-como/com em relação às intenções de aprendizagem e aos critérios de sucesso. Em seguida, vem o planejamento e a consciência das diversas progressões de aprendizagem, levando em conta o ponto de partida dos alunos (considerando suas habilidades, motivação e entusiasmo) e a necessidade de diferentes tempos e métodos para alcançar o sucesso. É preciso considerar intencionalmente as estratégias cognitivas, os possíveis conceitos equivocados e as estratégias de aprendizagem que podem ser ensinadas. Preencher essa lacuna entre onde os alunos estão e onde precisam chegar é o foco do ensino, do *feedback* e da avaliação. A escolha dos métodos de ensino deve levar em conta esses critérios, especialmente o nível de processamento cognitivo necessário para o sucesso em cada tarefa ou atividade. Como será mostrado no Capítulo 13, existem métodos de ensino que otimizam o saber-que e o saber-como/com dos objetivos da aula.

Uma decisão crítica é quando e por quanto tempo focar em atividades e aprendizagens superficiais, profundas ou de transferência. Ou seja, quando parar de ensinar mais conteúdo e passar para a relação, extensão e aprofundamento desse conteúdo, utilizando métodos como o ensino baseado em investigação. Da mesma forma, quando parar o ensino baseado em investigação e adicionar mais conteúdo. Teig, Scherer e Nielsen (2018) mostraram que pode haver um limite ideal no impacto e no número de atividades investigativas, e os efeitos sobre os alunos começam a diminuir. Isso pode ajudar a explicar os resultados de Oliver, McConney e Woods-McConney (2021) em seis países que utilizaram métodos de ciências baseados em investigação. Os alunos que relataram ter experimentado altas frequências de estratégias investigativas em suas salas de aula consistentemente demonstraram níveis mais baixos de conhecimento científico. Talvez o que seja necessário é uma medida de prontidão para avaliar a preparação dos alunos para passar da superficialidade para a profundidade, e vice-versa (ver Ngoc *et al.*, 2020).

Em todos os momentos, os professores precisam de uma mentalidade avaliativa para escolher esses métodos, monitorar a fidelidade da progressão para o sucesso de cada aluno e buscar *feedback* dos estudantes sobre a eficiência e a efetividade do ensino no impacto de sua aprendizagem. Como será mostrado no Capítulo 13, os diversos métodos de ensino podem ser classificados de forma genérica em relação à maximização do saber-que ou do saber-como/com. Cada um deles pode ser usado em ambos, mas, em muitos casos, a eficácia diminui se a intencionalidade do método de ensino não estiver alinhada com os aspectos de conhecimento dos critérios de sucesso. Em nosso próprio trabalho com a aprendizagem visível, não empregaremos uma pessoa que tenha uma predisposição fervorosa a um método específico (por exemplo, "Defendo a aprendizagem baseada em problemas"), pois esse nem sempre é o método que maximiza a aprendizagem. Quando o método preferido não funciona, cabe ao professor escolher uma alternativa que tenha o impacto desejado no aluno. Parafraseando uma citação atribuída a Einstein, a insanidade é usar o mesmo método de ensino repetidamente e esperar resultados diferentes.

Os fundamentos do modelo de intencionalidade de ensino envolvem:

- Escolher criteriosamente o foco da aula com base no currículo.
- Encontrar o equilíbrio ideal entre conteúdo e profundidade — "O maior inimigo da compreensão é a quantidade de conteúdo; não me canso de repetir isso" (Gardner, 1993, p. 24) — e encontrar a capacidade cognitiva.
- Atentar-se às estratégias de aprendizagem que podem precisar ser ensinadas.
- Aprimorar o princípio do desafio equilibrado (nem tão fácil, nem tão difícil).
- Escolher atividades que enriqueçam o conteúdo e a profundidade, bem como permitam o desenvolvimento da complexidade cognitiva desejada.
- Ver a avaliação como *feedback* para o professor sobre o impacto de seu trabalho (sobre o que, para quem e em que medida).
- Escolher métodos de ensino apropriados à complexidade cognitiva e aos critérios de sucesso das aulas, variando entre saber-que e saber-como/com.
- Reconhecer e celebrar os êxitos de curto e longo prazos à medida que os alunos avançam em direção aos critérios de sucesso.

O próximo capítulo se aprofundará nas estratégias de aprendizagem ideais, investigando explicitamente vários métodos de ensino. A mensagem central é a escolha criteriosa de estratégias de aprendizagem relevantes para as tarefas ensinadas e os métodos de ensino ideais para maximizar a chance de todos os alunos atingirem os critérios de sucesso.

REFLEXÕES

1. Existem muitos modelos para o planejamento de aulas. Por exemplo, Hunter (2004) propõe sete fases: objetivos, introdução, explicação e apresentação de exemplos/modelos, prática guiada, prática independente, verificação de aprendizagem e conclusão. Já Pollock e Tolone (2020) sugerem cinco fases: estabelecer uma meta, ativar o conhecimento prévio, introduzir novos conhecimentos, aplicar habilidades de

Aprendizagem visível **341**

pensamento a esses novos conhecimentos e revisar a meta inicial. Considerando os tópicos abordados neste capítulo, desenvolva um modelo de planejamento de aula padronizado para toda a escola. Posteriormente, avalie a eficácia e a eficiência desse modelo no que diz respeito à compreensão dos alunos sobre o propósito do aprendizado e o consequente resultado da aprendizagem.

2. Analise um conjunto recente de aulas, examinando os critérios de sucesso estabelecidos. Por exemplo, os objetivos eram suficientemente desafiadores? Todos os alunos dominaram o tema (e, caso contrário, quais estratégias você utilizou)? Os objetivos estavam relacionados tanto com o conhecimento superficial quanto com o profundo/transferência?

3. Escreva comentários em uma atividade, devolva-a aos alunos, peça que esperem um dia (para evitar que recordem apenas da memória de curto prazo) e, em seguida, solicite que escrevam o que entenderam do seu *feedback*. Essa atividade permite avaliar a eficácia do seu *feedback* em termos do que os estudantes conseguiram ouvir, compreender e colocar em ação.

4. Utilize a Figura 11.1 para elaborar *feedbacks* direcionados às respostas dos alunos, considerando o nível de aprendizado atual de cada um (ou o próximo nível, quando apropriado) e respondendo às três perguntas-chave do *feedback*.

5. Utilize as quatro perguntas-chave do *feedback* para avaliar a prática atual de *feedback* verbal ou escrito dado por você ou pelos próprios alunos. Essas questões são respondidas pelo *feedback* atual: onde eu me saí bem? Onde preciso melhorar? Como posso melhorar? O que posso fazer na próxima vez?

6. A partir de um vídeo ou observação de um colega, conte o número de perguntas que os alunos fazem sobre o trabalho deles em sua aula. Em seguida, trabalhe em conjunto com os estudantes para incentivar a formulação de perguntas, a busca de ajuda e o engajamento entre pares. No final da aula, peça aos alunos que escrevam pelo menos uma pergunta no final do trabalho antes de entregá-lo.

12

Estratégias de aprendizagem

No cenário educacional, o foco diário sempre foi a aprendizagem: como saber, como saber com mais eficiência e como saber de forma mais efetiva. No entanto, embora o foco aqui esteja no desempenho escolar, a aprendizagem também está associada a outros aspectos, como nos lembra Biesta (2013), como fatores sociais e emocionais, respeito por si e pelos outros e desenvolvimento de um senso de formação cultural — a noção alemã de *bildung* (ver Hattie e Larsen, 2020).

Da perspectiva do professor, as decisões-chave se relacionam ao que os alunos estão prontos para aprender agora, como sua aprendizagem pode ser possibilitada e como aumentar a proficiência deles em "como aprender". É claro que aprendizagem e desempenho não são dicotômicos, mas relacionados, pois é por meio da aprendizagem que alcançamos o bom desempenho. A questão deste capítulo é identificar as estratégias mais eficazes para a aprendizagem.

Em nossa busca, Greg Donoghue e eu identificamos mais de 400 estratégias de aprendizagem (Hattie; Donoghue, 2016, 2018). Muitas eram versões renomeadas de outras, algumas eram modificações menores, mas ainda restavam muitas candidatas que se autoproclamavam estratégias de aprendizagem poderosas. Como descobrimos, algumas estratégias funcionam bem em certos momentos do ciclo de aprendizagem, mas não em outros. Por isso, desenvolvemos um modelo de aprendizagem que serve como base para interpretar as evidências de nossa metassíntese. O argumento é que as estratégias de aprendizagem podem potencializar o desempenho de forma mais eficaz quando auxiliam o aluno nas tarefas exigidas pelas fases atuais de sua aprendizagem, seja o saber-que, o saber-como ou o saber-com (cf., Pressley, Borkwksi e Schneider, 1989).

O modelo descreve a aprendizagem de um tema completo, não de uma aula individual. Ele inclui três entradas que também são os três resultados (habilidade, vontade e entusiasmo); as três fases do processo de aprendizagem (superficial, profunda e de transferência), sendo que as aprendizagens superficial e profunda compreendem, cada uma, uma fase de aquisição e uma fase de consolidação; e tudo isso dentro de um ambiente para a aprendizagem (Figura 12.1). A proposta é que várias estratégias de aprendizagem são diferencialmente eficazes dependendo do grau de consciência dos alunos em relação aos critérios de sucesso, das fases em que elas são utilizadas e se o estudante está adquirindo ou consolidando sua compreensão.

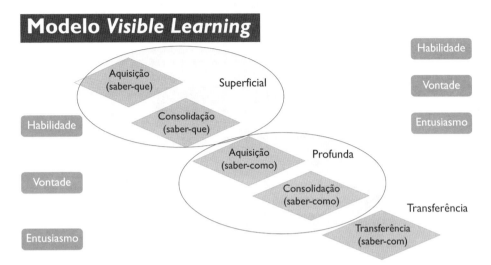

Figura 12.1 Modelo da amplitude e profundidade da aprendizagem.

HABILIDADE, VONTADE E ENTUSIASMO

Habilidade

O primeiro componente descreve o conhecimento prévio que o aluno traz para a atividade. Como disse Ausubel (1968, p. 1), "se eu tivesse que reduzir toda a psicologia educacional a apenas um princípio, diria o seguinte: o fator mais importante que influencia a aprendizagem é o que o aluno já sabe. Descubra isso e ensine-o de acordo". Outras influências relacionadas às habilidades incluem a memória de trabalho, as crenças do aluno, além do incentivo e das expectativas provenientes de seus contextos cultural e familiar. A aprendizagem envolve uma multiplicidade de repertórios culturais de prática, formas de conhecimento e capacidades de conexão (Nasir *et al.*, 2021).

Existem 50 metanálises que investigaram a relação entre a habilidade prévia e cinco entre o desempenho prévio e o subsequente, e, sem surpresa, essas relações são fortes (Tabela 12.1). Além disso, os efeitos do desempenho prévio são menores nos primeiros anos e maiores do ensino médio para a universidade. Um dos objetivos da escola, no entanto, é identificar os alunos que estão obtendo resultados abaixo do esperado em relação à sua capacidade e, portanto, não apenas aceitar o desempenho prévio como destino.

A outra habilidade importante é a memória de trabalho, que se refere à quantidade de informação que pode ser retida na memória de trabalho de curto prazo quando engajada em processamento, aprendizagem, compreensão, resolução de problemas ou pensamento direcionado a objetivos (Cowan, 2005). A memória de trabalho está fortemente relacionada à capacidade de raciocinar com novas informações, ou seja, à inteligência fluida geral (Ackerman, 2005).

TABELA 12.1 Estatísticas resumidas para as variáveis de habilidade

Habilidades	Nº de meta-análises	Nº de estudos	Nº total	Nº de efeitos	Tamanho de efeito ponderado	Erro padrão (EP)	Robustez
Habilidade e desempenho prévios	50	6.825	1.867.089	21.977	0,65	0,05	3
Força da memória de trabalho	4	437	58.287	4.107	0,63	0,08	4
Função executiva	2	314	73.552	314	0,62	0,05	3
Total/média	56	7.576	1.998.928	26.398	0,63	0,03	3

Vontade

A vontade, ou disposição, refere-se aos hábitos mentais ou tendências a responder a situações de maneiras específicas. Por exemplo, Claxton (2013) afirmou que a mentalidade de um "bom aprendiz" baseia-se em quatro tipos de disposição: resiliência ou força emocional, desenvoltura ou capacidade cognitiva, reflexão ou consciência estratégica, e relacionamento ou sofisticação social. Esses tipos envolvem a proficiência para editar, selecionar, adaptar e responder ao ambiente de maneira recorrente e característica.

Existem 94 metanálises relacionadas à disposição de aprendizagem, e o tamanho médio de efeito é de 0,42 (EP = 0,06; Tabela 12.2). Os efeitos do autocontrole (0,66) e da autoeficácia (d = 0,64) são os mais altos, seguidos pela inteligência emocional (0,50) e pelo autoconceito positivo (0,51). Essas influências se relacionam com o conceito do aluno de si mesmo como aprendiz e sua sensibilidade consigo e com os outros. Uma tarefa fundamental é desenvolver a concepção dos alunos como aprendizes. É por isso que nosso programa de implementação *Visible Learning+* se dedica tanto para ajudá-los a identificarem os atributos de bons aprendizes. Muitos começam achando que um bom aluno é aquele que chega à aula bem preparado, senta direito e observa o professor trabalhar. Nosso objetivo é abordar um tipo de disposição relacionado à coragem, encarar a falha como a melhor amiga do aprendiz e ensinar habilidades para enfrentar desafios.

As influências que moldam a concepção como aprendiz incluem ter uma postura positiva em relação ao conteúdo (0,46); reduzir a ansiedade (0,40), que geralmente está vinculada a definir tarefas com critérios de sucesso muito desafiadores; e reduzir o tédio, que muitas vezes está associado a definir critérios de sucesso fáceis demais. Vale a pena notar que o foco principal na literatura da década de 1980 sobre ansiedade e estresse mudou da preocupação em entender os níveis de estresse para o ensino de estratégias de enfrentamento, as quais foram mediadoras poderosas para determinar se as pessoas lidavam bem ou não com a situação (Lazarus; Folkman, 1984). Da mesma forma, na aprendizagem, o que importa menos são os níveis de ansiedade e estresse, e mais o desenvolvimento de estratégias de enfrentamento para lidar com eles. Essas estratégias de enfrentamento incluem:

Aprendizagem visível **345**

TABELA 12.2 Estatísticas resumidas para as variáveis de vontade

Vontade	Nº de meta-análises	Nº de estu-dos	Nº total	Nº de efeitos	Tamanho de efeito ponderado	EP	Robus-tez
Autoeficácia	12	640	1.313.310	648	0,64	0,03	5
Inteligência emocional	11	567	137.458	1.845	0,50	0,11	5
Autocontrole	4	126	90.405	157	0,66	0,06	3
Autoconceito positivo	13	846	634.598	3.557	0,51	0,03	5
Concentração, persistência e engajamento	10	550	354.511	1.202	0,41	0,12	5
Redução da ansiedade	22	1.551	1.698.986	4.983	0,40	0,04	5
Redução do tédio	4	89	51.128	139	0,46	0,13	3
Determinação	3	267	356.004	782	0,35	0,02	4
Redução da tristeza	3	96	59.008	113	0,30	0,08	3
Atenção plena	7	228	20.208	244	0,26	0,13	3
Mentalidade fixa *versus* de crescimento	5	325	867.175	565	0,19	0,03	4
Total/média	94	5.285	5.582.791	14.235	0,42	0,06	4

- Aprender a lidar com erros e equívocos (Frydenberg, 2010) e, assim, reduzir a autocrítica; e ser ensinado a regular efetivamente a culpa e outras emoções negativas (Galla; Wood, 2012).
- Aumentar a autoeficácia, que se relaciona com o desenvolvimento da convicção do aluno em sua própria competência para alcançar os resultados desejados (Bandura, 1993).
- Aumentar o apoio social e a busca de ajuda, reduzir a autocrítica e aprender a lidar com erros e equívocos (Frydenberg, 2010).

Aumentar as estratégias de enfrentamento para lidar com a ansiedade e promover a confiança para enfrentar tarefas de aprendizagem difíceis e desafiadoras libera recursos cognitivos essenciais necessários para o trabalho escolar.

Muito se discutiu sobre os alunos terem uma mentalidade de crescimento — ou incremental, em que os atributos humanos são maleáveis, não fixos —, em vez de uma mentalidade fixa — que considera os atributos fixos e invariáveis (Dweck, 2006). No entanto, as evidências ($d = 0,19$) mostram a dificuldade de mudar para uma mentalidade de crescimento, a quantidade de programas atuais que estão distantes do trabalho regular em sala de aula e quanta atenção é necessária para transferir qualquer aprendizado de crescimento para tarefas escolares desafiadoras. Crescimento se refere às habilidades e à disposição para enfrentar desafios; portanto, isso se alinha com as influências mais altas de todos os tipos de disposição.

Entusiasmo

O entusiasmo está relacionado à motivação para aprender. Pode haver um entusiasmo em aprender, mas, para muitos alunos, também pode ser algo maçante, desinteressante e entediante. A abordagem motivacional baseada em desempenho (aprender apenas para passar em provas ou obter ganhos em curto prazo) é ineficaz, e a abordagem de domínio é um pouco mais efetiva (Tabela 12.3). As abordagens de motivação por domínio não são bem-sucedidas provavelmente porque, com muita frequência, os resultados de tarefas e avaliações ficam em um nível superficial. Além disso, ter objetivos de domínio sem um senso estratégico de quando usá-los pode ser contraproducente, porque a maioria dos alunos não tem tempo suficiente para dominar tudo o que é pedido. Lembre-se de que a intenção original da aprendizagem baseada em domínio era um meio para um fim, em que os conceitos básicos do saber-que precisavam ser dominados antes de passar para um "saber mais profundo". Portanto, talvez uma razão mais adequada para a abordagem de domínio não ser tão alta sejam as poucas oportunidades de usar o material dominado para avançar para o saber-como e o saber-com. Trata-se de saber quando usar abordagens baseadas em desempenho, ou estratégicas, e quando usar abordagens de domínio,

TABELA 12.3 Estatísticas resumidas para as variáveis de entusiasmo

Entusiasmo	N° de meta-análises	N° de estudos	N° total	N° de efeitos	Tamanho de efeito ponderado	EP	Robustez
Motivação e abordagem profundas	3	165	15.186	170	0,58	0,08	2
Motivação e abordagem para alcançar um objetivo	4	252	23.194	257	0,44	0,02	3
Objetivos de domínio do conhecimento	8	655	133.634	898	0,20	0,09	4
Objetivos de *performance*	9	625	56.513	450	0,04	0,03	4
Motivação e abordagem superficiais	4	447	132.854	452	0,00	0,08	4
Total/média	28	2.144	361.379.98	2.227	0,25	0,03	3

ou seja, saber quando ser superficial e quando aprofundar. Essa é a forma mais eficaz de motivação.

Os professores podem desenvolver e oferecer modelos da abordagem estratégica fornecendo dois critérios de sucesso (um sobre o saber-que e outro sobre o saber-como/com). Assim, garante que os objetivos das atividades estejam claros e que o *feedback* e a avaliação também estejam alinhados, talvez dando duas tarefas, uma para o saber-que e outra para o saber-como. Ensinar aos alunos que o sucesso pode ser atribuído ao seu esforço e dedicação pode ajudar a consolidar o poder do estabelecimento de metas.

AMBIENTE FÍSICO

Muitos livros e *sites* sobre técnicas de estudo afirmam a importância de se atentar a vários aspectos do ambiente, como ter um quarto silencioso, sem música nem televisão, alto nível de apoio social, controle dos alunos sobre o próprio aprendizado, permissão para estudar nos horários que preferirem e garantir boas noites de sono e prática de exercícios físicos.

Apesar da enorme atenção dada, principalmente por pais, em estruturar o ambiente como pré-requisito para um estudo eficaz, tais efeitos, em geral, são relativamente pequenos (Tabela 12.4). Por exemplo, parece não fazer diferença se há música de fundo (desde que não sobrecarregue a memória de trabalho), senso de controle sobre a aprendizagem, horário para estudar, grau de apoio social ou prática de exercícios físicos. Considerando que a maioria dos alunos dorme e se exercita o suficiente, talvez não seja surpreendente que esses efeitos sejam baixos; é claro, a privação extrema do sono pode ter consequências marcantes.

AS TRÊS FASES DA APRENDIZAGEM: SABER-QUE (SUPERFICIAL), SABER-COMO (PROFUNDA) E SABER-COM (TRANSFERÊNCIA)

Esse modelo de complexidade cognitiva foi apresentado no Capítulo 3 e destaca a importância tanto da aprendizagem superficial, ou saber-que, quanto da aprendizagem profunda, ou saber-como/com, sem privilegiar uma sobre a outra, mas insistindo que os três níveis são críticos. Embora o modelo pareça sugerir uma ordem, é preciso notar que essas são distinções nebulosas (aprendizagens superficial e profunda podem ser realizadas simultaneamente), mas é útil separá-las para identificar as estratégias mais eficazes. Na maioria das vezes, o aluno precisa ter conhecimento superficial suficiente antes de passar para a aprendizagem profunda e, em seguida, para a transferência desses entendimentos. Como observou Entwistle (1976), "o verbo 'aprender' rege o acusativo". Isto é, só faz sentido analisar a aprendizagem em relação à disciplina ou área de conteúdo e ao trabalho específico para o qual a aprendizagem é direcionada, bem como ao contexto em que ela ocorre (cf., Biesta, 2013). O debate central, portanto, é se a aprendizagem é direcionada a um conteúdo significativo para o aluno, pois isso afetará diretamente a sua disposição, em particular, sua motivação para aprender e sua vontade para investir continuamente em seu aprendizado.

TABELA 12.4 Estatísticas resumidas para as variáveis físicas

Variáveis físicas	N° de meta-análises	N° de estu-dos	N° total	N° de efeitos	Tamanho de efeito ponderado	EP	Robus-tez
Gestão do tempo	3	356	111.668	443	0,47	0,04	4
Estrutura do ambiente	2	10	920	10	0,44	0,00	1
Exercícios físicos	4	279	182.106	1.939	0,16	0,00	1
Horário de estudo	2	50	31.229	50	0,18	0,08	2
Música de fundo	2	79	6.417	79	0,08	0,07	2
Controle do aluno sobre o aprendizado	6	226	19.671	383	0,03	0,05	3
Sono	4	107	75.483	107	0,02	0,03	3
Total/média	23	1.107	427.495	3.011	0,20	0,03	2

Para relembrar a estrutura dos resultados de aprendizagem observados (SOLO, do inglês *Structure of Observed Learning Outcomes*), os dois primeiros (primeiramente, muitas ideias ou perspectivas) referem-se ao desenvolvimento do conhecimento superficial, ou saber-que, e os dois últimos (relacionar e estender) ao desenvolvimento do conhecimento e aprendizagem procedimental mais profundos, ou saber-como (ver Petty (2016) para exemplos práticos). A aprendizagem superficial refere-se a estudar sem refletir muito sobre o propósito ou estratégia, aprender muitas ideias de mais de uma perspectiva sem necessariamente relacioná-las e memorizar fatos e procedimentos rotineiramente. A aprendizagem profunda diz respeito a buscar significado, relacionar e ampliar ideias, procurar padrões e princípios subjacentes, verificar evidências e relacioná-las com conclusões, examinar argumentos com cautela e criticidade e tornar-se ativamente interessado no conteúdo da aula.

O modelo SOLO também diferencia adquirir conhecimento primeiro e consolidá-lo depois. Durante a fase de aquisição, o aluno recebe informações de um professor ou material instrucional, e elas são armazenadas na memória de curto prazo. Durante a fase de consolidação, o estudante precisa processar e ensaiar ativamente o material, aumentando a probabilidade de transferir o conhecimento para a memória de longo prazo. Por fim, pode haver um processo de recuperação em ambas as fases, que envolve transferir o conhecimento e a compreensão da memória de longo prazo de volta para a memória de trabalho de curto prazo.

Aquisição da aprendizagem superficial

As estratégias incluem organizar, resumir, registrar, grifar, sublinhar, tomar notas, estudar com colegas e usar mnemônicos para ajudar os alunos a dominarem o conhecimento superficial (Tabela 12.5). Essas estratégias podem ser ensinadas deliberadamente e ser o único conjunto a ser ensinado independentemente do conteúdo. No entanto, é possível que, para algumas dessas estratégias, o impacto seja maior se forem ensinadas dentro de cada domínio de conteúdo, pois algumas das habilidades (como destacar, tomar notas e resumir) podem exigir ideias específicas relacionadas ao conteúdo que está sendo estudado.

Reduzir a carga cognitiva durante o ensino e a aprendizagem é uma parte fundamental da teoria da carga cognitiva desenvolvida por Sweller (2008, 2010). É importante otimizar a carga intrínseca (esforço associado ao tópico) e a carga germane (esforço colocado na criação de um armazenamento permanente de conhecimento) e reduzir a carga extrínseca (a maneira que a informação ou que as tarefas são apresentadas ao aluno). Nossa capacidade de memória de trabalho é limitada; por exemplo, a maioria de nós pode manter de quatro a sete ideias ou fatos em mente ao mesmo tempo. Um passo importante é reduzir as distrações da tarefa ou problema que queremos que os alunos trabalhem, como reduzir figuras, informações desnecessárias e complicações no texto não relaciona-

TABELA 12.5 Estatísticas resumidas para aquisição de conhecimento superficial

Aquisição superficial	Nº de meta-nálises	Nº de estudos	Nº total	Nº de efeitos	Tamanho de efeito ponderado	EP	Robustez
Integração com o conhecimento prévio	1	10	920	12	0,93	0,00	1
Mnemônicos	4	166	6.763	191	0,65	0,14	3
Descrever e resumir	11	886	117.120	1.094	0,63	0,07	5
Efeito de modalidade	2	78	6.811	125	0,55	0,06	2
Reler	2	159	5.763	159	0,50	0,06	2
Uso de imagens	2	147	2.043	194	0,55	0,06	3
Tomar notas	7	191	20.650	343	0,33	0,06	3
Sublinhar e destacar	3	128	8.697	226	0,42	0,11	3
Treinamento da memória operacional	12	390	26.586	2.804	0,37	0,05	4
Total/média	44	2.155	195.353	5.148	0,55	0,07	3

das ao problema. O professor também deve estar atento a sinais de sobrecarga (confusão) e subcarga (tédio). Podemos otimizar a carga intrínseca observando alguns pontos antes de começar a explicação, como apresentar um vocabulário adequado, segmentar níveis mais baixos da tarefa antes de tarefas mais completas ou complexas, ensinar a complexidade cognitiva necessária (ver seção sobre análise de tarefas cognitivas no Capítulo 11) e fazer um encadeamento progressivo, que se refere a construir gradativamente as habilidades do aluno na ordem em que serão necessárias no produto final (ver Lovell (2020) para uma excelente elaboração dessas ideias e métodos).

Consolidação da aprendizagem superficial

Uma vez que o aluno começa a desenvolver o conhecimento superficial, é importante codificá-lo de maneira que possa ser recuperado em momentos apropriados posteriores. Essa codificação envolve dois grupos de estratégias de aprendizagem: o primeiro desenvolve a força de armazenamento (o grau em que uma memória é estabelecida de forma duradoura ou bem aprendida), e o segundo desenvolve estratégias que aumentam a força de recuperação (o grau em que uma memória está acessível em um determinado momento). As estratégias de codificação visam a desenvolver ambas, mas com ênfase especial em fortalecer a recuperação. Ambos os grupos de estratégias exigem um investimento na aprendizagem, o que envolve a tendência de buscar, engajar-se, aproveitar e continuamente perseguir oportunidades para atividades cognitivas que demandam esforço. Embora alguns possam não gostar dessa fase, ela envolve a disposição para praticar, ter curiosidade e explorar novamente, bem como a tolerância à ambiguidade e incerteza, o que requer metacognição suficiente e um senso calibrado de progresso em direção aos resultados de aprendizagem desejados. As estratégias incluem testes práticos, prática espaçada e prática massiva, estudo para realização de provas, prática intercalada, revisão, maximização do esforço, busca de ajuda, tempo dedicado à tarefa, aprendizagem de como receber *feedback* e prática deliberada (ou seja, praticar com a ajuda de um especialista ou receber *feedback* durante a prática). A prática deliberada envolve atenção específica para superar uma fraqueza, abrir novos caminhos ou praticar com *feedback*, e não apenas praticar excessivamente (o que pode levar ao aprendizado excessivo de hábitos e conhecimentos errados, pobres ou fracos).

O investimento em esforço e a prática deliberada são essenciais nessa fase de consolidação, assim como a capacidade de ouvir, buscar e interpretar o *feedback* (Tabela 12.6). Durante essa fase, a tarefa é revisar e praticar o material. Esse investimento é mais valioso se espaçado ao longo do tempo, em vez de massificado. A revisão e a memorização são valiosas, mas observe que a memorização não é tão valiosa durante a fase de aquisição. A tarefa difícil é tornar importante esse investimento na aprendizagem, ajustar a revisão à medida que ela progride à luz de um *feedback* de alto nível e não se envolver em exercícios mecânicos e sem sentido. Essas estratégias relacionadas à consolidação da aprendizagem dependem fortemente da proficiência do aluno para investir tempo na tarefa com sabedoria, praticar e aprender com essa prática, bem como revisar e praticar novamente de forma que o aprendizado esteja mais prontamente disponível na memória de trabalho para uma compreensão mais profunda.

TABELA 12.6	Estatísticas resumidas para consolidar o conhecimento superficial						
Consolidação superficial	N° de meta-nálises	N° de estu-dos	N° total	N° de efeitos	Tamanho de efeito ponderado	EP	Robus-tez
Ensaio e memorização	4	151	13.898	151	0,71	0,00	2
Buscar ajuda	3	99	14.136	99	0,73	0,11	2
Prática deliberada	3	161	13.689	316	0,49	0,08	3
Gerencia-mento de esforços	1	15	1.381	15	0,77	0,00	1
Prática espaçada versus massiva	5	510	183.962	1.115	0,59	0,05	4
Dar/receber feedback	9	1.005	61.164	3.117	0,51	0,08	4
Prática intercalada	3	180	11.003	374	0,46	0,07	3
Tempo na tarefa	12	375	68.974	522	0,46	0,10	4
Teste prático	5	744	224.457	902	0,49	0,04	5
Explicação, realização de testes e treinamento	12	328	96.865	477	0,24	0,09	4
Total/média	57	3.568	689.527	7.088	0,55	0,05	3

Aquisição da aprendizagem profunda

Alunos com alto nível de consciência, controle ou escolha estratégica de múltiplas estratégias são frequentemente descritos como autorregulados ou com alto nível de metacognição. Os estudantes autorregulados tornam-se como os professores, pois têm um repertório de estratégias para aplicar quando a estratégia atual não está funcionando, além de terem uma concepção clara do que é o sucesso na tarefa. Mais tecnicamente, Pintrich (2000) descreveu a autorregulação como "um processo ativo e intencional pelo qual os alunos estabelecem metas para sua aprendizagem e, então, tentam monitorar, regular e controlar sua cognição, motivação e comportamento, guiados e restringidos por seus objetivos e pelas características contextuais do ambiente". Esses alunos sabem o quê, onde, quem, quando e por que aprender, mas também sabem como, quando e por que usar tais estratégias de aprendizagem. Além disso, eles sabem o que fazer quando não sabem o que fazer. As estratégias de autorregulação incluem elaboração e organização, monitoramento de estratégias, mapeamento conceitual e estratégias metacognitivas, como autoavaliação, busca de ajuda, autorregulação e questionamento elaborativo (a habilidade de perguntar "Por que isso é assim?").

Quase todas as estratégias nessa fase são importantes para melhorar a aprendizagem (Tabela 12.7). A capacidade de elaborar e organizar, monitorar o uso das estratégias de aprendizagem e ter uma variedade de estratégias metacognitivas são os determinantes críticos do sucesso nessa etapa. O principal objetivo é que o aluno ative deliberadamente o conhecimento prévio e, em seguida, faça relações e extensões além do que aprendeu na fase superficial.

Consolidação da aprendizagem profunda

Uma vez que o aluno tenha adquirido os conhecimentos superficial e profundo de um subtópico ou conceito a ponto de se tornar parte de seu repertório de habilidades e estratégias, podemos dizer que ele automatizou o aprendizado. Em muitos sentidos, essa automatização se torna uma ideia ou bloco de aprendizagem autônomo. Então, o ciclo continua à medida que blocos próximos do conhecimento superficial são aprendidos para o conhecimento mais profundo, o qual se torna uma ideia superficial, e assim por diante (Pegg; Tall, 2010). Existem diversas estratégias de aprendizagem que desenvolvem a proficiência do estudante para consolidar o pensamento profundo e ser mais estratégico em relação à aprendizagem, incluindo autoquestionamento, automonitoramento, autoexplicação, verbalização das etapas de um problema, busca de ajuda de colegas e tutoria entre pares, aprendizagem colaborativa, avaliação e reflexão, resolução de problemas e técnicas de pensamento crítico.

Nessa fase de aprendizagem de um tópico, o poder de trabalhar com outras pessoas se torna mais evidente (Tabela 12.8). Isso envolve habilidades para buscar ajuda, ou-

TABELA 12.7 Estatísticas resumidas para adquirir conhecimento profundo

Aquisição profunda	N° de meta-análises	N° de estudos	N° total	N° de efeitos	Tamanho de efeito ponderado	EP	Robustez
Elaboração e organização	1	50	4.602	50	0,75	0,00	1
Autojulgamento e reflexão	2	77	6.980	77	0,69	0,08	2
Questionamento elaborativo	2	304	6.740	304	0,59	0,05	3
Estratégias metacognitivas	18	863	1.313.625	2.175	0,52	0,11	5
Monitoramento da estratégia	2	235	21.629	235	0,54	0,08	2
Autorregulação	20	1.621	427.838	3.401	0,51	0,08	5
Total/média	45	3.150	1.781.413.6	6.242	0,60	0,04	3

Aprendizagem visível **353**

TABELA 12.8 Estatísticas resumidas para consolidar o conhecimento profundo

Consolidação profunda	N° de meta-análises	N° de estu-dos	N° total	N° de efeitos	Tamanho de efeito ponderado	EP	Robus-tez
Buscar ajuda de colegas	2	42	3.866	42	0,68	0,13	1
Habilidades de busca de ajuda	3	99	14.136	99	0,73	0,11	2
Discussão em sala de aula	1	42	3.866	42	0,82	0,00	1
Avaliação e reflexão	1	54	4.970	54	0,75	0,09	1
Consequências pessoais	1	75	6.903	75	0,70	0,08	2
Ensino de resolução de problemas	11	639	59.305	1.313	0,61	0,08	5
Automonito-ramento	3	203	16.858	203	0,50	0,08	3
Autoexplicação	5	120	10.868	186	0,55	0,10	3
Falar consigo mesmo e auto-questionamento	7	360	22.218	1.397	0,58	0,08	4
Aprendizagem cooperativa	37	1.376	144.534	2.258	0,53	0,08	5
Tornar-se professor (tutoria por pares)	18	890	78.515	1.624	0,66	0,06	5
Colaboração	12	955	91.734	1.082	0,45	0,07	4
Total/média	101	4.855	457.771	8.375	0,62	0,08	3

vir os outros na discussão e desenvolver estratégias para falar conforme a abordagem da aprendizagem. A busca de ajuda, por exemplo, é mais eficaz no início do que no final da aprendizagem, especialmente na fase de consolidação profunda, e quando a ajuda é orientada para a autonomia (por exemplo, buscar auxílio) do que para fornecer soluções completas (Koo *et al.*, 2022). Por meio da escuta e da fala sobre sua aprendizagem, alunos e professores percebem o que sabem profundamente, o que não sabem e onde estão com dificuldades para encontrar relações e extensões. Uma estratégia importante é quando os estudantes se tornam professores de outros e aprendem com os colegas, pois isso envolve altos níveis de regulação, monitoramento, antecipação e escuta do seu impacto no aprendiz.

354 John Hattie

Muitas pesquisas confirmam que ensinar estratégias para buscar ajuda funciona, mas como isso funciona em sala de aula é mais complexo. Os professores precisam acolher os alunos que buscam ajuda, e precisa haver outras pessoas com conhecimento (por exemplo, colegas) para quem pedir ajuda. Frequentemente, estudantes deixados em ambientes sem suporte podem buscar e obter auxílio incorreto e nem perceber que está errado. Ryan e Shin (2011) também distinguem busca de ajuda adaptativa e a busca de ajuda imediatista. A primeira diz respeito a buscar auxílio de outras pessoas, como uma explicação, uma dica ou um exemplo, que promova a aprendizagem e a resolução independente de problemas no futuro, e a segunda envolve buscar uma ajuda que acelere a conclusão da tarefa, como receber a resposta pronta, sem se importar com a aprendizagem. Os autores mostraram que a busca de ajuda adaptativa entre pares diminui durante o início da adolescência, e a busca de ajuda imediatista aumenta nesse período. Além disso, o aumento da busca de ajuda imediatista foi associado à queda no desempenho, mas as mudanças na busca de ajuda adaptativa não tiveram relação com o desempenho. A chave é que os professores ensinem a buscar ajuda adaptativa, garantam que esse auxílio seja confiável e correto e vejam isso mais como uma habilidade do aluno do que do educador. A busca de ajuda precisa ser bem-vinda para que possa ter efeito.

Transferência

Existem habilidades envolvidas na transferência de conhecimento e na compreensão de uma situação para outra. Alguns consideram que a transferência bem-sucedida pode ser considerada sinônimo de aprendizagem. Existem muitas distinções relacionadas à transferência: próxima e distante, baixa e alta, para novas situações e para resolução de problemas, além de positiva e negativa. Trata-se de um processo dinâmico, não estático, que exige que os alunos escolham e avaliem estratégias ativamente, considerem recursos e informações superficiais e, quando disponível, recebam ou busquem *feedback* para aprimorar essas habilidades adaptativas. O ensino recíproco é um programa específico que visa a ensinar essas habilidades. Por exemplo, Scardamalia e Bereiter (2006) desenvolveram programas no ensino de transferência na escrita, nos quais os estudantes aprendem a identificar objetivos, melhorar e elaborar ideias existentes, se esforçar pela coesão das ideias, apresentar suas ideias a grupos e compartilhar seu raciocínio sobre como proceder.

Da mesma forma, Schoenfeld (2010) delineou uma abordagem de resolução de problemas para a matemática que envolve a transferência de habilidades e conhecimentos de uma situação para outra. Marton (2015) argumentou que a transferência ocorre quando o aluno aprende estratégias que se aplicam em uma determinada situação, de modo que ele seja capaz de fazer a mesma coisa em outra situação quando percebe que a segunda situação se assemelha (ou é percebida como semelhante) à primeira. Ele afirmou que não apenas a similaridade, mas também as pequenas diferenças podem conectar situações umas às outras. Aprender a detectar essas diferenças é fundamental para a transferência de aprendizagem. Como Heráclito afirmou, não há duas experiências idênticas; você não entra no mesmo rio duas vezes.

*Sala e Gobet (2016) investigam especificamente os efeitos das transferências próxima e distante na memória de trabalho após programas de treinamento, em alunos com transtorno de aprendizagem (próxima = 0,26, distante = 0,06) e naqueles não classificados (próxima = 0,49, distante = 0,08). Eles concluíram que as escolas deveriam se concentrar em conhecimento específico do domínio, em vez de habilidades gerais e supostamente transferíveis. Outras metanálises sobre transferência nas escolas levaram a uma conclusão diferente. Há uma literatura emergente que mostra que a transferência pode ser ensinada intencionalmente. Feuerstein (1980) orienta o aluno com sucesso pelas etapas de um processo, ajudando-o quando necessário, e, então, pergunta: "Como você fez isso?". Ele obtém uma resposta bem fundamentada e pergunta: "Em que outro lugar você poderia usar esse processo?". Se o aluno não consegue pensar em uma resposta, sugere e pede outra. Quando o estudante consegue pensar em uma transferência relevante, pergunta: "Por que tem relação?".

*Marzano *et al.* (2000) descobriram altos efeitos na transferência ao ensinar os alunos a identificar semelhanças e diferenças (1,32). O modelo de transferência promovido por Marton (2015) parece ser corroborado pelo fato de que um ponto-chave no ensino para transferência envolve a compreensão dos padrões, semelhanças e diferenças antes de aplicar as estratégias a novas tarefas. Marton argumentou que a transferência ocorre quando os alunos aprendem estratégias que se aplicam a uma determinada situação, de modo que sejam capazes de fazer a mesma coisa em outra situação, à medida que percebem como a segunda situação se assemelha (ou não) à primeira. Aprender a detectar diferenças e semelhanças é a chave que leva à transferência da aprendizagem.

No entanto, é a proporção certa de ensino do saber-que, do saber-como e do saber--com o que realmente importa. Isso é ilustrado pelo modelo *ACT Learning Transfer* (aquisição, conexão e transferência), de Stern *et al.* (2021). A fase de aquisição envolve o ensino intencional do conhecimento e das habilidades, conceitos organizadores que desejamos que eles usem na transferência. A fase de conexão é encontrar relações entre as ideias e uma compreensão conceitual mais profunda. A fase de transferência envolve ensinar os alunos "[...] a procurar semelhanças e diferenças para avaliar novas informações ou situações e assimilar isso em nossa rede existente de pensamentos e experiências" (Stern *et al.*, 2021, p. 21). Envolve busca de padrões, generalização de um caso específico para uma regra mais ampla, uso desse conhecimento para desbloquear a nova situação, indo além de ficar preso em casos específicos e preparando os estudantes para fazer conexões, explorar relações e inovar. "Quanto mais pudermos treinar os alunos para aplicar padrões gerais e *insights* conceituais a contextos do mundo real dissimilares, mais flexível e criativa será sua solução de problemas."

*Rayner *et al.* (2013) investigaram a transferência em matemática e analisaram vários métodos de ensino de transferência ($d = 0,80$ do ensino de transferência em matemática). A explicação de ativação de esquema superou as outras categorias conceituais de intervenções instrucionais. Precisamos de mais metanálises sobre os efeitos das estratégias e as circunstâncias em que elas têm maior probabilidade de impactar positivamente.

CONCLUSÕES

A eficiência das estratégias depende da compreensão completa das habilidades, da motivação e da satisfação que o aluno traz para a sala de aula.

O objetivo é estimular a motivação (por exemplo, a confiança e a disposição para investir continuamente em uma aprendizagem mais ampla e profunda), a satisfação (por exemplo, as emoções associadas à aprendizagem bem-sucedida, a curiosidade e a disposição para explorar o que não se sabe) e as habilidades (por exemplo, o conteúdo e a compreensão mais profundos).

Oportunidade e intenção são importantes.

Uma habilidade crítica é ensinar aos alunos as habilidades de detectar a natureza do sucesso da aprendizagem desejada e saber onde estão no ciclo de aprendizagem para que possam otimizar a escolha de estratégias de ensino e de aprendizagem. Essa é a essência da autorregulação.

Essa eficácia diferenciada das estratégias de aprendizagem ajuda a explicar por que programas genéricos de técnicas de estudo têm baixa transferência para várias disciplinas. Em vez disso, elas precisam ser ensinadas no contexto da área temática.

Há uma distinção importante entre a primeira exposição ao conteúdo e a consolidação da aprendizagem.

A transferência é um resultado importante da aprendizagem e tem maior probabilidade de ocorrer se os alunos forem ensinados a detectar semelhanças e diferenças entre uma situação e uma nova situação antes de tentarem transferir seu aprendizado para a nova situação. Essas habilidades podem ser ensinadas.

A preparação para a aprendizagem futura envolve oportunidades para experimentar nossas intuições em diferentes contextos, receber *feedback*, engajar-se em erros produtivos e aprender a revisar nosso conhecimento com base no *feedback*.

É preciso haver uma ênfase na construção do conhecimento, em vez de simples transmissão de informações, e na investigação sistemática baseada na construção e desconfirmação de teorias, em vez de apenas seguir processos para encontrar algum resultado.

Um ponto principal desse modelo é que a eficiência das estratégias depende da compreensão completa do que cada aluno traz para a sala de aula, da natureza e do momento da aprendizagem para um determinado tópico:

- Se os critérios de sucesso exigem a retenção de detalhes precisos (aprendizagem superficial), então as estratégias de aprendizagem superficial serão mais eficazes do que as estratégias de nível superior.
- No entanto, se a intenção é ajudar os alunos a entenderem o contexto (aprendizagem profunda) para aplicá-lo em um novo contexto (transferência), então estratégias de saber-como são necessárias.

Os estudantes precisam de múltiplas estratégias dependendo de onde estão no ciclo de aprendizagem (Figura 12.1), principalmente quando sua primeira escolha não faz a diferença. Os professores podem precisar ser mais explícitos em como suas intenções de aprendizagem e critérios de sucesso se relacionam com a natureza da complexidade cognitiva (da superficial à profunda e à transferência), pois isso geralmente indica as estratégias de aprendizagem ideais.

Cada aluno chega à aula com habilidades, disposições e motivações prévias, que são a base para os resultados de qualquer aula. Há um papel interligado de habilidade, motivação e satisfação como fatores de entrada e saída da aprendizagem. O objetivo, portanto, é estimular a motivação (por exemplo, a confiança e a disposição para investir continuamente em uma aprendizagem mais ampla e profunda), a satisfação (por exemplo, as emoções associadas à aprendizagem bem-sucedida, a curiosidade e a disposição para explorar o que não se sabe) e as habilidades (por exemplo, o conteúdo, as habilidades de aprendizagem e a compreensão mais profunda).

Oportunidade e intenção são importantes. Identificar as 10 principais estratégias de aprendizagem é impossível, pois o sucesso depende se a intenção do professor é o saber-que ou o saber-como e se o material está sendo apresentado pela primeira vez ou já está consolidado. Também depende do alinhamento intencional entre critérios de sucesso, *feedback*, métodos de ensino e avaliação.

Se esse alinhamento não for explicitado pelo professor, então deve-se ensinar aos alunos as habilidades de detectar a natureza da aprendizagem desejada e onde eles estão no ciclo de aprendizagem para que possam otimizar melhor a escolha das estratégias de aprendizagem (essa é a essência da autorregulação). Frequentemente, os estudantes recorrem a tarefas de avaliação para começar a entender qual nível de complexidade é necessário ou relembrar a natureza do *feedback* em avaliações anteriores para entender o que o professor quer.

Resumindo, para adquirir aprendizagem superficial, vale a pena saber como resumir, esquematizar e relacionar a aprendizagem com desempenho prévio; e então consolidar essa aprendizagem engajando-se em prática deliberada, ensaiando ao longo do tempo e aprendendo como buscar e receber *feedback* para modificar esse esforço. A compreensão profunda requer planejamento, avaliação e aprendizado para monitorar o uso das estratégias de aprendizagem; consolidar a compreensão profunda requer a estratégia de falar consigo mesmo, autoavaliação e autoquestionamento, e a busca de ajuda de colegas. Isso exige que o aluno compartilhe seu raciocínio, aprenda a linguagem do pensamento, saiba como buscar ajuda, se questione e analise as consequências das próximas etapas da aprendizagem. Transferir a aprendizagem para novas situações envolve detectar semelhanças e diferenças entre o problema (ou situação) antigo e o novo.

Chamamos esse modelo de ensino e aprendizagem de modelo intencional. A eficácia diferenciada das estratégias de aprendizagem ajuda a explicar por que programas genéricos de técnicas de estudo têm baixa transferência para várias disciplinas. Em vez disso, elas precisam ser ensinadas no contexto da área temática. Wiliam (2014, p. 2), por exemplo, observou o seguinte:

> [...] na demonstração matemática, o pensamento crítico pode envolver a garantia de que cada etapa segue a anterior (por exemplo, verificando se não houve divisão por zero). Ao ler um relato histórico, o pensamento crítico pode envolver considerar o autor do relato, os possíveis vieses e limitações que ele possa estar trazendo e que outros conhecimentos o leitor tem sobre os eventos descritos. O ponto importante aqui é que, embora haja alguma semelhança entre os processos em matemática e história, eles não são iguais. Desenvolver a capacidade de pensamento crítico em história não torna alguém melhor em pensamento crítico em matemática. Apesar de todas as semelhanças aparentes, o pensamento crítico em história e o pensamento crítico em matemática são diferentes e desenvolvidos de maneiras diferentes.

Há uma distinção importante entre a primeira exposição ao conteúdo e a consolidação da aprendizagem. Essa distinção está longe de ser nova. Shuell (1990) diferenciou as fases inicial, intermediária e final da aprendizagem. Na fase inicial, os alunos podem encontrar uma "grande variedade de fatos e informações que são conceitualmente mais ou menos isoladas... parece haver pouco mais do que um terreno baldio com poucos marcos para orientar o viajante em sua jornada em direção à compreensão e ao domínio". Os estudantes podem usar esquemas existentes para entender essa nova informação ou ser guiados para ter um esquema mais apropriado (e, assim, vivenciar os estágios iniciais da aprendizagem de conceitos e relações entre ideias); caso contrário, a informação pode permanecer como fato isolado ou ser ligada erroneamente a entendimentos anteriores. Na fase intermediária, os alunos começam a ver semelhanças e relações entre esses pedaços de informação aparentemente isolados conceitualmente. "A névoa continua a se dissipar, mas não desapareceu completamente". Durante a fase final, a estrutura do conhecimento torna-se bem integrada e funciona de forma mais autônoma, e a ênfase se concentra no desempenho ou na exibição do resultado da aprendizagem.

A transferência é um resultado importante da aprendizagem e tem maior probabilidade de ocorrer se os estudantes forem ensinados a detectar semelhanças e diferenças entre uma situação e uma nova situação antes de tentarem transferir seu aprendizado para a nova situação. Essas habilidades podem ser ensinadas. Muitos alunos (especialmente aqueles com dificuldades) acabam treinando excessivamente algumas estratégias de aprendizagem (por exemplo, copiar e grifar) e as aplicam independentemente das exigências das novas tarefas. Além disso, essa capacidade de perceber semelhanças e diferenças em diferentes conteúdos é bem distinta entre estudantes iniciantes e aqueles que já têm certo conhecimento. Não aprendemos apenas com a experiência, mas também com os erros.

A preparação para a aprendizagem futura envolve oportunidades para testar nossas hipóteses em diferentes contextos, receber *feedback*, engajar-se em erros produtivos e aprender a revisar nosso conhecimento com base nesse *feedback*. O objetivo é resolver problemas com mais eficiência e abandonar conhecimentos previamente adquiridos em favor de compreensões mais sofisticadas, e isso pode ter consequências emocionais: o fracasso em mudar estratégias em novas situações já foi descrito como a tirania do sucesso. Nem sempre é produtivo para os alunos tentarem o que funcionou na última vez. Portanto, pode ser necessário enfatizar o teste de conhecimento Popperiano (ou seja, buscar evidências de que você está errado), levando à construção de conhecimento, em vez de simplesmente à transmissão de informações. Isso requer investigação sistemática baseada em testar o conhecimento e na desconfirmação como caminho para a construção de teorias, em vez de apenas seguir processos para encontrar algum resultado.

REFLEXÕES

I. Examinamos 20 mil horas de transcrições de sala de aula procurando exemplos de (a) um professor compartilhando seu raciocínio e mostrando suas estratégias de aprendizagem ao resolver um problema, (b) um educador pedindo a um aluno para explicar seu raciocínio sobre suas estratégias de aprendizagem, ou (c) um professor oferecendo uma estratégia de aprendizagem diferente quando a solução do estudante não funcionou. Não encontramos nenhum caso. Quais seriam os resultados na sua sala de aula ou escola?

Aprendizagem visível **359**

2. Compartilhe estratégias para descobrir o conhecimento prévio/compreensão atual dos alunos antes de iniciar uma nova matéria.

3. Nuthall (2007) descobriu que os estudantes precisam de três a cinco exposições a novos conceitos, independentemente da habilidade prévia. Então, nas revisões de suas aulas por vídeo ou áudio, quantas oportunidades de aprendizagem você oferece?

4. Com os colegas, crie de cinco a sete atributos de aprendizagem que você deseja para seus alunos. Elabore uma progressão, recursos de ensino e medidas para cada um. Verifique a compreensão dos alunos sobre essa linguagem de aprendizagem em toda a escola.

5. A alta autoeficácia do aluno é crucial para a aprendizagem eficaz. Identifique barreiras potenciais para essa confiança em sua escola, como privilegiar o sucesso acadêmico em detrimento do progresso para o desempenho, agrupamento por habilidades e outros sistemas comparativos, baixas expectativas e crenças dos estudantes sobre seu potencial progresso nas aulas.

6. A discussão efetiva envolve usar os alunos como recursos de aprendizagem uns para os outros. Leia a seção Consolidação da aprendizagem profunda e discuta como os estudantes podem se organizar para explicar o conteúdo uns aos outros quando necessário, para que aqueles com compreensão mais profunda possam ensinar os outros, e como ensinar os alunos a compartilharem seu raciocínio, criticarem e participarem de discussões entre pares. Discuta com que frequência eles devem mudar de lugar para que tenham mais oportunidades de experiências de aprendizagem social e cognitiva.

7. Leia a conclusão e, em seguida, crie listas para os elementos de cada estágio de aprendizagem: aquisição de aprendizagem superficial, aquisição de compreensão profunda e transferência para novas situações. Discuta como isso pode ser usado como um guia para o planejamento dos professores e como os alunos podem ser ensinados a conhecer e usar essas estratégias de aprendizagem.

13

Estratégias de ensino

Costumo dizer que a questão vai além de como ensinamos; a questão é o impacto do nosso ensino. Essa ideia não é para diminuir a importância das decisões sobre metodologias, mas, sim, pedir um foco maior no resultado. O objetivo não é apenas cobrir o currículo, tornar as tarefas divertidas e práticas e engajar todos os alunos na realização delas. O principal objetivo é maximizar o impacto na aprendizagem dos estudantes: a habilidade, a vontade e a motivação deles para se tornarem pessoas instruídas. Os argumentos de adequação à finalidade explorados no capítulo anterior e os argumentos da intencionalidade de aprendizagem do Capítulo 11 orientam as interpretações otimizadas sobre a escolha dos métodos de ensino. Como dizia Kenny Rogers, há um tempo para cada coisa.

Existem muitos métodos de ensino, e a maioria dos professores tem um vasto repertório. Também há defensores fervorosos de métodos específicos, geralmente proclamando que funcionaram para eles, então por que não funcionariam para outros? Algumas escolas se orgulham de adotarem uma metodologia baseada em problemas ou aprendizagem profunda, como se essa fosse a única, a melhor ou necessariamente a maneira ideal de ensinar e aprender. Como veremos, depende de quando usar determinados métodos (mais de um) e se o método teve o impacto desejado; do contrário, devemos mudá-lo. No entanto, a ideia não é experimentar muitos métodos diferentes na esperança de causar impacto.

Existem mais de 16 milhões de resultados para "métodos de ensino" no Google. Muitas sessões de desenvolvimento profissional debatem e promovem métodos específicos, e há inúmeros livros e artigos sobre o assunto. Somos incentivados a ensinar como campeões[1] (Lemov, 2012), a ensinar como se nosso cabelo estivesse pegando fogo[2] (Esquith, 2007), a ensinar como a Finlândia[3] (Sahlberg, 2021) e a ensinar como um pi-

---

[1] N. de T.: Referência ao livro *Teach Like a Champion: Students on the Path to College*, de Doug Lemov, sem tradução para o português brasileiro.

[2] N. de T.: Referência ao livro *Teach Like Your Hair's on Fire: The Methods and Madness Inside Room 56*, de Rafe Esquith, sem tradução para o português brasileiro.

[3] N. de T.: Referência ao livro *Lições finlandesas: o que o mundo pode aprender com a mudança educacional na Finlândia?*, de Pasi Sahlberg.

rata[4] (Burgess, 2012). Eu quero que você ensine para maximizar seu impacto na aprendizagem de todos os alunos.

Existem poucas taxonomias de métodos de ensino. Marzano (2016) identificou 332 métodos de ensino, que ele classificou em aulas de ensino direto (apresentação de novos conteúdos), aulas de prática e aprofundamento (desenvolvimento de habilidades, estratégias e processos de forma fluente e precisa, em que o ensino ajuda a conectar a compreensão do aluno sobre o tema com o conteúdo aprendido anteriormente e facilita a prática de habilidades essenciais) e aulas de aplicação de conhecimento (ensino que encoraja os alunos a irem além do conteúdo e começarem a gerar suas próprias reivindicações e conclusões). É como mover-se do saber-que para o saber-como e depois para o saber-com (do superficial ao profundo e depois à transferência). Porém, quando classificamos os 332 métodos de ensino no compêndio de Marzano, de acordo com o modelo de aprendizagem (do Capítulo 12), apenas 32 foram diretamente classificáveis (Figura 13.1). A maioria atravessa fronteiras e, embora isso não seja necessariamente um problema (a aprendizagem raramente é compartimentalizada ou linear), introduz outra confusão na aliança intencional de sucesso, ensino e aprendizagem para os estudantes.

Beck (1998, p. 37) examinou 25 livros didáticos de formação docente e observou que "[...] parece bastante surpreendente que tão pouca atenção tenha sido dada ao estabelecimento de um sistema de classificação mais uniforme e comum". Como resultado, ele desenvolveu cinco agrupamentos de estratégias e mais três métodos de apresentação via desempenho, tecnologia e agrupamento (Tabela 13.1).

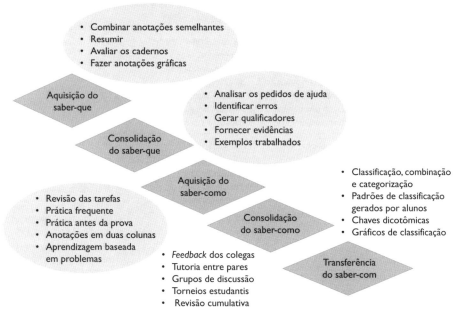

Figura 13.1 Métodos de ensino alinhados às cinco partes do modelo de aprendizagem visível.

---

[4] N. de T.: Referência ao livro *Teach Like a PIRATE: Increase Student Engagement, Boost Your Creativity, and Transform Your Life as an Educator*, de Dave Burgess, sem tradução para o português brasileiro.

362 John Hattie

TABELA 13.1	Os cinco grupos de estratégias de ensino de Beck		
Classificação dos métodos	Objetivos	Exemplos	Das metanálises
Deliberativo	Incentivar uma troca cuidadosa de ideias para promover habilidades de comunicação cognitiva, social e verbal.	Debate, mesa redonda, conferência, painel, simpósio, círculo de conversa, aquário, compartilhamento de ideias, discussão em pequenos grupos e discussão em turma.	Filosofia nas escolas
Expositivo	Prover informações, orais ou escritas, de forma ordenada, impositiva e inteligível, a um público receptivo.	Palestra, recitação, revisão, relatório oral ou escrito, leitura de textos, materiais gráficos, demonstração, uso de modelos e provas.	Estratégias de ensino explícito
Individualista	Dar instruções projetadas para atender às habilidades, necessidades e interesses do aluno, com base na assistência individual.	Programação individualizada, ritmo próprio, pacotes de estudo, contrato de aprendizagem, aprendizagem para o domínio, estudo independente, tutoria e grupos de interesse.	Ensino direto
Interrogativo	Usar habilidades de questionamento para incentivar a participação, esclarecer, avaliar a compreensão e promover um pensamento mais avançado.	Perguntas convergente e divergente, comando, sondagem, redirecionamento, repetição, questionamento individual, pergunta aberta, avançada e socrática.	Ensino recíproco
Investigativo	Resolver problemas com base no raciocínio indutivo, coletando e analisando dados e tirando conclusões.	Investigação, exploração, resolução de problemas, pensamento crítico, experimentação, laboratório, estudo de caso/método, descoberta.	• Resolução de problemas • Método *jigsaw*[5] indutivo • Método baseado em investigações • Método baseado em problemas cooperativos • Método baseado em descobertas

A alegação é que talvez precisemos escolher nossos métodos de ensino para o tópico atual, dependendo se o foco da aula está na fase de saber-que, saber-como ou saber-com.

---

[5] N. de R.T.: A tradução para *jigsaw* é quebra-cabeça. Neste contexto, trata-se de um método de ensino que visa à aprendizagem cooperativa e à interdependência entre os alunos, o qual será abordado em mais detalhes mais adiante no capítulo.

Isso exige múltiplos métodos de ensino, já que poucos funcionam nos cinco níveis de aprendizagem. Portanto, devemos ser intencionais sobre a escolha certa para os alunos certos no momento certo. Note que o uso da intenção de ensinar implica uma decisão deliberada, proposital e ponderada de adotar um método que considere a bagagem dos estudantes (o que eles já sabem e levam para a aula), definir os critérios de sucesso e alinhar intencionalmente a escolha dos métodos de ensino com as avaliações, com os critérios de sucesso e com os processos de aprendizagem (conforme descrito nos Capítulos 11 e 12).

Os diversos métodos de ensino investigados por meio de metanálise foram agrupados de maneira geral em uma das duas partes do modelo de aprendizagem (saber-que e saber-como/saber-com), mas, como observado, muitos podem ser usados em todos os níveis — a intenção é mais crítica do que o método (Tabelas 13.2 e 13.3).

MÉTODOS QUE VISAM À APRENDIZAGEM SUPERFICIAL (SABER-QUE)

TABELA 13.2 Estatísticas resumidas para ensinar o saber-que

Ensinar o saber-que	N° de meta-nálises	N° de estu-dos	N° total	N° de efeitos	Tamanho de efeito ponderado	Erro padrão (EP)	Robus-tez
Ensino direto	8	3.052	563.150	10.392	0,56	0,08	5
Estratégias de ensino explícito	21	5.976	1.584.597	13.333	0,63	0,09	5
Programas cognitivo--comporta-mentais	1	5	460	5	0,29	0,00	1
Aula expositiva	3	273	27.296	614	−0,26	0,08	4
Coensino/bidocência	8	327	32.933	494	0,21	0,12	3
Resposta à intervenção	8	180	21.907	689	0,73	0,11	4
Recursos auxiliares	15	408	121.824	790	0,64	0,09	4
Reações do professor	1	16	5.437	16	0,16	0,00	1
Música ambiente	2	79	6.417	79	0,08	0,07	2
Humor	1	20	4.801	21	0,04	0,00	1
Total/média	68	10.336	2.368.822.3	26.433	0,31	0,06	3

Ensino direto

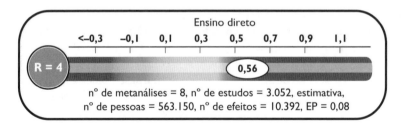

Quando o *Visible Learning* foi publicado pela primeira vez, os desenvolvedores do ensino direto enviaram um *e-mail* falando sobre como estavam satisfeitos pelo apoio ao seu modelo. Respondi sugerindo que, como o método é frequentemente mal recebido pela crítica e mal compreendido, talvez uma mudança de nome ajudasse. Não mandaram mais *e-mails*, e presumi que não gostaram da ideia. No entanto, o ensino direto, quando implementado com fidelidade, é altamente eficaz (Hornby; Greaves, 2022). Não deve ser confundido com ensino didático, aulas roteirizadas ou ênfase excessiva no conhecimento superficial. Existem também muitas variantes, como o ensino explícito. No entanto, muitos desses defensores ficam desapontados em serem associados ao ensino direto e costumam estar entre os maiores críticos, tornando as coisas ainda mais confusas.

O ensino direto eficaz envolve sete etapas principais:

1. Antes de preparar a aula, o professor deve ter uma ideia clara das intenções de aprendizagem. O que, especificamente, o aluno deve ser capaz de fazer, entender e valorizar como resultado do ensino?
2. O educador precisa saber quais são os *critérios de sucesso* esperados, quando e pelo que os estudantes serão responsabilizados após a aula/atividade. Da mesma forma, os alunos precisam ser informados sobre os padrões de desempenho.
3. É necessário *construir compromisso e engajamento* na tarefa de aprendizagem. Na terminologia do ensino direto, isso às vezes é chamado de "gancho", para atrair a atenção do aluno. No entanto, alguns argumentam que o gancho pode distrair e que é melhor usá-lo após os estudantes terem dominado o conteúdo e as habilidades. O objetivo é incentivá-los a terem uma mentalidade receptiva, focarem a atenção na aula e compartilharem as intenções de aprendizagem.
4. Existem guias sobre *como o professor deve apresentar a aula*, incluindo noções como prover informações, apresentar modelos e verificar a compreensão. Prover informações refere-se a dar os dados necessários para que os alunos adquiram conhecimento ou habilidade por meio de aulas expositivas, filmes, vídeos, imagens, etc. Apresentar modelos refere-se ao professor mostrar aos estudantes exemplos do que é esperado do trabalho deles. Os aspectos críticos da apresentação de modelos são explicados por meio de classificação, categorização e comparação com exemplos do que é desejado. Finalmente, verificar a compreensão envolve monitorar se os alunos compreenderam antes de prosseguir. É essencial que, além de praticar, eles *façam corretamente* as tarefas. Por isso, o educador deve saber se os estudantes entenderam antes de começarem a praticar. Se houver qualquer dúvida, o conceito ou a habilidade devem ser abordados de novo antes de começar a prática.

5. Existe a noção de *prática guiada*. É uma oportunidade para cada aluno demonstrar sua compreensão do novo aprendizado trabalhando em uma atividade ou exercício sob a supervisão direta do educador. O professor anda pela sala para determinar o nível de domínio, dar *feedback* e propor soluções individualmente conforme necessário.
6. Há o *encerramento* da aula, quando o professor fala ou faz algo para concluí-la de forma apropriada. Isso ajuda os alunos a organizarem mentalmente o conteúdo visto para que faça sentido. Perguntar "Alguma dúvida? Não. Então vamos continuar" não é encerramento. O encerramento é usado para sinalizar aos estudantes que eles chegaram a um ponto importante na aula ou ao final de um conteúdo, para ajudar a organizar a aprendizagem, para ajudar a formar uma imagem coerente, para consolidar, eliminar confusão e frustração e para reforçar os pontos principais a serem aprendidos. Portanto, envolve revisar e esclarecer os pontos principais de uma aula, amarrando-os em um todo coerente para que o aluno os aplique, tornando-os parte da sua rede conceitual.
7. Há a *prática independente*. Uma vez que os estudantes dominaram o conteúdo ou a habilidade, é hora de incentivar a prática de reforço. Pode ser tarefa de casa ou trabalho em grupo ou individual em sala de aula. A tarefa é repetida algumas vezes para que o aprendizado não seja esquecido. É importante notar que essa prática pode acabar sendo descontextualizada, isto é, o aluno não consegue aplicar a habilidade ou o conceito a diferentes situações, apenas ao contexto em que foram originalmente aprendidos. Por exemplo, se a aula é sobre inferência a partir da leitura de um trecho sobre dinossauros, a prática deve ser sobre inferência a partir da leitura sobre outro tópico, como baleias. *Os defensores do ensino direto argumentam que a falha em realizar esta sétima etapa é responsável pelo fracasso de muitos alunos em aplicar algo aprendido.*

Resumindo, o professor decide a intencionalidade da aprendizagem e os critérios de sucesso, explica-os para os alunos, apresenta modelos e avalia se eles entendem verificando a compreensão. A prática dos estudantes é primeiro guiada e depois se torna mais independente. Além disso, o educador repete o que ensinou amarrando tudo com o encerramento.

O ensino direto é especialmente eficaz no conhecimento de nível superficial e, embora também seja eficaz em níveis mais profundos, talvez seja mais difícil de implementar com fidelidade. Os efeitos são semelhantes tanto para identificação e decodificação de palavras ($d = 0,64$) quanto para compreensão ($d = 0,54$). Também foram semelhantes para alunos do ensino fundamental e do ensino médio (*Adams; Engelmann, 1996; *White, 1988).

Estratégias de ensino explícito

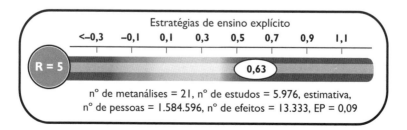

As estratégias de ensino explícito são um conjunto misto de métodos, e muitas metanálises focam especificamente em alunos com dificuldades de aprendizagem ou que estão aprendendo uma segunda língua. A mensagem principal é que quanto mais explícito o ensino, mais eficaz ele é. *Norris e Ortega (2000) investigaram qual abordagem (explícita ou implícita) era mais eficaz para aprendizagem da segunda língua em curto prazo. Em 49 estudos, 70% das aulas envolveram técnicas explícitas, enquanto apenas 30% envolveram técnicas implícitas. Os métodos explícitos apresentaram efeitos mais altos (1,22) do que os implícitos (0,69). Uma das razões para a superioridade dos métodos explícitos foi que os métodos implícitos foram operacionalizados de maneiras relativamente restritas. Em contraste, os tratamentos explícitos muitas vezes envolvem combinações de vários componentes de ensino. Da mesma forma, *Spada e Tomita (2010) encontraram efeitos mais altos para o ensino explícito ($d = 0,75$) do que para o implícito (0,35) com alunos de inglês como segunda língua. Observaram também que os efeitos do ensino explícito aumentaram mais após as provas (1,0 *versus* 0,55).

Há um debate sobre ensino explícito *versus* ensino implícito, ou não guiado. Por exemplo, Sweller, Kirschner e Clark (2007) argumentaram que a aprendizagem não guiada, ou minimamente guiada, é muito menos eficaz e eficiente do que as orientações especificamente projetadas para apoiar o processamento cognitivo necessário para a aprendizagem. Essa aprendizagem não guiada é baseada na noção de que "[...] as pessoas aprendem melhor em um ambiente não guiado, ou minimamente guiado, onde são principalmente solicitadas a imitar as atividades de resolução de problemas dos especialistas ou aprender e descobrir colaborativamente com outros" (Kirschner; Sweller; Clark, 2004, p. 3). Esses métodos incluem aprendizagem baseada em problemas, aprendizagem experiencial, aprendizagem por descoberta, aprendizagem por investigação e aprendizagem construtivista.

> Os defensores dessa abordagem dizem que dar orientações ensinando ou incorporando estratégias de aprendizagem interfere nos processos naturais pelos quais os alunos recorrem à sua experiência e estilos de aprendizagem únicos para construir novos conhecimentos a fim de alcançar seus objetivos (Sweller; Kirschner; Clark, 2006, p. 76).

No entanto, os metaestudos citados delineiam o caso para um ensino mais direto, ou explícito. Com métodos não guiados, os estudantes muitas vezes se perdem, ficam frustrados e começam de forma errada, e sua confusão pode levar a equívocos. Em particular, muitos usaram o modelo de carga cognitiva de Sweller para argumentar que a exploração não guiada de um ambiente altamente complexo pode gerar uma sobrecarga na memória de trabalho que é prejudicial à aprendizagem. Esse método não guiado pode gerar uma carga cognitiva maior e levar a uma aprendizagem inferior. Note um codicilo importante: "Apenas quando os alunos têm conhecimento prévio suficientemente alto é que a vantagem de dar orientações começa a diminuir" (Kirschner; Sweller; Clark, 2004, p. 2; cf., Mihalca; Mengelkamp, 2020).

A mensagem principal é que pode haver um momento durante o ciclo de ensino para o professor liberar a responsabilidade de um ensino mais explícito quando: (a) gradualmente, os alunos têm conhecimento suficiente do saber-que para passar a relacionar ideias e fazer conexões conceituais mais profundas; (b) a tarefa solicitada a eles é mais aberta, baseada em problemas e requer múltiplas estratégias de aprendizagem para resolver; (c) há oportunidade de interagir, criticar e avaliar soluções com colegas; e (d) há uma rede de segurança para buscarem um ensino mais guiado pelos professores. Por exemplo, a discussão em sala de aula pode ser não guiada por um curto período, mas o professor pode precisar intervir para incentivar a descoberta e corrigir equívocos, caso surjam.

A principal razão para introduzir a noção de intencionalidade para ensinar é evitar essas alegações sobre um método de ensino *versus* outro (por exemplo, explícito *versus* implícito). Em vez disso, destaca-se a importância de escolher um método que esteja intencionalmente alinhado com os critérios de sucesso da aula/conjunto de aulas, em especial quando focado em resultados de saber-que, saber-como ou saber-com. Muitos têm adotado o ensino explícito, mas ele também sofreu com a dualidade, e eu busquei um termo (intencionalidade para ensinar) que implica que a escolha do método de ensino precisa estar alinhada com a natureza da tarefa de aprendizagem (ver Capítulo 11).

Programas cognitivo-comportamentais

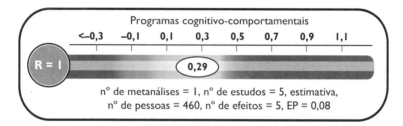

*Karch *et al.* (2013) investigaram programas de treinamento cognitivo para melhorar as funções básicas que sustentam a cognição, como atenção, memória e funções executivas. Eles encontraram um efeito positivo, mas baixo (0,29), na melhoria do desempenho escolar. Além disso, observaram que tal treinamento é apenas um elemento de um programa abrangente.

Aulas expositivas

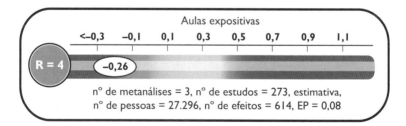

*Flaig *et al.* (2019) destacaram as muitas vantagens das aulas expositivas (quase todas com universitários), como a eficiência de custo, o alto grau de controle do professor e a maior facilidade de preparação, principalmente porque seguem um fluxo único, com menos interrupções e menos necessidade de responder ao que está acontecendo no pensamento dos estudantes durante a aula. No entanto, as evidências mostram que as aulas expositivas não são tão diferentes de outros métodos de ensino para a aquisição de conhecimento superficial, mas são muito menos eficazes para a compreensão mais profunda, como o saber-como. Usando 67 estudos com 8.336 universitários, eles encontraram efeitos nulos para o conhecimento declarativo (–0,04), indicando que as aulas expositivas não são eficazes, e efeitos ainda mais baixos para conhecimento procedimental (–0,53), resultados de aprendizagem não cognitivos (–0,23) e satisfação dos alunos (–0,17). Os autores concluíram que esse tipo de aula é tão bom quanto outros métodos para aulas introdutórias quando o objetivo é o conhecimento declarativo, mas não tão bom para aulas com objetivos de aprendizagem mais profundos.

Coensino/bidocência

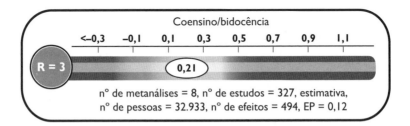

O coensino envolve dois professores trabalhando juntos em um único espaço físico. Existem muitas variantes: um ensina, o outro auxilia; troca de professor em períodos específicos; ensino paralelo; ensino alternado; e ensino em conjunto. As alegações típicas a favor do ensino em conjunto incluem considerar os pontos fortes de ambos os educadores; estimular a criatividade, pois eles são obrigados a planejar juntos e podem inspirar um ao outro; e permitir dar mais atenção individual aos alunos (Robinson; Schaible, 1995).

*Willett *et al.* (1983) incluíram o ensino conjunto em sua metanálise dos efeitos no ensino de ciências e não encontraram muito embasamento ($d = 0,06$). *Murawski e Swanson (2001) investigaram o coensino com professores de educação regular e especial para alunos de inclusão e encontraram apenas seis artigos com $d = 0,31$. *King-Sears *et al.* (2021), a partir de 26 estudos, relataram $d = 0,47$ para coensino em comparação com educação especial. Houve efeitos menores nas escolas de anos iniciais do ensino fundamental (0,25), em comparação com as escolas dos anos finais do ensino fundamental (0,56) e do ensino médio (0,52); e maiores em linguagens (0,60) do que em matemática (0,42). *Khoury (2014) usou 20 estudos com $d = 0,44$, com efeitos semelhantes nos ensinos fundamental (0,28) e médio (0,19) e em artes da linguagem (0,28) e matemática/ciências (0,28); e efeitos maiores em salas de aula regulares (0,66) do que em salas com recursos (0,44). *Losinski *et al.* (2019) notaram que havia poucos estudos, e muitos eram de baixa qualidade, relatando um efeito nulo ($d = -0,01$).

Uma das principais limitações é a natureza da implementação do coensino: se é um professor ensinando por vez, um ensinando e outro atuando como um tutor individual para necessidades educacionais especiais, ou os dois trabalhando em conjunto.

Resposta à intervenção

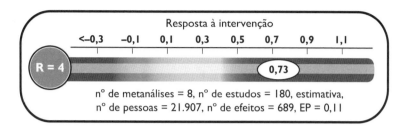

A resposta à intervenção é uma abordagem de múltiplas camadas para fornecer serviços e intervenções educacionais individualizadas com níveis crescentes de intensidade para alunos que têm dificuldades em progredir. O nível 1 envolve uma intervenção para toda a classe com monitoramento cuidadoso do progresso dos estudantes, de modo que aqueles que não estão melhorando seu aprendizado, estão ficando para trás ou têm necessidades educacionais especiais recebam auxílio adicional ou diferenciado, do professor regular, com assistência, se necessário, por uma equipe multidisciplinar de especialistas em intervenção, conselheiros ou educadores especializados. O nível 2 envolve abordagens mais intensas individualizadas ou em pequenos grupos que complementam o ensino básico, que é fornecido em combinação com as intervenções regulares do nível 1. Se os dados de acompanhamento não mostrarem aceleração significativa, um auxílio mais intenso e individualizado é oferecido no nível 3. O sucesso dos níveis 2 e 3 se dá quando o aluno retorna às condições do nível 1 e faz progresso similar ao de seus colegas.

Com poucas exceções, as pesquisas têm focado principalmente na eficácia de cada componente do modelo, mas não no valor do processo como um todo. Há muita variabilidade nos efeitos gerais, o que exige maior controle sobre a natureza das intervenções. *Burns e Symington (2007), usando 57 estudos, encontraram um grande efeito de 1,15 nos resultados dos alunos, com efeitos muito maiores quando a equipe incluía uma universidade (1,32) em comparação com equipes de campo não universitárias (0,54). Após excluir alguns valores atípicos muito altos, *Burns *et al.* (2005) encontraram um efeito de 0,96 nos resultados dos alunos e 1,53 na redução de encaminhamentos e subsequentes novas colocações na educação especial. Eles encontraram o oposto de Burns e Symington: o efeito foi maior quando a resposta à intervenção foi implementada dentro das escolas e sistemas (1,73) do que quando implementado por professores universitários para pesquisa (0,47). *Torres (2016) encontrou efeitos maiores para intervenções do nível 1 (1,32) do que para o nível 2 (0,67), e não houve estudos suficientes para analisar o nível 3. Os efeitos foram mais altos na fluência de leitura (1,54) e consciência fonológica e fonética (1,66) e mais baixos na compreensão de leitura (0,54). *Tran *et al.* (2011) também encontraram efeitos mais altos nas habilidades fundamentais (identificação de palavras, 1,53; velocidade de nomeação, 0,74; consciência fonológica, 0,82; vocabulário, 1,19; e compreensão, 1,43). Eles também notaram a variabilidade no número médio de semanas para intervenção (19 semanas), com uma média de tempo de aula de uma hora e 32 aulas.

Muitos identificaram problemas com o modelo, e ele está sendo rapidamente substituído por um sistema de suporte de múltiplas camadas (SSMC). Alguns estimaram que cerca de um em cada cinco alunos precisa de apoio além do que recebem em suas salas de aula, mas não são necessariamente aqueles que estão atrasados em seu aprendizado. Além disso, o modelo de resposta à intervenção nem sempre atende bem aos estudantes com problemas de comportamento ou de saúde mental. Embora alunos disruptivos possam ser rapidamente designados para o nível 3 para tirá-los da sala de aula (Hettleman, 2019), alguns professores personificam o problema como sendo do aluno, enquanto pode ser a eficácia do profissional; pode haver ênfase excessiva em especialistas realizando a avaliação e intervenções do nível 3, deixando pouco para as intervenções do professor regular; e o modelo pode ser caro e não escalável para melhorar o trabalho dos educadores com esses estudantes.

O SSMC foca no ensino e na intervenção com o professor da sala de aula, sendo mais voltado para a educação geral e menos orientado para a avaliação. É moldado em uma cultura de colaboração com os professores para melhorar o aprendizado dos alunos, em vez de ter especialistas trabalhando em sala de aula ou tirando estudantes para remediação mais intensa. O SSMC aborda deliberadamente questões acadêmicas, sociais, comportamentais, de frequência e emocionais, envolvendo projeto curricular, intervenções positivas e suporte, aprendizado e colaboração entre docentes e famílias. No SSMC, as comunidades de aprendizagem profissional são responsáveis por examinar os dados dos alunos a fim de tomar decisões sobre quem precisa de intervenções dos níveis 2 e 3, engajar-se em protocolos de resolução de problemas para tomada de decisão, avaliar os efeitos dessas intervenções (qualidade da implementação e progresso dos alunos), e, assim, dão primazia ao trabalho com professores para trabalhar com alunos (Sugai; Horner, 2009). O SSMC segue o modelo de implementação dos cinco grandes fatores da personalidade (Capítulo 4): ótimo diagnóstico, projeto de intervenções baseadas em evidências, atenção à implementação da entrega, verificação da fidelidade e impacto e extensão das soluções (particularmente na sala de aula regular).

Os três níveis no SSMC dizem mais respeito ao apoio que o professor e o estudante recebem, não focando tanto nos próprios estudantes. Os alunos não são classificados como nível 1, 2 ou 3, mas recebem suporte de cada um deles. No nível 1, o suporte universal a todos os alunos é revisado e melhorado, e os recursos necessários para que os professores tenham sucesso são um foco. No nível 2, recursos podem ser fornecidos para apoiar os professores a trabalhar com grupos de alunos que precisam de mais oportunidades e assistência extra para se beneficiar dos programas básicos na sala de aula. No nível 3, podem existir planos de suporte mais intensivos e individualizados, mas ainda visam a retornar e trabalhar com os estudantes na sala de aula regular.

*Shepley e Grisham-Brown (2019) investigaram os efeitos do SSMC usando 14 estudos com crianças da educação infantil, levando a um efeito geral de 0,31. Houve efeitos maiores para engajamento (0,59), aprimoramento de habilidades sociais (0,55), redução de comportamentos desafiadores (0,51), compreensão auditiva (0,50) e rimas (0,40); e menores para escrita com letra de forma (0,24), linguagem expressiva (0,16), linguagem receptiva (0,05) e consciência fonológica (0,05). Eles concluíram que o SSMC melhorou efetivamente os resultados socioemocionais em crianças da educação infantil quando houve tempo significativo para desenvolvimento profissional e treinamento individualizado aos professores.

Recursos auxiliares

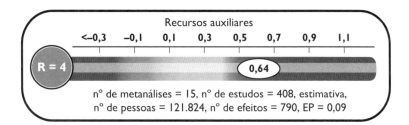

Em geral, recursos auxiliares envolvem imagens, diagramas e outros elementos inseridos em livros didáticos para apoiar a aprendizagem. Parece que não é tanto a presença desses recursos que melhora o desempenho, mas como e onde eles são usados nos textos e o nível de complexidade do aluno ao utilizá-los. Recursos auxiliares agem como sinais destacando informações-chave (Mayer, 2019). *Richter *et al.* (2015) relataram um efeito positivo ($d = 0{,}35$) para recursos que sinalizam em comparação com material de aprendizagem multimídia sem sinalização. Os efeitos foram maiores para alunos com conhecimento prévio baixo a médio do assunto específico do que para aqueles com um nível mais alto. Recursos auxiliares podem ajudar na aprendizagem quando funcionam para atrair e direcionar a atenção, destacar ideias principais e compreensão e quando o texto ajuda os leitores a verem detalhes nas imagens. *Höffer *et al.* (2007) descobriram que animações eram superiores a imagens estáticas ($d = 0{,}46$), mas fazia diferença se a animação era para fins decorativos ($d = 0{,}29$) ou para fins representativos ($d = 0{,}89$). Isto é, a animação deve ser central para o conceito que está sendo aprendido.

Reações do professor

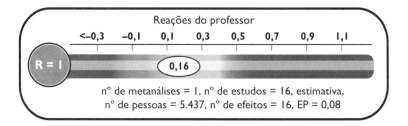

As reações do professor quando os alunos falam podem demonstrar que ele está ouvindo e levando em consideração o que é dito: "[...] por meio de certos comportamentos e sinais, os professores podem reduzir a distância entre si e os estudantes, influenciando os resultados em sala de aula, especialmente a aprendizagem" (*Allen *et al.*, 2006, p. 22). Os alunos percebem certas reações como um reconhecimento do envolvimento do professor. Elas podem diminuir a distância entre professor e aluno, ser vistas como algo recompensador e aumentar o entusiasmo ou comprometimento com a atividade de aprendizagem (Christophel; Gorham, 1995). Os efeitos das reações do professor foram muito maiores na aprendizagem afetiva — por exemplo, o sentimento do aluno em relação ao professor e à aula, além do engajamento na experiência de aprendizagem ($d = 1{,}15$). Já no desempenho, o efeito foi $d = 0,16$. A partir desses resultados e da correlação entre aprendizagens afetiva e cognitiva, *Allen et al. (2006, p. 26) concluíram:

> As reações do professor influenciam ou causam um nível de aprendizagem afetiva. Por sua vez, o nível de aprendizagem afetiva influencia ou causa o nível de pensamento cognitivo [...] Portanto, o professor cria um resultado motivacional ou afetivo que posteriormente contribui para a geração de um resultado cognitivo.

Eles sugeriram que as reações do professor também seria uma fonte de *feedback* sobre seu interesse, cuidado e envolvimento na aprendizagem do aluno.

Música ambiente

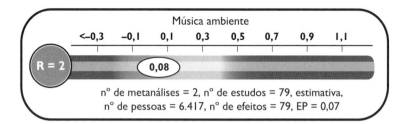

Custa caro para bancos, aeroportos e *shoppings* tocarem música, e eles arcam com esse custo porque a música calma provavelmente convida os clientes a ficarem, explorarem, relaxarem, se sentirem confortáveis e, portanto, comprarem mais (Garlin; Owen, 2006). Se for música ambiente, também pode servir como ruído branco e é improvável que afete a aprendizagem, mas, se for intrusiva ou cause distração, pode interferir na aprendizagem. *Kämpfe et al. (2010) relataram efeitos nulos da música na leitura ($r = 0,01$), e o efeito não foi influenciado pelo volume ou pelo ritmo da música.

O efeito Mozart está relacionado ao aumento do quociente de inteligência (QI) e do desempenho ao ouvir Mozart, com efeitos supostamente começando na infância (também mencionado no Capítulo 10 sobre programas de leitura baseados em música). *Hetland (2000) usou 36 estudos com $d = 0,46$ para tocar música em tarefas espaciais, e Pietschnig et al. (2010) usaram 39 estudos com $d = 0,37$ para qualquer música comparada a nenhuma música, e $d = 0,15$ para ouvir especificamente Mozart. Parece promissor. No entanto, eles observaram que os estudos publicados pelos laboratórios dos dois principais proponentes do efeito Mozart eram três vezes maiores do que de outras fontes e, quando foram removidos, os efeitos desapareceram. Os autores concluíram que há pouco suporte para um efeito Mozart específico.

Humor

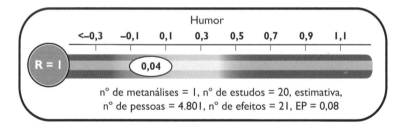

Toda semana, Jim Knight e eu participamos separadamente do concurso de cartuns da *New Yorker*. Nunca ganhamos, embora em duas ocasiões o cartum vencedor tenha sido igual a um dos nossos. Essa participação no humor aumenta nosso desempenho? Não. É divertido? Sim. Aprendemos muito sobre a psicologia das piadas? Sim. E é uma ótima distração que recarrega as energias para voltarmos ao trabalho.

*Martin *et al.* (2006) revisaram 20 estudos, encontrando $r = 0,02$ entre turmas que incluíam humor e turmas que não o incluíam. Isso não é suficiente para justificar a conclusão de que os efeitos no aprendizado são moderados e positivos; eles não são. Não importa se há humor ou não, mas não vamos parar de nos divertir inventando cartuns.

MÉTODOS PARA APRENDIZAGEM PROFUNDA

Não faltam argumentos a favor do fascínio pela aprendizagem profunda. Quinn *et al.* (2020, p. 5), por exemplo, começam com a hipótese da equidade: "A aprendizagem profunda é boa para todos, mas é especialmente eficaz para aqueles mais desconectados da escolaridade". Essa aprendizagem profunda é o processo de aquisição de seis competências globais: caráter, cidadania, colaboração, comunicação, criatividade e pensamento crítico. Observe a ausência do conteúdo, que precisa ser incluído. Marton (2015), um dos primeiros grandes defensores da noção de aprendizagem profunda, construiu seu modelo em cima da aprendizagem do conhecimento precioso e considerava que a aprendizagem profunda envolvia uma transformação profunda, ou construção de conhecimento. A aprendizagem profunda inclui relacionar ideias, transformar conhecimento, construir novas maneiras de pensar, fazer conexões, realizar avaliações contínuas, autoavaliar-se, lidar com conflitos cognitivos, repensar o problema ou as perguntas e fazer mudanças conceituais.[6] Quem não desejaria esses atributos? Ao longo deste livro, eles são considerados o saber-como e o saber-com da aprendizagem, construídos sobre o conhecimento precioso, ou saber-que (Tabela 13.3).

Existem agora muitos defensores e modelos de aprendizagem profunda. Por exemplo, Fullan e Langworthy (2014) desenvolveram novas pedagogias baseadas na construção de parcerias de aprendizagem, tanto diretamente entre dois indivíduos quanto em um grupo maior, voltadas para objetivos de aprendizagem profunda e possibilitadas pelo acesso digital difundido. O objetivo é aprimorar a aprendizagem profunda, que envolve descobrir e dominar o conhecimento existente e, então, criar e usar novos conhecimentos no mundo, de forma que os alunos se tornem líderes de sua própria aprendizagem e sejam capazes de definir e perseguir seus próprios objetivos de aprendizagem usando recursos, ferramentas e conexões que o acesso digital possibilita. A intenção é "expulsar de nossas escolas o tédio e a alienação de alunos e professores — um desperdício quando há tanto para aprender".

---

[6] Ver Bowden, Marton e Zull (2014) para elaborações e conexões com pesquisadores anteriores.

374 John Hattie

TABELA 13.3	Estatísticas resumidas para ensinar o saber-como						
Ensinar o saber-como/com	N° de meta-análises	N° de estu-dos	N° total	N° de efeitos	Tamanho de efeito ponderado	EP	Robus-tez
Aprendizagem baseada em problemas	27	991	159.856	1.590	0,45	0,11	5
Ensino de resolu-ção de problemas	11	639	59.305	1.313	0,61	0,08	5
Sala de aula invertida	48	2.492	302.850	3.303	0,56	0,12	5
Ensino baseado em investigação	13	450	51.761	650	0,50	0,11	4
Ensino indutivo	3	171	8.600	171	0,60	0,05	3
Ensino recíproco	2	38	2.150	53	0,74	0,08	2
Ensino baseado em descobertas	2	193	17.763	394	0,27	0,08	2
Ensino construtivista	4	154	14.745	241	0,92	0,08	3
Estrutura *scaffol-ding* e aprendiza-gem situada	7	274	31.362	681	0,52	0,10	4
Aprendizagem colaborativa	12	955	91.734	1.082	0,45	0,07	4
Aprendizagem cooperativa	37	1.376	144.534	2.258	0,53	0,08	5
Aprendizagem cooperativa *versus* competitiva	8	1.031	100.018	960	0,58	0,11	4
Aprendizagem cooperativa *versus* individualista	5	959	108.659	906	0,62	0,07	4
Aprendizagem competitiva *versus* individualista	4	831	76.484	203	0,27	0,23	3
Filosofia nas escolas	3	38	4.860	38	0,54	0,04	2
Comunicação fora da classe	1	11	7.113	11	0,54	0,08	2
Mentoria	5	175	27.812	671	0,18	0,05	3
Método *jigsaw*	1	37	3.405	37	1,20	0,00	1
Total/média	193	10.815	1.213.011	14.562	0,56	0,08	3

Aprendizagem baseada em problemas

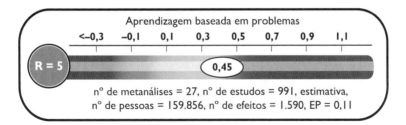

Existem 27 metanálises de aprendizagem baseada em problemas com efeitos variando de −0,30 a 1,15, o que é muito significativo. Oito das 10 metanálises com efeitos médios acima de 0,50 são de países em desenvolvimento (Turquia, Malásia, Irã, Turquia, Taiwan, Coreia e China). A média das sete metanálises baseadas em universitários (geralmente em medicina) é de 0,18. Antes de 2015, a média era de 0,26 e, após, 0,57, principalmente devido às metanálises de países em desenvolvimento. É notável que há pouca ou nenhuma informação sobre a natureza da implementação da aprendizagem baseada em problemas, como se houvesse apenas um método. A variedade de implementações desse tipo de aprendizagem é provavelmente a principal razão para a grande variação dos tamanhos de efeito nas metanálises.

Outro fator crítico é o momento em que a aprendizagem baseada em problemas é introduzida. *Albanese e Mitchell (1993) observaram que seus efeitos eram muito maiores no 4º ano em comparação com o 1º ano dos programas de medicina. Eles argumentaram que a falta de experiência e de conhecimento superficial essencial levam os alunos a cometerem mais erros em sua base de conhecimento, adicionar material irrelevante às suas explicações e se engajar em raciocínio reverso (do desconhecido para o dado). Em contraste, aqueles com conhecimento de conteúdo suficiente estavam mais engajados no raciocínio direto e, portanto, mais aptos a se beneficiarem da aprendizagem baseada em problemas. *Walker e Leary (2009) também observaram que os estudantes sem uma base de conteúdo adequada tendiam a se envolver em um raciocínio muito mais retroativo, resultando em mais erros durante a resolução de problemas. Esses erros podem persistir mesmo após a conclusão da intervenção educacional. A aprendizagem baseada em problemas funciona com mais sucesso quando os alunos têm conhecimento de conteúdo suficiente para fazer conexões. Por exemplo, *Gijbels *et al.* (2005) usaram 40 estudos e relataram um efeito médio de −0,04 para a compreensão de conceitos, 0,75 para a compreensão dos princípios que ligam conceitos e 0,40 para condições e procedimentos de aplicação. Eles concluíram que a aprendizagem baseada em problemas tem melhor desempenho no segundo e no terceiro níveis da estrutura de conhecimento, ou seja, depois que os alunos têm conhecimento suficiente ou superficial.

*Sinha e Kapur (2021) observaram o sucesso de expor os estudantes a experiências explícitas de fracasso antes das atividades de resolução de problemas. Dando a eles tarefas para detectar o que não sabem a fim de aumentar sua atenção, tornam-se mais propensos a serem receptivos ao aprendizado desse material, o que também informa os professores sobre o que precisa ser ensinado. Os autores argumentaram que essa experiência incentivava os alunos a perceberem até que ponto seu conhecimento ativado era relevante ou não para resolver o problema, fazia-os focar mais em aprender um procedimento correto melhor, entender quais soluções funcionam ou não, despertava a curiosidade para encontrar essas soluções e processos ideais e aumentava seus ganhos conceituais mais profundos na resolução de problemas subsequentes.

A aprendizagem baseada em problemas requer uma base sólida de conhecimento do tipo saber-que, por isso, é importante que o ensino baseado em problemas seja introduzido de forma otimizada no ciclo de aprendizagem. Para o conhecimento do tipo saber-que, a aprendizagem baseada em problemas pode ter efeitos limitados e até negativos, enquanto para a aprendizagem mais profunda, quando os alunos já têm o conhecimento do tipo saber-que, ela pode ter efeitos positivos importantes. Isso não deve ser surpreendente, pois a aprendizagem baseada em problemas enfatiza mais o significado e a compreensão do que a reprodução, a aquisição ou o conhecimento superficiais.

Por exemplo, *Vernon e Blake (1993) descobriram que os métodos de ensino mais tradicionais eram mais eficazes para elevar o desempenho do que a aprendizagem baseada em problemas ($d = -0,18$). *Dochy et al. (2003) encontraram um efeito negativo geral para a aprendizagem baseada em problemas em comparação com um ambiente de aprendizagem convencional no conhecimento ($d = -0,78$). Ainda assim, eles observaram que a aprendizagem baseada em problemas afetava positivamente as habilidades ($d = 0,66$). Os alunos ensinados com essa modalidade tinham menos conhecimento, mas melhor recordação dele. Provavelmente porque, na aprendizagem baseada em problemas, o conhecimento é frequentemente elaborado e, por consequência, os estudantes recordam-se melhor. De maneira similar, *Gijbels et al. (2005) encontraram efeitos nulos da aprendizagem baseada em problemas na aprendizagem de conceitos ($d = -0,04$), mas efeitos positivos na aplicação ($d = 0,40$) e em princípios ($d = 0,75$). Eles concluíram que "a aprendizagem baseada em problemas teve os efeitos mais positivos quando os construtos focais avaliados estavam no nível de compreensão dos princípios que ligam conceitos, o segundo nível da estrutura de conhecimento" (*Gijbels et al., 2005, p. 45). É a aplicação e os princípios subjacentes ao conhecimento, não os conceitos ou o conhecimento em si, que são mais influenciados pela aprendizagem baseada em problemas. A aplicação do conhecimento, não o seu desenvolvimento, é o cerne do sucesso da aprendizagem baseada em problemas. *Smith (2003) também descobriu que os efeitos eram maiores na aprendizagem autodirigida ($d = 0,54$), e *Newman (2004) encontrou efeitos negativos no "acúmulo de fatos". Há um limite para o que podemos razoavelmente esperar que os alunos descubram, e pode ser necessário ensinar-lhes não apenas conteúdo prévio suficiente, mas também habilidades para se envolverem na aprendizagem baseada em problemas.

É necessário haver mais controle nas metanálises de estratégias de ensino sobre a natureza da intervenção e quando implementada no ciclo de ensino. Também é preciso ter cautela com os "messias das estratégias", aqueles que pregam por um método em detrimento de outros, seja aprendizagem baseada em problemas, seja qualquer um dos métodos descritos neste capítulo. Há lugar, hora e foco adequados para as estratégias de ensino. Kenny Rogers estava certo.

Ensino de resolução de problemas

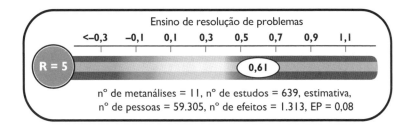

Resolução de problemas envolve o ato de definir ou determinar a causa do problema; identificar, priorizar e selecionar alternativas para uma solução; ou usar múltiplas perspectivas para descobrir as questões relacionadas a um problema específico, projetando um plano de intervenção e, então, avaliando o resultado. Esses métodos podem ser usados como parte de qualquer método de ensino e não são formais, como o ensino baseado em problemas. Os efeitos gerais são positivos. *Liao e Chang (2016) revisaram formulação, geração, escrita e estratégias de problemas e encontraram d = 0,34 nos resultados de aprendizagem afetiva e 0,58 no desempenho escolar. *Zheng et al. (2011) investigaram intervenções de resolução de problemas de matemática com palavras para crianças com dificuldades na matéria, com um efeito geral de 0,78. As estratégias bem-sucedidas incluíam pistas, sequenciamento, redução de tarefas, organizadores prévios, questionamento, elaboração e modelos de habilidades. As intervenções foram mais eficazes quando não combinadas com o ensino de habilidades computacionais.

*Mellinger (1991) examinou estudos sobre o desenvolvimento da flexibilidade cognitiva na resolução de problemas, com altos efeitos na flexibilidade verbal (d = 0,81) e flexibilidade figural (d = 0,40). *Curbelo (1984) encontrou efeitos positivos semelhantes na resolução de problemas em matemática. *Hembree (1992) encontrou ligações diretas significativas entre resolução de problemas e várias medidas básicas de desempenho em matemática básica. A característica do professor com o efeito mais positivo no desempenho dos alunos foi o treinamento especializado em métodos heurísticos (d = 0,71), incluindo as quatro fases de Pólya (1971): (1) compreender o problema, (2) obter um plano de solução, (3) executar o plano e (4) examinar a solução obtida.

*Taconis et al. (2001) revisaram 22 estudos de ciências e relataram as correlações mais altas de resolução de problemas com o trabalho individual (r = 0,29), onde havia uma ênfase na construção de esquemas (0,29), quando diretrizes e critérios eram fornecidos (0,23) e quando havia *feedback* imediato (0,22). As correlações foram muito menores onde o conhecimento declarativo do tipo saber-que era enfatizado (0,02). Eles concluíram que o ensino de resolução de problemas era valioso quando ministrado no contexto do conhecimento da disciplina, não em cursos gerais de resolução de problemas. Quando auxiliado pelo estudo de exemplos resolvidos ou mapas conceituais, todos estimulam o desenvolvimento da base de conhecimento e das habilidades de pensamento.

Sala de aula invertida

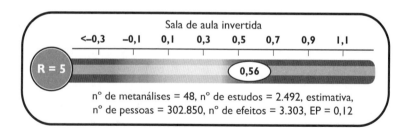

A sala de aula invertida é um método de ensino que ganhou interesse e força substanciais entre educadores e formuladores de políticas em todo o mundo, especialmente no ensino superior. Comparado ao método tradicional de aula expositiva e prática, a sala de aula invertida move o componente de aula presencial para fora do horário de aula, em geral como um conjunto de aulas *on-line* acompanhadas de questionários de avaliação formativa que devem ser preenchidos pelo aluno antes de ir para a aula. Assim, o tempo de aula pode ser mais bem aproveitado para resolução de problemas e aprendizagem ativa. Alguns dos primeiros a usarem o termo, Bergmann e Sams (2012, p. 13), definiram "sala de aula invertida" como um método de ensino no qual "[...] o que tradicionalmente é feito em sala de aula agora é feito em casa, e o que tradicionalmente é feito como dever de casa agora é concluído em sala de aula". Ao fazer os alunos aprenderem o conteúdo básico *on-line* e antes da aula, os professores podem usar o tempo liberado da aula expositiva para esclarecer a compreensão dos conceitos e projetar o ensino com estratégias de aprendizagem ativa que permitam aos estudantes se engajarem profundamente com o conceito estudado. Como na maioria dos métodos de ensino, inclusive na aprendizagem baseada em problemas, alguns defensores listam muitos benefícios da sala de aula invertida, mas, ao longo de várias metanálises, há uma variação notável.

Atualmente, existem 48 metanálises baseadas em 2.492 artigos (embora nossa melhor estimativa seja de que cerca de 30% sejam artigos comuns em quaisquer duas metanálises), cerca de 60 mil a 80 mil alunos têm um efeito médio de 0,56, mas as médias variam de 0,19 a 1,19, o que é enorme. Essa variação deve ser preocupante e, de fato, sugere que qualquer efeito médio tem pouco valor e certamente exige uma compreensão mais detalhada. Esse é um dos tópicos dos quais decidimos investigar a natureza da implementação e dos resultados, e não imaginar que houvesse uma noção homogênea do que se quer dizer com aprendizagem invertida (ver Kapur *et al.*, 2022).

As metanálises com os maiores tamanhos de efeito vieram todas de países não ocidentais, e as menores vieram de países ocidentais. Implementações mais curtas (< 4-6 semanas) tiveram efeitos maiores do que implementações mais longas, e há indícios de que quaisquer efeitos positivos podem ser devidos ao tempo extra que os alunos gastam no ensino e nas tarefas. Mais notável foi a miríade de métodos de implementação nas salas de aula invertida e regular. Também houve uma surpreendente falta de diagnósticos e avaliações formativas após a inversão, levando a modificações nas aulas presenciais.

Codificamos a natureza da implementação das sessões pré-aula e em sala de aula para ver os seus efeitos. Localizamos 174 artigos sobre os efeitos da sala de aula invertida, com um efeito geral de 0,37 (EP = 0,025). Também vimos que os efeitos foram mais do que duplicados nos países em desenvolvimento (d = 0,81) em comparação com os países desenvolvidos (d = 0,40); programas mais curtos (menos de um mês, d = 0,52) superaram programas mais longos (d = 0,34); não houve diferença para avaliação formativa ou *feedback*; mas o principal moderador do efeito de aproveitamento está relacionado à natureza da intervenção, tanto para as aulas invertidas quanto para as presenciais.

Mais uma vez, o que foi marcante é que muitas das aulas presenciais eram repetições e revisões do que os alunos deveriam fazer na aula invertida; por exemplo, eles eram solicitados a revisar *slides* das aulas que seriam ministradas em seguida. Classificamos as aulas em anteriores e presenciais. As categorias para codificar a implementação compreendiam "envolvimento ativo e respostas dos alunos", incluindo trabalho em grupo, apresentações dos estudantes, discussões em classe, *role-plays* e uso de dispositivo de resposta interativa (*clicker*). A resolução de problemas incluía a conclusão de conjuntos de problemas e aprendizagem baseada em problemas. "Envolvimento dos alunos, porém mais estruturado e relacionado ao conteúdo", incluía estudos de caso, questionamento socrático e debates. Faziam parte das avaliações modificar aulas com base em tarefas de avaliação e questionários pré-aula, durante a aula e no final da aula.

O maior efeito da sala de aula invertida ocorre quando a aula presencial é expositiva ou envolve laboratórios e demonstrações. Isso sugere que sua principal vantagem é a duplicação ou exposição prolongada à interpretação do conhecimento e da compreensão pelo professor, e não necessariamente qualquer envolvimento ativo por parte dos alunos. Com um envolvimento mais ativo em sala de aula, os efeitos não são tão diferentes entre a sala de aula invertida e a tradicional e, quando os estudantes estão envolvidos em obter mais conhecimento e compreensão por meio da aprendizagem ativa nas aulas presenciais, os efeitos são revertidos em favor das aulas tradicionais. A avaliação antes da aula e após as atividades invertidas na verdade diminuiu as vantagens da inversão, principalmente porque ela não foi usada para modificar o ensino em sala de aula. Uma mensagem importante é que os efeitos das salas de aula invertidas dependem da natureza da implementação.

Esse método de ensino é outro exemplo da necessidade de codificar a natureza, a duração e o tempo das intervenções, não presumindo que uma determinada estratégia de ensino seja implementada de maneira uniforme. Gene Glass (2019) também observou que na educação, ao contrário da medicina, raramente podemos controlar a dosagem, a fidelidade e a qualidade da intervenção. Na medicina, a implementação poderia ser uma "injeção intravenosa de 10 mg de nortriptilina", e isso é uniforme e bem definido, "[...] ao passo que mesmo intervenções que levam o mesmo rótulo na educação estão sujeitas a variações substanciais de um lugar para outro ou de tempos em tempos" (Glass, 2019, p. 4). Expor os alunos à sala de aula invertida, parafraseando Glass, pode assumir muitas formas, algumas eficazes e outras não.

Se, no entanto, uma intervenção atinge consistentemente altos efeitos, apesar de ser implementada em muitas variantes diferentes, dosagens diversas, em todas as idades e domínios de conteúdo e em muitos países, pode haver um argumento mais forte para dizer que ela é replicável (ao contrário de muitas ciências em que há mais controle sobre a intervenção). Portanto, a natureza da replicação nas ciências sociais é um pouco diferente. Desejamos a replicação de altos efeitos em muitas condições e, assim, podemos tolerar modificações para as circunstâncias locais.

Parece que dar atividades pré-aula seguidas de uma explicação expositiva tradicional em sala de aula é mais poderoso do que dar atividades pré-aula seguidas de envolvimento ativo do aluno em sala de aula. Isso é contrário a muitas das afirmações sobre sala de aula invertida, de que a aprendizagem ativa visava a passar do superficial para o profundo, mas as evidências não a apoiam. É o aumento da exposição, o tempo adicional, a prática ou o efeito de repetição que permitem que a sala de aula invertida aumente o aprendizado do aluno. Também é provável que as tarefas ou avaliações tenham uma grande influência sobre como os estudantes aprendem, apesar do método de ensino. Se as avaliações valorizam o conhecimento declarativo (saber-que), é mais provável que os métodos mais profundos tenham efeito mínimo. Os alunos, especialmente os universitários, podem ser muito estratégicos em descobrir o que é desejado, apesar de qualquer mensagem sobre a importância do pensamento profundo.

Isso leva, novamente, à importante afirmação sobre o alinhamento intencional abordado no Capítulo 11. Por exemplo, se as tarefas de avaliação abordam atividades superficiais de baixo nível, o efeito colateral da avaliação será muito mais forte do que qualquer alegação contrária do professor. Alunos com motivações e estratégias de aprendizagem profunda terão um desempenho ruim se a avaliação for baseada em objetivos limitados e de baixo nível cognitivo (Lai; Biggs, 1994). Portanto, um bom ensino precisa abordar todas as partes da experiência educacional, como os objetivos do currículo, os métodos de ensino, as experiências em sala de aula e, principalmente, as tarefas de avaliação e a atribuição de notas.

A noção de alinhamento construtivo de Biggs sugere que os professores tenham clareza sobre o que querem que seus alunos aprendam e como eles demonstrariam sua compreensão. Embora reconheça a noção de Biggs, preferi não usar o termo construtivismo por causa das inevitáveis interpretações equivocadas devidas ao longo e complexo debate sobre o construtivismo. Por isso, utilizo o termo alinhamento intencional. Os alunos precisam ser expostos ao conhecimento e à compreensão relacionados a esses objetivos, colocados em situações que se julgue provável que provoquem o aprendizado necessário, e as avaliações e atividades em sala de aula precisam estar alinhadas com os critérios de sucesso. Caso contrário, é mais seguro recorrer à memorização de grandes quantidades de informações, repetição do que foi dito e privilégio do conhecimento superficial.

Essa noção de alinhamento intencional não estava tão presente em muitos dos estudos sobre sala de aula invertida. Em vez disso, o foco estava mais em envolver os alunos em atividades repetitivas. Isto é, o mesmo que foi feito na parte invertida era repetido na aula presencial, geralmente pedindo aos alunos que revisassem vídeos das aulas com antecedência, que revisassem os *slides* usados em sala de aula ou que ouvissem o professor repetir o material já apresentado a eles. Não há razão para afirmar que essas não sejam atividades importantes, mas elas não parecem estar de acordo com o espírito dos defensores da sala de aula invertida, que em geral fazem afirmações sobre o poder desse método para aprofundar a compreensão. Assegurar que a parte prévia, a aula presencial, as tarefas, as avaliações e a atribuição de notas estejam alinhadas com tais afirmações parece necessário para que a sala de aula invertida, ou qualquer outro método de ensino, seja avaliada adequadamente.

Ensino baseado em investigação

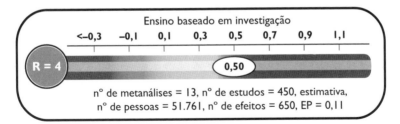

Ensino baseado em investigação é a arte de desenvolver situações desafiadoras nas quais os alunos são solicitados a observar e questionar fenômenos, propor explicações para o que observam, projetar e conduzir experimentos para coletar dados que apoiem ou contradigam suas teorias, analisar dados, tirar conclusões a partir de dados experimentais, projetar e construir modelos, ou fazer qualquer combinação desses elementos. Essas situações de aprendizagem visam a ser abertas, pois não buscam alcançar uma única resposta correta para uma determinada questão, mas envolvê-los no processo de observação, formulação de perguntas, experimentação ou exploração e aprendizado de análise e raciocínio. As oito metanálises existentes apresentam efeitos médios que variam de 0,17 a 1,03, com uma média de 0,48.

Mais uma vez, um melhor controle sobre a natureza da investigação quando ela é introduzida no ciclo de aprendizagem e seus efeitos nas aprendizagens superficial e profunda podem ajudar a desvendar a grande variação nos efeitos do ensino baseado em investigação. Por exemplo, *Shymansky *et al.* (1990) relataram efeitos maiores da investigação no processo ($d = 0,40$) do que no conteúdo ($d = 0,26$); *Smith (1996) encontrou efeitos maiores de métodos de investigação em habilidades de pensamento crítico ($d = 1,02$) do que em desempenho ($d = 0,40$) e menos em habilidades laboratoriais ($d = 0,24$) e habilidades de processo ($d = 0,18$); *Sweitzer e Anderson (1983) encontraram efeitos duas vezes maiores nos processos do que no conteúdo; *Bredderman (1983) relatou efeitos maiores no processo científico ($d = 0,52$) do que nos efeitos no conteúdo científico ($d = 0,16$); e *Lazonder e Harmsen (2016) revisaram 72 estudos comparando a investigação com abordagens de ensino expositivo, com um efeito geral de 0,78 para melhorar as habilidades de investigação e 0,37 para melhorar o conhecimento do domínio. A aprendizagem baseada em investigação parece ter mais sucesso no aprimoramento das habilidades de investigação, mas talvez outros métodos sejam necessários para também agregar efeitos mais positivos no conteúdo e no conhecimento superficiais.

Ensino indutivo

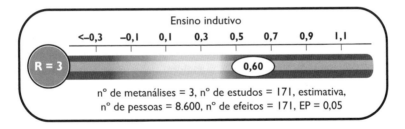

Ensino indutivo envolve mover-se do específico para o geral, enquanto o dedutivo começa com o geral e termina com o específico. *Lott (1983) investigou se essa ordem importa, e um efeito de $d = 0,06$ sugere que não há diferença nesse aspecto, do geral para o específico ou vice-versa. Isso ocorreu em muitos resultados, como conhecimento, aplicação, processo, transferência, compreensão e resolução de problemas.

*Klauer e Phye (2008; *Klauer 2014) pesquisaram o raciocínio indutivo para ensinar a detecção de generalizações, regras ou regularidades. O efeito geral ($d = 0,60$) é bastante alto, mostrando efeitos positivos do ensino dessas habilidades e apoiando a ideia de que ensinar especificamente as habilidades de fazer comparações e contrastes pode ser enriquecedor. No entanto, eles observaram que, em certo ponto, depois que os alunos adquiriram o raciocínio indutivo, é necessário haver maior conhecimento e compreensão para aproveitar esses métodos de forma mais completa.

Ensino recíproco

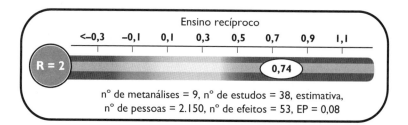

O ensino recíproco foi desenvolvido como um processo para ensinar aos alunos estratégias cognitivas que visam a melhorar os resultados da aprendizagem, inicialmente em compreensão de leitura. Os professores ensinam os estudantes a usarem estratégias cognitivas, como resumir, questionar, esclarecer e prever, "[...] apoiadas por meio do diálogo entre professor e alunos na tentativa de extrair significado do texto" (*Rosenshine; Meister, 1994, p. 479). Cada aluno se reveza no papel de professor e, frequentemente, o educador e os estudantes se revezam liderando um diálogo sobre trechos de um texto. Os alunos verificam sua própria compreensão do material que encontraram por meio da geração de perguntas e resumos. O suporte especializado (estratégia *scaffolding*) é essencial para o desenvolvimento cognitivo, pois os alunos passam de espectadores a atores depois que o professor apresenta modelos. O objetivo, portanto, é ajudá-los a construírem ativamente o significado da palavra escrita e auxiliá-los a aprender a monitorar seu próprio aprendizado e pensamento.

O tamanho do efeito de ambas as metanálises é $d = 0,74$, e ambos os estudos descobriram que esse efeito alto era evidente independentemente de quem ministrou a intervenção, sendo os professores da sala de aula capazes de implementar o ensino recíproco com o mesmo nível de efeito produzido pelos autores do estudo. *Rosenshine e Meister (1994) não relataram diferenças nos resultados por nível escolar, número de sessões, tamanho do grupo, número de estratégias cognitivas ensinadas ou se o pesquisador ou o professor ministrava o treinamento. Os efeitos foram maiores quando as avaliações de compreensão foram desenvolvidas pelo experimentador ($d = 0,88$) do que quando se utilizaram testes padronizados ($d = 0,32$), embora ambos os testes de resposta curta e testes que pediam aos alunos para resumirem passagens tenham apresentado resultados semelhantes. Os efeitos foram maiores quando houve ensino explícito de estratégias cognitivas antes do início do diálogo de ensino recíproco, demonstrando a importância de mostrar modelos e da prática, bem como do ensino sobre o uso das estratégias próximo ao momento em que os alunos as utilizaram. O ensino explícito de estratégias cognitivas e a prática deliberada com o conteúdo ao usá-las fazem grande diferença.

Ensino baseado em descobertas

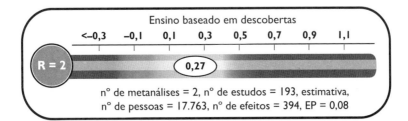

O argumento é que os alunos aprendem melhor interagindo com materiais, buscando explicações, descobrindo padrões, explorando fenômenos, conduzindo simulações e encontrando informações de compreensão conceitual de forma independente por meio da descoberta. *Alfieri *et al.* (2011) encontraram que o ensino explícito era mais bem-sucedido do que a aprendizagem por descoberta não assistida (0,38), e o que eles chamaram de "descoberta aprimorada" (*feedback*, exemplos trabalhados, estratégia *scaffolding* e explicações obtidas) era mais favorável do que a aprendizagem por descoberta (0,30). Ensinar os alunos quando eles interpretam mal, saber os passos para o sucesso e entender como construir conhecimento e compreensão é o que importa.

Ensino construtivista

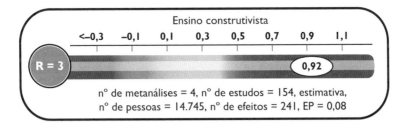

O construtivismo é uma forma de conhecer, não de ensinar. É importante não confundir a construção de conhecimento conceitual com o foco atual no construtivismo (Bereiter, 2002). A construção de conhecimento conceitual envolve considerar a aprendizagem do ponto de vista do aluno, partindo da premissa de que todos os estudantes são ativos, valorizando que o que eles aprendem é construído socialmente e entendendo que precisam criar ou recriar o conhecimento de si mesmos (Phillips, 1995). Se esse é o significado do construtivismo da perspectiva do estudante, os métodos de ensino mais diretos e ativos parecem ser os melhores para alcançar esse tipo de aprendizagem.

As três metanálises, todas baseadas em pesquisas turcas, relataram efeitos muito altos para o ensino construtivista. *Erisen e Gunay (2015) usaram uma definição ampla de "ensino construtivista": aquele que "estabelece uma ligação dinâmica entre o cérebro humano e seu ambiente". O efeito médio de 27 estudos foi de 1,10, com alguns efeitos tão grandes que podem ser questionáveis (por exemplo, 3,2, 5,0 e metade > 1,5). A julgar pelos títulos dos artigos selecionados, parece que o construtivismo abrange uma rede ampla: aprendizagem *bottom-up* (de baixo para cima), ambientes de aprendizagem colaborativa, aprendizagem assistida por computador, formação docente e práticas de pensamento reflexivo. *Ayaz e Sekerci (2015) encontraram 53 estudos turcos (nenhum se sobrepondo a *Erisen e Gunay, 2015), com um efeito geral de 0,93. Eles afirmaram que o construtivismo estabelece uma ligação entre a nova informação e o que os indivíduos já sabem. Os alunos acrescentam seus próprios comentários e testam suas ideias, e os professores os orientam e os ajudam a alcançarem a informação e construí-la. Seus métodos incluíam *role-play*, matemática realista, mapeamento conceitual e aprendizagem baseada em problemas. *Semerci e Batdi (2015) usaram 28 artigos (apenas quatro em comum com as duas metanálises anteriores) com um d geral de 0,92 e definiram "construtivismo" como o método em que os alunos constroem conhecimento por meio de experiências da vida real como uma atividade cognitiva, em vez de simplesmente aprenderem por meio de conceitos abstratos. Essas metanálises incluíram uma gama similarmente ampla de métodos, e teria sido mais significativo investigar cada um deles em vez de agrupá-los sob o título de construtivista. Considerando muitos dos métodos, parece haver mais apoio para a intencionalidade de ensinar como construir conhecimento e como fazer relações entre ideias do que qualquer inferência de alunos descobrindo sozinhos. Como Bereiter (2002) mostrou, muitas vezes, a maneira mais eficaz de permitir que os estudantes construam conhecimento é conduzi-los deliberadamente à construção e, certamente, não esperar até que descubram sozinhos.

Estratégia *scaffolding* e aprendizagem situada

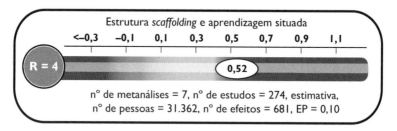

A zona de desenvolvimento proximal (Vygotsky, 2012) representa a lacuna entre o que um aluno consegue realizar sozinho e o que pode ser realizado com a ajuda de um especialista. O estudante precisa que especialistas ofereçam uma estratégia *scaffolding* para reduzir essa lacuna, mas a extensão e a especificidade dessa ajuda precisam diminuir ao longo do tempo. Daí a noção da liberação gradual de responsabilidade do professor, de forma que, ao alcançar os critérios de sucesso, a estrutura *scaffolding* desaparece ou cessa à medida que os alunos finalmente se tornam capazes de completar uma tarefa ou resolver um problema sem nenhum suporte ou assistência de recursos externos. Em níveis altos de estratégia *scaffolding*, pode haver ensino direto, fornecimento de exemplos resolvidos e modelos de como desenvolver um raciocínio e compartilhá-lo com a turma. No entanto, a habilidade do professor está em gradativamente retirar esse suporte, o que envolve uma avaliação cuidadosa de onde os alunos estão em relação ao sucesso (fazer a tarefa sozinhos), suas habilidades para identificar e superar erros e passos em falso e as habilidades de autorregulação para se tornarem seus próprios professores.

Belland (2014) observou a complexidade das estratégias de estrutura *scaffolding*, que pode dificultar a percepção dos professores em salas de aula movimentadas sobre a natureza e a extensão da estratégia *scaffolding* para cada aluno. Daí o uso da tecnologia computacional para fornecê-la, detectar o crescimento na aprendizagem e saber como reduzir o nível de suporte. O efeito geral foi $d = 0,53$, semelhante a muitos dos sistemas de aprendizagem inteligentes revisados posteriormente (por exemplo, *Ma et al.* (2014), $d = 0,43$; *VanLehn (2001), $d = 0,76$; *Gerard et al.* (2015), $d = 0,34$; *Wang e Mao (2019), $d = 0,49$; *Kulik e Fletcher (2016), $d = 0,66$). *Belland (2014) descobriu que esses efeitos eram semelhantes em todos os níveis de escolaridade, para todos os alunos, independentemente do desempenho anterior, e em muitas formas de resultados (conceitos, princípios e aplicação); e os efeitos específicos de retirar a responsabilidade do professor foram altos ($d = 0,62$). A conclusão é que a estratégia *scaffolding* baseada em computador é altamente eficaz.

Fisher e Frey (2021) exploraram essa noção de liberação gradual de responsabilidade docente e observam que o ensino eficaz pode seguir uma progressão na qual os educadores gradativamente fazem menos trabalho, e os alunos gradativamente assumem a responsabilidade pelo próprio aprendizado. Isso implica uma intenção deliberada de ensinar as habilidades de se responsabilizar pelo aprendizado. Observa-se a importância de o aluno trabalhar e aprender com os colegas para assumir gradualmente a responsabilidade pela aprendizagem.

Aprendizagem colaborativa e cooperativa

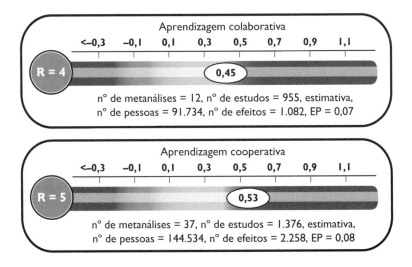

A aprendizagem é frequentemente retratada como uma atividade social. Vygotsky (2012) argumentou que a comunicação e a atividade social interativa são a base para o desenvolvimento cognitivo bem-sucedido de uma criança. No entanto, em muitas turmas, os estudantes se sentam em grupos, mas trabalham sozinhos.

Deming (2017) rastreou as taxas de emprego nos Estados Unidos a partir de 1980 para pessoas com habilidades em ciências e matemática (mas isso provavelmente se aplicaria a muitos outros domínios). Ele dividiu os indivíduos com habilidades em matemática ou ciências em quatro grupos: habilidades em conteúdo acima e abaixo da média e habilidades sociais acima e abaixo da média (Figura 13.2). As vagas com maior demanda de conhecimento de conteúdo e habilidades sociais cresceram de forma robusta em toda a distribuição de salários e, sem surpresa, aquelas que exigem habilidades no conteúdo e habilidades sociais abaixo da média estão em declínio. O fascinante é que habilidades sociais mais elevadas e menor desempenho superam habilidades sociais mais baixas e maior desempenho. Empregos com alta demanda de habilidades sociais tiveram um crescimento relativo maior, embora o crescimento do emprego e do salário tenha sido mais forte em cargos que exigem altos níveis de habilidades cognitivas e sociais. Os principais atributos em anúncios de emprego incluíam boa comunicação oral e escrita, capacidade de colaboração e resolução de problemas (Rios et al., 2020). Essas habilidades de inteligência social eram solicitadas independentemente de exigir também graduação ou pós-graduação e eram exigidas o dobro para qualificações mais baixas (por exemplo, tecnólogo).

Isso mostra a importância de desenvolver habilidades para trabalhar e contribuir em grupos, aprender a trabalhar em equipe e traduzir o conhecimento de um assunto para outros. Os empregadores querem pessoas que saibam trabalhar bem em equipe, transmitir conhecimento, comunicar-se bem e tenham uma ótima sensibilidade social, juntamente ao conhecimento anteriormente valorizado. Portanto, nós, educadores, precisamos ter um foco maior no ensino da colaboração para os alunos.

A aprendizagem colaborativa beneficia a aprendizagem de várias maneiras. Por exemplo, os estudantes que trabalham em grupo podem ser apresentados a novas ideias que entram em conflito com sua própria compreensão. Isso pode levá-los a buscar no-

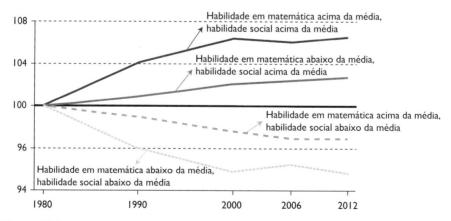

Figura 13.2 Mudanças nas taxas de emprego nos Estados Unidos por habilidades necessárias.
Fonte: Deming (2017).

vas informações para esclarecer o conflito ou a tentar explicar e justificar sua própria posição. Além disso, os alunos que trabalham juntos podem gerar novas abordagens para resolver problemas que nenhum deles conhecia antes de trabalhar em equipe. Então, podem adotar essas abordagens para usar na resolução de problemas futuros. Além disso, os estudantes também se beneficiam ao dar e receber ajuda. Oferecer ajuda exige que se esclareça e reorganize a própria compreensão, ajudando o receptor a entender melhor o conteúdo, preencher lacunas na compreensão e esclarecer conceitos equivocados.

Isso não significa, porém, que precisamos de mais trabalho em grupo. Precisamos ensinar intencionalmente mais habilidades e confiança para trabalhar em grupo, em tarefas que requerem múltiplas interpretações e quando o *feedback* e as recompensas são função das contribuições individuais para o grupo, bem como do desempenho coletivo. Trabalhar em grupo pode ter desvantagens consideráveis para o aprendizado, principalmente quando os alunos não sabem trabalhar juntos e não têm exposição a bons modelos e ensino. O *status* dos indivíduos dentro de um grupo pode fazer alguns serem líderes consistentes, e outros, sempre seguidores. Alguns são dominantes; alguns não conseguem parar, buscar ou valorizar o ponto de vista dos outros; alguns não conseguem se revezar; e pode haver evasão social (que raramente é bem-vinda em grupos). A pessoa cujas ideias são respeitadas pode nem sempre ser a pessoa com a melhor compreensão do problema a ser resolvido.

*Johnson e Johnson (2009) identificaram cinco elementos-chave que são importantes na aprendizagem cooperativa:

1. Interdependência positiva: existe quando o sucesso de um aluno influencia positivamente as chances de sucesso de outros alunos.
2. Responsabilidade individual: cada estudante é responsável pelo seu próprio aprendizado e por ajudar os outros membros do grupo a aprender.
3. Interações facilitadoras: ocorrem quando os indivíduos encorajam e facilitam os esforços uns dos outros para alcançar o objetivo do grupo.
4. Colaboração efetiva: inclui dar e receber explicações elaboradas com foco em estimular a compreensão.
5. Discurso de construção de conhecimento: é fomentado em ambientes democráticos onde o professor não é mais o árbitro da verdade.

Há muita sobreposição entre os métodos de ensino colaborativo e cooperativo e, portanto, não é surpresa que os efeitos médios sejam bastante semelhantes. Os efeitos foram maiores para o ensino superior, depois para o ensino médio e para a educação infantil, em comparação com os alunos do ensino fundamental (*Caper *et al.*, 2015). Foram maiores para estudantes com necessidades educacionais especiais (1,18) em comparação com outros colegas (0,85) (*Jung, 2006) e em todos os grupos de habilidades (*Gu, 2013; *Romero, 2009). Entretanto, os métodos de ensino cooperativo tiveram pequenos efeitos (cerca de 0,15) na disposição dos alunos em relação à matéria (*Kyndt, 2013; *Caper, 2015).

A questão central é como fazer os grupos colaborativos terem sucesso. Ensinar estratégias específicas de aprendizagem cooperativa, como ensinar os alunos a chegarem a um consenso (*Tenenbaum *et al.*, 2019), leva a melhores resultados do que quando eles são incentivados a trabalhar juntos (*Lou *et al.*, 2001). Os efeitos são maiores nos resultados do processo (0,58) e nos resultados de conhecimento (0,53) e menores nos resultados afetivos (0,38; *Jeong *et al.*, 2019; ver também *Chen *et al.*, 2018). Há uma necessidade de fornecer a estratégia *scaffolding* (suporte) ($d = 0,34$), como funções atribuídas e orientações metacognitivas que lembrem as etapas do processo aos alunos; ensinar a como se revezar para falar; e fornecer lembretes para gerar explicações e refletir sobre seu trabalho. A estratégia *scaffolding* é particularmente importante para problemas complexos (0,48) em comparação a problemas superficiais e de conteúdo (0,22) (*Williams, 2009). Existem problemas e atividades mais apropriados para o trabalho em grupo, como tarefas que exigem múltiplas interpretações e tomada de decisão avaliativa, em vez de um foco no desenvolvimento do conteúdo. Os grupos são menos eficazes no desenvolvimento de conteúdo ou saber-que e mais poderosos no desenvolvimento relacional ou de conhecimento.

Os efeitos de grupos colaborativos foram semelhantes para colaboração presencial (0,51), síncrona (0,51) e assíncrona (0,50) (*Jeong *et al.*, 2019), e não houve resultados diferenciados em relação a idade, gênero ou área de aprendizagem (*Tenenbaum *et al.*, 2019). Estudos conduzidos entre um mês e um semestre (ou seja, menos de um semestre) relataram o maior tamanho de efeito (0,52) (*Chen *et al.*, 2018). Há um momento certo, um lugar certo e um conjunto certo de tarefas para ensinar habilidades e confiança para o trabalho em grupo.

Aprendizagens cooperativa, competitiva e individualista

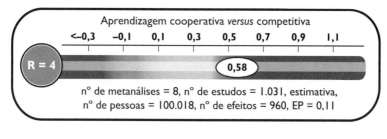

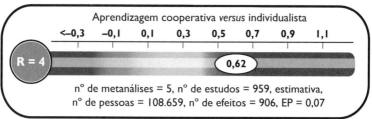

Uma das principais contribuições dos Johnsons é a especificidade dos grupos de controle. Em vez de comparar situações de aprendizagem cooperativa ou colaborativa com o ensino tradicional, eles compararam cooperativa e colaborativa com individualista e competitiva. Em todas as comparações, os métodos cooperativos superaram os competitivos e individualistas, apontando novamente para o poder dos colegas na equação da aprendizagem: aprendizagem cooperativa *versus* individualista ($d = 0,55$), aprendizagem cooperativa *versus* competitiva ($d = 0,53$) e aprendizagem competitiva *versus* individualista ($d = 0,24$). É importante notar, porém, que esses métodos não precisam entrar em conflito. Usando comparações internacionais, a Nova Zelândia lidera a cooperação nas escolas e a competitividade. Mais uma vez, o que importa é considerar quando e onde usar uma estratégia e ensinar deliberadamente, valorizando as habilidades necessárias para aprender em diferentes contextos.

Filosofia nas escolas

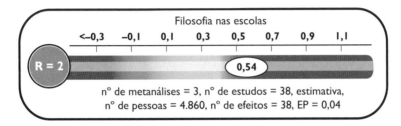

A filosofia nas escolas é um programa educacional da educação infantil ao ensino médio que envolve os alunos em diálogos em grupo focados em questões filosóficas. Em geral, há discussões promovidas por uma leitura ou vídeo e atenção a conceitos como verdade, justiça ou equidade. O objetivo é aumentar o questionamento dos alunos, a construção de argumentos e o engajamento em discussões fundamentadas. *Yan et al. (2018) não encontraram diferenças em relação à idade e à duração do programa (de 5 a mais de 40 horas), mas efeitos maiores em países asiáticos (0,69) do que em países ocidentais (0,39). Os maiores efeitos foram para o raciocínio (1,06) em vez de desempenho geral (0,40) e compreensão de leitura (0,28). Como concluíram *García-Moriyón et al. (2005, p. 17), "[...] as crianças podem filosofar, e esta prática as ajuda a desenvolver habilidades de pensamento de alto nível". Em uma linha semelhante, Trickey e Topping (2004, p. 375) concluíram que a filosofia nas escolas pode levar a ganhos significativos "em termos mensuráveis, tanto escolares quanto sociais".

Comunicação fora da sala de aula

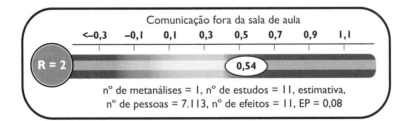

A sala de aula não é o único ambiente para a aprendizagem, especialmente no ensino superior. Essas experiências fora de sala se referem às "[...] atividades ou condições estruturadas e não estruturadas que não fazem parte diretamente dos processos de ensino formais e relacionados a cursos de uma instituição" (Pascarella; Terenzini, 1991, p. 150). Isso inclui o envolvimento voluntário em organizações do *campus* para conversas interpessoais com professores (o dever de casa é tratado posteriormente). *Goldman et al. (2016) encontraram 11 estudos com uma correlação de 0,26 ($d = 0,54$) com o aprendizado cognitivo e concluíram que a comunicação fora de sala de aula é um componente valioso da experiência universitária.

Mentoria

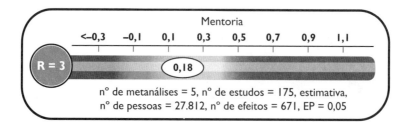

Mentoria é uma forma de tutoria entre pares, embora geralmente envolva pessoas mais velhas (muitas vezes estudantes ou adultos) que dão assistência escolar ou social, ou ambas, a pessoas mais jovens. Com frequência, envolve pouco ou nenhum ensino formal, assemelhando-se mais a um modelo de aprendizagem baseado em experiências sociais e de modelo a ser seguido. Hansford e Ehrich (2006) observaram os principais benefícios reivindicados da mentoria relacionados a trabalho em equipe, compartilhamento de ideias, reavaliação de crenças e valores, satisfação pessoal, apoio e compreensão. Os principais problemas são falta de tempo, incompatibilidade de personalidade, falta de treinamento, mentor não compreendendo os objetivos ou expectativas do programa ou do mentorado, e mentor sendo desinteressado, defensivo ou desconfiado.

A mentoria tem um efeito próximo a zero no desempenho escolar ($d = 0,12$), satisfação ($d = 0,06$), atitudes na escola ($d = 0,19$) ou motivação e envolvimento ($d = 0,11$) (*Eby et al., 2008). *Wood e Mayo-Wilson (2012) concluíram que os programas de mentoria incluídos em sua análise não melhoraram de forma confiável nenhum dos resultados. Analisando apenas seis estudos, o efeito no aprendizado foi de –0,01 e, similarmente, próximo a zero para frequência, autoestima e comportamento. *DuBois et al. (2002) também encontraram efeitos baixos ($d = 0,18$) no aprendizado, os quais não estavam relacionados ao ambiente em que as atividades de mentoria ocorriam, à remuneração dos mentores, à composição de gênero ou raça do grupo de mentorados e mentores, à frequência de contato e à duração do relacionamento entre mentores e mentorados. Os efeitos foram maiores quando conduzidos por professores (0,26) do que por outros (0,09) e quando houve treinamento prévio para mentores (0,22 versus 0,11), apontando para a importância das habilidades de ensino para os mentores.

A mentoria pode não ser prejudicial, mas parece ter pouca vantagem sobre qualquer outro fator estudado. Mais uma vez, a menos que os mentores tenham habilidades de ensino e relacionamento, é improvável que agreguem muito valor.

Método *jigsaw*

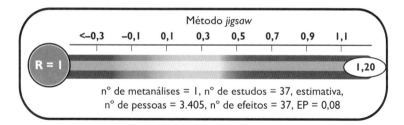

O método *jigsaw* foi inventado para ensinar arte e ajudar a reduzir grupos raciais fechados em escolas integradas. De todos os métodos de ensino estudados por metanálise, ele tem o maior tamanho de efeito. *Batdi (2014) revisou 37 estudos turcos sobre o método *jigsaw*, com $d = 1,16$. Assim como em um quebra-cabeça, a parte de cada aluno é essencial para a conclusão e a compreensão completa do trabalho.[7] O método *jigsaw* garante que todos os alunos tenham o conhecimento, o vocabulário da matéria e as ideias principais antes de se aventurarem a conectar suas ideias de forma mais profunda e, então, transferir o conhecimento para novos problemas ou questões, uma raridade entre a maioria dos métodos de ensino. Existem muitas variações, mas uma implementação comum é apresentada na Figura 13.3.

Os princípios fundamentais nessas etapas são maximizar a alternância de turnos, chegar a um acordo (não necessariamente a um consenso) e não permitir que ninguém seja dominante. Todos os participantes devem ter a oportunidade de serem ouvidos e defenderem seu ponto de vista. Os participantes podem fazer perguntas, desafiar os outros

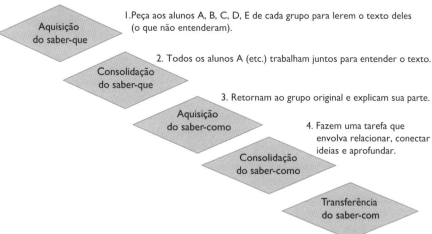

Figura 13.3 Esboço do método de ensino *jigsaw* alinhado com o modelo de aprendizagem visível.

---

[7] Ver www.jigsaw.org/overview.html.

em suas perspectivas e pedir esclarecimentos, mas devem ouvir outras opiniões. Assim, a responsabilidade individual e a interdependência são integradas à estrutura do *jigsaw*, havendo, portanto, maior probabilidade de se ter mais profundidade em alguns aspectos, construindo ideias e conteúdo e, então, trabalhando com colegas para ver relações e transferir ideias. A etapa 1 é semelhante à aquisição superficial; a etapa 2, à consolidação superficial; a etapa 3, ao início da aquisição profunda; e as etapas 4 e 5, à consolidação profunda e, potencialmente, transferência.

O *jigsaw* não apenas aumenta e aprofunda o conhecimento e a compreensão, mas também reduz o preconceito dos alunos (Aronson, 2002; Levy *et al.*, 2017), aumenta a motivação intrínseca e o sentimento de competência (Hänze; Berger, 2007) e estimula uma mistura de cooperação, competição e esforços individuais, além de regulação epistemológica (crenças sobre conhecimento e saber) e relacional (Nolan *et al.*, 2018; Roseth; Lee; Saltarelli, 2019).

CONCLUSÕES

Ao escolher um método de ensino, a mensagem principal é considerar o alinhamento intencional com os critérios de sucesso, focar nos saberes conceitual (saber-que), procedimental (saber-como) e relacional (saber-com) das aulas, e com tarefas e avaliações.

Debate-se se a exposição a noções mais profundas poderia preceder a aprendizagem do conteúdo, mas é fascinante que os métodos de ensino mais bem-sucedidos cubram pelo menos todas as cinco partes do modelo de aprendizagem de forma sistemática.

É preocupante que as aulas sejam frequentemente criadas em torno de atividades e o sucesso esteja mais relacionado à sua conclusão.

Uma mensagem importante para os metanalistas é ser mais sistemático na codificação da natureza e do grau de implementação. Existem muitas maneiras de interpretar e implementar vários métodos, muitas partes do ciclo de aprendizagem podem afetar o sucesso de um método, e pode haver uma adaptação crítica que pode levar ao sucesso ou, pior, neutralizar os benefícios de um método específico.

Há evidências para uma escolha mais diferenciada de métodos de ensino em relação às progressões de aprendizagem.

A arte de ensinar é saber quais níveis de desafio cada aluno está preparado para enfrentar, além de reduzir as desigualdades na turma usando os colegas como parte do ensino (conforme o método *jigsaw*) e ter habilidades de pensamento avaliativo para tomar decisões sobre métodos de ensino ideais e saber o melhor momento para implementá-los.

Portanto, a principal mensagem ao escolher um método de ensino é considerar o alinhamento intencional com os critérios de sucesso. Isso significa focar no saber-que, no saber-como e no saber-com das aulas, considerando também a profundidade do aprendizado (superficial, profundo ou transferência) e os outros fatores descritos anteriormente no modelo de intencionalidade de ensino (Capítulo 11). Além disso, vale a pena pensar em como decidir sobre métodos de ensino que otimizem a aprendizagem entre pares e o ensino de forma a aproveitar as forças divergentes e as diferenças na turma, criando cooperação social e (como observado no Capítulo 7) maximizando a eficácia coletiva dos alunos.

Podemos classificar os métodos de ensino de acordo com o modelo de aprendizagem, mas não podemos afirmar que é assim que todos os alunos aprendem o tempo todo. Questiona-se se a exposição a noções mais profundas poderia preceder a aprendizagem do conteúdo. No entanto, é interessante que os métodos de ensino mais bem-sucedidos cubram pelo menos todas as cinco partes do modelo de aprendizagem de forma sistemática.

Parece surpreendente que a maioria dos métodos de ensino seja neutra em relação ao conceito de aprendizagem (por exemplo, sua profundidade de complexidade). É preocupante que, com muita frequência, as aulas sejam criadas em torno de atividades e o sucesso seja visto como a conclusão delas. Talvez precisemos de mais estudos comparativos de métodos de ensino em relação às características do alinhamento intencional do modelo de intencionalidade de ensino. Isso poderia levar a novos métodos de ensino. Por exemplo, o "pensar e compartilhar em dupla" poderia se tornar "conhecer, pensar e compartilhar em dupla"; o ensino direto e o ensino recíproco poderiam ser combinados; resumir e destacar poderiam ser adicionados ao ensino baseado em problemas; e assim por diante. Esses métodos mais abrangentes requerem altos níveis de pensamento avaliativo do professor para decidir o seguinte:

- Qual é o momento ideal para usar cada parte dos métodos.
- Quando parar e passar para outro método.
- Como manter um olhar constante no impacto dos métodos de ensino na aprendizagem dos alunos para continuar, parar ou substituir.

Uma mensagem importante para os pesquisadores é serem mais sistemáticos na codificação da natureza e do grau de implementação das metanálises (e os estudos originais podem precisar explicar sua implementação com mais detalhes). As alegações positivas sobre o ensino invertido mostram a importância dessa codificação para a metanálise, pois há muitas maneiras de interpretar e implementar esses métodos. Existem muitas partes do ciclo de aprendizagem que podem afetar o sucesso de um método, e pode haver muitas adaptações críticas que podem levar ao sucesso ou, pior, neutralizar os benefícios de um método específico.

A partir da nossa metanálise da aprendizagem invertida, por exemplo, desenvolvemos um modelo que combina os sucessos da aprendizagem invertida e ilustra que a resolução de problemas poderia fazer parte da exposição inicial, desde que os professores avaliem o que os alunos não sabem para que o ensino possa ser otimizado:

1. Falha: permitir que os alunos tentem algo que não podem fazer ou entender, dando oportunidades para o instrutor e o aluno diagnosticarem, verificarem e compreenderem o que foi e o que não foi compreendido.
2. Prévia: pré-exposição às ideias conceituais da próxima aula (tão simples quanto passar um vídeo da aula).
3. Correção: uma aula na qual conceitos errôneos são explorados, com a oportunidade de se engajar novamente na aprendizagem das ideias.
4. *Feedback*: *feedback* entre alunos e professores sobre os níveis de compreensão e as direções a serem seguidas.

A natureza da aprendizagem invertida, portanto, poderia ser mais orientada para a falha produtiva. Ao aprender um novo conceito, em vez de primeiro assistir a uma aula expositiva *on-line* (ou similar), os alunos começam com uma atividade preparatória de resolução de problemas, projetada para ativar seus conhecimentos sobre o que vão aprender. É ajudando os estudantes a se orientarem para o que eles não sabem e precisam saber que a aprendizagem subsequente é maximizada. Somente após a fase da falha os alunos começam a ver o conteúdo, o conhecimento superficial, o vocabulário — por exemplo, assistindo a aulas expositivas *on-line* para aprender os conceitos. Eles podem, então, passar para a terceira etapa (correção), quando se reúnem para atividades em sala de aula a fim de consolidar o que produziram, comparar e contrastar soluções geradas pelos colegas e soluções canônicas, atentar para os recursos críticos do conceito, reaprender e ampliar seus conhecimentos e compreensão, bem como observar como esses recursos são organizados e reunidos. Finalmente, a etapa de *feedback* é aquela em que alunos e professores tomam conhecimento do que foi aprendido, quem realizou essa aprendizagem e a magnitude ou força dessa aprendizagem. Aqui, enfatiza-se que os educadores busquem *feedback* sobre como podem melhorar o ensino da próxima matéria, não apenas após a fase invertida (com sua ênfase no que os alunos não sabem), mas também no final das fases invertida e presencial.

Precisamos deixar de ver as aulas como uma série de atividades. Como Nuthall (2007) observou, muitas vezes as aulas têm uma estrutura de quatro partes: uma fase de ensino, uma fase de atividade, uma fase de relatório e uma fase de encerramento. Essa estrutura é apoiada pela descoberta de Berry (2023) de que o sucesso na aprendizagem é visto como o engajamento de cada aluno na realização e, de preferência, na finalização das atividades. Em vez disso, os resultados da metassíntese apoiam uma escolha mais estrategicamente sequenciada de métodos de ensino com o objetivo de percorrer a progressão de aprendizagem do saber conceitual, saber procedimental e saber relacional (Figura 13.1). O ensino deve oferecer aos alunos múltiplas maneiras e tentativas, cada uma com durações variáveis, para se engajarem na aprendizagem necessária para atender aos critérios de sucesso. Trata-se não apenas de ensinar o conhecimento, as ideias conceituais mais profundas e a transferência próxima e distante para outras tarefas, mas também ensinar as estratégias de aprendizagem ideais, estar ciente da complexidade das demandas cognitivas e criar um ambiente de alta confiança para que erros, falta de conhecimento e mal-entendidos sejam vistos como partes bem-vindas e legítimas da aula. A arte de ensinar é saber quais níveis de desafio cada aluno é capaz de enfrentar, bem como reduzir as desigualdades na turma usando os colegas como parte do ensino (conforme o método *jigsaw*). O educador precisa ter habilidades de pensamento avaliativo para tomar decisões sobre quais são os métodos de ensino ideais e quando implementá-los.

REFLEXÕES

1. O ensino direto é frequentemente confundido com a simples exposição de conteúdo pelo professor. Depois de ler sobre as sete etapas do ensino direto, reflita sobre como usar esse método na prática. Compartilhe exemplos de cada etapa com colegas e alunos. Por exemplo, o "gancho" (estratégia inicial para prender a atenção) pode ser uma pergunta para toda a turma sobre conhecimentos prévios.

Em seguida, os estudantes podem discutir em duplas para revelar o que já entendem e se preparar para o novo aprendizado da aula.

2. No ensino baseado em problemas, o foco do sucesso está na aplicação do conhecimento, e não apenas no seu desenvolvimento. Vamos compartilhar exemplos de como problemas apresentados antes da aquisição de conhecimento suficiente se mostraram, em grande parte, ineficazes. Ao planejar uma aula, determine uma medida de prontidão para garantir que os alunos tenham conhecimento suficiente antes de avançar para a parte focada na resolução de problemas.

3. O ensino recíproco (0,74) é supereficiente para desenvolver habilidades de leitura e de compreensão em diversas disciplinas. Com ele, ensinam-se estratégias como predição, síntese, esclarecimento e questionamento. Professores do ensino médio, implementem esse método para garantir que seus alunos realmente aprendam a matéria.

4. O método *jigsaw* tem vários benefícios. Tente utilizá-lo como base para uma reunião de equipe em que vocês precisem compartilhar novos conhecimentos. Depois, aplique-o com os estudantes e leve o *feedback* para a próxima reunião, relatando como funcionou e o seu impacto.

5. Muitas vezes, as aulas são criadas em torno de atividades, e o sucesso é medido pela conclusão delas. Quando as intenções de aprendizagem são claras e são o foco do planejamento e do ensino (o que eu quero que eles aprendam/tirem desta aula?), a conclusão das atividades se torna menos importante do que o aprendizado. Revise o alinhamento entre suas intenções de aprendizagem recentes, as atividades e o impacto consequente nos alunos.

6. Convide dois alunos para trabalharem juntos como detetives da aprendizagem por um dia. Peça a eles que relatem à turma as evidências de onde ouviram discussões sobre a aprendizagem, evidências dela em ação e exemplos.

7. Discuta esta ideia: nenhuma estratégia de ensino deve ser mais valorizada do que a aprendizagem dos alunos.

14

Tecnologias de implementação

O mundo dos computadores se tornou mais complexo após 2009. Não existem mais salas de informática; todo mundo parece ter um dispositivo integrado no bolso (ou na ponta do polegar). O iPhone foi lançado em 2007, e o iPad, em 2009, a banda larga agora é mais veloz, e a tecnologia não apenas está onipresente, mas também se tornou mais difícil de categorizar (como no *Visible Learning* de 2009). No *Visible Learning*, usei a expressão "ensino assistido por computador", e algumas pessoas questionaram o que significava, uma expressão familiar no período pré-tecnologia da informação, mas que não é mais usada. Agora, os aplicativos estão tão presentes que a máquina em si não é mais o foco, e a noção do computador é de ubiquidade. No entanto, isso não impede os defensores que promovem a tecnologia como a próxima revolução. Como comentou Dylan Wiliam, a tecnologia ainda é a revolução que está por vir, após 50 anos. Existem agora mais de 307 metanálises, cerca de 17 mil estudos, envolvendo mais de 3,3 milhões de estudantes e 28 tipos de influências da tecnologia da informação, com uma média geral de 0,34, e essa média quase não mudou desde a primeira metanálise em 1977 (Figura 14.1).

Uma análise do famoso programa "um *notebook* por criança" é um conto sóbrio sobre a venda de tecnologia, que, muitas vezes, baseia-se em carisma, imaginários sociais e utopias tecnológicas (Ames, 2019). Promovido por luminares do Instituto de Tecnologia de

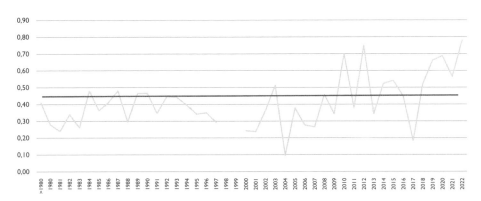

Figura 14.1 Tamanho de efeito por ano de publicação.

Massachusetts (MIT), o objetivo era distribuir *notebook*s de US$ 100 (na verdade, começaram com US$ 185) em países com menos condições de comprar máquinas mais caras. As escolas eram retratadas como o problema para o desenvolvimento da aprendizagem das crianças, não havia necessidade de professores, e a promessa era ativar a curiosidade natural das crianças para construir conhecimento que liberasse seu potencial e "[...] eliminasse a pobreza, criasse paz e trabalhasse pelo meio ambiente [...]" (Negroponte, 2008 *apud* Ames, 2019, p. 14). Afirmações grandiosas semelhantes foram feitas sobre tantas outras revoluções tecnológicas, como os MOOCs[1] e, antes disso, a televisão. A realidade, no entanto, foi bem diferente, porque poucos países adotaram os *notebook*s de US$ 185, e poucas crianças os usaram; portanto, eles não se mostraram grandes soluções. Muitas escolas em países ocidentais têm armários cheios de *notebook*s, muitos ainda lacrados. *Zheng (2016) relatou um $d = 0,16$ com o uso de *notebook*s individuais.

A característica definidora da metanálise mais geral sobre computadores é a consistência em sua média geral, que oscila entre cerca de 0,3 e 0,5 (Tabela 14.1). Questionar o impacto da tecnologia deve continuar sendo menos fascinante do que questionar os efeitos quando aplicativos e tecnologia da informação são integrados ao ensino. Mais difícil, mas mais interessante. Mais uma vez, é o princípio do alinhamento intencional que mais importa.

A pergunta correta é: por que essa revolução tecnológica não teve o grande impacto prometido? Cuban (2003) questionou isso e concluiu que as tecnologias nunca serão usadas em nenhum sentido transformador até que mudemos nossos métodos de ensino. Na melhor das hipóteses, usaremos a tecnologia para consumir mais fatos e conhecimentos, substituindo a enciclopédia pela internet, o quadro e o giz pelo PowerPoint e pelo Word, e as folhas de exercícios por iPads para realizar tarefas práticas *on-line*. Assim como antes da tecnologia, se priorizarmos o consumo de conhecimento, a tecnologia pode ajudar os alunos a se tornarem mais eficientes, mas não necessariamente mais eficazes. Somente quando deixarmos de usar a tecnologia como uma nova forma de consumo de conhecimento e começarmos a vê-la como uma ferramenta para o ensino, visando a uma produção aprimorada de conhecimento, é que poderá haver um efeito real.

METANÁLISES DE SEGUNDA ORDEM SOBRE TECNOLOGIA

Existem pelo menos três metanálises de segunda ordem sobre essa vasta literatura. Higgins, Xiao e Katsipataki (2012) revisaram 45 metanálises publicadas entre 1990 e 2012 e observaram que o tamanho de efeito geral do impacto da tecnologia na aprendizagem está entre 0,3 e 0,4. Eles concluíram que não é a utilização da tecnologia que faz a diferença, mas o quão bem ela é usada para apoiar o ensino e a aprendizagem. Observaram-se efeitos maiores quando a tecnologia era usada de forma colaborativa em pares ou pequenos grupos, para intervenções focadas e curtas e para trabalhos tutoriais e de consolidação corretiva; e efeitos maiores em matemática e ciências do que em alfabetização.

---

[1] N. de T.: Do inglês *massive open online courses*, cursos gratuitos oferecidos *on-line* para um grande número de pessoas.

TABELA 14.1 Estatísticas resumidas para a variável tecnologia

Tecnologia	N° de meta-análises	N° de estu-dos	N° total	N° de efeitos	Tamanho de efeito ponderado	Erro padrão (EP)	Robus-tez
Informação e tecnologia da computação	63	4.280	576.861	7.292	0,51	0,08	5
Tecnologia com alunos do ensino fundamental	6	264	24.298	664	0,44	0,05	3
Tecnologia com alunos do ensino médio	9	680	72.131	760	0,30	0,05	4
Tecnologia com universitários	15	1.962	226.621	1.786	0,34	0,08	5
Educação a distância ou *on-line*	28	1.499	4.182.905	2.440	0,25	0,07	5
Seminários *on-line*	1	15	591	36	0,33	0,09	1
Notebooks individuais	1	10	920	10	0,16	0,04	1
FaceTime e redes sociais	3	72	123.728	72	−0,12	0,05	2
Tecnologia em matemática	25	1.118	309.212	2.216	0,37	0,07	5
Tecnologia em ciências	6	391	39.048	567	0,18	0,08	3
Tecnologia em leitura/ alfabetização	17	736	180.647	1.547	0,26	0,09	4
Tecnologia na escrita	4	76	5.840	81	0,41	0,10	2
Tecnologia em outras disciplinas	3	96	7.838	103	0,58	0,08	2
Tecnologia com alunos com necessidades de aprendizagem	5	125	16.390	152	0,60	0,05	3
Tecnologia em pequenos grupos	3	193	19.877	616	0,17	0,08	3

(Continua)

TABELA 14.1 Estatísticas resumidas para a variável tecnologia (Continuação)

Tecnologia	N° de meta-análises	N° de estudos	N° total	N° de efeitos	Tamanho de efeito ponderado	Erro padrão (EP)	Robustez
Sistemas de tutoria inteligente	5	283	30.520	288	0,52	0,03	4
PowerPoint	1	12	1.104	16	0,26	0,00	1
Quadros interativos	2	72	6.627	72	0,89	0,09	2
Ferramentas on-line e digitais	12	489	106.437	1.440	0,36	0,10	4
Realidade virtual	20	699	67.054	721	0,57	0,11	4
Robótica	4	87	8.287	87	0,57	0,13	2
Vídeo/multimídia interativa	9	432	42.444	3.987	0,54	0,08	4
Clickers	3	132	33.366	236	0,21	0,15	3
Simulações	14	700	62.162	1.087	0,53	0,09	4
Jogos	43	1.985	262.920	2.955	0,41	0,14	
Aprendizagem baseada na web	7	391	52.188	544	0,40	0,11	5
Dispositivos móveis/tablets	20	1.003	115.058	2.267	0,59	0,11	5
Presença dos celulares	3	93	297.746	95	−0,27	0,08	3
Tempo de tela	1	30	480.479	30	−0,29	0,19	2
Métodos audiovisuais	9	487	44.435	359	0,29	0,07	3
Ensino programado	8	493	45.375	391	0,24	0,08	3
Total/média	307	16.920	7.180.188	29.962	0,34	0,08	3

Tamim *et al.* (2011) revisaram 37 metanálises (com menos de 25% de sobreposição de estudos entre elas) com uma média de $d = 0,31$. Estudos com melhor desenho tiveram efeitos ligeiramente menores (0,27) em comparação com estudos com desenho mais fraco ou moderado (0,36), e os efeitos no ensino médio (0,45) foram maiores do que no ensino fundamental (0,27) e no ensino superior (0,27). Young (2017), em uma metassíntese de 19 metanálises, relatou efeitos semelhantes relacionados a três principais usos da tecnologia: fazer tarefas formalmente realizadas à mão, o que permitiu aos professores atribuírem atividades de aprendizagem mais complexas e envolventes ($d = 0,47$); praticar habilidades e desenvolver compreensão instrumental ($d = 0,42$); e desenvolver compreensão conceitual por meio de, por exemplo, manipuladores virtuais, modelos e aplicativos ($d = 0,36$).

PRINCÍPIOS FUNDAMENTAIS RELACIONADOS AO USO DA TECNOLOGIA

Ao longo deste capítulo, 10 mensagens principais das mais de 300 metanálises são descritas, pois explorar novamente tecnologias específicas (como no *Visible Learning*) não parece ser tão significativo. Existem quatro pilares críticos para o sucesso do uso da tecnologia: o poder das mídias sociais, o uso para permitir *feedback* aos professores, o foco na aprendizagem e os principais benefícios para a consolidação da aprendizagem. Eles atualizam os princípios do *Visible Learning* de 2009, que ainda se aplicam: os computadores são usados com eficácia (a) quando há diversidade de estratégias de ensino; (b) quando há pré-treinamento no seu uso como ferramenta de ensino e de aprendizagem; (c) quando há múltiplas oportunidades de aprendizagem (por exemplo, prática deliberada, aumento do tempo na tarefa); (d) quando o aluno, e não o professor, está no controle da aprendizagem, então a aprendizagem entre pares é otimizada; e (e) quando o *feedback* é otimizado.

É importante reconhecer, em primeiro lugar, que o uso da tecnologia é eficaz para todos os alunos. Ao analisarmos as mais de 260 metanálises realizadas, observamos que há mais similaridade nos efeitos entre todos os estudantes do que diferenças provocadas pela sua origem social. Por exemplo, os efeitos são semelhantes entre a educação infantil (2 metanálises, $d = 0,54$), o ensino fundamental (20 metanálises, $d = 0,44$), o ensino médio (9 metanálises, $d = 0,30$) e o ensino superior (16 metanálises, $d = 0,45$). Os efeitos também se mostraram semelhantes em diferentes disciplinas, como matemática (33 metanálises, $d = 0,41$), ciências (11 metanálises, $d = 0,33$), linguagens (6 metanálises, $d = 0,55$), leitura/alfabetização (21 metanálises, $d = 0,35$) e escrita (3 metanálises, $d = 0,42$). Curiosamente, os efeitos foram maiores no chamado Sul Global (por exemplo, Irã, Nigéria, Índia, Arábia Saudita, Turquia e Chipre, $n = 27$, $d = 0,61$) do que em países ocidentais com mais recursos ($n = 130$, $d = 0,41$). Talvez isso nos leve a questionar o grupo de comparação. Talvez os métodos de ensino nesses países em desenvolvimento sejam mais tradicionais e centrados no professor, em comparação com a maior variedade de abordagens usadas em países ocidentais.

Redes sociais: o uso de celulares e o acesso a redes sociais pode causar distração, mas têm um grande potencial

A presença de celulares, Facebook, redes sociais e aplicativos de jogos divertidos na sala de aula pode ter um efeito negativo. Quem diria! Mas esses efeitos não são fortes o suficiente para justificar reações exageradas. Ensinar os alunos a controlarem o uso dos celulares, dos jogos, e assim por diante, durante o tempo de aprendizagem pode ser mais produtivo do que determinar proibições absolutas, principalmente considerando o potencial oferecido pelo uso de aplicativos de redes sociais (sem os recursos negativos do Facebook, WhatsApp, etc.).

*Kates *et al.* (2018) analisaram estudos experimentais e transversais em que celulares estavam sendo usados para fins não educacionais e encontraram uma correlação geral de $r = -0,16$ entre o desempenho escolar e o número de mensagens de texto ou ligações enviadas/recebidas em um determinado período ($r = -0,12$), com uma medida de vício em celular ($r = -0,12$) ou com o tempo gasto usando o aparelho ($r = -0,15$). A correlação foi semelhante para o ensino no grupo de alunos da educação infantil ao ensino médio ($d = 0,12$) e do ensino médio $d = -0,17$) e em diferentes regiões (Oriente Médio, $-0,11$; Ásia, $-0,13$; e Estados Unidos, $-0,20$). *Adelantado-Renau *et al.* (2019) estudaram as consequências do tempo excessivo de tela, como usar o computador, navegar na internet, usar o celular, assistir à televisão e jogar *videogame*. De 58 estudos, o efeito geral no desempenho escolar foi $r = -0,15$ (linguagens, $-0,18$; matemática, $-0,25$) e similar para *videogames* ($-0,15$) e televisão ($-0,19$). *Marker *et al.* (2018) encontraram $r = 0,07$ entre o tempo gasto em *sites* como Facebook e Twitter e o desempenho escolar, e $-0,03$ para o tempo gasto estudando para escolas que usam esses *sites*. Em uma metanálise similar, *Liu *et al.* (2007) relataram $r = 0,08$ e *Huang (2018), $r = -0,07$. No geral, os efeitos são próximos de zero. Essas relações próximas de zero não foram moderadas pelo tempo gasto nesses *sites* ($r = -0,10$) e pela frequência de acesso ($r = -0,01$), e as correlações foram semelhantes para meninos e meninas.

Isso não significa que as tecnologias móveis não sejam potencialmente um meio valioso para transmitir instruções. *Fabian *et al.* (2016) observaram que muitas dessas tecnologias replicam as atividades de aprendizagem baseadas em computador mais tradicionais, com resultados semelhantes. Eles encontraram um d geral de 0,30 e uma melhoria maior em grupos de habilidades baixas em comparação com grupos de habilidades mais altas. *Sung *et al.* (2016) encontraram $d = 0,52$ em comparação com o ensino sem dispositivos móveis ou em comparação com o uso de computadores de mesa. Os efeitos foram maiores quanto mais o aplicativo no celular estava relacionado ao aprendizado ($d = 0,63$), quando usado em sala de aula (0,50), em comparação com outros ambientes, para estudo autodirigido (0,31), em comparação com aulas expositivas (0,10), descoberta e exploração (0,12), resolução de problemas (0,09), *podcasts* (0,01) e aprendizagem baseada em projetos (0,01), em todos os níveis de escolaridade e, particularmente, em linguagens (0,35) e ciências (0,23). Não se trata tanto do dispositivo ou meio de transmissão do aprendizado, mas da qualidade e do alinhamento intencional do aplicativo aos critérios de sucesso das aulas.

*Davies (2012) liderou uma pesquisa fascinante observando alunos desenvolvendo habilidades de pensamento crítico. Ao usar ferramentas de redes sociais (por exemplo, Edmodo, semelhante ao Facebook), eles ficaram mais engajados e menos intimidados pelos professores. O fórum de discussão *on-line* permitiu que mantivessem as conversas ativas. Eles estavam propensos a falar sobre o que não sabiam e discutir seus erros e conceitos equivocados com colegas e professores por meio de ferramentas de redes sociais, mesmo quando os educadores estavam ao lado deles. Os alunos estão familiarizados (para o bem e às vezes para o mal) com as redes sociais como um fórum de discussão. Além disso, os professores observaram que alguns estudantes que normalmente não contribuíam para as discussões em sala de aula contribuíam *on-line*, e estavam menos preocupados com a aparência na frente de seus colegas e muito mais propensos a passar de interações superficiais para interações mais profundas (cf., *Blok *et al.*, 2002).

Redes sociais: aprendizado em pares é mais efetivo com computadores

Trabalhar em pares é muito mais produtivo do que usar computadores individualmente ou em grupos maiores. *Lou *et al.* (2001) relatam efeitos maiores para pares do que para alunos trabalhando sozinhos ou em grupos com mais de duas pessoas. Além disso, observaram maior frequência de interações positivas entre pares ($d = 0,33$), maior uso de estratégias adequadas de aprendizagem ou tarefas ($d = 0,50$), mais perseverança nas tarefas ($d = 0,48$) e mais alunos alcançando o sucesso ($d = 0,28$) do que aqueles que aprendem individualmente usando tecnologia. *Gordon-Holliday (1991) encontrou efeitos maiores para a aprendizagem em pares ($d = 0,54$) em comparação com a aprendizagem individual ($d = 0,25$), e *Kuchler (1998) relatou $d = 0,69$ para pares e $d = 0,29$ para indivíduos. Estudantes aprendendo individualmente solicitaram mais ajuda do professor ($d = 0,67$) e concluíram as tarefas mais rapidamente do que aqueles que trabalhavam em grupos ($d = 0,16$). Os alunos em pares tentaram um número maior de tarefas ($d = 0,15$), usaram mais estratégias de aprendizagem ($d = 0,36$) e tiveram uma atitude mais positiva em relação à aprendizagem em pequenos grupos ($d = 0,54$). No entanto, houve pouca diferença na atitude em relação ao ensino ($d = 0,07$), e eles precisaram de mais tempo para concluir tarefas em grupo do que individualmente ($d = -0,21$) (*Lou *et al.*, 2001). Esses resultados mostram que, ao aprender usando tecnologia, é importante enfatizar as discussões e que cada aluno trabalhe com um colega para articular, explicar e compreender uma variedade de hipóteses e soluções possíveis. O trabalho em pares parece ser uma estratégia poderosa.

Os professores são os maiores usuários das redes sociais

Cuban (2001) delineou os motivos pelos quais a tecnologia tem sido "supervalorizada e subutilizada" e rastreou

> [...] o quão pouco a prática escolar e em sala de aula mudou na direção desejada pelos defensores da alta tecnologia, os resultados fracos no desempenho dos alunos e as incertezas em conseguir os empregos certos após a graduação, dadas as promessas que acompanham essas novas tecnologias (Cuban, 2018, p. 1).

Uma das descobertas fascinantes é que os professores são grandes usuários de computadores, mas mais para uso pessoal e administrativo, embora achem mais difícil ver como os dispositivos podem se relacionar com suas concepções particulares de ensino (Cuban, 2001). Quando muitos educadores eram estudantes, os computadores não eram tão comuns, e muitos foram ensinados nas faculdades de educação por professores que estavam ainda mais distantes do uso de computadores em seu ensino e aprendizagem. *Abrami *et al.* (2006, p. 32) observaram que muitos professores "[...] ainda estão no limiar da compreensão de como projetar cursos para maximizar o potencial da tecnologia [...]". Portanto, é necessário algum treinamento prévio no uso de computadores como ferramenta de ensino e de aprendizagem para que esse uso seja eficaz. Atualmente, esse treinamento prévio está, na maioria das vezes, integrado aos próprios aplicativos (afinal, quem lê manuais completos hoje em dia?). Independentemente disso, porém, os professores são grandes usuários de redes sociais.

O Instituto Australiano de Professores e Liderança Escolar percebeu cedo o potencial de conectar professores por meio de canais digitais e, nos últimos 10 anos, vem utilizando tecnologias com sucesso para apoiar o ensino de qualidade e a liderança escolar em toda a Austrália. O aplicativo My Induction, do instituto, por exemplo, funciona como um mentor de bolso para professores iniciantes e já teve mais de 18 mil *downloads* desde o seu lançamento em 2017.[2] Ele oferece conselhos e cenários para ajudar educadores iniciantes a se familiarizarem com o ensino, um rastreador de bem-estar e a possibilidade de enviar perguntas para serem respondidas por profissionais experientes. Outro aplicativo, o My Teaching Advice, permite que qualquer professor em seus primeiros cinco anos de docência faça *login* e acesse um *chat* ao vivo com um professor mais experiente para solucionar problemas da prática e obter conselhos. Para educadores em áreas rurais ou remotas, ou em outros contextos em que pode ser difícil acessar a experiência de outros (por exemplo, instituições de educação infantil), esse aplicativo remove essas barreiras por meio da tecnologia.

Além disso, o instituto também se concentra nas redes sociais e tem quase 120 mil seguidores no Twitter, LinkedIn e Facebook. Isso dá ao instituto uma conexão direta e incomparável com professores de toda a Austrália. Em uma terça-feira à noite, respondi a perguntas de professores (*#HattieChat*). A *hashtag* ficou em segundo lugar no *ranking* nacional (com alcance de 100 mil pessoas). Um grupo fechado no Facebook (*Teachers Supporting Teachers*), lançado durante o ensino remoto em maio de 2020, reúne quase 10 mil professores de toda a Austrália, que fazem perguntas e compartilham conselhos para se ajudarem a melhorar. A maioria dos professores usa tecnologia diariamente com seus alunos, o que reflete em sua vida profissional, em que se conectam e compartilham ativamente, seja por meio de um aplicativo, bate-papo no Twitter ou grupo do Facebook. Esse pode ser o maior benefício das tecnologias nas escolas.

A tecnologia pode melhorar a aprendizagem do ensino a distância

Existem 17 metanálises sobre ensino a distância com $d = 0,05$, e outras cinco metanálises mais recentes favoráveis ao ensino a distância, com d menor que 0,30 (média $d = 0,59$). A maior parte das evidências mostra pouca diferença no desempenho dos alunos, independentemente do meio, se presencial ou a distância. No entanto, há características do ensino a distância que podem aumentar o impacto, como a aprendizagem combinada e maior interação entre estudantes. Por exemplo, *Bernard *et al.* (2009) mostraram que, quando os alunos têm meios de se comunicar e interagir uns com os outros (0,49) ou de interagir *on-line* com o conteúdo (0,46), os efeitos no desempenho são maiores do que quando interagem ou assistem a professores *on-line* (0,32). De maneira similar, *Means *et al.* (2009) descobriram que os efeitos foram maiores para a colaboração entre pares (0,25) em comparação com a aprendizagem *on-line* independente e ativa (0,05). Além disso, como observado anteriormente, os alunos que trabalham sozinhos não são tão eficazes quanto aqueles que trabalham com colegas e ainda mais eficazes quando em pares com um especialista *on-line* ativo, por exemplo, um professor que planejou o uso do aplicativo de forma intencionalmente alinhada com as outras partes do programa de ensino e aprendizagem.

---

[2] https://www.aitsl.edu.au/teach/improve-practice/start-your-career/my-induction-app.

*Roberts (2002) encontrou efeitos maiores para o aprendizado *on-line* quando os alunos se engajavam em estudo independente como parte de uma sequência de ensino (0,85) e ensino usando métodos comportamentais ($d = 0,81$), com mais conteúdo focado em recursos e interações limitadas dos estudantes, e construtivistas ($d = 0,70$), com mais interação aluno-aluno e aluno-professor projetada pelo instrutor. Além disso, os efeitos foram maiores quando havia interações conduzidas pelo instrutor ($d = 1,01$) do que quando não havia provisão para colaboração ($d = 0,81$) e quando a colaboração era obrigatória, mas não envolvia o instrutor ($d = 0,45$). Eram efeitos ainda mais baixos quando a colaboração era oferecida, mas não obrigatória ($d = 0,28$). Isso se alinha com a descoberta de que os efeitos foram maiores quando havia *feedback* formativo ($d = 0,87$).

Poucos moderadores de conteúdo ou plataformas estão afetando a conclusão de que não há diferença entre o ensino presencial e a distância. Por exemplo, *Cavanaugh (2001) relatou nenhuma moderação relacionada a conteúdo escolar, nível escolar, tipo de escola, frequência da experiência de ensino a distância, tempo de ensino, preparação e experiência do instrutor em educação a distância e o ambiente dos alunos (ver também *Bernard *et al.*, 2009; *Lou *et al.*, 2006; *Zhao *et al.*, 2005).

Imagine um experimento: fechamos todas as escolas presenciais e obrigamos todos os alunos a participarem *on-line* em casa, depois os trazemos de volta para a sala de aula, depois os mandamos de novo para suas casas e vamos repetindo isso. É claro, você nunca obteria permissão ética para tal experimento, mas é isso que aconteceu durante a pandemia de covid-19. Os educadores acharam desafiador replicar os velhos hábitos da escola no ambiente *on-line*, como muita fala do professor, vigilância na realização do trabalho e perguntas IRE[3] focadas no conteúdo. Em vez disso, precisavam ensinar os alunos a usarem habilidades de autorregulação e habilidades para trabalharem em pares sem vigilância do professor, gradualmente transferindo responsabilidades (Hattie, 2021).

São necessários mais estudos sobre o impacto dos aplicativos na aprendizagem

Como a tecnologia está em quase todos os lugares, o crescimento, o uso e a eficácia dos aplicativos precisam se tornar mais o foco da pesquisa, mas a literatura de metanálises ainda não é muito madura na avaliação de aplicativos. Assim como nos primeiros dias dos computadores, ainda há muito endosso e defesa sem evidências. São necessárias evidências do impacto na motivação, no afeto e no progresso escolar dos alunos. Existem alguns indícios do valor de alguns aplicativos: *software* de geometria dinâmica (*Chan; Leung (2014), $d = 1,02$), vídeo legendado (*Perez *et al.* (2013), $d = 0,99$), *videogame* de vocabulário (*Thompson (2020), $d = 0,70$), Kahoot! (*Yu (2021), $d = 0,65$), gráficos no computador (*Gordon-Holliday (1991), $d = 0,26$), ambientes virtuais tridimensionais (*Avci *et al.* (2019), $d = 0,25$) e livros infantis interativos (*Takacs (2016), $d = 0,16$).

---

[3] N. de R. T.: Do inglês, *initiation-response-evaluation*. São perguntas que seguem o formato iniciação--resposta-avaliação: iniciação (professor pergunta sobre o conteúdo), resposta (alunos respondem à pergunta) e avaliação (professor avalia a resposta dos alunos, dando *feedback*).

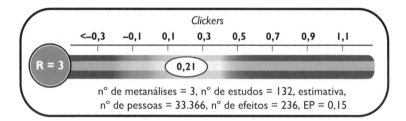

Surgiu uma onda de aplicativos interessantes de sistemas de resposta do público. *Clickers* são sistemas de resposta instantânea, com os quais os professores fazem perguntas, e os alunos respondem. Os educadores podem ver imediatamente o leque de respostas e, a partir daí, reagir ao ensino focando em erros, avançando quando há domínio do conteúdo ou abordando mal-entendidos específicos. Analisando 28 estudos, *Chien et al.* (2016) relataram um efeito de 0,49 em testes imediatos e 0,34 em testes posteriores. Os efeitos foram semelhantes, independentemente do tempo de uso em sala de aula, mas muito maiores ($d = 1,09$) quando as respostas dos *clickers* eram seguidas de discussões entre pares e toda a classe para articular seus processos de pensamento e, então, revelar as respostas corretas. Chien *et al.* (2016) argumentaram que foi o efeito do *feedback* e da intervenção que explicou a superioridade do ensino integrado com *clickers*. *Castillo-Manzano et al.* (2016) encontraram um efeito de 0,29 em 51 estudos com estudantes do ensino não universitário, o que foi o dobro do efeito (0,48) em comparação com universitários (0,22). Além disso, os efeitos nas ciências aplicadas (0,38) foram maiores do que nas ciências puras (0,05), o que, segundo eles, se deve ao fato de os estudantes do ensino não universitário serem mais propensos a aceitar a aprendizagem ativa. *Hunsu et al.* (2016) analisaram 53 estudos, mas encontraram um efeito geral muito baixo ($d = 0,05$) no cognitivo (retenção, 0,00; transferência de conhecimento, 0,03; desempenho final, 0,21) e 0,23 no não cognitivo (frequência, 0,21; engajamento, 0,19; autoeficácia, 0,86). Após algumas comparações valiosas, eles concluíram que pode ser o ato de fazer perguntas que explica o efeito, já que as turmas sem *clickers* não diferiram quando havia uma "pedagogia baseada em perguntas semelhante". Anthis (2011), por exemplo, encontrou efeitos semelhantes quando os alunos usaram *clickers* ou quando foram solicitados a levantar a mão. O efeito nas turmas com níveis semelhantes de perguntas, com ou sem *clickers*, foi de 0,00. No geral, aumentar as oportunidades de fazer perguntas, dar *feedback* e compartilhar o raciocínio em voz alta é o que influencia mais, e os *clickers* podem possibilitar que isso ocorra com um impacto positivo.

Aprendizagem: as possibilidades de jogos e simulações

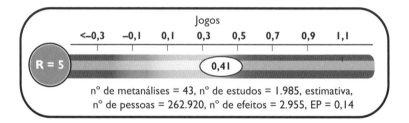

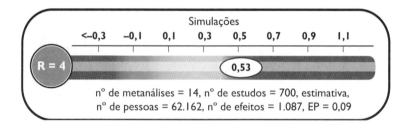

Eu adoro *videogames*, e meu favorito é *Angry Birds*. Gosto da sensação de desafio, da clareza do que é o sucesso, da emoção quando consigo vencer e do fato de que ganhar significa mais aprendizado e jogo. Mas não tenho a ilusão de achar que jogar *Angry Birds* aumenta meu desempenho em nenhuma área importante. *Ferguson (2015) descobriu que esses jogos têm um efeito de –0,01 na melhoria do desempenho e efeitos igualmente baixos no comportamento agressivo (0,06) ou pró-social (0,04). Muito se tem falado sobre os aspectos divertidos, envolventes e competitivos dos jogos e simulações. Existem 39 metanálises sobre jogos e simulações com d geral = 0,43, e o efeito de retenção dos jogos em relação à não utilização deles também é razoável (d = 0,36) (*Wouters; Oostendorp, 2013).

Uma implicação importante desses resultados é que esses jogos podem ser mais valiosos para ensinar a consolidação da aprendizagem, pois oferecem uma maneira muito mais prazerosa de exercitar e praticar do que a mera repetição. A habilidade então se relaciona a quando parar a consolidação e usar as habilidades aprendidas em um aprendizado mais profundo, o que provavelmente não virá do mesmo jogo/recurso que levou à consolidação bem-sucedida. Trata-se de revestir a prática deliberada em um jogo significativo e envolvente, em que os alunos precisam interagir e negociar significados. Um resultado típico é o valor dessa prática deliberada para alunos com necessidades educacionais especiais, mas a afirmação sobre jogos para consolidação se aplica a todos os alunos (*Chiu *et al.*, 2012). *Merchant *et al.* (2014) mostraram que os efeitos para tarefas procedurais (0,62) ou oportunidades de prática (0,59) eram maiores do que para tarefas declarativas (0,47), e ambos eram maiores do que para aprendizagem baseada em conhecimento (0,00). *Sitzmann (2011) também encontrou efeitos maiores em tarefas procedurais (0,37) do que em tarefas declarativas (0,28).

Jogos e simulações podem auxiliar no pensamento crítico e no desenvolvimento de estratégias alternativas de aprendizagem, pois muitas vezes exigem reflexão, tomada de decisão e ponderação de opções sobre soluções alternativas. Eles demandam flexibilidade no uso de diferentes estratégias para resolver dilemas e valorizam o pensamento baseado em tentativa e erro com *feedback* imediato. *Mao *et al.* (2022, p. 1699), por exemplo, observaram que simulações frequentemente envolvem "[...] problemas complexos com informações imperfeitas, permitindo que os alunos tentem diferentes estratégias para resolvê-los e, em seguida, fornecem *feedback* para ajudá-los a avaliar o uso da informação e as decisões tomadas, o que melhora seu pensamento crítico". Similarmente, *Bediou *et al.* (2018) observaram que muitos jogos e simulações exigem mudanças de estratégia (mudança de tarefa, d = 0,55), pois a mesma estratégia nem sempre funciona. Assim, os jogadores precisam tentar outras (cf. *Chernikova *et al.*, 2020).

Outra razão para o poder dos jogos e simulações é que eles promovem a visualização de objetivos pelos alunos, podem levar à melhoria da reputação entre os pares e fornecem *feedback* imediato sobre o desempenho. É ainda mais vantajoso quando o jogo é baseado em uma narrativa ou história (*Mao *et al.*, 2021; *Sailer; Homner, 2020). Os efeitos também são maiores quando o jogo faz parte e é complementado por outros métodos de ensino (*Sitzmann (2011), 0,51 *versus* –0,12 quando usado isoladamente; *Wouters *et al.* (2013), 0,41 *versus* 0,20 quando usado isoladamente).

Os efeitos dos jogos são altos em todos os níveis de escolaridade (*Bai, 2020; *Lamb, 2018; *Tsai; Tsai, 2020) e maiores quando há menos colaboração (*Chernikova *et al.*, 2020; *Clark *et al.*, 2014; *Duan, 2017; *Merchant *et al.*, 2014; *Yildririm; Sen, 2019). Isso ocorre para resultados afetivos e motivacionais (*Lamb *et al.*, 2018; *Sailer; Homner, 2020; *Wouters *et al.*, 2013) e na maioria das disciplinas (*Bai *et al.*, 2020), embora alguns encontrem efeitos maiores em áreas diferentes de ciência, tecnologia, engenharia e matemática (*Osenbach, 2011; *Yildirim; Sun, 2019). Períodos curtos de intervenção são mais eficazes do que intervenções longas (*Bai *et al.*, 2020; *Merchant *et al.*, 2014).

Em geral, simulações envolvem o uso de um modelo ou jogo (como *role-playing*, tomada de decisão) com o objetivo de envolver os alunos na aprendizagem (embora alguns jogos não sejam envolventes ou divertidos). Muitas simulações não são competitivas, mas têm como objetivo imitar problemas do mundo real. *VanSickle (1986) encontrou pequenos efeitos (d = 0,12) para recordação de fatos, conceitos e generalizações, e d = 0,18 para retenção ao longo do tempo. Ele concluiu que esses resultados mostram que a simulação e os jogos têm um pequeno efeito positivo sobre técnicas alternativas de ensino, embora um pouco maiores quando comparados apenas com aulas expositivas (d = 0,32). *Dekkers e Donatti (1981) encontraram efeitos um pouco maiores para desempenho (d = 0,33) e efeitos semelhantes para retenção (d = 0,15), mas efeitos de atitude muito maiores (d = 0,64). *McKenna (1991) encontrou um efeito semelhante (d = 0,38) e não relatou diferenças entre faixas etárias, mas as simulações foram mais eficazes com alunos de menor habilidade do que com os de maior habilidade. *Lee (1990), no entanto, descobriu que a simulação e os jogos tinham maiores efeitos no desempenho quando usados com alunos em níveis escolares mais altos. Assim como *Dekkers e Donatti, McKenna descobriu que intervenções mais curtas (até uma semana) eram mais eficazes do que interações mais longas. *Remmer e Jernsted (1982) examinaram a eficácia de jogos de simulação nos ensinos médio e superior. Os efeitos no desempenho foram pequenos, levando-os a concluir que o uso de jogos de simulação no desempenho e na retenção não era mais eficaz do que o ensino convencional. *Armstrong (1991) encontrou um efeito geral (d = 0,29) entre simulações no computador e ensino tradicional, sendo os efeitos similares para pensamento de baixo nível, pensamento de alto nível e resultados de retenção.

*LeJeune (2002) utilizou simulações em ciências que modelam fenômenos do mundo real ou duplicam atividades práticas tradicionais de laboratório. Ele dividiu os resultados de desempenho em superficiais (d = 0,34) e mais profundos (d = 0,38), não encontrando efeitos em atitudes (d = –0,03) ou retenção após pelo menos duas semanas (d = 0,19). Os efeitos em universidades (d = 0,49) foram muito maiores do que no grupo da educação infantil ao ensino médio (d = 0,14). Os resultados superficiais foram maiores quando ensinados para confirmar o que já havia sido ensinado (d = 0,44), em comparação com permitir que os alunos explorassem durante o aprendizado (d = 0,27), mas não houve diferenças quando os resultados foram pensamento mais profundo (d = 0,35 *versus* d = 0,41). O autor concluiu que essas simulações melhoraram o desempenho de baixo nível, como a capacidade de aprender fatos científicos, compreender processos científicos e aplicar esse

408 John Hattie

conhecimento a fenômenos cotidianos; e resultados mais profundos, como a capacidade de resolução de problemas e outras habilidades de pensamento de alto nível.

É grande o entusiasmo com a realidade virtual e os vídeos interativos

Engajar os alunos em realidade virtual e usos interativos de vídeo é comum no mundo dos jogos, e isso cria altas expectativas para o uso desses métodos em atividades de aprendizagem. As implementações anteriores tiveram efeitos baixos. *Blanchard *et al.* (1999) usaram metanálise em 10 implementações de um currículo multimídia baseado em *videogames* e encontraram um efeito geral muito baixo, tanto em matemática ($d = 0,13$) quanto em linguagens ($d = 0,18$) e em implementações de alta ($d = 0,23$) e baixa ($d = 0,16$) qualidade do método multimídia. *Liao (1999) analisou os efeitos da hipermídia *versus* o ensino tradicional no desempenho dos alunos e encontrou efeitos positivos da hipermídia em relação ao ensino tradicional. Os efeitos foram maiores quando havia educadores regulares, em vez de professores especialistas, no ensino fundamental em comparação com o ensino médio, e quando usada para suplementar, em vez de substituir, o ensino regular. Portanto, segundo *Liao (1999), a hipermídia pode ser mais eficaz quando usada para suplementar a aprendizagem tradicional.

Nos últimos 20 anos, observamos efeitos muito maiores com a evolução da tecnologia. *Baker e Dwyer (2000) exploraram os efeitos no ensino da utilização de vídeos interativos em comparação com a não utilização ($d = 0,71$) e argumentaram que as apresentações visuais podem transmitir a essência da mensagem a ser aprendida. *Clark e Angert (1980) realizaram um estudo metanalítico sobre a eficácia de imagens, que se concentrou no uso de recursos visuais icônicos estáticos em materiais de ensino. Quatro variáveis principais foram investigadas: ilustrações, ritmo, nível escolar e desempenho. Cinco atributos físicos das ilustrações também foram investigados: produção, sombreamento, contexto, enfeites e cores. Materiais ilustrados foram mais eficazes do que descrições verbais (especialmente com alunos do ensino médio), e ilustrações coloridas foram mais eficazes do que em preto e branco.

*Garzón (2019) relatou um efeito de 0,64 da realidade aumentada, com resultados positivos semelhantes em alunos dos 4 aos 10 anos (0,65), dos 11 aos 14 (0,60), dos 15 aos 18 (0,70) e universitários (0,62). Os efeitos foram maiores em ciências naturais (0,69), ciências sociais (0,71), saúde (0,81) e artes e humanidades (0,96); e menores em tecnologia da informação e comunicação (0,36) e educação (0,27). *Zhao *et al.* (2020) investigaram a realidade virtual em aulas de anatomia na universidade, encontrando $d = 0,53$ em ganhos de aprendizagem e 0,77 em maior satisfação e interesse pela aprendizagem. *Thompson e von Gillern (2020) investigaram a aquisição de linguagem para alunos de inglês como segunda língua ($d = 0,70$), com os maiores efeitos para universitários (0,83) em comparação com estudantes do ensino médio (0,52) e da educação infantil (0,57). Por fim, *van Daal e Sandvik (2012) investigaram intervenções multimídia em conhecimento alfabético (0,64), consciência fonológica (0,75), nomeação automática rápida (0,21), leitura de textos (0,86), vocabulário (0,68), leitura de palavras (0,53), ortografia (1,11), compreensão (0,52) e sintaxe (0,66).

*Merchant *et al.* (2014) relataram um efeito de 0,51 de jogos, 0,44 de mundos virtuais e 0,41 de simulações. Os efeitos foram maiores para tarefas declarativas (0,68), tarefas procedurais (0,25) e zero para tarefas baseadas em habilidades. Explicações elaboradas foram mais eficazes do que pistas visuais para tarefas declarativas, e o conhecimento da resposta correta foi mais eficaz do que pistas visuais para tarefas procedurais. Os efeitos foram maiores quando os alunos trabalhavam sozinhos nesses mundos (sozinhos, 0,72; colaborativamente, 0,01). Os autores argumentaram que os estudantes precisam da base de habilidades antes de se envolverem com esses jogos e realidade virtual, e que existem muitas outras maneiras mais eficientes de adquirir as habilidades antes de se envolver com os mundos virtuais.

*Avci *et al.* (2019) revisaram estudos que utilizaram mundos virtuais tridimensionais ($d = 0,33$) e tecnologias de realidade aumentada ($d = 0,46$). *Ozdemir *et al.* (2018) revisaram intervenções de realidade aumentada ($d = 0,52$), sem diferenças relacionadas ao currículo (ciências naturais, 0,56; ciências sociais, 0,41); maior nos ensinos superior (0,84) e médio (0,62) do que no fundamental (0,30); e maior quando entregue por dispositivos móveis (0,69) e *tablets* (0,67), em comparação com dispositivos com *webcam* (0,16). Os autores argumentam que a principal explicação para esses efeitos é que a realidade aumentada permite que os alunos pratiquem o que estão aprendendo em um ambiente divertido. Mais uma vez, isso sugere o alto valor dessas intervenções para auxiliar na consolidação da aprendizagem e envolver os estudantes na prática deliberada. Por fim, *Ozdemir *et al.* (2018) concluem que a realidade aumentada ajuda a construir o conhecimento dos alunos esclarecendo as relações entre conceitos ou princípios teóricos.

Consolidação: o poder da tecnologia para auxiliar os alunos em ritmo, domínio e definição dos próximos passos

Um exemplo inicial de como a tecnologia torna a aprendizagem mais eficiente é a influência dos editores de texto. Ao usar esses programas, os alunos tendem a escrever muito mais do que quando solicitados a escrever à mão, e a qualidade da escrita é aprimorada, especialmente para aqueles que têm mais dificuldade na escrita (*Bangert-Drowns, 1993). É importante notar que a qualidade e a extensão da escrita estão altamente relacionadas ao uso do editor de texto: os alunos estão mais propensos a fazer revisões, escrever mais e cometer menos erros (*Goldberg *et al.*, 2003; *Schramm, 1989). *Torgerson e Elbourne (2002) descobriram que, em média, os estudantes que usavam computadores para aprender a escrever não apenas ficavam mais engajados e motivados em sua escrita, mas também produziam trabalhos de maior extensão e qualidade do que aqueles que aprendiam a escrever no papel ($d = 0,40$).

Existem agora muitos sistemas de tutoria inteligente, os quais, em geral, desempenham suas funções apresentando informações a serem aprendidas, fazendo perguntas, atribuindo tarefas de aprendizagem, dando *feedback* ou dicas, respondendo a perguntas feitas pelos alunos ou oferecendo pistas para provocar mudanças cognitivas, motivacionais ou metacognitivas. Esses sistemas calculam inferências a partir das respostas dos alunos para adaptar várias funções de tutoria e oferecer *feedback*, sugerir dicas, lidar com equívocos comuns, observar como resolvem problemas e recomendar os próximos passos de aprendizagem com base no mapeamento da trajetória do usuário com alunos com trajetórias semelhantes em seu banco de dados, a fim de sugerir as próximas estratégias ideais.

410 John Hattie

*Ma *et al.* (2014) revisaram 107 estudos e descobriram que o sistema de tutoria inteligente estava associado a um maior desempenho em comparação com o ensino tradicional liderado por professores em grandes grupos (*g* = 0,42), ensino utilizando computador sem sistemas de tutoria inteligente (*g* = 0,57) e livros didáticos ou cadernos de exercícios (*g* = 0,35). Os efeitos foram semelhantes independentemente de o sistema de tutoria inteligente ser usado como principal meio de ensino (0,38), suplemento para ensino liderado por professores (0,33), atividades separadas em sala de aula (0,47), ensino suplementar extracurricular (0,43) ou dever de casa (0,45). O sistema de tutoria inteligente baseado em modelos de rede bayesiana (0,54) e explicação e adaptação de equívocos (0,34) foram os mais eficazes. Os efeitos foram semelhantes em todos os níveis escolares (anos iniciais do ensino fundamental, 0,31; anos finais do ensino fundamental, 0,41; ensino médio, 0,40; e superior, 0,43) e em várias disciplinas, bem como em tarefas de transferência (0,44) ou retenção (0,35), e em tarefas procedurais (0,39) e declarativas (0,37), mas maiores quando ambas eram utilizadas (0,65).

*Gerard *et al.* (2015) relataram um efeito de 0,34 e concluíram que o ensino com orientação automatizada agregou muito valor em relação ao ensino típico em sala de aula. Não houve diferença significativa entre as variadas condições de ensino típicas (folhas de exercícios sem orientação do professor, 0,44; ensino regular facilitado pelo professor, 0,37; e mesmo programa de computador com orientação não adaptativa ou gerada pelo professor, 0,25). Eles descobriram que os alunos com baixo conhecimento prévio (0,59) tiveram efeitos muito maiores do que aqueles com alto conhecimento prévio (–0,14). Também observaram que, quando a orientação automatizada estava disponível a pedido do aluno, aqueles com baixo desempenho aproveitavam mais seus recursos de ajuda (por exemplo, solicitações mais frequentes de dicas detalhadas) do que os com alto desempenho. Essa orientação incentivava os alunos a reconsiderar suas ideias, dava dicas e visava a melhorar as estratégias de automonitoramento deles, e não apenas fornecia a resposta correta. Os estudantes com alto conhecimento prévio eram mais propensos a ignorar a orientação automatizada. Os efeitos foram semelhantes, independentemente do nível escolar, domínio curricular, duração da intervenção ou tipo de tecnologia de pontuação.

*VanLehn (2011) encontrou efeitos positivos semelhantes para sistemas de tutoria inteligente (*d* = 0,76) e tutoria humana (*d* = 0,79), mas ambos foram muito maiores do que o ensino regular sem tutoria (*d* = 0,30). Sua explicação para o sucesso do sistema de tutoria inteligente é que ele oferece *feedback* imediato sobre etapas individuais. Isso porque:

> [...] os alunos podem analisar a primeira etapa incorreta e saber que uma das inferências que levou a esta deve estar errada. Desde que o sistema de tutoria garanta que haja pouco raciocínio necessário para cada etapa, em comparação com a tutoria baseada em respostas, os alunos devem achar muito mais fácil encontrar e corrigir a inferência que causou a marcação de uma etapa como incorreta. Além disso, os sistemas de tutoria baseados em etapas geralmente dão dicas para facilitar a autocorreção. Com isso, proporciona uma explicação para o platô de interação observado, se assumirmos que depurar o raciocínio por trás de uma etapa incorreta durante a tutoria baseada em etapas não é muito mais difícil para os alunos do que depurar o raciocínio por trás de uma afirmação incorreta para um tutor humano (*VanLehn, 2011, p. 211).

Consolidação: o uso da tecnologia é mais eficaz quando há múltiplas oportunidades de aprendizagem (por exemplo, prática deliberada e aumento do tempo na tarefa)

Os computadores podem auxiliar de muitas maneiras durante a fase de consolidação da aprendizagem. Por exemplo, muitos aplicativos oferecem aos alunos múltiplas oportunidades de aprendizagem e prática deliberada. No entanto, essa prática não precisa ser maçante. Uma habilidade crítica de muitos aplicativos é tornar a prática deliberada envolvente e valiosa. Luik (2007) classificou 145 atributos de exercícios computacionais em seis categorias: motivação do aluno, ritmo de aprendizagem, apresentação de informações, características das perguntas, características das respostas e *feedback*. Os principais aspectos que levaram aos maiores efeitos incluíram o ritmo do aluno, não perder de vista o objetivo da aprendizagem e o anúncio imediato da correção ou não da resposta ao exercício. Note que a maioria dos jogos de computador inclui muitos exercícios e práticas envolventes com níveis crescentes de desafio, geralmente dominados pelo excesso de aprendizagem ou pela realização de altos níveis de exercícios e práticas. Observe também que a compreensão da aprendizagem anterior (pontuação ou nível anterior do aluno), muitas oportunidades de praticar e aprender, muito *feedback* e critérios de sucesso claros e desafiadores são essenciais para tornar a prática deliberada envolvente e valiosa para os estudantes (cf., *Burns e Bozeman, 1981). Talvez os professores devessem parar e se perguntar por que seu ensino tradicional é menos eficaz do que muitos aplicativos de computador de exercícios e práticas na consolidação da aprendizagem. Uma das principais vantagens para os educadores é incluir intencionalmente aplicativos de consolidação em seus projetos de ensino.

Consolidação: o uso da tecnologia é mais eficaz quando o *feedback* é otimizado

O *feedback* se baseia no erro e, para muitos alunos, é necessário um ambiente de alta confiança para que reconheçam sua falta de compreensão. *Timmerman e Kruepke (2006) descobriram que explicações (d = 0,66) e correções (d = 0,73) são muito mais eficazes do que apenas dar a resposta correta (d = –0,11) (ver também *Cohen e Dacanay, 1994).

Uma vantagem adicional dos computadores é que eles respondem ao aluno independentemente de ser homem ou mulher, negro ou branco, lento ou rápido. Os professores afirmam ter *expertise* para antecipar as reações dos alunos e decidir quando e para quem dar *feedback*. No entanto, dados os baixos níveis de *feedback* na maioria das salas de aula, fica claro que essa flexibilidade faz muitos estudantes serem excluídos. O *feedback* do computador é potencialmente menos ameaçador para os alunos e pode ocorrer de maneira mais programada (*Blok *et al.*, 2002). O elogio frequente dilui os efeitos do *feedback*, pois tendemos a nos lembrar do elogio, e isso pode reduzir a interpretação das correções e o pedido para nos aprofundarmos, fazermos mais e revisarmos nosso trabalho (ver Hattie e Clarke, 2019). Computadores, como objetos inanimados, não precisam ser apreciados, criar vínculos nem memórias de relacionamento com os alunos. Assim, o *feedback* tem maior probabilidade de ser ouvido, compreendido e acionável, sem moderar relacionamentos, gostos ou desgostos.

Como observado anteriormente, existem muitos tipos de *feedback*, e ele é otimizado quando há tarefas apropriadas e desafiadoras (induzindo, portanto, ao erro). *Lou *et al.*

412 John Hattie

(2001) descobriram que os efeitos foram mais positivos quando as tarefas eram desafiadoras ($d = 0,13$) do que moderadamente desafiadoras ($d = -0,34$) ou não desafiadoras ($d = -0,57$). Parece haver pouco valor em pedir aos alunos que participem de atividades de ensino assistido por computador a menos que haja algum desafio.

A metanálise de *Gillingham e Guthrie (1987) encontrou a média mais alta de todos os estudos de ensino assistido por computador, mas baseou-se em apenas 13 estudos. No entanto, eles estabeleceram três princípios críticos: o professor precisa usar o ensino assistido por computador para gerenciar a atenção e a motivação do aluno, apresentar novos conteúdos disciplinares e estratégias de aprendizagem, bem como orientar a prática e o envolvimento ativo dos estudantes.

CONCLUSÃO

É hora de pensar na tecnologia como currículos, livros e outros recursos e focar mais nos efeitos da implementação ao incluí-la nos métodos de ensino. Devemos considerar o momento e como isso se encaixa no ciclo de aprendizagem, a dosagem e a fidelidade de vários aplicativos.

Existem desenvolvimentos empolgantes na tecnologia para revelar aos professores a natureza de sua transmissão e impacto nas salas de aula, fornecendo diagnósticos codificados automaticamente do ensino em tempo real.

Há avanços tecnológicos promissores para ajudar os professores a perceberem o senso de aprendizagem, engajamento e emoções dos alunos durante o aprendizado.

Existem possibilidades interessantes na tecnologia para os educadores auxiliarem na consolidação da aprendizagem, diagnosticarem facilitadores e barreiras para a aprendizagem dos alunos, usarem as redes sociais para criar comunidades de aprendizagem (para estudantes e educadores), permitirem a expressão de desconhecimento, conceitos equivocados e erros, monitorar o progresso ao longo do tempo e desenvolver sistemas de tutoria inteligente.

Se houvesse uma terceira edição do *Visible Learning*, não haveria um capítulo sobre as influências da tecnologia. É hora de pensar na tecnologia como currículos, livros e outros recursos e focar mais nos efeitos da implementação ao incluir tecnologias e métodos de ensino, o momento e como isso se encaixa no ciclo de aprendizagem, a dosagem e a fidelidade de vários aplicativos, e assim por diante. Dada a pandemia de covid-19, os professores usam aspectos da tecnologia como pano de fundo para ministrar suas aulas, e muitos aprenderam que esse meio não é propício aos velhos hábitos de falar, fazer perguntas de conteúdo usando o formato IRE (perguntas autênticas) e solicitar que os alunos façam tarefas sob sua vigilância.

A mensagem ao longo deste capítulo não é que a tecnologia não tenha feito diferença. Ela fez (é isso que significa um efeito de 0,3-0,5). A tecnologia não está presente na maioria das escolas em países desenvolvidos, e se seu impacto fosse medido em termos de eficiência, os efeitos seriam muito maiores. O que oferece mais promessas é o uso inteligente de tecnologias para consolidar a aprendizagem, envolver os alunos em discussões entre pares, estimular o pensar em voz alta e auxiliar no ritmo e no *feedback*.

Professores são grandes usuários de tecnologia, e muitas ferramentas digitais auxiliam a manter o ritmo da aula e a evitar distrações. No entanto, há uma constância em como os educadores definem objetivos, organizam e executam as aulas: essas etapas ainda não foram substituídas pelas ferramentas digitais (Cuban, 2018). Parafraseando Schön (2016), as escolas lutam ferozmente para permanecerem iguais. Mesmo sob as ideias atuais da escolarização, a tecnologia da informação ainda tem valor. Mas não se trata apenas da tecnologia da informação; trata-se do ensino. Mais precisamente, trata-se *também* do ensino, pois ele precisa ser altamente eficaz. Questione-se não sobre o que seu ensino pode fazer com a tecnologia da informação, mas sobre o que a tecnologia da informação pode fazer pelo seu ensino. A tecnologia agora é quase irrelevante; o que importa é para que a usamos, como a usamos e a qualidade desse uso. Os princípios de ensino desenvolvidos até agora neste livro são igualmente aplicáveis quando a tecnologia está envolvida, embora, como veremos, existam alguns grandes benefícios da tecnologia para tornar esse ensino de qualidade mais eficiente e eficaz.

Reunir o poder da tecnologia para diagnosticar, ensinar e dar *feedback* apresenta possibilidades empolgantes. Por exemplo, Sinclair, Jang e Rudzicz (2021) usaram avanços em aprendizado de máquina e inteligência artificial para diagnosticar a aprendizagem de compreensão de leitura. Eles identificaram 260 características linguísticas extraídas da fala e escrita das crianças, usaram a visão simples da leitura (Gough; Tunmer, 1986) e identificaram os principais preditores de recursos lexicais e sintáticos para os conjuntos de dados de fala e texto. Esses modelos podem ajudar os professores a oferecerem intervenções mais específicas (por exemplo, relacionadas ao desenvolvimento de sintaxe, léxico e afeto) e avaliar o progresso dos alunos. É mais provável que mudem a abordagem quando o domínio é alcançado ou nenhum progresso esteja sendo feito.

Outro grande avanço está ajudando os professores a verem suas aulas pelos olhos dos alunos. Por exemplo, Clinton e Dawson (2018) desenvolveram um aplicativo, *Visible-Classroom*, que grava e transcreve a aula e fornece 16 a 20 diagnósticos codificados automaticamente em tempo real. Com base em seu banco de dados de 15 mil aulas, a fala do professor, em média, ocupa 89% do tempo, ele faz 130 perguntas, a maioria exigindo menos de três palavras como resposta, e mais de 90% da interação é sobre o conteúdo, os fatos e o conhecimento teórico. Além disso, estudantes acima da média preferem mais exposição do professor e foco em fatos, pois esse é o jogo em que eles são vencedores. São os alunos abaixo da média que querem que o professor se cale e ouça como eles estão processando a informação, ensine estratégias de aprendizagem ideais e ouça como estão trabalhando para que seja possível diagnosticar e oferecer maneiras alternativas de aprender.

Uma das principais implicações do ensino a distância durante a pandemia de covid-19 é que quase todo professor agora é usuário de tecnologia. Como observado anteriormente, os poderes das redes sociais podem ser muito positivos, e é necessário considerar o desenvolvimento de princípios para incorporar esses aspectos positivos em aulas presenciais (por exemplo, Boelens, De Wever e Voet, 2017). Os sucessos descritos ao longo deste capítulo apontam para possibilidades empolgantes, como melhorar recursos/aplicativos para educadores auxiliarem na consolidação da aprendizagem, diagnosticarem facilitadores e barreiras para a aprendizagem dos alunos, usarem as redes sociais para criar comunidades de aprendizagem (para estudantes e educadores), monitorarem o progresso ao longo do tempo e usarem sistemas de tutoria inteligentes.

REFLEXÕES

1. Pense em como professores e líderes utilizam as redes sociais para aprimorar o desenvolvimento profissional, se comunicar sobre ensino e aprendizagem, ouvir *podcasts* educacionais e encontrar recursos para o ensino. Crie uma lista com os *sites* de maior sucesso na sua sala dos professores e atualize-a regularmente.

2. Durante o ensino a distância em razão da pandemia de covid-19, os educadores se tornaram nativos digitais. Pergunte aos seus alunos o que eles preferiram durante esse período e como você poderia implementar os aspectos mais benéficos do ensino a distância na sua escola. Pense em pelo menos um dia por mês em que todos os alunos devam trabalhar *on-line*, individualmente e em grupo (isso pode ser feito dentro da escola, em vez de em casa).

3. Explore o uso de aplicativos de redes sociais para permitir que os estudantes conversem com você e seus colegas sobre o que não sabem, onde estão com dificuldades e o que consideram que precisam reaprender.

15
Influências dentro do sistema escolar e extraescolares

Grande parte da vida de crianças e adolescentes se passa fora da escola. Entre 5 e 18 anos, eles passam 5,5 horas × 200 dias por ano = 15.400 horas na escola. No mesmo período, considerando 9 horas de sono por dia, eles ficam acordados por 48.545 horas, ou seja, 68% do tempo que estão acordados não é gasto na escola. As experiências presenciais, o desenvolvimento emocional, as interações sociais, as atividades de lazer e o tempo com a família impactam muito o aprendizado, assim como a capacidade de recarregar as energias para aprender. Embora fosse fascinante ter metanálises sobre os efeitos dessas atividades, o foco aqui são as atividades relacionadas à escola, mas esperadas para serem realizadas fora dela. Este capítulo analisa dois temas importantes: iniciativas de toda a escola e influências externas. Tanto as intervenções em toda a escola quanto fora dela têm como objetivo principal reduzir as diferenças de desempenho entre grupos de alunos ou aumentar o impacto em estudantes com necessidades específicas de aprendizagem (Tabela 15.1).

Programas de melhoria para todo o sistema escolar

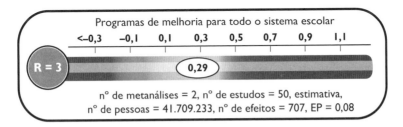

Desde a publicação do *Visible Learning*, o modelo *Visible Learning* atualizado foi desenvolvido e implementado em mais de 10 mil escolas em todo o mundo. Após 10 anos, fizemos um balanço das evidências de avaliação dessas experiências. O engajamento dentro dos sistemas ou escolas começa com a realização de uma avaliação de capacidade da escola, na qual as instituições fornecem evidências relacionadas a 12-18 dimensões e avaliam seu impacto usando um sistema de semáforo (verde para prática regular na escola

TABELA 15.1 Estatísticas resumidas para variáveis do sistema escolar e extraescolares

Variáveis do sistema escolar e extraescolares	N° de metaanálises	N° de estudos	N° total	N° de efeitos	Tamanho de efeito ponderado	Erro padrão (EP)	Robustez
Programas de melhoria do sistema escolar	2	50	41.709.233	707	0,29	0,01	3
Redução da lacuna de desempenho escolar	1	30	2.761	30	0,11	0,00	1
Intervenções para alunos com dificuldades de aprendizagem	5	424	47.146	2.878	0,74	0,03	4
Punição corporal	1	20	977.367	47	−0,22	0,02	2
Programas especiais para faculdades	2	93	8.560	93	0,20	0,04	2
Aprendizagem com serviços comunitários	8	157	21.152	118	0,53	0,08	3
Programas de ensino em casa	1	14	1.289	14	0,16	0,00	1
Programas no turno inverso	8	309	535.374	940	0,24	0,09	4
Programas de covid-19	3	40	3.589	62	0,09	0,08	
Atividades extracurriculares	11	250	247.965	1.145	0,10	0,05	4
Dever de casa	9	265	337.096	434	0,29	0,06	4
Total/média	48	1.612	43.887.942	6.406	0,24	0,04	3

em questão, vermelho para não evidente na escola em questão). Isso ajuda a estabelecer tanto uma linha de base quanto um foco para decidir quais partes do modelo atualizado implementar, por exemplo, *feedback*, mudança de mentalidade, eficácia coletiva, alunos com habilidades de avaliação. A linha de base também se torna essencial para a avaliação contínua do impacto. A partir dessa avaliação, é desenvolvido um modelo de lógica do programa com foco específico em resultados de curto, médio e longo prazos. Em seguida, é apresentado o modelo de implementação das cinco etapas, o *Building to Impact* (Hamilton *et al.*, 2022) (ver Capítulo 4).

Clinton e Clarke (2020) publicaram um relatório chamado "Decade of Impact", baseado em dados de mais de 11 mil líderes escolares que realizaram a avaliação de capacidade da escola, mais de 29 mil professores que responderam à pesquisa sobre mudança de mentalidade, mais de 13 mil que responderam à pesquisa de *feedback* antes e depois da implementação, além de 47 estudos de caso aprofundados. Um ponto importante do modelo é mudar o foco de melhorar o ensino para o impacto desse ensino, da eficácia coletiva para a eficácia coletiva sobre o impacto nos alunos e do ensino para a aprendizagem. Ficamos impressionados com a falta de modelos de implementação nas escolas, com pouca atenção a descoberta, dosagem, fidelidade, adaptação, qualidade ou avaliação formativa das implementações.

A maioria dos educadores e líderes escolares (80-95%) afirmou que o programa de aprendizagem visível atualizado melhorou a prática docente, o envolvimento dos alunos e o desempenho deles. Os tamanhos de efeito do pré ao pós-programa incluem: desenvolvimento de um discurso comum de aprendizagem em todas as escolas (0,83), desenvolvimento de habilidades de avaliação dos alunos (0,79), maior familiaridade com *feedback* eficaz (0,58) e ganhos em leitura (0,55) e matemática (0,57). Além disso, em 91% das escolas estudadas em profundidade, houve evidências convincentes de aumento do engajamento dos alunos nas aulas. Estudos de observação em sala de aula mostraram aumentos (do pré ao pós-implementação) no número de turmas em que os estudantes fizeram perguntas esclarecedoras sobre os objetivos de aprendizagem (39% para 55%), trabalharam em grupo e tiveram conversas significativas entre si (19% para 32%), afirmaram que estavam aprendendo e conversando com colegas, o professor discutiu estratégias de aprendizagem com os alunos (31% para 63%), os estudantes apoiaram a aprendizagem dos colegas (37% para 72%), buscaram *feedback* e consideraram os erros oportunidades (39% para 81%) e se tornaram mais conscientes de suas etapas de aprendizagem (30% para 52%).

A avaliação apontou para a necessidade de forte adesão e engajamento dos líderes escolares ou do sistema, a importância de verificar a prontidão para a implementação, o papel crucial dos consultores, o valor de um modelo de implementação e avaliação bem articulado, a importância de desenvolver um discurso comum de aprendizagem, o foco da eficácia coletiva no impacto e a atenção às muitas barreiras e facilitadores relacionados a recursos, liderança e mentalidade.

Em uma das metanálises mais ambiciosas, *Borman et al.* (2003) analisaram os efeitos de programas de reforma escolar abrangente no desempenho dos alunos. Eles observaram que muitos deles estavam sendo ampliados em um ritmo sem precedentes, atendendo a milhões de estudantes e sendo implementados em diversos distritos escolares. Essa reforma abrangente atrai muitos superintendentes e diretores escolares por ser uma resposta sistemática à questão da melhoria do ensino. O estudo apontou que os efeitos medidos em pesquisas conduzidas pelos próprios desenvolvedores dos programas eram maiores. Além disso, não foram observadas diferenças nos efeitos em relação à classe socioeconômica da escola nem a variações mínimas por disciplina, e os efeitos se tornaram mais evidentes após o quinto ano de implementação. Os programas considerados com as evidências sistemáticas de eficácia mais fortes foram o *Direct Instruction* ($d = 0,21$), o *Comer's School Development* ($d = 0,18$) e o *Success for All* ($d = 0,18$). Outros programas (com mais de 10 efeitos) estão listados na Tabela 15.2.

418 John Hattie

TABELA 15.2 Resumo dos efeitos para reformas abrangentes de ensino

Programa	N° de estudos	N° de efeitos	d	EP	Idade	Foco
Roots and Wings	6	14	0,38	0,04	5-12 anos	estudantes
High Schools That Work	45	64	0,30	0,01	14-18 anos	currículo
Microsociety	3	32	0,29	0,03	5-14 anos	estudantes
Modern Red Schoolhouse	6	23	0,26	0,03	5-18 anos	currículo
Onward to Excellence II	4	13	0,25	0,02	5-18 anos	currículo
American's Choice	2	27	0,22	0,02	5-18 anos	padrões
The Learning Network	3	38	0,22	0,02	5-14 anos	ensino
Direct Instruction	49	182	0,21	0,02	5-14 anos	estudantes
Expeditionary Learning	6	40	0,19	0,03	5-18 anos	
Outward Bound Students						
Success for All	42	173	0,18	0,01	5-14 anos	estudantes
School Development Program	10	25	0,15	0,03	5-18 anos	comunidade
Centre for Effective Schools	1	26	0,13	0,01	5-18 anos	estudantes
Accelerated Schools	6	50	0,09	0,02	5-14 anos	estudantes
Edison	5	209	0,06	0,01	5-18 anos	escola
Co-nect	5	42	0,04	0,02	5-18 anos	currículo
Community Learning Centers	5	17	0,03	0,03	5-14 anos	currículo
Core Knowledge	6	58	0,03	0,02	5-14 anos	currículo
High/Scope	4	23	−0,02	0,04	5-9 anos	currículo

Fonte: *Borman et al. (2003).

Os componentes críticos desses programas eram desenvolvimento profissional contínuo, metas e indicadores mensuráveis para o aprendizado dos alunos, aprovação e adesão do corpo docente ao modelo, uso de materiais curriculares específicos e inovadores e práticas de ensino planejadas para melhorar o ensino e a aprendizagem.

Considerando que muitas escolas e sistemas implementam mais de uma intervenção, e muitas delas são introduzidas sem um diagnóstico prévio, talvez não seja surpreendente o baixo impacto geral das reformas escolares. Além disso, frequentemente há um crescimento incremental de novos programas e intervenções nas escolas. Nosso maior obstáculo no modelo *Visible Learning* atualizado é a mudança de diretor, superintendente, secretário de educação ou ministro, pois muitas vezes programas bem-sucedidos são abandonados em favor da nova liderança. Essas novas lideranças buscam falhas para justificar a introdução de soluções prontas do seu *kit* de intervenções. No entanto, escalar o sucesso começa pela suposição oposta: identificar com segurança o que funciona e expandir. Infelizmente, não existem metanálises sobre como escalar o sucesso e, na verdade, há pouca literatura sobre esse tema (ver Clarke; Dede, 2009; Cohen; Mehta, 2017; Elmore, 1996) ou avaliações de custo-benefício das muitas reformas e intervenções no sistema escolar (ver Levin; Belfield, 2015).

Redução da diferença de aprendizagem

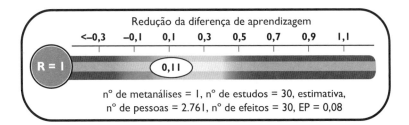

Um dos motivos comuns para reformas educacionais é a redução da diferença de aprendizagem, geralmente promovida por intervenções que buscam melhorar o desempenho de estudantes de grupos minoritários. Essas lacunas existem há muito tempo e provavelmente continuarão existindo, já que há variações consideráveis entre os alunos quando eles iniciam a escolarização. Hanushek *et al.* (2019) analisaram avaliações do *National Assessment of Educational Progress* (NAEP), *Trends in International Mathematics and Science Study* (TIMSS) e Programa Internacional de Avaliação de Estudantes (Pisa) realizadas nos Estados Unidos entre 1954 e 2001. O estudo mostrou a impressionante consistência das diferenças entre o quartil superior e inferior de nível socioeconômico no ensino fundamental. No entanto, também apontou um aumento substancial dessas diferenças no ensino médio ($d = 0,30$). Os autores observaram o fracasso em longo prazo das principais políticas educacionais em reduzir as diferenças de nível socioeconômico, sugerindo a necessidade de reconsiderar as abordagens tradicionais para mitigar essas disparidades. A sugestão é focar mais no desenvolvimento da *expertise* do professor.

Como sempre haverá variação no desempenho, é impossível fechá-la completamente. Qualquer política com esse objetivo está fadada ao fracasso. Além disso, a diferença geralmente se refere à extremidade inferior da distribuição, ignorando a lacuna acima da média. Muitos estudantes de grupos minoritários obtêm resultados acima da média, e, muitas vezes, essas abordagens ignoram que esses alunos também precisam de estímulo e desafios para avançar. Por exemplo, Hattie (2009) mostrou as curvas de desempenho para alunos maori e pakeha em leitura, evidenciando as duas lacunas. Precisamos mover o desempenho de todos os alunos da esquerda para a direita (Figura 15.1). Trata-se mais de uma marcha coletiva do que de um fechamento de lacuna. Precisamos de mais intervenções para estudantes de grupos minoritários que estão acima da média, mas que talvez não sejam estimulados a atingir seu pleno potencial.

*Jeynes (2015) analisou 30 estudos sobre intervenções para reduzir a diferença de aprendizagem de estudantes latinos e afro-americanos, com $d = 0,11$ (0,02 no ensino

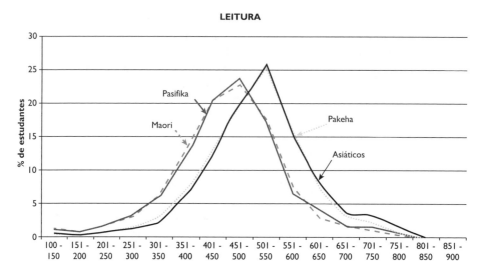

Observação: pasifika = Ilha do Pacífico; pakeha = neozelandeses de origem europeia.

Figura 15.1 Diferenças na leitura para estudantes maori, pasifika, pakeha e asiáticos, do 4° ano do ensino fundamental à 3ª série do ensino médio na Nova Zelândia.

fundamental e 0,13 no ensino médio). Os fatores mais relacionados à redução da diferença foram intervenções familiares (0,22), formação religiosa (0,35) e cultura da escola (0,16), embora não associadas a estruturas de sala de aula e altas expectativas por parte dos professores. Em *Visible Learning*, mencionei o sucesso da intervenção *Te Kotahitanga* para alunos maori na Nova Zelândia (Bishop *et al.*, 2009). Um dos objetivos era abandonar a mentalidade do déficit, o discurso da desvantagem ou a personificação do problema como sendo dos alunos, da família, da casa ou da cultura. Em vez disso, trata-se do sucesso dos educadores em causar impactos significativos na aprendizagem desses estudantes, com o benefício de que, se os professores adotarem essa mentalidade para os alunos maori, todos os alunos saem ganhando (mas o oposto nem sempre é verdadeiro). O modelo baseia-se no desenvolvimento da *expertise* docente e está totalmente alinhado com as premissas da aprendizagem visível apresentadas ao longo deste livro. Após a implementação do programa, os alunos maori comentaram que seus professores estavam se concentrando mais em ensinar e menos em cuidar; eles se sentiam mais respeitados como estudantes, sabiam que seus professores tinham altas expectativas em relação a eles e haviam suprimido sua raiva e frustração com a forma como eram tratados pela maioria dos educadores e como estes interagiam com eles. O efeito médio após a introdução do programa em matemática foi de 0,76, comparado a 0,52 nos alunos que não participaram do programa.

Intervenções abrangentes para alunos com dificuldades de aprendizagem

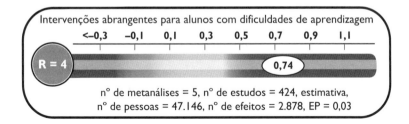

Seria possível escrever um livro inteiro sobre os efeitos das diversas intervenções para alunos com dificuldades de aprendizagem. Mitchell e Sutherland (2020) e *Swanson (1999, 2000) publicaram obras sobre o tema. *Swanson et al. (1998) fizeram um resumo de pesquisas baseadas em delineamentos de grupo e de sujeito único, um formato comum ao trabalhar com esses estudantes. Para os estudos em grupo, eles encontraram 180 pesquisas com $d = 0,50$. As intervenções mais bem-sucedidas incluíram aquelas voltadas para metacognição ($d = 0,98$), atribuição ($d = 0,79$) e habilidades específicas, como reconhecimento de palavras ($d = 0,71$), compreensão de leitura ($d = 0,82$), ortografia ($d = 0,54$), memória ($d = 0,81$), matemática ($d = 0,58$), escrita ($d = 0,84$), vocabulário ($d = 0,79$), atitude/autoconceito ($d = 0,68$), leitura geral ($d = 0,60$), fonética ($d = 0,70$), criatividade ($d = 0,84$), habilidades sociais ($d = 0,46$) e linguagens ($d = 0,54$). Os efeitos foram altos para os 85 delineamentos de sujeito único ($d = 0,90$), com resultados positivos na maioria das áreas curriculares. Os autores concluíram que um modelo combinado de ensino direto e ensino de estratégias era um "[...] procedimento eficaz para remediar dificuldades de aprendizagem" (Swanson; Hoskyn; Lee, 1999, p. 218). Essas duas abordagens são relativamente independentes, daí a importância de usar ambas para maximizar o impacto no desempenho. Os componentes de ensino importantes incluíam

> [...] atenção ao sequenciamento, exercícios repetitivos, segmentação de informações em partes ou unidades para síntese posterior, controle da dificuldade da tarefa por meio de orientações e dicas, uso de tecnologia, uso sistemático de modelos das etapas de solução de problemas e utilização de pequenos grupos interativos (Swanson; Hoskyn; Lee, 1999, p. 218).

O estudo também observou efeitos muito maiores da abordagem ascendente (*bottom-up*) para o ensino da leitura, que enfatiza o reconhecimento preciso de palavras, decodificação e consciência fonêmica, em comparação com a abordagem descendente (*top-down*), em que a leitura é vista como dependente das habilidades cognitivas e linguísticas do leitor, incluindo a familiaridade com o tema do discurso. Mais importante, os modelos de ensino direto e treinamento de estratégias se mostraram superiores aos modelos ascendente e descendente.

*Swanson (1999a) também publicou uma importante revisão de métodos de ensino para aprimorar diversas estratégias de aprendizagem entre alunos com dificuldades de aprendizagem. Ele descobriu que ensinar isoladamente as mais de 20 estratégias identificadas ($d = 0,72$) ou por meio de ensino direto sem ênfase em estratégias ($d = 0,72$) era bastante eficaz. No entanto, a combinação do treinamento de estratégias com métodos de ensino direto foi ainda mais efetiva ($d = 0,84$). As estratégias com maior impacto no desempenho incluíam: controle da dificuldade ou demanda de processamento das tarefas (*scaffolding*), respostas direcionadas e questionamento (ensino socrático[1] e incentivo à formulação de perguntas pelos alunos), sequenciamento (desmembramento da tarefa em etapas com instruções passo a passo), exercícios repetitivos, segmentação e pistas para uso de estratégias. Esses efeitos foram mais fortes em leitura ($d = 0{,}82$) do que em matemática ($d = 0{,}58$). *Swanson (2001) investigou programas para aprimorar o processamento de ordem superior[2] em adolescentes com dificuldades de aprendizagem. Programas que incluíam prática deliberada estendida produziram melhores resultados, sendo os componentes de ensino mais fortes relacionados a essa prática prolongada. Os maiores efeitos ocorreram nas áreas de metacognição — por exemplo, planejamento, autoquestionamento e entrevistas sobre comportamentos estratégicos — e compreensão de texto — por exemplo, compreensão inferencial, compreensão temática e conhecimento de conteúdo. A área mais difícil de modificar foi a relacionada às atribuições aprendidas, como autoeficácia e esforço. Ganhos semelhantes foram observados por *O'Neal (1985) com alunos com paralisia cerebral ($d = 0{,}81$); por *Forness e Kavale (1993) com alunos com dificuldades de aprendizagem (0,71); e por *Xin e Jitendra (1999) com alunos com dificuldades de aprendizagem em matemática (0,89), além de programas suplementares de educação especial ($d = 0{,}48$) (*Beese, 2008).

PROGRAMAS EXTRACURRICULARES

Aprendizagem com serviços comunitários

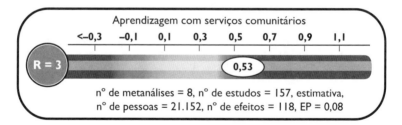

A aprendizagem com serviços comunitários visa a integrar o serviço comunitário com o ensino e a aprendizagem escolar. *Pazmino (2018) descreve um exemplo de universitários que aprendiam espanhol e se reuniam semanalmente com um grupo comunitário hispânico para realizar atividades sociais, conversar e ministrar pequenos cursos. Os alunos mais avançados obtiveram $d = 0{,}72$ em comparação com o grupo-controle (0,08), mas houve pouca diferença para os alunos iniciantes (0,26 *versus* 0,23), sugerindo que a aprendizagem com serviços comunitários talvez seja mais eficaz após o desenvolvimento suficiente de habilidades. *Celio *et al.* (2011) relataram um efeito médio de 0,43

---

[1] N. de R. T.: Método de ensino baseado no diálogo para estimular o pensamento crítico. O professor, em vez de dar as respostas prontas aos alunos, faz perguntas e os incentiva a explorar e articular suas próprias ideias.

[2] N. de R. T.: Que requer habilidades que vão além de memorização e reconhecimento como análise, síntese, resolução de problemas, entre outras.

no desempenho escolar, resultado semelhante nos ensinos fundamental, médio e superior, 0,58 em motivação e atitudes acadêmicas, 0,28 em melhoria da atitude em relação à aprendizagem e 0,30 em resultados pessoais, como motivação para o voluntariado e bem-estar. *White (2001) relatou 0,87 para progresso escolar, 0,51 para autoconceito e 0,59 para crescimentos social e pessoal. *Yorio e Ye (2012) encontraram 0,53 para desenvolvimento cognitivo, 0,37 para compreensão de questões sociais e 0,37 para autoconceito/visão pessoal. *Warren (2012) relatou 0,32 com efeitos semelhantes nos ganhos autorrelatados (0,37) e nas avaliações e trabalhos (0,31).

A aprendizagem com serviços comunitários é promissora, mas são necessárias mais pesquisas para determinar o melhor momento para introduzi-la no programa, qual o papel da aprendizagem prévia e do conhecimento do conteúdo. Além disso, há necessidade de uma investigação mais detalhada sobre as diversas possibilidades de implementação.

Programas de ensino em casa

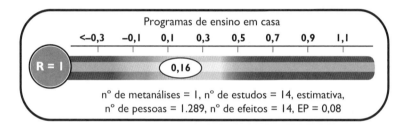

*Penuel et al. (2002) investigaram o uso de tecnologia para desenvolver conexão entre a escola e a casa dos alunos na aprendizagem. Eles analisaram especificamente o uso de *notebooks*, programas educacionais específicos para uso doméstico e na escola, bem como *softwares* de computadores de mesa. Os efeitos desses programas na leitura foram pequenos ($d = 0,10$), um pouco maiores em matemática ($d = 0,18$) e maiores ainda em escrita ($d = 0,34$). No entanto, não houve muita evidência de melhoria na comunicação entre escola e casa ou aumento do envolvimento dos pais que afetasse a aprendizagem dos alunos.

*Daucourt et al. (2021) revisaram programas de matemática realizados em casa. Seu interesse principal era o ambiente doméstico de aprendizagem de matemática, que inclui todas as atividades, atitudes, expectativas, recursos e interações relacionadas à matéria entre pais e filhos em casa. A partir de 51 estudos, a correlação foi de 0,14 ($d = 0,28$), e os efeitos foram semelhantes para alunos da educação infantil ($r = 0,15$), anos iniciais (0,13) e anos finais do ensino fundamental (0,17). Os efeitos do envolvimento familiar foram semelhantes para atividades matemáticas diretas ($r = 0,13$), atitudes e/ou crenças dos pais em relação à matéria ($r = 0,07$), expectativas em relação à matemática ($r = 0,24$) e conversas sobre o tema entre pais e filhos ($r = 0,09$).

O ensino a distância durante a pandemia de covid-19 levou a um foco muito maior em programas de conexão entre escola e casa, o que será objeto de muitas pesquisas nos próximos anos.

*Zierer (2021) fez a primeira metanálise de sete estudos europeus baseados em mais de 5 milhões de alunos: −0,15 (cf., *Storey; Zhang, 2021); −0,18 (*König; Frey, 2022). Os efeitos médios foram os seguintes: estudantes de 5 a 12 anos, −0,17; estudantes do ensino médio, –0,10; matemática no ensino médio, –0,17; e língua materna no ensino médio, –0,11. Esses efeitos refletem a perda de progresso e não devem ser interpretados como perda de aprendizagem. Eles compararam o desenvolvimento dos alunos em anos anteriores ao desenvolvimento no ano da pandemia de covid-19, e houve uma ligeira redução no progresso devido ao ensino a distância/fechamento das escolas. Esses efeitos são espelhados na revisão sistemática da Organização para a Cooperação e Desenvolvimento Econômico (OCDE): geral, –0,10; matemática, –0,12; e leitura, –0,14 (Hammerstein *et al.*, 2021). Webber (2023) usou dados de mais de 5 milhões de alunos da Nova Zelândia para comparar os progressos feitos em 2020 com os 10 anos anteriores. Houve pequenas quedas em leitura (–0,05), matemática (–0,03) e escrita (–0,30), sem efeitos diferenciados para alunos maori, pasifika ou de escolas de diferentes origens socioeconômicas. Eu escrevi um resumo de sete desses estudos sobre desempenho e sete sobre os efeitos socioemocionais, e o título resumiu a mensagem: "Uma ode à *expertise*" (Hattie, 2021). Em razão da interrupção massiva e dos muitos problemas de equidade e acesso, parece notável que os efeitos gerais sejam tão pequenos. Embora sejam necessários estudos mais detalhados sobre quem prosperou ou não, é preciso reconhecer a *expertise* dos educadores para minimizar a interrupção e permitir que a aprendizagem continue. Precisamos de muito mais debate sobre o que funcionou e o que não funcionou, o foco durante a pandemia de covid-19 e a recuperação quando as escolas reabriram.

Programas no turno inverso

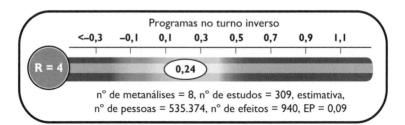

Quando meus filhos começaram na escola, sofri pressão para entrar no conselho escolar. No entanto, como não sou fã da ideia de pais (a maioria sem experiência em gestão escolar) dominando esses conselhos, recusei e decidi me voluntariar para uma tarefa fora da minha área de conhecimento. Acabei me tornando o contador do centro de assistência no turno inverso. Agora valorizo as habilidades dos contadores e reconheço a *expertise* daqueles que administram esses programas.

Comparados a muitas atividades de ensino, os efeitos dos programas no turno inverso são relativamente baixos, mas parecem ser um complemento válido. *Scott-Little *et al.* (2002) encontraram efeitos bem menores (0,18) em leitura, matemática, escrita e ciências. *Peters *et al.* (2014) observaram efeitos positivos no desempenho escolar (0,17) e na frequência (0,09) e efeitos próximos a zero em aspectos emocionais e comportamentais (0,04). *Durlak *et al.* (2010) se concentraram principalmente nos efeitos dos programas no turno inverso em habilidades pessoais e sociais, como autoconceito (0,34), vínculo com a escola (0,14) e comportamentos sociais positivos (0,18), mas também incluíram efeitos no desempenho escolar (0,17), nas notas (0,12) e na frequência escolar (0,10). Embora uma das razões para o sucesso seja o foco no desenvolvimento de habilidades, na codificação das qualidades de implementação e na melhoria da *expertise* dos professores da equipe, *Crawford (2011) encontrou efeitos muito maiores (0,40) e semelhantes em matemática (0,42) e leitura (0,38). Ela identificou uma teoria de mudança para alcançar esses efeitos mais altos, incluindo um excelente diagnóstico da ajuda extracurricular necessária (utilizando testes diagnósticos confiáveis) e análise dos dados atuais das aulas desses alunos para saber o que eles podem e não podem fazer (ainda). Além disso, é importante que professores experientes estejam envolvidos no ensino desses programas.

Atividades extracurriculares

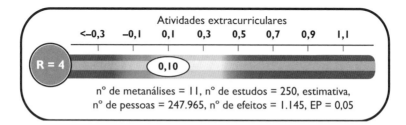

As atividades extracurriculares incluem esportes, música, teatro, atividades comunitárias, tutoria e iniciativas acadêmicas. Geralmente, seus efeitos são mínimos, próximos de zero, mas é claro que esses programas buscam resultados mais amplos do que apenas o desempenho escolar. Além disso, a relação de causalidade é provável: alunos com bom desempenho escolar tendem a se envolver mais em atividades extracurriculares. *Lewis (2003), por exemplo, concluiu, a partir de $d = 0,47$, que "[...] em indicadores de desempenho escolar, o grupo médio de alunos participantes de qualquer tipo de atividade extracurricular apresentou pontuações cerca de meio desvio padrão acima do grupo médio de não participantes" (*Lewis, 2003, p. 68). O engajamento em atividades pró-sociais, como escotismo e voluntariado, tem efeito médio de 0,25, esportes de 0,10 e participação em trabalho estudantil ou atividades vocacionais de 0,01.

Existem também muitos programas de tutoria escolar, em geral voltados para auxiliar alunos com dificuldades ou atender às necessidades de pais que buscam reforço para seus filhos. *Lauer *et al.* (2006) encontraram pequenos ganhos com cursos extracurriculares baseados no currículo escolar, com efeitos semelhantes em leitura ($d = 0,05$) e matemática ($d = 0,09$). De forma similar, *Gellin (2003) encontrou efeitos mínimos ($d = 0,08$); *Kidron (2014), $d = 0,04$; *Shanshan e Xiangdong (2015), $d = 0,06$. *Marshall (1997) investigou especificamente se a oferta de atividades extracurriculares fazia alguma diferença para estudantes de classes sociais menos favorecidas. Considerando a média de efeitos de 0,04, a resposta deve ser negativa. *Chappell *et al.* (2011) fizeram uma revisão específica sobre tutoria extracurricular para alunos elegíveis a refeições gratuitas ou subsidiadas, e os efeitos foram triviais (0,04) em matemática e leitura. Não importava se o provedor era com fins lucrativos ou sem fins lucrativos, se a tutoria era presencial ou *on-line*, se o provedor era recém-criado ou já existente nem se as sessões eram individuais ou em grupos pequenos. Os autores argumentaram que a qualidade do instrutor da tutoria importa, mas mesmo essas diferenças foram mínimas.

Não foi possível encontrar uma metanálise sobre os efeitos do trabalho extracurricular dos alunos. No entanto, Marsh e Kleitman (2005) descobriram que o trabalho remunerado tem um efeito positivo se a intenção for economizar dinheiro para educação posterior, mas negativo caso contrário. Além disso, trabalhar mais de 17 horas semanais no 8º ano e mais de 24 horas semanais na 3ª série do ensino médio resultou em maiores níveis de desemprego após a conclusão do ensino médio.

Dever de casa

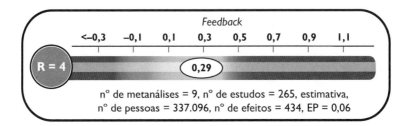

Dever de casa refere-se a "[...] atividades designadas aos alunos pelos professores da escola para serem realizadas fora do horário escolar" (*Cooper, 1989, p. 7). O efeito geral é pequeno no ensino fundamental e maior no ensino médio, o que levou alguns a abandonarem o dever de casa nas escolas elementares, mas essa pode não ser a melhor interpretação, especialmente porque muitos pais julgam a eficácia das escolas pela presença ou pela quantidade de dever de casa. O objetivo, em vez disso, poderia ser melhorar o efeito dessas tarefas.

*Cooper (1989) explicou que os efeitos do dever de casa são duas vezes maiores para o ensino médio do que para os anos finais do ensino fundamental e novamente duas vezes maiores para os anos finais do ensino fundamental do que para os alunos dos anos iniciais do ensino fundamental. *Bas et al. (2017) também encontraram efeitos maiores no ensino médio (0,48) do que no fundamental (0,15). Além disso, tarefas de casa de curta duração são mais eficazes do que as de longa duração. *Bas et al. (2017) relataram um efeito médio de 0,44 para tarefas curtas em comparação com 0,24 para tarefas longas, e *Cooper et al. (2006) estimaram uma correlação próxima de zero ($d = -0,04$) entre o tempo gasto com o dever de casa e o desempenho escolar (ver também Trautwein et al., 2002).

A natureza do dever de casa também faz diferença. Tarefas que envolvem a prática deliberada de algo já ensinado têm efeitos maiores do que aquelas que exigem o estudo de ideias novas ou de complexidade superior. *Fan et al. (2017) investigaram o dever de casa de matemática e ciências e, com base em 41 estudos, encontraram um efeito médio global de 0,44, com efeitos semelhantes em matemática (0,40) e ciências (0,52). A explicação de *Fan et al. (2017) para isso é que grande parte do dever de casa de matemática é revisão e prática deliberada. Professores do ensino médio são mais propensos a atribuir tarefas relacionadas à prática deliberada, e os alunos aprenderam a estudar sozinhos de maneira mais eficaz. Quando em dúvida, os estudantes do ensino fundamental precisam de direcionamento e, muitas vezes, têm hábitos de estudo menos eficazes. Os efeitos são negativos (–0,19) quando há supervisão dos pais no dever de casa (Boonk et al., 2018; Clinton; Hattie, 2013; *Fernández-Alons et al., 2022; Muhlenbruck et al., 1999). *Cooper et al. (2001, p. 197) observaram que "[...] o apoio dos pais ao comportamento autônomo do aluno mostrou uma relação positiva com o desempenho, enquanto o envolvimento direto no ensino mostrou uma relação negativa". Além disso, Trautwein *et al.* (2002) alertaram contra deveres de casa que minam a motivação do aluno e o levam a internalizar rotinas incorretas. Eles encontraram evidências positivas para tarefas de casa curtas e frequentes que os professores monitoram de perto.

A mensagem principal é manter o dever de casa curto, focar em oportunidades para praticar deliberadamente o que já foi ensinado, não exigir supervisão dos pais, garantir que seja valorizado como parte do programa escolar (por exemplo, corrigir o dever de casa ilustra esse valor) e observar que se trata de um trabalho escolar feito em casa (Cooper, 1994; Horsley; Walker, 2012), portanto, se houver problemas, é um problema da escola para ser resolvido.

CONCLUSÕES

A eficácia coletiva do corpo docente requer ação deliberada e muita intenção por parte dos líderes escolares para criar tempo, o foco correto no impacto e um alto nível de confiança para que a eficácia coletiva ocorra nas instituições de ensino.

Muitas escolas parecem povoadas por "profissionais autônomos" que amam ensinar do seu jeito; falam sobre alunos, currículo, avaliação e quase tudo, exceto o impacto da sua docência; compartilham suas noções de expectativa alta para todos; e raramente dividem problemas de prática e impacto.

Precisamos nos concentrar mais em ampliar o sucesso de programas no sistema escolar e estudos comparativos de reformas do sistema, além de saber quando encerrar um programa de baixo impacto.

Todos os estudantes precisam progredir pelo menos um ano letivo a cada ano de intervenção educacional, e isso não deve diferir por raça, gênero ou qualquer outra forma de agrupá-los e rotulá-los.

Precisamos ver o nosso impacto primeiro por meio do impacto naqueles que mais precisam de um maior desenvolvimento e escalar a partir disso. Frequentemente, vemos os efeitos nos alunos mais brilhantes e, depois, tentamos ampliar para todos, o que não funciona.

Talvez as escolas possam aprender com as experiências de ensino a distância da pandemia de covid-19 para envolver pais e alunos de forma mais ampla e diferenciada na aprendizagem. Por exemplo, a natureza do dever de casa poderia ser reformulada para se tornar uma oportunidade de praticar o que já foi ensinado. Da mesma forma, a aprendizagem com serviços comunitários pode ser mais valiosa como uma oportunidade de aprendizagem conjunta na família.

O Capítulo 9 destacou a importância da eficácia coletiva do corpo docente. Para alcançá-la nas escolas, são necessárias ação deliberada e muita intenção por parte dos líderes escolares. Isso significa criar tempo, direcionar o foco para o impacto do ensino e cultivar um alto nível de confiança. Infelizmente, muitas escolas parecem povoadas por "profissionais autônomos" apaixonados pelo seu método de ensino. Eles falam sobre alunos, currículo e avaliação, mas raramente discutem o impacto da própria docência. Compartilham suas noções de expectativa alta para todos, mas problemas de prática e impacto são raramente abordados. Modelos de melhoria para o sistema escolar podem ser difíceis de implementar, podem ser difusos na execução e podem ignorar as grandes variações dentro da própria instituição. Não podemos aceitar um modelo em que o sucesso dos alunos se baseie mais na sorte do que em um planejamento intencional. Sabemos da dificuldade em implementar modelos para todo o sistema escolar. Nosso programa de aprendizagem visível atualizado nos ensinou a importância de grandes descobertas, preparação adequada, alinhamento intencional das intervenções com essas descobertas, atenção rigorosa à dosagem e à fidelidade da implementação, avaliação e ampliação contínuas e, claro, a celebração das conquistas quando o impacto é positivo. É necessário realizar mais pesquisas e metanálises sobre modelos de implementação, eficácia da avaliação desses modelos e identificação das barreiras que impedem a melhoria do sistema escolar. Precisamos nos concentrar mais em ampliar o sucesso de programas no sistema escolar e estudos comparativos (por exemplo, *Borman et al.,* 2003) e saber quando encerrar um programa de baixo impacto.

Precisamos pensar de forma diferente sobre a redução da lacuna de aprendizagem. Sempre haverá diferenças, portanto, uma política para reduzi-las completamente está fadada ao fracasso. Embora possamos diminuir as lacunas até certo ponto, é preciso cautela, pois existem múltiplas lacunas. Devemos nos preocupar tanto com os alunos de grupos minoritários acima da média que não estão prosperando e aprendendo como seus pares quanto com aqueles abaixo da média. Todos os estudantes precisam progredir pelo menos um ano letivo a cada ano de intervenção educacional, e isso não deve diferir por raça, gênero nem qualquer outra forma de agrupá-los e rotulá-los. O programa de maior sucesso que testemunhei, a intervenção *Te Kotahitanga* para alunos maori na Nova Zelândia, focou nas expectativas dos professores e em suas interações com os estudantes, vistas pela perspectiva dos alunos. O programa mostrou que o que funciona melhor para os alunos maori funciona para todos os alunos, mas o que funciona para a maioria não funciona para os maori (Bishop *et al.,* 2009). Precisamos ver o nosso impacto primeiro por meio do impacto naqueles que mais precisam de um maior desenvolvimento e escalar a partir disso. Frequentemente, vemos os efeitos nos estudantes mais brilhantes e, depois, tentamos ampliar para todos, o que não funciona. As evidências de programas para o sistema escolar voltados para alunos com necessidades educacionais especiais reforçam essas afirmações. Ao implementar intervenções de aprendizagem para todos os estudantes, reduzimos o estigma do rótulo, maximizamos a chance de crescimento e promovemos o progresso de todos. Podemos aprender muito com o ensino eficaz de alunos com necessidades educacionais especiais e aplicar esse conhecimento aos demais. Como demonstraram Bishop, Swanson, Mitchell e outros, a intenção deliberada de ensinar para maximizar o impacto, avaliar nosso impacto em todos os alunos, trabalhar coletivamente com colegas (professores de apoio, etc.) e alinhar intencionalmente o ensino com o objetivo final é fundamental para esses estudantes, especialmente quando se sentem acolhidos no ambiente de aprendizagem.

Há uma grande variação no tempo que uma criança passa na escola. Um estudo do Pisa (OECD, 2014) apontou cinco países com 4.000-4.500 horas anuais (Hungria, Estônia, Rússia, Coreia do Sul, República Tcheca) e cinco com 9.000-10.000 horas (Austrália, Irlanda, Holanda, Espanha, Luxemburgo). A média em matemática do Pisa para os países com mais horas foi 30 pontos abaixo daqueles com menos horas. Aumentar a carga horária nem sempre é desejável. Alongar o dia ou o ano letivo ignora a possível importância dos fatores externos à escola. Isso diminui a atenção para a eficiência e eficácia do impacto dos professores durante o horário escolar. A maioria desses estudos é correlacional, mas Lopez-Agudo e Marcenaro-Gutierrez (2022) usaram uma análise mais sofisticada e chegaram à mesma conclusão: o tempo de ensino não parece estar positivamente associado ao desempenho escolar dos alunos. Eles sugeriram que os estudantes podem estar recebendo tempo excessivo de ensino improdutivo, o que significa desperdício de recursos.

A maior tragédia da experiência mundial com a pandemia de covid-19 seria não aprender nada sobre o que funcionou bem e o que não funcionou, para quem e por que, e simplesmente correr de volta ao antigo "normal" . A experiência exigiu mais conexão com a casa e os responsáveis, demandou que os alunos trabalhassem frequentemente com seus pares sem a presença constante do professor e permitiu que muitos evitassem a pressão do contato presencial. Exigiu também que muitos pais entendessem a linguagem do aprendizado, percebendo que nem sempre acertar é o objetivo, que os erros são oportunidades e que o ensino requer níveis mais altos de conhecimento do que muitos têm. Os pais passaram de supervisionar o dever de casa para ouvir e trabalhar com seus filhos em muitas tarefas. Talvez as escolas possam aprender com essas experiências para envolver famílias de forma mais ampla e diferenciada na aprendizagem. A natureza do dever de casa poderia ser reformulada para se tornar uma oportunidade de praticar o que já foi ensinado. Da mesma forma, a aprendizagem com serviços comunitários pode ser mais valiosa como uma oportunidade de aprendizagem conjunta na família.

REFLEXÕES

1. Discuta o modelo das cinco etapas e o utilize para supervisionar a implementação de algumas das afirmações apresentadas neste livro.

2. A seção Intervenções abrangentes para alunos com dificuldades de aprendizagem revela que o tamanho de efeito mais alto vem de intervenções metacognitivas. A baixa autoeficácia e a falta de compreensão sobre como aprender dos próprios alunos costumam ser a raiz do baixo desempenho. Revise as perguntas anteriores sobre autoeficácia do aluno e analise suas estratégias, sistemas e relacionamentos atuais para todos os estudantes.

3. Leia o parágrafo final sobre o dever de casa e discuta as implicações. Por exemplo, nos anos iniciais do ensino fundamental, passamos deveres de casa curtos e focamos na prática deliberada e na leitura? Nos anos finais do ensino fundamental ou no ensino médio, solicitamos aos alunos que se debrucem sobre novos materiais ou, como destacado aqui, focamos de forma mais eficaz na prática do que já foi ensinado?

4. Após a leitura do parágrafo final da conclusão, discuta até que ponto aproveitamos os fatores positivos descritos como resultado da pandemia de covid-19. Peça a seus professores e alunos que criem uma lista de pontos positivos e negativos de suas experiências durante o ensino a distância naquele período e na aula regular. Use essas descobertas para discutir melhorias para a sua escola.

16

Conclusões

Minha vida mudou há 15 anos, quando deixei para trás uma rotina acadêmica tranquila e agradável como psicometrista. Desde 2008, o método de aprendizagem visível tomou conta da minha vida. Ele permitiu que eu acessasse as mais altas esferas educacionais, ter uma equipe atuando em mais de 10 mil escolas pelo mundo, receber histórias e estudos de caso de muitos professores e diretores, escrever mais de 30 livros sobre aprendizagem visível com excelentes colegas e, para mim, o maior privilégio de todos como acadêmico e escritor: ter os melhores críticos do mundo. Você pode passar a vida na academia e ninguém prestar atenção; o fato de tantas pessoas terem dedicado tempo e intelecto para contestar, explorar e criticar meu trabalho é minha maior recompensa acadêmica.

Lembro-me dos primeiros dias desse trabalho, quando colegas como Michael Scriven me perguntavam: "Tá, mas e daí? Você tem um ótimo conjunto de dados, mas o que isso significa?". Essa busca pela interpretação e significado subjacentes também era o cerne das minhas preocupações como psicometrista: temos ótimos dados, mas e daí? Temos relatórios de pontuação fantásticos, mas eles são interpretados corretamente e com consequências para a melhoria das experiências e resultados de aprendizagem? (O'Leary; Hattie; Griffin, 2014). Michael esteve comigo quando escrevi cada página do *Visible Learning* por vários motivos, principalmente por ele achar que apenas porque algo se correlaciona com resultados, não significa que seja parte da excelência (Scriven, 1994). Muitos professores de alto impacto não usam o método da aprendizagem cooperativa, não trabalham em escolas com muitos recursos e turmas pequenas, não têm diretores excepcionais, não têm mestrado, não usam tecnologia ou metodologias ativas e nem utilizam o ensino direto. Esses fatores são correlações, daí a busca pelas razões subjacentes às escolhas feitas para melhorar o desempenho dos alunos. Não são as correlações, mas o que explica a história por trás delas.

Ao longo dos anos, continuei aprendendo com o número crescente de metanálises, com as evidências da implementação da aprendizagem visível atualizada nas escolas e trabalhando com políticas educacionais junto a governos e sistemas. Nessa jornada, estou sempre analisando, avaliando e aprimorando a essência do modelo. Esta conclusão revisita as do *Visible Learning* de 15 anos atrás, reitera e reafirma o que ainda considero verdadeiro. Ela destaca as conclusões adicionais deste livro e usa essas afirmações para vislumbrar a próxima década (Tabela 16.1).

Aprendizagem visível **431**

TABELA 16.1 Voltando 15 anos atrás, olhando para o que aprendi depois desses anos e mirando o futuro

15 anos atrás	Presente	Futuro
Os professores têm o maior impacto na escola sobre os alunos	Clareza sobre o propósito	Abrir as salas de aula
A natureza pessoal da aprendizagem	Importância das mentalidades	Mais pesquisas sobre evidências em planos de aula
A notável diversidade nas escolas e salas de aula	Papel do pensamento avaliativo	Usar e valorizar as redes sociais
A necessidade de considerar as ideias, bem como as relações entre as ideias e a transferência de ideias	Intencionalidade pedagógica e alinhamento intencional	Lembrar continuamente que estamos lidando com crianças, não miniadultos
Evidências podem fazer a diferença	A pobreza dos modelos de implementação	Sistemas precisam se atualizar com evidências e pensamento avaliativo
Desenvolver uma história explicativa baseada na discriminação dos efeitos acima e abaixo da média de todos os professores	Importância da habilidade de avaliar dos alunos	Ampliar e descontinuar práticas
O poder e a diversidade do *feedback*	Eficácia coletiva de professores e alunos A natureza integral dos atributos sociais e emocionais como núcleo da aprendizagem A eficácia de várias estratégias de aprendizagem	A principal reivindicação do *Visible Learning* permanece: conheça seu impacto

CONCLUSÕES DE 15 ANOS ATRÁS

Seis questões principais foram levantadas no capítulo de conclusão do *Visible Learning* de 2009. A primeira foi a descoberta de que os professores têm o maior impacto na escola sobre os alunos. Os efeitos eram maiores quando os educadores eram diretivos (agora chamo isso de intencionalidade, para evitar qualquer inferência de que "diretivo" significa falar mais, fazer a maior parte do trabalho em sala de aula e controlar o aprendizado) e atenciosos, se envolviam ativamente na paixão de ensinar e aprender, sabiam o que cada aluno trazia para a aula, deixavam claro para os estudantes as intencionalidades de aprendizagem e os critérios de sucesso e criavam um clima em sala de aula justo e acolhedor para aprender.

A segunda foi o lembrete da natureza pessoal da aprendizagem. Ensinar é o que os professores pensam e fazem, enquanto, para os alunos, o foco está em aprender. Talvez precisemos ensinar menos e aprender mais. Isso levanta questões sobre como os educadores consideram conceitos e modelos de aprendizagem, como podemos e sabemos quais são as estratégias e processos de aprendizagem dos estudantes e como ensiná-los maneiras de aprender, além de entender suas reações e as consequências do aprendizado. É difícil imaginar uma aprendizagem bem-sucedida sem um ensino bem-sucedido (os professores não devem ficar em segundo plano), há uma relação entre ensino e aprendizagem, mas a balança das nossas discussões tende a se inclinar mais para os debates de ensino do que para as noções de aprendizagem. É preciso reequilibrar essa equação.

A terceira conclusão observou a notável diversidade nas salas de aula. Não apenas a diversidade de atributos que os alunos levam consigo, mas também a diversidade de experiências dentro delas. Essa diversidade é a norma, por isso o apelo aos educadores para que procurem explicações alternativas para o impacto que causam em cada um dos estudantes, buscando maneiras mais eficientes e eficazes de ensinar cada aluno para que ele acelere o aprendizado, seja motivado a aprender, trabalhe sozinho e com os outros e experimente a alegria de aprender. É buscar o que não está funcionando, identificar quando o ensino não está funcionando e buscar evidências de falta de crescimento suficiente. E então agir. Essas três perguntas são feitas com mais frequência por professores de alto impacto do que pelos de baixo impacto.

A quarta questão é a necessidade de considerar as ideias, bem como as relações entre elas e a transferência de conhecimento. Em *Visible Learning*, usei as noções de superficial, profundo e de transferência da estrutura dos resultados de aprendizagem observados (SOLO, do inglês *Structure of Observed Learning Outcomes*). John Biggs (comunicação pessoal) não usava a noção de superficial como a parte de ideias e fatos do seu modelo SOLO. Algumas pessoas confundiram superficial com raso. Embora superficial signifique fatos e conteúdo para muitos, ao longo deste livro, mudei para o saber-que para indicar esse nível de conhecimento: o "que" precisamos saber para passar ao saber-como à medida que relacionamos as ideias (o profundo) e como usamos essas ideias com outras ideias, especialmente em situações novas ou inéditas (a transferência). Ocorre que o foco dominante nas escolas é o saber-que. Os alunos recebem tarefas para aprender fatos, os fatos são o foco da avaliação, e o *feedback* muitas vezes incentiva mais fatos. O modelo atual da escola atolada em fatos está arraigado, apoiado pelos alunos que estão acima da média (e são vencedores nesse jogo), reforçado pelas provas, promovido pelos políticos e reinventado sob vários disfarces. Meu lema do ensino médio era "conhecimento é poder", mas também é relacionar o conhecimento, usar o conhecimento, a sabedoria e a beleza. Além disso, não saber pode ser a essência da curiosidade, o precursor de fazer perguntas difíceis e importantes que questionam costumes arraigados. Precisamos questionar aqueles que arrogam poder para si mesmos como guardiões do conhecimento, como se ele estivesse lá fora esperando para ser absorvido.

A pandemia de covid-19 mostrou que, quando os alunos não estão sob vigilância ou presos em salas de aula, mas são solicitados a trabalharem sozinhos, muitos atributos do modelo tradicional da escola se desfazem. No Zoom, os professores não podiam falar 89% do tempo, fazer 150 perguntas por dia exigindo respostas de menos de três palavras, exercer vigilância contínua para garantir que os alunos estivessem fazendo o trabalho e manter a responsabilidade o dia todo pelo fluxo do ensino. De repente, tornou-se necessário focar em como os estudantes aprendem, como trabalham sozinhos e em grupo, como precisam aprender a buscar ajuda, como o fracasso e a luta são valorizados e são fundamentais para uma aprendizagem bem-sucedida e querem ir além dos fatos para ver relações entre eles, usar ideias em novos contextos e experimentar a alegria da surpresa ao fazer conexões. O sucesso foi mais uma função dos professores gradualmente (e às vezes rapidamente) liberando a responsabilidade do controle e do ensino para os alunos; os educadores precisavam ensinar autorregulação e habilidades de trabalho em equipe; precisavam ouvir mais do que falar, priorizar tarefas, tornar as sessões do Zoom convidativas e acolhedoras, ensinar aos alunos que a luta e o fracasso eram partes necessárias da aprendizagem e que buscar ajuda era uma ótima habilidade, valorizando a eficiência tanto quanto a eficácia, já que alguns estudantes faziam as atividades rapidamente em casa em comparação com as salas de aula regulares. Então, os professores podem mudar? Com certeza. Infelizmente, à medida que voltamos às salas de aula regulares, eles também mudam de volta para o velho método. Há uma necessidade de discussões robustas sobre o que funcionou bem e o que não funcionou no ensino a distância, a fim de abandonar grande parte do modelo atual das salas de aula e desenvolver e avaliar um modelo escolar mais novo. Que oportunidade!

A quinta conclusão questionava se as evidências poderiam fazer a diferença. Se refletirmos de 15 a 25 anos atrás, o uso de evidências de pesquisa em escolas e sistemas era raro, mas hoje é comum. Elas agora se juntam às evidências de dentro da escola (observações dos professores, testes e trabalhos dos alunos), e há um foco na interpretação e triangulação desses múltiplos dados. Como observei em 2009, é uma mudança fenomenal. Essa interpretação da pesquisa continuou, e agora os educadores estão mais sofisticados em sua crítica, avaliação e uso da pesquisa, mas ainda há muito o que fazer. Neeleman (2019) observou que ainda há uma primazia para o julgamento dos professores com base em suas percepções de impacto, em vez de triangular com perspectivas alternativas de seu impacto e do uso de evidências de pesquisa. Em seu estudo, em vez de serem motivados pela ambição explícita de melhorar o desempenho cognitivo dos alunos ou por evidências de pesquisa, os líderes das escolas de ensino médio holandesas descobriram predominantemente que suas decisões de intervenção escolar são motivadas por suas crenças pessoais sobre a tarefa pedagógica da educação. Também observei os resultados de Alessi (1988), que analisou mais de cinco mil crianças encaminhadas a psicólogos escolares por mau desempenho escolar. Nenhum psicólogo localizou o problema como decorrente de um programa de ensino ruim, práticas escolares ruins, um professor ruim ou algo relacionado à escola. Alegaram que os problemas estavam relacionados ao lar e a causas internas do aluno. Em nosso modelo *Visible Learning* atualizado, uma das tarefas mais difíceis é fazer os professores assumirem o crédito pela aprendizagem bem-sucedida em suas aulas, já que eles atribuem o sucesso ao que os estudantes fazem, não ao que eles fazem e pensam. Precisamos de mais debates sobre teorias de ação e, particularmente, sobre a atribuição de sucesso aos educadores e, em seguida, a compreensão de como escalar esse sucesso para todos os alunos (Elmore, 1996). Precisamos de mais avaliação e crítica de nossas teorias de mudança e ação, bem como submeter essas explicações à avaliação crítica por colegas, alunos e buscar explicações alternativas plausíveis, a fim de colocarmos em prática as melhores ações de ensino.

A sexta conclusão serviu como um lembrete sobre o objetivo do livro. O *Visible Learning* não se tratava de colecionar centenas de influências ou uma infinidade de tamanhos de efeito, mas, sim, de desenvolver uma história explicativa baseada na distinção entre os efeitos acima e abaixo da média de todas as influências. Eu continuei desafiando outros a fornecerem histórias explicativas alternativas e refinei minha explicação nos Capítulos 3 e 4. Além disso, alguns anos atrás, disponibilizei todos os dados em um *site* gratuito

(*Meta x*™) não apenas para acompanhar as muitas metanálises publicadas no *Visible Learning*, mas também para desafiar e capacitar colegas para criarem explicações alternativas.

O QUE APRENDI 15 ANOS DEPOIS?

O modelo que propus no *Visible Learning* é submetido à desconfirmação toda vez que uma nova metanálise é publicada. Ele sobreviveu com modificações e talvez algumas ênfases alternativas. Além disso, ao introduzi-lo nas escolas, ele é seriamente criticado. Os educadores não são receptores passivos de pesquisas e entusiastas de novas ideias simplesmente porque são novas ou têm base científica. Uma das consequências mais poderosas do programa de aprendizagem visível atualizado é que ele reconhece a excelência que já existe ao nosso redor nas escolas e nos sistemas educacionais. Existem nove movimentos principais na priorização da mensagem da aprendizagem visível.

O primeiro é ter mais clareza sobre o propósito. Steen Lepper Larsen me convenceu de que era necessária mais atenção aos propósitos da educação e um maior reconhecimento do sistema social em que as escolas operam (Hattie; Larsen, 2020). As evidências apresentadas neste livro vêm principalmente de países com mais recursos, embora essas sociedades tenham muita variação em suas estruturas sociais, crenças, valores e propósitos. Para todos, o objetivo é alcançar pelo menos um ano de crescimento para um ano de intervenção, ter clareza de como é esse crescimento, incentivar os alunos a quererem investir nesse aprendizado, saber aprender sozinhos e em equipes (como educadores e estudantes) e saber ensinar os alunos a se tornarem seus próprios professores. Para os líderes escolares, um objetivo importante é liderar processos de melhoria em todo o sistema escolar para maximizar o impacto de todos sobre os estudantes e tornar as escolas lugares convidativos para aprender. Para o professor, o principal objetivo é ver seu impacto por meio dos olhos do aluno, ensiná-lo a se tornar seu próprio professor e ser aprendiz de sua própria prática docente. Para os pais, o objetivo é se tornarem os primeiros aprendizes de seu filho. Para o aluno, o principal objetivo é aprender a ser seu próprio professor e querer se empenhar no aprendizado escolar.

O segundo ponto é um mergulho mais profundo além das grandes ideias do *Visible Learning*: que os professores trabalhem juntos para avaliar seu impacto, tenham altas expectativas para todos os alunos, sejam transparentes ao converter essas altas expectativas em critérios de sucesso, ensinem os estudantes a aceitarem o desafio de almejar alto (usando o princípio de *Cachinhos Dourados*, ou seja, nem muito difícil, nem muito fácil, nem muito chato), criem salas de aula justas e confiáveis, nas quais erros e equívocos sejam vistos como oportunidades de aprendizagem, busquem continuamente *feedback* sobre seu impacto e tenham foco incansável na aprendizagem. Observe que as grandes ideias não estão relacionadas a alunos, currículos, estrutura, anos de escolaridade e avaliações, mas, sim, a como os educadores pensam. Daí a investigação dessas estruturas mentais ou formas de pensar. Trata-se de como pensamos no que fazemos, não no que fazemos em si. É ir além dos debates sobre ensino para o impacto desse ensino, é avaliar criticamente nossas crenças e buscar ativamente *feedback* sobre nosso impacto. As estruturas mentais para todos se baseiam em acolher desafios, ter altas expectativas, construir confiança, desenvolver uma linguagem de aprendizagem e criar um clima acolhedor.

Elas envolvem o respeito pelos outros, o reconhecimento e a ruptura de preconceitos, o apoio às identidades e a promoção do sentimento de pertencimento.

A terceira descoberta vai um passo além: todas essas mentalidades pertencem ao pensamento avaliativo. Este livro é dedicado a Michael Scriven, o avô da disciplina de avaliação. Trabalhar com Michael é um grande privilégio, pois você o ouve pensando em voz alta, ouve suas críticas e sua busca incansável por fundamentos filosóficos. Ao longo de muitas discussões, ele me ensinou sobre as formas de pensamento avaliativo: o raciocínio, a lógica, a ética, os princípios do pensamento, a criticidade da equidade e a formulação de julgamentos de valor. Nos últimos anos, outros rotularam seu trabalho pioneiro como "pensamento avaliativo". Educadores de alto impacto pensam dessa forma e, nos próximos anos, espero que outros explorem a natureza desse pensamento avaliativo, dando continuidade ao trabalho de Michael (Scriven, 2003, 2015; Berliner, 2008; Kahneman, 2011; Ritchhart; Church, 2020). Como podemos realizar pesquisas para melhor entender, destacar e ensinar essas formas de pensar? As noções centrais do pensamento avaliativo incluem pensamento crítico, resolução de problemas, interpretação de evidências, raciocínio, verificação contínua de consequências indesejadas, conscientização e busca de vieses, capacidade de se colocar no lugar dos outros e ver e compreender suas perspectivas, bem como conhecimento das questões críticas de equidade na tomada de julgamentos de valor para decidir da melhor forma sobre as próximas etapas de ação ou consideração.

Seria muito mais fácil se a quarta descoberta fosse a identificação dos melhores métodos de ensino e aprendizagem. Infelizmente, há um moderador principal: a complexidade cognitiva das ideias na aula. Daí a importância da intencionalidade de ensinar e do alinhamento intencional entre as decisões sobre os aspectos do saber-que, saber-como e saber-com do currículo. É por isso que a análise cognitiva da tarefa, as intervenções de ensino otimizadas e as estratégias de avaliação são tão importantes. Adotar essas noções evita os debates frustrantes e improdutivos sobre ensino explícito ou ensino guiado, ensino direto ou métodos baseados em problemas, e assim por diante. A influência com o maior número de estudos ($N = 5.976$) são as estratégias de ensino explícito, mas uma análise mais profunda desses estudos mostra a ampla variedade dessas estratégias, de modo que às vezes é difícil entender o que se quer dizer por explícito e o que não é. Além disso, o uso de explícito às vezes é código para focar em conhecimento rico ou saber-que e a (falsa) suposição de que você não pode ser explícito no ensino para o saber-como ou resultados mais profundos. Outra confusão é que explícito não significa necessariamente o professor dominar a aula, falar excessivamente e ignorar as reações dos alunos.

Além disso, a pesquisa sobre estratégias de aprendizagem (Capítulo 12) questiona a crença de que as estratégias de ensino e de aprendizagem para o saber-que são necessariamente as melhores para o saber-como ou para o saber-com (e vice-versa). Educadores que gradativamente transferem a responsabilidade e capacitam os alunos a se tornarem seus próprios professores podem precisar de métodos de ensino explícitos. Está na hora de abandonar o termo "explícito" e os debates sobre explícito *versus* guiado.

As noções de intencionalidade de ensino e alinhamento intencional estão relacionadas à clareza. O argumento é que os educadores devem alinhar intencionalmente seus propósitos, critérios de sucesso, *feedback*, atividades, estratégias de ensino e aprendizagem e avaliação. Isso tem implicações importantes para o planejamento de aulas, reforçando o planejamento reverso e enfatizando a definição intencional dos níveis desejados de complexidade do conteúdo (saber-que, saber-como e saber-com). Parece surpreendente que a maioria dos métodos de ensino ignore a relação com essa complexidade.

Em meus anos de trabalho com a Corwin na implementação do programa de aprendizagem visível atualizado, destaquei a quinta ênfase: a pobreza de modelos de implementação em nossas escolas e sistemas. Lembro-me do resumo de Michael Fullan sobre a educação vitoriana, que tinha as melhores políticas do mundo. Só não eram implementadas. Estudei, conversei e admiro o modelo de Michael Barber. Certa vez, disse a ele que a "metodologia de implementação" era incrivelmente bem-sucedida, mas complicada demais (Barber; Moffit; Kihn, 2010). Ele respondeu, "a implementação é complicada". Apesar da abundância de recursos sobre liderança escolar e da pesquisa sobre a implementação em sala de aula pelos professores, há um grande descompasso entre o desenvolvimento e a decisão de políticas e sua implementação. Nossa própria síntese de outras disciplinas, bem como dentro da educação (por exemplo, Fullan, 2007; Reeves, 2015), levou a um modelo de cinco etapas baseado em descobrir, projetar, entregar, reavaliar e reforçar. Além disso, são necessárias mais pesquisas para entender a descontinuação (como parar e substituir práticas de ensino e de aprendizagem ineficazes e ineficientes), pois há uma tendência de sobrecarregar as escolas e a falsa crença, por parte de alguns, de que um bom professor é um profissional ocupado e uma boa escola é aquela com muitos programas.

Em sexto lugar, fui surpreendido pelo poder da clareza e (erroneamente) não a considerava tão crítica (Fisher *et al.*, 2018). Fiquei muito feliz, no entanto, com a importância das habilidades de avaliação dos alunos. Isso significa ensinar os alunos a interpretarem e agirem de acordo com os resultados e comentários das avaliações, conhecer seu nível atual de compreensão e progresso, ter confiança para enfrentar novos desafios, selecionar ferramentas para guiar seu aprendizado, buscar *feedback* e reconhecer que erros são oportunidades para aprender, além de valorizar sua aprendizagem e ensinar os outros. Esses atributos costumam ser chamados de "autorregulação", mas, ao denominá-los como parte da avaliação, os estudantes capacitados ancoram as habilidades e disposições que os professores podem desenvolver intencionalmente.

Além disso, quando vi o gráfico apresentado na Figura 13.2 e a pesquisa de Deming (2017) sobre o desejo atual dos empregadores por graduados que trabalhem em equipe, apliquem seus conhecimentos e vejam os problemas da perspectiva dos outros, cristalizou-se a mudança provavelmente mais significativa em relação aos meus próprios tempos de escola: a importância de aprender a trabalhar de maneira colaborativa. Ao mesmo tempo, eu vinha lutando com as implicações da eficácia coletiva do professor e sugeri à equipe que explorássemos a eficácia coletiva do aluno para então ajudar a traduzi-la para os professores (Hattie *et al.*, 2021a). Não se trata simplesmente de colocar os alunos (ou professores) em grupos e criar atividades que envolvam compartilhamento. Trata-se de ensinar deliberadamente as habilidades de trabalho em grupo (por exemplo, momento de cada um falar), a confiança e as habilidades para contribuir com os outros, bem como a crença de que o grupo pode chegar a um resultado melhor do que qualquer indivíduo sozinho. Isso requer aulas e tarefas que exijam múltiplas interpretações e julgamentos avaliativos, além de critérios de sucesso e avaliação das contribuições individual e do grupo.

O sétimo ponto é a natureza integral dos atributos sociais e emocionais como núcleo da aprendizagem. A pandemia de covid-19 ampliou essa conexão. O desenvolvimento de conhecimento, habilidades e compreensão está completamente entrelaçado com o avanço do senso de identidade dos alunos, sentimento de pertencimento, cultura e bem-estar. Precisamos ter cuidado, no entanto, para não esperar que os professores se tornem terapeutas. O interesse precisa estar nos aspectos sociais e emocionais da aprendizagem. Uma das dificuldades da aprendizagem socioemocional é que, ao contrário do desempenho escolar, não há necessariamente um conjunto cumulativo e crescente de competências. Os alunos podem mudar seus conceitos sobre si mesmos e suas disposições, como resiliência e confiança, para enfrentar desafios em um único dia, ao longo de anos e em diferentes contextos. Por exemplo, West *et al.* (2020) acompanharam cerca de 400 mil alunos ao longo de três anos e descobriram que a mentalidade de crescimento, a autoeficácia, o autogerenciamento e a consciência social não aumentavam de forma monótona ao longo do tempo. O autogerenciamento aumentou nos anos finais do ensino fundamental e diminuiu no ensino médio; a autoeficácia diminuiu nos anos finais do ensino fundamental; a mentalidade de crescimento começou a aumentar no início da adolescência, e a consciência social diminuiu ao longo dos anos, especialmente nos anos finais do ensino fundamental. Deve-se responsabilizar os professores pelo desenvolvimento da aprendizagem socioemocional quando ela oscila tanto? Também vale a pena notar que Fullan (2021) argumentou que as obsessões acadêmicas não são a principal motivação intrínseca para a maioria dos alunos, mesmo para aqueles que parecem ter sucesso nesse jogo. Ele destaca aspectos como propósito, significado, pertencimento, controle e contribuição. Houghton *et al.* (2022) mostraram que a principal razão para os estudantes quererem voltar ao ensino presencial durante a pandemia de covid-19 era o desejo de estar com os amigos, não aprender o que os professores estavam ensinando. Fico feliz que agora existam sínteses de metanálises sobre motivação e autoconceito, e mais é necessário sobre a relação intrínseca entre a aprendizagem socioemocional e o desempenho escolar. Não é um ou outro; é quando e como.

O oitavo ponto é o poder do *feedback*. Conforme observado no Capítulo 11, realizei muitos estudos para entender melhor o poder e a variabilidade do *feedback*. Passei a me interessar não apenas por "com qual frequência e quando", mas também por como o *feedback* é ouvido, compreendido e colocado em ação. Mais uma vez, isso destaca a importância de o educador conhecer seu impacto ao dar *feedback* para saber como os alunos interpretam e usam seu *feedback*. Esse movimento também destaca uma mudança para o fascínio pela escuta. Além de ser uma demonstração de respeito para mostrar que você ouviu o outro, a habilidade de ouvir pode levar a testar entendimentos, ver como os outros reagem à sua interpretação do que disseram e permitir que modifiquem ou rejeitem suas interpretações do que eles querem dizer. A escuta ativa é a essência dos relacionamentos, fundamental para trabalhar com pessoas, o ponto de partida para um *feedback* eficaz e uma habilidade que precisamos ensinar a todos os educadores e alunos.

Em nono lugar, quando ganhamos a licitação para a criação de um centro de ciência da aprendizagem, nos aventuramos na eficácia de várias estratégias de aprendizagem. O apelo é por uma atenção muito maior a como os alunos aprendem, pelo desenvolvimento e uso de modelos de aprendizagem e por métodos para ensinar aos estudantes estratégias de aprendizagem ideais como parte das aulas.

FUTURO

Provavelmente não haverá outra edição do *Visible Learning* após esta. O mundo editorial migrou rapidamente para o *on-line*, as vendas de *e-books* estão aumentando, o conhecimento e a metanálise continuam crescendo constantemente. Já existe um grande número de metanálises de segunda ordem, então talvez uma versão Wikipedia das influências possa capturar a vastidão da pesquisa, desde que haja atenção e contestação das grandes ideias por trás desses estudos. No entanto, talvez sigamos pelo caminho oposto e tornemos os dados brutos dos estudos mais facilmente disponíveis, e a empolgação de adicionar evidências diretamente das salas de aula possa fornecer outra camada de riqueza.

O primeiro passo em frente é reunir a tecnologia para ajudar os professores a conhecerem seu impacto e abrirem as salas de aula. Como observado anteriormente, há sete anos, minha parceira, Janet Clinton, liderou um projeto chamado *VisibleClassroom*, um aplicativo para professores gravarem suas aulas. Ele disponibiliza imediatamente a transcrição e um painel para revisão, como se agora eles se vissem e se ouvissem como um aluno os experienciou. Existe um recurso que permite que a fala do professor seja transmitida para o iPad dos alunos, para que eles tenham uma segunda chance de ouvir o que foi dito e ouvir os professores falando com outros grupos. O painel exibe várias métricas comuns a ferramentas de observação bem estabelecidas (como Danielson, 2012; Marzano, 2007), como a presença de objetivos claros, intencionalidade de aprendizagem, critérios de sucesso, se há ligação do novo conhecimento com o antigo, clareza de instruções, repetição de comentários, grau de incentivo, natureza e quantidade de *feedback*, número de perguntas feitas, proporção de discussões e perguntas profundas e superficiais, velocidade da fala e equilíbrio entre a fala do professor e do aluno.

Um estudo (Clinton; Dawson, 2018) mostrou que as maiores melhorias na prática foram no aprofundamento da compreensão dos alunos e na introdução e explicação de novos conceitos, pois os professores afirmaram que o painel os ajudou a verem que isso faltava com muita frequência em seu diálogo atual. Outro estudo (Sanders *et al.*, 2021) observou que enviar o roteiro de aula via *tablets* levou os estudantes a terem maior foco e menos interrupções e manteve engajados aqueles que, de outra forma, teriam dificuldade para participar da aula. Os educadores elogiaram muito os efeitos do painel, estavam definitivamente mais conscientes do que diziam, como diziam e o quanto falavam e modificaram seu comportamento em resposta aos dados coletados.

Desde então, outros avanços aconteceram, e é possível imaginar uma rica fonte de evidências sobre o que ocorre nas salas de aula sendo adicionada às bases de evidências atuais (Lugini, 2020; Kelly *et al.*, 2018). Liu e Cohen (2021) analisaram 1.000 transcrições de aulas do 4º ao 5º ano (total de alunos = 13.370). Os professores falaram 85% do tempo, com uma linguagem mais analítica do que social (narrativa ou interpessoal), e gastaram 10% do tempo com rotinas de gestão de sala de aula. O ensino centrado no professor e as rotinas de gestão de sala de aula tiveram impacto negativo nos escores de valor agregado de aproveitamento, enquanto o ensino interativo professor-aluno (compreensão de conteúdo, qualidade do *feedback* e diálogo) teve impacto positivo nos escores de valor agregado de aproveitamento.

O uso de tecnologia mais avançada (robótica, aprendizagem virtual) nas salas de aula poderia diminuir o domínio do tempo de fala do professor. Por exemplo, com um robô, um aluno pode ter um diálogo mais equilibrado; ser o instigador de ações e perguntas;

estar menos envolvido emocionalmente, levando a menos ansiedade e atitudes mais positivas em relação à aprendizagem; permitir-se arriscar mais no pensamento; gerar ideias e resolver problemas; e ter múltiplas oportunidades de revisar e tentar novamente, sem penalidades ou a percepção de não ser inteligente. Além disso, a dignidade do robô não é ameaçada (Newton; Newton, 2019).

Com essas tecnologias, é possível relacionar os acontecimentos nas aulas (quem fala, sobre o quê, com quem); o foco da discussão (o saber-que, o saber-como, o saber-com); o papel do erro, da emoção e da excitação na aprendizagem; a carga emocional das discussões; e muito mais para múltiplos processos e resultados das aulas. Além disso, informações de robótica e realidade virtual, redes sociais, sensores de emoção, movimento dos olhos, posição da cabeça e expressões faciais podem contribuir para a riqueza da compreensão do engajamento, do interesse e do envolvimento (Goldberg *et al.*, 2021). É claro, podemos ficar sobrecarregados com dados, portanto, relatórios ricos deveriam ser o ponto de partida para decidir sobre os dados ideais para ajudar a informar professores e alunos sobre a próxima melhor ação de ensino e aprendizagem. Sim, isso levantará questões éticas e levará a uma sobrecarga de dados, mas, inicialmente, a riqueza para os pesquisadores poderia levar a explicações mais empolgantes sobre a aprendizagem nas salas de aula. Por exemplo, Wang, Miller e Cortina (2013) usaram uma ferramenta de reconhecimento automático de voz para esclarecer os padrões de interação entre professores e alunos, ajudando a monitorar a participação dos estudantes nas aulas.

O segundo passo seria pedir mais pesquisas sobre planos de aula. Todas as noites, milhões de horas dos professores são gastas elaborando aulas, atividades e tarefas para o dia seguinte, principalmente sem o embasamento de evidências, apoiando-se apenas no julgamento profissional. Santelises e Dabrowski (2015) analisaram os planos de aula de 92 professores de língua inglesa e literatura, e apenas 5% estavam na faixa alta de alinhamento, quando o texto fornecido tinha alta correlação com a tarefa, desafio cognitivo, motivação e engajamento. Cerca de 50% das tarefas de atribuição não estavam conectadas ao texto; 38% estavam alinhadas com os padrões apropriados para a série; 4% levavam os alunos a um pensamento de nível superior; discussões acadêmicas eram raras; 18% não exigiam escrita; 17% pediam de uma a duas frases, 27% pediam várias respostas curtas, e apenas 9% exigiam vários parágrafos; e 86% limitavam o pensamento dos alunos a memorização, reprodução ou aplicações básicas do conteúdo. Essa pobreza pode explicar o tédio, a confusão e a menor motivação para se engajar no saber-que e no saber-como da disciplina. Em vez disso, os alunos são levados a descobrir o que é exigido e o que está na cabeça do professor, e apenas fazer o trabalho. Construir uma base de evidências de planejamento de aula e ligações ideais com as progressões de aprendizagem seria um exercício valiosíssimo.

Um terceiro passo adiante é o uso das redes sociais. No Capítulo 14, mencionei o potencial poder das redes sociais e considero que esse sistema de comunicação (já usado extensivamente pelos alunos) era frequentemente evitado nas salas de aula. Quando eu tinha 7 anos, tínhamos um teste de lápis; se eu passasse, poderia usar canetas tinteiro. O mal da época eram as novas canetas esferográficas, consideradas a ruína da boa escrita. O mesmo aconteceu quando a televisão chegou à cidade, e de forma similar com tantas outras inovações. Os alunos estão dispostos a usar as mídias sociais para falar sobre o que sabem, o que não sabem, com o que estão enfrentando dificuldades e com o que precisam de ajuda (Davies, 2016), mesmo com o professor ao lado deles. Precisamos de mais investigações sobre como usar esses recursos de maneira ideal para ouvir melhor como os estudantes pensam e avaliam as decisões de aprendizagem.

Um quarto passo é nos lembrarmos continuamente de que estamos lidando com crianças, não com miniadultos. Não as estamos preparando para o futuro; elas criarão seu próprio futuro. Estamos ensinando-lhes conhecimentos preciosos, maneiras de pensar aceitas por nossa sociedade e maneiras de serem críticas, bem como a consciência do conhecimento e da compreensão e de aproveitar a infância. A noção europeia de *bildung*, isto é, desenvolvimento do caráter, é crítica para o nosso papel como educadores. Como já observei muitas vezes, não excluo a realização desse desenvolvimento, pois o saber-que, o saber-como e o saber-com sobre conhecimentos preciosos são as fontes de progresso dos alunos e da nossa sociedade. Encontrar o equilíbrio certo entre as partes componentes é a chave.

O quinto passo está relacionado aos sistemas. Ao longo deste livro, houve poucos comentários sobre o lugar e os poderes dos sistemas nos quais as escolas estão inseridas. No entanto, alguns dos estudos com as maiores amostras de estudantes foram incluídos por meio de reformas em escolas inteiras. No nosso trabalho com a aprendizagem visível atualizada, existem muitas escolas exemplares onde sabemos que os alunos estão progredindo mais de um ano a cada ano de intervenção, mas escalar isso de instituição para instituição é um trabalho árduo. Trabalhamos com todas as escolas de um sistema e podemos documentar essas grandes melhorias ao identificar grupos de sucesso, formar uma coligação em torno deles e convidar outros a participarem. Muitas vezes, a melhoria nas escolas — para adotar uma missão de aprimorar a aprendizagem, o prazer e os resultados dos alunos — termina quando o diretor sai (ou, em todo o sistema, quando o superintendente, diretor-geral ou ministro deixa o cargo). Os sistemas ainda dependem de um modelo de contratantes independentes, nos quais os grupos são autorizados a prosperar, mas melhorias incorporadas ao sistema protegem e promovem um retorno ao antigo *status quo*.

O sexto passo é dar mais atenção a todos os níveis para escalar o sucesso. Nossa disciplina carece de uma profundidade de pesquisa, discussão e compreensão sobre como escalar intervenções bem-sucedidas. A promoção de políticas de cima para baixo nas escolas pode ser constantemente mutável e não responder ao sucesso já presente no sistema. A dependência da autonomia do sistema, do líder e do professor mitiga contra o escalonamento, e a relutância em parar ou descontinuar a ortodoxia atual tem se mostrado difícil (mas observe o que ocorreu durante a pandemia de covid-19 com o ensino a distância). Somos bons em encontrar problemas e resolvê-los, mas não em identificar a excelência de forma confiável e escalá-la.

Escalar envolve entender e, às vezes, desafiar as teorias frequentemente muito fortes de ensino e liderança que os educadores têm. Requer ter uma plataforma sólida e uma história bem articulada e convincente (por exemplo, a pesquisa e a história do *Visible Learning* são a base da aprendizagem visível atualizada); identificar o sucesso de forma confiável; construir uma coalizão em torno desse sucesso; desenvolver uma linguagem inclusiva focada na melhoria (e não necessariamente na mudança); apreciar as habilidades, emoções e intenções dos educadores; e promover, sustentar e alimentar o sucesso. A plataforma sólida deve oferecer soluções para problemas que os professores têm e querem resolver e atender às necessidades percebidas por aqueles que as implementariam (Cohen; Mehta, 2017). É preciso ter cuidado com educadores com soluções, principalmente porque elas raramente são baseadas em um diagnóstico de problemas que pretendem remediar e, muitas vezes, começam criticando as próprias pessoas que desejam implementá-las.

O sétimo passo é tornar concreta a mudança de debates sobre ensino para um foco implacável no impacto do ensino. A principal afirmação da aprendizagem visível é conhecer seu impacto, o que alimenta a motivação pela qual a maioria de nós se torna educador e vai ao cerne da educação (Elmore, 1996). Isso mostra aos pais que a escola entregará esse impacto, afina o foco dos formuladores de políticas e políticos para que possam investir e assumir seu impacto e mostra comprometimento com os alunos de que podemos causar e causaremos um impacto neles, tudo intencionalmente positivo. Começa com o reconhecimento do sucesso já presente em uma escola e sistema e visa a uma unidade de compromisso com um tema comum (melhorar seu impacto) em todos os níveis (políticos, formuladores de políticas, diretores, professores, pais e alunos). Um objetivo é tornar o pensamento da aprendizagem visível mais rotineiro e normal nessa escola e sistema, e ele pode se tornar a essência das teorias de ensino e de aprendizagem de educadores e alunos. O modelo tem uma forte estrutura de implementação e pode se ajustar e permitir diversidade e variação, além de poder aprender e se fortalecer por meio de críticas ao modelo em si, à implementação e às consequências para educadores e estudantes. Ele é autossustentável, porque é construído sobre uma base robusta de evidências e busca mais evidências de seu impacto. Ainda temos muito a aprender, pois a autonomia do próximo diretor, superintendente ou político pode reverter quaisquer efeitos positivos após sua nomeação.

O oitavo passo é ter mais cuidado com os questionamentos que fazemos sobre nosso trabalho. Muitas vezes, a pesquisa é mais poderosa não quando leva a grandes descobertas, mas quando muda as perguntas que precisamos fazer. Um dos resultados mais poderosos da pesquisa é modificar ou alterar os questionamentos. Ao longo da minha jornada com o *Visible Learning*, houve muitas mudanças no que questiono agora (Tabela 16.2).

O nono passo é o apelo que muitos têm feito ao longo do último milênio: devemos continuar com mais do mesmo (funciona para muitos, aperfeiçoamos o modelo por 150 anos, conhecemos bem), ou existe uma maneira melhor de educar os alunos? A Organização para a Cooperação e Desenvolvimento Econômico (OECD, 2021) há muito tempo defende o desenvolvimento de cenários para o futuro da educação. Eu pesquisei ambientes de aprendizagem inovadores e vi aprendizados impressionantes, principalmente porque os vários professores nessas salas de aula se tornam os melhores críticos e avaliadores uns dos outros. Sua noção compartilhada de ensino é contagiante ao se traduzir em uma noção compartilhada de aprendizado. Isso força o educador a ceder o comando, o controle, a fala e a focar principalmente em fatos. No entanto, a porcentagem dessas escolas com ambientes de aprendizagem inovadores está entre os 5-10% que Cuban observou em sua história do ensino. Isso significa que 85% das escolas são semelhantes às de 150 anos atrás, 10-15% são muito mais eficientes, e 5-10% são marcadamente diferentes. A pandemia de covid-19 mostrou que há uma maneira alternativa, em vez de o professor estar sempre à frente da turma conduzindo a orquestra. Muitos alunos prosperaram sob o sistema de ambientes de aprendizagem inovadores e durante a pandemia, e eles nem sempre são os mesmos que prosperam nas aulas regulares.

A pandemia de covid-19 também expôs a fragilidade da oferta e retenção de professores, e o colapso das escolas regulares pode ser mais uma questão de oferta e demanda. À medida que mais educadores adotam a mentalidade de trabalho temporário, desejando

442 John Hattie

TABELA 16.2 Mudanças nos principais questionamentos sobre ensino e aprendizagem

Questionamentos de antes	Questionamentos de agora
Como ensinar?	Qual é o impacto do ensino?
O que funciona?	O que funciona melhor?
Qual é a influência do indivíduo no ensino?	Qual é o poder do coletivo no contexto educacional?
Qual é a influência da experiência do educador no aprendizado dos alunos?	Qual é a influência da *expertise* do educador no aprendizado dos alunos?
Como os alunos se envolvem no trabalho escolar?	Como os alunos pensam sobre e resolvem problemas?
Qual é o impacto da fala do professor?	Qual é o poder da escuta do professor?
Como rotular um aluno para explicar por que ele não consegue aprender?	Como o diagnóstico pode ser o primeiro passo para a implementação de melhorias educacionais?
Como dar um rótulo a um aluno para que seja visto como diferente?	Como as intervenções de aprendizagem podem beneficiar todos os alunos?
Como agrupar alunos pode reduzir a variância de desempenho?	Como acolher diferentes progressões e tempos para o sucesso dos alunos?
Qual é a natureza, frequência e tempo ideal do *feedback* para os alunos?	Como os alunos ouvem, entendem e colocam em prática o *feedback* recebido?
Qual é o impacto do ensino na maioria dos alunos?	Qual é o impacto do ensino para todos os alunos?
Como ajustar o aprendizado às necessidades individuais dos alunos?	Como usar o poder da aceleração para beneficiar todos os alunos?
O currículo deve cobrir conhecimentos superficiais ou profundos?	Qual é a proporção correta entre conhecimento superficial e conhecimento profundo no currículo?

empregos de curto prazo, querendo trabalhar de três a quatro dias por semana, pedindo mais flexibilidade do que a estrutura básica de entrar na profissão e trabalhar mais de 20 anos para se tornar diretor, esse modelo pode se romper. Os professores estão começando na profissão em uma idade mais avançada, muitas vezes após uma ou duas mudanças de carreira, frequentemente preferindo permanecer na sala de aula e, acima de tudo, desejam uma profissão colaborativa na qual a *expertise* seja valorizada.

O décimo passo diz respeito a pesquisas e metanálises. Sempre me lembro da conclusão da metanálise de Gene Glass (1976): se tivéssemos os dados brutos dos estudos, não precisaríamos de metanálises. Com as afirmações anteriores sobre coletar dados de sala de aula mais ricos, com mais acesso aos dados brutos, métodos de análise e interpretação mais sofisticados podem ser usados para fazer sentido dessa multiplicidade de dados. Tendo acesso a essas informações, com a pergunta de pesquisa subjacente em mente, podemos entender mais completamente a variação no impacto a partir da multiplicidade de atributos dos alunos. A variação é a norma e, conforme afirmou Stephen Gould (2013), é a única essência irredutível da natureza. A variação é a realidade dura, não um conjunto de medidas imperfeitas para uma tendência central.

É necessário mais aprendizado profissional que leve os educadores a ponderar sobre reivindicações de pesquisa frequentemente conflitantes, e seria muito valioso ter mais metanálises que comparem intervenções, investiguem os efeitos diferenciais em vários contextos, elaborem sobre o grupo de controle ou o funcionamento usual, sejam mais específicas sobre os custos em relação aos benefícios, codifiquem a natureza da implementação das influências, busquem especificamente consequências não intencionais e efeitos colaterais (Zhao, 2018), e explorem a eficiência e os resultados afetivos com a eficácia do aprendizado. No entanto, continuo a ver avanços na pesquisa em termos de falseabilidade popperiana. A questão central para pesquisadores e educadores permanece: que evidência eu aceitaria para admitir que estava errado? Como disse Cronbach (1980, p. 103): "Uma proposição merece algum grau de confiança apenas quando sobreviveu a sérias tentativas de falseá-la".

As noções centrais de avaliação, pensamento avaliativo e o que valorizamos precisam estar sempre presentes na sala de aula, na escola e no sistema educacional. Afirmo isso não só porque sou casado com uma professora de avaliação e porque dedico este livro ao avô da avaliação, Michael Scriven. É raro encontrar métodos de avaliação integrados às intervenções. Mais frequentemente, a avaliação ocorre após a implementação e, no melhor dos casos, pode fazer reivindicações sumativas, mas com pouca avaliação dos processos de implementação, e quase nunca há comparações de uma intervenção com o funcionamento usual. Edovald e Nevill (2021) descobriram que apenas 38% de 1.017 ensaios educacionais identificados entre 1980 e 2016 incluíram um componente de avaliação de processos (ver também Connolly; Keenan; Urbanska, 2018). Ensaios comparativos são críticos, e a avaliação e o pensamento avaliativo são o núcleo do nosso trabalho.

Comenius, pensador educacional do século XVII, foi bastante vívido em sua descrição do pensamento não avaliativo (Smith, 2017, p. 16):

> Traduzindo essa vívida imagem cômica de acadêmicos briguentos vomitando e defecando seu conhecimento não digerido e forçando venenos nos pensamentos dos alunos para termos mais prosaicos, vemos Comenius fazendo várias acusações contra a profissão docente: muito do aprendizado vem de livros que oferecem um substituto distante da realidade. Muitos professores se estabelecem como disfarces, que carecem de seu próprio estoque interno de sabedoria. Muito do ensino é a imposição violenta sobre os alunos de conteúdos que não contribuirão para o seu florescimento. Muitas das disciplinas são matagais de opções confusas, cada uma em guerra com a outra.

O décimo primeiro e último passo é a questão que tem sido central para os educadores desde sempre. Como avançar nas questões de equidade que são a base da educação em primeiro lugar? Em qualquer sistema escolar é um grande erro assumir que resultado é igual a desempenho. Há muito mais no crescimento escolar: habilidades, vontades e entusiasmo de aprender, viver, comunicar, desenvolver caráter e aprender a trabalhar e entender os outros. Infelizmente, ainda existem muitas desigualdades cruéis em nossas escolas, algumas embutidas em nome da melhoria do desempenho (agrupamento por habilidade, manipulações na composição institucional), e as questões de equidade abundam e precisam ser contestadas. Piketty (2022, p. 176) pesquisou as estruturas econômicas em todo o mundo em uma série de livros e afirmou que "[...] a difusão do conhecimento sempre foi a principal capacitação da verdadeira igualdade [...]". Observo a porcentagem da população mundial que era alfabetizada e alfabetizada em matemática (digamos, no nível I do Programa Internacional de Avaliação de Estudantes, o Pisa): em 1900, era cerca de 15% e, em 2000, era 85%. Certamente, a característica mais notável do século XX é o impacto dos professores. No entanto, ainda temos um longo caminho a percorrer. Piketty (2022) observou que, nos Estados Unidos, a renda dos pais reflete perfeitamente as chances de uma criança ingressar na universidade. Além disso, os pais mais ricos têm maior acesso ao currículo altamente especializado das universidades mais ricas. Essa seleção social não é reservada apenas aos Estados Unidos.

COMENTÁRIO FINAL

Como todos os empreendimentos educacionais, o *Visible Learning* tem um curso de vida. Este livro incorpora meu ideal de aprendizado contínuo, de ser desafiado e criticado, de conjecturas e refutações, e convida os educadores a alinharem seu pensamento, suas ações e seu impacto com evidências robustas.

Apêndice
Referências complementares

Este apêndice lista publicações relacionadas a temas abordados neste livro. (Observação: há 86 traduções em 14 livros para 29 idiomas — árabe, azerbaijano, português brasileiro, mandarim, tcheco, dinamarquês, holandês, flamengo, estoniano, francês, alemão, hebraico, italiano, japonês, coreano, lituano, norueguês, polonês, português europeu, romeno, russo, sérvio, esloveno, espanhol, sueco e turco.)

Visões gerais

HATTIE, J. A. C. et al. *Great teaching by design:* from intention to implementation in the visible learning classroom. Thousand Oaks: Corwin, 2021.

HAMILTON, A. et al. *Implementation:* the 5D model. Thousand Oaks: Corwin, 2022.

HAMILTON, A.; HATTIE, J. A. C. *The Lean Education Manifesto:* designing more cost-effective initiatives that generate stronger outcomes for developing nations. Abingdon: Routledge, 2022.

HATTIE, J. A. C. John A. C. Hattie: the pioneer and developer of visible learning in education and science of learning. *In:* BEMBENUTTY, H. *Contemporary pioneers in teaching and learning.* [S. l.]: IAP, 2022. p. 149-180.

HATTIE, J. A. C. The applicability of Visible Learning to Higher Education. *Scholarship of Teaching and Learning in Psychology*, v. 1, n. 1, p. 79-91, 2015.

HATTIE, J. A. C. *Visible learning:* a synthesis of 800+ meta-analyses on achievement. Abingdon: Routledge, 2009.

HATTIE, J. A. C. *Visible learning for teachers:* maximizing impact on achievement. Abingdon: Routledge, 2012.

HATTIE, J. A. C.; ANDERMAN, E. *Handbook on student achievement.* Abingdon: Routledge, 2013.

HATTIE, J. A. C.; ANDERMAN, E. *Visible learning:* guide to student achievement – schools edition. Abingdon: Routledge, 2020.

HATTIE, J. A. C.; LARSEN, S. *The purposes of education:* in conversation. Abingdon: Routledge, 2020.

HATTIE, J. A. C.; MASTERS, D.; BIRCH, K. *Visible learning into action.* Abingdon: Routledge, 2016.

HATTIE, J. A. C.; TOSCANO, M. John Hattie on interpretation the story of research and the necessity of falsifiability: in dialogue with Maurizio Toscano. *In:* QUAY, J. et al.

(ed.). *Theory and philosophy in education research:* methodological dialogues. Abingdon: Routledge, 2018.

HATTIE, J. A. C.; ZIERER, K. *Visible learning:* Auf den punkt gebracht. Baltmannsweiler: Schneider Verlag Hohengehren GmbH, 2019.

HATTIE, J. A. C.; ZIERER, Z. *Visible learning insights.* Abingdon: Routledge, 2020.

Metanálises e metassínteses

ALLEN, K. *et al.* What schools need to know about fostering school belonging: a meta-analysis. *Educational Psychology Review,* v. 30, n. 1, p. 1-34, 2018.

DONOGHUE, G.; HATTIE, J. A. C. A meta-analysis of ten learning techniques. *Frontiers of Education,* v. 6, 2021.

HATTIE, J. A. Identifying the salient facets of a model of student learning: a synthesis of meta-analyses. *International Journal of Educational Research,* v. 11, p. 187-212, 1987.

HATTIE, J. A. Towards a model of schooling: a synthesis of meta-analyses. *Australian Journal of Education,* v. 36, p. 5-13, 1992.

HATTIE, J. A.; BIGGS, J.; PURDIE, N. Effects of learning skills intervention on student learning: a meta-analysis. *Review of Research in Education,* v. 66, p. 99-136, 1996.

HATTIE, J. A. C.; ROGERS, H. J.; SWAMINATHAN, H. The role of meta-analysis in educational research. *In:* PETERS, M. (ed.). *Contextualising Educational Research.* Beverly Hills: Sage, 2011.

PURDIE, N.; HATTIE, J. A. The relationship between study skills and learning outcomes: a meta-analysis. *Australian Journal of Education,* v. 43, p. 72-86, 1999.

ROWE, L. I.; HATTIE, J. A. C.; HESTER, R. G versus c: comparing individual and collective intelligence across two meta-analyses. *Cognitive Research,* v. 6, n. 26, 2021.

Professores

CLINTON, J. M.; HATTIE, J. A. C. Teachers as evaluators – An empowerment evaluation approach. *In:* FETTERMAN, D.; KAFTARIAN, S.; WANDERSMAN, A. (ed.). *Empowerment evaluation:* knowledge and tools for self-assessment, evaluation capacity building and accountability. Washington: Sage, 2014.

CLINTON, J. M.; HATTIE, J. A. C.; NAWAB, D. The good teacher: our best teachers are inspired, influential and passionate. *In:* HARRING, M. (ed.). *Handbook for school pedagogics.* Munster: Waxmann, 2018. p. 880-888.

DONOHOO, J.; O'LEARY, T.; HATTIE, J. A. C. The design and validation of the enabling conditions for collective teacher efficacy scale (EC-CTES). *Journal of Professional Capital and Community,* v. 5, n. 2, p. 147-166, 2020.

DUNN, R.; HATTIE, J. A. C. *Leading by design to develop teacher expertise.* Thousand Oaks: Corwin, 2021.

HATTIE, J. A. C.; ANDERSON, M.; CLINTON, J.; RICKARDS, F. Developing an evidence base model for the effects of teacher education programs on teacher candidates. *In*: SENG, T. O.; LIU, W. C. (ed.). *Teacher effectiveness*: capacity building in a complex learning era. Singapore: Cengage Learning Asia, 2015.

RICKARDS, F.; HATTIE, J. A. C.; REID, C. *The turning point*: growing expertise, evaluative thinking and the future of the teaching profession. Abingdon: Routledge, 2021.

ROWE, L. I.; HATTIE, J. A. C. Research through the eyes of teachers. *In*: OVERSON, C.; HAKALA, C.; KORDONOWYI, L.; BENASSI, V. (ed.). *In their own words*: what scholars want you to know about why and how to apply the science of learning in your academic setting. Washington: APA, 2022.

Líderes escolares

BENDIKSEN, L.; ROBINSON, V. M. J.; HATTIE, J. A. C. Principal Instructional Leadership – what is it and what is its relationship to secondary school performance? *SET: Research information for teachers*, v. 1, p. 2-8, 2012.

DONOHOO, J.; HATTIE, J. A. C.; EELLS, R. The power of collective efficacy. *Educational Leadership*, v. 75, n. 6, p. 41-44, 2018.

HAMILTON, A.; WILIAM, D.; HATTIE, J. A. C. *Room for Impact*: the 9P de-implementation playbook for educators. Thousand Oaks: Corwin, 2023.

HATTIE, J. A. C.; CLINTON, J. M. School leaders as evaluators. *In: Activate: a leader's guide to people practices and processes*. Englewood: Leadership and Learning Centre, p. 93-118, 2011.

HATTIE, J. A. C.; DONOHOO, J.; WITT, P. Understanding impact to foster collective efficacy. *Principal*, v. 24, n. 2, p. 14-17, 2021.

INGVARSON, L.; HATTIE, J. A. C. (ed.). *Assessing teachers for professional certification*: the first decade of the National Board for Professional Teaching Standards. Advances in Program Evaluation Series #11. Leeds: Elsevier, 2008.

MOIR, S.; HATTIE, J. A. C.; JANSEN, C. Teacher perspectives of 'effective' leadership in schools. *Australian Education Leader*, v. 36, n. 1, p. 42-45, 2014.

ROBINSON, V.; LLOYD, C.; ROWE, K.; HATTIE, J. A. C. The impact of leadership on student outcomes: an analysis of the differential effects of leadership types. *Educational Administration Quarterly*, v. 44, p. 635-674, 2008.

Sistemas

CAWSEY, A. M.; HATTIE, J. A. C.; MASTERS, G. Growth to achievement: on-demand resources for teachers. *Commonwealth Department of Education Report,* 2019.

HATTIE, J. A. C. *What does work in education*: the politics of collaborative action. London: Open Ideas at Pearsons, 2015.

HATTIE, J. A. C. *What doesn't work in education*: the politics of distraction. Open Ideas at Pearsons, 2015.

448 Apêndice

Estruturas mentais

HATTIE, J.; SMITH, R. (ed.). *10 mindframes for leaders:* the visible learning approach to school success. Thousand Oaks: Corwin, 2020.

HATTIE, J. A. C.; HATTIE, K. R. *Visible learning for parents.* Abingdon: Routledge, 2022.

HATTIE, J. A. C.; ZIERER, K. *10 mindframes for visible learning.* Abingdon: Routledge, 2018.

Aprendizagem

BOLTON, S.; HATTIE, J. A. C. Cognitive and brain development: executive function, Piaget, and the prefrontal cortex. *Archives of Psychology,* v. 1, n. 3, p. 1-16, 2018.

CLINTON, J. M.; HATTIE, J. A. C. Cognitive complexity of evaluator competencies. *Evaluation and Program Planning,* v. 89, p. 1-8, 2021.

HATTIE, J. A. C. Learning strategies in the intentional alignment of tertiary teaching. *Psychology of Education Review,* v. 43, n. 1, p. 20-22, 2019.

HATTIE, J. A. C. Misinterpreting the growth mindset: why we're doing students a disservice. Finding Common Ground, *Education Week,* 28 jun. 2017. Disponível em: https://blogs.edweek.org/edweek/finding_common_ground/2017/06/misinterpreting_the_growth_mindset_why_were_doing_students_a_disservice.html

HATTIE, J. A. C.; DONOGHUE, G. Learning strategies: a synthesis and conceptual model. *Nature:* Science of Learning, v. 1, 2016.

HATTIE, J. A. C.; DONOGHUE, G. M. A model of learning: optimizing the effectiveness of learning strategies. *In:* ILLERIS, K. (Ed.). *Contemporary theories of learning.* 2. ed. Abingdon: Routledge, 2018, p. 97-113. (Also 15 Aktuelle Laringsteorier Forfattern og Samfundslitteratyr, 2019).

HATTIE, J. A. C.; HODDIS, F.; KANG, S. Theories of motivation: integration and ways forward. *Contemporary Educational Psychology,* v. 61, 2020. p. 101865.

HATTIE, J. A. C.; NUGENT, A. The 'science of learning': birth or renaissance. *In:* CARROLL, A.; CUNNINGTON, R.; NUGENT, A. *Learning under the lens:* applying findings from the science of learning to the classroom. Abingdon: Routledge, 2021.

HATTIE, J. A. C.; TIMPERLEY, H. The power of feedback. *Review of Educational Research,* v. 77, n. 1, p. 81-112, 2007.

HATTIE, J. A. C.; WOLLENSCHLÄGER, M. A conceptualization of feedback. *In:* DITTON, H.; MULLER, A. (Eds). *Feedback und Ruckmeldungen.* Munster: Waxmann, 2014, p. 135-150.

HATTIE, J. A. C.; YATES, G. *Visible learning and the science of how we learn.* Abingdon: Routledge, 2014.

HAWTHORNE, B.; VELLA-BRODERICK, D.; HATTIE, J. A. C. Well-being as a cognitive load reducing agent: a review of the literature. *Frontiers in Education,* v. 4, p. 121, 2019.

HODIS, F.; HATTIE, J. A. C.; HODIS, M. Investigating student motivation at the confluence of multiple effectiveness strivings: a study of promotion, prevention, locomotion, assessment, and their interrelationships. *Personality and Individual Differences,* v. 109, p. 181-191, 2017.

PURDIE, N.; HATTIE, J. A. C. Assessing students' conceptions of learning. Australian *Journal of Educational and Developmental Psychology*, v. 2, p. 17-32, 2002.

Tamanho das turmas

HATTIE, J. A. C. Class size. *In:* HATTIE, J.; ANDERSON, E. (ed.). *International guide to student achievement*. Abingdon: Routledge, 2013. p. 131-133.

HATTIE, J. A. C. The paradox of reducing class size and improved learning outcomes. *International Journal of Education*, v. 42, p. 387-425, 2007.

HATTIE, J. A. C. The right question in the debates about class size: why is the (positive) effect so small? *In:* BLATCHFORD, P. *et al.* (ed.). *Class size*: eastern and western perspectives. Abingdon: Routledge, 2016. p. 105-118.

Feedback

BROOKS, C.; BURTON, R.; HATTIE, J.A.C. Feedback for learning. *In:* ALLEN, K-A.; REUPERT, A.; OADES, L. (ed). *Building better schools with evidence-based policy*: adaptable policy for teachers and school leaders. Abingdon: Routledge, 2021. p. 65-70.

BROOKS, C. *et al.* From fixing the work to improving the learner: an initial evaluation of a professional learning intervention using a new student-centred feedback model. *Studies in Educational Evaluation*, v. 68, p. 1-12, 2020.

BROOKS, C. *et al.* Matrix of feedback for learning. *Australasian Journal of Teacher Education*, v. 44, n. 4, p. 14-21, 2019.

BROOKS, C. *et al.* Teachers activating learners: The effects of a student-centred feedback approach on writing. *Teaching and Teacher Education*, v. 105, p. 103387, 2021.

BROOKS, C. *et al.* Towards student-centred feedback practices: evaluating the impact of a professional learning intervention in primary schools. *Assessment in Education: Principles, Policy and Practice,* 2021.

BROOKS, C. *et al.* What is my next step? School students' perceptions of feedback. *Frontiers in Education*, v. 4, p. 96-106, 2019.

GAN, M. J. S.; HATTIE, J.A.C. Prompting secondary students' use of criteria, feedback specificity and feedback levels during an investigative task. *Instructional Science*, v. 42, n. 6, p. 861-878, 2014.

HARKS, B. *et al.* The effects of feedback on achievement, interest, and self-evaluation: the role of feedback's perceived usefulness. *Educational Psychology*, v. 24, n. 4, p. 269-290, 2013.

HATTIE, J. *et al.* Feedback that leads to improvement in student essays: testing the hypothesis that "where to next" feedback is most powerful. *Frontiers in Education*, v. 6, p. 645758, 2021.

HATTIE, J. A. C.; CLARKE, S. *Visible learning: feedback*. Abingdon: Routledge, 2019.

HATTIE, J. A. C.; GAN, M.; BROOKS, C. Instruction based on feedback. *In:* MAYER, R.; ALEXANDER, P. (Eds.), *Handbook of research on learning and instruction*. 2. ed. Abingdon: Routledge, 2016. p. 249-271.

450 Apêndice

HATTIE, J. A. C.; YATES, G. C. R. Using feedback to promote learning. *In:* BENASSI, V. A.; OVERSON, C. E.; HAKALA, C. M. (ed.). *Applying science of learning in education*: infusing psychological science into the curriculum. Washington: American Psychological Association, 2014. p. 45-58.

WISNIEWSKI, B.; ZIERER, Z.; HATTIE, J. A. C. The power of feedback revisited: a meta-analysis of educational feedback research. *Frontiers in Psychology*, v. 10, p. 3087, 2020.

WOLLENSCHLÄGER, M. *et al.* What makes rubrics effective in teacher-feedback? Transparency of learning goals is not enough. *Contemporary Education Psychology*, v. 44, p. 1-11, 2016.

Avaliação

BROWN, G. T.; O'LEARY, T. M.; HATTIE, J. A. C. Effective reporting for formative assessment: the asTTle case example. *In:* ZAPATA-RIVERA, D. (ed.). *Score reporting*: research and applications. Abingdon: Routledge, 2019.

CLARKE, S.; TIMPERLEY, H.; HATTIE, J. A. *Assessing formative assessment*. Auckland: Hodder Moa Beckett, 2003.

FISHER, D. *et al. Learner's guide*: becoming an assessment-capable visible learner, grades 3–5. Thousand Oaks: Corwin, 2019.

FISHER, D. *et al. Teacher's guide: becoming an assessment-capable visible learner*: level I: grades 6–12. Thousand Oaks: Corwin, 2019.

FREY, N.; HATTIE, J. A.C.; FISHER, D. *Developing assessment capable learners*. Thousand Oaks: Corwin, 2018.

FREY, N.; HATTIE, J. A. C.; FISHER, D. *Learner's notebook*: developing assessment capable learners. Level 1: grades 6–10. Thousand Oaks: Corwin, 2019.

FREY, N.; HATTIE, J. A. C.; FISHER, D. *Learner's notebook*: developing assessment capable learners. Level 2: grades 3–5. Thousand Oaks: Corwin, 2019.

FREY, N.; HATTIE, J. A. C.; FISHER, D. *Learner's notebook*: developing assessment capable learners. Level 3: grades k–2. Thousand Oaks: Corwin, 2019.

HATTIE, J. A. C.; LEESON, H. Future directions in assessment and testing in education and psychology. *In:* GEISENGER, K.; BRACKEN, B. (ed.). *APA handbook of testing and assessment in psychology*. Washington: APA, 2013. v. 3, p. 591-622.

Alunos

CARROLL, A. *et al. Adolescent reputations and risk:* developmental trajectories to delinquency. New York: Springer, 2009.

HATTIE, J. A. C. *et al. Collective student efficacy*. Thousand Oaks: Corwin, 2021.

PFOST, M. *et al.* Individual differences in reading development: a review of 25 years of empirical research on matthew effects in reading. *Review of Educational Research*, v. 84, n. 2, p. 203-244, 2014.

WARDMAN, J.; HATTIE, J. Administrators' perceptions of full-year acceleration at high school. *Australasian Journal of Gifted Education*, v. 21, n. 1, p. 32-41, 2012.

WARDMAN, J.; HATTIE, J. A. C. What works better than the rest? The impact of various curricula provisions for gifted learners. *In*: WALLACE, B.; SISK, D. A.; SENIOR, J. (ed.). *The Sage handbook of gifted and talented education*. London: Sage, 2018. p. 321-334.

Matemática

ALMARODE, J. *et al*. *Teaching mathematics in the visible learning classroom high school, grades 6–8*. Thousand Oaks: Corwin, 2019.

ALMARODE, J. *et al*. *Teaching mathematics in the visible learning classroom high school, grades high school*. Thousand Oaks: Corwin, 2019.

ALMARODE, J. *et al*. *Teaching mathematics in the visible learning classroom high school, grades k–2*. Thousand Oaks: Corwin, 2020.

ALMARODE, J. *et al*. *Teaching mathematics in the visible learning classroom high school, grades 3–5*. Thousand Oaks: Corwin, 2019.

HATTIE, J. A. C. *et al*. *Visible learning for mathematics, grades k–12*: what works best to optimize student learning. Thousand Oaks: Corwin, 2017.

HATTIE, J. A. C. *et al*. *Visible learning for mathematics, high school classroom comparison*. Thousand Oaks: Corwin, 2019.

Aprendizagem da língua inglesa

FISHER, D. *et al*. *Visible learning for english language learners*. Thousand Oaks: Corwin, 2019.

FISHER, D.; FREY, N.; HATTIE, J. A. C. *Teaching literacy in the visible learning classroom*: k–5 classroom companion. Thousand Oaks: Corwin, 2017. v. 1.

FISHER, D.; FREY, N.; HATTIE, J. A. C. *Teaching literacy in the visible learning classroom*: 6–12 classroom companion. Thousand Oaks: Corwin, 2017. v. 2.

FISHER, D.; FREY, N.; HATTIE, J. A. C. *Visible learning for literacy, grades k–12*: implementing the practices that work best to accelerate student learning. Thousand Oaks: Corwin, 2016.

Ciências

ALMARODE, J. T. *et al*. *Visible learning in science, grades K–12*: what works best to optimize student learning. Thousand Oaks: Corwin, 2018.

FISHER, D. *et al*. (2017). *Teaching science in the visible learning classroom*: k–5 classroom companion. Thousand Oaks: Corwin, 2017. v. 1.

Estudos sociais

HATTIE, J. A. C. *et al*. *Visible learning for social studies, grades k–12*: designing student learning for conceptual understanding. Thousand Oaks: Corwin, 2020.

Música

McPHERSON, G. E.; HATTIE, J. A. C. High impact teaching mindframes. *In:* McPHERSON, G. E. (ed.). *The Oxford handbook of music performance.* Oxford: Oxford University, 2021. v. 1.

McPHERSON, G. E.; HATTIE, J. A. C. High impact teaching mindframes. *In:* McPHERSON, G. E. (ed.). *The Oxford handbook of music performance.* Oxford: Oxford University, 2021. v. 1. p. 123-150.

McPHERSON, G. E.; BLACKWELL, J.; HATTIE, J. Feedback in music performance teaching. *Frontiers in Psychology,* v. 13, 2022.

Educação superior

HATTIE, J. A. C. The applicability of visible learning to higher education. *Scholarship of Teaching and Learning in Psychology,* v. 1, n. 1, p. 79-91, 2015.

HATTIE, J. A. C. Which strategies best enhance teaching and learning in higher education? *In:* MASHEK, D.; HAMMER, E. (ed.). *Empirical research in teaching and learning:* contributions from social psychology. Hoboken: Wiley-Blackwell, 2011. p. 130-142.

Ensino a distância e durante a pandemia de covid-19

FISHER, D. *et al. Assessment playbook for distance blended learning.* Thousand Oaks: Corwin, 2021.

FISHER, D. *et al. Leading the rebound:* 20+ must-dos to restart teaching and learning. Thousand Oaks: Corwin, 2021.

FISHER, D. *et al. Rebound. grades k–12:* a playbook for rebuilding agency, accelerating learning recovery, and rethinking schools. Thousand Oaks: Corwin, 2021.

FISHER, D. *et al. The distance learning playbook for college and university instruction.* Thousand Oaks: Corwin, 2021.

FISHER, D. *et al. The distance learning playbook for parents:* teaching for engagement and impact in any setting. Thousand Oaks: Corwin, 2021.

FISHER, D.; FREY, N.; HATTIE. J. A. C. *The distance learning playbook grades k–12:* instruction: teaching for engagement and impact in any setting. Thousand Oaks: Corwin, 2021.

HATTIE, J. A. C. *An ode to expertise. Thousand Oaks:* Corwin, 2021.

Desenvolvimento da aprendizagem visível

FRASER, B. *et al.* Syntheses of educational productivity research. *Journal of Educational Research,* v. 11, n. 2, p. 147-252, 1987.

HATTIE, J. A. C. An interview with John A. C. Hattie: the pioneer and developer of visible learning in education and science of learning. *In:* BEMBENUTTY, H. *Contemporary pioneers in teaching and learning.* [S. l.]: IAP, 2022.

HATTIE, J. A. C. Educators are not uncritical believes of a cult figure. *School Leadership and Management,* v. 27, n. 4, p. 427-430, 2017.

HATTIE, J. A. Measuring the effects of schooling. *Research Information for Teachers*, v. 2, p. 1-4, 1993.

HATTIE, J. A. C. On being a 'critic and conscience of society': the role of the education academic in public debates. *New Zealand Journal of Educational Studies*, v. 45, n. 1, p. 85-96, 2010.

HATTIE, J. A. Towards a model of schooling: A synthesis of meta-analyses. *Australian Journal of Education*, v. 36, p. 5-13, 1992.

KRAFT, M.; HATTIE, J. A. C. Interpreting education research for policy and practice: a conversation. *Educational Leadership*, v. 78, n. 8, p. 18-24, 2021.

Gold papers (www.visiblelearning.com/content/gold-papers)

HAMILTON, A.; HATTIE, J. A. C. *Getting to G.O.L.D.*: the visible learning approach to unleashing education improvement, 2021.

HAMILTON, A.; HATTIE, J. A. C. Not all that glitters is gold. Can education technology finally deliver? *Gold Papers*, 2021. Disponível em: www.visiblelearning.com/content/gold-papers. Acesso em: 28 jun. 2024.

HATTIE, J. A. C.; HAMILTON, A. As good as gold? Why we focus on the wrong. *Gold Papers*, 2020. Disponível em: www.visiblelearning.com/content/gold-papers. Acesso em: 28 jun. 2024.

HATTIE, J. A. C.; HAMILTON, A. Real GOLD vs. Fool's GOLD: the visible learning methodology for finding what works best in education. *Gold Papers*, 2019. Disponível em: www.visiblelearning.com/content/gold-papers. Acesso em: 28 jun. 2024.

Referências

ABUHAMDEH, S.; CSIKSZENTMIHALYI, M. The importance of challenge for the enjoyment of intrinsically motivated, goal-directed activities. *Personality and Social Psychology Bulletin*, v. 38, n. 3, p. 317–330, 2012.

ACKERMAN, P. L. Ability determinants of individual differences in skilled performance. In: STERNBERG, R.; PRETZ, J. (ed.). *Cognition and intelligence*: identifying the mechanisms of the mind. Cambridge: Cambridge University, 2005. p. 142–159.

AITSL. *Spotlight*: induction of beginning teachers in Australia: what do early career teachers say? [Melbourne]: AITSL, [201-]. Disponível em: https://www.aitsl.edu.au/docs/default-source/research-evidence/spotlight/induction.pdf?sfvrsn=a44aec3c_8. Acesso em: 22 mar. 2024.

ALESSI, G. Diagnosis diagnosed: a systemic reaction. *Professional School Psychology*, v. 3, n. 2, p. 145–151, 1988.

ALEXANDER, R. *A dialogic teaching companion*. New York: Routledge, 2020.

ALEXANDER, R. *Culture and pedagogy*: international comparisons in primary education. Malden: Blackwell, 2000.

ALLEN, K. et al. What schools need to know about fostering school belonging: a meta-analysis. *Educational Psychology Review*, v. 30, p. 1–34, 2018.

ALSOWAT, H. H. Evidence-based practices of english language teaching: a meta-analysis of meta-analyses. *English Language Teaching*, v. 13, n. 11, p. 75–93, 2020.

ALTER, J.; COGGSHALL, J. G. *Teaching as a clinical practice profession*: implications for teacher preparation and state policy. [Washington]: National Comprehensive Center for Teacher Quality, 2009. Issue Brief.

AMES, M. G. *The charisma machine*: the life, death, and legacy of one laptop per child. Cambridge: MIT, 2019.

AMREIN, A. L.; BERLINER, D. C. High-stakes testing & student learning. *Education Policy Analysis Archives*, v. 10, n. 18, 2002.

ANDERMAN, E. M.; ANDERMAN, L. H. *Classroom motivation*: linking research to teacher practice. New York: Routledge, 2021.

ANDERSON, L. W.; KRATHWOHL, D. R. (ed.). *A taxonomy for learning, teaching, and assessing*: a revision of Bloom's taxonomy of educational objectives. New York: Longman, 2001.

ANDERSON, R. C. et al. Intellectually stimulating story discussions. In: OSBORN, J.; LEHR, F. (ed.). *Literacy for all*: issues in teaching and learning. New York: Guilford, 1998. p. 170–186.

ANSCOMBE, G. E. M. *Intention*. Cambridge: Harvard University, 2000.

ANTHIS, K. Is it the clicker, or is it the question? Untangling the effects of student response system use. *Teaching of Psychology*, v. 38, n. 3, p. 189–193, 2011.

ARISTOTLE. *Politics books III and IV*. Oxford: Clarendon, 1995.

ARONSON, E. Building empathy, compassion, and achievement in the jigsaw classroom. In: ARONSON, J. (ed.). *Improving academic achievement:* impact of psychological factors on education. Amsterdam: Academic, 2002. p. 209–225.

ARTELT, C.; GRÄSEL, C. Diagnostische Kompetenz von Lehrkräften. *Zeitschrift für Pädagogische Psychologie*, v. 23, n. 34, p. 157–160, 2009.

ASAY, L. D.; ORGILL, M. Analysis of essential features of inquiry found in articles published in The Science Teacher, 1998–2007. *Journal of Science Teacher Education*, v. 21, n. 1, p. 57–79, 2010.

ATTEBERRY, A.; BRYK, A. S. Analyzing teacher participation in literacy coaching activities. *The Elementary School Journal*, v. 112, n. 2, p. 356–382, 2011.

ATTEBERRY, A.; LOEB, S.; WYCKOFF, J. Do first impressions matter? Predicting early career teacher effectiveness. *AERA Open*, v. 1, n. 4, 2015.

ATTEBERRY, A.; McEACHIN, A. School's out: the role of summers in understanding achievement disparities. *American Educational Research Journal*, v. 58, n. 2, p. 239–282, 2021.

AUSTRALIAN INSTITUTE FOR TEACHING AND SCHOOL LEADERSHIP. *Strategic plan:* 2022-2026. Melbourne: AITSL, 2022.

AUSUBEL, D. P. *Educational psychology:* a cognitive view. New York: Holt, Rinehart and Winston, 1968.

BADDELEY, A. *Exploring working memory:* selected works of Alan Baddeley. New Yok: Routledge, 2017.

BAILEY, R. *Education in the open society:* Karl Popper and schooling. New York: Routledge, 2000.

BAIRD, M. D.; PANE, J. F. Translating standardized effects of education programs into more interpretable metrics. *Educational Researcher*, v. 48, n. 4, p. 217–228, 2019.

BALL, D. L.; FORZANI, F. M. Effective teaching is both complex and counterintuitive: but it can be taught. *Educational Leadership*, v. 68, n. 4, p. 40–45, 2010a.

BALL, D. L.; FORZANI, F. M. What does it take to make a teacher? *Phi Delta Kappan*, v. 92, n. 2, p. 8–12, 2010b.

BALL, D. L.; THAMES, M. H.; PHELPS, G. Content knowledge for teaching: what makes it special? *Journal of Teacher Education*, v. 59, n. 5, p. 389–407, 2008.

BALLARD, T. *et al.* A general architecture for modeling the dynamics of goal-directed motivation and decision making. *Psychological Review*, v. 129, n. 1, p. 146–174, 2022.

BANDURA, A. Perceived self-efficacy in cognitive development and functioning. *Educational Psychologist*, v. 28, n. 2, p. 117–148, 1993.

BANDURA, A. *Social foundations of thought and action:* a social cognitive theory. Englewood Cliffs: Prentice-Hall, 1986.

BARBER, M.; MOFFIT, A.; KIHN, P. *Deliverology 101:* a field guide for educational leaders. Thousand Oaks: Corwin, 2010.

BAUMEISTER, R. F.; VOHS, K. D.; TICE, D. M. The strength model of self-control. *Current Directions in Psychological Science*, v. 16, n. 6, p. 351–355, 2007.

BAUMRIND, D. Authoritarian vs. authoritative parental control. *Adolescence*, v. 3, n. 11, p. 255–272, 1968.

BECK, C. R. A taxonomy for identifying, classifying, and interrelating teaching strategies. *The Journal of General Education*, v. 47, n. 1, p. 37–62, 1998.

BECK, I. L.; McKEOWN, M. G.; SANDORA, C. A. *Robust comprehension instruction with Questioning the author:* 15 years smarter. New York: Guilford, 2020.

BELLAND, B. R. Scaffolding: definition, current debates, and future directions. *In*: SPECTOR, J. M. *et al.* (ed.). *Handbook of research on educational communications and technology.* 4th ed. New York: Springer, 2014. p. 505–518.

BENDIKSON, L.; HATTIE, J. A.; ROBINSON, V. M. J. Identifying the comparative academic performance of secondary schools. *Journal of Educational Administration*, v. 49, n. 4, p. 433–449, 2011.

BEREITER, C. *Education and mind in the knowledge age*. Mahwah: Lawrence Erlbaum, 2002.

BERGERON, P. J.; RIVARD, L. How to engage in pseudoscience with real data: a criticism of John Hattie's arguments in visible learning from the perspective of a statistician. *McGill Journal of Education*, v. 52, n. 1, p. 237–246, 2017.

BERGMANN, J.; SAMS, A. *Flip your classroom:* reach every student in every class every day. Eugene: International Society for Technology in Education, 2012.

BERCKLEY, J.; HATTIE, J. A. C. Making learning visible: observable correlates of the Aha! moment when moving from surface to deep thinking. *Journal of Creative Behavior*, v. 57, n. 3, p. 439–449, 2023.

BERK, R. Evidence-based versus junk-based evaluation research: some lessons from 35 years of the evaluation review. *Evaluation Review*, v. 35, n. 3, p. 191–203, 2011.

BERLINER, D. C. The nature of expertise in teaching. *In*: COCHRAN-SMITH, M. *et al.* (ed.). *Handbook of research on teacher education:* enduring questions in changing contexts. 3rd ed. New York: Routledge, 2008. p. 808–822.

BERNSTEIN, B. O. On the classification and framing of educational knowledge. *In*: YOUNG, M. (ed.). *Knowledge and control:* new directions for the sociology of education. London: Collier-Macmillan, 1971. p. 47–69.

BERNSTEIN, B. O.; LUBINSKI, D.; BENBOW, C. P. Academic acceleration in gifted youth and fruitless concerns regarding psychological well-being: a 35-year longitudinal study. *Journal of Educational Psychology*, v. 113, n. 4, p. 830–845, 2021.

BERRY, A. *Reimagining student engagement:* from disrupting to driving. Thousand Oaks: Corwin, 2023.

BEST, J. R.; MILLER, P. H.; NAGLIERI, J. A. Relations between executive function and academic achievement from ages 5 to 17 in a large, representative national sample. *Learning and Individual Differences*, v. 21, n. 4, p. 327–336, 2011.

BIESTA, G. J. J. Can the prevailing description of educational reality be considered complete? On the Parks-Eichmann paradox, spooky action at a distance and a missing dimension in the theory of education. *Policy Futures in Education*, v. 18, n. 8, p. 1011–1025, 2020.

458 Referências

BIESTA, G. J. J. Giving teaching back to education: responding to the disappearance of the teacher. *Phenomenology & Practice*, v. 6, n. 2, p. 35–49, 2012.

BIESTA, G. J. J. *The beautiful risk of education*. Boulder: Paradigm, 2013.

BIGGS, J. B. Aligning teaching for constructing learning. *The Higher Education Academy*, p. 1–4, 2003.

BIGGS, J. B. The role of metalearning in study processes. *British Journal of Educational Psychology*, v. 55, n. 3, p. 185–212, 1985.

BIGGS, J. B. What the student does: teaching for enhanced learning. *Higher Education Research and Development*, v. 18, n. 1, p. 57–75, 1999.

BIGGS, J. B.; COLLIS, K. F. *Evaluating the quality of learning:* the SOLO taxonomy (Structure of the Observed Learning Outcome). New York: Academic, 1982.

BIGGS, J. B.; TANG, C.; KENNEDY, G. *Teaching for quality learning at university*. 5th ed. Maidenhead: McGraw-Hill Education, 2023.

BILLER, A. M. *et al.* Sleep improvements on days with later school starts persist after 1 year in a flexible start system. *Scientific Reports,* v. 12, n. 2787, p. 1–14, 2022.

BISHOP, R. *Teaching to the north-east:* relationship-based learning in practice. Wellington: New Zealand Council for Educational Research, 2019.

BISHOP, R. *et al.* Te Kotahitanga: addressing educational disparities facing māori students in New Zealand. *Teaching and Teacher Education*, v. 25, n. 5, p. 734–742, 2009.

BLACK, P.; WILIAM, D. Assessment and classroom learning. *Assessment in Education: Principles, Policy & Practice*, v. 5, n. 1, p. 7–74, 1998.

BLATCHFORD, P.; RUSSELL, A. *Rethinking class size:* the complex story of impact on teaching and learning. London: UCL, 2020.

BLATCHFORD, P.; RUSSELL, A.; WEBSTER, R. *Reassessing the impact of teaching assistants:* how research challenges practice and policy. New York: Routledge, 2012.

BLEWDIN, M.; BALDWIN, K. *Visible learning at Brisbane Catholic education schools evaluation report 2015*. Sydney: Cognition, 2015.

BLÖMEKE, S.; NILSEN, T.; SCHERER, R. School innovativeness is associated with enhanced teacher collaboration, innovative classroom practices, and job satisfaction. *Journal of Educational Psychology,* v. 113, n. 8, p. 1645–1667, 2021.

BLOOM, B. S. (ed.). *Taxonomy of educational objectives:* the classification of educational goals. New York: Longmans, 1956. Handbook 1: cognitive domain.

BLOOM, B. S.; HASTINGS, J. T.; MADAUS, G. F. *Handbook on formative and summative evaluation of student learning*. New York: McGraw-Hill, 1971.

BOALER, J.; BRODIE, K. The importance, nature and impact of teacher questions. *In*: ANNUAL MEETING OF THE NORTH AMERICAN CHAPTER OF THE INTERNATIONAL GROUP FOR THE PSYCHOLOGY OF MATHEMATICS EDUCATION, 26., 2004, Toronto. *Proceedings...* Toronto: OISE/UT, 2004. v. 2, p. 774–782.

BOELENS, R.; DE WEVER, B.; VOET, M. Four key challenges to the design of blended learning: a systematic literature review. *Educational Research Review*, v. 22, p. 1–18, 2017.

BOLKAN, S. Development and validation of the clarity indicators scale. *Communication Education*, v. 66, n. 1, p. 19–36. 2017.

BOLTON, S.; HATTIE, J. A. C. Cognitive and brain development: executive function, Piaget, and the prefrontal cortex. *Archives of Psychology*, v. 1, n. 3, p. 1–16, 2017.

BOND, L. *et al. The certification system of the national board for professional teaching standards:* a construct and consequential validity study. Greensboro: Greensboro Center for Educational Research and Evaluation, 2000.

BOONK, L. *et al.* A review of the relationship between parental involvement indicators and academic achievement. *Educational Research Review*, v. 24, p. 10–30, 2018.

BOWDEN, J.; MARTON, F.; ZULL, J. The deep learning process and the construction of knowledge. *In*: HERMIDA, J. *Facilitating deep learning:* pathways to success for university and college teachers. Toronto: Apple Academic, 2014. p. 15–48.

BRADDOCK II, J. H. *Tracking:* implications for student race-ethnic subgroups. Baltimore: Johns Hopkins University, 1990. (Report, 1).

BRANDÉN, M.; BYGREN, M. *School choice and school segregation:* lessons from sweden's school voucher system. Linköping: Linköping University, 2018. p. 1–42. (The IAS Working Paper Series).

BRAUN, H. Reconsidering the impact of high-stakes testing. *Education Policy Analysis Archives*, v. 12, p. 1–43, 2004.

BROOKS, C. *et al.* A matrix of feedback for learning. *The Australasian Journal of Teacher Education*, v. 44, n. 4, p. 14–32, 2019.

BROUDY, H. S. Types of knowledge and purposes of education. *In*: ANDERSON, R.; SPIRO, R. J.; MONTAGUE, W. E. (ed.). *Schooling and the acquisition of knowledge*. New York: Routledge, 2017. p. 1–17.

BROWN, G. T. Self-regulation of assessment beliefs and attitudes: a review of the students' conceptions of assessment inventory. *Educational Psychology*, v. 31, n. 6, p. 731–748, 2011.

BRUALDI, A. C. Classroom questions. *Practical Assessment, Research, and Evaluation*, v. 6, n. 1, 1998.

BULL, R.; ESPY, K. A.; WIEBE, S. A. Short-term memory, working memory, and executive functioning in preschoolers: longitudinal predictors of mathematical achievement at age 7 years. *Developmental Neuropsychology*, v. 33, n. 3, p. 205–228, 2008.

BURGESS, D. *Teach like a pirate:* increase student engagement, boost your creativity, and transform your life as an educator. San Diego: Dave Burgess Consulting, 2012.

BYERS, T.; IMMS, W.; HARTNELL-YOUNG, E. Comparative analysis of the impact of traditional versus innovative learning environments on student attitudes and learning outcomes. *Studies in Educational Evaluation*, v. 58, p. 167–177, 2018.

BYERS, T. *et al. Systematic review of the effects of learning environments on student learning outcomes*. Melbourne: University of Melbourne: LEaRN, 2018. Disponível em: https://rest.neptune-prod.its.unimelb.edu.au/server/api/core/bitstreams/aace6be7-5cb2-5332-8add-5318ed49d221/content. Acesso em: 8 abr. 2024.

CAMPBELL, D. T.; STANLEY, J. C. *Experimental and quasi-experimental designs for research*. Chicago: Rand McNally, 1966.

CAMPBELL, J.; VAN NIEUWERBURGH, C. *The leader's guide to coaching in schools:* creating conditions for effective learning. Thousand Oaks: Corwin, 2018.

460 Referências

CARLESS, D.; BOUD, D. The development of student feedback literacy: enabling uptake of feedback. *Assessment & Evaluation in Higher Education*, v. 43, n. 8, p. 1315–1325, 2018.

CARO, D. H.; McDONALD, J. T.; WILLMS, J. D. Socio-economic status and academic achievement trajectories from childhood to adolescence. *Canadian Journal of Education*, v. 32, n. 3, p. 558–590, 2009.

CARROLL, A. *et al. Adolescent reputations and risk:* developmental trajectories to delinquency. New York: Springer, 2009.

CARVALHO, R. G.; ABREU, C. C. Students' characteristics and teachers' estimates about their academic achievement. *Paidéia* (Ribeirão Preto), v. 28, 2018.

CARVER, C. S.; SCHEIER, M. F. *On the self-regulation of behavior*. Cambridge: Cambridge University, 2001.

CASTEJÓN, A.; ZANCAJO, A. Educational differentiation policies and the performance of disadvantaged students across OECD countries. *European Educational Research Journal*, v. 14, n. 3–4, p. 222–239, 2015.

CASTLES, A.; RASTLE, K.; NATION, K. Ending the reading wars: reading acquisition from novice to expert. *Psychological Science in the Public Interest*, v. 19, n. 1, p. 5–51, 2018.

CAWSEY, A. M.; HATTIE, J. A. C.; MASTERS, G. *Growth to achievement:* on-demand resources for teachers. 2019. Disponível em: https://www.education.gov.au/quality-schools-package/resources/growth-achievement-demand-resources-teachers. Acesso em: 25 mar. 2024.

CHAPMAN, J. W. *et al.* Teachers' use of phonics, knowledge of language constructs, and preferred word identification prompts in relation to beginning readers. *Australian Journal of Learning Difficulties*, v. 23, n. 1, p. 87–104, 2018.

CHEN, Q.; ZHU, Y.; CHUI, W. H. A meta-analysis on effects of parenting programs on bullying prevention. *Trauma, Violence, & Abuse*, v. 22, n. 5, p. 1209–1220, 2021.

CHETTY, R. *et al.* How does your kindergarten classroom affect your earnings? Evidence from project STAR. *The Quarterly Journal of Economics*, v. 126, n. 4, p. 1593–1660, 2011.

CHRISTOPHEL, D. M.; GORHAM, J. A test-retest analysis of student motivation, teacher immediacy, and perceived sources of motivation and demotivation in college classes. *Communication Education*, v. 44, n. 4, p. 292–306, 1995.

CLARKE, S. *Unlocking learning intentions and success criteria:* shifting from product to process across the disciplines. Thousand Oaks: Corwin, 2021.

CLARKE, D.; KEITEL, C.; SHIMIZU, Y. (ed.). *Mathematics classrooms in twelve countries:* the insider's perspective. Rotterdam: Sense, 2006.

CLARKE, J.; DEDE, C. Design for scalability: a case study of the River City curriculum. *Journal of Science Education and Technology*, v. 18, n. 4, p. 353–365, 2009.

CLAXTON, G. *What's the point of school?* Rediscovering the heart of education. Oxford: Oneworld, 2013. E-book.

CLAY, M. M. *Becoming literate:* the construction of inner control. Portsmouth: Heinemann 2000.

CLINTON, J. M.; CLARKE, A. *Visible learning +:* a decade of impact: [*S. l.*]: Corwin, 2020. Disponível em: www.visiblelearning.com/resources. Acesso em: 24 mar. 2024.

CLINTON, J. M.; DAWSON, G. Enfranchising the profession through evaluation: a story from Australia. *Teachers and Teaching*, v. 24, n. 3, p. 312–327, 2018.

CLINTON, J. M.; HATTIE, J. A. C. Cognitive complexity of evaluator competencies. *Evaluation and Program Planning*, v. 89, 2021.

CLINTON, J. M.; HATTIE, J. A. C. New Zealand students' perceptions of parental involvement: relations with liking, efficacy and achievement. *Asia Pacific Journal of Education*, v. 33, n. 3, p. 324–337, 2013.

CLINTON, J. M.; HATTIE, J. A. C. Teachers as evaluators: an empowerment evaluation approach. *In*: FETTERMAN, D.; KAFTARIAN, S. J.; WANDERSMAN, A. (ed.). *Empowerment evaluation*: knowledge and tools for self-assessment, evaluation capacity building, and accountability. 2nd ed. Los Angeles: Sage, 2015. p. 86–111.

CLINTON, J. M.; HATTIE, J. A. C.; AL-NAWAB, D. The good teacher: our best teachers are inspired, influential and passionate. *In*: HARRING, M.; ROHLFS, C.; GLÄSER-ZIKUDA, M. (Hrsg.). *Handbuch Schulpädagogik*. Münster: Waxmann, 2018. p. 880–888.

CLINTON, J. M.; HATTIE, J. A. C.; DIXON, R. *Evaluation of the Flaxmere Project*: when families learn the language of school: final report. [*S. l.*]: New Zeland, Ministry of Education, 2007. Disponível em: https://thehub.swa.govt.nz/assets/documents/41339_Evaluation_Flaxmere_0.pdf. Acesso em: 25 mar. 2024.

CLONEY, D. *et al.* Variations in the availability and quality of early childhood education and care by socioeconomic status of neighborhoods. *Early Education and Development*, v. 27, n. 3, p. 384–401, 2016.

COHEN, D. K.; MEHTA, J. D. Why reform sometimes succeeds: understanding the conditions that produce reforms that last. *American Educational Research Journal*, v. 54, n. 4, p. 644–690, 2017.

COHN, C. M. G. A research synthesis of creativity training effectiveness: methodological issues. *In*: ANNUAL MEETING OF THE AMERICAN EDUCATIONAL RESEARCH ASSOCIATION, 1986, San Francisco. *Proceedings...* Washington: AERA, 1986. Educational Research in the Global Community.

COHN, C. M. G. *Creativity training effectiveness*: a research synthesis. 1984. Thesis (Doctor of Philosophy) – Arizona State University, Tucson, 1984.

CONNOLLY, P.; KEENAN, C.; URBANSKA, K. The trials of evidence-based practice in education: a systematic review of randomised controlled trials in education research 1980–2016. *Educational Research*, v. 60, n. 3, p. 276–291, 2018.

COOPER, H. Homework research and policy: a review of the literature. *Research/Practice*, v. 2, n. 2, 1994.

CORBALLIS, M. C. *et al.* Handedness and intellectual achievement: an even-handed look. *Neuropsychologia*, v. 46, n. 1, p. 374–378, 2008.

COSDEN, M.; ZIMMER, J.; TUSS, P. The impact of age, sex, and ethnicity on kindergarten entry and retention decisions. *Educational Evaluation and Policy Analysis*, v. 15, n. 2, p. 209–222, 1993.

COSTA, S. *et al.* Personal factors of creativity: a second order meta-analysis. *Revista de Psicología del Trabajo y de las Organizaciones*, v. 31, n. 3, p. 165–173, 2015.

COTTON, K. *Classroom questioning*. [Boise]: Education Northwest, 1988. (School Improvement Research Series).

COWAN, N. *Working memory capacity*. New York: Psychology, 2005.

CRAVEN, R. G.; MARSH, H. W.; PRINT, M. Gifted, streamed and mixed-ability programs for gifted students: impact on self-concept, motivation, and achievement. *Australian Journal of Education*, v. 44, n. 1, p. 51–75, 2000.

CRONBACH, L. J. Validity on parole: how can we go straight? *New Directions for Testing and Measurement*, v. 5, p. 99–108, 1980.

CUBAN, L. *Oversold and underused*: computers in the classroom. Cambridge: Harvard University, 2001.

CUBAN, L. *The flight of a butterfly or the path of a bullet?* Using technology to transform teaching and learning. Cambridge: Harvard Education, 2018.

CUBAN, L. *Why is it so hard to get good schools?* New York: Teachers College, 2003.

DANIELSON, C. Observing classroom practice. *Educational Leadership*, v. 70, n. 3, p. 32–37, 2012.

DARLING-HAMMOND, L. Teacher quality and student achievement. *Education Policy Analysis Archives*, v. 8, p. 1–44, 2000.

DARLING-HAMMOND, L.; LIEBERMAN, A. *Teacher education around the world*: changing policies and practices. Routledge, 2011.

DAS, J. P.; NAGLIERI, J. A.; KIRBY, J. R. *Assessment of cognitive processes*: the PASS theory of intelligence. Boston: Allyn & Bacon, 1994.

DATNOW, A.; PARK, V. Opening or closing doors for students? Equity and data use in schools. *Journal of Educational Change*, v. 19, n. 2, p. 131–152, 2018.

DAVIES, M. *Investigating the use of talk in middle and secondary classrooms*. 2016. Thesis (Doctor of Philosophy) – Melbourne Graduate School of Education, University of Melbourne, Melbourne, 2016.

DEACON, S. H.; SPARKS, E. Children's spelling development: theories and evidence. *In*: POLLATSEK, A.; TREIMAN, R. (ed.). *The oxford handbook of reading*. New York: Oxford University, 2015. p. 311–325.

DELUCA, C. *et al*. Student perspectives on assessment for learning. *The Curriculum Journal*, v. 29, n. 1, p. 77–94, 2018.

DEMING, D. J. The growing importance of social skills in the labor market. *The Quarterly Journal of Economics*, v. 132, n. 4, p. 1593–1640, 2017.

DEMING, D. J. Using school choice lotteries to test measures of school effectiveness. *American Economic Review*, v. 104, n. 5, p. 406–411, 2014.

DEUSSEN, T. *et al*. *Coach can mean many things*: five categories of literacy coaches in Reading First. Washington: US Department of Education, Institute of Education Sciences, National Center for Education Evaluation and Regional Assistance, 2007. (Issues & Answers Report, 5).

DEUTSCH, J.; DUMAS, A.; SILBER, J. Estimating an educational production function for five countries of Latin America on the basis of the PISA data. *Economics of Education Review*, v. 36, p. 245–262, 2013.

DeWITT, P. M. *School climate:* leading with collective efficacy. Thousand Oaks: Corwin, 2018.

DINSMORE, D. L.; ALEXANDER, P. A. A critical discussion of deep and surface processing: what it means, how it is measured, the role of context, and model specification. *Educational Psychology Review*, v. 24, n. 4, p. 499–567, 2012.

DINSMORE, D. L.; ALEXANDER, P. A. A multidimensional investigation of deep-level and surface-level processing. *The Journal of Experimental Education*, v. 84, n. 2, p. 213–244, 2016.

DONOGHUE, G. M.; HATTIE, J. A. C. A meta-analysis of ten learning techniques. *Frontiers of Education*, v. 6, article 581216, 2021.

DONOHOO, J.; HATTIE, J. A. C.; EELLS, R. The power of collective efficacy. *Educational Leadership*, v. 75, n. 6, p. 41–44, 2018.

DÖRNYEI, Z. New themes and approaches in second language motivation research. *Annual Review of Applied Linguistics*, v. 21, p. 43–59, 2001.

DREYFUS, H. L.; DREYFUS, S. E. Peripheral vision: expertise in real world contexts. *Organization Studies*, v. 26, n. 5, p. 779–792, 2005.

DUCKWORTH, A. *Grit:* the power of passion and perseverance. New York: Scribner, 2016.

DUNLOSKY, J.; LIPKO, A. R. Metacomprehension: a brief history and how to improve its accuracy. *Current Directions in Psychological Science*, v. 16, n. 4, p. 228–232, 2007.

DUPRIEZ, V.; DUMAY, X.; VAUSE, A. How do school systems manage pupils' heterogeneity? *Comparative Education Review*, v. 52, n. 2, p. 245–273, 2008.

DURU-BELLAT, M.; MINGAT, A. La constitution de classes de niveau dans les collèges, les effets pervers d'un pratique à visée égalisatrice. *Revue Française de Sociologie*, v. 38, n. 4, p. 759–789, 1997.

DWECK, C. S. Brainology: transforming students' motivation to learn. *Independent School*, p. 110–119, winter 2008.

DWECK, C. S. *Mindset:* the new psychology of success. New York: Random House, 2006.

DWECK, C. S.; YEAGER, D. S. Mindsets: a view from two eras. *Perspectives on Psychological Science*, v. 14, n. 3, p. 481–496, 2019.

EACOTT, S. School leadership and the cult of the guru: the neo-taylorism of Hattie. *School Leadership & Management*, v. 37, n. 4, p. 413–426, 2017.

ECCLES, J. S.; WIGFIELD, A. From expectancy-value theory to situated expectancy-value theory: a developmental, social cognitive, and sociocultural perspective on motivation. *Contemporary Educational Psychology*, v. 61, article 101859, 2020.

ECCLES, J. S.; WIGFIELD, A. Young adolescent development. *In*: IRVIN, J. (ed.). *What current research says to the middle level practitioner*. Columbus: National Middle Schools Association, 1997. p. 15–29.

EDOVALD, T.; NEVILL, C. Working out what works: the case of the Education Endowment Foundation in England. *ECNU Review of Education*, v. 4, n. 1, p. 46–64, 2021.

EKECRANTZ, S. Feedback and student learning? A critical review of research. *Utbildning & Lärande*, v. 9, n. 2, p. 15–34, 2015.

ELMORE, R. Getting to scale with good educational practice. *Harvard Educational Review*, v. 66, n. 1, p. 1–27, 1996.

ENGEL, S. Children's need to know: curiosity in schools. *Harvard Educational Review*, v. 81, n. 4, p. 625–645, 2011.

ENNEMOSER, M.; SCHNEIDER, W. Relations of television viewing and reading: findings from a 4-year longitudinal study. *Journal of Educational Psychology*, v. 99, n. 2, p. 349–368, 2007.

ENTWISTLE, N. J. The verb "to learn" takes the accusative. *British Journal of Educational Psychology*, v. 46, p. 1–3, 1976.

EPTON, T.; CURRIE, S.; ARMITAGE, C. J. Unique effects of setting goals on behavior change: systematic review and meta-analysis. *Journal of Consulting and Clinical Psychology*, v. 85, n. 12, p. 1182–1198, 2017.

ERDOGAN, I.; CAMPBELL, T. Teacher questioning and interaction patterns in classrooms facilitated with differing levels of constructivist teaching practices. *International Journal of Science Education*, v. 30, n. 14, p. 1891–1914, 2008.

ERICSSON, K. A.; KINTSCH, W. Long-term working memory. *Psychological Review*, v. 102, n. 2, p. 211–245, 1995.

ESQUITH, R. *Teach like your hair's on fire:* the methods and madness inside room 56. New York: Viking, 2007.

FERGUSON, C. J. *et al.* The effectiveness of school-based anti-bullying programs: a meta-analytic review. *Criminal Justice Review*, v. 32, n. 4, p. 401–414, 2007.

FERRER-ESTEBAN, G. Trade-off between effectiveness and equity? An analysis of social sorting between classrooms and between schools. *Comparative Education Review*, v. 60, n. 1, p. 151–183, 2016.

FEUERSTEIN, R. *Instrumental enrichment:* an intervention program for cognitive modifiability. Baltimore: University Park, 1980.

FIEL, J. E.; ZHANG, Y. With all deliberate speed: the reversal of court-ordered school desegregation, 1970–2013. *American Journal of Sociology*, v. 124, n. 6, p. 1685–1719, 2019.

FINN, J. D.; COX, D. Participation and withdrawal among fourth-grade pupils. *American Educational Research Journal*, v. 29, n. 1, p. 141–162, 1992.

FISHER, A.; SCRIVEN, M. *Critical thinking its definition and assessment*. Norwich: Centre for Research in Critical Thinking, 1997.

FISHER, D.; FREY, N. *Better learning through structured teaching:* a framework for the gradual release of responsibility. 3rd ed. Alexandria: ASCD, 2021.

FISHER, D. *et al. The teacher clarity playbook:* a hands-on guide to creating learning intentions and success criteria for organized, effective instruction. Thousand Oaks: Corwin, 2018.

FISHER, E. P. The impact of play on development: a meta-analysis. *Play & Culture*, v. 5, n. 2, p. 159–181, 1992.

FLANDERS, N. A. *Teacher influence, pupil attitudes, and achievement*. [Washington]: US Department of Health, Education, and Welfare, Office of Education, 1965. (Cooperative research monograph, 12).

FLETCHER, R.; HATTIE, J. *Intelligence and intelligence testing*. New York: Routledge, 2011.

FOER, J. *Moonwalking with Einstein:* the art and science of remembering everything. New York: Penguin, 2012.

FORTUNY, K.; CHAUDRY, A. *A comprehensive review of immigrant access to health and human services.* [Washington]: Urban Institute, 2011.

FOX, L. *Essays on teacher preferences, teacher quality, and teacher expectations.* 2016. Thesis (Doctor of Philosophy) – School of Education, Stanford University, Stanford, 2016.

FRAGUAS, D. *et al.* Assessment of school anti-bullying interventions: a meta-analysis of randomized clinical trials. *JAMA Pediatrics,* v. 175, n. 1, p. 44–55, 2021.

FREDRICKS, J. A.; FILSECKER, M.; LAWSON, M. A. Student engagement, context, and adjustment: addressing definitional, measurement, and methodological issues. *Learning and Instruction,* v. 43, p. 1–4, 2016.

FREDRICKSON, B. L. The role of positive emotions in positive psychology: the broaden-and-build theory of positive emotions. *American Psychologist,* v. 56, n. 3, p. 218–226, 2001.

FREIRE, P. *Pedagogia do oprimido.* São Paulo: Paz e Terra, 1996.

FREJ, S.; JANSON, P.; ÖDALEN, J. *Evaluation of the education administration's (utbildningsförvaltningens) visible learning education.* Stockholm: [s. n.], 2017.

FREY, N.; HATTIE, J.; FISHER, D. *Developing assessment-capable visible learners, grades K–12:* maximizing skill, will, and thrill. Thousand Oaks: Corwin, 2017.

FRIEDKIN, N. E.; NECOCHEA, J. School system size and performance: a contingency perspective. *Educational Evaluation and Policy Analysis,* v. 10, n. 3, p. 237–249, 1988.

FROST, R. O.; MARTEN, P. A. Perfectionism and evaluative threat. *Cognitive Therapy and Research,* v. 14, n. 6, p. 559–572, 1990.

FRYDENBERG, E. *Think positively!* A course for developing coping skills in adolescents. London: Continuum, 2010.

FULLAN, M. *Leading in a culture of change.* San Francisco: Jossey-Bass, 2007.

FULLAN, M. *The right drivers for whole system success.* Melbourne: Centre for Strategic Education, 2021.

FULLAN, M.; LANGWORTHY, M. *A rich seam:* how new pedagogies find deep learning. London: Pearson, 2014.

GAFFNEY, H.; TTOFI, M. M.; FARRINGTON, D. P. Effectiveness of school-based programs to reduce bullying perpetration and victimization: an updated systematic review and meta-analysis. *Campbell Systematic Reviews,* v. 17, n. 2, p. e1143, 2021.

GALLA, B. M.; WOOD, J. J. Emotional self-efficacy moderates anxiety-related impairments in math performance in elementary school-age youth. *Personality & Individual Differences,* v. 52, n. 2, p. 118–122, 2012.

GALTON, M. J. *Crisis in the primary classroom.* London: D. Fulton Publishers, 1995.

GALTON, M. J.; WILLCOCKS, J. (ed.). *Moving from the primary classroom.* Routledge, 1983.

GAMORAN, A. *Tracking and inequality:* new directions for research and practice. Madison: University of Wisconsin, 2009. (WCER working paper, 2009–6).

GARDNER, H. W. Educating for understanding. *The American School Board Journal,* v. 180, n. 7, p. 20–24, 1993.

466 Referências

GARLIN, F. V.; OWEN, K. Setting the tone with the tune: a meta-analytic review of the effects of background music in retail settings. *Journal of Business Research*, v. 59, n. 6, p. 755–764, 2006.

GERBER, J.; WHEELER, L. On being rejected: a meta-analysis of experimental research on rejection. *Perspectives on Psychological Science*, v. 4, n. 5, p. 468–488, 2009.

GLASS, G. V. Primary, secondary, and meta-analysis of research. *Educational Researcher*, v. 5, n. 10, p. 3–8, 1976.

GLASS, G. V. *The promise of meta-analysis for our schools:* a Q&A with NEPC fellow Gene V Glass. 2019. Disponível em: https://nepc.colorado.edu/publication/newsletter-glass-080119. Acesso em: 26 mar. 2024.

GLAZERMAN, S.; MAYER, D.; DECKER, P. Alternative routes to teaching: the impacts of Teach for America on student achievement and other outcomes. *Journal of Policy Analysis and Management*, v. 25, n. 1, p. 75–96, 2006.

GLEESON, J. *et al.* Evidence informed practice in Australian education. *In*: BROWN, C.; MALIN, J. R. (ed.). *The emerald handbook of evidence informed practice in education:* learning from international contexts. Bingley: Emerald, 2022. cap. 9, p. 123–138.

GOLDBERG, P. *et al.* Attentive or not? Toward a machine learning approach to assessing students' visible engagement in classroom instruction. *Educational Psychology Review*, v. 33, n. 1, p. 27–49, 2021.

GOLDRING, E. B. Assessing the status of information on classroom organizational frameworks for gifted students. *The Journal of Educational Research*, v. 83, n. 6, p. 313–326, 1990.

GOODWIN, A. P. *et al.* The monster in the classroom: assessing language to inform instruction. *The Reading Teacher*, v. 73, n. 5, p. 603–616, 2020.

GOOS, M.; PIPA, J.; PEIXOTO, F. Effectiveness of grade retention: a systematic review and meta-analysis. *Educational Research Review*, v. 34, article 100401, 2021.

GORDON-HOLLIDAY, B. W. *A quantitative analysis of the relationship between computer graphics and mathematics achievement and problem-solving.* 1991. Thesis – University of Cincinnati, Cincinnati, 1991.

GORE, J.; RICKARDS, B.; FRAY, L. From performative to professional accountability: re-imagining "the field of judgment" through teacher professional development. *Journal of Education Policy*, v. 38, n. 3, p. 452–473, 2023.

GOTTFRIED, M. A. The spillover effects of grade-retained classmates: evidence from urban elementary schools. *American Journal of Education*, v. 119, n. 3, p. 405–444, 2013.

GOUGH, P. B.; TUNMER, W. E. Decoding, reading, and reading disability. *Remedial and Special Education*, v. 7, n. 1, p. 6–10, 1986.

GOULD, S. J. The median isn't the message. *AMA Journal of Ethics*, v. 15, n. 1, p. 77–81, 2013.

GRAHAM, S. An attributional theory of motivation. *Contemporary Educational Psychology*, v. 61, article 101861, 2020.

GRAHAM, S. *et al.* How do primary grade teachers teach handwriting? A national survey. *Reading and Writing*, v. 21, n. 1–2, p. 49–69, 2008.

GRASBY, K. L. *et al*. Estimating classroom-level influences on literacy and numeracy: a twin study. *Journal of Educational Psychology*, v. 112, n. 6, p. 1154–1166, 2020.

GROSS, M. U. Exceptionally gifted children: long-term outcomes of academic acceleration and nonacceleration. *Journal for the Education of the Gifted*, v. 29, n. 4, p. 404–429, 2006.

GUNDLACH, H. A. D. *Teacher turnover in schools and the profession*: a meta-analytic review. Thesis (Doctor of Philosophy) – Melbourne Graduate School of Education, University of Melbourne, Melbourne, 2022.

GUTIÉRREZ-DE-ROZAS, B.; LÓPEZ-MARTÍN, E.; CARPINTERO MOLINA, E. Defining the profile of students with low academic achievement: a cross-country analysis through PISA 2018 data. *Frontiers in Education*, v. 7, article 910039, 2022.

HALLINGER, P.; KOVAČEVIĆ, J. A bibliometric review of research on educational administration: science mapping the literature, 1960 to 2018. *Review of Educational Research*, v. 89, n. 3, p. 335–369, 2019.

HAMILTON, A.; HATTIE, J. A. C. *The lean education manifesto*: a synthesis of 900+ systematic reviews for visible learning in developing countries. New York: Routledge, 2022.

HAMILTON, A.; HATTIE, J. A. C.; WILIAM, D. *Room for impact*: a de-implementation guide for educators. Thousand Oaks: Corwin, 2023.

HAMILTON, A. *et al*. *Building to impact*: the 5D implementation playbook for educators. Thousand Oaks: Corwin, 2022.

HAMMERSTEIN, S. *et al*. Effects of covid-19-related school closures on student achievement-a systematic review. *Frontiers in Psychology*, v. 12, article 746289, 2021.

HAMPTON, S. E.; REISER, R. A. Effects of a theory-based feedback and consultation process on instruction and learning in college classrooms. *Research in Higher Education*, v. 45, n. 5, p. 497–527, 2004.

HANSFORD, B.; EHRICH, L. C. The principalship: how significant is mentoring? *Journal of Educational Administration*, v. 44, n. 1, p. 36–52, 2006.

HANUSHEK, E. A. Financing schools. *In*: HATTIE, J. A. C.; ANDERMAN, E. (ed.). *International guide to student achievement*. New York: Routledge, 2013. p. 134–136.

HANUSHEK, E. A. The impact of differential expenditures on school performance. *Educational Researcher*, v. 18, n. 4, p. 45–62, 1989.

HANUSHEK, E. A.; RIVKIN, S. G. Teacher quality. *In*: HANUSHEK, E. A.; WELCH, F. (ed.). *Handbook of the Economics of Education*. [*S. l.*]: Elsevier: 2006. v. 2, cap. 18, p. 1051–1078.

HANUSHEK, E. A.; WÖßMANN, L. Does educational tracking affect performance and inequality? Differences-in-differences evidence across countries. *The Economic Journal*, v. 116, n. 510, p. C63–C76, 2006.

HANUSHEK, E. A. *et al*. *The unwavering SES achievement gap*: trends in US student performance. Cambridge: Harvard Kennedy School, 2019.

HÄNZE, M.; BERGER, R. Cooperative learning, motivational effects, and student characteristics: an experimental study comparing cooperative learning and direct instruction in 12th grade physics classes. *Learning and Instruction*, v. 17, n. 1, p. 29–41, 2007.

HARGREAVES, A.; O'CONNOR, M. T. *Collaborative professionalism:* when teaching together means learning for all. Thousand Oaks: Corwin, 2018.

HARGREAVES, L.; GALTON, M. *Transfer from the primary classroom*. London: Routledge, 2002.

HART, B.; RISLEY, T. R. The early catastrophe: the 30 million word gap by age 3. *American Educator*, v. 27, n. 1, p. 4–9, 2003.

HARWELL, M. *et al*. The surprisingly modest relationship between SES and educational achievement. *The Journal of Experimental Education*, v. 85, n. 2, p. 197–214, 2017.

HATTIE, J. A. C. *An ode to expertise*. [Thousand Oaks]: Corwin, 2021. Disponível em: https://f.hubspotusercontent10.net/hubfs/1773015/John%20Hattie%20article_An%20 Ode%20to%20Expertise.pdf. Acesso em: 26 mar. 2024.

HATTIE, J. A. C. Conditions for administering creativity tests. *Psychological Bulletin*, v. 84, n. 6, p. 1249–1260, 1977.

HATTIE, J. A. C. *Implementing, scaling up, and valuing expertise to develop worthwhile outcomes in schools*. Surry Hills: ACEL, 2018. (Monograph, 58). William Walker Oration, Presented at the Annual Conference of the Australian Council for Educational Leaders, Sydney.

HATTIE, J. A. C. *Misinterpreting the growth mindset:* why we're doings students a disservice. 2017. Disponível em: https://blogs.edweek.org/edweek/finding_common_ ground/2017/06/misinterpreting_the_growth_mindset_why_were_doing_students_a_ disservice.html. Acesso em: 26 mar. 2024.

HATTIE, J. A. C. Narrow the gap, fix the tail, or close the curves: the power of words. *In*: RUBIE, C.; RAWLINSON, C. (ed.). *Challenging thinking about teaching and learning*. New York: Nova Science, 2009.

HATTIE, J. A. C. Processes of integrating, developing, and processing. *In*: MARSH, H. W.; CRAVEN, R. G.; McINERNEY, D. M. (ed.). *Self-processes, learning, and enabling human potential:* dynamic new approaches. Charlotte: Information Age, 2008a. p. 51–86.

HATTIE, J. A. C. *Self-concept*. Hillsdale: Erlbaum, 1992.

HATTIE, J. A. C. The paradox of reducing class size and improving learning outcomes. *International Journal of Educational Research*, v. 43, n. 6, p. 387–425, 2005.

HATTIE, J. A. C. *Visible learning:* a synthesis of over 800 meta-analyses relating to achievement. London: Routledge, 2008b.

HATTIE, J. A. C. *What doesn't work in education:* the politics of distraction. London: Pearson, 2015. Open Ideas at Pearsons.

HATTIE, J. A. C.; ANDERMAN, E. *International guide to student achievement*. London: Routledge, 2013.

HATTIE, J. A. C.; ANDERMAN, E. (ed.). *Visible learning:* guide to student achievement: schools edition. London: Routledge, 2020.

HATTIE, J. A. C.; BROWN, G. T. L. *Cognitive processes in assessment items:* SOLO taxonomy. Auckland: University of Auckland, 2004. (Assessment Tools for Teaching and Learning Technical Report, 43).

HATTIE, J. A. C.; CLARKE, S. *Visible learning:* feedback. London: Routledge, 2019.

HATTIE, J. A. C.; CLINTON, J. C. Identifying accomplished teachers: a validation study. *In:* INGVARSON, L.; HATTIE, J. A. C. (ed.). *Assessing teachers for professional certification:* the first decade of the National Board for Professional Teaching Standards. Oxford: Elsevier, 2008. cap. 11, p. 313–344. (Advances in Program Evaluation Series, 11).

HATTIE, J. A. C.; DONOGHUE, G. M. A model of learning: optimizing the effectiveness of learning strategies. *In:* ILLERIS, K. (ed.). *Contemporary theories of learning:* learning theorists... in their own words. 2nd ed. Routledge, 2018. p. 97–113.

HATTIE, J. A. C.; DONOGHUE, G. M. Learning strategies: a synthesis and conceptual model. *Nature: Science of Learning,* n. 1, 2016.

HATTIE, J. A. C.; GAN, M.; BROOKS, C. Instruction based on feedback. *In:* MAYER, R.; ALEXANDER, P. (ed.). *Handbook of research on learning and instruction.* 2nd ed. New York: Routledge, 2017. p. 249–271.

HATTIE, J. A. C.; HAMILTON, A. *Real GOLD vs. Fool's GOLD:* the visible learning methodology for finding what works best in education. Thousand Oaks: Corwin, 2020. Disponível em: https://www.visiblelearning.com/sites/default/files/Real%20Gold%20 vs.%20Fools%20Gold_FINAL_app.pdf. Acesso em: 27 mar. 2024.

HATTIE, J. A. C.; HATTIE, K. *10 steps to develop great learners:* visible learning for parents. Abingdon: Routledge, 2022.

HATTIE, J. A. C.; HODIS, F. A.; KANG, S. H. Theories of motivation: integration and ways forward. *Contemporary Educational Psychology,* v. 61, article 101865, 2020.

HATTIE, J. A. C.; JAEGER, R. M. Assessment and learning: a deductive approach. *Assessment in Higher Education,* v. 5, n. 1, p. 111–122, 1998.

HATTIE, J. A. C.; LARSEN, S. *The purposes of education:* a conversation between John Hattie and Steen Nepper Larsen. Abingdon: Routledge, 2020.

HATTIE, J. A. C.; PEDDIE, R. School reports: "praising with faint damns". *Set: Research Information for Teachers,* v. 3, p. 4–9, 2003. Disponível em: https://www.nzcer.org.nz/system/files/journals/set/downloads/set2003_3_004.pdf. Acesso em: 27 mar. 2024.

HATTIE, J. A. C.; PURDIE, N. The SOLO model: addressing fundamental measurement issues. *In:* DART, B.; BOULTON-LEWIS G. M. (ed.). *Teaching and learning in higher education.* Camberwell: Australian Council of Educational Research, 1998.

HATTIE, J. A. C.; ROGERS, H. J. Factor models for assessing the relation between creativity and intelligence. *Journal of Educational Psychology,* v. 78, n. 6, p. 482–485, 1986.

HATTIE, J. A. C.; TIMPERLEY, H. The power of feedback. *Review of Educational Research,* v. 77, n. 1, p. 81–112, 2007.

HATTIE, J. A. C.; ZIERER, K. *10 mindframes for visible learning:* teaching for success. New York: Routledge, 2018.

HATTIE, J. A. C. *et al. Collective student efficacy:* developing independent and inter-dependent learners. Thousand Oaks: Corwin, 2021a.

HATTIE, J. A. C. *et al.* Developing an evidence base model for the effects of teacher education programs on teacher candidates. *In:* SENG, T. O.; LIU, W. C. (ed.). *Teacher effectiveness:* capacity building in a complex learning era. Singapore: Cengage Learning Asia, 2015.

HATTIE, J. A. C. *et al.* Feedback that leads to improvement in student essays: testing the hypothesis that "where to next" feedback is most powerful. *Frontiers in Education*, v. 6, article 645758, 2021b.

HATTIE, K. Building a language of learning: the harvest home learner. *Connect*, v. 248, p. 7–10, 2021.

HEAROLD, S. L. Television and social behavior. *Evaluation in Education*, v. 4, p. 94–95, 1980.

HEDGES, L. V.; VEVEA, J. L. Fixed- and random-effects models in meta-analysis. *Psychological Methods*, v. 3 n. 4, p. 486–504, 1998.

HENRY, G. T.; BASTIAN, K. C.; FORTNER, C. K. Stayers and leavers: early career teacher effectiveness and attrition. *Educational Researcher*, v. 40, n. 6, p. 271–280, 2011.

HETLAND, L. Listening to music enhances spatial-temporal reasoning: evidence for the "Mozart effect". *Journal of Aesthetic Education*, v. 34, n. 3–4, p. 105–148, 2000.

HETTLEMAN, K. R. *Mislabeled as disabled:* the educational abuse of struggling learners and how we can fight it. New York: Radius Book Group, 2019.

HEW, K. F. *et al.* On the use of flipped classroom across various disciplines: insights from a second-order meta-analysis. *Australasian Journal of Educational Technology*, v. 37, n. 2, p. 132-151, 2021.

HIEBERT, J. *et al. Teaching mathematics in seven countries:* results from the TIMSS 1999 video study. Washington: National Center for Education Statistics, 2003. NCES 2003–013.

HIGGINS, S.; XIAO, Z.; KATSIPATAKI, M. *The impact of digital technology on learning:* a summary for the education endowment foundation: full report. [*S. l.*]: Education Endowment Foundation, 2012.

HILL, A. J.; JONES, D. B. Paying for whose performance? Teacher incentive pay and the black–white test score gap. *Educational Evaluation and Policy Analysis,* v. 43, n. 3, p. 445–471, 2021.

HO, P.; KAO, G. Educational achievement and attainment differences among minorities and immigrants. *In*: SCHNEIDER, B (ed.). *Handbook of the sociology of education in the 21st century.* Cham: Springer, 2018. p. 109–129.

HONG, S.; HO, H. Z. Direct and indirect longitudinal effects of parental involvement on student achievement: second-order latent growth modeling across ethnic groups. *Journal of Educational Psychology*, v. 97, n. 1, p. 32–42, 2005.

HOOVER, W. A.; TUNMER, W. E. *The cognitive foundations of reading and its acquisition:* a framework with applications connecting teaching and learning. Cham: Springer, 2020.

HORNBY, G.; GREAVES, D. *Essential evidence-based teaching strategies:* ensuring optimal academic achievement for students. Cham: Springer, 2022.

HORSLEY, M.; WALKER, R. *Reforming homework*: practices, learning and policy. South Yarra: Palgrave Macmillan, 2012.

HOSODA, M.; STONE-ROMERO, E. F.; COATS, G. The effects of physical attractiveness on job-related outcomes: a meta-analysis of experimental studies. *Personnel Psychology*, v. 56, n. 2, p. 431–462, 2003.

HOUGHTON, S. *et al.* Adolescents' longitudinal trajectories of mental health and loneliness: the impact of covid-19 school closures. *Journal of Adolescence*, v. 94, n. 2, p. 191–205, 2022.

HUANG, Y. *et al.* A meta-analytic review of school-based anti-bullying programs with a parent component. *International Journal of Bullying Prevention*, v. 1, n. 1, p. 32–44, 2019.

HUNTER, R. *Madeline Hunter's mastery teaching:* increasing instructional effectiveness in elementary and secondary schools. Thousand Oaks: Corwin, 2004.

INGERSOLL, R. Why some schools have more underqualified teachers than others. *In:* RAVITCH, D. (ed.). *Brookings papers on education policy.* Washington: Brookings Institution, 2004. p. 66–77.

INGERSOLL, R.; MERRILL, L.; STUCKEY, D. *Seven trends:* the transformation of the teaching force. Philadelphia: Consortium for Policy Research in Education, 2014. (CPRE Report, RR-80).

JACKSON, C. K.; BRUEGMANN, E. Teaching students and teaching each other: the importance of peer learning for teachers. *American Economic Journal: Applied Economics*, v. 1, n. 4, p. 85–108, 2009.

JANSEN, T. *et al.* Which student and instructional variables are most strongly related to academic motivation in K–12 education? A systematic review of meta-analyses. *Psychological Bulletin*, v. 148, n. 1–2, p. 1–26, 2022.

JENKINS, L. *Optimize your school:* it's all about the strategy. Thousand Oaks: Corwin, 2016.

JENNINGS, J. L. *et al.* Do differences in school quality matter more than we thought? New evidence on educational opportunity in the twenty-first century. *Sociology of Education*, v. 88, n. 1, p. 56–82, 2015.

JENSEN, B. *et al. Not so elementary:* primary school teacher quality in top-performing systems. Washington: National Center on Education and the Economy, ERIC, 2016.

KAHNEMAN, D. *Thinking, fast and slow.* New York: Farrar, Straus and Giroux, 2011.

KALOGRIDES, D.; LOEB, S. Different teachers, different peers: the magnitude of student sorting within schools. *Educational Researcher*, v. 42, n. 6, p. 304–316, 2013.

KANE, T. J. *et al. Have we identified effective teachers?* Validating measures of effective teaching using random assignment. [*S. l.*]: Bill & Melinda Gates Foundation, 2013.

KAPLAN, L. S.; OWINGS, W. A. *Teacher quality, teaching quality, and school improvement.* Bloomington: Phi Delta Kappa Educational Foundation, 2002. v. 499, p. 3–44. (Phi Delta Kappa Fastbacks).

KAPUR, M. Examining productive failure, productive success, unproductive failure, and unproductive success in learning. *Educational Psychologist*, v. 51, n. 2, p. 289–299, 2016.

KAPUR, M. *et al.* Fail, flip, fix, and feed: rethinking flipped learning: a review of meta-analyses and a subsequent meta-analysis. *Frontiers in Education*, v. 7, article 956416, 2022.

KARBACH, J.; UNGER, K. Executive control training from middle childhood to adolescence. *Frontiers in Psychology*, v. 5, article 390, 2014.

KARPICKE, J. D.; BLUNT, J. R. Retrieval practice produces more learning than elaborative studying with concept mapping. *Science*, v. 331, n. 6018, p. 772–775, 2011.

KAZDIN, A. E. *et al.* Empirical and clinical focus of child and adolescent psychotherapy research. *Journal of Consulting and Clinical Psychology*, v. 58, n. 6, p. 729–740, 1990.

KELLY, S. *et al.* Automatically measuring question authenticity in real-world classrooms. *Educational Researcher*, v. 47, n. 7, p. 451–464, 2018.

KENNEDY, M. Parsing the practice of teaching. *Journal of Teacher Education*, v. 67, n. 1, p. 6–17, 2016.

KENT, S. D. *The effects of acceleration on the social and emotional development of gifted elementary students:* a meta-analysis. 1992. Thesis (Doctor of Education) – University of Georgia, Athens, 1992.

KIM, S. Fifty years of parental involvement and achievement research: a second order meta-analysis. *Educational Research Review*, v. 37, article 100463, 2022.

KING, R. B.; AREEPATTAMANNIL, S. What students feel in school influences the strategies they use for learning: academic emotions and cognitive/metacognitive strategies. *Journal of Pacific Rim Psychology*, v. 8, n. 1, p. 18–27, 2014.

KIRSCHNER, P.; SWELLER, J.; CLARK, R. E. *Why unguided learning does not work:* an analysis of the failure of discovery learning, problem-based learning, experiential learning and inquiry-based learning. 2004. Rascunho final submetido ao Educational Psychologist.

KIRSCHNER, P. A.; HENDRICK, C.; HEAL, J. *How teaching happens:* seminal works in teaching and teacher effectiveness and what they mean in practice. Abingdon: Routledge, 2022.

KNIGHT, J. Instructional coaching for implementing visible learning: a model for translating research into practice. *Education Sciences*, v. 9, n. 2, 2019.

KNOGLER, M.; HETMANEK, A.; SEIDEL, T. Bestimmung und Bereitstellung der best available "Evidenz für bestimmte Praxisfelder im Bildungsbereich. *In:* McELVANY, N. *et al.* (Hrsg). *Optimierung schulischer Bildungsprozesse*: what works? Münster: Waxmann, 2022. Band 6, p. 135–144.

KOESTLER, A. *The act of creation.* New York: MacMillan, 1964.

KÖNIG, C.; FREY, A. The impact of covid-19-related school closures on student achievement: a meta-analysis. *Educational Measurement: Issues and Practice*, v. 41, n. 1, p. 16–22, 2022.

KONSTANTOPOULOS, S. Trends of school effects on student achievement: evidence from NLS: 72, HSB: 82, and NELS: 92. *Teachers College Record*, v. 108, n. 12, p. 2550–2581, 2006.

KOO, M. *et al.* The timing of help: receiving help toward the end (vs. beginning) undermines psychological ownership and subjective well-being. *Journal of Personality and Social Psychology*, v. 124, n. 4, p. 772–795, 2022.

KORNHALL, P.; BENDER, G. *School segregation in Sweden:* evidence from the local level. Vilnius: PPMI, 2019. NESET Ad hoc report. 1/2019.

KOROUS, K. M. *et al.* A systematic overview of meta-analyses on socioeconomic status, cognitive ability, and achievement: the need to focus on specific pathways. *Psychological Reports*, v. 125, n. 1, p. 55–97, 2020.

KOTTER, J. P. *Leading change.* Boston: Harvard Business, 2012.

KOUNIN, J. S. *Discipline and group management in classrooms*. New York: Rinehart & Winston, 1970.

KOZOL, J. *The shame of the nation:* the restoration of apartheid schooling in America. New York: Crown, 2005.

KRAFT, M. A. Interpreting effect sizes of education interventions. *Educational Researcher*, v. 49, n. 4, p. 241–253, 2020.

KUCHIRKO, Y. On differences and deficits: a critique of the theoretical and methodological underpinnings of the word gap. *Journal of Early Childhood Literacy*, v. 19, n. 4, p. 533–562, 2019.

KULIK, J. A.; KULIK, C. L. C. Timing of feedback and verbal learning. *Review of Educational Research*, v. 58, n. 1, p. 79–97, 1988.

KUNZ, J. Parental divorce and children's interpersonal relationships: a metaanalysis. *In:* EVERETT, C. A. (ed.). *Divorce and the next generation:* perspectives for young adults in the new millennium. New York: Haworth Clinical Practice, 2018. p. 19–47.

KVARVEN, A.; STRØMLAND, E.; JOHANNESSON, M. Comparing meta-analyses and preregistered multiple-laboratory replication projects. *Nature Human Behaviour*, v. 4, p. 423–434, 2020.

LADD, H. F. Teacher effects: what do we know. *In:* DUNCAN, G.; SPILLANE, J. (ed.). *Teacher quality:* broadening and deepening the debate. Evanston: Northwestern University, 2008. p. 3–26.

LADD, H. F.; SORENSEN, L. C. Returns to teacher experience: student achievement and motivation in middle school. *Education Finance and Policy*, v. 12, n. 2, p. 241–279, 2017.

LAI, P.; BIGGS, J. Who benefits from mastery learning? *Contemporary Educational Psychology*, v. 19, n. 1, p. 13–23, 1994.

LANKSHEAR, C.; McLAREN, P. L. (ed.). *Critical literacy:* politics, praxis, and the postmodern. Albany: SUNY, 1993.

LAZARUS, R. S.; FOLKMAN, S. *Stress, appraisal, and coping*. New York: Springer, 1984.

LEE, H. *et al.* Systematic review of formative assessment: efficacy and characteristics. *In:* ANNUAL MEETING OF THE AMERICAN EDUCATIONAL RESEARCH ASSOCIATION, 2018, New York. *Proceedings...* Washington: AERA, 2018. The Dreams, Possibilities, and Necessity of Public Education.

LEE, J. Is test-driven external accountability effective? A meta-analysis of the evidence from cross-state causal-comparative and correlational studies. *In:* ANNUAL MEETING OF THE AMERICAN EDUCATIONAL RESEARCH ASSOCIATION, 2006, San Francisco. *Proceedings...* Washington: AERA, 2006. Education Research in the Public Interest.

LEE, S. W. Pulling back the curtain: revealing the cumulative importance of high-performing, highly qualified teachers on students' educational outcome. *Educational Evaluation and Policy Analysis*, v. 40, n. 3, p. 359–381, 2018.

LEE, S. W.; KIM, C.; KIM, D. H. A meta-analysis of the effect of school based anti-bullying programs. *Journal of Child Health Care*, v. 19, n. 2, p. 136–153, 2015.

LEE, V. E.; SMITH, J. B. High school size: which works best and for whom? *Educational Evaluation and Policy Analysis*, v. 19, n. 3, p. 205–227, 1997.

LEE, W.; REEVE, J. Teachers' estimates of their students' motivation and engagement: being in synch with students. *Educational Psychology*, v. 32, n. 6, p. 727–747, 2012.

LEESON, H. *Catholic education Melbourne collaborative impact program evaluation report, 2015*. Sidney: Cognition, 2016.

LEESON, H. *Northern territory collaborative impact program evaluation report, 2015*. Sidney: Cognition, 2017.

LEFSTEIN, A. *et al*. Taking stock of research on teacher collaborative discourse: theory and method in a nascent field. *Teaching and Teacher Education*, v. 88, article 102954, 2020.

LEITHWOOD, K.; JANTZI, D. A review of empirical evidence about school size effects: a policy perspective. *Review of Educational Research*, v. 79, n. 1, p. 464–490, 2009.

LEMOV, D. *Teach like a champion field guide*: a practical resource to make the 49 techniques your own. San Francisco: Wiley, 2012.

LESTER, S.; LAWRENCE, C.; WARD, C. L. What do we know about preventing school violence? A systematic review of systematic reviews. *Psychology, Health & Medicine*, v. 22, p. 187–223, 2017. Supl. 1.

LEVIN, H. M. Cost-effectiveness and educational policy. *Educational Evaluation and Policy Analysis*, v. 10, n. 1, p. 51–69, 1988.

LEVIN, H. M.; BELFIELD, C. Guiding the development and use of cost effectiveness analysis in education. *Journal of Research on Educational Effectiveness*, v. 8, n. 3, p. 400–418, 2015.

LEVINE, A. *Educating school teachers*. 2006. Disponível em: www.edschools.org/pdf/Educating_Teachers_Report.pdf. Acesso em: 29 mar. 2024.

LEVY, S. R. *et al*. Systemic approaches to reduce prejudice in schools. *In*: LOPEZ, E.; NAHARI, S.; PROCTOR, S. L. (ed.). *Handbook of multicultural school psychology*: an interdisciplinary perspective. New York: Routledge, 2017. p. 237–257.

LIETZ, P. *Variance in performance between students within schools and between schools*. Victoria: ACER, 2009.

LILLARD, A. S. *et al*. The impact of pretend play on children's development: a review of the evidence. *Psychological Bulletin*, v. 139, n. 1, p. 1–34, 2013.

LIPNEVICH, A. A.; BERG, D. A.; SMITH, J. K. Toward a model of student response to feedback. *In*: BROWN, G. T. L.; HARRIS, L. R. (ed.). *Handbook of human and social conditions in assessment*. New York: Routledge, 2016. p. 169–185.

LITTLE, J. W. The persistence of privacy: autonomy and initiative in teachers' professional relations. *Teachers College Record*, v. 91, n. 4, p. 509–536, 1990.

LIU, J.; COHEN, J. Measuring teaching practices at scale: a novel application of text-as-data methods. *Educational Evaluation and Policy Analysis*, v. 43, n. 4, p. 587–614, 2021.

LOMAS, J. D. *et al*. Is difficulty overrated? The effects of choice, novelty and suspense on intrinsic motivation in educational games. *In*: CHI CONFERENCE ON HUMAN FACTORS IN COMPUTING SYSTEMS, 2017, Denver. *Proceedings...* New York: 2017. p. 1028–1039.

LOPEZ-AGUDO, L. A.; MARCENARO-GUTIERREZ, O. D. Instruction time and students' academic achievement: a cross-country comparison. *Compare*: a Journal of Comparative and International Education, v. 52, n. 1, p. 75–91, 2022.

LORTIE-FORGUES, H.; SIO, U. N.; INGLIS, M. How should educational effects be communicated to teachers? *Educational Researcher*, v. 50, n. 6, p. 345–354, 2021.

LOVELESS, T. *The tracking wars:* state reform meets school policy. Washington: Brookings Institution, 1999.

LOVELL, O. *Sweller's cognitive load theory in action*. Melton: John Catt Educational, 2020.

LU, L.; RICKARD, K. *Value added models for NSW government schools*. [S. l.]: Centre for Education Statistics and Evaluation, 2014. Disponível em: www.cese.nsw.gov.au//images/stories/PDF/VAPaper_v3-1Final.pdf. Acesso em: 30 mar. 2024.

LUCHINI, C. *et al*. Assessing the quality of studies in meta-research: review/guidelines on the most important quality assessment tools. *Pharmaceutical Statistics*, v. 20, n. 1, p. 185–195, 2021.

LUGINI, L. *et al*. Discussion tracker: supporting teacher learning about students' collaborative argumentation in high school classrooms. *In*: INTERNATIONAL CONFERENCE ON COMPUTATIONAL LINGUISTICS, 28., 2020, Barcelona. *Proceedings...* New York: International Committee on Computational Linguistics, 2020.

LUHMANN, N. *Theory of society*. Stanford: Stanford University, 2013. v. 2.

LUIK, P. Characteristics of drills related to development of skills. *Journal of Computer Assisted Learning*, v. 23, n. 1, p. 56–68, 2007.

LUYTEN, H.; HENDRIKS, M.; SCHEERENS, J. *School size effects revisited:* a qualitative and quantitative review of the research evidence in primary and secondary education. Cham: Springer, 2014.

MACKLIN, P.; ZBAR, V. *Driving school improvement:* practical strategies and tools. 2nd ed. Victoria: ACER, 2020.

MAGNUSSON, S.; KRAJCIK, J.; BORKO, H. Nature, sources, and development of pedagogical content knowledge for science teaching. *In*: GESS-NEWSOME, J.; LEDERMAN, N. (ed.). *Examining pedagogical content knowledge*: the construct and its implications for science education. New York: Kluwer, 1999. p. 95–132.

MAHLER, A. G. *From the tricontinental to the global south:* race, radicalism, and transnational solidarity. Durham: Duke University, 2018.

MANACORDA, M. The cost of grade retention. *The Review of Economics and Statistics*, v. 94, n. 2, p. 596–606, 2012.

MANDOUIT, L. W. *Investigating how students receive, interpret, and respond to teacher feedback*. 2020. Thesis (Doctor of Education) – Faculty of Education, University of Melbourne, Melbourne, 2020.

MARKS, G. N. Should value-added school effects models include student-and school-level covariates? Evidence from Australian population assessment data. *British Educational Research Journal*, v. 47, n. 1, p. 181–204, 2021.

MARKS, G. N. The size, stability, and consistency of school effects: evidence from Victoria. *School Effectiveness and School Improvement*, v. 26, n. 3, p. 397–414, 2015.

MARKS, G. N.; O'CONNELL, M. No evidence for cumulating socioeconomic advantage. Ability explains increasing SES effects with age on children's domain test scores. *Intelligence*, v. 88, article 101582, 2021.

MARSDEN, J. *Take risks*. Sidney: MacMillan, 2021.

476 Referências

MARSH, H. W.; DICKE, T.; PFEIFFER, M. A tale of two quests: the (almost) non-overlapping research literatures on students' evaluations of secondary school and university teachers. *Contemporary Educational Psychology*, v. 58, p. 1–18, 2019.

MARSH, H. W.; KLEITMAN, S. Consequences of employment during high school: character building, subversion of academic goals, or a threshold? *American Educational Research Journal*, v. 42, n. 2, p. 331–369, 2005.

MARSH, H. W. *et al.* Long-term positive effects of repeating a year in school: six-year longitudinal study of self-beliefs, anxiety, social relations, school grades, and test scores. *Journal of Educational Psychology*, v. 109, n. 3, p. 425–438, 2017.

MARTIN, A. J. Personal bests (PBs): a proposed multidimensional model and empirical analysis. *British Journal of Educational Psychology*, v. 76, n. 4, p. 803–825, 2006.

MARTIN, F. *et al.* Examining research on the impact of distance and online learning: a second-order meta-analysis study. *Educational Research Review*, v. 36, article 100438, 2022.

MARTON, F. *Necessary conditions of learning*. New York: Routledge, 2015.

MARTON, F. ; PANG, M. F. On some necessary conditions of learning. *The Journal of the Learning Sciences*, v. 15, n. 2, p. 193–220, 2006.

MARZANO, R. J. *The art and science of teaching*: a comprehensive framework for effective instruction. Alexandria: ASCD, 2007.

MARZANO, R. J. *The Marzano compendium of instructional strategies*. Bloomington: Marzano Research, 2016.

MARZANO, R. J.; GADDY, B. B.; DEAN, C. What works in classroom instruction. Washington: Office of Educational Research and Improvement, 2000. ERIC documents 468 434.

MASON, D. A.; BURNS, R. B. "Simply no worse and simply no better" may simply be wrong: a critique of Veenman's conclusion about multigrade classes. *Review of Educational Research*, v. 66, v. 3, p. 307–322, 1996.

MATEUS. *In:* BÍBLIA Sagrada: Antigo e o Novo Testamento. 2. ed. Barueri: Sociedade Bíblica do Brasil, 1993. cap. 25, vers. 29.

MATHUR, M. B.; VANDERWEELE, T. J. Estimating publication bias in meta-analyses of peer-reviewed studies: a meta-meta-analysis across disciplines and journal tiers. *Research Synthesis Methods*, v. 12, n. 2, p. 176–191, 2021.

MAVILIDI, M. F. *et al.* Relative age effects on academic achievement in the first ten years of formal schooling: a nationally representative longitudinal prospective study. *Journal of Educational Psychology*, v. 114, n. 2, p. 308–325, 2022.

MAYER, R. E. Illustrations that instruct. *In:* GLASER, R. (ed.). *Advances in instructional psychology*. New York: Routledge, 2019. v. 4, p. 253–284.

McCRAE, R. R.; COSTA JR, P. T. Personality trait structure as a human universal. *American Psychologist*, v. 52, n. 5, p. 509–516, 1997.

McDONALD, R. P. *Factor analysis and related methods*. New York: Psychology, 2014. E-book.

McDONALD, T. *Classroom management*: engaging students in learning. 3rd ed. Docklands: Oxford University, 2019.

McKNIGHT, L.; WHITBURN, B. Seven reasons to question the hegemony of Visible Learning. *Discourse: Studies in the Cultural Politics of Education*, v. 41, n. 1, p. 32–44, 2020.

MEIER, D. W. The big benefits of smallness. *Educational Leadership*, v. 54, p. 12–15, 1996.

MEINHARDT, J.; PEKRUN, R. Attentional resource allocation to emotional events: an ERP study. *Cognition and Emotion*, v. 17, n. 3, p. 477–500, 2003.

MEISELS, S. J.; LIAW, F. Failure in grade: do retained students catch up? *The Journal of Educational Research*, v. 87, n. 2, p. 69–77, 1993.

MERCER, N.; HENNESSY, S.; WARWICK, P. Dialogue, thinking together and digital technology in the classroom: some educational implications of a continuing line of inquiry. *International Journal of Educational Research*, v. 97, p. 187–199, 2019.

MERRILL, M. D. First principles of instruction. *Educational Technology Research and Development*, v. 50, n. 3, p. 43–59, 2002.

MEYER, B. J.; YOUNG, C. J.; BARTLETT, B. J. *Memory improved:* reading and memory enhancement across the life span through strategic text structures. New York: Psychology, 2014. E-book.

MIHALCA, L.; MENGELKAMP, C. Effects of induced levels of prior knowledge on monitoring accuracy and performance when learning from self-regulated problem solving. *Journal of Educational Psychology*, v. 112, n. 4, p. 795–810, 2020.

MILLER-COTTO, D.; BYRNES, J. P. Ethnic/racial identity and academic achievement: a meta-analytic review. *Developmental Review*, v. 41, p. 51–70, 2016.

MITCHELL, D.; SUTHERLAND, D. *What really works in special and inclusive education.* 3rd ed. Abingdon: Routledge, 2020.

MIYAKE, A.; FRIEDMAN, N. P. The nature and organization of individual differences in executive functions: four general conclusions. *Current Directions in Psychological Science*, v. 21, n. 1, p. 8–14, 2012.

MODECKI, K. L. *et al.* Bullying prevalence across contexts: a meta-analysis measuring cyber and traditional bullying. *Journal of Adolescent Health*, v. 55, n. 5, p. 602–611, 2014.

MOIR, S.; HATTIE, J.; JANSEN, C. Teacher perspectives of "effective" leadership in schools. *Australian Education Leader*, v. 36, n. 4, p. 36–41, 2014.

MORELL, M. *et al.* Grit: the long and short of it. *Journal of Educational Psychology*, v. 113, n. 5, p. 1038–1058, 2020.

MORENO, S. Can music influence language and cognition? *Contemporary Music Review*, v. 28, n. 3, p. 329–345, 2009.

MUHLENBRUCK, L. *et al.* Homework and achievement: explaining the different strengths of relation at the elementary and secondary school levels. *Social Psychology of Education*, v. 3, n. 4, p. 295–317, 1999.

MURANO, D.; SAWYER, J. E.; LIPNEVICH, A. A. A meta-analytic review of preschool social and emotional learning interventions. *Review of Educational Research*, v. 90, n. 2, p. 227–263, 2020.

MURPHY, D. *Relationships between innovative learning environments, teacher mind frames and deep learning.* 2020. Thesis (Doctor of Philosophy) – Melbourne Graduate School of Education, University of Melbourne, Melbourne, 2020.

MURPHY, P. K. *et al.* Examining the effects of classroom discussion on students' comprehension of text: a meta-analysis. *Journal of Educational Psychology*, v. 101, n. 3, p. 740–764, 2009.

NARCISS, S.; HUTH, K. How to design informative tutoring feedback for multimedia learning. *In*: NIEGEMANN, H. M.; LEUTNER, D.; BRÜNKEN, R. (ed.). *Instructional design for multimedia learning*. Münster: Waxmann, 2004. p. 181–195.

NASIR, N. S. *et al.* Rethinking learning: what the interdisciplinary science tells us. *Educational Researcher*, v. 50, n. 8, p. 557–565, 2021.

NATIONAL EQUITY PROJECT. 2018. Disponível em: www.nationalequityproject.org/board. Acesso em: 31 mar. 2024.

NEELEMAN, A. The scope of school autonomy in practice: an empirically based classification of school interventions. *Journal of Educational Change*, v. 20, n. 1, p. 31–55, 2019.

NEWTON, D. P.; NEWTON, L. D. Humanoid robots as teachers and a proposed code of practice. *Frontiers in Education*, v. 4, article 125, 2019.

NGOC, P. N. *et al.* A meta-analysis of students' readiness assurance test performance with team-based learning. *BMC Medical Education*, v. 20, article 223, 2020.

NOETEL, M. *et al.* Multimedia design for learning: an overview of reviews with meta-meta-analysis. *Review of Educational Research*, v. 92, n. 3, p. 413–454, 2022.

NOLAN, J. M. *et al.* She who teaches learns: performance benefits of a jigsaw activity in a college classroom. *Scholarship of Teaching and Learning in Psychology*, v. 4, n. 2, p. 93–104, 2018.

NUTHALL, G. *The hidden lives of learners*. Wellington: New Zealand Council for Education Research, 2007.

NYE, B.; KONSTANTOPOULOS, S.; HEDGES, L. V. How large are teacher effects? *Educational Evaluation and Policy Analysis*, v. 26, n. 3, p. 237–257, 2004.

NYSTRAND, M.; GAMORAN, A.; CARBONARO, W. On the ecology of classroom instruction: the case of writing in high school English and social studies. *In*: TYNJÄLÄ, P.; MASON, L.; LONKA, K. (ed.). *Writing as a learning tool*: integrating theory and practice. Dordrecht: Springer, 2001. (Studies in Writing, 7). p. 57–81.

NYSTRAND, M.; GAMORAN, A.; CARBONARO, W. *Towards an ecology of learning*: the case of classroom discourse and its effects on writing in *High School English* and social studies. [*S. l.*]: National Research Center on English Learning and Achievement, 1998. v. 2.

OAKES, J. Can tracking research inform practice? Technical, normative, and political considerations. *Educational Researcher*, v. 21, n. 4, p. 12–21, 1992.

OAKES, J. *Keeping track*: how schools structure inequality. 2nd ed. New Haven: Yale University, 2005.

OAKES, J.; GAMORAN, A.; PAGE, R. N. Curriculum differentiation: opportunities, outcomes, and meanings. *In*: JACKSON, P. W. (ed.). *Handbook of research on curriculum*: a project of the American Educational Research Association. New York: Macmillan, 1992. p. 570–608.

OAKES, J.; WELLS, A. S. *Beyond the technicalities of school reform*: policy lessons from detracking schools. Los Angeles: UCLA Graduate School of Education & Information Studies, 1996.

OAKES, J. *et al. Multiplying inequalities:* the effects of race, social class, and tracking on opportunities to learn mathematics and science. Santa Monica: RAND, 1990.

O'CONNELL, M.; MARKS, G. N. Cognitive ability and conscientiousness are more important than SES for educational attainment: an analysis of the UK Millennium Cohort Study. *Personality and Individual Differences*, v. 188, article 111471, 2022.

O'CONNOR, P. Visible learning and whole language: revisiting the "garbage in, garbage out" problem. *Australian Journal of Language and Literacy*, v. 43, n. 2, p. 141–151, 2020.

OECD. *Back to the future of education:* four OECD scenarios for schooling. 2021. Disponível em: www.oecd.org/education/back-to-the-future-s-of-education-178ef527-en.htm. Acesso em: 31 mar. 2024.

OECD. How is learning time organised in primary and secondary education? *Education Indicators in Focus*, n. 38, p. 1–4, 2016.

OECD. How much time do primary and lower secondary students spend in the classroom? *Education Indicators in Focus*, n. 22, 2014.

OECD. *PISA 2009 results*: What makes a school successful? Resources, policies and practices. [Paris]: OECD, 2010. v. 4.

OGBU, J. U. Collective identity and the burden of "acting white" in black history, community, and education. *The Urban Review*, v. 36, n. 1, p. 1–35, 2004.

O'LEARY, T. M.; HATTIE, J. A. C.; GRIFFIN, P. Actual interpretations and use of scores as aspects of validity. *Educational Measurement: Issues and Practice*, v. 36, n. 2, p. 16–23, 2017.

OLIVER, M.; McCONNEY, A.; WOODS-McCONNEY, A. The efficacy of inquiry-based instruction in science: a comparative analysis of six countries using PISA 2015. *Research in Science Education*, v. 51, n. 2, p. 595–616, 2021. Supl.

OLIVOLA, C. Y.; TODOROV, A. Fooled by first impressions? Reexamining the diagnostic value of appearance-based inferences. *Journal of Experimental Social Psychology*, v. 46, n. 2, p. 315–324, 2010.

ORWIN, R. G. A fail-safe N for effect size in meta-analysis. *Journal of Educational Statistics*, v. 8, n. 2, p. 157–159, 1983.

OSBORN, A. F. *Applied imagination:* principles and procedures of creative problem solving. 3rd ed. New York: Scribner, 1963.

OTA, D. W. *Safe passage:* how mobility affects people and what international schools should do about it. Great Britain: Summertime, 2014.

OWEN, A. M. *et al.* Putting brain training to the test. *Nature*, v. 465, p. 775–778, 2010.

PAGE, R. N. *Lower-track classrooms:* a curricular and cultural perspective. New York: Teachers College, 1991.

PAPATHEODOROU, S. Umbrella reviews: what they are and why we need them. *European Journal of Epidemiology*, v. 34, n. 6, p. 543–546, 2019.

PAPAY, J. P.; KRAFT, M. A. Productivity returns to experience in the teacher labor market: methodological challenges and new evidence on long-term career improvement. *Journal of Public Economics*, v. 130, p. 105–119, 2015.

PARKER, P. *et al.* Ability stratification predicts the size of the big-fish-little-pond effect. *Educational Researcher*, v. 50, n. 6, p. 334–344, 2021.

480 Referências

PASCARELLA, E. T.; TERENZINI, P. T. *How college affects students*. San Francisco: Jossey-Bass, 1991.

PATZER, G. L. *The physical attractiveness phenomena*. Boston: Springer, 2012. E-book.

PEGG, J.; TALL, D. The fundamental cycle of concept construction underlying various theoretical frameworks. *In*: SRIRAMAN, B.; ENGLISH, L. (ed.). *Theories of mathematics education*: seeking new frontiers. Heidelberg: Springer, 2010. p. 173–192.

PEKRUN, R. *et al. Emotions at school*. New York: Routledge, 2018.

PERKINS, D. *Future wise*: educating our children for a changing world. San Francisco: Wiley, 2014.

PETERS, R. S. *The concept of motivation*. 2nd ed. London: Routledge, 1960.

PETIT, M. M. *et al. A focus on fractions*: bringing research to the classroom. 2nd ed. New York: Routledge, 2016.

PETTY, G. *Teaching today*: a practical guide. 5th ed. Oxford: Oxford University, 2016.

PHILLIPS, D. C. The good, the bad, and the ugly: the many faces of constructivism. *Educational Researcher*, v. 24, n. 7, p. 5–12, 1995.

PHILLIPSON, S. Parental expectations: the influence of the significant other on school achievement. *In*: PHILLIPSON, S.; KU, K. Y. L.; PHILLIPSON, S. N. (ed.). *Constructing educational achievement*: a sociocultural perspective. London: Routledge, 2013. p. 87–104.

PIAGET, J. *The origins of intelligence*. New York: International University, 1952.

PIAGET, J.; INHELDER, B. Intellectual operations and their development. *In*: OLERON, P. *et al.* (ed.). *VII intelligence*: experimental psychology: its source and method. London: Routledge, 1969. p. 144–205.

PICKER, K. *Examining the relationship between teacher reading content knowledge, pedagogy and children's learning experiences*. 2022. Thesis (Doctor of Philosophy) – Faculty of Education, University of Melbourne, Melbourne, 2022.

PIKETTY, T. *Brief history of equality*. Cambridge: Belknap, 2022.

PINQUART, M.; KAUSER, R. Do the associations of parenting styles with behavior problems and academic achievement vary by culture? Results from a meta-analysis. *Cultural Diversity and Ethnic Minority Psychology*, v. 24, n. 1, p. 75–100, 2018.

PINTRICH, P. R. Multiple goals, multiple pathways: the role of goal orientation in learning and achievement. *Journal of Educational Psychology*, v. 92, n. 3, p. 544–555, 2000.

PODOLSKY, A.; KINI, T.; DARLING-HAMMOND, L. Does teaching experience increase teacher effectiveness? A review of US research. *Journal of Professional Capital and Community*, v. 4, n. 4, p. 286–308, 2019.

POLLOCK, J. E.; TOLONE, L. J. *Improving student learning one teacher at a time*. 2nd ed. Alexandria: ASCD, 2020. E-book.

POLYA, G. *How to solve it*: a new aspect of mathematical method. 2nd e. Princeton: Princeton University, 1971.

POPPER, K. Philosophy of science: a personal report. *In:* MACE, C. A. (ed.). British Philosophy in the Mid-Century: a Cambridge Symposium. London: George Allen & Unwin, 1957. p. 155–194.

POPPER, K. *The logic of scientific discovery*. London: Routledge, 1992.

PORTER, A. *et al.* Common core standards: the new US intended curriculum. *Educational Researcher*, v. 40, n. 3, p. 103–116, 2011.

POSTMAN, N.; WEINGARTNER, C. *Teaching as a subversive activity*. [*S. l.*]: Delta, 1971.

POWELL, D. R. *et al.* Effects of an early literacy professional development intervention on head start teachers and children. *Journal of Educational Psychology*, v. 102, n. 2, p. 299–312, 2010.

PRATT, S.; GEORGE, R. Transferring friendship: girls' and boys' friendships in the transition from primary to secondary school. *Children and Society*, v. 19, n. 1, p. 16–26, 2005.

PRESSLEY, M. *Reading instruction that works:* the case for balanced teaching. New York: Guilford, 1998.

PRESSLEY, M.; BORKWSKI, J. G.; SCHNEIDER, W. Good information processing: what it is and how education can promote it. *International Journal of Educational Research*, v. 13, n. 8, p. 857–867, 1989.

PRESSLEY, M. *et al.* Teaching processes in elementary and secondary education. *In*: REYNOLDS, W. M.; MILLER, G. E. (ed.). *Handbook of psychology:* educational psychology. New York: Wiley, 2003. v. 7, p. 153–175.

PURKEY, W. W.; NOVAK, J. M.; FRETZ, J. R. *Developing inviting schools:* a beneficial framework for teaching and leading. New York: Teachers College, 2020.

PYCHYL, T. A. *et al.* Five days of emotion: an experience sampling study of undergraduate student procrastination. *Journal of Social Behaviour and Personality*, v. 15, n. 5, p. 239–254, 2000.

QUINN, J. *et al. Dive into deep learning:* tools for engagement. Thousand Oaks: Corwin, 2020.

QVORTRUP, L. The new knowledge regions: from simple to complex innovation theory. *In*: COOKE, P.; PICCALUGA, A. (ed.). *Regional development in the knowledge economy.* Abingdon: Routledge, 2006. p. 246–271.

RAPHAEL, T. E.; McMAHON, S. I. Book club: an alternative framework for reading instruction. *The Reading Teacher*, v. 48, n. 2, p. 102–116, 1994.

RAYMOND, M. E.; HANUSHEK, E. A. High-stakes research: the campaign against accountability has brought forth a tide of negative anecdotes and deeply flawed research. Solid analysis reveals a brighter picture. *Education Next*, v. 3, n. 3, p. 48–55, 2003.

REDDING, C.; GRISSOM, J. A. Do students in gifted programs perform better? Linking gifted program participation to achievement and nonachievement outcomes. *Educational Evaluation and Policy Analysis*, v. 43, n. 3, p. 520–544, 2021.

REEVE, J. *et al. Supporting student motivation:* strategies for success. London: Taylor & Francis, 2022.

REEVES, D. B. *Finding your leadership focus:* what matters most for student results. New York: Teachers College, 2015.

RICHARDSON, P. W.; WATT, H. M. Factors influencing teaching choice: why do future teachers choose the career? *In*: LOUGHRAN, J.; HAMILTON, M L. (ed.). *International handbook of teacher education.* Singapore: Springer, 2016. v. 2, p. 275–304.

RICKARDS, F.; HATTIE, J. A. C.; REID, C. *The turning point:* growing expertise, evaluative thinking, and the future of the teaching profession. London: Routledge, 2021.

RINDERMANN, H.; ACKERMANN, A. L. Piagetian tasks and psychometric intelligence: different or similar constructs? *Psychological Reports*, v. 124, n. 6, p. 2795–2821, 2021.

RIOS, J. A. *et al.* Identifying critical 21st-century skills for workplace success: a content analysis of job advertisements. *Educational Researcher*, v. 49, n. 2, p. 80–89, 2020.

RIS, E. W. Grit: a short history of a useful concept. *Journal of Educational Controversy*, v. 10, n. 1, article 3, 2015.

RITCHHART, R.; CHURCH, M. *The power of making thinking visible:* practices to engage and empower all learners. San Francisco: Wiley, 2020.

ROBINSON, B.; SCHAIBLE, R. M. Collaborative teaching: reaping the benefits. *College Teaching*, v. 43, n. 2, p. 57–59, 1995.

ROBINSON, V. *Student-centered leadership*. San Francisco: Wiley, 2011.

ROGERS, C.; LYON, H.; TAUSCH, R. *On becoming an effective teacher:* person centered teaching, psychology, philosophy, and dialogues with Carl R. Rogers and Harold Lyon. London: Routledge, 2014.

ROLLETT, W.; BIJLSMA, H.; RÖHL, S. *Student feedback on teaching in schools:* using student perceptions for the development of teaching and teachers. Cham: Springer, 2021.

ROQUE, R.; RUSK, N.; RESNICK, M. Supporting diverse and creative collaboration in the Scratch online community. *In*: CRESS, U.; MOSKALIUK, J.; JEONG, H. (ed.). *Mass collaboration and education*. Cham: Springer, 2016. p. 241–256.

ROSENBLATT, L. M. *The reader, the text, the poem:* the transactional theory of the literary work. Carbondale: Southern Illinois University, 1978.

ROSENSHINE, B. High-stakes testing: another analysis. *Education Policy Analysis Archives*, v. 11, n. 24, 2003.

ROSENTHAL, R. The "file drawer problem" and tolerance for null results. *Psychological Bulletin*, v. 86, n. 3, p. 638–641, 1979.

ROSETH, C. J.; LEE, Y. K.; SALTARELLI, W. A. Reconsidering jigsaw social psychology: longitudinal effects on social interdependence, sociocognitive conflict regulation, motivation, and achievement. *Journal of Educational Psychology*, v. 111, n. 1, p. 149–169, 2019.

ROWAN, B.; CORRENTI, R.; MILLER, R. J. What large-scale, survey research tells us about teacher effects on student achievement: insights from the prospects study of elementary schools. *Teachers College Record*, v. 104, n. 8, p. 1525–1567, 2002.

RUBIE-DAVIES, C. M. *Becoming a high expectation teacher:* raising the bar. Abingdon: Routledge, 2015.

RUBIE-DAVIES, C. M. *Teacher expectations in education*. New York: Routledge, 2018.

RUBIE-DAVIES, C. M.; HATTIE, J.; HAMILTON, R. Expecting the best for students: teacher expectations and academic outcomes. *British Journal of Educational Psychology*, v. 76, n. 3, p. 429–444, 2006.

RUMBERGER, R. W.; PALARDY, G. J. Does segregation still matter? The impact of student composition on academic achievement in high school. *Teachers College Record*, v. 107, n. 9, p. 1999–2045, 2005.

RUSSELL, D. Intention as action under development: why intention is not a mental state. *Canadian Journal of Philosophy*, v. 48, n. 5, p. 742–761, 2018.

RUTTER, M. *et al. Fifteen thousand hours:* secondary schools and their effects on children. Cambridge: Harvard University, 1979.

RYAN, A. M.; SHIN, H. Help-seeking tendencies during early adolescence: an examination of motivational correlates and consequences for achievement. *Learning and Instruction*, v. 21, n. 2, p. 247–256, 2011.

RYAN, R. M.; DECI, E. L. Intrinsic and extrinsic motivation from a self-determination theory perspective: definitions, theory, practices, and future directions. *Contemporary Educational Psychology*, v. 61, article 101860, 2020.

RYAN, R. M.; DECI, E. L. *Self-determination theory:* basic psychological needs in motivation, development, and wellness. New York: Guilford, 2017.

RYLE, G. Knowing how and knowing that: the presidential address. *Proceedings of the Aristotelian society*, v. 46, p. 1–16, 1945.

RYLE, G. *The concept of mind.* London: Hutchinson's University Library, 1949.

SACKETT, D. L. *et al.* Evidence based medicine: what it is and what it isn't. *British Medical Journal*, v. 312, n. 7023, p. 71–72, 1996.

SAHLBERG, P. *Finnish lessons 3.0:* what can the world learn from educational change in Finland? New York: Teachers College, 2021.

SANDERS, M. *et al. Visible classroom*: re-grant: evaluation report. [*S. l.*]: Educational Endowment Foundation, 2021. Disponível em: https://d2tic4wvo1iusb.cloudfront.net/production/documents/pages/projects/Visible_Classroom.pdf?v=1711975156. Acesso em: 1 abr. 2024.

SANREY, C. *et al.* A new method for studying the halo effect in teachers' judgement and its antecedents: bringing out the role of certainty. *British Journal of Educational Psychology*, v. 91, n. 2, p. 658–675, 2021.

SANTELISES, S. B.; DABROWSKI, J. *Checking in:* do classroom assignments reflect today's higher standards? [*S. l.*]: Education Trust. 2015. (Equity in Motion Series; K-12 Practice). Disponível em: https://files.eric.ed.gov/fulltext/ED566668.pdf. Acesso em: 1 abr. 2024.

SCARDAMALIA, M.; BEREITER, C. Knowledge building: theory, pedagogy, and technology. *In*: SAWYER, R. K. (ed.). *Cambridge handbook of the learning sciences*. Cambridge: Cambridge University, 2006. p. 97–116.

SCHNEIDER, M.; PRECKEL, F. Variables associated with achievement in higher education: a systematic review of meta-analyses. *Psychological Bulletin*, v. 143, n. 6, p. 565–600, 2017.

SCHOENFELD, A. H. *How we think:* a theory of goal-oriented decision making and its educational applications. New York: Routledge, 2010.

SCHÖN, D. A. *The reflective practitioner:* how professionals think in action. Abingdon: Routledge, 2016.

SCHUNK, D. H.; DIBENEDETTO, M. K. Motivation and social cognitive theory. *Contemporary Educational Psychology*, v. 60, article 101832, 2020.

SCImago Journal Rank. *In:* WIKIPEDIA. [2024]. Disponível em: https://en.wikipedia.org/wiki/SCImago_Journal_Rank. Acesso em: 9 abr. 2024.

SCRIVEN, M. Chapter II: beyond formative and summative evaluation. *Teachers College Record*, v. 92, n. 6, p. 19–64, 1991.

SCRIVEN, M. Duties of the teacher. *Journal of Personnel Evaluation in Education*, v. 8, n. 2, p. 151–184, 1994.

SCRIVEN, M. Evaluation in the new millennium: the transdisciplinary vision. *In:* DONALDSON, S. I.; SCRIVEN, M. (ed.). *Evaluating social programs and problems:* visions for the new Millennium. Mahwah: Lawrence Erlbaum, 2003. p. 19–42.

SCRIVEN, M. *Key evaluation checklist.* 2015. Disponível em: https://wmich.edu/sites/default/files/attachments/u1105/2023/kec-scriven.pdf. Acesso em: 8 abr. 2024.

SCRIVEN, M. The methodology of evaluation. *In:* TYLER, R.; GAGNE, R.; SCRIVEN, M. (ed.). *Perspectives on curriculum evaluation.* Chicago: Rand McNally, 1967. AERA monograph series: curriculum evaluation.

SENKO, C.; PERRY, A. H.; GREISER, M. Does triggering learners' interest make them overconfident? *Journal of Educational Psychology*, v. 114, n. 3, p. 482–497, 2021.

SETH, E. *EEF toolkit 'more akin to pig farming than science'.* 2017. Disponível em: www.tes.com/magazine/archived/eef-toolkit-more-akin-pig-farming-science. Acesso em: 23 mar. 2024.

SHAH, C.; RICHARDSON, P.; WATT, H. *Teaching 'out of field' in STEM subjects in Australia:* evidence from PISA 2015. Essen: Global Labor Organization, 2020. (GLO Discussion Paper, 511). Disponível em: https://www.econstor.eu/bitstream/10419/215639/1/GLO-DP-0511.pdf. Acesso em: 7 abr. 2024.

SHANAHAN, T. Relationships between reading and writing development. *In:* MACARTHUR, C. A.; GRAHAM, S.; FITZGERALD, J (ed.). *Handbook of writing research.* 2nd ed. New York: Guilford, 2016. v. 2, p. 194–207.

SHANAHAN, T. Why you need to be careful about visible learning. *The Reading Teacher*, v. 70, n. 6, p. 749–752, 2017.

SHANKER, A. Public vs. private schools. *Phi Kappa Phi Journal*, v. 73, n. 4, p. 14–17, 1993. National Forum.

SHARRATT, L. *Clarity:* what matters most in learning, teaching, and leading. Thousand Oaks: Corwin, 2019.

SHAW, S. *Mindfulness:* where it comes from and what it means. Boulder: Shambhala, 2020.

SHAYER, M. Not just Piaget; not just Vygotsky, and certainly not Vygotsky as alternative to Piaget. *Learning and Instruction*, v. 13, n. 5, p. 465–485, 2003.

SHAYER, M.; ADEY, P. *Learning intelligence:* cognitive acceleration across the curriculum from 5 to 15 years. Buckingham: Open University, 2002.

SHEPARD, L. A.; SMITH, M. L. Synthesis of research on grade retention. *Educational Leadership*, v. 47, n. 8, p. 84–88, 1990.

SHOMOOSSI, N. The effect of teachers questioning behavior on EFL Classroom interaction: a classroom research study. *The Reading Matrix*, v. 4, n. 2, p. 96–102, 2004.

SHUELL, T. J. Teaching and learning as problem solving. *Theory Into Practice*, v. 29, n. 2, p. 102–108, 1990.

SHULMAN, L. S. Knowledge and teaching: foundations of the new reform. *Harvard Educational Review*, v. 57, n. 1, p. 1–23, 1987.

SHUTE, V. J. Focus on formative feedback. *Review of Educational Research*, v. 78, n. 1, p. 153–189, 2008.

SHUTE, V. J.; TORREANO, L. A.; WILLIS, R. E. DNA: toward an automated knowledge elicitation and organization tool. *In*: LALOIE, S. P. (ed.). *Computers as cognitive tools*: no more walls. New York: Routledge, 2020. v. 2, p. 309–335. E-book.

SINCLAIR, J.; JANG, E. E.; RUDZICZ, F. Using machine learning to predict children's reading comprehension from linguistic features extracted from speech and writing. *Journal of Educational Psychology*, v. 113, n. 6, p. 1088–1106, 2021.

SINEK, S. *Start with why*: how great leaders inspire everyone to take action. New York: Penguin, 2009.

SLAVIN, R. *John Hattie is wrong*. 2018. Disponível em: https://robertslavinsblog.wordpress.com/2018/06/21/john-hattie-is-wrong/. Acesso em: 1 abr. 2024.

SLAVIN, R. E. *Educational psychology*: theory and practice. 12th ed. New York: Pearson, 2019.

SMITH, D. *John Amos Comenius*: a visionary reformer of schools. Camp Hill: Classical Academic, 2017.

SMITH, K. B.; MEIER, K. J. *The case against school choice*: politics, markets and fools. Abingdon: Routledge, 2015.

SMITH, M. L.; GLASS, G. V. Meta-analysis of research on class size and its relationship to attitudes and instruction. *American Educational Research Journal*, v. 17, n. 4, p. 419–433, 1980.

SMITH, T. W. *et al.* A validity study of the certification system of the National Board for Professional Teaching Standards. *In*: INGVARSON, L.; HATTIE, J. A. C. (ed.). *Assessing teachers for professional certification*: the first decade of the National Board for Professional Teaching Standards. Oxford: Elsevier, 2008. cap. 12, p. 345–378. (Advances in Program Evaluation Series, 11).

SNOOK, I. *et al.* Invisible learnings? A commentary on John Hattie's book-'Visible learning: a synthesis of over 800 meta-analyses relating to achievement'. *New Zealand Journal of Educational Studies*, v. 44, n. 1, p. 93–106, 2009.

SPADY, W. G. *Paradigm lost*: reclaiming America's educational future. Arlington: American Association of School Administrators, 1998.

SPANIOL, M.; DANIELSSON, H. A meta-analysis of the executive function components inhibition, shifting, and attention in intellectual disabilities. *Journal of Intellectual Disability Research*, v. 66, n. 1–2, p. 9–31, 2022.

SPECJAL, S. *Discourse by design*: understanding the way that talk (teacher and student) is used as a tool for optimising teaching, thinking, and learning together through collaborative talk. 2022. Thesis – Faculty of Education, University of Melbourne, Melbourne, 2022.

SPECJAL, S. *Understanding teacher and student talk for optimising teaching, thinking, and learning*. 2022. Thesis – Faculty of Education, University of Melbourne, Melbourne, 2022.

SPIELBERGER, C. D. (ed.). *Anxiety:* current trends in theory and research. New York: Academic, 1972. v. 1.

STANLEY, G. *National numeracy review report.* [*S. l.*]: Council of Australia Governments, 2008. Disponível em: https://apo.org.au/sites/default/files/resource-files/2008-07/apo-nid4016.pdf. Acesso em: 1 abr. 2024.

STANOVICH, K. E. *Progress in understanding reading:* scientific foundations and new frontiers. New York: Guilford, 2000.

STASSER, G.; ABELE, S. Collective choice, collaboration, and communication. *Annual Review of Psychology*, v. 71, p. 589–612, 2020.

STEINBERG, L. We know some things: parent–adolescent relationships in retrospect and prospect. *Journal of Research on Adolescence*, v. 11, n. 1, p. 1–19, 2001.

STERN, J. *et al. Learning that transfers:* designing curriculum for a changing world. Thousand Oaks: Corwin, 2021.

STOCKARD, J.; WOOD, T. W. The threshold and inclusive approaches to determining "best available evidence" an empirical analysis. *American Journal of Evaluation*, v. 38, n. 4, p. 471–492, 2017.

STOKAS, A. G. A genealogy of grit: education in the new gilded age. *Educational Theory*, v. 65, n. 5, p. 513–528, 2015.

STOREY, N.; ZHANG, Q. *A meta-analysis of covid learning loss.* 2021. Disponível em: https://doi.org/10.35542/osf.io/qekw2. Acesso em: 7 abr. 2024.

STYLES, B.; TORGERSON, C. Randomised controlled trials (RCTs) in education research: methodological debates, questions, challenges. *Educational Research*, v. 60, n. 3, p. 255–264, 2018.

SUGAI, G.; HORNER, R. H. Responsiveness-to-intervention and schoolwide positive behavior supports: integration of multi-tiered system approaches. *Exceptionality*, v. 17, n. 4, p. 223–237, 2009.

SULLIVAN, M. C. *et al.* Developmental origins theory from prematurity to adult disease. *Journal of Obstetric, Gynecologic & Neonatal Nursing*, v. 37, n. 2, p. 158–164, 2008.

SUN, J.; LEITHWOOD, K. Transformational school leadership effects on student achievement. *Leadership and Policy in Schools*, v. 11, n. 4, p. 418–451, 2012.

SWANSON, H. L.; ALLOWAY, T. P. Working memory, learning, and academic achievement. *In*: HARRIS, K. R.; GRAHAM S.; URDAN, T. (ed.). *APA educational psychology handbook:* theories, constructs, and critical issues. Washington: American Psychological Association, 2012. v. 1, p. 327–366.

SWANSON, H. L.; HOSKYN, M.; LEE, C. *Interventions for students with learning disabilities:* a meta-analysis of treatment outcomes. New York: Guilford, 1999.

SWELLER, J. Element interactivity and intrinsic, extraneous, and germane cognitive load. *Educational Psychology Review*, v. 22, n. 2, p. 123–138, 2010.

SWELLER, J. Human cognitive architecture. *In*: SPECTOR, J. M. *et al.* (ed.). *Handbook of research on educational communications and technology.* 3rd. ed. New York: Routledge, 2008. p. 369–381.

SWELLER, J.; KIRSCHNER, P. A.; CLARK, R. E. Why minimal guidance during instruction does not work: a reply to commentaries. *Educational Psychologist*, v. 42, n. 2, p. 115–121, 2007.

SWELLER, J.; KIRSCHNER, P. A.; CLARK, R. E. Why minimal guidance during instruction does not work: an analysis of the failure of constructivist, discovery, problem-based, experiential, and inquiry-based teaching. *Educational Psychologist*, v. 41, n. 2, p. 75–86, 2006.

TAMIM, R. M. *et al.* What forty years of research says about the impact of technology on learning: a second-order meta-analysis and validation study. *Review of Educational Research*, v. 81, n. 1, p. 4–28, 2011.

TAYLER, C. *et al.* The quality of early childhood education and care services in Australia. *Australasian Journal of Early Childhood*, v. 38, n. 2, p. 13–21, 2013.

TEIG, N.; SCHERER, R.; NILSEN, T. More isn't always better: the curvilinear relationship between inquiry-based teaching and student achievement in science. *Learning and Instruction*, v. 56, p. 20–29, 2018.

THRUPP, M.; LAUDER, H.; ROBINSON, T. School composition and peer effects. *International Journal of Educational Research*, v. 37, n. 5, p. 483–504, 2002.

THUNDER, K.; ALMARODE, J.; HATTIE, J. *Visible learning in early childhood*. Thousand Oaks: Corwin, 2022.

TIMMERMANS, A.; VAN DER WERF, G. Accounting for previous performance of students by means of growth curves analyses to estimate the size, stability, and consistency of school effects. *Educational Research and Evaluation*, v. 23, n. 5–6, p. 221–246, 2017.

TOMLINSON, C. A. *The differentiated classroom*: responding to the needs of all learners. Alexandria: ASCD, 2014.

TRACHTENBURG, P.; FERRUGGIA, A. big books from little voices: reaching high risk beginning readers. *The Reading Teacher*, v. 42, n. 4, p. 284–289, 1989.

TRAN, L.; GERSHENSON, S. Experimental estimates of the student attendance production function. *Educational Evaluation and Policy Analysis*, v. 43, n. 2, p. 183–199, 2021.

TRAUTWEIN, U. *et al.* Do homework assignments enhance achievement? A multilevel analysis in 7th-grade mathematics. *Contemporary Educational Psychology*, v. 27, n. 1, p. 26–50, 2002.

TRICKEY, S.; TOPPING, K. J. Philosophy for children: a systematic review. *Research Papers in Education*, v. 19, n. 3, p. 365–380, 2004.

TRUMBERG, A.; URBAN, S. School choice and its long-term impact on social mobility in Sweden. *Scandinavian Journal of Educational Research*, v. 65, n. 4, p. 569–583, 2021.

TUNMER, W. E.; HOOVER, W. A. The cognitive foundations of learning to read: a framework for preventing and remediating reading difficulties. *Australian Journal of Learning Difficulties*, v. 24, n. 1, p. 75–93, 2019.

TUNMER, W. E.; NESDALE, A. R. Phonemic segmentation skill and beginning reading. *Journal of Educational Psychology*, v. 77, n. 4, p. 417–427, 1985.

TURNITIN. *From here to there*: students' perceptions on feedback, goals, barriers, and effectiveness. c2022a. Disponível em: http://go.turnitin.com/paper/student-feedback-goals-barriers. Acesso em: 2 abr. 2024.

TURNITIN. *Instructor feedback writ large*: student perceptions on effective feedback. c2022b. Disponível em: http://go.turnitin.com/paper/student-perceptions-on-effective-feedback. Acesso em: 2 abr. 2024.

TYACK, D. B.; CUBAN, L. *Tinkering toward utopia:* a century of public school reform. Cambridge: Harvard University, 1995.

UHRY, J. K.; SHEPHERD, M. J. Segmentation/spelling instruction as part of a first-grade reading program: effects on several measures of reading. *Reading Research Quarterly*, v. 28, n. 3, p. 219–233, 1993.

URDAN, T.; KAPLAN, A. The origins, evolution, and future directions of achievement goal theory. *Contemporary Educational Psychology*, v. 61, article 101862, 2020.

URHAHNE, D.; WIJNIA, L. A review on the accuracy of teacher judgments. *Educational Research Review*, v. 32, article 100374, 2021.

UYSAL, F. Mathematics anxiety and beliefs of Turkish pre-service elementary teachers. *Eurasia Journal of Mathematics, Science & Technology Education*, v. 12, n. 8, p. 2171–2186, 2016.

VALDEBENITO, S. *et al.* School-based interventions for reducing disciplinary school exclusion: a systematic review. *Campbell Systematic Reviews*, v. 14, n. 1, p. i–216, 2018.

VALENTINE, J. C. *et al.* Keeping at-risk students in school: a systematic review of college retention programs. *Educational Evaluation and Policy Analysis*, v. 33, n. 2, p. 214–234, 2011.

VAN AERT, R. C.; WICHERTS, J. M.; VAN ASSEN, M. A. Publication bias examined in meta-analyses from psychology and medicine: a meta-meta-analysis. *PLoS ONE*, v. 14, n. 4, p. e0215052, 2019.

VAN DRIEL, J. Teacher knowledge and the knowledge base of teaching. *In*: VAN DRIEL, J. H. *Science teachers' knowledge development*. Leiden: Brill, 2022. (Cultural and Historical Perspectives on Science Education, 8). cap. 3, p. 73–101.

VAN HEES, J. *Oral expression of five and six year olds in low socio-economic schools*. 2011. Thesis (Doctor of Education) – University of Auckland, Auckland, 2011.

VANLEHN, K. The relative effectiveness of human tutoring, intelligent tutoring systems, and other tutoring systems. *Educational Psychologist*, v. 46, n. 4, p. 197–221, 2011.

VO, A. D. T. *Toward a definition of evaluative thinking*. Los Angeles: University of California, 2013.

VYGOTSKY, L. S. *Thought and language*. Cambridge: MIT, 2012.

WALSH, K. Teacher education: coming up empty. *FWD*: Arresting Insights in Education, v. 3, n. 1, p. 1–6, 2006.

WALTERS, G. D. School-age bullying victimization and perpetration: a meta-analysis of prospective studies and research. *Trauma, Violence, & Abuse*, v. 22, n. 5, p. 1129–1139, 2021.

WANG, Z.; MILLER, K.; CORTINA, K. Using the LENA in teacher training: promoting student involvement through automated feedback. *Unterrichtswissenschaft*, v. 4, p. 290–305, 2013.

WARDMAN, J. Secondary teachers', student teachers' and education students' attitudes to full year academic acceleration as a strategy for gifted students. *Australasian Journal of Gifted Education*, v. 18, n. 1, p. 25–36, 2009.

WARDMAN, J.; HATTIE, J. A. C. What works better than the rest? The impact of various curricula provisions for gifted learners. *In*: WALLACE, B.; SISK, D. A.; SENIOR, J. (ed.). *The Sage handbook of gifted and talented education*. Thousand Oaks: Sage, 2018. p. 321–334.

WATT, H. M.; CARMICHAEL, C.; CALLINGHAM, R. Students' engagement profiles in mathematics according to learning environment dimensions: developing an evidence base for best practice in mathematics education. *School Psychology International*, v. 38, n. 2, p. 166–183, 2017.

WEBB, N. L. Criteria for alignment of expectations and assessments in mathematics and science education. Washington: National Institute for Science Education, 1997. (Research Monograph, 6).

WEBBER, A. *Student learning during covid-19*: literacy and maths in years 4–10. 2023. Disponível em: https://www.educationcounts.govt.nz/publications/series/he-whakaaro/he-whakaaro-student-learning-during-covid-19. Acesso em: 8 abr. 2024.

WEBBER, M.; McKINLEY, E.; HATTIE, J. The importance of race and ethnicity: an exploration of New Zealand Pākehā, Māori, Samoan and Chinese adolescent identity. *New Zealand Journal of Psychology*, v. 42, n. 2, p. 43–54, 2013.

WEBSTER, R.; RUSSELL, A.; BLATCHFORD, P. *Maximising the impact of teaching assistants*: guidance for school leaders and teachers. 2nd ed. Abingdon: Routledge, 2015.

WEINSTEIN, R. S. *Reaching higher*: the power of expectations in schooling. Cambridge: Harvard University, 2009.

WEISZ, J. R. *et al*. Effectiveness of psychotherapy with children and adolescents: a meta-analysis for clinicians. *Journal of Consulting and Clinical Psychology*, v. 55, n. 4, p. 542–549, 1987.

WEST, M. R. *et al*. Trends in student social-emotional learning: evidence from the first largescale panel student survey. *Educational Evaluation and Policy Analysis*, v. 42, n. 2, p. 279–303, 2020.

WESTFALL, R.; MILLAR, M.; WALSH, M. Effects of instructor attractiveness on learning. *The Journal of General Psychology*, v. 143, n. 3, p. 161–171, 2016.

WESTGATE, E. C.; STEIDLE, B. Lost by definition: why boredom matters for psychology and society. *Social and Personality Psychology Compass*, v. 14, n. 11, p. e12562, 2020.

WESTWOOD, P. *Spelling*: approaches to teaching and assessment. Abingdon: Routledge, 2018. E-book.

WHITE, J. *Addressing school violence and bullying*: evidence briefing. Edinburgh: NHS Health Scotland, 2019.

WHITE, S.; COLLIN, C. *Learning brief*: coordinating and managing information during the COVID-19 pandemic. London: London School of Hygiene and Tropical Medicine, 2021.

WIENK, M. *Discipline profile of the mathematical sciences*. Melbourne: AMSI, 2017. Disponível em: https://amsi.org.au/wp-content/uploads/2017/10/discipline-profile-2017-web.pdf. Acesso em: 3 abr. 2024.

WIGGINS, G. P.; McTIGHE, J. *Understanding by design*. 2nd ed. Alexandria: ASCD, 2005.

490 Referências

WILIAM, D. An integrative summary of the research literature and implications for a new theory of formative assessment. *In*: ANDRADE, H.; CIZEK, G. J. (ed.). *Handbook of formative assessment*. New York: Routledge, 2010. p. 18–40.

WILIAM, D. *How do we prepare students for a world we cannot imagine?* 2014. Presentation to the Salzburg Global Seminar. Disponível em: https://www.dylanwiliam.org/Dylan_Wiliams_website/Papers_files/Salzburg%20Seminar%20talk.doc. Acesso em: 3 abr. 2024.

WILIAM, D. *Leadership for teacher learning*: creating a culture where all teachers improve so that all students succeed. West Palm Beach: Learning Sciences International, 2016.

WILLIAMS, P. *Independent review of mathematics teaching in early years settings and primary schools*. [*S. l.*]: Department for Children, Schools and Families, 2008. Disponível em: https://dera.ioe.ac.uk/id/eprint/8365/7/Williams%20Mathematics_Redacted.pdf. Acesso em: 3 abr. 2024.

WILSON, R. C. *et al*. The eighty five percent rule for optimal learning. *Nature Communications*, v. 10, article 4646, 2019.

WITTGENSTEIN, L. *Philosophical investigations*. 2nd ed. Oxford. Blackwell, 1958.

WITTER, M. *Examining multiple dimensions of teacher quality*: attributes, beliefs, behaviours, and students' perceptions of effectiveness. 2021. Thesis (Doctor of Philosophy) – Faculty of Education, University of Melbourne, Melbourne, 2021.

WRIGLEY, T. *Bullying by numbers*. 2015. Disponível em: https://core.ac.uk/display/286712718. Acesso em: 3 abr. 2024.

YATES, L. Curriculum: the challenges and the devil in the details. *In*: BENTLEY, T.; SAVAGE, G. C. (ed.). *Educating Australia*: challenges for the decade ahead. Melbourne: Melbourne University, 2017. p. 85–99.

YATES, L.; COLLINS, C.; O'CONNOR, K. (ed.). *Australia's curriculum dilemmas*: state cultures and the big issues. Melbourne: Melbourne University, 2011.

YEAGER, D. S. *et al*. Declines in efficacy of anti-bullying programs among older adolescents: theory and a three-level meta-analysis. *Journal of Applied Developmental Psychology*, v. 37, p. 36–51, 2015.

YOUNG, J. Technology-enhanced mathematics instruction: a second-order meta-analysis of 30 years of research. *Educational Research Review*, v. 22, p. 19–33, 2017.

YOUNG, M. Overcoming the crisis in curriculum theory: a knowledge-based approach. *Journal of Curriculum Studies*, v. 45, n. 2, p. 101–118, 2013.

ZHAO, Q. Absolute standing feedback is more influential than relative standing feedback. *Journal of Educational Psychology*, v. 114, n. 4, p. 701–715, 2022.

ZHAO, Y. *What works may hurt*: side effects in education. New York: Teachers College, 2018.

ZHAO, Y. *Who's afraid of the big bad dragon?* Why China has the best (and worst) education system in the world. San Francisco: Jossey-Bass, 2014.

Índice

A

abordagem de domínio 108-109
abordagens de alfabetização balanceadas 267
aceleração 72, 81-82, 115-116, 164-165, 213, 225-228, 289-292, 297-298, 368-369, 441-442
aceleração cognitiva 81-82, 297-298
açúcar 112-113, 117-118
agressão 87-89, 104-105, 120-121, 143-144, 201-203, 209-210, 295-297
agrupamento de alunos 130, 168-169, 181-185, 188-192, 214, 222-223, 228-229, 368-369, 412-414
agrupamento por habilidades para alunos com superdotação 184-185, 213
agrupamentos dentro da turma 184-185, 192-194
alinhamento intencional 7-8, 44-53, 55, 59-75, 111-112, 168-169, 226-227, 230-231, 309-310, 321-322, 338-339, 356-357, 361-363, 379-380, 392-393, 397-398, 401-404, 427-428, 435
alunos se sentindo desprezados 22-24, 184-185, 209-210
alunos se tornando seus próprios professores 6-8, 44-46, 65-67, 72, 152-153, 179-180, 383-384, 434
amamentação 114-115
ambiente 47-51, 69-72, 154-157, 174-185, 195-199, 204-207, 211-213
ambiente doméstico 28, 30-31, 126-128, 136-137
ambiente físico 171-173, 188-189
amizade 69-70, 133-134, 143-144, 147-148, 180-181, 183-185, 189-190, 207-208, 212, 214, 291-292
análise de tarefas cognitivas 32-33, 44, 58, 62-63, 81-82, 111-112, 309, 320-322, 350, 435
anotações 256-258

ansiedade 22-24, 37-38, 61-62, 67-68, 76, 87-89, 93-95, 98-99, 102-104, 109-111, 122-123, 143-144, 202-203, 209-210, 295-296, 318-319, 343-346, 439
aprendizagem autodirigida 375-376
aprendizagem baseada em problemas 6-7, 28, 30-31, 61-62, 281-282, 361-363, 365-366, 374-376, 378-379, 383-384, 394-395
aprendizagem colaborativa 10-11, 288-289, 352-354, 383-387
aprendizagem com serviços comunitários 415-416, 422-423, 427-429
aprendizagem competitiva *versus* aprendizagem individualista 387-389
aprendizagem cooperativa 193-194, 239, 256-259, 271, 281-283, 285-286, 300-301, 353-354, 384-388
aprendizagem cooperativa *versus* competitiva 387-389
aprendizagem de domínio 27-29, 311-313, 318-320, 344-346, 362-363
aprendizagem em pequenos grupos 193-194
aquisição de aprendizagem profunda 351-352
assistência social 126-127, 131, 133-134, 136-137, 142-143
assistentes de ensino 158-159
atividades extracurriculares 165-166, 424-426
atributos do professor 21-22, 219-220, 251
aulas expositivas 230-231, 328-329, 362-364, 366-368, 377-379, 394, 400-401, 406-407
autoavaliação 256-257, 315-316, 356-357
autoavaliação com notas 77-78, 84-85, 100-101
autoavaliação e avaliação por pares 334-335
autoconceito 46-47, 87-88, 93-95, 100-101, 103-104, 110-111, 134-135, 189-193,

195–196, 210–211, 284–285, 295–296, 300–301, 343–345, 420–425, 437
autocontrole 87–88, 94–96, 99–100, 106–107, 198–200, 294–295, 343–345
autodeterminação 69–70, 139–140, 147–148, 293
autoeficácia 93–94, 343–346, 421–422
autoexplicação 352–354
autoidentidade étnica positiva 118–119
automonitoramento 315–316, 352–354, 409–410
autonomia parental 127–128, 139–140, 148
autoquestionamento 65–66, 352–354, 356–357
autorregulação 63–64, 83–88, 94–98, 111–112, 198–199, 201–202, 274–275, 300–301, 322–323, 327, 351–352, 355–357, 384–385, 403–404, 432, 436
avaliação do aluno sobre a qualidade do ensino 219
avaliação e reflexão 353–354
avaliação formativa 335–337, 417–418
avaliação por pares 322–324

B

bem-estar 37–38, 46–47, 53–54, 69–71, 87–88, 89–90, 99–101, 120–121, 168–169, 207–208, 249, 291–292, 402–403, 422–423, 437
bullying 22–24, 105–106, 183–185, 197–199, 205, 208, 212, 214
busca de ajuda 96–98, 152–153, 344–346, 348–349, 352–354, 433

C

calculadoras 252, 283–287
calendários/horários escolares 164–165
capacidade de avaliação do aluno 436
carga cognitiva 81–82, 283–287, 315–316, 319–320, 348–349, 365–366
celulares 400–401
clareza do professor 220, 309
clickers 378–379, 397–399, 404–405
codificação 20, 24–25, 27, 37–38, 82–83, 250, 252, 268, 271, 285–286, 378–379, 392–393, 424–425
coensino 367–369
coesão da sala de aula 183–185, 205
colaboração entre professores 8–9, 231–232
complexidade da tarefa 32–33, 311–313

compromisso com as metas 311–313, 318–319
comunicação fora da sala de aula 388–390
concentração 66–67, 87–88, 90–91, 122–123
conhecimento do conteúdo por parte do professor 6–7, 28, 30–31, 241–243
consciência fonológica 171–172, 251, 259–263, 266, 270, 272, 276–277, 368–371, 408–409
conscienciosidade 66–67, 90–91, 95–98, 106–107, 122–123, 221–222, 318–319
consequências autoimpostas 353–354
consolidação/união de escolas 168–169
controle do aluno sobre a aprendizagem 94–95, 346–347
covid-19 1, 65–66, 86–88, 125–127, 130, 143–144, 165–166, 306–307, 334–335, 403–404, 412–414, 423–424, 427–429, 432, 437, 440–442
credibilidade do professor 206–207, 219, 229–230
crianças adotadas e crianças não adotadas 135–136
crianças que sofrem maus-tratos 116–117
criatividade 20, 23–24, 27, 77–78, 81–82, 85–88, 101–102, 153–154, 172–173, 188–189, 195–196, 228–229, 249–250, 253, 289–290, 297–299, 301–302, 367–368, 372–373, 421–422
critérios de sucesso, 6–7, 12–13, 32–33, 49–51, 57–68, 75, 93–96, 103–106, 111–112, 122–123, 175–176, 193–194, 205, 213, 224–226, 230–231, 237, 244–245, 273–274, 281–282, 300–303, 306–307, 309–322, 325–326, 334–335, 338–341, 344–347, 355–357, 361–367, 384–385, 392, 394, 401–402, 410–411, 431, 434, 436, 438
crítica à aprendizagem visível 28–42
críticas à metanálise 27–30
curiosidade 66–70, 87–88, 98–99, 101–102, 171–172, 181–182, 219, 265, 355–357, 375–376, 432
currículo 21–22, 38–40, 44–48, 50–51, 53–54, 62–65, 69–70, 73–74, 110–111, 123, 159–160, 164–165, 167–168, 175–176, 187, 191–192, 195–196, 213–214, 219, 225–228, 231–232, 235, 237, 241–242, 245–246, 249–309, 320–322, 338–340, 360–361, 369–370, 379–380, 418–419, 425–428, 441–442

currículos de ciências 286–287
currículos e programas de matemática 278–281
currículos integrados 292
cursos de diversidade 296–297

D

década de impacto 7–9, 415–417
dependência aluno-professor 206–207
depressão 22–24, 87–88, 100–107, 122–123, 143–144, 202–203, 343–345
desagrupamento 184–185, 190–192, 194–195
desempenho anterior 58–60, 64–67, 77–80, 122–123, 128–129, 141–142, 147–148, 225–226, 343–344, 356–357, 384–385
desenvolvimento profissional 157–158, 217, 219, 236–238, 256–257, 279–280, 327–328, 370–371, 413–414, 417–418
design reverso 49–50, 60–64, 310, 338–339, 436
dessegregação 156–157, 165–167
dever de casa 69–70, 138–140, 146–147, 165–166, 176–177, 328–329, 365, 377–378, 390, 409–410, 425–429
diferenças de gênero 119–120
diferenciação 60–61, 176–177, 222–223, 225–226, 243–245, 332–333
discussão em sala de aula 331–333
diversão 64–65, 87–88, 98–101, 213, 254–256, 316–317, 440
diversidade do corpo estudantil 166–167
divórcio 134–136, 142–143, 146–148
doença 22–24, 112–113, 115–116, 122–123, 227–228

E

educação ao ar livre 250, 299–300
educação baseada em resultados 294–295
efeito Mateus 66–67, 121–122, 146–147, 253–254, 271, 280–281, 304–307
efeitos da composição da escola 165–166
efeitos da composição da turma 184–186
efeitos da escola 22–24, 161–162, 177–179, 428–429
efeitos da sala de aula 183–215
efeitos do aconselhamento 184–185, 202–203
efeitos do ambiente escolar 176–177
efeitos do ambiente na turma 184–185, 204

efeitos do professor 219–220
eficácia coletiva dos alunos 64–65, 193–194, 393
eficácia coletiva dos professores 70–74, 157–158, 173–177, 230–233, 415–417, 426–427, 436
elaboração e organização 351–352
emoções 22–24, 59, 86–88, 91–92, 94–100, 108–111, 297–298, 344–346, 355–357, 412–413, 441–442
emprego da mãe 126–127, 131
engajamento 12–13, 90–94, 98–99, 101–103, 146–148, 195–197, 206–208, 334–336, 415–418, 427–429, 439
ensaio e memorização 32–33, 350
ensino a distância 402–404, 413–414, 423–424, 427–429, 433
ensino baseado em descobertas 382–383
ensino baseado em investigação 339–340, 380–381
ensino construtivista 382–384
ensino de diversidade 250
ensino de fonética 251, 259–261, 272
ensino de habilidades espaciais 253
ensino de resolução de problemas 353–354, 376–378
ensino de xadrez 253, 299–300
ensino direto 171–172, 259–260, 268, 280–283, 285–288, 297–298, 332–333, 360–365, 384–385, 393–395, 417–419, 421–422, 430, 435
ensino em conjunto 362–363, 367–368
ensino individual 281–282
ensino indutivo 373–374, 381–382
ensino recíproco 19, 42, 256–259, 271, 353–354, 362–363, 381–383, 393–395
entusiasmo 6–8, 57–58, 63–64, 66–67, 107–108, 122–124, 151–152, 311–312, 343–347, 355–357
envolvimento dos pais 20, 127–129, 137–139, 148, 161–162, 176–177, 423–424
erros 67–69, 72–74, 120–122, 151–153, 188–189, 193–194, 205, 224, 246–247, 276–277, 318–324, 327, 331–333, 361–363, 374–375, 384–385, 394, 401–402, 404–405, 409–410, 412–413, 417–418, 428–429, 434, 436
escola de verão 163–165
escolas *charter* 37–38, 154–155, 161–162
escolas religiosas 156–157, 161–162

escolas só para meninos/só para meninas
162–163

escolha da escola 154–155, 168–170

escuta 53, 55, 59, 63–64, 67–70, 72–73,
103–104, 110–111, 121–122, 138–141,
147–148, 150–151, 170–171, 193–194,
204, 206–207, 212–213, 255–256, 264,
266, 277–279, 303–304, 320–321,
328–329, 352–354, 370–372, 428–429,
437, 441–442

esperança 66–67, 87–88, 98–99, 100–102,
293, 331–332, 360–361, 435

estigmas 87–88, 119–120, 133–134

estimativas do professor sobre o desempenho
227–229

estratégia *scaffolding* e aprendizagem situada
383–384

estratégias de aprendizagem 6–9, 19, 37–39,
61–65, 67–68, 84–89, 309–312, 320–322,
338–359, 365–367

estratégias de enfrentamento 66–69, 99–100,
120–123, 177–178, 300–301, 344–346

estratégias de ensino 6–7, 21–22, 49–50,
62–65, 195–196, 246–247, 274–277,
288–289, 302–303, 310, 361–395,
397–400, 435–436

estratégias de ensino explícito 365–366, 435

estratégias de leitura 251, 256–259

estratégias metacognitivas 91–92, 297–298

estrutura dos resultados de aprendizagem
observados (SOLO) 51–54, 347–348, 429

estrutura familiar 126–127, 131, 133–134,
146–148

estruturação ambiental 347–348

etnia 112–113, 118–120, 130–131, 140–141,
143–144, 208, 217, 284–285, 293

exemplos trabalhados 230–231, 319–321,
361–363, 377–378, 382–385

exercício 37–38, 117–118, 197–198,
346–348, 365, 439

expectativas 6–7, 46–49, 53–54, 57–60,
65–73, 75, 77–80, 84–86, 94–95,
96–99, 100–101, 108–110, 119–121,
125–130, 133–134, 137–148, 161–162,
166–167, 173–182, 190–192, 194–195,
197–200, 206–207, 212–215, 219–220,
222–223, 225–232, 238, 243–245, 247,
290–291, 294–295, 298–299, 328–329,
334–335, 343–344, 358–359, 390, 407–
408, 420–421, 423–424, 427–428, 434
expectativas do líder 173–176

expectativas dos alunos 65–67, 72,
98–99, 120–122, 254–279, 281–282,
287–290, 299–300, 302–308,
322–324, 333–334, 337–338,
357–358, 365, 368–369, 371–372,
381–382, 388–389, 394–395,
397–400, 408–409, 413–414,
417–426, 429

expectativas dos pais 126–130, 137–142,
145–147

expectativas dos professores 6–7,
174–175, 222–226, 244–245, 247,
427–428

expectativas dos professores –
atratividade física 225–226

exposição à leitura 251, 266, 276–277

expulsão de alunos 184–185, 200–201

F

falar consigo mesmo 352–354

família em assistência social/ajuda estatal
131

famílias 44–49, 53–53, 55, 68–70, 72–73,
130–141

feedback 61–63, 109–112, 273–274,
309–312, 320–341, 350–352, 394,
410–411, 437
feedback (autoavaliação) 322–324
feedback (das avaliações) 337–338
feedback (dos alunos sobre a qualidade)
323, 327
feedback (tecnologia) 322–324,
328–329

felicidade 86–89, 100–103, 152–153

férias de verão 163–164, 266

ferramentas *on-line* e digitais 397–399

filosofia nas escolas 362–363, 388–389

finanças 156–157

formação de professores 157–158, 194–195,
216, 219–220, 232–236, 240–243,
245–247, 251, 361–363

frequência 22–24, 91–94, 154–155, 170–172,
198–199, 202–203, 210, 256–257,
300–301, 369–370, 390, 404–405,
424–425

frequência das avaliações 336–337

frustração 87–89, 91–92, 98–99, 104–105,
122–123, 365, 420–421

funcionamento executivo 66–67, 77–78,
80–82, 114–115, 117–118, 122–123,
301–302

Índice **495**

G

gestão da sala de aula 91–92, 183–185, 194–197, 212–213, 215, 327–328, 438

H

habilidade verbal do professor 221–222
habilidades 6–10, 19, 41, 43, 51–52, 60, 69–71, 73, 76–78, 122–123, 125–126, 139–140, 146–148, 152–153, 167–168, 171–172, 174–175, 206–207, 211–212, 249, 254–257, 274–275, 281–282, 299–300, 304–307, 310–312, 314–315, 343–346, 348–349, 355–357, 362–363, 381–382, 384–385, 388–389, 403–404, 408–409, 436–437, 441–442
habilidades anteriores 23–24, 66–67, 77–78, 91–92, 343–344, 358–359
habilidades não cognitivas nos primeiros anos 83–84
hierarquias de aprendizagem 311–315
horário do dia para estudar 346–348
humor 362–363, 372–373

I

idade relativa da turma 209–210
imediatismo 370–372
imigrante 132
implementações utilizando tecnologias 396–414
inclusão 28–30, 46–47, 70–71, 184–185, 194–195
inclusão de alunos em turmas regulares 32–33, 184–185, 194–195, 213
independência de campo 77–78, 84–85
indicador de temperatura 22–24
índice de robustez 22–24, 42
inteligência emocional 37–38, 87–88, 99–100, 343–345
intencionalidade de aprendizagem 6–7, 12–15, 50–51, 57, 59–60, 62–65, 215, 300–303, 309–316, 320–322, 338–340, 356–357, 360–361, 364–365, 394–395, 417–418, 431, 438
interrogação elaborativa 351–354
intervalos na sala de aula 184–185, 197–198
intervenção precoce 137–138, 156–157, 170–173, 195–196
intervenções de carreira 253
intervenções nos anos finais do ensino fundamental 169–170

intervenções para alunos com necessidades educacionais especiais 420–421

J

jogos e simulações 405–406

L

lar e família 125–148
lares de acolhimento 136–137
lateralidade cruzada 77–78, 83–84
leitura 12–13, 15, 21–22, 31–32, 39–40, 69–70, 81–84, 91–92, 111–119, 128–130, 138–139, 142–146, 148, 153–154, 157–168, 171–173, 181–182, 189–190, 194–196, 200–202, 209–210, 215, 219, 227–228, 234–235, 239, 241–244, 248, 250–251, 254–279, 281–282, 287–290, 299–300, 302–308, 322–324, 333–334, 337–338, 357–358, 365, 368–369, 371–372, 381–382, 388–389, 394–395, 397–400, 408–409, 413–414, 417–426, 429
leitura repetida 251, 263–264, 272
liderança 12, 17, 23–24, 138–139, 154–155, 159–160, 171–177, 182, 216–218, 237–238, 300–301, 402–403, 417–418, 440
linguagem da aprendizagem 13, 18, 47–48, 53–54, 69–72, 125–126, 130, 145–148, 188–189, 352–354, 417–418, 428–429
linguagem integral 6, 254–256, 267–269, 272
línguas estrangeiras 252

M

manhã *versus* tarde 87–88, 105–106
mapeamento conceitual 314–315, 351–352, 383–384
matemática direta ou orientada 252
materiais de ensino 283–284
materiais manipuláveis em matemática 252, 283–284
memória de trabalho 49–50, 60, 66–67, 80–84, 114–115, 122–123, 197–198, 258–259, 275–276, 343–350, 354–355, 365–366
mentalidade 87–90, 93–94, 107–108, 196–197, 343–345
mentalidade de crescimento *versus* mentalidade fixa 87–89
mentoria 136–137, 217, 232–233, 298–299, 374–375, 390

496 Índice

Meta x™ 18, 42, 434
metas de desempenho 107–109, 224,
    316–317, 326, 346–347
metas de domínio 108–109, 224, 325,
    344–346
método jigsaw 62–63, 374–375, 391–392,
    394, 430
métodos com áudio ou vídeo 397–399
métodos de avaliação alternativos 337–338
métodos de ensino 6–8, 37–38, 49–51,
    57–58, 61–66, 72–75, 92–93, 111–112,
    144–145, 187–189, 206–207, 212,
    245–247, 254, 262–263, 278–279,
    286–288, 304–307, 309–310, 319–320,
    338–341, 356–357, 360–363, 367–368,
    377–380, 386–388, 391–394, 397–401,
    412–413, 435–436
microensino 219, 240, 244–246, 248
mnemônicas 257–258, 287–288, 348–349
mobilidade 22–24, 133–134, 142–144
modelo de aprendizagem visível atualizado
    1, 8–13, 15–16, 18, 339–340, 343–345,
    415–419, 427–428, 430, 433–434, 436,
    440–442
modelo de implementação em cinco etapas
    9–11, 53–54, 59, 369–370
modelos de implementação 4, 73–74,
    427–428, 436
monitoramento de estratégias 351–354
motivação 91–92, 106–113, 122–123,
    316–317, 344–347. Ver também entusiasmo
mudanças nos calendários escolares 164–165
música ambiente 346–347, 362–363,
    371–372

N

níveis piagetianos 77–80
notebooks individuais 397–398

O

organização das anotações 348–349
organizadores avançados 311–314,
    376–377

P

pagamento por desempenho do professor
    160–161
pais 127–128, 134–135, 141–143, 146–147
pais engajados versus pais não engajados
    141–142

paixão 6–8, 45–46, 47–49, 53–58, 64–65,
    90–91, 219, 229–230, 431
pensamento avaliativo 6–10, 17–18, 44, 53,
    56–58, 62–65, 70–73, 233–234, 244–247,
    297–298, 392–394, 431, 435, 443
pensamento crítico 53, 56–57, 77–78, 86–88,
    152–154, 188–189, 233–234, 245–246,
    289–290, 298–299, 333–335, 352–354,
    357–358, 362–363, 372–373, 380–381,
    405–407, 435
perfeccionismo 87–88, 96–98, 106–107
perseverança 87–88, 90–91, 93–96,
    152–153
persistência 90–91, 95–96, 105–108,
    120–123, 132, 224, 265, 296–297,
    316–317, 343–345
personalidade 35, 37, 87–88, 95–98,
    194–195, 219, 221–222, 245–246, 293,
    296–297, 300–301, 323, 327, 390
personalidade do aluno 87–88, 95–96
pertencimento 47–49, 70–72, 91–92,
    110–111, 149, 167–169, 177–178,
    183–185, 208, 211–212, 214, 435, 437
peso ao nascer 35, 37, 114–115
planejamento de aulas 61–63, 65–66, 86–88,
    338–340, 436
planejamento e previsão 311–314
PowerPoint 397–399
prática deliberada 32–33, 64–65, 69–70, 123,
    164–165, 350–352, 356–357, 382–383,
    405–406, 408–409, 410–411, 421–422,
    426–427, 429
prática espaçada versus prática massiva
    164–165, 350
prática intercalada 350–352
processos de ensino de matemática 280–281,
    307–308
procrastinação 22–24, 87–89, 106–109,
    122–123
professores vendo a aprendizagem através
    dos olhos dos alunos 7–8, 45–46, 433
programas bilíngues 250, 253, 302–303
programas cognitivo-comportamentais
    366–367
programas com atividades ao ar livre
    299–300
programas com brincadeiras 250, 253,
    301–302
programas com foco na criatividade 23–24,
    195–196, 253, 297–299
programas com foco na ortografia 275–276

programas com foco no vocabulário 251,
261-262
programas com teatro 277-279
programas de artes 251, 277-278
programas de ciências 279-280, 292
programas de combinação de sentenças 264
programas de compreensão de leitura 251, 264
programas de enriquecimento 252, 289-290
programas de escrita 272-276
programas de habilidades sociais 200-203,
253, 294-297
programas de julgamento moral 250, 253, 293
programas de leitura abrangentes 251,
255-256
programas de leitura com música 251,
257-258, 371-372
programas de leitura em grupo 251, 257-258
programas de leitura para grupos específicos
256-257
programas de leitura repetida 251, 263
programas de motivação 250, 252, 293
programas de música 251, 277-279
programas de parceria escola-família
422-423
programas de percepção visual 251, 263
programas especiais para faculdades 250,
303-304
programas extracurriculares 422-423
programas financeiros 252, 292
programas *Head Start* 171-172
programas iniciais de formação docente 219,
232-233
programas no turno inverso 423-425
programas para a educação infantil
170-174
programas para jovens infratores 300-301
programas para melhoria do sistema escolar
415-417
programas para pais 144-146
progresso do desenvolvimento 53, 55,
70-71, 73-74, 92-93, 174-175, 212-213,
307-308, 358-359
propósitos da educação 44-45, 153-154,
181-182, 434
punição corporal 127-128, 139-142

Q

quadros mentais 4, 6-7, 10-11, 16-18,
44-49, 53-58, 120-121, 123-124,
148, 181-182, 188-189, 237, 330-331,
415-417, 431, 434-435

qualidade da estrutura da escola 154-155,
160-161
questionamento 42, 49-50, 59, 65-69,
92-94, 243-244, 257-258, 288-289,
297-298, 329-332, 333-334, 352-354,
356-357, 362-363, 376-377, 378-379,
381-382, 388-389, 394-395, 421-422

R

raiva 87-89, 98-99, 104-105, 122-123,
167-168, 204, 420-421
realidade virtual 407-409, 439
recasamento 127-128, 135-136, 143-144
recuperação de leitura 269-270, 306-307
recursos auxiliares 370-371
recursos escolares 154-155
recursos familiares 5, 21-22, 126-128
redes sociais 21-22, 65-66, 196-197,
397-403, 412-414, 439-440
redução da lacuna de desempenho na escola
418-419
redução do comportamento disruptivo
184-185, 198-199, 215
reduzindo a lacuna de desenvolvimento
419-420, 427-428
relação aluno-professor 184-185, 196-197,
205-208, 215, 218, 247
relaxamento 87-89, 98-99, 102-103,
202-203, 239
remuneração por desempenho 160-161
residências universitárias 167-168
responsabilidade 21-22, 73, 156-160,
193-194, 234, 250, 294-295, 386-387
resposta à intervenção 87-88, 204, 254,
368-369
retenção 22-24, 183, 210-211, 213, 229-231,
292, 303-304, 355-356, 404-410,
441-442
robótica 439
rotular os alunos 60, 220, 226-227, 243-245

S

saber-com 343-344, 361-363, 391
transferência 7-8, 12, 21-22, 44-46,
49-54, 57-58, 60-66, 73, 82-84, 124,
143-144, 169-171, 262-264, 278-279,
285-286, 299-301, 304-306, 309-310,
316-317, 321-323, 338-348, 353-359,
361-363, 381-382, 391-392, 394,
404-405, 409-410, 432

saber-como 44, 64–66, 81–82, 124, 152–154, 173–176, 343–344, 356–357, 361–363, 391, 434
    aprendizado profundo 47–49, 123, 244–247, 342, 347–348, 351–352, 358–361, 372–374, 379–381
saber-que 44–45, 52–53, 71–72, 91–92, 153–154, 244–247, 314–315, 343–344, 361–363, 391
    aprendizado superficial 61–62, 64–65, 243–244, 347–350, 355–357, 359
salas de aula abertas *versus* tradicionais 184–185, 187, 212
salas de aula invertidas 373–374, 377–378
Scriven, Michael 5, 86–88, 335–336, 430, 435, 443
simulações 21–22, 382–383, 397–399, 405–409
síndromes físicas 112–113, 115–116
sistema de suporte de múltiplas camadas 369–371
sistemas de tutoria inteligente 409–414
som ou inferência 251, 259–262
sono 106–107, 110–113, 116–118, 346–348, 415–416
status socioeconômico 37–38, 65–66, 127–129, 136–139, 143–144, 147–148, 168–169, 178–179, 190–191, 217, 268, 284–285, 293
sublinhar e destacar 348–349
subsídio de bolsa 126–127, 132
suspensão 93–94, 183–185, 200–201, 213

T

tamanho da escola 156–157, 165–169, 213
tamanho da turma 37–38, 157–158, 183–187, 212–213

TDAH 115–116, 184–185, 200–202, 226–227
tecnologia na ciência 397–398
tédio 22–24, 60, 76, 87–88, 98–99, 105–106, 122–123, 318–319, 343–346, 350, 373–374, 439
televisão 121–122, 138–139, 144–145, 346–347, 397–398, 400–401, 440
tempo de tela 22–24, 144–145, 397–401
tempo na tarefa 267, 306–307, 350–352, 397–400, 410–411
testes de prática 350–352
tipos de escolas 21–22, 154–155, 162–163, 180–181
treinamento 238–242, 254, 295–297
turmas de múltiplos anos/idades 191–192
tutoria 138–139, 195–196, 239, 254, 256–261, 271, 282–283, 287–288, 303–304, 321–322, 352–354, 361–363, 390, 397–399, 409–414, 424–426
tutoria entre pares 195–196, 258–259, 271, 282–283, 287–288, 352–354, 361–363, 390
tutoria individual 256–257

U

uso de dialeto 118–119

V

visitas domiciliares 145–146
vontade 66–67, 76, 86–88, 343–345, 355–357

Z

zona de desenvolvimento proximal 95–96, 151–152, 384–385